2015 青海统计年鉴

QINGHAI STATISTICAL YEARBOOK 2015

总第31期

青海省统计局
国家统计局青海调查总队
Qinghai Provincial Bureau Of Statistics
NBS Survey Office in Qinghai

中国统计出版社
China Statistics Press

图书在版编目(CIP)数据

青海统计年鉴. 2015 : 汉英对照 / 青海省统计局，国家统计局青海调查总队编.
— 北京 : 中国统计出版社，2015.8
ISBN 978 - 7 - 5037 - 7505 - 5

Ⅰ.①青…　Ⅱ.①青…②国…　Ⅲ.①统计资料 - 青海省 - 2015 - 年鉴 - 汉、英　Ⅳ.①C832.44 - 54

中国版本图书馆 CIP 数据核字(2015)第 170543 号

青海统计年鉴 - 2015

作　　者/青海省统计局　国家统计局青海调查总队
责任编辑/佘竞雄
装帧设计/施生杰
出版发行/中国统计出版社
地　　址/ 北京市丰台区西三环南路甲 6 号　邮政编码/100073
电　　话/ 邮购(010)63376909　书店(010)68783171
网　　址/http://www.zgtjcbs.com
印　　刷/青海省统计局印刷厂
经　　销/新华书店
开　　本/890mm × 1240mm　1/16
字　　数/1100 千字
印　　张/42
版　　别/2015 年 8 月第 1 版
版　　次/2015 年 8 月第 1 次印刷
定　　价/400.00 元

本书附同版本 CD - ROM 一张，光盘内容以书面文字为准。

如有印装差错，由本社发行部调换。

编 辑 说 明

《青海统计年鉴2015》是一本全面反映青海省国民经济和社会发展情况的资料工具书。本书收录了2014年青海经济和社会各方面的统计数据,同时又增加了体现经济和社会协调发展的反映资源与环境变化的资料。

全书内容分26个篇目,即:特载、综合、国民经济核算、人口、就业人员和工资、固定资产投资、对外经济贸易、能源与环境、财政、价格指数、人民生活、城市概况、农业、工业、建筑业、运输和邮电、国内贸易、旅游、金融业、教育和科技、卫生和社会服务、文化和体育、公共管理社会保障和其他、区域发展、全国各地区主要经济指标、月度资料及附录。

统计表中使用符号:“…”表示数据不足本表最小单位;“空格”表示无该项指标数据或该项指标数据不详;“#”表示总指标的其中项数据。读者在使用统计资料时,凡与本年鉴有出入的,均以本年鉴为准。

本《年鉴》是青海省统计局和国家统计局青海调查总队共同努力的结果,也是全省各条战线上广大统计干部辛勤劳动的成果,是集体智慧的结晶。在编辑出版、印刷、发行过程中,得到了中国统计出版社等许多单位及有关同志的大力支持,在此一并表示衷心感谢!

《青海统计年鉴》公开出版以来,受到了国内外广大读者的关心和支持,对本年鉴的内容和编辑工作提出了许多宝贵的意见,对此我们深表谢意。由于我们水平有限,疏误之处在所难免,欢迎各界人士随时对不足之处给予批评和指正,帮助我们进一步提高和改进统计年鉴的编辑水平,更好地为广大读者服务。

《青海统计年鉴-2015》编辑委员会

Editor's Explanatory Notes

Qinghai Statistical Yearbook 2015 is an annual statistical publication, which reflects comprehensively the economic and social development of Qinghai . It covers data for 2014 in various aspects of economic and social statistics, at the same time, increases information of resources and environmental changes reflected economic and social harmonious development.

The Yearbook contains twenty – six chapters : Special Articles, General Survey, National Accounts, Population, Employment and Wages, Investment in Fixed Assets, Foreign Trade and Economic Cooperation, Energy and Environment, Government Finance, Prices, People's Living Conditions, General Survey of Cities, Agriculture, Industry, Construction, Transport, Postal and Telecommunication, Wholesale and Retail Trades, Tourism, Financial Intermediation, Education, Science and Technology, Public Health and Social Services, Culture and Sports, Public Management, Social Security and Others, Regional Development, Main Economic Indicators of Different Regions of the Country, Monthly Data.

Notations used in the yearbook :"…" indicates that the figure is not large enough to be measured with the smallest unit in the table; (blank space) indicates data are unknown, or are not available; "#" indicates a major breakdown of the total. When readers use statistical information, they should be based in this Yearbook if there is difference from this Yearbook.

The "Yearbook" is outcome of joint efforts of Qinghai Bureau of Statistics and Survey Organization of National Bureau of Statistics, is fruit of the hard work of majority of statistics cadres on all fronts of the province, and is the crystallization of collective wisdom. In editing and publishing, printing, distribution process, the yearbook has received great support from China Statistics Press, many units and comrades. We acknowledge their help to the book.

Qinghai Statistical Yearbook has received concern and support of the readers at home and abroad for the content and edit of the Yearbook of many valuable suggestions since published, which we are grateful. Because of our limited level, Mistakes are inevitable. Welcome people from all walks of life to give us the criticism and correction for our inadequacies at any time in order to help us further enhance and improve the editorial level of statistical yearbook, and served readers better.

Qinghai Statistical Yearbook 2015 **Editorial Board**

《青海统计年鉴－2015》编辑委员会

QINGHAI STATISTICAL YEARBOOK - 2015
NAME LIST OF EDITORIAL BOARD

一、特载
Special Articles

二、综合
General Survey

三、国民经济核算
National Accounts

四、人口

Population

五、就业人员和工资

Employment and Wages

六、固定资产投资

Investment in Fixed Assets

七、对外经济贸易

Foreign Trade and Economic Cooperation

八、能源与环境

Energy and Environment

九、财政

Government Finance

十、价格指数

Prices

十一、人民生活

People's Living Conditions

十二、城市概况

General Survey of Cities

十三、农业
Agriculture

十四、工业

Industry

十五、建筑业

Construction

十六、运输和邮电
Transport, Postal and Telecommunication

十七、国内贸易
Domestic Trade

十八、旅游

Tourism

十九、金融业

Financial Intermediation

二十、教育和科技

Education, Science and Technology

二十一、卫生和社会服务
Public Health and Social Services

二十二、文化和体育
Culture and Sports

二十三、公共管理、社会保障和其他
Public Management, Social Security and Others

二十四、区域发展
Regional Development

二十五、全国各地区主要经济指标
Main Economic Indicators of Different Regions of the Country

二十六、月度资料
Monthly Data

附录:青海省第三次全国经济普查主要数据
Main Data of the Third National Economic Census in Qinghai Province

第 1 篇

CHAPTER 1

特　　载

Special Articles

青海省政府工作报告

——2015年1月22日在青海省第十二届人民代表大会第四次会议上

省长　郝鹏

各位代表：

现在，我代表省人民政府，向大会作政府工作报告，请予审议，并请省政协委员提出意见。

一、2014年工作回顾

过去的一年，是我省发展历程中面临严峻挑战的一年，也是"三区"建设取得明显成效的一年。宏观经济下行压力加大成为贯穿全年的突出矛盾，我省内外部发展环境更加错综复杂。面对超出预期的困难和压力，在党中央国务院和省委的坚强领导下，我们紧紧依靠全省各族人民，稳中求进、改革创新，奋力打造"三个升级版"，较好完成了省十二届人大三次会议确定和省人大常委会第十四次会议批准调整后的目标任务。实现生产总值2301亿元，增长9.2%，增速位居全国第10位；地方财政收入252亿元，增长12.3%，总财力达到1502亿元；城镇居民人均可支配收入22307元、增长9.6%，农村居民人均可支配收入7283元、增长12.7%，分别居全国第4位和第2位；居民消费价格涨幅为2.8%，是近年来的最低水平。

一年来，我们主要做了以下工作。

一是强化调控引导，经济增长和结构优化取得新成效。针对经济运行的苗头性问题，我们快速反应，果断出台支持工业经济稳定增长、加快生产性服务业和流通业发展、促进科技创新、鼓励民间投资等政策措施，把握了工作主动权。财税与金融合力支撑力度加大。争取中央专项资金520亿元，盘活财政存量资金358亿元，发行地方债107亿元，减免企业各类税费70.3亿元，财政支出达到1366亿元。出台推动金融改革创新政策举措，新增贷款784亿元，贷款余额突破4300亿元，增长22.4%，社会融资规模突破1400亿元。投资与消费双轮驱动作用增强。固定资产投资达到2909亿元，增长21%。基础设施投资增长47.5%，循环经济和新兴产业投资占工业投资比重超过70%，第三产业投资比重占51%。完善促消费的政策举措，信息消费超过150亿元，社会消费品零售总额达到614.6亿元，增长13%，人均突破万元大关。农牧业增量提质。基础设施建设、土地整治、良种良法推广、新型经营组织培育等力度加大。我省被确定为全国首个草地生态畜牧业试验区，全国重要的有机畜产品生产基地正在形成。粮食产量连续七年超过百万吨。在全国率先建立全覆盖的露地蔬菜补贴机制，黄河谷地菜篮子建设取得新成效。水产养殖增长50%，林产业加快发展，枸杞出口跃居农产品首位。农牧业增加值增长5.2%，为经济社会稳中求进做出了贡献。工业经济加快转型。实施50个重大技术创新和100个技术改造项目，电解铝省内加工转化能力达到70%，盐湖综合开发利用水平提升，合金材料、锂电池材料、生物医药等高技术产业快速发展，集中式光伏电站装机达到410万千瓦。提前完成"十二五"淘汰落后产能目标。三大工业园区优势互补、竞相发展。高新技术产业、轻工业、装备工业均增长30%，资源类行业占比下降4.7个百分点，单位生产总值能耗下降2.7%，均为近年来最好成效。服务业结构升级。完善金融市场，普惠金融服务实现乡镇全覆盖，"新三板"挂牌实现零突破。健康养老、现代物流、电子商务、文化产业等快速发展，本土电子商务平台首次上线运营。邮政服务填补乡镇空白点270个。旅游业品牌发力，民航旅客年吞吐量突破400万人次，接待国内外游客突破2000万人次，旅游总收入突破200亿元。

二是突出项目带动，基础设施和生态建设迈上新台阶。紧紧抓住国家政策机遇，继续下大气力改善发展条件，提高环境承载能力。基础设施建设取得重大进展。历时五年的兰新铁路客运专线和西宁新站建成投运，我省跨进高铁时代。西格铁路关角隧道铺轨开通，实现了青藏线大提速。以通玉树高速化公路基本建成为标志，全省高速化公路突破2000公里。德令哈机场通航，花土沟机场校飞，民航发展进入快车道。引大济湟北干渠一期全线贯通、石头峡水库蓄水，调水总干渠可望近期全线贯通，全省各族人民期盼已久的水利"一号工程"取得重大突破。祁连机场和果洛、玉树主网网外6县联网工程全面开工，格敦铁路、果洛机场、牙同和花久高速建设等加快推进。探明深层卤水钾盐、有色金属等一批重要资源，地质找矿取得新突破。这些重大成果，增强了区域发展的竞争力。生态保护建设全面加强。认真落实生态保护第一的新要求，启动全省主体功能区规划，制定实施创建全国生态文明先行区行动方案和生态文明制度建设总体方案，以更大力度统筹推进生态保护、建设、治理和制度创新。三江源二期工程全面启动，探索完善易地搬迁群众可持续发展和生态管护机制，祁连山生态保护、青海湖流域综合治理、湟水流域百万亩人工林基地、南北两山绿化等工程顺利实施，治理区域增绿增水增收效果明显。湟水河水质基本达到水环境功能区划目标，黄标车淘汰、煤改气等走在全国前列，西宁市环境空气质量优良率达到72.8%。开展拉网式生态环保大检查，统筹开展木里矿区、生态敏感区、旅游景区、交通沿线和农村环境连片整治，环境面貌得到较大改观。经过努力，我省被国家批准为全国首批生态文明先行示范区，开启了生态文明建设的新征程。

三是加大统筹力度，新型城镇化和城乡区域协调发展实现新突破。把推进新型城镇化作为统筹城乡区域发展的关键举措，出台新型城镇化发展规划和城镇体系规划，强化支持各地特色发展的差异化政策。东部城市群强力推进。西宁主要经济指标增速跃居省会城市前列，对全省辐射带动作用进一步增强；海东城市建设和产业发展取得积极进展，在兰西经济区地位稳步提升。柴达木循环经济产业链建设扎实推进，环湖地区旅游文化等特色产业迅速发展，青南地区交通、能源和城镇基础设施明显改善，我省与甘川交界地区面貌呈现可喜变化，玉树灾后重建后续工作全面完成。有序推进农牧业转移人口市民化，城镇化率达到49.8%。改善城乡风貌，推动一体化建设，16个“美丽城镇”品质显著提升，300个“美丽乡村”建设全面完成，全省已有上千个村的村容村貌得到根本性改变。

四是全力保障投入，民生建设和社会事业达到新水平。面对财政收入增幅减缓的困难，通过调整优化支出结构等措施，民生投入超千亿元，占到全省财政总支出的75.6%，有力保障和改善了民生。就业创近年来最好水平。出台一系列政策措施，加强就业培训和公共就业服务，城镇登记失业率控制在3.2%，高校毕业生就业率达到89.4%。城镇新增就业超过6万人，转移农牧民就业117万人次。社会保障水平明显提高。实施养老、医疗、低保等11项提标政策，出台政府购买公共服务实施办法，统一城乡居民基本养老保险制度，完善残疾人保障和社会救助制度，推行城乡低保有进有退、动态管理，取得扎实成效。保障房建设走在前列。新建城镇保障房和各类棚户区改造11.05万套，完成农村住房建设6.5万户。历时5年的游牧民定居工程全面完成，11.3万户牧民入住新居。教育公平得到更好体现。投入155.9亿元，增长28.3%。学前三年毛入园率居全国中上水平，基本完成中小学标准化建设，农牧区义务教育经费保障补助标准持续提高，新组建的3所高等职业技术学院实现招生，高校学科专业结构进一步优化。医疗条件继续改善。投入80.1亿元，增长16.9%。医药卫生体制改革不断深化，县级公立医院改革、分级诊疗、大病医保等走在西部前列，医保住院费用支付比例提高到78%以上。全省人口自然增长率控制在8.49‰。文化惠民成效显著。深入实施文化建设“八大工程”，27个文化产业园区全面开工，收缴和置换非法地面卫星接收设备全部完成，广播、电视综合人口覆盖率分别达到97%和97.5%。扶贫攻坚取得实效。强化县级政府主体责任，建立精准识别和帮扶机制，在全国率先将财政扶贫资金及项目审批权限下放到县，减少贫困人口20.9万人，解决了27.7万群众的饮水安全问题。公共安全不断加强。各类生产经营性事故起数和死亡人数分别下降12.1%和14.6%，未发生重大食品药品安全问题。经过一年的扎实工作，十件民生实事全面兑现。

五是有力有序推进，改革创新和扩大开放迈出新步伐。把改革开放作为谋取新优势、创造新动力的根本之策，重点领域改革全面启动，生态文明制度建设、司法和医药卫生体制改革列入全国试点。在经济领域出台27项改革政策和51项配套措施，财税、投资、外贸和流通体制及国资国企改革取得实质性进展。土地承包经营权确权登记和经营权规范流转、集体林权流转、小型水利工程管理体制改革、主要污染物排污权交易等试点启动。全面实施商事制度改革，新增企业1.2万户，新增市场主体5.5万户。医药卫生体制、文化体制、户籍制度、目标考评等改革扎实推进。深化社会治理体制改革，着力创建民族团结进步先进区，推动基础设施和公共服务进寺院，促进了民族团结、宗教和顺。深化平安青海建设，依法推进社会治理，改革信访工作制度，改进法律援助服务，完善立体化防控体系，深入开展反分裂反渗透斗争，维护了社会稳定大局。

过去一年，我们大力提升青洽会、清食展、藏毯展和环湖赛等重大经贸文体活动的国际化专业化水平，大美青海影响力进一步提升。深度融入国家“一带一路”战略，加快推进互联互通，与中亚南亚国家建立多个合作平台，新缔结3对国际友好城市。深化对口援青合作机制，加大招商引资力度，到位资金突破600亿元，增长25%。出台支持政策，进出口总值增长22.5%。去年底我省向西开放的又一通道——格库铁路开工建设，西宁国际航空口岸建成开通，青海扩大开放进入新阶段。

六是坚持从严治政，政府自身建设和治理能力得到新加强。我们认真学习贯彻习近平总书记系列重要讲话精神，深入开展党的群众路线教育实践活动，推动“三基”建设，狠抓作风转变。各级干部深入基层一线调研督查，破解难题、促进发展的能力不断提升。我们努力简政放权，转变政府职能，新一轮省政府机构改革顺利完成，市州县机构改革全面推开，省行政服务和公共资源交易中心规范运行，市州县综合行政服务中心普遍建立。取消调整下放行政审批事项324项,提前一年完成了省级减少三分之一行政审批事项的任务。我们大力实施依法行政,出台深入推进依法行政加快建设法治政府实施意见。全面清理行政规范性文件,扩大政务公开,加强土地、矿产、民生、生态等重点领域的审计监督和行政监察,健全厉行节约长效机制,“三公”经费预决算实现全部公开。我们注重提高政府决策和行政透明度,自觉接受人大法律监督、工作监督和政协民主监督,广泛听取各民主党派、工商联和无党派人士的意见建议,办理人大代表建议447件、政协委员提案325件。提请省人大常委会审议地方性法规4件,制定政府规章5件。我们加大“双拥”、国防动员和后备力量建设力度,促进了国防建设和军民深度融合发展。

各位代表,过去的一年,我们经受住了复杂经济环境的考验,收获了一份付出艰辛努力、来之不易的成绩单,深化了对经济发展新常态和生态保护第一新要求的认识,积累了新常态下推动经济持续健康发展的经验,归结起来就是要坚持稳中求进、奋发有为,积小胜为大胜,积跬步致千里。过去一年的工作,为实现“十二五”目标乃至长远发展奠定了坚实基础。这是党中央国务院和省委坚强领导的结果,是全省各族人民共同奋斗的结果,凝聚着各方面的智慧和力量。在此,我代表省人民政府,向全省各族干部群众,向人大代表、政协委员、各民主党派和人民团体,向所有关心支持青海建设与发展的同志们、朋友们,表示衷心的感谢并致以崇高的敬意!

在总结成绩的同时,我们也清醒地看到经济发展新常态下面临的特殊困难和挑战。主要是:工业增速回落,投资拉动趋缓,稳增长的支撑亟待强化;要素保障和约束条件趋紧,过度依赖资源的路径和开发模式难以为继,调结构的力度亟待加大;财政减收因素增多,刚性支出增加,收支矛盾加剧,惠民生的能力亟待提高;市场化程度较低,市场主体核心竞争力和抗风险能力不强,促改革的进程亟待加快;行政不作为、慢作为等现象时有发生,新常态下善作为的能力亟待增强。我们要直面矛盾,迎难而上,努力加以解决。

二、2015年工作总体部署

今年是全面深化改革的关键之年,是全面推进依法治省的开局之年,也是全面完成“十二五”规划的收官之年,挑战与机遇并存。一方面,“两难、多难”问题更加显现,宏观经济增长放缓风险加剧;另一方面,国家更加注重定向调控,重点支持薄弱环节发展,建设“一带一路”,加大对西部地区的支持力度,继续推进藏区跨越式发展,为我们带来新的发展机遇。面对更加复杂的外部经济环境,正视自身转型发展中的矛盾和问题,我们既要增强忧患意识,强化底线思维,充分估计可能遇到的各种困难与风险,更要坚定信心,保持定力,振奋精神,牢牢抓住一切机遇,稳中求进,改革创新,努力以新常态下的新作风、新作为,凝聚科学发展的正能量、创造政府工作的新业绩。

今年政府工作的总体要求是,全面贯彻落实党的十八大、十八届三中四中全会和中央经济工作会议精神,深入学习贯彻习近平总书记系列重要讲话精神,按照省委决策部署,坚持稳中求进工作总基调,坚持以生态文明理念统领经济社会发展,坚持以提高质量和效益为中心,主动适应经济发展新常态,全力稳定增长,加快结构调整,狠抓改革攻坚,突出依法行政,强化创新驱动,持续改善民生,确保圆满完成“十二五”规划目标,确保经济平稳健康发展,确保社会和谐稳定。

主要预期目标是:生产总值增长8%,地方公共财政收入协调同步增长;城镇登记失业率控制在3.5%以内,城镇居民和农牧民人均可支配收入分别增长10%和12%,居民消费价格总水平涨幅控制在4%以内,单位生产总值能耗、主要污染物和二氧化碳排放总量实现“十二五”国控目标。这些预期目标,综合考虑了现阶段我省经济增长潜力和今年宏观经济环境,既可确保“十二五”规划圆满收官,又能为民生改善、生态保护、产业升级创造条件,做到缩小差距不动摇、增长调速不减势。需要说明的是,经济增长目标是预测性、指导性的,我们将加倍努力,争取实现更好结果。

做好今年政府工作,我们将坚持把“认识新常态、适应新常态、引领新常态”作为根本要求,着重把握三个要点。一是把握经济发展与生态保护的关键点,努力推动经济稳定增长。发展是我们解决一切问题的关键,增长是发展的基础;生态保护第一是立省之要,是我省面向未来发展的战略抉择。我们将贯彻省委决策部署,自觉以生态文明理念统领经济社会发展,加快转换经济发展动力,在守住生态红线的同时,确保增长不滑出底线,为稳定就业、居民增收提供支撑。重点是:抓住国家基础设施互联互通和培育新增长点的政策机遇,通过开发优势项目增加有效投资,形成多领域多元化支撑扩投资的新格局;主动把握消费升级和个性化、多样化趋势,更加重视发挥消费的基础作用,通过创新供给激活消费需求,形成多点支撑扩消费的新格局。二是把握稳增长与调结构的平衡点,加速培育壮大新的增长点。既保持经济中高速增长,又推动产业转型升级,是我们必须迈过的坎。我们将坚持以调结构为主攻方向,在战略上打好持久战,在战术上明确阶段性目标和时限,打赢攻坚战。重点是:全面推进科技、管理、市场、商业模式创新,优化产业结构,提升产业水平,提高劳动生产率和资本回报率,努力在打造经济升级版上取得更大进展。三是把握宏观政策与主动作为的结合点,全力推动政策红利转化为发展红利。抓住国家宏观调控政策蕴含的重大机遇,把国家和我省已出台的政策措施组合好、落实好,增强政策实施的针对性、协调性。重点是:实行更加积极的财政政策，充分发挥财政稳定器和逆周期调节作用；加大金融资源调控力度，保持社会融资和信贷投放规模持续增长；深化财政金融与产业、投资、价格等联动机制，努力发挥更大支撑作用。

三、2015 年主要工作任务

今年的压力仍然很大，任务十分繁重。我们将紧扣目标，强化举措，着力做好以下十个方面工作。

（一）抓项目、增投入，充分发挥投资对经济增长的关键作用。抓住用好投资这个“压舱石”和“顶梁柱”，争取固定资产投资增长15%。

强化重大基础设施项目牵引作用。围绕构建交通、能源、水利、信息、生态等五大支撑体系，持续谋划开工建设一批大项目。公路建设要适度超前，力争实现“三个基本、两个突破”，基本实现高速化公路通市州、二级以上公路通县区、硬化道路通乡镇，高速公路里程突破3000公里，二级以上公路里程突破1万公里。铁路建设要乘势而上，基本建成格敦铁路青海段，加快建设格库铁路，全力争取西成铁路开工。机场建设要大力推进，确保花土沟机场正式通航，果洛机场完成校飞，祁连机场和格尔木机场二期主体完工。能源建设要加快步伐，统筹推进水电、火电、太阳能和风电及电网能力建设，力争新增各类电站装机容量300万千瓦，全省电源装机总规模达到2100万千瓦。基本建成果洛、玉树6县主网联网工程，实现国家电网主网全覆盖，全面消除无电地区。水利建设要加大力度，在引大济湟工程“两贯通、一蓄水”基础上，尽早实现大通河向湟水河流域调水。全面建成引大济湟调水总干北干一期工程和石头峡水库，加快推进黄河沿岸水利综合开发等工程，开工建设引大济湟西干渠和蓄集峡水利枢纽、夕昌水库、黄河干流防洪等工程。信息化建设要紧跟前沿，加快实施“智慧城市”、4G网络、物联网、农村信息化示范省等重点工程，确保宽带乡镇全覆盖、网络实现村村通。生态工程建设要持久攻坚，抓好三江源生态保护和建设二期、祁连山生态保护综合治理等工程，启动新一轮退耕还林工程和青海湖流域生态综合治理二期前期工作，加快实施西宁、海东南北山绿化工程，筑牢“一屏两带”国家生态安全屏障。

突出项目前期和多元化投资两大关键。瞄准盯紧国家七大类重大投资工程和市场需求，加快重大项目储备和前期工作，推动西宁经昌都至昆明和格尔木至成都铁路、青海湖和久治机场、西宁轨道交通等前期工作取得积极进展。深化投资体制改革，争取中央投资增幅高于全国预算投资增幅，探索组建若干透明规范、可持续的投资开发公司，以PPP模式集中推出一批鼓励民营资本进入的示范项目。结合“十三五”规划编制，在基础设施、公共服务、产业发展、生态环保、新兴城镇化等方面深入谋划一批新的重大项目。

（二）抓三农、上水平，大力促进增产增效增收。三农向好，全局主动。继续加大投入，统筹整合涉农资金，提高农牧业补贴政策的精准性和效能，依靠新品种新技术新机制，有效提高土地产出率、综合利用率和劳动生产率，稳定粮食生产，着力提升农牧业产业化水平和竞争力，力争农牧业增加值增长5%。

发展现代高效农牧业。加快建设全国草地生态畜牧业试验区，实施生态畜牧业合作社规范化建设和奶牛“出户入园”计划，推广牦牛藏羊高效繁育养殖技术，促进畜牧业提质增效升级。加快发展循环农牧业，推动农牧交错地带草畜联动试点，加强人工饲草基地建设。围绕壮大区域特色主导产品，加快建设一批现代农牧业示范区，集中打造一批规模化、标准化生产基地，树立高原绿色有机品牌，从种养加销全产业链上拓展增值增效空间，争取主要农畜产品加工转化率接近50%，努力扩大中高端市场占有率。

改善农牧区生产条件。继续实施新农村建设八项实事工程。加强农田水利建设，完成规划内大中型灌区改造等任务。推进土地开发整理，开展永久性基本农田划定工作，启动耕地保护建设和质量提升行动，保护好良田沃土和绿色家园。提升设施农牧业发展水平，实施集中连片温室改造提升等项目，加快无公害蔬菜生产基地建设。完善农机具购置补贴政策，力争耕种收综合机械化水平达到54%。

推进农牧区综合改革。坚持土地公有制性质不改变、耕地红线不突破、农牧民利益不受损三条底线，开展土地承包经营权确权整县推进工作，扩大规范农牧区产权流转交易市场试点范围。稳妥推进农村宅基地制度、供销社和农垦等改革试点。积极引导土地、草场承包经营权有序流转，培育新型经营主体，重点发展种养大户、家庭农牧场、农牧民合作社，加快培养新型农牧民，实现多种形式的适度规模经营，进一步激发农牧民的创造、创新和创业活力。

（三）稳增长、调结构，着力推动经济提质增效升级。产业结构优化调整，是推动经济持续平稳发展的根本路径。以生态保护倒逼结构调整，以创新驱动助推产业升级，以市场和政府共同作用加速培育新的经济增长点。

力推工业经济平稳运行、提升质量。把稳增长作为当务之急，综合施策，最大限度地保企业保市场，重点支持500户规上工业企业稳定生产经营，为促就业、调结构提供支撑。力争规上工业增加值增长8%，完成工业投资850亿元，战略性新兴产业、高新技术产业增加值比重分别提高到10%和8%。突出抓好100个重大技术进步和100个技术创新项目，争取盐湖资源综合利用、铝镁合金等项目投产运营，实施锂电产业扩能提升、装备制造和轻工业发展、新材料产业链条延伸、关键技术突破等四大工程，推动精深加工取得新成效，电解铝产能就地转化能力提高到80%。优化实施地质找矿行动，力争资源能源保障水平有新提高。我省多年的实践表明，传统产业突破有道，新兴产业蓄势待发，只要培育特色、发挥优势，就一定能够让老树发出新枝，让幼苗长成大树。

力推服务业提速发展、创新业态。走专业化、特色化发展之路，实现服务业增加值增长9%。坚持旅游与文化体育深度融合、与三次产业联动发展，推动一批景区提档升级，开发一批旅游精品线路和冬春旅游产品，实施乡村旅游富民工程和自驾游行动，争取实现旅游人次增长10%、总收入增长18%。加快发展现代物流、研发设计、融资租赁、节能服务等中高端生产性服务业，力争东部国际物流商贸中心建成运营。推动电子商务、文化创意、互联网金融产业融合发展。启动养老家政、信息、旅游、住房、绿色、教育文化体育6大领域消费工程，让大众消费汇小溪成大河，力争社会消费品零售总额增长12%。

力推园区经济优势互补、竞相发展。突出项目、融资、科技、体制等关键环节，加快打造15个重大产业基地。推动西宁经济技术开发区特色化高端化发展，提升辐射带动能力。支持柴达木循环经济试验区加快实施循环化改造项目，延伸升级产业链条，全力推动工业经济企稳回升。加强海东工业园区招商引资，加快发展先进制造业和现代服务业，着力提升集约集聚发展水平。鼓励有条件的县建设特色产业聚集区和生产性服务平台，鼓励发展“飞地”经济，培育县域经济发展的新引擎。

力推各类市场主体快速成长、培育品牌。坚持抓大扶小，推动大中小企业联动发展、上下游产业对接共赢。深化行业整合重组，培育龙头企业，提升品牌竞争力。顺应生产小型化、智能化、专业化的趋势，加大对小微企业的政策支持，争取新增成长型小微企业1000户以上，新培育规上企业50户。把招商引资作为壮大市场主体的重要途径，既铺红地毯又把入口关，着力营造公平竞争环境，力争到位资金增长10%。

（四）当先行、做示范，合力推动生态文明建设迈上新台阶。坚持把生态文明建设融入经济社会发展的各方面，从主体功能、空间布局、产业结构和生产生活方式等方面系统谋划，统筹推进，深入实施生态保护建设工程，保护好大自然赐予的绿色财富，争当生态文明建设的排头兵。

加快节能减排和环境综合治理。实施好节能减排降碳工程，淘汰2005年底前注册的黄标车和老旧车辆，完成西宁市天然气管网覆盖范围内的煤改气，西宁、海东环境空气质量优良率继续保持在70%以上。全力抓好生态环境保护大检查发现问题的限期整改。深入开展“家园美化”行动，重点在三江源地区、铁路沿线、国省干道、旅游景区、主要乡镇所在地整体推进，提高乡村连片整治覆盖率。抓紧木里矿区环境综合整治，确保矿坑和渣山治理、植被和湿地恢复取得明显成效。深入实施清洁水行动，巩固提高湟水河治理成果，开展重点企业废水深度治理，提高水资源循环利用率。今年所有县城要建成污水处理设施并投入运营。

积极发展生态经济。编制全省产业结构和布局调整规划，以循环经济和生态产业为主要模式，支持建设一批生态型重点示范工程。在东部地区，抓紧谋划实施一批环保产业项目，努力创造竞争新优势。在柴达木地区，着力推动生态保护和循环经济耦合发展。在重点生态功能区，扶持发展生态畜牧业、民族传统手工业和民族文化产业，建设民族特色旅游商品生产基地。积极推动可可西里藏羚羊栖息地申报世界自然遗产等工作，着力打造一批世界级的生态品牌。

构筑生态文明制度新体系。健全实施主体功能区规划的配套政策和产业准入目录。制定全省生态保护红线规划，在重点生态功能区开展县域生态保护红线落地试点，强化生态保护属地责任。完善资源有偿使用制度，加大主要污染物排污权有偿使用和交易推进力度。完善草原生态保护补奖机制，全面启动国家公园体制建设试点工作，争取扩大国家重点生态功能区县域实施范围，开展青海湖湿地生态效益补偿试点。充分利用青海生态品牌的放大效应，动员全社会力量，共同维护“中华水塔”的生态安全屏障，让青海蓝、高原绿、江河源，为应对全球气候变化、建设美丽中国做出更大贡献。

（五）抓统筹、促均衡，扎实推进新型城镇化和城乡区域协调发展。坚持以新型城镇化为引领，完善点上开发、面上保护机制，健全以城带乡、区域合作机制，促进人口集中、产业集约集聚发展。

强化规划对城镇化的引导调控作用。全面落实新型城镇化发展规划和城镇体系规划，积极引导大中小城市和小城镇协调发展，体现时代特征、地域特色、人文特点，推动以产兴城、以城促产、产城融合，城镇化率超过50%，让全省一半以上人口在城镇安居乐业。坚持先规划后建设、先地下后地上，推动西宁、海东城镇地下综合管廊试点。引导城镇建设合理布局、节约用地，防止急于求成、盲目铺摊子。启动“三规合一”试点，推动海东和格尔木国家新型城镇化试点取得明显进展。

提升城镇建设管理和综合服务水平。建立健全多元化投融资体系，鼓励社会资本参与，共同推进市政基础设施建设，提高城镇承载能力和服务管理水平。支持西宁市充分利用南北高速环线，构建内网外环的交通新格局，有效解决交通拥堵问题。深化户籍制度改革，完善就业、教育、医疗、社保等配套政策，有序推动进城农牧民市民化，让他们生活得更踏实、更舒心。

加快美丽城镇和美丽乡村建设。围绕加快推动城乡一体化,在交通沿线和人口集中地区再建设16个“美丽城镇”,吸引社会资金投入,提升城镇功能和品质,增强城镇辐射带动能力。以新建300个“美丽乡村”为载体,统筹推进农牧区基础设施、住房建设、环境整治、文化惠民、农牧民素质提升等工程,促进田园风光和现代气息交相辉映。

推进区域特色发展和协调发展。全面落实主体功能区规划,完善实施差别化支持政策,让各地发展更具特色、更有活力,在打造“四区两带一线”区域发展品牌上取得新成效。重点打造东部城市群增长极,支持西宁加快棚户区、城中村改造和新片区开发,加快海东核心片区建设,提升城市承载力。加快柴达木地区基础设施建设和产业转型升级,增强发展后劲。推动环湖地区特色发展,打造绿色精品小城镇。推进青南地区平安与振兴,巩固玉树灾后重建成果,实现生态和生计共赢。

(六)补短板、促公平,加快社会事业繁荣发展。加大改革力度,创新政策举措,增加政府投入,凝聚社会力量,在提高公共服务能力上取得明显进展。

大力推动教育优先发展。加快教育改革,深入推进考试招生制度改革。全面实施学前教育二期三年行动计划。巩固“两基”成果,以实施“全面改薄”项目为重点,继续改善农牧区办学条件,推进城乡义务教育资源均衡配置。认真落实职业教育建设规划,为转型发展输送技能人才。继续优化高等教育学科专业结构。面对全省各族人民的共同期待,我们将乘势而上,加快构建现代教育体系,让孩子们获得更多改变命运的机会。

切实增强医疗卫生服务能力。全面推进新一轮医改综合试点,突出抓好公立医院改革、分级诊疗、医保支付方式改革三项重点任务,推动医改向提升质量、巩固完善、健全机制转变。提高基本公共卫生服务补助标准,实施一批基本公共卫生服务项目。加强基层医疗机构能力建设,加大省和市州级医疗机构建设力度,优化大型医用设备配置,进一步引导优质医疗资源向基层下沉,不断满足人民群众医疗服务需求。推进实施“单独两孩”政策,确保惠民生育政策落到实处,人口自然增长率控制在9‰。

以创新和人才推动科技进步。深化科技体制改革,深入推进“123”、“1020”等科技支撑工程,进一步完善以市场为导向、企业为主体、产学研相结合的技术创新体系,引导企业增加研发投入,增强创新驱动发展能力。加强产业链上下游合作,加快建成光伏产业、锂镁材料、特色生物资源等工程研发中心,实施集中攻关,突破关键技术。启动高新技术产业园建设,引导企业组建技术创新联盟。坚持培养与引进并举,实施“昆仑英才”计划,健全成果转化机制,强化人才和智力支撑。

促进文化体育繁荣发展。大力弘扬社会主义核心价值观,深化文化体制改革,推进文化建设“八大工程”,健全全省公共文化服务体系。推进喇家国家考古遗址公园、热贡和格萨尔(果洛)国家级文化生态保护区建设,基本建成省图书馆、文化馆和美术馆,繁荣文艺创作和文化市场。以文化产业园为平台,积极发展数字出版、网络广播电视、影视制作等新业态,文化产业增长12%。开展全民健身运动,加强城乡社区文体设施建设,推动公共体育设施免费或低收费开放,充分发挥现有场馆设施的作用。

依法推进社会治理。加快建设覆盖城乡居民的公共法律服务体系,深化“法律七进”活动,提高全民守法意识。深入推进平安青海建设,加强社区网格化、法治化治理,完善社会矛盾纠纷排查化解和预防机制,维护群众合法权益。继续推进基础设施和公共服务进寺院,依法加强宗教事务管理。完善立体化社会治安防控体系,坚决防范和打击境内外敌对势力的分裂渗透破坏活动。推进公共安全体系建设,加强对食品药品安全、公共卫生、安全生产、质量安全等重点领域的监管,坚决遏制各类重大事故发生。

(七)保基本、兜底线,稳步提升民生保障水平。民生无小事,枝叶总关情。今年继续集中75%左右的财力,优先安排基本民生项目,提高20项基本民生保障标准,再办好“十件民生实事”。一是扩大就业创业。完善政策,拓宽渠道,继续把促进高校毕业生就业作为重中之重,加强创业型城市、创业孵化基地建设和技能培训,支持大众创业。今年再安排机关事业单位考招8000人左右,新增生态公益岗位5300名。力争城镇新增就业5.9万人,农牧区劳动力转移就业105万人次。二是促进城乡居民持续增收。落实强农惠农政策,采取政策补贴、产业增收、劳务输出等措施,多渠道增加农牧民收入。实施调整机关事业单位基本工资标准和优化工资结构政策,建立县以下机关公务员职务和职级并行制度,规范完善乡镇工作补贴,落实国家调整艰苦边远地区津贴政策,完善最低工资标准调整机制。三是完善社会保险制度。继续提高企业退休人员和城乡居民基本养老金水平,启动机关事业单位养老保险制度改革,推动被征地农牧民、宗教教职人员参保工作,及时将企业下岗失业人员纳入社保范围。巩固完善医疗保险城乡统筹,提高城乡居民基本医疗保险筹资标准。四是完善养老服务体系。继续推进政府购买养老服务试点,提高高龄老人生活补助标准,加快社会养老服务设施建设,实施西宁、海东养老服务示范基地项目,全省每千名老年人拥有养老床位数由25张提高到30张。五是保障困难群体基本生活。继续提高城乡居民低保补助标准和管理水平,扩大重度残疾人保障范围,农村重度残疾人月人均生活补助标准提高50元。加大对流浪乞讨人员、困境儿童等弱势群体的救助保护力度。六是有效稳控市场物价。新建1万栋日光温室、5万亩无公害蔬菜生产基地,建设一批冷藏保鲜库,新改建10个农畜产品市场,在城市居民区增设便民市场,加强市场监管,提高农畜产品供给能力和流通效率,居民消费价格涨幅控制在合理区间。七是改善群众居住条件。实施各类棚户区改造6.5万套,开工建设公租房2万套,完成农村危房改造2.5万户、奖励性住房4万户,提高住房抗震节能水平,基本解决城乡困难群众住房问题。八是提升公共服务保障水平。农牧区寄宿制学校生均公用经费补助标准提高300元,学生营养改善补助标准提高200元。加快建设藏区28个县级文化馆、图书馆和530个村级文化活动室,完成"西新工程"五期和广电无线数字化覆盖工程,推进文化进村入户。九是优化人居环境。完成300个村庄的环境综合整治。实施城镇公路支网和公交加密延伸工程,支持西宁国家公交都市创建,努力缓解"出行难"问题。十是改善基层基础条件。健全村和社区公共服务经费保障机制,加快城乡社区综合服务设施建设。新改建农村公路5000公里、便民桥梁200座。全面解决农牧民的饮水安全问题。

(八)抓关键、求精准,奋力打好扶贫开发攻坚战。把扶贫开发摆在更加突出位置,紧紧围绕"两不愁三保障"的目标,建立完善贫困县考核、约束和退出机制,引导各种资源要素向贫困地区流动,力争贫困地区农牧民收入增速高于全省农牧民收入平均增速,全年减贫20万人,全面完成"十二五"减贫目标。

拓宽产业扶贫之路。围绕扶贫重点产业,扩大扶贫产业试验示范园区试点规模,做优做强扶贫产业。抓好生态扶贫工程,完善金融扶贫政策,继续实施光伏扶贫和旅游扶贫,开展电商扶贫试点,努力在产业富民上取得新进展。进一步推动"拉面经济"、民族工艺品、民族歌舞表演等提升质量、树立品牌,扩大市场影响力。

强化区域攻坚和精准扶贫。坚持以东部干旱山区、青甘川交界地区等特殊类型扶贫工作为重点,统筹实施一批水、电、路等配套设施项目。加强产业带动和综合治理,突出精准识别,真正做到项目资金、驻村帮扶到村到户。对不具备生存发展条件的地区,尊重群众意愿,采取多种形式,稳妥推进易地搬迁,不断改善生存发展环境。

更加注重智力扶贫。实施职业教育和致富带头人培训工程,完成贫困劳动力和"两后生"职业教育培训2.5万人。加快改善贫困地区办学条件,加强民族地区"双语"教育,决不让孩子们输在教育起跑线上,决不能任由贫困问题代际传递下去。

(九)抓机遇、强支撑,更好发挥财政金融杠杆作用。抓住用好国家宏观调控政策,大力推动财政和金融改革创新、加力增效,更好地服务实体经济发展。

实施积极财政政策。认真做好收入组织工作,依法加强税收征管,促进地方财政收入稳定增长,争取中央财政转移支付补助增长10%以上,发行地方债券规模适度增长,继续做大财力总量,优化支出结构,落实结构性减税和普遍性降费政策,加大对稳增长调结构促改革惠民生的支持力度。

深化财税体制改革。深化预算改革,建立全面规范、公开透明的预算管理制度。加大专项资金统筹整合力度,完善结余结转资金定期清理机制,激活"趴"在账上的存量资金,严控"三公"经费,防止"跑冒滴漏",让积极财政政策更好发力。建立规范的政府举债融资机制。改革财政投入方式,综合运用财政贴息、风险补偿、产业引导基金等方式,努力实现财政从直接投入为主向间接扶持转变。推进税制改革,清理规范财税优惠政策,力争全面完成营改增任务。完善省对下财政体制,提高一般性转移支付比重,着力提升县级政府公共服务能力。

加快金融创新发展。积极争取差别化信贷政策,力争各类贷款余额突破5000亿元,社会融资规模增长10%,金融资源投向重点产业园区、中小微企业、三农三牧、扶贫开发的增速高于社会融资规模增速。创新金融产品和服务,拓宽保险服务领域,推进农信社改制,推动青海银行优化布局,再引进2-3家银行入驻青海。积极培育2-3户企业上市融资,提高直接融资比重。加强融资担保体系建设,健全风险补偿机制,着力解决融资难、融资贵问题,确保重点企业资金链不断裂,坚决防止发生区域性金融风险。

(十)抓改革、促开放,不断激发创新和发展活力。发挥经济体制改革牵引作用,承接落实好国家出台的一系列重大改革措施,推出一些有特色、有亮点的改革,使改革红利有效转化成发展新动力。

深化重点领域改革。一是以自我革命的勇气推进简政放权。继续取消调整下放行政审批事项,切实把该放的权力放下去、放到位,对应当放给企业的权力松开手、不截留。上半年公布省政府部门权力清单和责任清单。推进并联审批,清理企业登记和投资前置审批,加快先照后证改革,加强事中事后监管。结合"三基"建设,打通服务"最后一公里"。稳步推进事业单位分类改革。启动公务用车制度改革。二是加快完善现代市场体系。全面推动公共资源交易市场化配置。健全产权、金融、技术、信息和劳动力等要素市场,促进其充分流动和合理配置。推进资源性产品价格改革,稳步放开大部分专业服务价格。加强社会信用体系建设,健全守信激励和失信约束机制。三是促进各种所有制经济共同发展。深化国资国企改革,推进国有资产管理体制改革,实施企业负责人薪酬制度改革,规范公司法人治理结构,积极发展混合所有制经济,切实增强国有企业的核心竞争力。着力创造权利平等、机会平等、规则平等的市场环境,促进民营经济拓宽领域、提升素质、加快发展。

加快构建开放型经济新体制。坚持向东和向西相结合,全方位、多层次、宽领域扩大开放。以西宁、海东、格尔木等城市为支撑，按照“五通”要求，深度融入“丝绸之路经济带”，加快形成“西融两廊、东联一带”开放新格局。鼓励企业走出去，增强利用省外资源和市场的能力。打造与丝绸之路沿线国家和周边省区航空、铁路、公路有效对接的现代交通网络，与沿海沿江地区加强区域通关一体化合作，建成曹家堡保税物流中心。继续举办丝绸之路沿线国家经贸合作圆桌会议，充分利用各种重大经贸文化平台，全力扩大对内对外交流合作。力争进出口总额增长12%。

我们深知，青海发展条件差，制约因素多，必须加快改革开放步伐，力争让青海成为全国行政审批事项最少、审批效率最高、创新创业环境最优的省份之一，使大美青海成为大众创业、万众创新和聚集人才、投资兴业的热土。

各位代表，编制“十三五”规划是今年的一项重要任务。我们将动员各方面力量，集中各方面智慧，科学制定未来五年的发展目标、重大项目、重点任务和政策措施，确保青海总体上与全国同步建成全面小康社会。

各位代表，今年我们将以深入推进依法行政为重点，进一步加强政府自身建设。全面落实依法治国、依法治省的决策部署，加快建设职能科学、权责法定、执法严明、公开公正、廉洁高效、守法诚信的法治政府，不断提升治理能力。坚持依法办事。完善重大民生工程决策听证制度和政府法律顾问制度，提高政府立法质量。加快电子政务建设，规范办事流程，充分发挥行政服务中心和公共资源交易中心作用。加强和改进行政执法，推进行政综合执法，解决多层、多头执法问题。推行政务公开。依法推进决策、执行、管理、服务和结果公开，落实政府新闻发言人制度，及时准确发布政务信息，积极回应社会关切，切实保障人民群众的知情权、参与权和监督权。强化监督问责。自觉接受人大法律和工作监督、政协民主监督，加强司法监督和财政、审计、监察等政府内部监督，接受社会监督。建立重大决策执行跟踪、终身责任追究及责任倒查机制。推进廉政勤政。巩固党的群众路线教育实践活动成果，健全作风建设的长效机制。坚持有腐必反、有贪必肃，对权力集中的部门和岗位实行分事行权、分岗设权、分级授权，把权力关进制度的笼子里。加强公务员队伍建设，健全约束和激励机制，强化责任和担当意识，增强行动自觉，发扬钉钉子精神，高标准干好每一件事，竭尽全力建设让人民满意的政府。

各位代表，民族团结是全省各族人民的生命线。我们将紧紧围绕民族团结进步先进区创建工作，认真落实中央民族工作会议精神，坚持各民族共同团结奋斗、共同繁荣发展，巩固和发展平等团结互助和谐的社会主义民族关系。我们将一如既往地支持国防和军队建设，深入开展拥军优属工作，认真落实优抚安置政策，满腔热情地为驻青部队办实事、解难事，使军政军民团结坚如磐石。

各位代表，青海正处在奋力打造三区、建设全面小康的关键时期，我们深感责任重大。让我们更加紧密地团结在以习近平同志为总书记的党中央周围，在省委的坚强领导下，改革创新，开拓奋进，全面完成“十二五”规划目标，为谱写中华民族伟大复兴中国梦的青海篇章而努力奋斗！

青海省2014年国民经济和社会发展计划执行情况与2015年计划草案的报告

——2015年1月22日在青海省第十二届人民代表大会第四次会议上

青海省发展和改革委员会

受省人民政府委托，现将2014年国民经济和社会发展计划执行情况与2015年计划安排草案提请省十二届人大四次会议审议，并请政协各位委员和列席会议的同志提出意见。

一、2014年全省国民经济和社会发展基本情况

2014年，宏观经济形势错综复杂，发展制约因素明显增多，压力超出预期。面对复杂局面和多方挑战，省委、省政府深入贯彻落实党中央、国务院各项决策部署，与时俱进探索完善治青理政思路与举措，带领全省各族人民坚持稳中求进、改革创新，积极作为、砥砺前行，奋力打造"三个升级版"，较好完成了省十二届人大三次会议确定和省人大常委会第十四次会议批准调整后的目标任务。呈现出"三稳四进"的特点：

"三稳"主要体现在：一是经济运行总体平稳。全年生产总值达到2301亿元，增长9.2%，增速位居全国第10位。稳定工业生产，强化要素保障和上下游产业对接，货运量、用电量保持快速增长，规上工业增加值增长9.1%。农牧业生产稳中有增，粮食产量连续七年超过百万吨，油料产量达到31.5万吨，蔬菜产量158.6万吨，肉类产量32.8万吨，农牧业增加值增长5.2%。强化对服务业发展的政策扶持，三产增速达到8.8%。旅游业呈现快速增长、品牌发力、消费向好的新亮点，民航旅客年吞吐量达到410万人次，接待国内外游客2005.6万人次，旅游总收入201.9亿元，增长27.3%。

二是就业形势稳定。出台了支持高校毕业生就业创业和促进农民工工作等政策，加大公务员考录、事业单位招聘、基层服务项目选聘力度，组织开展"春风行动"等系列转移就业活动。全年城镇新增就业6.14万人，登记失业率控制在3.2%，高校毕业生就业率达到89.4%，农牧民转移就业117万人次，就业创近年来最好水平。

三是市场价格平稳运行。实施"菜篮子"建设规划，加大市场建设投入，建成运行平价商店124家、平价市场3家，投入平价直销车41辆，实行不间断、高密度价格检查，全年CPI上涨2.8%，为近年来最低水平。落实促消费各项政策，多形式举办促消费活动，深入挖掘消费潜力，实现社会消费品零售总额614.6亿元，增长13%，人均消费突破万元大关。

"四进"主要体现在：一是投资带动能力进一步增强。投资总量迈上新台阶，全年完成投资2909亿元，增长21%，对稳增长发挥重要作用。民间投资迸发活力，完成1240亿元，增长21.5%；惠民生投资完成1125亿元，增长40.3%；基础设施投资突破千亿元，增长47.5%。循环经济和新兴产业投资占工业投资的比重超过70%。第三产业投资比重达到51.1%，同比提高4个百分点。一批全省人民翘首企盼的重大基础设施项目建成和顺利推进，兰新铁路客运专线和西宁火车新站建成投运，青海跨入高铁时代。西格铁路关角隧道铺轨开通，实现了青藏线大提速。格敦铁路建设顺利推进，格库铁路开工建设。共和至玉树高速化公路基本建成，隆大公路和牙同、花久等通州高速快速推进，全省高速化公路里程突破2000公里。民航发展进入快车道，德令哈机场通航，花土沟机场校飞，祁连机场全面开工，果洛机场加快建设。引大济湟北干渠一期全线贯通，石头峡水库下闸蓄水，调水总干渠可望近期全线贯通。果洛、玉树主网网外6县联网工程开工建设。地质找矿取得新突破，探明深层卤水钾盐、有色金属等一批重要资源。

二是结构调整步伐进一步加快。重大技术创新项目、技术改造项目、"双百行动"和科技"123"工程加快实施，轻工业增速达到30%，轻重工业比例明显变化，由上年底的10.4：89.6调整为12.8：87.2；装备工业和高技术产业分别增长30%和36.8%；制造业占比提高4.5个百分点，资源类行业占比下降4.7个百分点。电解铝省内加工转化能力达到70%，盐湖综合开发利用水平提升，合金材料、锂电池材料、生物医药等高技术产业快速发展。集中式光伏电站装机达到410万千瓦，形成比较完整的光伏产业链。西宁、柴达木、海东三大工业园区优势互补、竞相发展。淘汰水泥、铁合金落后产能27万吨，提前实现“十二五”全面淘汰落后产能的目标，单位生产总值能耗下降2.7%，为近年最好成效。农牧业发展势头良好，设施农业、生态畜牧业、林业经济等特色产业规模扩大、效益提升，特色种植比重保持在85%以上，水产养殖增长50%，林产业加快发展，枸杞出口跃居农产品首位，农畜产品加工率达到45%。我省被国家确定为全国首个草地生态畜牧业试验区，全国重要的有机畜产品生产基地正在形成。新型生产经营主体加快培育，全省农牧业产业化龙头企业达394家，农牧业专业合作社发展到6719家。服务业和消费结构优化。信息消费超过150亿元，本土电子商务平台首次上线运营，邮政服务填补了乡镇空白点270个。养老、健康服务业加快发展，设施建设有序推进。加快推进曹家堡保税物流中心，建成首家国际保税仓库，城乡物流网络进一步完善，现代物流业发展迈入新阶段。

三是生态保护建设力度进一步加大。在树立生态保护第一理念、强化政策措施、推进重大工程建设等方面开启新征程。三江源生态保护建设一期顺利扫尾验收，三江源二期工程启动并完成投资4亿元，祁连山生态保护和综合治理、青海湖流域综合治理、湟水流域百万亩人工林基地、南北两山绿化、三北防护林等重点生态工程有序推进。淘汰黄标车、煤改气等走在全国前列，西宁市、海东市环境空气质量优良率分别达到72.8%和71%，湟水流域水环境质量稳定达标。开展拉网式生态环保大检查，统筹开展木里矿区、生态敏感区、旅游景区、交通沿线和农村环境连片整治，环境面貌得到较大改观。

四是民生保障水平进一步改善。财政用于民生的投入占到总支出的75.6%，十件民生实事全面完成。推行工资集体协商制度，规范机关事业单位工资收入分配。进一步提高社会保障水平，相继出台养老、医疗、失业保险、城乡低保、高龄补助等11项提标政策。全年城乡居民人均可支配收入分别达到22307元和7283元，增长9.6%和12.7%，增速居全国第4位和第2位。基本完成中小学标准化建设工程，加快推进青海师大新校区、全面改善贫困地区义务教育薄弱学校基本办学条件等一批教育项目，农牧区义务教育阶段寄宿生补助标准持续提高，学前三年毛入园率居全国中上水平，新组建的3所高等职业教育学院实现招生，高校学科专业结构进一步优化。进一步加强基层医疗卫生服务体系等建设，县级公立医院改革、分级诊疗、大病医保等走在西部前列，医保住院费用支付比例提高到78%以上。启动实施我省“单独二孩”和取消生育间隔政策，全年人口自然增长率控制在8.49‰。深入实施“文化建设”八大工程，27个文化产业园全面开工，全省广播、电视综合人口覆盖率分别达到97%和97.5%。实施精准帮扶，完成360个整村推进和107个易地扶贫搬迁项目，全面加速推进产业扶贫和区域扶贫，全年减贫20.9万人，解决了27.7万群众的饮水安全问题。保障房建设力度加大，新建城镇保障性住房和各类棚户区改造11.05万套，完成6.5万户农村住房建设。历时5年的游牧民定居工程全面完成，11.3万户牧民入住新居。各类生产经营性事故起数和死亡人数分别下降12.1%和14.6%，未发生重大食品药品安全问题。

为了确保完成2014年目标任务，省委、省政府在全面安排部署的基础上，着力抓好以下几方面工作：

一是注重改革开放，着力激发市场活力。按照省委深化改革领导小组统筹安排部署，坚持从制约发展的最突出问题改起，经济社会领域各项改革稳步推进，出台了27项政策措施和51项配套措施，彰显了青海特色，激发了市场活力。加快推进行政审批制度改革，取消调整下放行政审批事项324项，清理修订不适应民营经济发展的法律法规和规范性文件，开展负面清单试点。推进商事制度改革，新增企业1.2万户、市场主体5.5万户。深化国资国企改革，制定国企负责人职务消费管理办法和企业财务预算管理办法。制定深化财税体制改革总体方案，改进财政投入方式，有力支撑了稳增长、调结构、惠民生重点支出。大力激发民间投资活力，公布九大类80项鼓励社会投资项目，首个PPP项目正式落地。医药卫生体制改革、户籍制度改革、教育考试招生制度改革等社会领域改革扎实推进。出台政府向社会力量购买公共服务实施办法。制定了深化文化体制改革实施方案，省互联网信息导控服务平台投入使用。探索推进生态领域改革，生态文明制度先行示范区试点获国家批准，编制完成江河源头重点区域探索建立国家公园体制方案，开展草原生态补偿绩效挂钩考核奖补试点，探索完善三江源地区异地搬迁群众可持续发展和生态管护机制，主要污染物排污权有偿使用交易试点、集体林权流转试点改革启动。深度融入丝绸之路经济带建设，大力推进互联互通，西宁国际航空口岸投入运营，年内开通三条国际航线，成功举办2014丝绸之路沿线国家经贸合作圆桌会议。“青洽会”、“清食展”、“藏毯展”、“环湖赛”等重大经贸文体活动层次提升、成果显著，“青洽会”签约金额达到1780亿元。成功举办“央企进青海”活动，与34家央企签约金额达到1500亿元。招商引资实际到位资金突破600亿元，增长25%。出台支持外贸稳定增长的措施，实现进出口总额17.2亿美元，增长22.5%。

二是注重谋划举措，着力稳增长调结构。强化形势研判，按季分析预测，抓住关键性、倾向性、潜在性问题，及时出台对策办法。坚持把稳增长放在首位，出台了扶持工业发展的“新十条”，创立互助储备资金，稳定重点行业生产，新培育规模以上工业企业50家。力促转型，出台实施化解产能严重过剩矛盾、支持轻工业发展、着力培养中小微企业、优化扶持服务业等方面举措。克服多种不利因素，全年完成地方公共财政收入252亿元，增长12.3%，全省总财力达到1502亿元。发挥财政资金“四两拨千斤”的撬动作用，在财政增收难度加大的形势下，整合盘活资金，统筹安排地方政府债券、中期票据、政府信用贷款等资金，集中用于稳增长调结构惠民生。争取中央专项资金520亿元，全年财政支出1366亿元，重点领域支出得到保障。召开金融工作会议，出台《深入推动金融业改革发展的若干政策措施》，全面完成普惠金融服务乡镇全覆盖目标，社会融资规模达到1412亿元，新增贷款784亿元，贷款余额4303亿元，增长22.4%。政策性金融工具效果突出，区域性资本市场加快发展，“新三板”挂牌实现零突破，建成铁合金期货交割厂库，首家社区银行、民间投融资服务中心成立，保险业保持良好发展势头。财政与金融的良性互动，有力放大了金融和社会资本的投入，对保持投资增长、支持产业转型升级发挥了关键作用。

三是注重分类指导，着力谋划区域发展新布局。在推动“四区两带一线”发展总体布局的同时，顺应发展大势，采取了一系列重大举措，促进了全省区域发展水平协调提升。召开东部城市群建设座谈会，推出了简政放权、基础设施建设、产业扶持等重要措施，安排专项资金实施一批重点规划项目，东部城市群建设加速推进，西宁主要经济指标增速跃居省会城市前列，海东城市建设和产业发展取得积极进展。召开柴达木循环经济工作座谈会，提出了6大类31条支持措施，下达专项引导资金，防止了海西工业大的波动。支持藏区特色发展，落实专项资金，稳步实施相关规划，藏区一批城镇供排水、供热、基层政权及社会事业项目进展顺利。召开果洛发展会议，切实落实支持果洛发展的相关政策。研究制定《我省与川甘交界地区平安与振兴工程的意见》，与川甘交界地区平安振兴工程全面实施。玉树灾后重建后续工作全面完成。支持海北、海南基础设施、特色产业发展。城乡一体化进程加快。实施主体功能区规划、新型城镇化规划等重大部署，增加城镇基础设施投入，16个美丽城镇和300个美丽乡村建设顺利实施，有力改善了城乡面貌和人居环境。放宽西宁市区落户限制，统一城乡养老制度，转户农牧民家庭纳入城镇住房保障范围。全省城镇化率达到49.8%。

四是注重主动作为，着力抓好工作落实。去年以来，省委、省政府领导全省上下深入贯彻中央精神，认真落实党中央、国务院稳增长调结构促改革惠民生各项决策部署，坚持从实际出发，积极应对新情况新问题，主动作为，善于作为；坚持稳增长与调结构、管当前与利长远、发挥市场主体作用与更好的政府治理相结合，采取了一系列创新性举措；坚持抓早抓实，突出重点工作，迅速分解任务，明确责任主体，各项工作有力有序、扎实推进，牵住了工作“牛鼻子”，赢得了发展主导权；坚持问题导向，强化督查落实，深入重点项目、企业厂矿，与基层干部职工群策群力，化解困难矛盾，协调解决问题，协力推动发展，发挥了强有力的引导带动作用。

总的来看，2014年是迎接挑战、开拓奋进的一年，全省经济社会保持了平稳持续较快发展的良好态势。在形势错综复杂、困难压力超出预期的情况下取得这些成绩实属不易，难能可贵。

二、2015年发展环境分析和主要目标

2015年是贯彻落实党的十八届四中全会精神、全面推进依法治国的开局之年，是全面深化改革纵深推进、激发创新创业活力的关键之年，是实现“十二五”规划和“三区”建设三年阶段目标的收官之年。我国经济发展进入新常态，给我们创造了新的发展空间和重要机遇。一是国家在继续实施区域协调发展总体战略的同时，在建设“一带一路”、支持西部地区基础设施建设、推进藏区跨越式发展、加大生态文明建设力度等方面已制定并陆续出台一批政策。特别是随着青海生态地位日益凸显，为我们带来了推动转型发展、改善民生的新机遇。二是国家宏观调控在实践中不断创新完善，创新驱动发展孕育着新的增长动力，加快实施重大工程，有利于提振市场信心、刺激需求，为持续健康发展提供了重要支撑。三是一系列改革措施将充分显现效应，改革红利不断释放，市场和社会活力不断激发，增长的内生动力进一步加强。四是我省经济平稳健康发展的基本面未变，基础条件不断完善，结构调整催生出新的增长点，自我发展能力不断增强。

在看到有利条件的同时，还应清醒认识到，在新常态下一些旧的结构性矛盾和新的制约因素相互交织，需正确看待，积极应对。一是工业增速回落，部分企业生产经营困难，效益不佳；社会投资意愿不强，重大项目接续不足，投资拉动趋缓。二是结构性矛盾更加突出，过度依赖资源的路径和开发模式已难以为继，新材料、新能源等新增长点正在孕育，但体量较小、发力仍需时日，三产增长缺乏新支撑。三是各种发展制约强化，原有的比较优势下降，统筹生态与发展的难度更大、要求更高、任务更重，市场化程度低，中小企业融资难、融资贵问题依旧突出。四是财政收入增幅明显回落，主体行业、主要税种减收，刚性支出增加，收支矛盾突出。面对这些挑战和“两难、多难”问题，我们必须直面矛盾，高度重视，创造条件攻坚克难，倾力解决，奋力前行。

在综合研判国内外发展形势、分析增长动力、兼顾发展需要和可能的基础上，省委十二届八次全会研究提出了2015年全省经济社会发展主要预期目标：生产总值增长8%，地方公共财政收入协调同步增长；城镇登记失业率控制在3.5%以内，城镇居民和农牧民人均可支配收入分别增长10%和12%，居民消费价格总水平涨幅控制在4%以内，单位生产总值能耗、主要污染物和二氧化碳排放总量实现"十二五"国控目标。这些预期目标，综合考虑了现阶段我省经济增长潜力和今年宏观经济环境，既可确保"十二五"规划圆满收官，又能为民生改善、生态保护、产业升级创造条件，做到缩小差距不动摇、增长调速不减势。需要说明的是，经济增长目标是预测性、指导性的，我们将加倍努力，争取实现更好结果。

三、2015年全省国民经济和社会发展主要任务和措施

做好2015年的工作，要深入贯彻十八大以来中央的一系列大政方针，落实好省委十二届八次全会工作部署，适应新常态，坚持尊重经济规律的科学发展、尊重自然规律的可持续发展、尊重社会规律的包容性发展，以生态文明理念统领经济社会发展，把稳增长放在首位，加快结构调整步伐，强化改革创新，下大力气培育新增长点，切实转换发展动力，更好地在资源富集、生态脆弱地区走出一条绿色循环低碳发展的新路子，确保"十二五"规划圆满收官。重点抓好以下工作：

（一）抓好项目、优化结构，提高投资带动能力。紧密结合国家政策导向和市场需求，着力研发优势项目，着力构筑多元投资格局，力争完成固定资产投资增长15%。

抓好重大基础设施项目。围绕国家七大类重大投资工程包，把有限的资金精准投向全局性、基础性、战略性领域，抓好对调结构、补短板、增后劲、惠民生具有重要作用的项目。交通。铁路以构建路网、提升能力为重点，基本建成格敦铁路青海段，加快建设格库铁路，力争开工建设西成铁路。公路以基本实现高速化公路通市州、二级以上公路通县区、硬化道路通乡镇为目标，重点推进新青川大通道、西宁绕城环线等项目，建成共和至玉树（结古）公路、西宁南绕城高速公路等，开工扎麻隆至倒淌河段以及一批农村公路等项目，力争高速公路里程突破3000公里，二级以上公路里程突破1万公里。机场，加快前期进程，确保花土沟机场正式通航，果洛机场完成校飞，祁连机场和格尔木机场二期主体完工。能源。力争大河家水电站、西宁火电厂等并网发电，开工神华格尔木火电厂等项目，全年新增各类电站装机容量300万千瓦，全省电源装机总规模达到2100万千瓦。建成龙羊峡水光互补二期工程，新增100万千瓦光伏电站并网发电。基本建成果洛、玉树6县主网联网工程，实现国家电网主网全覆盖，全面消除无电地区。水利。在引大济湟工程"两贯通、一蓄水"基础上，尽早实现大通河向湟水河流域调水。全面建成引大济湟调水总干北干一期工程和石头峡水库，加快黄河沿岸水利综合开发等工程，开工建设引大济湟西干渠和蓄积峡水利枢纽、夕昌水库、黄河干流防洪等工程。信息。加快实施"智慧城市"、4G网络、物联网、农村信息化示范省等重点工程，确保宽带乡镇全覆盖、网络实现村村通。

加强重大项目谋划。结合"十三五"规划编制，瞄准国家着力推进的中西部基础设施建设、保障房、信息网络、城市综合管廊、生态环境治理、健康养老等重点领域，加紧做深做实项目前期。争取西宁经昌都至昆明和格尔木至成都铁路、西宁轨道交通、久治机场、黄南机场、青海湖机场、那棱格勒河水库、西纳川水库等前期工作取得进展。抓紧建立完善重大项目库，提高项目成熟度，确保更多项目纳入国家项目库和专项规划。

着力推进投资主体多元化。积极争取中央投资增幅高于全国预算投资增幅。探索组建若干投资开发建设公司，推动政府融资平台企业化经营，集中推出一批以PPP模式鼓励民营资本进入的示范项目，着力激发民间投资活力。强化重点项目协同推进制度，制定下发目标责任清单，开辟绿色通道，优化审批流程，及时协调解决用工、土地、拆迁、资金等施工要素条件，定期公开通报进度。抓好项目管理，保障投资发挥效益。

（二）加大创新驱动培育新增长点。在优化存量、稳定增长的基础上，以创新引领、技术进步来加快结构调整步伐，着力提升产业核心竞争力，促进传统产业优化升级和培育新技术、新产品、新业态、新模式。

提升现代农牧业发展水平。全面落实中央1号文件精神，在稳定粮食生产能力的基础上，着力培育农牧业新的增长点，加快发展生态畜牧业，强化农牧业支持保护政策，全力推进农村发展、农业增效、农民增收，保持农牧业持续向好的发展势头，力争一产增加值增长5%。实施好新农村建设八项实事工程。加大农牧业科技推广示范力度，以生态保护为重点，大力推广节水、节地、节种、节能和循环农牧业技术。做实草地生态畜牧业试验区，制定《有机畜牧业发展规划》，做大饲草料产业。继续抓好六大现代农业示范区建设，集中力量建设一批规模化、标准化生产基地。实施品牌提升战略，确保质量安全，大力发展名特优新农畜产品，扩大牦牛、藏羊、有机枸杞等特色品种规模。全力打造沿黄流域冷水鱼养殖产业带，建设国家鲑鳟鱼网箱养殖示范区，新建高标准冷水网箱2万平方米以上。创新农畜产品流通方式，完善流通骨干网络，开展公益性农畜产品批发市场试点，充分发挥农牧区经济人作用，推广网上直销等模式。扶持农牧业产业化龙头企业20家以上，主要农畜产品加工转化率接近50%，努力扩大中高端市场占有率。

在稳增长中加快工业升级。继续执行好扶持工业经济稳定发展的各项措施，遵循市场经济规律，助推生产要素向特色优势产业、向优势企业、向条件适宜地区流动。突出抓好100个重大技术进步和100个企业技术创新等项目，力促盐湖资源综合利用、太阳能电池及组件、铝镁合金等高附加值、低能耗项目尽快建成投产，形成一批新增长点，力争规上工业增加值增长8%，战略性新兴产业和高新技术产业增加值比重分别提高到10%和8%，完成工业投资850亿元。加快培育制造业新优势，实施锂电产业扩能提升、装备制造和轻工业发展、新材料产业链条延伸、关键技术突破等四大工程，推动精深加工取得新成效。继续推进行业整合重组，电解铝产能就地转化能力达到80%。支持园区经济发展，加快打造15个重大产业基地，力争取得实质性成效。推动西宁经济技术开发区向特色化高端化发展，支持柴达木循环经济试验区加快实施循环化改造项目，加强海东工业园区招商引资，加快发展先进制造业和现代服务业，着力提升集约集聚发展水平。鼓励有条件的县建设特色产业聚集区和生产性服务平台，鼓励发展"飞地"经济，培育县域经济发展的新引擎。支持各类市场主体快速成长，对500户规上企业实行一企一策，全面落实支持小微企业发展的政策措施，争取新增成长型小微企业1000户以上，新培育规上企业50户。

积极打造服务业增长新引擎。着力调结构、转方式，向改革创新要动力，完善现有政策扶持体系，推动新兴业态发展壮大，确保服务业增长9%。力促生产性服务业向中、高端发展，细化专业分工，扶持工业设计、融资租赁等生产性服务业，制定文化创意、设计服务与相关产业融合发展行动计划。扶持专业化的节能服务、环境总承包、生态保护及环境恢复服务公司。大力发展现代物流业，推进朝阳现代生活资料物流园等项目，建成投运东部国际物流商贸中心、曹家堡临空保税物流园。推进国家电子商务示范基地建设，鼓励企业运用第三方电子商务服务平台。搭建电子商务与快递服务对接网络平台。实现高速公路ETC与全国联网。

增强科技创新驱动力。根据国家深化体制机制改革加快实施创新驱动发展战略的意见，制定我省实施办法，在有条件的地区、园区推进全面创新改革试验，着力打造若干具有创新示范和带动作用的区域性创新平台。加大政府投入，引导企业增加创新投入，力争重点企业研发投入占到销售收入的3%以上。发展科技服务业，精准实施"123"、"1020"科技支撑工程，争取国家新兴产业创业投资引导基金，创立科技成果转化基金，推动成果转化，带动产业发展，启动高新技术产业园建设。引导企业、院所、高校联合组建技术创新联盟，加强产业链上下游合作，加快建成光伏产业、锂镁材料、特色生物资源等工程研发中心。加快多晶硅冷氢化、储能电池材料等研发，突破一批共伴生矿深度利用等关键技术。坚持培养与引进并举，实施"昆仑英才"计划，健全成果转化机制，强化人才和智力支撑。

（三）积极有效增强内需拉动力。消费是最终需求，也涉及民生福祉。坚持以惠民生带动社会活力，打造多点支撑的消费增长环境，推动经济增长动力转换，力争全年社会消费品零售总额增长12%。

努力提升居民消费能力。通过增加收入、完善政策、改善环境，让群众能消费、愿消费、敢消费，使大众消费"汇小溪成大河"。持续促进居民增收，实施调整机关事业单位基本工资标准和优化工资结构的政策，建立县以下机关公务员职务与职级并行制度，规范完善乡镇工作补贴，落实国家调整艰苦边远地区津贴政策，完善最低工资标准调整机制。落实强农惠农政策，采取政策补贴、产业增收、劳务输出等措施，多渠道增加农牧民收入。建立农民工工资清欠长效机制，切实维护劳动者合法权益。密织扎牢社会保障安全网，继续提高企业退休人员和城乡居民基本养老金水平，启动机关事业单位养老保险制度改革，推进被征地农牧民、宗教教职人员参保工作，及时将企业下岗失业人员纳入社保范围。进一步完善失业、工伤、生育保险政策。继续提高城乡居民低保补助标准和管理水平，健全社会救助体系，兑现提高保障标准。

加快培育新的消费增长点。围绕国家重点推进的养老家政、信息、旅游、住房、绿色、教育文化体育6大领域消费工程，完善政策，改善环境，形成新增长点。到2015年底全省行政村通宽带比例达到92%，信息消费额完成180亿元，增长20%。推动文化体育旅游融合发展，推进一批景区建设提档升级，开发一批特色旅游精品线路和冬春旅游产品，实施乡村旅游富民工程，促进旅游产品转型，力争实现旅游人次增长10%、总收入增长18%。切实落实带薪休假制度。加快健康养老业发展，加大养老服务设施建设力度，实施西宁、海东养老服务示范基地项目，全省每千名老年人拥有养老床位由25张提高到30张。

（四）推动重点领域改革持续发力。把握"全面推进、突出重点、形成特色、健康运行"的总要求，落实中央改革部署，巩固深化已有成果，科学谋划即将启动的改革，先行先试一些有典型意义、具备条件的改革举措，确保改革任务有序衔接、亮点事项有新突破。

继续深化行政审批制度改革。继续取消下放审批权限，清理妨碍统一市场和公平竞争的相关规定，上半年公布各部门“权力清单”、“责任清单”，创新审批流程方式。再造优化审批流程，削减前置审批，推行集中窗口办理、并联审批、网上审批，强化事中事后监管。清理企业登记和投资前置审批，加快“先照后证”改革，推行“三证合一”。整合行政执法资源，推进综合执法。结合“三基”建设，打通服务“最后一公里”。建立各类事业单位统一登记管理制度，稳妥推进事业单位分类改革。启动公车制度改革。

加快财税体制改革。提高财政统筹能力，在县级以上财政全面编制涵盖公共财政、政府性基金、国有资本经营、社会保险基金四大方面的完整预算体系。加大专项资金统筹整合力度，完善结余结转资金定期清理机制，切实激活存量资金，提高财政资金使用效益。推进预决算细化公开，试编中期财政规划，硬化预算约束。全面推进营改增试点，扩大资源税从价计征改革实施范围。落实促进市场公平的政策，取消不合理行政事业性收费和政府性基金。加强地方政府性债务管理，建立政府债务预算编制、债券发行、风险预警等制度。执行偿还准备金制度，加强地方债务指标考核。

加快完善现代市场体系。全面推动公共资源交易市场化配置，健全产权、金融、技术、信息和劳动力等要素市场，促进其充分流动和合理配置。认真落实《青海省社会信用体系建设规划(2014－2020年)》，完成年度计划。实行企业黑名单制度。制定推进土地节约集约利用实施意见，加强经营性建设用地招标拍卖挂牌出让管理。

落实资源性产品、交通、环保、电信等价格改革措施，及时疏导价格矛盾，修订我省定价目录，缩小政府定价范围，稳步放开大部分专业服务价格。制定国有资产管理体制改革实施方案，实施企业负责人薪酬制度改革，出台国有资产交易流转监管办法，规范公司法人治理结构，积极发展混合所有制经济。

健全城乡一体化体制机制。推进户籍制度改革，完善差别化落户政策、进城落户农牧民参加社会保险和关系转移政策。制定农牧业经营实体发展的实施意见，稳妥开展供销合作社综合改革。全面推行农村集体建设用地宅基地使用权、土地承包经营权确权登记颁证，建设农村产权流转交易市场。完善国有林区经营管理体制。

（五）加快生态文明建设步伐。按照创建生态文明示范省工作部署，进一步推动重点生态功能区工作重心转移，加快构建走向生态文明新时代的空间格局、产业结构、生产方式和生活方式，努力实现生态美好、经济发展、百姓富裕的有机统一。

科学制定完善规划。修订柴达木循环经济试验区发展规划和青海省矿产资源规划，使之更好的体现出主体功能区要求。编制实施全省产业结构和布局调整规划，进一步明确产业结构调整方向。编制完成《柴达木地区生态保护和综合治理规划》，打造生态保护和循环经济耦合发展的示范模式。完成《青海省东部干旱山区国家生态屏障建设规划》。开展《青海湖流域及周边地区生态保护和建设规划》前期研究和编制工作。

着力实施重点生态工程。扎实推进三江源二期工程，科学制定24个单项工程实施方案，争取中央资金投入不少于8亿元。加快祁连山生态环境保护和综合治理，争取中央安排专项投资。有计划实施青海湖流域生态环境保护与综合治理，完成二期规划。加大退牧还草、退耕还林实施力度，力争将陡坡地、重要水源地和沙化地纳入新一轮退耕还林工程。继续实施天然林保护二期和西宁、海东南北山绿化工程。扩大城市绿地面积，西宁、海东分别建成3个、4个主题公园，完成西宁市南川河道和北川河道景观化改造。推动可可西里申报世界自然遗产工作。

大力推进环境综合治理。限期整改生态环境保护大检查发现问题，全力整治环境污染隐患。加大祁连山保护区保护力度，巩固扩大木里矿区整治规范成果，进一步推进已采矿区地质环境恢复治理，严肃查处各类违法行为。强化大气污染防治，治理工业区污染，实施21个工业烟粉尘改造项目，淘汰2005年底前注册的黄标车和老旧车辆，完成西宁市天然气管网覆盖范围内的煤改气，西宁海东环境空气质量优良率保持在70%以上。加大湟水河污染防治力度，开展以区县为单位的流域水质断面考核，建立流域水量调配机制，增加水环境纳污能力。开展“家园美化”行动，重点在三江源地区、国省干道、旅游景区、主要乡镇所在地整体推进，提高乡村连片整治覆盖率。完成300个村庄的环境综合整治。

加大节能减排力度。认真实施节能减排发展行动计划，严格落实目标责任，加快实施节能重点工程，完成重点行业专项对标活动。抓好海东市节能减排财政政策综合示范工作，完善配套政策，实施好重点项目，切实发挥示范引领作用。实施雨污分流管网改造、废水深度治理和中水回用工程，提高废弃物资源化利用水平。重点抓好宁北等电力脱硝设施和玉树、果洛10县污水处理设施建设，确保全省所有县城建成污水处理设施并投入运营。深入推进重点污染企业强制责任保险，加大主要污染物排污权有偿使用和交易推进力度。确保节能减排全面完成“十二五”规划目标。

构筑生态文明制度新体系。研究拟定与主体功能区相配套的环保、财政等政策措施及生态功能区产业准入目录。

制定全省生态保护红线规划，在重点生态功能区开展县域内生态保护红线落地试点，强化生态保护属地责任。引入市场机制，筹建青海省生态保护基金。完成自然资源调查，全面启动黄河源、长江源新型国家公园体制建设试点工作，争取扩大国家重点生态功能区县域实施范围，开展青海湖湿地生态效益补偿试点。柴达木循环经济试验区试点开展重要矿产资源开采回采率、选矿回收率、综合利用率"三率"奖惩机制改革，鼓励创建绿色矿山、发展绿色矿山。

（六）促进区域城乡协调发展。在继续实施好"四区两带一线"区域发展总体战略的同时，依据主体功能，抓紧研究细化已制定的有关政策文件和工作方案，力争在一些重点领域率先取得突破，形成分工合理、各具特色、优势互补、多元支撑的区域协调发展新格局。

重点打造东部城市群增长极。深入贯彻落实东部城市群建设工作座谈会精神，以提高承载能力为重点，加快推进新型城镇化，强化顶层设计，形成整体合力，推动同步发展。抓紧修编东部城市群建设总体规划及相关专项规划，开工建设西宁市双快工程、昆仑西路等项目，加快推进西宁市中心广场北扩、南川片区改造及海东市核心片区建设等项目，搭建城市框架，增强城市支撑能力。加大对城市群重点园区和重点县的基础设施投入力度，增强区域经济带动能力。

推动柴达木循环经济试验区转型升级。以产业结构调整为重点，落实好《柴达木循环经济试验区主导产业体系规划》，突出抓好盐湖化工、油气化工、金属冶金、煤气化工四大基础原材料产业链的延伸，大力培育新能源、新材料、特色生物三大战略性新兴产业。编制完成《青海盐湖资源综合开发利用规划》。组织实施好格尔木、德令哈、大柴旦、乌兰园区循环化改造示范工程。

促进环湖地区加快发展。依托青海湖品牌效应，打造环湖精品小城镇，构建民族文化旅游体育圈。建设生态畜牧业示范区，因地制宜发展农畜产品加工业。有序开发太阳能、风能等资源。实施好青海湖流域、祁连山水源涵养区生态保护和综合治理工程，切实保护好青海湖水源地和黑河、大通河等河流水源地林草植被，保护恢复湿地。

推进青南地区平安与振兴。深入实施《青海与川甘交界地区平安和振兴工程意见》、《加快果洛州经济社会发展的意见》，落实好已出台的各项举措，加大投入，解决制约发展的突出问题，促进经济发展、社会和谐、长治久安。巩固玉树灾后重建成果，提升运营管理水平。

加快新型城镇化步伐。全面实施《新型城镇化规划》，完善配套措施，抓好海东和格尔木两个国家级城市试点，力争全省城镇化率超过50%。推进美丽城镇建设，着力新打造16个重点城镇，提升城镇综合承载能力及公共服务水平。结合主体功能区规划，积极推动祁连、贵德、河南等县的"多规合一"试点，形成一个市县一本规划、一张蓝图。加快新农村新牧区建设，以住房、环境整治、基础设施配套为主，改善生产生活条件，努力新建成300个田园美、村庄美、生活美的"高原美丽乡村"。

（七）强化财政金融政策协同支撑作用。坚持把稳增长放在首要位置，强化财政、金融政策协同，充分发挥财政资金的引导作用，转变财政扶持产业发展的方式，鼓励金融产业加强对重点领域和薄弱环节的支持，为经济增长提供强力支撑。

实行积极有效的财政政策。千方百计做大财力总量，完善优化地方财政筹资方式，进一步盘活整合存量资金，争取发行地方债券规模适度增长，多方筹集资金，保障重大基础设施、生态保护、民生事业等项目建设。充分发挥财政逆周期调节作用，加大对服务业、中小微企业等领域的财税扶持力度，放水养鱼，减轻企业负担，培育财源。加大重点生态功能区转移支付补助力度，引导重点生态功能区政府加强生态环境保护。严格执行中央"八项规定"，严控"三公"经费。

提高金融服务发展能力。继续争取差别化信贷政策，做大信贷增量，力争各类贷款余额突破5000亿元，社会融资规模增长10%。优化信贷结构，力促金融资源投向重点产业园区、中小微企业、三农三牧、扶贫开发的增速高于社会融资规模增速。强化"点对点"融资服务，建立中小微企业信息平台，着力缓解融资难问题。高度重视，加强预警，综合施策，解决好重点企业现金流紧张问题，确保生产经营资金需求。在扩大直接融资上狠下功夫，积极培育2－3户企业上市融资，鼓励省内中小企业在股权交易中心挂牌，中小型企业集合债券、私募债等融资实现新突破。推进青海特色的大宗商品、贵金属交易平台建设。力争再引进2－3家银行入驻青海，探索推进我省首家民营银行建设工作。继续提升普惠金融层次和质量。

强化财政金融联动机制。依托财政资金引导金融资金先期投入，放大财政资金倍数，加大对重大公益性建设项目的支持力度。通过财政贴息、风险补偿、股权投资等方式，撬动信贷和社会资金加大对经营性领域和战略性新兴产业的支持力度。强化财政奖补资金引导作用，对特色农业保险给予一定风险补偿。继续以财政性存款撬动银行贷款，充分发挥省财政信贷风险补偿资金、中小企业信用担保、支农信用担保平台等作用，促进金融机构扩大信贷投放。

（八）促进社会事业全面发展。加大投入力度，组织实施好教育卫生等领域的社会事业项目，推进基本公共服务均等化,逐步健全覆盖城乡、设施完善、与经济社会发展相协调适应的公共服务体系。

推进教育优先发展。加快教育改革,深入推进考试招生制度改革,深化中小学教师职称制度改革。加快实施学前教育二期三年行动计划。全面改善义务教育薄弱学校办学条件,加快缩小区域、城乡义务教育差距。构建现代职业教育体系,实施高职单独招生扩面,进一步办好三所新设综合性高职院校和示范性职业院校,落实"一州一校"职业教育建设规划。实施好中西部高校综合实力提升计划,加快建设师大新校区,组建青海开放大学。进一步完善学生资助体系,农牧区寄宿制学校生均公用经费补助标准提高300元,学生营养改善补助标准提高200元。

加快医疗卫生事业改革发展。抓好新一轮深化医改综合试点,突出抓好公立医院改革、分级诊疗、医保支付方式改革三项重点任务,推动医改向提升质量、巩固完善、健全机制转变。进一步提高基本公共服务补助标准。增强医疗服务综合能力,加大省级、市州级医疗机构建设力度,优化大型医用设备配置,建立优质医疗资源向基层下沉机制,不断满足全省人民医疗服务需求。组织实施基层医疗卫生服务体系等项目,抓好全科医生规范化培养、转岗培训和农村定向医学生免费培养。做好重大传染病防控工作。加强计生服务,继续实施"单独二孩"政策,人口自然增长率控制在9‰。

促进文化体育繁荣发展。抓好环湖赛、青海文化旅游节、抢渡黄河极限挑战赛、世界杯攀岩赛、青海湖国际诗歌节等重大体育赛事及文化活动,提升影响力。深化文化体制改革,推进文化建设"八大工程",加快建设藏区28个县级文化馆、图书馆和530个村级文化活动室,推进文化"进村入户"。推进喇家国家考古遗址公园、热贡和格萨尔(果洛)国家级文化生态保护区建设,基本建成省图书馆、文化馆和美术馆。完成西新工程五期和广电无线数字化覆盖工程,力争全省广播、电视综合人口覆盖率均达到98%。开展全民健身运动,加快改善基层群众体育设施条件,推动公共体育设施免费或低收费开放。

(九)更加重视保障和改善民生。围绕基本民生和公共服务,精心谋划和办好民生"十件"实事工程,财政民生支出占比继续保持在75%左右,提高20项基本民生保障标准,让各族群众共享改革发展的成果。

全力促进创业就业。营造有利于大众创业兴业的政策环境,优化政府就业资金支出结构,继续实施好"大学生就业促进计划"和"大学生创业引领计划",力争高校毕业生就业率达到85%以上。推进创业型城市、街道、乡镇创建,组织首届创业大赛。推动落实农民工职业技能提升计划,提高农民工转移就业的技术层次和收入水平。重视解决隐性失业,强化就业援助,做好淘汰落后产能、企业破产重组失业人员的安置和再就业工作。完善公共就业和人才服务体系,提升公共就业服务能力,完成机关事业单位考招8000人左右,新增生态公益岗位5300名。全年新增城镇就业5.9万人,农牧民转移就业105万人次。

加快城乡保障房建设。建设公共租赁住房2万套,实施各类棚户区改造6.5万套、农村奖励性住房4万户、农村危房改造2.5万户,确保新建项目及时开工建设、续建项目按期竣工,基本解决城乡困难群众住房问题。建立健全保障性住房分配、管理等制度,积极推进"两房"并轨运行,完善租金定价机制,推行保障性住房共有产权工作。

加大扶贫开发力度。区域攻坚与精准扶贫相结合,统筹推进行业、社会扶贫,年内减贫20万人,全面完成"十二五"减贫目标。实施产业和易地扶贫搬迁项目,做大做强扶贫产业示范园,启动7个县光伏扶贫和50个村旅游扶贫试点,开展电商扶贫试点。加快推进东部干旱山区、果洛州、青海与川甘交界地区等特殊类型扶贫攻坚进程。更加注重智力扶贫,完成贫困劳动力和"两后生"职业教育培训2.5万人。完善农牧民生产生活条件,新改建农村公路5000公里,便民桥梁200座,全面解决农牧民的饮水安全问题。

多措并举稳控市场价格。加快实施"菜篮子"规划,提高"菜篮子"供给水平,着力抓好蔬菜、生猪、牛羊、奶业、水产品、果业等生产,继续推动蔬菜基地向黄河谷地转移、向柴达木地区拓展。继续实行"菜篮子"工程市、州长负责制和目标考核评价激励机制。落实基本菜田红线保护,集中连片建设设施蔬菜基地,加强优质畜产品基地和规模养殖小区建设,新建日光温室1万栋、5万亩无公害蔬菜基地,蔬菜面积稳定在70万亩以上。完善农产品流通和市场体系建设,新改建10个农畜产品市场,持续推进平价商店、批发市场建设。加大重要商品组织调运和储备力度,建设一批冷藏保鲜库,切实保障市场供应。加强市场价格检查和反价格垄断执法,整治规范流通环节秩序,有效查处各种价格欺诈行为,保障市场物价基本平稳。

(十)进一步扩大对外开放。把区域协调发展与对外开放有机结合起来,深入研究参与融入"一带一路"建设与贯彻落实中央战略部署的契合点,努力形成全方位的对外开放新格局。

谋划开放发展新布局。根据国家丝绸之路经济带构架,依托新亚欧大陆桥经济走廊和中国-中亚-西亚经济走廊,结合国家推进长江经济带战略,以西宁、海东、格尔木等沿线城市为支撑,以政策沟通、道路联通、贸易畅通、货币流通、民心相通为着力点，构筑交通枢纽、经贸产业园区、人文交流基地等开放合作新平台。抓好基础设施互联互通，落实国家相关规划，打造与丝路沿线国家和周边省区航空、铁路、公路有效对接的现代交通网络，开通连接丝路沿线国家的国际航线，力争使青海成为国家互联互通的战略通道，加快形成“西融两廊、东联一带”开放新格局。

推动经贸合作上水平。继续完善口岸功能，力争国际航空货运开通运营。开拓国际贸易渠道，建设一批面向中亚地区的藏毯、穆斯林民族服饰、清真绿色食品以及新能源、新材料、藏文化等省级出口基地，力争进出口总额增长12%。拓展对外承包工程业务，推进劳务合作，举办好境外经贸活动，在中亚、西亚建立中国(青海)特色商品营销中心。鼓励有实力的钾肥、有色冶金企业走出去，到境外投资兴业，推进尼泊尔粮油精炼厂等项目。组织举办丝绸之路沿线国家经贸合作圆桌会议，拓展外商投资信息交流渠道，提高人文交流水平，启动与土库曼斯坦互派留学生工作。

加大招商引资力度。瞄准要素集聚和培育市场主体，深化对接与央企、省外大型民营集团的合作，加大产业项目的招商力度，做实落地一批优势产业项目，实现招商项目对我省产业发展和投资增长的双促进。放开金融、教育等服务业外资准入限制。扩大本省企业对外投资合作。深化对口援青，确保80%的援助资金用于改善民生，建立学校、医院结对关系，继续推进支援省份在相关州县建设工业园区。办好2015年“青洽会”、“藏毯展”、“清食展”等展会活动，力争全年招商引资到位资金增长10%。

各位代表，完成2015年的经济和社会发展预期目标，任务重、责任大，让我们在省委的正确领导下，认真贯彻落实党的十八大、十八届三中四中全会和省委十二届八次全会精神，坚定信心，迎难而上，群策群力，扎实工作，为促进经济社会持续健康发展，全面完成“十二五”规划目标而努力奋斗！

青海省2014年财政预算执行情况和2015年财政预算草案的报告

——2015年1月22日在青海省第十二届人民代表大会第四次会议上

青海省财政厅

受省人民政府委托，现将2014年财政预算执行情况和2015年财政预算草案的报告提请省十二届人大四次会议审议，并请政协各位委员和列席会议的同志提出意见。

一、关于2014年全省预算执行情况

2014年，面对复杂多变的宏观经济环境和改革发展稳定的艰巨任务，在省委的坚强领导下，在各级人大及其常委会的监督指导下，全省各级政府及其财税部门深入贯彻落实党的十八届三中、四中全会和省委十二届六次、七次全会精神，坚持稳中求进的工作总基调，统筹稳增长、促改革、调结构、惠民生，圆满完成了省十二届人大三次会议确定的目标任务。

（一）公共财政预算执行情况

1. 全省执行情况。全省地方公共财政预算收入完成252亿元，为预算的100.3%，增加27.6亿元，增长12.3%。

全省公共财政预算支出完成1366亿元，为预算的96.8%，比上年增加115亿元，增长9.2%（剔除2013年玉树重建支出因素后，同口径增长12.3%）。其中，一般公共服务100.6亿元，增长3.2%；公共安全55.6亿元，增长18.9%；教育155.9亿元，增长28.3%；科学技术10.3亿元，增长23.3%；文化体育与传媒34.1亿元，增长32%；社会保障和就业148亿元，同口径增长16.5%；医疗卫生80.1亿元，增长16.7%；农林水事务190.1亿元，增长19.1%；交通运输204.7亿元，增长3.4%；住房保障67.8亿元，增长8.1%。

全省预算执行结果，总财力为1502.1亿元，同比增长10.8%，其中，地方公共财政预算收入252亿元，中央补助收入928亿元，地方政府债券收入107亿元，调入预算稳定调节基金72.2亿元，调入中期票据及政府性基金等91.2亿元，上年结余收入51.6亿元。全省公共财政预算支出1366亿元，安排预算稳定调节基金89.4亿元，上解支出1.4亿元。收支相抵后，结转下年支出45.3亿元（全省财政决算汇总及中央两级结算后预计还会有所变动）。

2. 省本级执行情况。省本级地方公共财政预算收入完成80.3亿元，为预算的100.3%，增加4.4亿元，增长5.7%。

省本级公共财政预算支出完成471.6亿元，为预算的93.5%，减少39.6亿元，下降7.8%。其中，一般公共服务20.6亿元，增长3.4%；公共安全24.2亿元，增长32.4%；教育23.5亿元，增长67.5%；科学技术5亿元，增长36.6%；文化体育与传媒13.5亿元，增长26%；社会保障和就业46.4亿元，下降29.6%；医疗卫生14.9亿元，下降4.6%；农林水事务34.5亿元，增长68.9%；交通运输189.9亿元，增长4.7%；住房保障8.8亿元，下降75%。省本级公共财政预算及部分项目支出下降的主要原因是，一方面，2013年省本级支出中包括玉树重建、中期票据、城镇保障房等一些支出，而2014年支出中没有这些因素。另一方面，为减少资金拨付中间环节，确保项目尽早实施，将以往列入省级支出的一些项目资金，直接拨付给各市（州）列支，从而减少了省本级支出。若剔除这些因素，公共财政支出同比增长11.7%。

省本级预算执行结果，总财力为584.9亿元。其中，地方公共财政预算收入80.3亿元，中央补助收入207.5亿元（中央补助收入928亿元，扣除对市州补助720.5亿元），地方政府债券收入107亿元，调入预算调节基金60亿元，调入中期票据及政府性基金等91.2亿元，上年结余收入38.9亿元。省本级公共财政预算支出471.6亿元，安排预算稳定调节基金75亿元，上解支出0.7亿元。收支相抵后，结转下年支出37.6亿元，实现了当年收支平衡。

（二）政府性基金预算执行情况

全省政府性基金总收入171.7亿元。其中，当年完成收入112.7亿元，为预算的113.4%，增加18.9亿元，增长20.1%，中央补助收入9.3亿元，上年结转49.6亿元。政府性基金支出完成122亿元，为预算的80.6%，增加19.1亿元，增长18.5%，调入公共财政预算20.4亿元，结转下年支出29.3亿元。

省本级政府性基金总收入63.8亿元。其中，当年完成收入26.6亿元，为预算的87.8%，减少1.9亿元，下降6.5%，中央补助收入-2.1亿元（中央补助收入9.3亿元，扣除对市州补助11.4亿元），上年结转39.3亿元。政府性基金支出完成25.3亿元，为预算的57.8%，增加6.6亿元，增长35.4%，调入公共财政预算20亿元，结转下年支出18.5亿元。

（三）社保基金预算执行情况

全省社保基金收入完成173.6亿元，增加23.1亿元，增长15.3%。社保基金支出完成155.8亿元，增加17亿元，增长12.2%。省本级社保基金收入完成114.1亿元，增加14.4亿元，增长14.5%。社保基金支出完成106.7亿元，增加16.3亿元，增长18.1%。

（四）国有资本经营预算执行情况

国有资本经营收入完成0.4亿元。国有资本经营支出完成0.22亿元（目前国有资本经营收支预算只是在省级各企业中组织实施，市、州尚未启动）。

需要说明的问题：一是关于调入其他资金情况。为弥补全省建设和发展资金不足，按照省委、省政府的总体要求和确定的重点项目安排，将中期票据资金70亿元全部纳入了预算（共募集100亿元，其中2013年募集60亿元，调入预算30亿元）。同时，将省本级历年政府性基金滚存资金20亿元调入公共财政预算，统筹用于支持东部城市群建设。二是关于新增财力使用情况。省本级在年度执行中新增财力为33亿元（含地方收入超收0.3亿元）。按照财政部关于建立跨年度预算平衡机制和省委、省政府工作要求，对于这块财力没有安排新的支出，全部用于补充省本级预算稳定调节基金。

各位代表，过去的一年，我们主要做了以下工作：

一是服务全省大局，推动科学发展。坚持把支持发展作为首要任务不动摇，紧紧围绕稳增长、转方式、调结构，综合运用财税政策，采取预算安排、预拨资金、整合专项等措施，投入资金455亿元，减免税收70.3亿元，积极保障重点项目资金投入，推动创新驱动发展，促进了经济平稳运行和提质增效。积极保障重点项目建设资金需求。统筹预算安排、地方政府债券、盘活存量、保障房私募债等资金，支持东部城市群、保障房、交通、水利、基础设施等重点项目建设，有效发挥了财政投资拉动经济增长的关键作用。力促工业经济提质增效。全面落实支持工业经济稳定增长、减轻企业负担、加快生产性服务业和流通业发展等一系列政策措施，增加企业技术改造、节能减排等方面的投入，支持工业结构调整和产业布局优化，促进循环经济加快发展。支持农牧业加快发展。通过增加预算安排、整合支农资金等方式，加大对“三农三牧”的投入力度，支持推进高原特色农牧业、现代畜牧业、农田水利、农业综合开发等项目建设，深入实施精准扶贫，全面落实粮食直补、农资综合补贴和农业保险保费补贴等强农惠农政策，促进了农牧业增产提效、农牧民持续增收。大力支持生态环境保护与建设。牢固树立生态保护第一的理念，积极支持三江源二期、祁连山、青海湖流域生态环境保护及退牧还草工程建设，推进西宁和海东南北山绿化工程，支持旅游景区、重点交通沿线和农村环境综合整治，加大东部城市群大气污染和湟水河等重点流域水污染治理投入，全面落实草原生态保护补助奖励和三江源生态补偿政策。促进城乡区域协调发展。积极跟进落实省委、省政府重大决策部署，把推进新型城镇化作为统筹城乡区域发展的关键举措，大力支持推进东部城市群、与甘川交界地区平安振兴工程、果洛黄南等发展薄弱地区、美丽城镇、美丽乡村等建设，促进区域协调发展。有效发挥财政金融联动作用。完善财政支持金融改革发展的政策措施，综合运用设立引导资金、注入资本金、股权投资、风险补偿、考核奖补等政策措施，支持国投公司、工业园区和省信保集团做大做强，发挥支农、创业、中小企业信用担保平台作用，引导金融机构扩大信贷投放，支持实体经济发展，着力解决中小微企业、“三农三牧”和大学生就业创业融资难、融资贵的问题，财政金融合力支持经济发展的作用得到有效发挥。

二是强化收入组织，力促总量增加。针对一年来工业减速、木里停产、水电减发以及新能源补贴渠道变化等影响，增值税、企业所得税等税收大幅下降，财政收入异常严峻的形势，把抓收入、增总量摆在突出位置，狠抓任务落实，确保了全省财政收支平稳运行。千方百计抓好收入组织。在认真测算分析，报请省委、省政府同意并提请第十四次人大常务委员会审议不再将公共财政收入作为收入目标任务和考核指标的基础上，按照收入底线目标，狠抓自有收入组织工作，坚持月度分析通报制度，量化分解各地区、各部门收入任务，加强工作协调，挖掘各方增收潜力，狠抓工作落实，全省公共财政收入实现正增长、地方公共财政收入增长12%的目标圆满完成。坚持不懈争取中央补助。把争取中央支持摆在更加突出的位置，密切跟踪国家政策投向的变化，创新工作方式方法，从各个层面积极反映我省的特殊性因素，努力寻找新的突破口和增长点，特别是在公路交通、基础设施和城镇保障房建设补助等方面取得了积极成效。全年共争取中央各类专项转移支付520亿元，同比增长13.7%，均衡性等转移支付补助311亿元，增长9.1%。切实强化财政支出管理。高度重视支出进度和效益，积极盘活存量资金、整合专项资金，督促项目主管部门加快项目实施，狠抓资金与项目对接，着力解决“资金等项目”的问题。分解落实各地月度支出任务，加快资金拨付和支出进度，提高支出有效性和均衡性。继续采取垫支、预拨等方式，保障省委、省政府确定的重点项目支出需求。牢固树立过“紧日子”的思想，加强源头控管，推进规范公务活动支出制度建设，落实“三公”经费等一般性支出压减5%的目标，坚决压缩一般性支出。

三是改善民生福祉，提升保障层次。始终坚持把提升民生水平作为重要任务，在财政收入减缓、收支矛盾加大的情况下，完善政策措施，通过统筹盘活财政存量、压缩一般性开支，进一步加大民生投入力度，统筹推进各项民生建设。全年财政用于民生的投入达到1032亿元，占到财政支出的75.6%。支持建立就业联动机制。实施大学生就业促进计划和创业引领计划，启动省级创业城市创建工作，健全完善了高校毕业生就业创业、培训等政策措施，出台政府购买城乡劳动力技能培训实施办法，推进基层就业公共服务平台和创业孵化基地建设，较好地促进了就业再就业工作。推动教育均衡协调发展。进一步完善农村义务教育经费保障机制，提高了公用经费补助标准，支持实施全面改善义务教育薄弱学校基本办学条件和学前教育三年行动计划，健全贫困学生资助体系，改善职业学校办学条件，优化高等教育布局和学科设置，不断提升各级各类教育教学质量。完善社会保障体系建设。统一城乡居民基本养老保险制度，调整提高城乡医保、低保、企业退休人员基本养老金待遇、重点优抚对象抚恤金等补助标准，继续实施儿童营养改善项目，支持推进县级公立医院综合改革，完善医疗卫生服务体系，社会保障能力和水平显著提升。促进城乡居民持续增收。调整提高了最低工资、企业退休职工养老金、城乡养老、医保、低保等补助标准，继续提高了惠农补贴和农村危房改造、奖励性住房等部分民生政策补助标准，规范调整机关事业单位津贴补贴政策，实现了城乡居民收入与经济发展同步增长。实施文化科技惠民工程。加大对农村文化建设的支持力度，深入实施广播电视村村通、文化进村入户、文化信息资源共享等文化惠民工程，继续支持公益性文化场馆免费开放。支持加强非物质文化遗产和重点文物保护工作，推进“西新工程五期”建设。加大旅游业投入，支持旅游宣传促销、重点旅游景区基础设施建设。综合施策稳控物价。支持实施新一轮“菜篮子”工程建设，加大黄河流域设施温棚建设力度，落实露地蔬菜生产、农副产品平价商店、农贸市场和平价粮油投放等补贴政策，完善社会救助和保障标准与物价上涨挂钩联动机制，有效平抑了市场物价。

四是深化财税改革，推进制度创新。按照全面深化改革的总体部署和要求，在积极配合全省重点领域改革的同时，细化改革任务举措，扎实推进财税改革。预算管理制度改革全面推开。推进预算信息公开，全省县级以上政府和预算部门向社会全面公开了预决算、“三公”经费支出等信息，公开面达到了100%。加大对重点专项分配公示力度，提高了财政资金分配使用透明度，以信息公开倒逼预算部门强化自我约束。启动政府购买公共服务试点，出台了政府向社会力量购买养老服务、残疾人服务、城乡劳动力技能培训、食品药品监督协管服务实施办法和工作方案，在西宁、海东启动了购买养老服务试点工作。加强政府性债务管理，从省级层面成立工作领导小组，扎实开展全省政府存量债务的清理、甄别、锁定，为加强债务管理奠定了基础。盘活财政存量资金，出台了关于加强财政管理盘活存量资金的意见和具体措施，分解量化目标任务，加大清理整合力度，全省共盘活存量资金358亿元，集中用于城镇化建设、生态保护、产业扶持和民生改善等方面。加大省本级历年政府性基金统筹使用力度，将20亿元调入公共财政预算，统筹用于省委、省政府确定的重点工程。创新财政投入方式，出台了指导意见，强化财政政策引导激励，发挥资金放大效应；设立特色产业引导基金、中小企业发展基金和外经贸发展基金，以阶段性参股方式，破解中小微企业融资难题；建立财政支持产业发展专项资金股权投资管理机制，实现财政专项资金的保值增值；开展政府和社会资本合作模式，启动了试点项目，吸引社会资本参与基础设施建设；开展支农资金切块到县试点，建立扶贫资金精准识别和帮扶机制。税制改革稳步推进。开展了铁路运输和邮政、电信行业纳入“营改增”扩围试点改革，全省试点企业减负面在90%以上，调整原油、天然气资源税适用税率，更多企业享受到改革红利。规范调整岩金矿资源税征收管理，实施煤炭资源税从价计征改革，贯彻落实企业年金和小微企业所得税、个人所得税递延纳税优惠政策，实施进一步支持小微企业增值税和营业税政策，政策效应初步显现。

五是严肃财经纪律，强化制度约束。在继续加强重点领域专项资金和政策落实监督检查的同时，加强源头治腐和廉政建设，建立健全管理机制，努力提高财政资金使用效益。加强预算执行及财务收支管理。按照省委关于开展重点领域腐败问题专项调查工作部署和要求，组织开展了财政资金使用管理突出问题专项调研，并坚持问题导向，制定印发了《进一步加强财政资金管理严肃财经纪律的意见》，有力维护了财经纪律的严肃性。会同审计部门在全省范围内开展了贯彻执行中央八项规定、严肃财经纪律和“小金库”专项治理及“回头看”工作，针对发现的违反财经纪律等突出问题，严肃追究有关人员责任，对管理薄弱的单位财务人员进行了培训。开展财政专户清理及对外借款检查，促进了财政资金安全管理。健全完善公务支出制度。建立健全厉行节约反对浪费的长效机制，出台了青海省省级党政机关会议、培训、差旅、接待费等8个公务活动支出制度，初步建立了刚性约束、严格执行、有效监督、严厉惩戒四位一体的立体式、全方位公务支出制度体系。改进政府采购监管模式。坚持简化程序与强化监管并重，加强需求管理和履约验收，加大政府采购信息公开力度，大力推进政府采购管理从程序导向型向结果导向型转变。

各位代表，回顾一年的工作，全省收支任务圆满完成，支持发展保障有力，民生投入持续加大，改革创新深入推进，财政监督得到加强。这些成绩的取得，得益于省委坚强领导和科学决策，得益于各级人大及其常委会的监督指导，得益于财政部及社会各方面的理解支持。同时，我们也清醒地认识到，财政改革发展中仍面临不少困难和问题，主要是：受经济增长放缓、工业品价格下跌、企业效益下滑，以及实施结构性减税等多重因素影响，财政收入中低速增长已成为常态化；推进重大项目建设、促进企业转型升级、加快经济结构调整、推动城乡区域协调发展、保护和改善生态环境、提升民生保障层次等，都需要大量财力投入，财政保障难度加大，收支矛盾异常尖锐；财税体制改革任务繁重，专项资金项目繁杂、多头管理和零星分散等问题突出，部分资金长期沉淀，使用效益不高；一些地区和部门财政财务基础管理薄弱，预算执行不严格，随意改变资金用途，巧立名目虚列支出等违纪问题时有发生，管理水平亟待提升；政府性债务管理存在潜在风险，一些地区落实债务管理政策不严格，债务规模增长较快，债务率已普遍接近或超过风险警戒线，偿债压力增大，风险不容忽视。对这些问题，我们将高度重视，创新举措，采取有效措施，认真加以解决。

二、关于 2015 年全省财政收支安排和省本级预算草案

根据省委十二届八次全会对全省经济工作的总体部署，2015 年全省预算编制和财政工作的总体要求是：全面贯彻党的十八届三中四中全会、中央经济工作会和省委十二届八次全会精神，坚持稳中求进工作总基调，坚持以生态文明理念统领经济社会发展，坚持以提高经济发展质量和效益为中心，主动适应经济发展新常态，深入推进财税体制改革，继续实施积极的财政政策，加快推动转方式调结构，强化风险防控；盘活存量，用好增量，优化财政支出结构，有保有压，确保重点领域特别是民生支出；坚持依法理财，加强财政管理，提高财政资金使用效益，促进经济持续健康发展和社会和谐稳定。

根据上述要求及全省经济社会发展预期，2015 年主要预算指标安排如下：

（一）公共财政预算安排。全省年初总财力安排 1127.3 亿元。其中，地方公共财政预算收入安排 272.2 亿元，中央补助收入 647.7 亿元（含中央提前预告 2015 年专项补助 229.5 亿元。受中央清理、压缩专项转移支付等影响，预告专项较上年的 258.9 亿元减少 29.4 亿元），提前纳入地方政府债券收入 40 亿元，统筹调入各类资金 122.1 亿元，上年结转 45.3 亿元。

全省公共财政预算支出安排 1132 亿元，比上年年初预算增长 7.2%。主要安排：一般公共服务 74 亿元，增长 9.1%；公共安全 45.6 亿元，增长 7.3%；教育 142 亿元，增长 13.1%；科学技术 9.5 亿元，增长 8%；文化体育与传媒 21 亿元，增长 7.7%；社会保障和就业 150 亿元，增长 11.3%；医疗卫生 47.4 亿元，增长 12.9%；节能环保 66 亿元，增长 14.2%；交通运输 103 亿元，增长 8%；住房保障支出 70 亿元，增长 2.9%；农林水事务 150 亿元，增长 8.3%；其他各项支出 253.6 亿元，下降 0.9%。上解支出 0.3 亿元。安排省本级财政赤字 5 亿元。

省本级年初预算总财力安排为 480.6 亿元，增长 15.1%。其中，地方公共财政预算收入 86.4 亿元，中央补助收入 232.4 亿元（中央补助 518.9 亿元，扣除对市州补助 286.5亿元），提前纳入地方政府债券收入 40 亿元，统筹调入各类资金 122.1 亿元（包括调入预算稳定调节基金 70 亿元，盘活历年财政存量资金 50 亿元，统筹调入基金预算收入 2 亿元等），上解支出 0.3 亿元。再加上中央提前预告部分专项及上年结转 74.1 亿元后，总财力为 554.7 亿元。

省本级支出预算为 559.7 亿元。具体项目为：一般公共服务 14.7 亿元，增长 9%；公共安全 16.8 亿元，增长 9.8%；教育 48.2 亿元，增长 12.8%；科学技术 5.3 亿元，增长 8.4%；文化体育与传媒 7.5 亿元，增长 12%；社会保障和就业 72.2 亿元，增长 9.1%；医疗卫生 33 亿元，增长 12.8%；节能环保 27.1 亿元，增长 17.4%；交通运输 82 亿元，增长 3.8%；住房保障支出 38 亿元，增长 2.9%；农林水事务 65.2 亿元，增长 10.5%；其他各项支出 149.6 亿元，下降 10%。与财力相抵后，安排财政赤字 5 亿元。

需要说明的是，今年全省及省本级地方公共财政预算收入与全省生产总值增幅协调同步增长，按预期增长 8% 进行了安排，执行中结合国家推进“营改增”等税制改革情况，适时按相关程序进行调整。

（二）政府性基金预算安排。全省政府性基金收入安排 84.4 亿元，政府性基金支出安排 88.9 亿元。省本级政府性基金收入安排 26.9 亿元，政府性基金支出安排 31.3 亿元。

（三）社保基金预算安排。全省社会保险基金收入安排 197.9 亿元，社会保险基金支出安排 169.5 亿元。省本级社会保险基金收入安排 124.7 亿元，社会保险基金支出安排 115.5 亿元。

（四）国有资本经营预算安排。全省国有资本经营收入安排 0.35 亿元，国有资本经营支出安排 0.33 亿元。省本级国有资本经营收入安排 0.22 亿元，国有资本经营支出安排 0.2 亿元。

为全面贯彻落实省委十二届八次全会精神和省政府的决策部署，综合分析全省经济社会发展面临的形势和影响财政收支的各种因素，在安排 2015 年省本级预算时，总体把握和考虑了以下几个方面：一是努力做大预算盘子。结合全省经济社会发展实际，继续实施积极的财政政策，地方收入安排与全省经济社会发展预期相衔接，保持了同步协调增长。同时，将中央提前预告的财力性补助和部分专项资金纳入了预算，并统筹加大各类资金调入使用力度，努力保障各方面资金需求。二是努力保障重点支出。按照“统筹兼顾、突出重点”的原则，积极跟进省委、省政府决策部署，努力保障重大项目、结构调整、民生改善、生态保护、城镇化建设和深化改革等方面的重点支出需求。三是调整优化财政支出结构。按照省委、省政府的要求，省级专项资金安排按照突出重点、兼顾一般的原则，在确保重点项目及民生改善需求的同时，对其他项目通过调整存量、优化增量解决。部门预算专项坚持零增长，严格控制一般性支出安排，对“三公”经费继续进行压减。四是创新财政投入方式。遵循“分类指导、市场导向、动态管理、激励约束”的原则，加强财政政策与其他改革的协同配合，进一步健全完善财政产业发展支持体系，综合运用预算安排、财政贴息、风险补偿、创业投资基金、金融激励等多种方式引导撬动社会资本，推动以财政直接投入为主向间接扶持转变。

按照“有保有压、保障重点、兼顾一般”的原则，省本级年初预算重点安排了以下项目：一是在政府公共投资方面，安排资金106.3亿元，增长29.8%，支持基础设施及推进城镇化建设、项目前期、公益性项目贷款贴息、水利建设和交通等，增强可持续发展能力。二是在支持推进工业结构调整及转型升级方面，安排资金35.8亿元，增长10.3%，支持循环经济、工业“双百”工程、技术创新及节能减排、服务业发展和地质勘探等，促进工业经济提质增效。三是在支持服务业发展方面，安排资金9.8亿元，增长10.6%，支持服务业及商贸流通、金融业、民航和旅游业加快发展，培育新的经济增长点。四是在支持农牧业发展方面，安排资金34.5亿元，增长14.8%，支持现代农牧业、农业综合开发、扶贫攻坚、种粮直补、美丽乡村建设等，推动农牧业发展方式转变，促进农牧业增产增效、农牧民增收。五是在支持生态建设和环境保护方面，安排资金26.6亿元，增长29.4%，支持用于生态补偿、环境保护、“三江源”二期建设、城乡环境综合整治等，促进生态环境改善。六是在支持社会保障与就业方面，安排资金17.5亿元，增长24.4%，支持提高企业退休人员和城乡居民养老金、医保筹资、最低生活保障补助标准，鼓励创业就业等，提升保障层次和水平。七是在支持保障住房建设方面，安排资金34.7亿元，增长10.5%，统筹用于农村危房改造、奖励性住房、城镇保障性住房等，改善城乡居民人居条件。八是在支持社会事业发展及社会治理方面，安排资金61.3亿元，增长17.2%，支持各类教育均衡发展，提升公共卫生服务水平，支持医药卫生体制改革，深入实施文化惠民工程，强化社会治理，促进社会事业协调发展。九是在其他方面，安排资金80.5亿元，增长13.1%，统筹用于政府债务还贷、支持重点改革、调整职工收入政策等。

三、锐意进取，扎实工作，确保2015年财政工作任务圆满完成

2015年是全面落实党的十八届三中、四中全会各项改革部署的关键之年，是全面推进依法治省的开局之年，也是实施“十二五”规划的收官之年。做好各项财政工作，对于坚持正确方向、全面深化改革、奋力打造“三区”、建设全面小康，促进经济持续健康发展具有重要意义。我们将重点抓好以下工作：

（一）发挥职能作用，着力促进经济稳定增长。抓住和用好国家宏观调控政策，进一步明确财税政策加力增效的着力点，定向调控，精准发力，稳增长、促发展、补短板、添后劲。一是加大政府公共投资力度。继续通过预算安排、预拨资金、盘活存量、整合专项，做大财力总量，优化投资结构，重点支持交通、水利、城市基础设施、重大民生工程建设，发挥投资拉动经济增长的关键作用。加快推进城市基础设施建设投融资体制改革，设立投资基金引导社会资本投入，切实提高投资效率。二是推动产业转型升级。支持循环经济发展，推动工业结构调整及转型升级，鼓励企业淘汰过剩产能。加快培育战略性新兴产业和现代服务业，扶持壮大中小企业。进一步实行减税和落实普遍性降费，减免涉及小微企业的有关行政事业性收费和政府性基金，切实减轻小微企业负担。三是支持扩大消费需求。认真落实省政府关于鼓励消费的政策措施，完善小额担保贷款贴息等政策措施，努力扩大就业，多渠道促进城乡居民增收。支持特色品牌商品巡展推介会等品牌宣传推广活动，推动现代物流、电子商务加快发展，培育新兴消费热点。四是落实科技创新驱动战略。优化整合科技专项，加强科研项目资金管理，建立适应不同类型科研项目特点的支持机制。支持加快推进科技重大项目工程，增加科技成果转化引导基金规模，吸引更多社会资金、金融资本支持科技成果转化。五是支持农牧业发展方式转变。统筹整合支农资金和项目，支持加快设施农牧业发展，加强农田水利基础设施建设，提升农业综合生产能力。强化生态畜牧业发展基础，大力支持有机畜牧业生产基地建设。支持培育新型经营主体，扶持专业合作社规范化建设。健全农业补贴政策体系，支持新一轮退耕还林还草试点工作，适当提高天然林保护补助标准。支持精准扶贫开发，大力实施特困地区整村推进、易地搬迁、特色优势产业发展，加大技能培训工作。深化农牧区综合改革，支持开展土地承包经营权确权工作，积极引导草场承包经营权有序流转，促进农牧区体制机制创新。六是加大生态建设和环境保护力度。按照《青海省生态文明先行示范区建设实施方案》，把生态环境保护作为保障重点，深入实施生态立省战略。加快三江源二期、青海湖领域、祁连山生态保护和综合治理等重大工程建设步伐，加大铁路沿线、国省干道、旅游景区和木里煤田环境综合整治力度。完善生态补偿机制，搞好各类规划、项目的整合衔接，逐步扩大补偿范围，适度提高补偿标准。健全完善激励约束机制，强化企业减排治污的主体责任，加大节能减排力度，支持实施大气污染防治行动计划。

（二）做大财力总量，着力增强财政保障能力。今年可能是我省近年来财政经济形势最困难的一年。针对财政减收增支因素明显增多的新情况，我们将比以往任何时候更加重视收入组织工作，准确把握财政经济走势和国家税制改革影响，坚持底线思维，既要增强忧患意识，又要坚定工作信心，进一步强化财政增收举措，努力保持财力规模合理增长，为改革发展提供有力支撑。狠抓收入组织工作。密切跟踪宏观经济和企业经营情况的变化，强化收入预测和预算执行分析，加大对重点地区、重点行业、重点税种和重点企业的征管力度，依法治税，应收尽收。结合全面清理规范税费减免、先征后返等财税优惠政策，进一步规范政府非税收入管理征缴制度。切实加强国有资本经营收益、行政事业单位资产经营性收入的征收管理，提高公共资源使用效率。全力做好中央专项争取工作。准确把握国家政策导向，深入分析挖掘我省面积基数、高海拔、行政运行成本、生态服务功能重要性系数、民众贫困程度等特殊因素，坚持不懈做好国家专项资金争取工作，努力寻找新的增长点，争取中央财政转移支付补助增长10%以上。继续强化财政金融联动。充分发挥财政对金融的撬动作用，支持加快完善地方金融市场体系，推动金融工具创新，引导金融机构扩大信贷投放，更好地服务实体经济发展。完善农业保险政策，逐步扩大农业保险覆盖面。建立政府性担保基金，支持融资担保机构抵御风险能力。继续抓好外贷、引资等工作，积极争取外国政府和国际金融组织贷（赠）款项目，促进政府投资与社会投资良性互动，多渠道、多层次做大政府支配资金规模。高度重视支出管理。按照“统筹兼顾、突出重点、有保有压”的原则，积极跟进中央和省委、省政府的决策部署，进一步调整优化财政支出结构，盘活存量，优化增量，确保重点支出需要。加快各部门、各单位预算批复进度和转移支付资金下达进度，积极盘活以前年度存量资金。牢固树立长期“过紧日子”的思想，从严控制一般性支出，切实把有限的资金用在刀刃上。

（三）加大资金投入，着力保障和改善民生。充分考虑经济减速、结构调整、财政收入增速下降等带来的新情况、新矛盾，按照“守住底线、突出重点、完善制度、引导舆论”的总体要求，继续集中75%左右的财力，统筹支持实施好民生实事工作，切实发挥政府保障民生的兜底作用。落实就业优先战略。落实完善促进就业创业财税政策，优化政府就业资金支出结构，加强政府公共就业服务能力建设，健全完善培训机制和补贴制度，鼓励创业带动就业，推动落实城乡劳动力就业技能提升计划。促进城乡居民持续增收。全面落实惠农补贴、草原生态补偿等政策，调整机关事业单位基本工资标准和优化工资结构，以及艰苦边远地区津贴政策，推进县以下机关建立公务员职务和职级并行制度，促进城乡居民收入持续增加。加快推进养老保险制度改革。适当提高企业退休人员基本养老金待遇、城乡居民基础养老金月人均标准、城乡居民医疗保险筹资水平。支持推进政府购买养老服务试点，认真做好机关事业单位养老保险制度改革工作。扎实做好社会救助和社会福利工作。坚持“托底线、救急难、可持续”原则，全面实施临时救助制度，提高城乡居民最低生活保障标准，支持扩大并提高重度残疾人保障范围及标准。支持稳定物价。密切关注物价走势，充分发挥财政政策稳定物价的作用，支持做好化肥、农药、肉、茶叶等省级重要商品物资储备，全力保障物资有效供给。认真做好成品油价改后对部分弱势群体和公益性行业的财政补贴工作。支持改善人居环境。继续实施棚户区改造、公租房建设、农村危房改造、奖励性住房等安居工程，着力解决城乡困难群众住房问题。统筹推进农村饮水安全、道路设施等建设，支持实施农村环境综合整治和美丽乡村建设。支持教育事业发展。支持推进学前教育发展，实施第二期学前教育三年行动计划，完善农村义务教育和特殊教育经费保障机制，继续支持实施全面改善中小学薄弱学校基本办学条件建设项目，支持加强职业教育基础能力建设，研究制定高等、中等职业教育生均拨款和生均公用经费保障机制，健全教育资助政策。支持深化医药卫生体制改革。全面推进深化医药卫生体制改革试点，支持住院医师规范化培训工作，适当提高城乡居民医疗保险筹资、干部体检费补助标准，健全完善城乡居民大病保险。支持推动文化改革发展。加强公共体育场馆设施建设，支持博物馆、纪念馆、大型体育场馆免费或低收费开放，继续支持文化进村入户、文化信息资源共享等工程。加大对重点旅游景区基础设施建设和旅游宣传促销的支持力度。支持完成“西新工程”五期建设和广电无线数字化覆盖工程。完善支持深化文化体制改革的财政政策，促进文化产业发展。与此同时，结合国家民生政策和改革措施，把加大投入与完善制度有机结合起来，建立健全民生项目绩效考评机制，注重在完善机制、健全制度、规范运行、加强监管上下功夫，提高民生投入绩效，着力解决欠公平、效率低、供给不足等问题。

（四）全面深化改革，着力增强财政发展内生动力。按照中央深化财税体制改革的统一部署和省委、省政府工作要求，结合省情实际，主动跟进衔接，统筹推进财税体制改革任务。在深化预算管理制度改革方面，认真贯彻落实新修订的《预算法》和国务院深化预算管理制度改革决定的实施意见，建立县以上政府涵盖公共财政、政府性基金、国有资本经营和社会保险基金的全口径预算体系，并加大政府性基金、国有资本经营收入统筹调入一般公共预算力度。改进预算管理和控制方式，完善跨年度预算平衡机制，积极试编三年滚动财政规划。完善结余结转资金定期清理机制，分类、分层次加大统筹整合使用力度，强化对部门结余结转资金管理，激活财政存量。清理整合、规范压缩专项转移支付，严格控制新增项目和资金规模，建立健全专项转移支付定期评估和退出机制。深入推进预算信息公开，规范预算公开工作流程，扩大公开范围，细化公开内容。创新财政资金投入方式，健全完善产业扶持发展政策，推动以财政直接投入为主向间接扶持转变。鼓励推广使用政府和社会资本合作模式，大力推进政府购买服务。健全完善政府性债务管理制度体系，实行市（州）债务规模控制和分类管理，严格限定举债程序和资金用途，加强债务风险预警监控，积极化解存量债务，防范化解财政风险。在全省县级以上试编权责发生制的政府综合财务报告。全面规范税收等优惠政策，进一步清理行政性收费和政府性基金。改革完善省对下财政转移支付制度，推进县级基本财力保障机制，逐步提高一般性转移支付占比，促进地区间财力均衡和基本公共服务均等化。在推进税制改革方面，按照国家的统一部署，积极推进建筑业、房地产业、金融保险业和生活服务业等“营改增”扩围改革。组织实施煤炭资源税费改革，配合做好环境保护税、房地产税调研立法工作。在推进财政体制改革方面，结合中央与地方事权和支出责任划分进展情况，做好省和市（州）政府间部分重点领域事权和支出责任划分的前期准备工作。

（五）坚持依法理财，着力提高财政管理水平。认真落实省委全面推进依法治省的实施意见，坚持法治思维，强化宣传培训，规范财政权力运行，将依法理财、科学理财融入财政管理活动的各个环节。全面加强财政法治建设。加强财政法制宣传教育，带头学习、宣传和遵守新《预算法》，切实增强各级财政干部的法治观念和法治意识，提高依法理财的能力和水平。认真贯彻落实《预算法》、《政府采购法实施条例》，积极推进我省相关法规制度修订工作。加大政务公开力度，严格执行重大事项民主决策、专家咨询、听证等制度，确保决策的合法性。抓好财政违法行为处罚处分条例的落实，严肃查处各种财政违法行为。硬化预算执行约束。严格控制和规范预算追加，加强部门预算执行及动态监控，预算一经批复，不得随意调整。按照分事行权、分岗设权、分级授权的要求，围绕政策制定、预算编制、资金分配、政府采购和行政审批等各个环节，研究建立和实施财政部门内部控制制度，增强财政部门落实决策部署的执行力，有效防范各类业务风险，确保财政干部廉洁和财政资金安全。强化财政绩效监督管理。完善预算管理绩效体系，强化支出责任和效率意识，逐步将绩效管理范围覆盖各级预算单位和所有财政资金。注重绩效评价结果应用，将评价结果作为调整支出结构、完善财政政策和科学安排预算的重要依据。加大对重大政策落实、民生等重点专项资金、预算执行等情况和会计信息质量的监督检查力度，严格责任追究，坚决制止和纠正违反财务管理制度和财经纪律的行为，确保政策有效落实，财政资金安全规范使用。与此同时，紧扣全面建成小康社会、全面深化改革、全面推进依法治省的目标任务，科学编制财政“十三五”规划，突出问题导向，研究提出具体思路和政策措施，发挥规划对财政工作的引领和指导作用。

各位代表，今年财政工作的任务繁重艰巨。我们将在省委的坚强领导下，在省人大及其常委会的监督和支持下，攻坚克难、勇于担当、务实苦干、开拓创新，努力完成各项工作任务，为促进全省经济社会持续健康发展做出新的贡献！

附：

名词解释

公共财政预算：指政府凭借国家政治权力，以社会管理者身份筹集以税收为主体的财政收入，用于保障和改善民生、维持国家行政职能正常行使、保障国家安全等方面的收支预算。

政府性基金预算：指政府通过社会征收基金、收费，以及发行彩票等方式取得收入，专项用于支持特定基础设施建设和社会事业发展等方面的收支预算。

社会保险基金预算：指根据国家社会保险和预算管理法律法规建立、反映各项社会保险基金收支的年度计划。具体包括企业职工基本养老保险、失业保险、城镇职工基本医疗保险、工伤保险、生育保险等。

国有资本经营预算：指政府以所有者身份从政府出资企业依法取得国有资本收益，并对所得收益进行分配而发生的各项收支预算。建立国有资本经营预算制度，对增强政府的宏观调控能力，规范国家与国有企业的分配关系，建立健全国有资本收益收缴管理制度，推进国有经济布局和结构的战略性调整，加快经济发展方式转变，集中解决国有企业发展中的体制性、机制性问题具有重要意义。

预算稳定调节基金：指为保持财政收支预算平稳运行而建立的具有储备性质的资金，其目的是以丰补歉。按照有关规定，预算稳定调节基金主要从本级公共预算当年超收收入、财力性结余、政府性基金滚存结余、统筹整合盘活财政存量及本级政府批准的其他收入等渠道筹集。调节基金主要用于弥补公共财政预算编制的收支缺口、重大减收因素造成的资金缺口，以及解决党委、政府决定的重大事项所需资金等。在安排或补充基金时在支出方反映，调入使用基金时在收入方反映。

财政存量资金：指存放于财政部门及预算单位而未形成

实物工作量的各类财政性资金(亦即结余结转资金)。

积极财政政策:也称扩张性财政政策,是政府为防止经济衰退而采取的一种宏观经济调控政策。主要通过增发国债,扩大政府公共投资,增加政府支出,实行结构性减税等财政手段,促进社会投资和居民消费,扩大社会总需求,拉动经济增长。

"营改增":指营业税改征增值税改革的简称,它是国家实施结构性减税的一项重要举措,旨在减少重复征税,支持经济结构调整,促进相关行业发展。具体为,以前缴纳营业税的应税项目改成缴纳增值税,也是对于产品或者服务的增值部分纳税,减少了重复纳税的环节。这项改革自 2013 年在全国范围试点以来,已扩大到交通运输业、部分现代服务业、铁路运输、邮政和电信业。按照中央的部署,今年力争将扩大到建筑业、房地产业、金融业和生活服务业等领域。

政府购买公共服务:指政府按照法定程序和采购目录,将原来由政府直接承担或通过事业单位承担的公共服务事项,以合同方式交予有资质的社会组织来完成,并根据后者提供服务的数量和质量,按照一定标准进行评估后支付服务费用。其主要方式是"市场运作、政府承担、定项委托、合同管理、评估兑现",主要涵盖大多数公共服务领域,特别是养老、教育、公共卫生、文化、社会服务等。它是市场经济条件下社会发展的一项新生事物,也是建设公共服务型政府的有效途径,既体现了政府追求效率和转变职能,又促进了社会组织的发展成熟,是政府与社会组织合作的一种崭新方式。

政府和社会资本合作模式(简称为 PPP 模式):指在基础设施及公共服务领域建立的一种长期合作关系。通常是由社会资本承担设计、建设、运营、维护基础设施的大部分工作,并通过"使用者付费"及必要的"政府付费"获得合理投资回报,政府部门负责基础设施及公共服务价格和质量监管,以保证公共利益最大化。推广运用这种模式,其实质是政府购买服务,是促进经济转型升级、支持新型城镇化建设的必然要求,有利于拓宽城镇化建设融资渠道,形成多元化、可持续的资金投入机制,盘活社会存量资金,激活民间投资活力;是加快转变政府职能、提升国家治理能力的一次性体制机制变革,有利于简政放权,更好地实现政府职能转变,弘扬契约文化,体现现代国家治理理念;是深化财税体制改革、构建现代财政制度的重要内容,实现从单一年度的预算收支管理,逐步转向强化中长期财政规划。

政府综合财务报告制度:指政府财政部门按年度编制以权责发生制为基础的财务报告制度,报告的主要内容包括政府财务报表(资产负债表、收入费用表等)及其解释、财政经济状况分析等。这项制度从根本上突破了传统财政决算报告制度仅报告当年财政收入、支出及盈余或赤字的框架,能够完整反映各级政府所拥有的各类资产和承担的各类负债,从而全面反映政府真实的财务状况。

预算绩效管理:是以目标为导向,以政府公共部门目标实现程度为依据,进行预算编制、控制以及评价的一种预算管理模式。其核心是通过制定公共支出的绩效目标,建立预算绩效考评体系,逐步实现对财政资金从注重资金投入的管理转向注重对支出效果的管理。我省出台实施的财政预算管理综合绩效考评机制,是以财政支出绩效为重点,涵盖所有财政资金,对基层财政和预算部门的预算编制、执行和监管各环节的管理情况进行全面综合考评的一种管理制度,以加快建立"预算编制有目标、预算执行有监控、预算完成有评价、评价结果有反馈、反馈结果有应用"的预算绩效管理模式,其目的是为了进一步提升财政、财务管理水平,提高财政资金使用效益。

青海省2014年国民经济和社会发展统计公报[1]

青 海 省 统 计 局

国家统计局青海调查总队

2015年2月26日

2014年，面对经济下行压力增大、市场需求持续走弱的不利局面，省委、省政府准确研判，积极作为，主动适应经济发展新常态，抓好国家重大决策部署的贯彻落实，针对全省经济发展实际，实施一系列改革政策和配套措施，着力解决经济运行中出现的新问题、新矛盾。全年全省经济呈现出增长平稳、结构优化、质量提升、民生改善的良好态势。

一、综合

年末全省常住人口583.42万人，比上年末增加5.63万人。按城乡分，城镇290.40万人，占49.78%，比上年末提高1.27个百分点；乡村293.02万人，占50.22%。少数民族人口274.09万人，占46.98%。全年人口出生率14.67‰，比上年高0.51个千分点；人口死亡率6.18‰，与上年基本持平。全年人口自然增长率8.49‰，比上年高0.46个千分点。全省人户分离的人口[2]为102.34万人，其中流动人口[3]87.38万人。

表1　2014年年末常住人口数及构成

指标名称	人口数（万人）	比重（%）
常住人口	583.42	100
#城镇	290.40	49.78
乡村	293.02	50.22
#男性	297.19	50.94
女性	286.23	49.06
#0－14岁	117.03	20.06
15－64岁	424.79	72.81
65岁及以上	41.60	7.13
#少数民族人口	274.09	46.98

全年全省地区生产总值[4]2301.12亿元，按可比价格计算，比上年增长9.2%。分产业看，第一产业增加值215.93亿元，增长5.2%；第二产业增加值1232.11亿元，增长10.0%；第三产业增加值853.08亿元，增长8.8%。第一产业增加值占全省地区生产总值的比重为9.4%，第二产业增加值比重为53.5%，第三产业增加值比重为37.1%。人均地区生产总值39633元，比上年增长8.2%。

图1　2014年地区生产总值增长速度

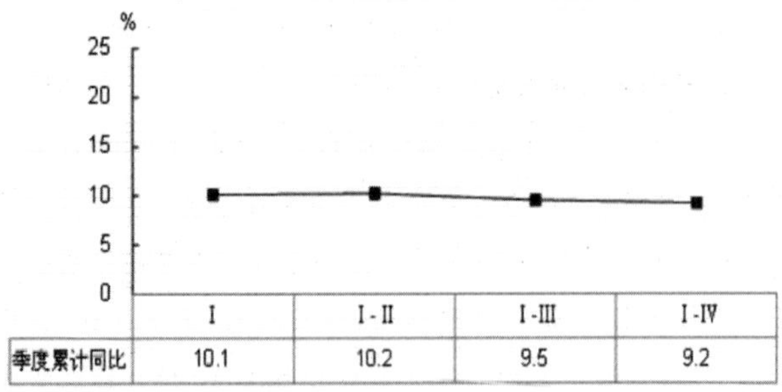

全年全省公共财政预算收入385.47亿元，比上年增长4.6%。其中，地方公共财政预算收入252.03亿元，增长12.3%；中央公共财政预算收入133.44亿元，下降7.4%。实现增值税101.96亿元，比上年下降5.5%；企业所得税55.00亿元，下降9.5%；营业税77.85亿元，增长10.7%；个人所得税15.71亿元，增长33.2%。全省公共财政预算支出1365.98亿元，比上年增长9.2%。其中，教育支出增长28.3%，科学技术支出增长22.8%，文化体育与传媒支出增长32.0%，医疗卫生与计划生育支出增长16.9%，农林水支出增长19.1%，城乡社区支出增长9.2%，住房保障支出增长8.1%，交通运输支出增长3.4%，一般公共服务支出增长3.2%，资源勘探信息等支出增长16.6%。

全年全省居民消费价格总水平比上年上涨2.8%。其中，城市上涨2.9%，农村上涨2.6%。

图2　2014年居民消费价格涨跌幅度

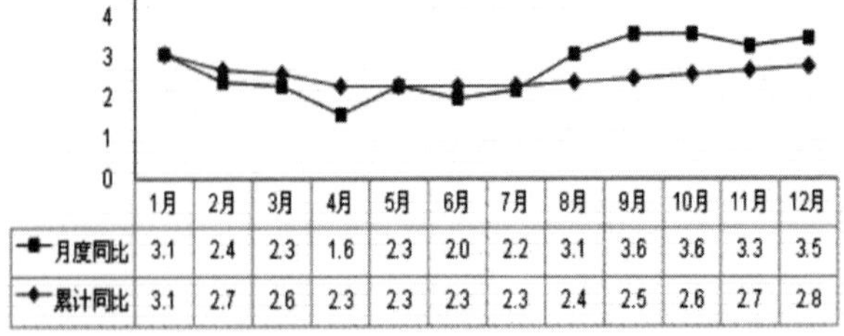

表2　2014年居民消费价格比上年涨跌幅度

指标名称	涨跌幅度(%)
居民消费价格	2.8
食品	4.0
#粮食	5.9
肉禽及其制品	-0.3
蛋	7.7
菜	0.9
干鲜瓜果	19.5
烟酒	-1.3
衣着	4.9
家庭设备用品及维修服务	-0.2
医疗保健和个人用品	1.4
交通和通信	0.3
娱乐教育文化用品及服务	2.6
居住	3.0

农业生产资料价格比上年下降0.2%。工业生产者出厂价格下降3.9%,工业生产者购进价格下降2.4%。固定资产投资价格上涨0.9%。西宁市新建住宅房屋销售价格上涨4.8%,二手住宅销售价格上涨1.6%。

年末全省就业人员317.3万人,比上年末增加3.1万人。全年城镇新增就业人员6.14万人。年末城镇登记失业率为3.2%,比上年末下降0.1个百分点。全年农牧区劳动力转移就业117万人次,比上年增加2万人次。

二、种植业和畜牧业

全年农作物总播种面积553.70千公顷,比上年减少2.07千公顷。粮食作物播种面积280.10千公顷,比上年增加0.13千公顷。其中,小麦88.58千公顷,减少6.84千公顷;马铃薯92.90千公顷,减少0.78千公顷;玉米27.00千公顷,增加3.71千公顷;青稞43.48千公顷,增加4.15千公顷;豆类27.03千公顷,减少0.11千公顷。经济作物播种面积174.97千公顷,比上年减少6.45千公顷。其中,油料150.88千公顷,减少7.48千公顷;枸杞22.57千公顷,增加0.87千公顷。蔬菜及食用菌播种面积48.30千公顷,比上年减少2.25千公顷。全年粮食产量104.81万吨,比上年增长2.4%,2008年以来连续七年超过百万吨。

表3　2014年主要农产品产量及增长速度

指标名称	产量(万吨)	比上年增长(%)
粮食	104.81	2.4
#小麦	34.86	-3.1
青稞	9.44	15.1
玉米	18.65	13.5
马铃薯	35.95	0.1
油料	31.51	-3.3
枸杞	5.31	31.5
蔬菜及食用菌	158.58	-0.2
水果	1.32	-2.2
水产品	0.90	50.6

全年全省育活仔畜758.82万头(只),比上年增长1.5%;成幼畜死亡26.20万头(只),比上年下降38.3%,成幼畜死亡率1.4%,比上年下降0.9个百分点。年末草食畜存栏1941.81万头(只),比上年末下降0.2%;全年肉用畜出栏750.23万头(只),增长2.5%;牲畜出栏率43.0%,提高1.6个百分点;牲畜商品率36.1%,提高1.4个百分点。

表4　2014年主要畜产品产量及增长速度

指标名称	产量(万吨)	比上年增长(%)
肉类	33.41	4.5
#猪肉	10.53	6.4
牛肉	10.61	3.2
羊肉	10.92	3.7
禽肉	0.74	2.8
牛奶	30.50	10.7
禽蛋	2.18	-3.5

三、工业和建筑业

全年全省全部工业增加值953.88亿元,按可比价格计算,比上年增长8.8%。规模以上工业[5]增加值比上年增长9.1%,其中,非公有工业增加值增长12.5%。按轻、重工业分,轻工业增加值增长30%,重工业增加值增长5.9%。按经济类型分,国有企业增加值下降15.5%,集体企业增加值下降23.3%,股份制企业增加值增长9.7%,外商及港澳台投资企业增加值增长19.9%。按门类分,采矿业增加值下降8.9%,制造业增加值增长17.2%,电力、燃气及水的生产和供应业增加值增长5.5%。

图3　2014年规模以上工业增加值增长速度

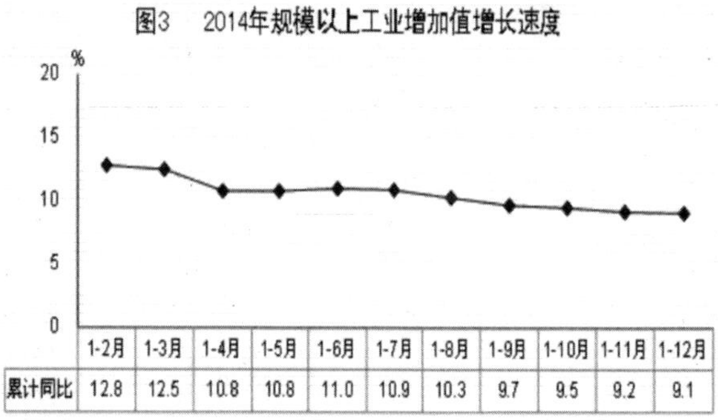

全年全省规模以上工业36个行业中,26个行业增加值比上年增长。

表5　2014年规模以上工业主要行业增加值增长速度

指标名称	比上年增长(%)
有色金属冶炼和压延加工业	16.4
电力、热力的生产和供应业	5.5
石油和天然气开采业	8.7
化学原料和化学制品制造业	19.1
石油加工、炼焦业	2.5

指标名称	比上年增长（%）
煤炭开采和洗选业	-34.5
黑色金属冶炼和压延加工业	-0.4
有色金属矿采选业	14.0
非金属矿物制品业	28.2
医药制造业	32.4
酒、饮料和精制茶制造业	24.2
农副食品加工业	30.0
电气机械和器材制造业	147.1
文教、工美、体育和娱乐用品制造业	10.6
纺织服装、服饰业	15.5
非金属矿采选业	3.4
食品制造业	63.6
纺织业	33.1

工业十大优势产业[6]中，新能源产业增加值比上年增长82.8%、生物产业增长44.0%、装备制造业增长30%、新材料产业增长21.1%、盐湖化工产业增长18.4%、有色金属产业增长16.4%、轻工纺织业增长14.9%、油气化工产业增长9.5%、钢铁产业下降0.4%、煤化工产业下降27.5%。

高技术产业[7]增加值比上年增长36.8%，占规模以上工业增加值的4.7%，比重比上年提高1.1个百分点。

资源类行业[8]增加值比上年下降8.9%，占规模以上工业增加值的23.5%，比重比上年下降4.7个百分点。

表6　2014年主要工业产品产量及增长速度

指标名称	计量单位	产量	比上年增长（%）
天然原油	万吨	220.00	2.6
天然气	亿立方米	68.90	1.2
原盐	万吨	221.85	-15.1
鲜、冷藏肉	万吨	7.47	112.6
乳制品	万吨	19.00	14.2
饮料酒	万千升	13.84	0.8
服装	万件	615	11.2
原油加工量	万吨	140.88	-2.0
焦炭	万吨	132.90	-23.6
纯碱	万吨	326.58	43.0
单晶硅	吨	2886.78	43.2
多晶硅	吨	7715.13	13.8
中成药	吨	2079	8.7
水泥	万吨	1843.66	-1.9
平板玻璃	万重量箱	801.46	18.4
商品混凝土	万立方米	512.95	53.3
铜箔	吨	19600	6.2
粗钢	万吨	144.29	-2.2
铁合金	万吨	220.64	-1.3
原铝（电解铝）	万吨	233.59	4.5
黄金	千克	7256	-5.1
铜材	万吨	12.94	10.3
铝材	万吨	64.78	57.9
金属切削机床	台	376	-17.9
改装汽车	辆	2208	22.9
化成箔	万平方米	2836	42.4
发光二极管	万只	101	119.3
发电量	亿千瓦时	551.32	-4.2
钾肥（实物量）	万吨	832.45	26.6
制帽	万顶	11779	23.4
机制地毯挂毯	万平方米	1867	14.2

全年规模以上工业企业产品销售率为94.9%，比上年提高2.6个百分点。规模以上工业企业实现利润98.91亿元，比上年下降31.2%。其中，股份制企业实现利润89.55亿元，下降29.2%；国有企业实现利润0.71亿元，下降93.5%；外商及港澳台投资企业实现利润8.18亿元，增长56.9%。

全年全省建筑业增加值278.23亿元，按可比价格计算，比上年增长15.2%。注册地在省内的具有资质等级的总承包和专业承包建筑企业429个，实现利润8.33亿元。

四、固定资产投资

全年全省完成全社会固定资产投资2908.71亿元，比上年增长21.0%。按投资类型分，国有及国有控股投资1639.93亿元，增长21.5%；民间投资1240.12亿元，增长21.5%；港澳台及外商投资28.67亿元，下降12.2%。按产业分，第一产业投资139.46亿元，增长27.6%；第二产业投资1283.56亿元，增长10.4%，其中工业投资1205.30亿元，增长12.0%；第三产业投资1485.69亿元，增长31.3%。全年基础设施投资1021.41亿元，增长47.5%。

图4　2014年全社会固定资产投资增长速度

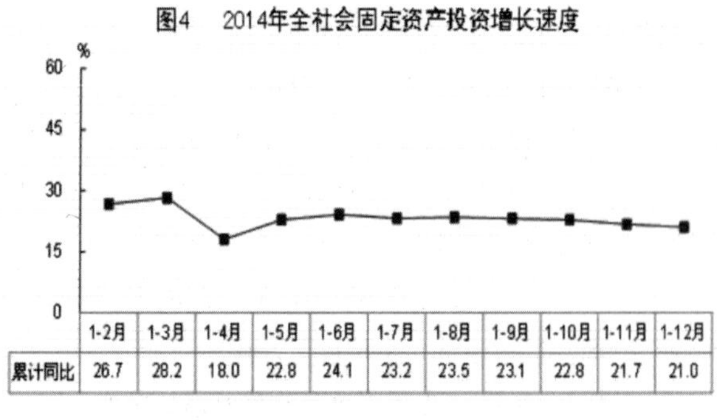

表7　2014年分行业50万元及以上项目固定资产投资及增长速度

指标名称	投资额（亿元）	比上年增长（%）
农林牧渔业	133.31	29.4
采矿业	154.33	12.7
制造业	713.77	13.1
电力、燃气及水的生产和供应业	337.20	9.5
建筑业	76.00	-12.0
交通运输、仓储及邮政业	451.48	59.1
信息传输、计算机服务和软件业	15.42	259.7
批发和零售业	19.15	8.2

指标名称	投资额（亿元）	比上年增长（%）
住宿和餐饮业	19.44	-5.7
金融业	0.91	-73.8
房地产业	96.92	23.4
租赁和商务服务业	48.08	-32.6
科学研究、技术服务和地质勘查业	7.24	78.3
水利、环境和公共设施管理业	236.92	103.3
居民服务和其他服务业	10.96	333.8
教育	56.46	1.9
卫生和社会工作	14.98	13.1
文化、体育和娱乐业	21.62	-42.2
公共管理和社会组织	113.93	7.5

表 8　2014 年工业十大优势产业固定资产投资及增长速度

指标名称	投资额（亿元）	比上年增长（%）
工业十大优势产业	1013.94	27.2
新能源产业	236.21	80.5
新材料产业	47.42	-0.1
盐湖化工产业	87.28	-55.2
有色金属产业	224.99	89.5
油气化工产业	52.28	-34.6
煤化工产业	129.66	272.2
装备制造业	34.10	50.7
钢铁产业	62.35	42.2
轻工纺织业	77.34	-11.3
生物产业	62.30	69.6

全年全省房地产开发投资 308.27 亿元，比上年增长 24.5%。其中，商品住宅投资 190.67 亿元，增长 19.4%（其中 90 平米以下住宅投资增长 74.8%）；商业营业用房投资 64.28亿元，增长 44.5%。

表 9　2014 年房地产开发和销售

指标名称	计量单位	绝对数	比上年增长（%）
房地产开发投资额	亿元	308.27	24.5
#住宅	亿元	190.67	19.4
#90 平米以下	亿元	51.35	74.8
房屋施工面积	万平方米	2545.90	7.1
#住宅	万平方米	1711.99	-2.1
竣工房屋面积	万平方米	559.49	-5.6
#住宅	万平方米	447.50	-5.7
商品房销售面积	万平方米	415.77	9.0
#住宅	万平方米	362.92	-1.8

五、国内贸易

全年全省社会消费品零售总额 614.61 亿元，比上年增长 13.0%。按经营地分，城镇消费品零售额 534.09 亿元，增长 13.1%，其中城区消费品零售额 383.77 亿元，增长 10.1%；乡村消费品零售额 80.52 亿元，增长12.1%。按消费形态分，商品零售额 563.50 亿元，增长 13.6%；餐饮收入 51.11 亿元，增长 6.2%。

图5　2014年社会消费品零售总额增长速度

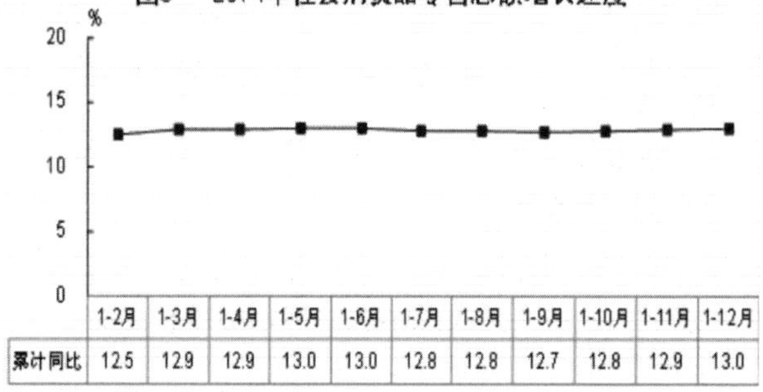

在限额以上批发零售企业[9]商品零售额中，粮油、食品、饮料、烟酒类零售额比上年增长 4.0%，服装、鞋帽、针纺织品类增长 12.1%，化妆品类增长 13.8%，中西药品类增长 21.2%，石油及制品类增长 7.2%，汽车类增长 13.6%；金银珠宝类下降 2.8%，电子出版物及音像制品类下降 5.9%。

六、对外经济

全年全省货物进出口总额 171896 万美元，比上年增长 22.5%。其中，出口额 112833 万美元，增长 33.2%；进口额 59063 万美元，增长 6.3%。

表 10　2014 年货物进出口额及增长速度

指标名称	绝对数（万美元）	比上年增长（%）
出口	112833	33.2
#一般贸易	93296	63.5
进料加工贸易	3608	16.5
#机电产品	26687	83.1
#高新技术产品	1366	-44.0
进口	59063	6.3
#一般贸易	58749	6.6
进料加工贸易	99	-70.0
#机电产品	10013	-35.6
#高新技术产品	1543	-42.0

表 11　2014 年主要商品进出口额及增长速度

指标名称	绝对数（万美元）	比上年增长（%）
出口	112833	33.2
#铁合金	20698	50.5
硅铁	20352	49.2
纺织纱线、织物及制品	16510	-8.2
#地毯	4391	-32.6
未锻造的铝及铝材	4104	-15.6
灯具、照明装置及类似品	3813	474.2

指标名称	绝对数（万美元）	比上年增长(%)
塑料制品	3739	21.8
家具及其零件	3665	269.1
鞋类	3017	290.8
进口	59063	6.3
#煤及褐煤	27720	38.8
氧化铝	12034	49.5
铝矿砂及其精矿	4687	-
纺织机械及零件	764	588.3
锌矿砂及其精矿	660	-
计量检测分析自控仪器及器具	532	1.7

表 12　2014 年对主要国家进出口额及增长速度

指标名称	绝对数（万美元）	比上年增长(%)
出口	112833	33.2
#日本	13480	14.1
巴基斯坦	9012	12.6
美国	8444	68.9
印尼	2048	782.8
澳大利亚	1484	59.2
进口	59063	6.3
#印尼	19750	18.3
澳大利亚	16804	49.8
日本	2646	19.0
美国	424	-88.3
巴基斯坦	126	800.0

全年新批外资项目 9 个。合同使用外商直接投资金额 1.06 亿美元，比上年下降 36.4%；实际使用外商直接投资金额 0.50 亿美元，下降 46.5%。全年对外承包工程业务完成营业额 1.55 亿美元，比上年增长 34.0%；对外劳务合作派出各类劳务人员 656 人。

七、交通、邮电和旅游

年末全省铁路营运里程 2074 公里，比上年末增加 218 公里，其中高速铁路[10]218 公里；公路通车里程 72703 公里，比上年末增加 2586 公里，其中高速公路 1719 公里，增加 491 公里；民航通航里程 92536 公里，增加 29716 公里。

表 13　2014 年各种运输方式完成客货运输量及增长速度

指标名称	计量单位	运输量	比上年增长(%)
货物运输量	万吨	14638.64	9.4
铁路	万吨	3608.14	-4.7
公路	万吨	11029.78	15.0
民航	吨	7213.10	-1.1
旅客运输量	万人	5642.92	13.8
铁路	万人	615.23	3.9
公路	万人	4769.33	15.2
民航	万人	198.45	18.8
水路	万人	59.91	3.1

年末全省民用汽车保有量 69.67 万辆，比上年末增长 13.9%，其中私人汽车保有量 55.89 万辆，增长 19.0%。民用轿车[11]保有量 34.15 万辆，增长 23.2%，其中私人轿车 29.08 万辆，增长 25.8%。

全年邮电业务总量[12]80.80 亿元，比上年增长 21.5%。其中，邮政业务量 3.54 亿元，增长 20.3%；电信业务量 77.26 亿元，增长 21.5%。全年快递业务量 579.82 万件，比上年增长 38.9%；快递业务收入 1.54 亿元，增长 29.7%。年末移动电话用户 543.99 万户，比上年末增长 0.3%，其中 3G 移动电话用户[13]244.70 万户，增长 32.8%；固定电话用户 100.15 万户，下降 1.6%。电话普及率 111.48 部/百人。互联网上网人数 388.64 万人，比上年末增长 3.1%，其中手机上网人数 310.66 万人，增长 0.9%。互联网普及率 67.3%，比上年提高 1.5 个百分点。

全年接待国内外游客 2005.58 万人次，比上年增长 12.6%。其中，国内游客 2000.43 万人次，增长12.6%；入境游客 5.15 万人次，增长 10.7%。旅游总收入 201.9 亿元，增长 27.3%。其中，国内旅游收入 200.31 亿元，增长 27.3%；旅游外汇收入 2574.35 万美元，增长 32.6%。

八、金融

年末全省金融机构人民币各项存款余额 4529.87 亿元，比年初增加 427.32 亿元，同比少增加 146.84 亿元，同比增长 10.4%。金融机构人民币各项贷款余额 4171.73 亿元，比年初增加 769.06 亿元，同比多增加 165.97 亿元，同比增长 22.8%。其中中长期贷款余额 3035.96 亿元，增长 25.7%。消费贷款余额 192.36 亿元，同比增长 33.6%。

全年保险公司原保险保费收入[14]46.09 亿元，比上年增长 18.1%。其中，寿险保费收入 16.57 亿元，增长 19.9%；财产险保费收入 22.99 亿元，增长 17.8%；健康险和意外伤害险保费收入 6.52 亿元，增长 14.8%。全年保险赔付额 18.08 亿元，比上年增长 18.3%。其中，寿险赔付额 3.85 亿元，增长 30.1%；财产险赔付额 10.53 亿元，增长 16.4%；健康险和意外伤害险赔付额 3.69 亿元，增长 12.8%。

九、人民生活[15]和社会保障

全年全省城镇常住居民人均可支配收入[16]22306.57 元，比上年增长 9.6%。其中，人均工资性收入 15283.47 元，比上年增长 7.1%；人均经营净收入 1699.38 元，增长 40.8%；人均财产净收入 1159.63 元，增长 10.3%；人均转移净收入 4164.10 元，增长 8.8%。城镇常住居民人均生活消费支出 17492.89 元，比上年增长 7.8%。

图6　2014年城镇常住居民人均可支配收入增长速度

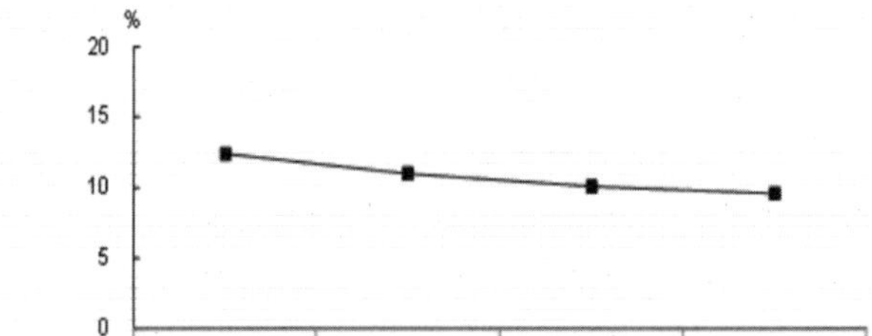

	I	I-II	I-III	I-IV
季度累计同比	12.4	11.0	10.1	9.6

全年全省农村常住居民人均可支配收入7282.73元，比上年增长12.7%。其中，人均工资性收入2041.42元，增长15.1%；人均经营净收入3021.39元，增长8.4%；人均财产净收入287.78元，增长1.2倍；人均转移净收入1932.13元，增长9.4%。农村常住居民人均生活消费支出8235.14元，比上年增长9.7%。

图7　2014年农村常住居民人均可支配收入增长速度

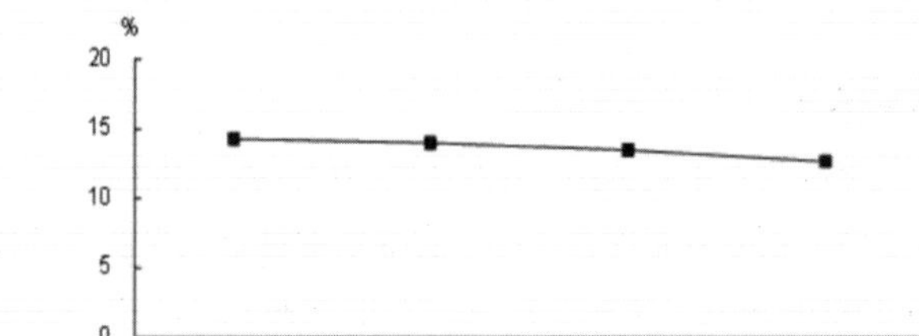

	I	I-II	I-III	I-IV
季度累计同比	14.3	14.0	13.5	12.7

年末全省养老保险参保人数319.19万人。其中，企业职工及离退休人员养老保险参保人数94.57万人，比上年末增加4.27万人；城乡居民基本养老保险参保人数224.62万人。全省医疗保险参保人数559.41万人，比上年末增加15.43万人。其中，单位职工及离退休人员医疗保险参保人数93.3万人，增加3.6万人；城镇居民基本医疗保险参保人数97.15万人，增加5.54万人；参加农村新型合作医疗人数368.96万人，增加6.29万人。全省失业保险参保人数39.31万人，比上年末增加0.8万人，其中农民工参保人数0.37万人。全省工伤保险参保人数54.69万人，比上年末增加2.43万人，其中农民工参保人数6.13万人。全省生育保险参保人数45.95万人，比上年末增加3.13万人。

年末全省享受城市最低生活保障的居民20.3万人，享受农村最低生活保障的农牧民37.2万人。

年末全省实有贫困人口53.97万人，当年减少贫困人口20.9万人。

十、教育和科学技术

全年全省学龄儿童入学率99.7%，与上年持平；普通初中毛入学率110.6%，比上年下降1.6个百分点。全年全省研究生教育招生1083人，在学研究生3035人，毕业生821人。普通高等教育招生2.28万人，在校生6.75万人，毕业生1.77万人。中等职业教育招生2.73万人，在校生7.72万人，毕业生2.01万人。普通高中招生3.92万人，在校生11.35万人，毕业生3.24万人。初中学校招生7.36万人，在校生21.20万人，毕业生6.17万人。普通小学招生7.63万人，在校生46.11万人，毕业生7.81万人。特殊教育招生397人，在校生2250人，毕业生190人。幼儿园在园幼儿17.50万人。

全年全省取得省部级以上科技成果402项，比上年增加67项，其中，基础理论成果50项，应用技术成果338项，软科学成果14项。专利申请1534件，比上年增加435件，其中发明专利申请660件，增加140件。专利授权619件，比上年增加117件，其中发明专利授权110件，增加19件。签订技术合同805项，成交金额35.4亿元，比上年增长31.6%。全省共有天气雷达观测站点11个，县级以上卫星云图接收站点52个，地震遥测台网3个。

十一、文化、卫生[17]和体育

年末全省有艺术表演团体13个；文化馆46个，公共图书馆49个，博物馆22个，档案馆55个；广播电台3座，广播综合人口覆盖率97.0%，比上年末提高1.3个百分点；电视台8座，有线电视用户70万户，电视综合人口覆盖率97.5%，比上年末提高0.6个百分点。全年出版杂志384万册、报纸12251万份、图书1213万册（张），其中少数民族文字图书384万册（张）。

年末全省有卫生机构1721个，床位3.30万张。其中，医院185个，床位2.69万张；卫生院404个，床位4234张；社区卫生服务中心（站）167个；疾病预防控制中心（防疫站）56个；妇幼保健院（所、站）52个。卫生人员3.84万人，其中，执业医师1.21万人，注册护士1.24万人。

年末全省有等级运动员149人，其中，国际级运动健将1人，国家级运动健将4人，一级运动员65人，二级运动员79人。全年销售体育彩票9.85亿元。

十二、资源、环境和安全生产

年末全省自然保护区11个，面积2177万公顷，其中，国家级自然保护区7个，面积2074万公顷。森林面积[18]441.23万公顷，森林覆盖率6.1%。湿地面积[19]814.36万公顷，其中自然湿地面积800.1万公顷。国家重点公益林管护面积496.09万公顷，天然林保护面积367.8万公顷。全年全民义务植树1500万株。当年治理水土流失面积25.55千公顷。

全年全省各类生产安全事故死亡[20]311人，比上年减少53人。交通事故1029起，比上年减少36起，死亡532人。

注释：

[1]本公报中部分数据为初步统计数。个别数据因四舍五入的原因，存在与分项合计不等的情况。

[2]人户分离的人口是指居住地与户口登记地所在的乡镇街道不一致且离开户口登记地半年以上的人口。

[3]流动人口是指人户分离人口中不包括市辖区内人户分离的人口。市辖区内人户分离的人口是指一个直辖市或地级市所辖区内和区与区之间，居住地和户口登记地不在同一乡镇街道的人口。

[4]地区生产总值、各产业增加值及人均地区生产总值绝对数按现价计算，增长速度按不变价格计算。

[5]规模以上工业企业统计口径为年主营业务收入2000万元及以上的工业企业。

[6]我省工业十大优势产业指新能源产业，新材料产业，盐湖化工产业，有色金属产业，油气化工产业，煤化工产业，装备制造业，钢铁产业，轻工纺织业，生物产业。

[7]我省高技术产业包括化学药品原药制造，化学药品制剂制造，中成药制造，生物药品制造，电子器件制造，电子元件制造。

[8]我省资源类行业包括煤炭开采和洗选业，石油和天然气开采业，黑色金属矿采选业，有色金属矿采选业，非金属矿采选业，开采辅助活动，其他采矿业。

[9]限额以上批发业包括年主营业务收入在2000万元及以上的批发业企业(单位)；限额以上零售业包括年主营业务收入在500万元及以上的零售业企业(单位)；限额以上住宿、餐饮业包括年主营业务收入在200万元及以上的住宿、餐饮业企业(单位)。

[10]高速铁路是指最高营运速度达到200公里/小时及以上的铁路。

[11]民用轿车中含微型轿车4762辆。

[12]邮电业务总量按2010年不变价格计算。

[13]3G是指第三代蜂窝移动通信系统(3rd - generation，简称3G)，3G移动电话用户是指报告期末在计费系统拥有使用信息、占用3G网络资源的在网用户。

[14]原保险保费收入是指保险企业确认的原保险合同保费收入。

[15]2012年12月1日，国家统计局为推动城乡一体化、建立城乡统一的社会保障体系、逐步实现农民工市民化和城乡基本公共服务均等化等提供科学依据，对全国城乡住户正式开展城乡一体化住户调查，2013年首次发布全体居民人均可支配收入数据。根据国家统计局对分省数据发布要求，我省从2014年一季度开始发布城乡一体化调查数据。

[16]可支配收入指调查户在调查期内获得的、可用于最终消费支出和储蓄的总和，即调查户可以用来自由支配的收入。可支配收入既包括现金，也包括实物收入。按照收入的来源，可支配收入包含四项，分别为：工资性收入、经营净收入、财产净收入和转移净收入。计算方法：可支配收入 = 工资性收入 + 经营净收入 + 财产净收入 + 转移净收入。

[17]卫机机构和人员数据中不包含村卫生室、监督机构的机构数及人员数。医院数中含40家民营医院，妇幼保健院(所、站)数为合并后的机构数。

[18]我省森林面积为经省政府和国家林业部批准公布的《青海省林地保护利用规划(2010～2020年)》数据库中的数据。

[19]湿地面积数据为根据2012年开展的全国第二次湿地资源调查，国务院2014年1月13日新闻发布会公布数据。

[20]生产安全事故死亡人数不含非经营性生产安全事故死亡人数。

资料来源：

本公报中财政数据来自财政厅；物价、城乡居民收入、畜牧业全部数据及种植业中部分数据来自国家统计局青海调查总队；城镇新增就业人员、城镇登记失业率、农牧区劳动力转移就业人数和社会保障数据来自人力资源和社会保障厅；货物进出口数据来自西宁海关；外商直接投资、对外承包工程、劳务合作数据来自商务厅；铁路营运里程及铁路客货运输量来自青藏铁路公司；公路通车里程及公路、水路客货运输量来自交通厅；民航通航里程及民航客货运输量来自西部机场集团青海机场有限公司；民用汽车拥有量数据来自公安厅交通警察总队车辆管理支队；邮政业务数据来自邮政管理局和邮政公司；电信业务量、移动电话用户数、3G移动电话用户数、固定电话用户数、电话普及率、互联网上网人数来自通信管理局；旅游数据来自旅游局；金融业数据来自中国人民银行西宁中心支行；保险业数据来自中国保险监督管理委员会青海监管局；低保数据来自民政厅；贫困人口数据来自扶贫开发局；教育数据来自教育厅；科技数据来自科技厅；天气雷达观测站点及县级以上卫星云图接收站点数据来自气象局；地震遥测台网数据来自地震局；艺术表演团体、博物馆、公共图书馆、文化馆、报纸、期刊、图书出版数据来自文化和新闻出版厅；广播、电视数据来自广播电视局；体育数据来自体育局；卫生数据来自卫生和计划生育委员会；自然保护区数据来自环境保护厅；森林面积、湿地面积、国家重点公益林管护面积、天然林保护面积、全民义务植树数据来自林业厅；治理水土流失面积数据来自水利厅；安全生产数据来自安全生产监督管理局；交通事故数及死亡人数来自公安厅交警总队；其他数据均来自青海省统计局。

第 2 篇

CHAPTER 2

综　合

General Survey

每天主要社会经济活动

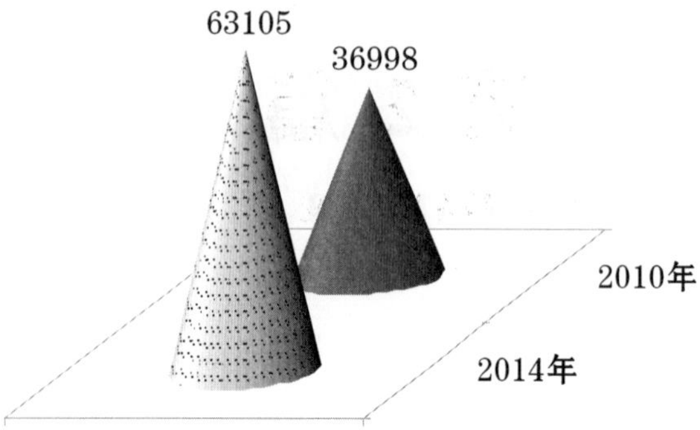

地区生产总值（万元）

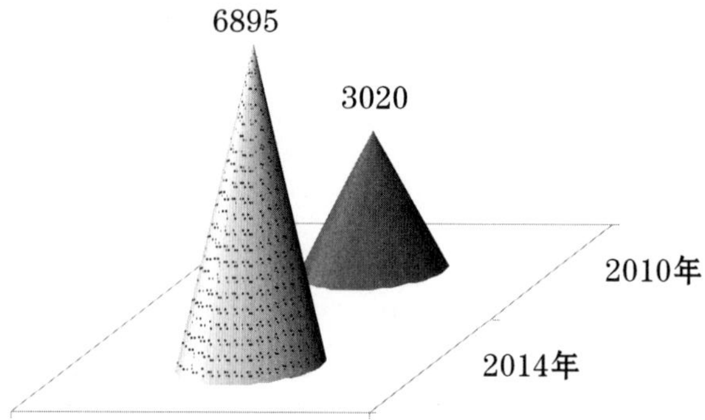

地方财政收入（万元）

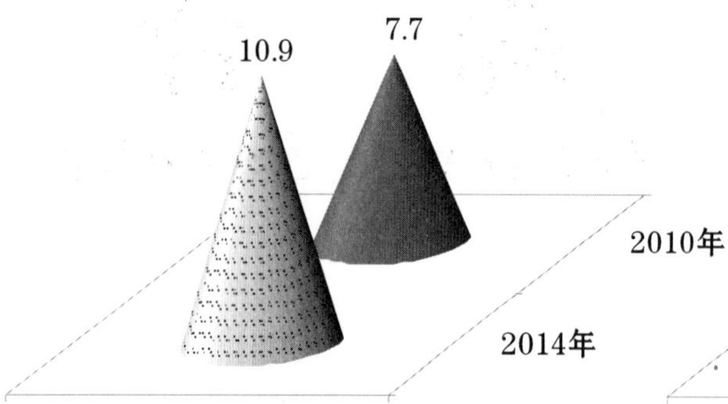

能源消费量（万吨标煤）

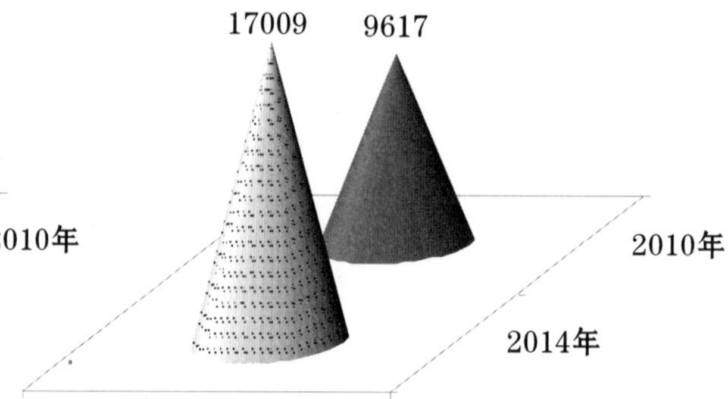

社会消费品零售额（万元）

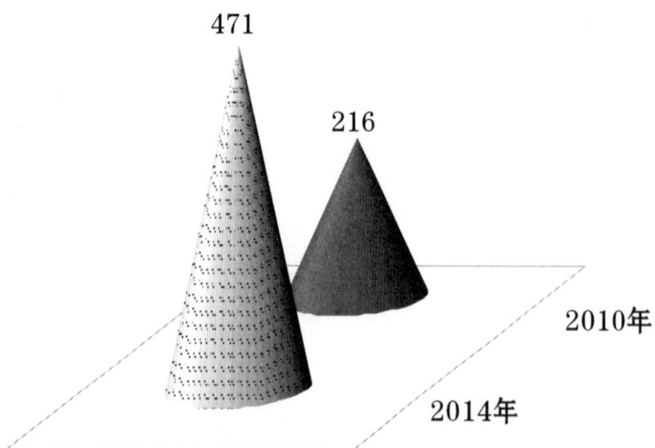

进出口额（万美元）

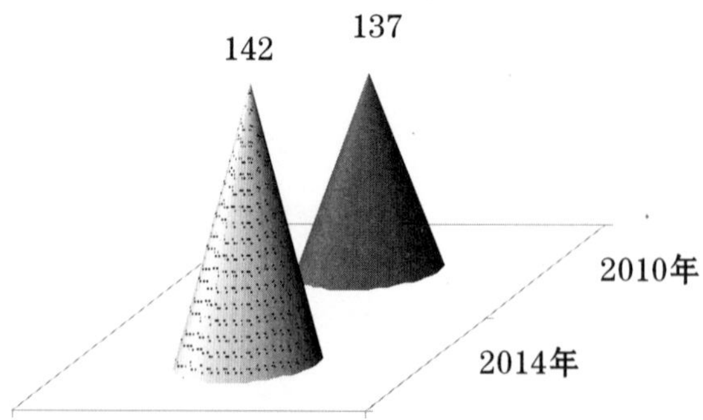

国际旅游者人数（人次）

2-1 各部门机构数

Number of Agencies of Various Departments

单位：个 (unit)

部 门	Department	机构数 Number of Agencies 2013	2014	2014年比2013年增减 Increase or Decrease Over the 2012 in 2013
农村基层单位	**Rural Grass-roots Units**			
乡政府	Township Governments	228	225	-3
镇政府	Town Governments	137	140	3
村民委员会	Village Committees	4170	4167	-3
牧业	Animal Husbandry	922	890	-32
乡村户数（万户）	Number of Rural Households (10 000 Households)	92.5	94.9	2. 4
规模以上工业企业	**Industrial Enterprises above Designated Size**	**521**	**568**	47
大型企业	Large Enterprises	25	25	持平
中型企业	Medium-sized Enterprises	99	102	3
小型企业	Small Enterprises	397	441	44
国有及国有控股企业	State-owned and State-holding Enterprises	117	126	9
集体企业	Collective-owned Enterprises	3	2	-1
外商及港澳台商投资企业	Enterprises with Funds from Hong Kong ,Macao, Taiwan and Foreign Countries	30	26	-4
建筑业企业	**Construction Enterprises**	**438**	**429**	-9
卫生事业	**Health Care**	**1671**	**1760**	89
医院、卫生院	Hospital and Health Centers	550	590	40
妇幼保健院(所、站)	Materbity and Child Care Centers	24	24	持平
社会福利事业	**Social Welfare Services**	**48**	**47**	-1
福利企业单位数	Number of Welfare Enterprises	36	36	持平
社会福利院数	Number of Social Welfare Institutions	12	11	-1
教育事业	**Education**	**2907**	**2850**	-57
普通高等学校	Regular Inststutions of Higher Education	9	12	3
中等职业教育	Secondary Vocational Schools	38	38	持平
普通中学	Regular Secondary Schools	365	370	5
高中	Senior Secondary Schools	105	102	-3
初中	Junior high Schools	260	268	8
普通小学	Primary Schools	1250	1114	-136
学前教育	Pre-school Education	1245	1316	71
科技机构	**Science and Technology Institutions**	**54**	**53**	-1
艺术事业	**Art**	**29**	**27**	-2
艺术表演团体	Art Performing Troupes	13	11	-2
公共图书馆	**Public Libraries**	**49**	**49**	持平
群众文化事业	**Mass Culture**	**413**	**413**	持平
群众艺术馆	Mass Art Centers	9	9	持平
文化馆	Cultural Centers	46	46	持平
文化站	Cultural Stations	358	358	持平
艺术教育事业	**Art Education Units**	**1**	**1**	持平
其他文化事业	**Other Cultural Units**	**9**	**10**	1
艺术研究机构	Art Research Institutions	1	1	持平
文物事业	**Cultural Relics**	**54**	**54**	持平
博物馆	Museums	22	22	持平
文物机构	Cultural Relics Institutions	30	30	持平
广播电视台站	**Radio and Television Broadcasting Stations**	**11**	**11**	持平
广播电台	Radio Stations	3	3	持平
电视台	Television Stations	8	8	持平

2-2 主要年份国民经济和社会发展总量与速度指标

指 标		Item	1995	2000
人口与就业		**Population and Employment**		
人口	(万人)	**Population(10 000 persons)**		
常住人口		Population at Year-end	481.20	516.50
市镇人口		Urban	163.13	179.54
乡村人口		Rural	318.07	336.96
男性人口		Male	246.37	267.03
女性人口		Female	234.83	249.47
就业	(万人)	**Employment(10 000 persons)**		
就业人员数		Employment	241.5	283.9
城镇		Urban	88.9	81.5
乡村		Rural	152.7	202.4
城镇登记失业人数		Registration Unemployment in Urban Areas	1.51	1.80
宏观经济		**Macro Economy**		
国民经济核算	(亿元)	**National Accounting(100 million yuan)**		
生产总值		Gross Domestic Product	167.80	263.68
第一产业		Primary Industry	39.62	40.12
第二产业		Secondary Industry	64.58	108.83
第三产业		Tertiary Industry	63.60	114.73
支出法生产总值		Gross Domestic Product by Expenditure Approach	167.80	263.68
最终消费		Government Final Consumption Expenditure	113.40	171.70
居民消费		Household Consumption Expenditures	82.83	122.33
政府消费		Government Consumption Expenditure	30.57	49.37
资本形成总额		Gross Capital Formation	77.67	160.46
固定资本形成		Gross Fixed Capital Formation	57.48	156.97
存货增加		Changes in Inventories	20.19	3.49
固定资产投资	(亿元)	**Investment in Fixed Assets(100 million yuan)**		
全社会固定资产投资总额		Total Investment in Fixed Asssets	55.58	154.83
国有经济		State-owned Economy	45.15	102.83
集体经济		Collective-owned Economy	5.34	6.61
私营个体经济		Individual and Private Economies	4.34	13.08
财政	(亿元)	**Government Finance(100 million yuan)**		
地方财政收入		Local Government Revenue	8.60	16.58
地方财政支出		Local Government Expenditures	28.80	68.26
物价总指数	(上年=100)	**Price Indices (preceding year=100)**		
商品零售价格总指数		Retail Price Index	116.30	99.00
居民消费价格总指数		Consumer Price Index	118.00	99.50
农业生产资料价格总指数		Price Indices of Agricultural Means of Production	123.90	100.70
利用外资	(亿美元)	**Utilization of Foreign Capital(USD 100 million)**		
合同利用外资协议额		Signed an Agreement for Use of Foreign Capital	0.54	1.53
能源生产与消费	(万吨标准煤)	**Production and Consumption of Energy(10 000 tons of SCE)**		
能源生产总量		Total Energy Production	571.57	937.90
能源消费总量		Total Energy Consumption	687.71	897.23

Principal Aggregate Indicators on National Economic and Social Development and Growth Rates in Main Years

总量指标 Aggregate Data				速度指标(%) Index and Growth Rates						
				指数（2014年比以下各年） Index (2014 as percentage of the following years)				平均增长速度 Average Annual Growth Rate		
2005	2010	2013	2014	1995	2000	2005	2010	1996-2014	2001-2014	2011-2014
543.20	563.47	577.79	583.42	121.24	112.96	107.40	103.54	1.02	0.87	0.87
213.21	251.98	280.30	290.40	178.02	161.75	136.20	115.25	3.08	3.49	3.61
329.99	311.49	297.49	293.02	92.12	86.96	88.80	94.07	-0.43	-0.99	-1.52
277.58	297.79	292.65	297.19	120.63	111.29	107.06	99.80	0.99	0.77	-0.05
265.62	271.68	285.14	286.23	121.89	114.74	107.76	105.36	1.05	0.99	1.31
291.0	307.7	314.2	317.3	131.37	111.76	109.02	103.14	1.45	0.80	0.78
94.1	119.2	141.5	148.2	166.72	181.84	157.49	124.33	2.73	4.36	5.59
196.9	188.5	172.7	169.1	110.78	83.55	85.88	89.71	0.54	-1.28	-2.68
3.63	4.24	4.23	4.22	279.47	234.44	116.25	99.53	5.56	6.28	-0.12
543.32	1350.43	2122.06	2303.32	766.50	504.03	285.70	154.15	11.31	12.25	11.43
65.34	134.92	204.72	215.93	205.42	190.71	152.36	122.14	3.86	4.72	5.13
264.61	744.63	1151.28	1234.31	1197.84	718.49	340.43	165.31	13.96	15.13	13.39
213.37	470.88	766.06	853.08	686.85	423.93	259.85	145.66	10.67	10.87	9.86
543.32	1350.43	2122.06	2303.32	766.50	504.04	285.69	154.15	11.31	12.25	11.43
360.72	720.57	1048.49	1154.40	546.21	411.36	213.64	137.96	9.35	10.63	8.38
210.29	410.26	694.58	785.77	511.45	399.91	250.07	165.18	8.97	10.41	13.37
150.43	310.31	353.91	368.63	646.59	445.77	162.97	101.87	10.32	11.27	0.46
369.28	1086.99	2519.08	3004.44	2328.57	1227.34	589.34	247.95	18.02	19.61	25.48
364.08	1057.86	2418.27	2953.52	3172.59	1228.18	585.98	250.19	19.96	19.62	25.77
5.20	29.13	100.81	50.92							
367.15	1068.73	2403.90	2908.71	5233.38	1878.65	792.24	272.17	22.50	22.40	30.40
175.64	515.92	1145.32	1391.44	3081.82	1353.15	792.21	269.70	18.40	18.60	29.80
14.50	16.01	21.16	20.48	383.52	309.83	141.24	127.92	8.20	10.70	6.50
42.76	147.83	390.32	564.85	13014.95	4318.42	1320.97	382.09	27.20	28.30	37.10
33.82	110.22	223.86	251.68	2926.46	1517.95	744.16	228.34	19.45	21.44	22.93
169.75	743.40	1227.89	1347.43	4678.58	1973.97	793.77	181.25	22.43	23.74	16.03
100.70	104.30	102.70	101.50	156.17	144.68	140.05	110.52	2.37	2.67	2.53
100.80	105.40	103.90	102.80	181.86	157.09	141.06	109.39	3.20	3.28	2.27
106.50	103.50	104.30	99.80	222.11	194.56	169.53	122.18	4.29	4.87	5.14
3.56	3.17	1.68	1.06	195.45	69.58	29.90	33.63	3.59	-2.56	-23.85
1867.27	4005.82	5068.33	4099.40	717.22	437.08	219.54	102.34	10.93	11.11	0.58
1830.48	2814.57	3768.16	3991.70	580.43	444.89	218.07	141.82	9.70	11.25	9.13

2-2 续表 1

指 标		Item	1995	2000
产业		**Industry**		
农业		**Agriculture**		
农林牧渔业从业人员	(万人)	Employed Persons of Agriculture,Forestry, Animal Husbandry and Fishery (10 000 persons)	131.83	142.25
农林牧渔业总产值	(亿元)	Gross Output Value of Agriculture,Forestry, Animal Husbandry and Fishery(100 million yuan)	55.10	56.99
主要农产品产量	(万吨)	Output of Major Farm Products(10 000 tons)		
粮食		Grain	114.19	82.70
油料		Oil-bearing Crops	16.21	19.40
水果		Fruits	2.68	2.24
肉类		Meat	18.37	20.83
牛肉		Beef	6.29	6.35
羊肉		Mutton	6.13	7.00
水产品		Aquatic Products	0.24	0.12
工业		**Industry**		
主要工业产品产量		Output of Major Industrial Products		
原煤	(万吨)	Coal(10 000 tons)	278	145
原油	(万吨)	Crude Oil(10 000 tons)	122	200
发电量	(亿千瓦小时)	Electricity(100 million kwh)	66	134
粗钢	(万吨)	Crude Steel(10 000 tons)	36	43
钢材	(万吨)	Rolled Steel(10 000 tons)	31	36
原铝	(万吨)	Primary Aluminum(10 000 tons)	11	28
原盐	(万吨)	Salt(10 000 tons)	76	68
农用化肥	(万吨)	Agriculturd Fertilizers(10 000 tons)	21	67
水泥	(万吨)	Cement(10 000 tons)	64	124
规模以上工业企业主要指标	(亿元)	Principal Indicators of Industrial Enterprises above Designated Size (100 million yuan)		
固定资产原价		Original Value of Fixed Assets	236.53	505.81
利润总额		Total Profits	-5.65	0.79
建筑业		**Construction**		
建筑业总产值	(亿元)	Gross Output Value(100 million yuan)	20.49	44.72
施工房屋面积	(万平方米)	Floor Space of Building under Construction (10 000 sq.m)	183.73	339.43
竣工房屋面积	(万平方米)	Floor Space of Building Completed(10 000 sq.m)	97.29	192.90
交通运输		**Transport**		
货运量	(万吨)	Total Freight Traffic(10 000 tons)	3529	5076
铁路		Railways	532	833
公路		Highways	2887	4050
管道		Petroleum and Gas Pipelines	110	193
民用航空		Civil Aviation		
客运量	(万人)	Total Passsnger Traffic(10 000 persons)	2388	3612
铁路		Railways	220	352
公路		Highways	2165	3250
民用航空		Civil Aviation	3	10
公路通车里程	(公里)	Total Lenth of Highways(km)	17223	18679

Continued

总量指标 Aggregate Data				速度指标(%) Index and Growth Rates						
				指数（2014年比以下各年） Index (2014 as percentage of the following years)				平均增长速度 Average Annual Growth Rate		
2005	2010	2013	2014	1995	2000	2005	2010	1996-2014	2001-2014	2011-2014
128.73	120.99	115.19	115.70	87.76	81.34	89.88	95.63	-0.68	-1.46	-1.11
94.04	201.32	310.30	327.49	198.95	177.43	144.67	116.64	3.69	4.18	3.92
93.26	102.03	102.37	104.81	91.79	126.74	112.38	102.72	-0.45	1.71	0.67
31.85	36.91	32.57	31.51	194.38	162.42	98.93	85.37	3.56	3.53	-3.88
1.48	1.44	1.35	1.32	49.44	59.15	89.52	92.01	-3.64	-3.68	-2.06
25.75	27.53	31.98	33.41	181.87	160.39	129.75	121.36	3.20	3.43	4.96
7.44	8.46	10.28	10.61	168.68	167.09	142.61	125.41	2.79	3.73	5.82
9.16	9.04	10.53	10.92	178.14	156.00	119.21	120.80	3.09	3.23	4.84
0.09	0.16	0.60	0.90	376.54	753.08	1029.27	564.81	7.23	15.51	54.16
555	1863	3020	1800	647.48	1241.38	324.32	96.62	10.33	19.71	-0.86
221	186	215	220	180.33	110.00	99.55	118.28	3.15	0.68	4.29
213	457	566	551	834.85	411.19	258.69	120.57	11.82	10.63	4.79
51	137	148	144	400.81	335.56	282.92	105.32	7.58	9.03	1.30
48	138	131	131	423.90	365.03	273.77	95.22	7.90	9.69	-1.22
67	147	224	234	2123.55	834.25	348.64	158.90	17.45	16.36	12.28
112	124	261	222	291.91	326.25	198.08	178.91	5.80	8.81	15.65
159	313	413	503	2394.90	750.64	316.31	160.68	18.19	15.49	12.59
371	811	1786	1844	2880.72	1486.82	496.94	227.33	19.35	21.26	22.79
844.71	2026.10	3249.52	4196.86	1774.35	829.73	496.84	207.14	16.34	16.32	19.97
72.82	182.02	148.81	106.19		13441.77	145.83	58.34		41.92	-12.60
90.93	279.61	413.71	432.91	2112.77	968.04	476.09	154.83	17.42	17.60	11.55
407.55	693.12	1158.30	1072.82	583.91	316.07	263.24	154.78	9.73	8.57	11.54
194.02	273.16	466.52	479.39	492.75	248.52	247.08	175.50	8.76	6.72	15.10
7152	11426	13576	14846	420.69	292.47	207.58	129.93	7.85	7.97	6.76
1453	3286	3783	3608	678.20	433.13	248.31	109.80	10.60	11.04	2.36
5491	7962	9588	11030							
208	178	204	207	188.18	107.25	99.52	116.29	3.38	0.50	3.85
0.33	0.47	0.70	0.70			212.12	148.94			10.47
4920	10997	4957	5643							
368	474	592	615	279.55	174.72	167.12	129.75	5.56	4.07	6.73
4525	10439	4140	4769							
27	85	167	199	6633.33	1990.00	737.04	234.12	24.70	23.82	23.70
29719	62185	70117	72703	422.13	389.23	244.64	116.91	7.87	10.19	3.98

2-2 续表 2

指 标		Item	1995	2000
邮电通信业		**Postal and Telecommunication Services**		
邮电业务总量	(亿元)	Bussiness Volume of Postal and Telecommunication Services(100 million yuan)	1.56	4.92
函件	(万件)	Number of Letters Delivered(10 000 pieces)	3354	2762
报刊期发数	(万份)	Number of Newspaper and Magazines Distributed(10 000 copies)	262	47
邮路总长度	(公里)	Length of Postal Routes(km)	17849	26978
本地(固定)电话年末用户	(万部)	Number of Fixed Telephone Subscribers at Year-end(10 000 subscirbers)	9.40	36.87
移动电话用户	(万户)	Number of Mobile Telephone Subscribers(10 000 subscribers)	0.26	21.07
国内商业		**Domestic Trade**		
社会消费品零售总额	(亿元)	Total Retail Sales of Comsumer Goods(100 million yuan)	70.63	100.26
对外经济贸易		**Foreign Trade**		
进出口总额	(亿美元)	Total Value of Exports and Imports(USD 100 million)	1.62	1.60
出口额		Exports	1.38	1.12
进口额		Imports	0.24	0.48
旅游		**Tourism**		
旅游人数	(万人次)	Number of Tourists(10 000 person-times)	42	321
旅游外汇收入	(万美元)	Foreign Exchange Earnings from International Tourism(USD 10 000)	231	740
金融保险	(亿元)	**Financial Intermediation and Insurance(100 million yuan)**		
金融机构人民币各项存款余额		Deposits of National Banking System	126.96	280.17
金融机构人民币各项贷款余额		Loans of National Banking System	213.30	348.57
保险公司保费收入		Insurance Premium of Insurance Companies	1.70	5.13
保险公司赔款及给付金额		Indemnity Expenditure and Payment of Insurance Companies	0.84	1.19
教育、科技、文化		**Education, Science and Technology, Culture**		
教育		**Education**		
专任教师数	(人)	Full-time Teachers(person)	45673	47821
普通高等学校		Institutions of Higher Education	1410	2107
中等职业学校		Secondary Vocational Schools	1691	1363
普通中学		Regular Secondary Schools	15691	16645
小学		Primary Schools	26881	27706
在校学生数	(万人)	Students Enrollment(10 000 persons)	66.28	75.62
普通高等学校		Institutions of Higher Education	0.73	1.33
中等职业学校		Secondary Vocational Schools	1.36	1.34
普通中学		Regular Secondary Schools	19.39	22.47
小学		Primary Schools	44.80	50.48
科技		**Science and Technology**		
研究与开发经费支出	(万元)	Expenditures on Research and Development (10 000 yuan)	7267.4	13142.4
技术合同成交额	(万元)	Volume of Transaction in Technical Markets (10 000 yuan)	1054.8	5096.0
文化		**Culture**		
出版数量		Number of Published		
图书	(万册.张)	Books(10 000 copies)	1227	586
杂志	(万册)	Magazine(10 000 copies)	79	91
报纸	(万份)	News Paper(10 000 copies)	5677	4800

Continued

总量指标 Aggregate Data				速度指标(%) Index and Growth Rates						
				指数（2014年比以下各年） Index (2014 as percentage of the following years)				平均增长速度 Average Annual Growth Rate		
2005	2010	2013	2014	1995	2000	2005	2010	1996-2014	2001-2014	2011-2014
31.43	122.13	60.28	80.28	16615.12	5268.22	824.67	212.23	30.88	32.73	20.70
1886	472	412	405	12.07	14.65	21.46	85.76	-10.53	-12.82	-3.77
51	47	44	48	18.32	102.13	94.12	102.13	-8.55	0.15	0.53
23721	43484	64969	58428	327.35	216.58	246.31	134.37	6.44	5.67	7.66
113.50	103.20	101.80	100.15	1065.43	271.63	88.24	97.04	13.26	7.40	-0.75
121.36	397.80	542.40	543.99	209226.92	2581.82	448.24	136.75	49.54	26.14	8.14
161.59	351.03	549.58	620.83	878.99	619.22	214.14	176.86	12.12	13.91	15.32
4.13	7.89	14.03	17.19	1061.11	1074.38	416.22	217.85	13.24	18.48	21.49
3.23	4.66	8.47	11.28	817.39	1007.14	349.23	241.90	11.69	17.94	24.71
0.90	3.23	5.55	5.91	2462.50	1231.25	656.67	183.11	18.37	19.64	16.33
637	1226	1780	2006	4775.24	624.80	314.85	163.59	22.57	13.98	13.09
1102	2045	1942	2574	1116.37	347.89	233.61	125.89	13.54	9.31	5.92
733.05	2319.64	4102.54	4529.87	3567.95	1616.83	617.95	195.28	20.70	21.99	18.21
638.59	1822.65	3398.17	4171.73	1955.80	1196.81	653.27	228.88	16.94	19.40	23.00
7.86	25.70	39.02	46.09	2711.18	898.44	586.39	179.34	18.97	16.98	15.72
1.99	6.66	15.28	18.08	2152.38	1519.33	908.54	271.55	17.53	21.45	28.37
52167	54634	56924	54940	120.29	114.89	105.32	100.56	0.98	1.00	0.14
3051	3731	3785	3920	278.01	186.05	128.48	105.07	5.53	4.53	1.24
1588	2444	2567	2450	144.88	179.75	154.28	100.25	1.97	4.28	0.06
20050	21875	23598	23346	148.79	140.26	116.44	106.72	2.11	2.45	1.64
27478	26584	26974	25224	93.84	91.04	91.80	94.88	-0.33	-0.67	-1.30
89.34	98.57	93.28	93.13	140.51	123.16	104.24	94.48	1.81	1.50	-1.41
3.44	6.04	6.39	6.75	924.66	507.52	196.22	111.78	12.42	12.30	2.82
2.47	7.91	7.78	7.72	567.65	576.12	312.55	97.60	9.57	13.32	-0.61
32.75	32.72	31.71	32.55	167.87	144.86	99.39	99.48	2.76	2.68	-0.13
50.68	51.90	47.40	46.11	102.92	91.34	90.98	88.84	0.15	-0.64	-2.91
20652.0	83323.0	57922.0	68099.0	493.92	518.16	329.75	81.73	8.77	12.47	-4.92
11811.6	114643.9	268862.6	354286.6	33588.04	6952.25	2999.48	309.03	35.82	35.39	32.59
840	1003	1331	1213	98.86	207.00	144.40	120.95	-0.07	6.25	9.98
204	323	380	378	478.61	415.49	185.34	117.24	9.65	12.60	8.28
4486	9770	12426	13738	241.99	286.20	306.23	140.61	5.34	9.16	18.58

2–2 续表 3

指 标		Item	1995	2000
家庭、生活、环境		**Family,People's Living Conditions and Environment**		
家庭		**Family**		
家庭总户数	(万户)	Total Number of Family Households (10 000 households)	101.59	115.24
城镇居民平均每户家庭人口	(人)	Average Household Size in Urban Areas(person)	3.50	3.24
农村居民平均每户家庭人口	(人)	Average Household Size in Rural Areas(person)	5.97	5.32
居住		**Housing**		
城镇居民人均住房建筑面积	(平方米)	Per Capita Building Space in Urban Areas(sq.m)	9.63	12.06
农村居民人均居住面积	(平方米)	Per Capita Living Space in Rural Areas(sq.m)	14.98	15.32
生活		**People's Living Conditions**		
城镇居民人均可支配收入	(元)	Per Capita Annual Disposable Income of Urban Households(yuan)	3379.85	5169.96
农村居民人均纯收入	(元)	Per Capita Net Income of Rural Households(yuan)	1029.77	1490.49
城乡储蓄存款余额	(亿元)	Outstanding Amount of Saving Deposits in Urban and Rural Areas(100 million yuan)	76.89	146.28
工资		**Wages**		
非私营单位在岗职工工资总额	(亿元)	Total Wages of Employed Persons in Non Private Units(100 million yuan)	38.02	49.76
职工平均工资	(元)	Average Wage of Staff and Workers(yuan)	5753	10050
卫生		**Health**		
医疗机构	(个)	Number of Hospitals(unit)	592	577
卫生技术人员	(万人)	Health Technical Personnel(10 000 persons)	2.02	2.15
床位数	(万张)	Number of Hospital Beds(10 000 units)	1.72	1.65
市政建设		**Municipal Works**		
自来水供水总量	(万吨)	Annual Supply of Tap Water(10 000 tons)	14971	14239
排水管道长度	(公里)	Length of Sewer Pipelines(km)	179	263
城市(市区)煤气和天然气供气量	(万立方米)	Volume of Coal Gas and Natural Gas(10 000cu.m)	1260	15815
城市(市区)液化石油气供气量	(吨)	Volume of Liquefied Petroleum Gas(ton)	6890	13290
铺装道路长度	(公里)	Length of Paved Roads(km)	363	438
园林绿地面积	(公顷)	Areas of Green Land(hectares)	1149	1503
环境、灾害		**Environment and Disaster**		
工业污染源治理施工项目完成投资额	(万元)	Actual Investment in Implementation of Projects for Pollution Treatment in the Year(10 000 yuan)	4297	3833
治理废水		Waste Water	590	548
治理废气		Waste Gas	3624	3285
治理固体废物		Solid Wastes	71	
治理噪声		Noise Pollution	7	
其他		Other	5	
火灾发生数	(起)	Fire Accidents(times)	273	670
火灾损失	(万元)	Economic Loss of Fire Accidents(10 000 yuan)	252	475
交通事故发生数	(起)	Number of Traffic Accidents(times)	1542	1579
交通事故损失	(万元)	Economic Loss of Traffic Accidents(10 000 yuan)	739	667

Continued

总量指标 Aggregate Data				速度指标(%) Index and Growth Rates						
				指数（2013年比以下各年） Index (2013 as percentage of the following years)				平均增长速度 Average Annual Growth Rate		
2005	2010	2013	2014	1995	2000	2005	2010	1996-2014	2001-2014	2011-2014
131.93	161.85	173.43	177.17	174.40	153.74	134.29	109.47	2.97	3.12	2.29
3.02	2.99	3.66	3.74	106.86	115.43	123.84	125.08	0.35	1.03	5.75
5.16	4.97	3.45	3.46	57.96	65.04	67.05	69.62	-2.83	-3.03	-8.66
18.35	25.90	25.90	26.00	269.99	215.59	141.69	100.39	5.37	5.64	0.10
17.95	21.44	26.80	27.60	184.25	180.16	153.76	128.73	3.27	4.29	6.52
8057.85	13854.99	19498.54	22306.57	659.99	431.47	276.83	161.00	10.44	11.01	12.64
2165.11	3862.68	6196.39								
361.51	943.78	1504.17	1640.73	2133.87	1121.64	453.85	173.85	17.48	18.85	14.83
78.03	185.91	326.68	353.49	929.74	710.38	453.01	190.14	12.45	15.03	17.43
19084	37182	52105	57804	1004.76	575.16	302.89	155.46	12.91	13.31	11.66
562	734	771	836	141.22	144.89	148.75	113.90	1.83	2.68	3.31
2.08	2.39	3.25	3.42	169.03	159.05	164.65	143.11	2.80	3.37	9.38
1.60	2.01	2.96	3.31	192.83	200.35	206.42	165.07	3.52	5.09	13.35
19569	17672	24564	25315	169.09	177.79	129.36	143.25	2.80	4.20	9.40
1010	921	1391	1908	1066.20	726.21	188.96	207.22	13.27	15.21	19.98
63606	162570	118969	131872	10466.03	833.84	207.33	81.12	27.73	16.36	-5.10
14338	6382	5366	5191	75.34	39.06	36.20	81.34	-1.48	-6.49	-5.03
1232	711	902								
4092	3387	4772	5901	513.58	392.61	144.21	174.22	8.99	10.26	14.89
4670	9747	30456	74508	1733.95	1943.85	1595.46	764.40	16.20	23.61	66.28
206	1019	2985	11752	1991.92	2144.59	5705.01	1153.77	17.05	24.48	84.30
4073	8729	27174	48768	1345.71	1484.58	1197.36	558.72	14.66	21.25	53.74
12			3726	5248.32		31052.58		23.18		
379		297	10261	205217.00		2707.35		49.39		
900	1623	1511	1581	579.12	235.97	175.67	97.41	9.68	6.32	-0.65
415	926	2385	1473	584.41	310.05	354.87	159.04	9.74	8.42	12.30
952	1206	1065	1029	66.73	65.17	108.09	85.32	-2.11	-3.01	-3.89
411	390	645	885	119.73	132.65	215.28	226.64	0.95	2.04	22.70

2-3 主要年份国民经济和社会发展结构指标
Structural Indicators on National Economic and Social Development in Main Years

单位：% (%)

指　标	Item	1995	2000	2005	2010	2013	2014
人口与就业	**Population and Employment**						
人口	**Population**						
城乡结构	Urban and Rural Compostition						
城镇	Urban	33.90	34.76	39.25	44.72	48.51	49.78
乡村	Rural	66.10	65.24	60.75	55.28	51.49	50.22
性别结构	Sexual Compostition						
男	Male	51.20	51.70	51.10	51.78	50.65	50.94
女	Demale	48.80	48.30	48.90	48.22	49.35	49.06
就业	**Employment**						
产业结构	Industrial Compostition						
第一产业	Primary Industry	56.10	55.80	49.50	41.40	37.11	36.62
第二产业	Secondary Industry	16.90	12.60	17.40	22.60	23.17	22.84
第三产业	Tertiary Industry	27.00	31.60	33.10	36.00	39.72	40.54
宏观经济	**Macro Economy**						
国民经济核算	**National Accounting**						
生产总值产业结构	Industrial Compostition						
第一产业	Primary Industry	23.60	15.20	12.00	10.00	9.60	9.40
第二产业	Secondary Industry	38.50	41.30	48.70	55.10	54.30	53.60
第三产业	Tertiary Industry	37.90	43.50	39.30	34.90	36.10	37.00
投资	**Investment**						
全社会固定资产投资经济结构	Composition of Tatal Investment in Fixd Assets						
国有经济	State-owned Economy	81.23	66.41	47.84	48.27	47.64	47.84
集体经济	Collective Economy	9.61	4.27	3.95	1.50	0.88	0.70
私营个体经济	Private Individual Economy	7.81	8.45	11.65	13.83	16.24	19.42
其他经济	Other	1.35	20.87	36.57	36.40	35.24	32.04
资金到位来源结构	Composition of Funding Sources						
国家预算内资金	State Budget	6.17	17.04	15.79	13.56	15.43	19.82
国内贷款	Domestic Loans	39.55	24.33	16.87	17.11	20.42	21.10
利用外资	Foreign Investment	0.65	1.39	0.55	0.50	0.35	0.15
自筹和其他投资	Self-raising Funds and Other Investments	53.63	56.96	66.38	68.82	63.81	58.93
财政	**Government Finance**						
财政收入结构	Composition of Government Revenue						
中央	Central Government	49.67	36.44	46.65	46.23	39.26	34.71
地方	Local Government	50.33	63.56	53.35	53.77	60.74	65.29
能源生产与消费	**Enery**						
能源生产总量结构	Composition of Total Energy Production						
原煤	Coal	29.74	16.79	26.92	41.07	48.05	33.47
原油	Crude Oil	30.41	30.46	16.95	6.64	6.05	7.67
天然气	Natural Gas	1.36	5.06	15.86	18.63	16.99	21.26
一次电力	Hydro-power	38.49	47.69	40.27	33.67	28.91	37.60
能源消费总量结构	Composition of Total Energy Consumption						
原煤	Coal	41.64	30.18	44.20	34.14	31.67	29.77
石油	Crude Oil	8.42	18.96	8.63	7.61	8.24	8.21
天然气	Natural Gas	1.13	4.83	8.00	11.21	13.95	12.86
电力	Electric Power	48.81	46.03	39.17	47.04	46.14	49.16

2-3 续表 1 Continued

单位：% (%)

指 标	Item	1995	2000	2005	2010	2013	2014
产 业	**Industry**						
农业	**Agriculture**						
农林牧渔业产值结构	Compostition of Gross Output Value of Agriculture						
农业	Farming	48.25	46.66	38.75	45.74	45.29	44.03
林业	Forestry	2.61	3.70	1.86	1.87	1.83	2.02
牧业	Animal Husbandry	48.84	49.48	54.97	50.39	50.89	51.65
渔业	Fishery	0.30	0.16	0.07	0.06	0.41	0.68
农林牧渔服务业	Services of Agriculture			4.35	1.93	1.59	1.62
工业	**Industrty**						
规模以上工业总产值结构	Compostition of Gross Output of Industrial Enterprises above Designated Size						
大型企业	Large Enterprises	60.48	58.97	73.97	51.30	46.36	45.10
中型企业	Medinm-sized Enterprises	11.61	4.35	11.51	30.22	23.62	23.42
小型企业	Small Enterprises	27.91	36.68	14.52	18.48	30.02	31.48
建筑业	**Construction**						
建筑业总产值结构	Compostition of Gross Output Value of Construction Industry						
房屋土木工程建筑业	Civil Engineering Construction	83.35	85.53	90.13	92.59	95.13	95.36
建筑安装业	Installation Industry	15.30	13.45	8.06	5.94	4.20	4.08
建筑装饰业及其它建筑业	Construction Decoration Industry and Other Constructions	1.35	1.02	1.02	1.47	0.67	0.56
交通运输业	**Transportation**						
货运量结构	Composition of Freight Traffic						
按运输方式分	By Mode of Transport						
铁路	Railways	15.08	16.41	20.32	28.76	27.86	24.30
公路	Highways	81.80	79.79	76.78	69.68	70.62	74.30
民用航空	Civil Aviation					0.02	0.01
管道输油(气)	Pipelines	3.12	3.80	2.90	1.56	1.50	1.39
商业	**Business**						
社会消费品零售总额构成	Composition of Retail Sales of Consumer Goods						
城镇	City	85.55	85.84	88.47	86.77	86.80	86.93
乡村	Under County Level	14.45	14.16	11.53	13.23	13.20	13.07
对外经济贸易	**Foreign Trade**						
进出口总值结构	Total Value of Imports and Exports						
出口	Total Exports	85.09	70.12	78.19	59.10	60.41	65.64
进口	Total Imports	14.91	29.88	21.81	40.90	39.59	34.36
国际旅游	**International Tourism**						
来华旅游人次结构	Number of Overseas Visitor Arrivals						
外国人	Foreigners	73.90	33.33	50.00	60.00	88.82	78.85
港澳台同胞	Chinese Compatriots from Hong Kong, Macao and Taiwan	26.10	66.67	50.00	40.00	11.18	21.15

2-3 续表 2 Continued

单位：% (%)

指 标	Item	1995	2000	2005	2010	2013	2014
教育	**Education**						
在校学生结构	Composition of Student Enrollment in Regular School						
大学生	College and University Students	1.11	1.76	3.85	6.13	6.85	7.25
中专生	Secondary School Students	2.06	1.77	2.76	8.03	8.34	8.29
中学生	Middle School Students	29.25	29.71	36.65	33.19	34.00	34.95
小学生	Primary School Students	67.59	66.76	56.74	52.65	50.81	49.51
专任教师结构	Composition of Full-time Teachers in Regular Schools						
大 学	Colleges and Universities	3.09	4.41	5.85	6.83	6.65	7.14
中 专	Secondary School	3.70	2.85	3.04	4.47	4.51	4.46
中 学	Middle School	34.36	34.81	38.44	40.04	41.46	42.49
小 学	Primary School	58.86	57.94	52.67	48.66	47.39	45.91
生活	**People's Living Conditions**						
城镇居民消费结构	Consumption Compostition of Urban Households						
食品类	Food	51.43	40.88	36.31	39.37	35.28	29.90
衣着类	Clothing	13.95	10.96	11.06	12.33	12.37	10.00
生活用品及其他	Household Appliances and Other	32.12	41.60	41.96	38.69	41.48	40.40
居 住	Residence	3.50	6.56	10.67	9.61	10.87	19.70
农村居民消费结构	Consumption Compostition of Rural Reidents						
食品类	Food	64.99	57.89	45.14	39.57	30.89	31.90
衣着类	Clothing	9.36	7.67	8.49	6.62	7.41	7.50
用品及其他	Household Appliances and Other	15.93	24.08	30.58	29.34	37.79	43.40
居 住	Residence	9.72	10.36	15.79	24.47	23.91	17.20
卫生	**Health Care**						
卫生机构技术人员结构	Composition of Medical and Technical Personnel						
执业医师	Certified Doctors			34.38	34.36	32.32	29.76
执业助理医师	Assistant Doctors			8.40	5.91	5.40	5.46
注册护士	Registered Nures			33.53	37.34	38.84	41.32
卫生机构病床结构	Beds In Health Institutions						
医 院	Hospitals	81.70	84.50	83.54	78.91	79.77	81.66
卫生院	Health Centers	12.38	11.26	13.60	14.77	14.44	12.81
其 他	Others	5.92	4.24	2.86	6.32	5.79	5.53
环境、灾害	**Environment and Disaster**						
工业治理污染源施工项目投资结构	Composition of Investment in the Treatment of Industrial Pollution						
治理废水	Waste Water	13.73	13.42	4.41	10.45	9.80	15.77
治理废气	Waste Gas	84.36	80.46	87.22	89.55	89.22	65.46
治理固体废物	Solid Wastes	1.64		0.26			5.00
治理噪声	Noise Pollution	0.16					
其 他	Others	0.11	6.12	8.11		0.98	13.77

2-4 主要年份国民经济和社会发展比例和效益指标

Indicators on Proportions and Efficiency on National Economy and Social Development in Main Years

指　标	Item	1995	2000	2005	2010	2013	2014
人口与就业	**Population and Employment**						
人口　(‰)	**Population(‰)**						
出生率	Brith Rate	22.01	19.25	15.70	14.94	14.16	14.67
死亡率	Death Rate	6.89	6.15	6.21	6.31	6.13	6.18
自然增长率	Natural Growth Rate	15.12	13.10	9.49	8.63	8.03	8.49
就业	**Employment**						
就业者负担人口　(人)	Number of Dependents per Employee (person)	1.84	1.82	1.87	1.83	1.84	1.84
三次产业从业者比例(以第一产业为100)	Proportion of Employed Persons (Primary Industry = 100)						
第一产业	Primary Industry	100.00	100.00	100.00	100.00	100.00	100.00
第二产业	Secondary Industry	30.13	22.58	35.15	54.59	62.44	62.37
第三产业	Tertiary Industry	48.13	56.63	66.87	86.95	107.04	110.70
城镇登记失业率　(%)	Registered Unemployment Rate in Urban Areas(%)	2.18	2.40	3.93	3.80	3.30	3.20
宏观经济	**Macro Economy**						
国民经济核算	**National Accounting**						
三次产业增加值比例(以第一产业为100)	Proportion of The Added Value (Primary Industry=100)						
第一产业	Primary Industry	100.00	100.00	100.00	100.00	100.00	100.00
第二产业	Secondary Industry	162.99	271.26	404.97	551.90	562.37	571.63
第三产业	Tertiary Industry	160.52	285.96	326.55	349.01	374.20	395.07
全社会劳动生产率　(元/人.年)	Labor Productivity(yuan/person.year)	6464	9363	18281	40906	67894	72946
第一产业	Primary Industry	2716	2583	4367	9872	17671	18551
第二产业	Secondary Industry	14771	28579	52523	99803	156318	169933
第三产业	Tertiary Industry	9087	13020	21954	39620	62256	67323
人均生产总值　(元)	Per Capita GDP	3513	5138	10045	24115	36875	39671
固定资产投资	**Investment in Fixed Assets**						
全社会固定资产投资相当于生产总值比例　(%)	Proportion of Investment in Fixed Assets to GDP(%)	33.12	58.72	67.58	79.14	113.28	126.28
房屋竣工率　(%)	Housing Completion Rate(%)	55.79	55.81	49.05	34.20	32.73	31.18
财政	**Government Finance**						
地方财政收入相当于生产总值比例　(%)	Proportion of Local Government Revenue to GDP (%)	5.12	6.29	6.23	8.16	10.55	10.93
财政支出相当于生产总值比例　(%)	Proportion of Local Government Expenditures to GDP (%)	17.16	25.89	31.24	55.05	57.86	58.50
地方财政收入相当于全年财政支出比例　(%)	Proportion of Local Government Revenue to Expenditures (%)	29.85	24.30	19.92	14.83	18.23	18.68
能源生产与消费	**Energy**						
能源生产弹性系数　(%)	Elasticity Ratio of Energy Production(%)		0.66	4.28	1.59	0.87	
能源消费弹性系数　(%)	Elasticity Ratio of Energy Consumption(%)	1.25		2.80	0.61	0.78	0.65
单位生产总值能耗　(吨标准煤/万元)	Energy Consumption per 10 000 yuan of GDP (ton of SCE)	4.16	3.40	3.07	2.55	1.98	1.92
规模以上工业单位增加值能耗(吨标准煤)	Energy Consumption per 10 000 yuan of Value-added to Gross Industrial Output Vaule (ton of SCE)		5.65	3.44	2.19	2.29	2.27

2-4 续表 1 Continued

指 标	Item	1995	2000	2005	2010	2013	2014
产 业	**Industry**						
农业	**Agriculture**						
农林牧渔业从业者人均农产品产量 (公斤)	Per Capita Farm Products Output of Employed Persons of Agriculture,Forestry,Animal Husbandry and Fishery (kg)						
粮 食	Grain Crops	854	577	724	843	889	906
油 料	Oil-bearing Crops	121	135	247	305	283	272
肉 类	Meat	139	146	203	228	278	289
水产品	Aquatic Products	2	1	1	1	5	8
每公顷播种面积农产品产量 (公斤)	Output of Farm Products Per Hectare (kg)						
粮 食	Grain Crops	2972	2563	3798	3717	3656	3742
油 料	Oil-bearing Crops	1082	1013	1968	2109	2056	2088
工业企业效益	**Economic Benefit of Industrial Enterprises**						
规模以上企业总资产贡献率(%)	Ratio of Total Assets to Industrial Output Value of Enterprises above Designated Size (%)		5.04	11.07	11.57	7.98	6.48
规模以上企业资产负债率 (%)	Assets-Liability Ratio of Enterprises above Designated Size (%)		71.67	67.54	63.74	67.36	68.17
规模以上企业流动资产周转次数 (次/年)	Turnover of Working Capital of Enterprises above Designated Size (times/year)	0.98	0.77	1.40	1.64	1.50	1.57
建筑业	**Construction**						
技术装备率 (元/人)	Rate of Technical Equipment (yuan/person)	4356	9153	14655	23068	17080	25679
产值利润率 (%)	Profit Rate of Output Value (%)		0.85	0.63	2.20	3.39	3.11
全员劳动生产率(按总产值计算) (元/人)	Overall Labor Productivity Calculated Based on Gross Output Value (yuan/person)	33406	42284	87203	221885	313090	307456
交通运输业	**Transportation**						
铁路网密度(公里/万平方公里)	Railway Density (km/10000 sq.km)	15.28	15.28	15.24	22.92	25.78	28.81
公路网密度(公里/万平方公里)	Highway Density (km/10000 sq.km)	239.21	259.43	412.76	862.24	972.22	1008.09
铁路货运密度 (吨/公里)	Railway Density of Freight Transport (ton/km)	4836	7573	13245	19903	20383	17396
公路货运密度 (吨/公里)	Highway Density of Freight Transport (ton/km)	1676	2168	1848	1280	1367	1517
邮电通信业	**Post and Telecommunication Services**						
电话普及率(含移动电话) (部/百人)	Popularization Rate of Telephone (Include Mobile Phone (set/100 persons)	2.00	11.22	46.00	89.90	112.40	111.48
固定电话普及率	Popularization Rate of Fixed telephone	1.95	7.14	22.00	18.50	17.80	17.33
移动电话普及率	Popularization Rate of Mobile Phones	0.05	4.08	24.00	70.70	94.60	94.15
国内商业	**Domestic Trade**						
人均社会消费品零售额 (元)	Per Capita Retail Sales of Consumer Goods (yuan)	1479	1954	2987	6264	9550	10693
对外经济贸易	**Foreign Trade**						
进出口总额相当于生产总值比例 (%)	Proportion of Total Value of Imports and Exports to GDP (%)	8.08	5.02	6.23	3.96	4.09	4.58
国际旅游	**International Tourism**						
每一来青游客花费 (美元)	Expenditure per International Tourist in Qinghai (USD)	173	227	313	409	158	159

2-4 续表 2 Continued

指 标	Item	1995	2000	2005	2010	2013	2014
金融保险	**Finance Intermidiation and Insurance**						
金融机构存款相当于生产总值比例(%)	Bank Deposits as Percentage of GDP (%)	82.30	117.25	147.23	171.77	193.33	196.67
金融机构贷款相当于生产总值比例(%)	Bank Loans as Percentage of GDP(%)	134.03	138.69	128.04	134.97	160.14	181.12
教育、科技、文化	**Education, Science and Technology, Culture**						
教育	**Education**						
学龄儿童入学率(%)	Enrollment Ratio of Primary Schools (%)	87.4	94.2	97.0	99.6	99.7	99.7
小学毕业生升学率(%)	Promotion Rate from Primary Schools to Junior Secondary Schools(%)	86.5	88.7	97.3	95.6	91.9	94.3
初中毕业生升学率(%)	Promotion Rate from Junior Secondary Schools to Senior Secondary Schools(%)	52.5	66.4	74.6	86.5	91.7	92.4
平均每一专任教师负担学生数(人)	Average Number of Students for Each Full-time Teacher Burden(person)						
高等学校	Regular Institutions of Higher Education	5.2	6.3	11.3	14.4	16.9	15.8
普通中学	Regular Secondary Schools	12.4	13.5	16.3	14.9	13.4	13.9
小学学校	Primary Schools	16.7	18.2	18.4	19.5	17.5	18.3
科技	**Science and Technology**						
县以上研究与开发经费支出相当于生产总值比例(%)	R&D and Expenditures Above County Level as Percentage of GDP(%)	0.44	0.50	0.38	0.62	0.27	0.30
文化	**Culture**						
每百万人有艺术表演团体(个)	Number of Art Performance Troupes Per Million Persons(unit)	2.91	2.71	2.21	2.50	2.26	1.89
每百万人有公共图书馆(个)	Number of Public Libraries Per Million Persons(unit)	8.52	7.36	7.92	7.86	8.51	8.44
每百万人有博物馆(个)	Number of Museum Per Million Persons(unit)	1.67	2.71	2.76	3.21	3.82	3.79
家庭、生活、环境	**Family,People's Living Conditions and Environment**						
家庭	**Family**						
少儿抚养比(%)	Children Dependency Ratio(%)	41.70	39.15	34.52	28.74	27.55	27.55
老年抚养比(%)	Elderly Dependency Ratio(%)	5.25	6.65	8.65	8.66	9.44	9.79
生活	**People's Living Conditions**						
城镇与农村居民收入比例(以农村居民收入指数为1)	Income of Urban and Rural Residents Ratio (Income of Rural Residents Index=1)	3.28	3.47	3.72	3.59	3.15	3.06
卫生	**Health Care**						
每万人医疗机构数(个)	Number of Health Institutions per 10 000 Persons(unit)	1.23	1.12	1.03	1.30	1.33	1.43
每万人卫生技术人员数(人)	Number of Medical Technical Personnel per 10 000 Persons(person)	42.05	41.63	38.24	42.41	56.16	58.66
每万人医疗床位数(张)	Number of Beds in Health Institutions per 10 000 Persons(unit)	35.67	31.99	29.52	35.59	51.16	56.75
市政建设	**Municipal Works**						
城市自来水普及率(%)	Percentage of Population with Access to Tap Water(%)	99.79	97.29	100.00	99.87	99.10	99.70
城市燃气普及率(%)	Percentage of City Population with Access to Gas(%)	2.57	48.88	64.00	90.79	84.80	88.81
人均拥有公共绿地面积(平方米)	Per Capita Public Green Areas (sq.m)	3.00	3.74	5.03	8.53	9.66	10.78
灾害	**Disaster**						
平均每起火灾损失(元)	The Average Loss per Fire (yuan)	9231	7090	4606	5708	15787	9315.1
平均每起交通事故损失(元)	The Average Loss per Traffic Accident (yuan)	4792	4224	4316	3237	6059	8599

2-5 2008年以来青海国民经济与社会发展主要指标完成情况

指　　标		Item		2008	2009
人口与就业		**Population and Employment**			
人　口		**Population**			
总人口	(万人)	Total Population	(10 000 persons)	554.3	557.3
人口自然增长率	(‰)	Natural Growth Rate	(‰)	8.35	8.32
少数民族	(万人)	Population of Ethnic Minorities	(10 000 persons)	259.0	261.1
少数民族占总人口比重	(%)	Percentage of Ethnic Minorities in Total Population	(%)	46.72	46.85
在总人口中城镇人口所占比重	(%)	Percentage of Urban Population in Total Population	(%)	40.86	41.90
就　业		**Employment**			
就业人员	(万人)	Employment Persons	(10 000 persons)	301.00	303.26
年末城镇登记失业率	(%)	Registration Unemployment in Urban Areas at Year-end	(%)	3.80	3.80
宏观经济		**Macro Economy**			
国民经济核算		**National Accounting**			
地区生产总值	(亿元)	Gross Domestic Product	(100 million yuan)	1018.6	1081.3
第一产业		Primary Industry		105.6	107.4
第二产业		Secondary Industry		557.1	575.3
工业		Industry		468.6	470.3
建筑业		Construction		88.5	105.0
第三产业		Tertiary Industry		355.9	398.5
人均生产总值	(元)	Per Capita GDP	(yuan)	18421	19454
固定资产投资		**Investment in Fixed Assets**			
全社会固定资产投资	(亿元)	Total Investment in Fixed Assets in the Whole Country	(100 million yuan)	582.9	800.5
财　政		**National Government**			
公共财政预算收入	(亿元)	Public Budgete Revenue	(100 million yuan)	136.5	166.5
地方公共财政预算收入		Local Government Public Budgete Revenue		71.6	87.7
公共财政预算支出		Public Finance Budgete Expenditures		363.6	486.7
物　价(上年=100)		**Price Indices (preceding year=100)**			
居民消费价格指数		Consumer Price Index		110.1	102.6
产　业		**Industry**			
农村经济		**Rural Economy**			
农作物总播种面积	(千公顷)	Total Sown Areas of Farm Crops	(1 000 hectares)	513.6	514.1
主要农产品产量	(万吨)	Output of Major Farm Products	(10 000 tons)		
粮食		Grain		101.8	102.7
油料		Oil-bearing Crops		35.2	36.6
蔬菜及食用菌		Vegetables and Edible Fungis		110.1	118.9
牛奶		Cow Milk		25.3	25.3
肉类		Meat		25.5	26.9

Main Indicators on National Economic and Social Development Since 2008

2010	2011	2012	2013	2014	2009-2014	
					累计增长(%) Cumulative Growth Rate(%)	年均增长(%) Average Annual Growth Rate(%)
563.5	568.2	573.2	577.8	583.4	5.3	0.9
8.63	8.31	8.24	8.03	8.49	下降0. 14个千分点	
264.7	266.9	269.3	271.5	274.1	5.8	1.1
46.98	46.98	46.98	46.98	46.98	上升0.4个百分点	
44.72	46.22	47.44	48.51	49.78	上升8. 92个百分点	
307.65	309.18	310.89	314.21	317.30	5.4	1.1
3.80	3.80	3.40	3.30	3.20	下降0. 60个百分点	
1350.4	1670.4	1893.5	2122.1	2303.3	95.8	12.4
134.9	155.1	176.9	204.7	215.9	35.8	5.2
744.6	975.2	1092.3	1151.3	1234.3	119.5	14.8
613.7	811.7	895.9	912.3	953.9	114.6	14.5
131.0	163.5	196.5	239.0	280.4	143.6	16.2
470.9	540.2	624.3	766.1	853.1	79.3	10.5
24115	29522	33181	36875	39671	86.6	11.5
1068.7	1434.3	1920.0	2403.9	2908.7	六年累计投资10536.2亿元，年均增长32.7 %	
205.0	270.4	319.7	368.6	385.5	182.4	18.9
110.2	151.8	186.4	223.9	251.7	251.7	23.3
743.4	967.5	1159.0	1227.9	1347.4	270.6	24.4
105.4	106.1	103.1	103.9	102.8	-6.6	-1.1
526.8	540.1	554.2	555.8	553.7	7.8	1.3
102.0	103.4	101.5	102.4	104.8	3.0	0.5
36.9	36.1	35.2	32.6	31.5	-10.5	-1.8
134.4	143.6	158.8	158.9	158.6	44.1	6.3
26.2	27.0	27.6	27.6	30.5	20.6	3.2
27.5	28.8	30.5	32.0	33.4	31.0	4.6

2-5 续表

指 标		Item		2008	2009
工 业(规模以上)		**Industry(Enterprises above Designated Size)**			
工业企业利润总额	(亿元)	Total Profits	(100 million yuan)	177.2	100.0
主要工业产品产量		Output of Major Industrial Products			
原油	(万吨)	Crude Oil	(10 000 tons)	220.3	186.4
原盐	(万吨)	Salt	(10 000 tons)	235.7	70.7
原煤	(万吨)	Coal	(10 000 tons)	1182.9	1283.6
发电量	(亿千瓦时)	Electricity	(100 million kwh)	305.8	360.5
粗钢	(万吨)	Crude Steel	(10 000 tons)	115.1	126.7
电解铝	(万吨)	Electrolytic Aluminum	(10 000 tons)	102.4	91.0
水泥	(万吨)	Cement	(10 000 tons)	457.8	610.0
运输、邮电业		**Transport and Post**			
铁路营业里程	(公里)	Length of Railways in Operation	(km)	1651	1651
公路通车里程	(公里)	Length of Highways in Operation	(km)	56642	60136
民用航空航线里程	(公里)	Civil Aviation Routes	(km)	32149	31562
货运量	(万吨)	Total Freight Traffic	(10 000 tons)	9318	10057
客运量	(万人次)	Total Passenger Traffic	(10 000 person-time)	9447	10101
民用汽车保有量	(万辆)	Possession of Civil Vehicles	(10 000 units)	22.6	26.9
邮电业务总量	(亿元)	Business Volume of Postal and Telecommunication Services	(100 million yuan)	70.0	91.7
年末固定电话用户	(万户)	Number of Fixed Telephone Subscribers at Year-end	(10 000 households)	119.4	109.3
年末移动电话用户	(万户)	Number of Mobile Telephone Subscribers at Year-end	(10 000 households)	247.2	310.7
商 业		**Domestic Trade**			
社会消费品零售总额	(亿元)	Total Retail Sales of Comsumer Goods	(100 million yuan)	259.7	300.5
对外贸易		**Foreign Trade**			
海关进出口总额	(亿美元)	Total Value of Imports and Exports	(100 million USD)	6.9	5.9
出口	(亿美元)	Exports	(100 million USD)	4.2	2.5
金 融		**Financial Intermediation**			
金融机构人民币存款余额	(亿元)	Deposits of National Banking System	(100 million yuan)	1383.7	1785.8
金融机构人民币贷款余额	(亿元)	Loans of National Banking System	(100 million yuan)	1025.6	1399.0
居 住		**Housing**			
城镇居民人均住房建筑面积	(平方米)	Per Capita Gross Living Space in Cities	(sq.m)	24.8	25.8
农村居民人均居住面积	(平方米)	Per Capita Net Floor Space of Rural Residents	(sq.m)	19.8	20.3
生 活		**People's Living Conditions**			
城镇居民人均可支配收入	(元)	Per Capita Annual Disposable Income of Urban Households	(yuan)	11648	12692
农牧民人均纯收入	(元)	Per Capita Net Income of Rural Households	(yuan)	3061	3346
城镇居民恩格尔系数	(%)	Engle's Coefficient of Urban Households	(%)	40.4	40.4
农村居民恩格尔系数	(%)	Engle's Coefficient of Rural Households	(%)	43.6	38.1
城乡居民人均年末人民币储蓄存款余额	(元)	Outstanding Amount of RMB Saving Deposits in Urban and Rural Areas	(yuan)	11039	13572

Continued

2010	2011	2012	2013	2014	2009-2014 累计增长(%) Cumulative Growth Rate(%)	2009-2014 年均增长(%) Average Annual Growth Rate(%)
180.7	222.8	168.9	148.8	106.2	-40.1	-8.2
186.1	195.0	205.0	215.0	220.0	-0.2	0.0
123.8	152.9	177.0	261.0	221.9	-5.9	-1.0
1863.2	1961.0	2460.0	3020.0	1799.5	52.1	7.2
457.1	437.0	556.0	566.0	551.0	80.2	10.3
137.3	139.0	141.0	148.0	144.3	25.4	3.8
146.8	169.2	203.0	224.0	233.6	128.2	14.7
811.1	1043.0	1371.0	1786.0	1843.7	302.8	26.1
1651	1856	1856	1856	2074	25.6	3.9
62185	64280	65988	70117	72703	28.4	4.2
32062	37612	50273	62820	92536	187.8	19.3
11426	12772	13680	13576	14846	59.3	8.1
10997	11930	12830	4957	5643	-40.3	-8.2
33.7	42.6	51.7	61.2	70.7	212.7	20.9
122.1	48.0	56.9	60.3	80.3	270.0	24.4
103.2	104.2	102.5	101.8	100.2	-16.1	-2.9
397.8	461.8	537.2	542.4	544.0	120.1	14.0
351.0	413.4	480.3	549.6	620.8	161.5	17.4
7.9	9.2	11.6	14.0	17.2	149.9	16.5
4.7	6.6	7.3	8.5	11.3	169.2	17.9
2319.6	2825.8	3528.4	4102.5	4529.9	227.4	21.9
1822.7	2231.5	2791.7	3398.2	4171.7	306.7	26.3
25.9	26.0	26.1	25.9	26.0		
21.4	27.3	30.9	26.8	27.6		
13855	15603	17566	19499	22307	91.5	11.4
3863	4608	5364	6196			
39.4	38.9	37.8	35.3	36.4	下降4.0个百分点	
39.6	37.8	34.8	30.9	55.4	上升11.7个百分点	
16849	18366	22347	26138	28259	156.0	17.0

2-6 主要年份平均每天主要社会经济活动
Selected Indicators on Average Daliy Social and Economic Activities in Main Years

指　标	Item	2000	2005	2010	2013	2014
每天创造的财富	**The Wealth Created Each Day**					
生产总值(万元)	Gross Regional Product(10 000 yuan)	7224	14885	36998	58139	63105
第一产业	Primary Industry	1099	1790	3696	5609	5916
第二产业	Secondary Industry	2982	7250	20401	31542	33817
工业	Industry	2159	5587	16812	24995	26134
建筑业	Construction	823	1662	3588	6547	7683
第三产业	Tertiary Industry	3143	5846	12901	20988	23372
交通运输仓储和邮电通信业	Transport, Storage and Post	479	873	1678	2034	2238
批发和零售贸易住宿餐饮业	Wholesale and Retail Trades, Hotels and Catering Services	690	1233	2678	4753	5149
地方财政收入(万元)	Local Government Revenue(10 000 yuan)	454	927	3020	6133	6895
财政支出(万元)	Government Expenditures(10 000 yuan)	1870	4651	20367	33641	36916
粮　食(吨)	Grain Crops(ton)	2266	2555	2795	2805	2872
油　料(吨)	Oil-bearing Crops(ton)	532	873	1011	892	863
肉　类(吨)	Meat(ton)	571	706	754	876	915
牛肉	Beef	174	204	232	282	291
羊肉	Muttom	192	251	248	288	299
牛　奶(吨)	Cow Milk(ton)	565	647	718	755	836
原　煤(吨)	Coal(ton)	3972	15205	51041	82740	49315
发电量(万千瓦时)	Electricity(10 000 kwh)	3671	5836	12521	15507	15096
原　油(吨)	Crude Oil(ton)	5480	6055	5096	5890	6027
钢　材(吨)	Rolled Steel(ton)	986	1315	3781	3589	3589
原　盐(吨)	Salt(ton)	1863	3069	3397	7151	6082
每天消费量	**Daily Consumption**					
最终消费(万元)	Final Consumption(10 000 yuan)	4074	9883	19742	28726	31627
居民消费	People's Consumption	3352	5761	11240	19030	21528
农村居民	Rural	1144	1758	3346	5703	6477
城镇居民	Urban	2208	4004	7894	13326	15051
政府消费	Government Consumption	1353	4121	8502	9696	10099
能源消费量(万吨标准煤)	Consumption of Energy(10 000 tons of SCE)	2.46	5.02	7.71	10.32	10.94
社会消费品零售总额(万元)	Retail Sales of Consumer Goods(10 000 yuan)	2747	4427	9617	15057	17009
每天其他经济活动	**Other Economic Activities**					
资本形成总额(万元)	Gross Capital Formation(10 000 yuan)	4396	10117	29781	69016	82313
固定资本形成	Gross Fixed Capital Formation	4301	9975	28982	66254	80918
存货增加	Changes in Inventories	96	142	798	2762	1395
城镇新建住宅面积(万平方米)	New Residential Area of Urban(10 000 sq.m)	0.14	0.20	0.66	1.30	1.23
农民个人新建住宅面积(万平方米)	New Residential Area of Individual Farmers (10 000 sq.m)	0.54	0.55	1.81	1.82	1.79
货运量(万吨)	Freight Traffic(10 000 tons)	13.91	19.59	31.30	37.19	40.67
客运量(万人)	Passenger Traffic(10 000 person)	9.90	13.48	30.13	13.58	15.46
邮电业务总量(万元)	Bussiness Volume of Postal and Telecommunication Services(10 000 yuan)	134.74	861.18	3346.10	1651.39	2199.43
进出口总额(万美元)	Total Value of Imports and Exports(10 000 USD)	43.76	113.25	216.18	384.26	470.95
出口总额	Total Exports	30.69	88.56	127.75	232.13	309.13
进口总额	Total Imports	13.08	24.70	88.43	152.14	161.82
利用外资合同金额(万美元)	Total Amount of Contracted Foreign Investment (10 000 USD)	41.95	97.43	86.73	45.89	29.17
国际旅游者人数(人次)	Number of International Tourists	82	110	137	128	142
居民新增储蓄额(万元)	Residents of New Savings(10 000 yuan)	444	1349	5190	6271	3741
每天人口变动	**Daily Population Changes**					
出　生(人)	Birth(person)	271	233	229	223	233
死　亡(人)	Death(person)	86	92	97	97	98

2-7 主要年份人均主要工农业产品产量

Per Capita Output of Major Industrial and Agricultural Products in Main Years

单位：千克 (kg)

年 份 Year	粮 食 Grain	油 料 Oil-bearing	水 果 Fruits	牛 奶 Cow Milk	肉 类 Meat	牛羊肉 Beef and Mutton	羊 毛 Woll	水产品 Aquatic Products
1978	250.3	12.5	1.8	34.7	16.6		4.5	0.9
1980	255.3	18.9	2.0	30.9	22.7	17.3	4.6	0.9
1981	210.3	16.7	2.7	32.3	22.2	15.9	4.5	0.8
1982	239.4	19.0	3.5	32.1	22.5	16.7	4.4	0.7
1983	246.7	18.4	3.0	33.2	23.0	17.4	4.1	1.0
1984	261.0	19.2	4.5	34.0	24.3	18.2	4.0	1.0
1985	248.0	24.5	4.9	38.2	27.6	20.2	3.8	1.1
1986	237.4	25.0	4.7	37.4	27.8	19.7	3.6	1.1
1987	245.3	24.4	5.0	41.2	26.8	18.4	3.6	0.5
1988	245.5	24.2	6.0	42.1	27.6	18.5	3.4	0.6
1989	253.5	24.1	5.2	45.3	28.8	18.7	3.5	0.6
1990	258.1	27.1	5.0	45.4	34.6	24.2	4.0	0.8
1991	254.2	29.3	4.7	45.1	34.9	24.1	4.0	0.9
1992	258.8	30.7	5.7	45.5	35.7	25.1	4.0	0.9
1993	255.7	31.7	5.9	40.7	34.3	23.6	3.8	0.8
1994	248.4	39.2	5.5	41.2	37.9	26.2	3.8	0.8
1995	239.1	27.1	5.6	41.9	38.5	26.0	3.7	0.5
1996	255.4	35.3	6.0	37.4	38.6	26.2	3.4	0.5
1997	259.2	37.3	5.5	37.8	40.3	26.8	3.3	0.4
1998	256.8	42.1	5.0	39.8	41.1	26.7	3.3	0.3
1999	204.6	56.3	4.8	37.6	39.8	25.1	3.1	0.3
2000	161.1	37.8	4.4	40.2	40.6	26.0	3.2	0.2
2001	198.5	44.2	3.3	41.7	42.5	28.1	3.2	0.4
2002	173.6	44.5	3.1	41.9	43.3	28.6	3.2	0.3
2003	163.4	49.3	2.7	41.7	44.6	29.3	3.3	0.2
2004	165.0	53.9	2.7	42.4	46.3	30.1	3.3	0.2
2005	172.4	58.9	2.7	43.7	47.6	30.7	3.3	0.2
2006	174.5	51.2	2.4	43.6	44.8	29.3	3.2	0.4
2007	180.2	58.3	2.5	45.5	44.3	29.1	2.8	0.3
2008	184.1	63.7	2.4	45.7	46.2	28.8	2.8	0.4
2009	184.8	65.9	2.6	45.5	48.4	30.5	2.8	0.1
2010	182.1	65.9	2.6	46.8	49.1	31.2	3.2	0.3
2011	182.7	63.7	2.4	47.6	51.0	32.9	3.4	0.6
2012	177.9	61.7	2.5	48.3	53.4	35.0	3.4	0.8
2013	177.9	56.6	2.3	47.9	55.6	36.2	3.4	1.0
2014	180.5	54.3	2.3	52.5	57.5	37.1	3.2	1.6

2-7 续表 Continued

单位：千克 (kg)

年 份 Year	原 盐 Salt	农用化肥 Chemical Fertilizers	原 煤 Coal	原铝（电解铝） Aluminum	原 油 Crude Petroleum Oil	发电量（千瓦小时） Electricity (kwh)	粗钢 Steel	水 泥 Cement
1978	108.0	33.7	679		37.8	180.7	50.4	50.5
1980	80.8	19.0	670		40.2	219.6	47.9	79.7
1981	33.7	29.3	504		44.0	203.5	45.7	57.2
1982	66.6	28.7	535		44.6	202.5	47.0	72.4
1983	65.2	29.3	558		44.7	196.1	48.7	93.2
1984	85.9	30.7	602		46.6	206.0	49.9	106.9
1985	90.2	6.1	685		49.4	281.3	51.7	119.7
1986	165.6	8.0	657		84.5	353.4	54.3	118.3
1987	338.2	9.8	645		42.1	526.5	56.7	115.9
1988	256.3	11.9	622	5.4	148.5	1063.8	67.9	125.0
1989	280.4	12.9	691	7.3	165.8	1331.2	71.2	123.5
1990	235.0	14.8	721	10.3	182.5	1591.1	72.7	115.8
1991	315.6	21.9	636	13.0	226.2	1326.2	80.4	128.1
1992	201.4	26.9	616	15.3	230.4	1088.5	83.5	154.0
1993	208.8	25.2	498	19.8	233.7	1466.7	92.4	167.0
1994	197.1	33.3	561	24.3	240.4	1554.6	97.5	133.9
1995	159.4	43.8	582	24.0	254.9	1265.1	74.4	133.6
1996	140.8	32.1	613	25.9	289.0	1273.7	84.0	157.0
1997	32.4	39.2	669	37.8	325.6	1712.6	87.7	160.8
1998	78.7	63.7	641	47.2	352.8	2013.0	87.2	206.3
1999	96.6	82.1	423	51.9	374.5	2258.4	88.2	230.6
2000	131.8	130.7	283	55.2	389.7	2607.0	83.6	241.1
2001	148.3	153.0	445	56.8	396.4	2650.4	85.2	319.4
2002	118.3	145.6	475	66.0	407.0	2652.6	79.4	502.0
2003	124.9	182.3	585	75.4	414.2	2437.5	89.9	577.9
2004	147.3	277.4	766	105.2	414.1	3134.0	88.1	636.0
2005	207.1	294.0	1026	123.9	408.6	3937.9	94.3	685.9
2006	262.2	375.9	1085	150.3	408.8	5078.4	146.7	680.2
2007	294.7	445.7	1630	172.8	402.1	5403.4	209.2	795.1
2008	426.8	446.7	2139	184.5	397.9	5534.0	208.0	828.3
2009	127.7	500.2	2310	163.7	334.7	6495.1	228.5	1097.5
2010	221.3	558.6	3324	262.3	331.9	8155.1	244.5	1447.2
2011	270.4	464.8	3466	298.7	344.6	7723.3	245.7	1843.3
2012	310.2	625.6	4311	355.7	359.2	9742.9	247.1	2402.4
2013	453.5	717.7	5248	389.2	373.6	9835.3	257.2	3103.5
2014	382.4	866.2	3100	403.0	378.9	9490.1	248.0	3176.0

第 3 篇
CHAPTER 3

国民经济核算
National Accounts

国内生产总值增速

比上年增长（%）

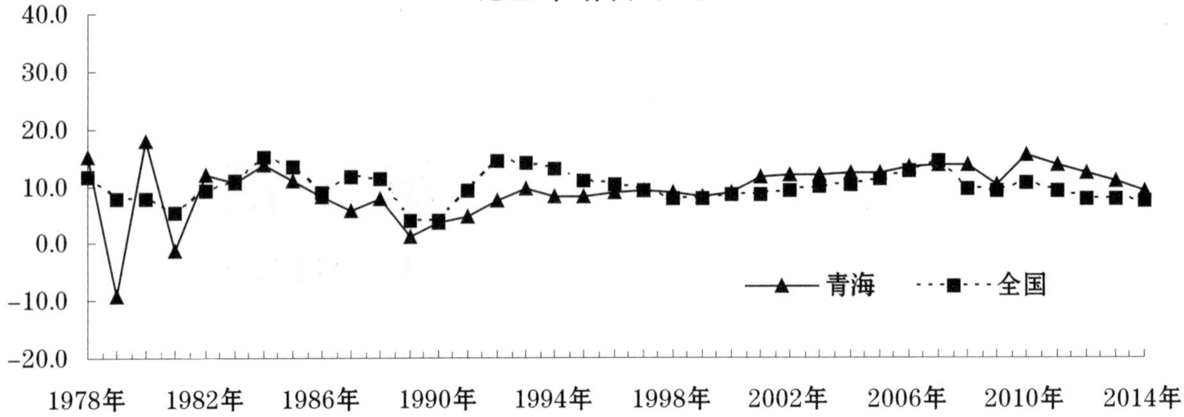

地区生产总值构成

（生产法，%）

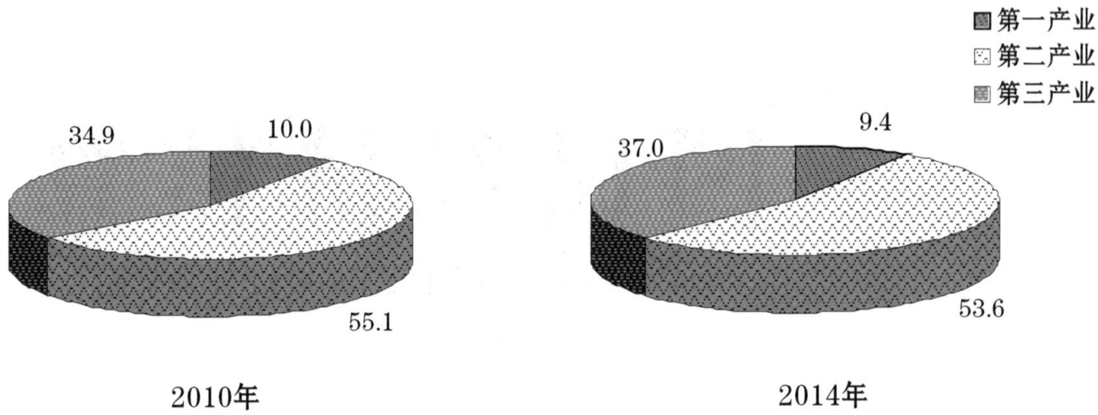

最终消费构成（%）

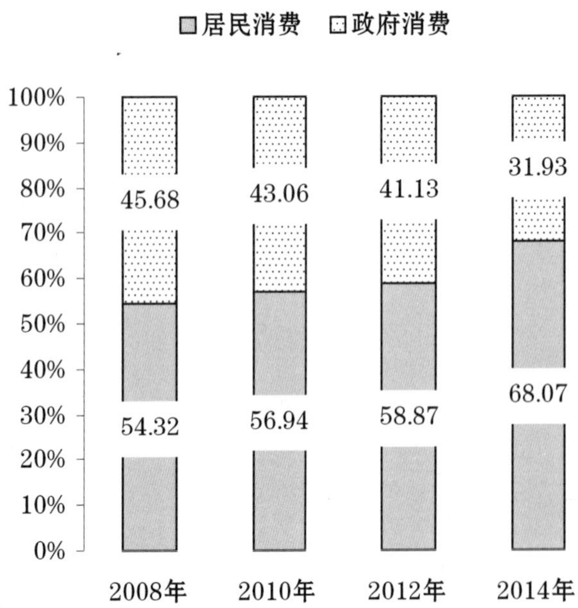

生产总值构成

（收入法，%）

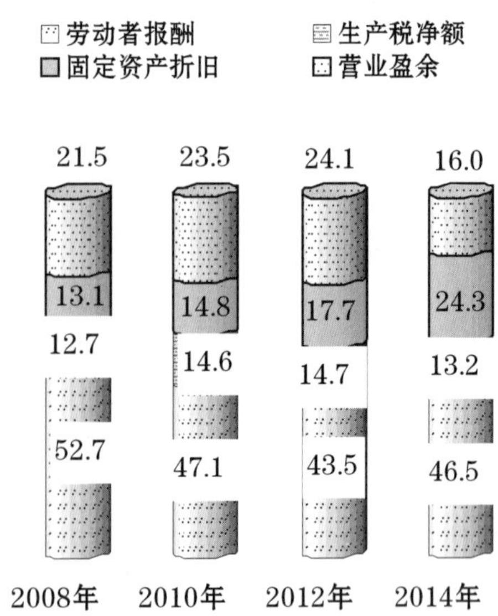

3-1 主要年份总产出
Gross Output in Main Years

按当年价格计算

Data in this table are calculated at current prices

单位：亿元 (100 million yuan)

年份 Year 地区 Region	总产出 Total Output	第一产业 Primary Industry	第二产业 Secondary Industry	工业 Industry	建筑业 Construction	第三产业 Tertiary Industry
1952	2.39	1.61	0.32	0.26	0.06	0.46
1957	6.96	2.80	2.50	1.27	1.23	1.66
1965	9.93	4.16	3.41	2.42	0.99	2.36
1970	14.96	4.37	7.28	4.74	2.54	3.31
1975	23.96	5.63	13.35	10.16	3.19	4.98
1978	32.06	5.99	19.54	13.56	5.98	6.53
1980	37.18	7.77	21.51	14.33	7.18	7.90
1981	34.75	7.30	18.85	12.25	6.60	8.60
1982	37.84	8.36	22.71	14.73	7.98	6.77
1983	43.34	8.67	24.14	15.37	8.77	10.53
1984	50.22	10.48	27.55	17.92	9.63	12.19
1985	62.18	12.25	35.27	22.65	12.62	14.66
1986	71.17	14.11	39.49	26.79	12.70	17.57
1987	81.13	15.94	45.11	31.30	13.81	20.08
1988	101.76	19.49	59.08	42.51	16.57	23.19
1989	123.31	21.60	68.76	54.18	14.58	32.95
1990	144.62	24.53	71.29	55.25	16.04	48.80
1991	155.73	25.24	78.08	60.51	17.57	52.41
1992	183.24	28.03	95.07	68.22	26.85	60.14
1993	235.33	31.99	126.62	92.76	33.86	76.72
1994	295.40	45.99	155.88	123.49	32.38	93.53
1995	350.97	56.44	181.35	143.21	38.14	113.19
1996	392.40	57.68	199.48	147.68	51.80	135.23
1997	446.96	60.85	242.05	174.94	67.11	144.06
1998	502.96	62.87	283.07	196.81	86.26	157.03
1999	544.05	61.39	309.48	209.88	99.60	173.18
2000	621.44	59.51	362.94	240.08	122.86	198.99
2001	701.50	66.39	402.93	243.48	159.45	232.18
2002	814.12	69.34	482.26	270.61	211.65	262.53
2003	954.90	71.77	584.00	329.78	254.22	299.13
2004	1130.85	86.65	704.50	422.80	281.70	339.70
2005	1314.62	94.04	829.50	536.09	293.41	391.08
2006	1524.79	97.64	977.39	696.40	280.99	449.76
2007	1868.88	121.26	1212.88	927.57	285.31	534.74
2008	2365.80	153.40	1568.47	1260.92	307.55	643.93
2009	2465.21	157.30	1581.64	1216.82	364.82	726.27
2010	3187.75	201.30	2127.85	1653.61	474.24	858.60
2011	3927.87	230.82	2673.44	2081.64	591.80	1023.61
2012	4429.02	263.86	3015.37	2287.79	727.58	1149.79
2013	5243.40	305.38	3457.66	2565.99	891.67	1480.36
2014	5719.01	322.17	3744.47	2698.10	1046.37	1652.37
西宁市 Xining City	2750.25	69.00	1878.73	1442.54	436.19	802.52
海东市 Haidong City	881.06	85.51	591.90	421.86	170.04	203.65
海北州 Haibei Zang A.P	176.64	24.47	97.45	59.13	38.32	54.72
黄南州 Huangnan Zang A.P	144.81	23.88	86.07	27.34	58.73	34.86
海南州 Hainan Zang A.P	285.57	43.12	195.44	104.31	91.13	47.01
果洛州 Golog Zang A.P	58.80	7.01	33.43	12.44	20.99	18.36
玉树州 Yushu Zang A.P	128.02	29.19	73.58	0.53	73.05	25.25
海西州 Haixi Mongolian & Zang A.P	932.21	39.76	699.83	638.99	60.84	192.62

注：1.1992—2004年、2005—2008年、2013年数据分别根据第一次、第二次和第三次经济普查数据进行调整和修订。
2.2013年开始按照国民经济行业分类(GB/T4754—2011)标准执行，第一产业中不包含农林牧渔服务业，工业中不含开采辅助活动和金属制品、机械和设备修理业。
3.1990—1993年的总产出依据第三产业普查作了统一调整。
4.1997年工业总产出等于按新口径计算工业总产值加销项税。
5.2006年第一产业数据根据农业普查数据进行了调整。

a) Data in 1992-2004, 2005-2008 and 2013 were adjusted and revised based on the first, the second and the third economic census data separately
b) National economic accounting began to implement in accordance with the national economic industry classification (GB/T4754-2011) standards repair since 2013, whose primary industry does not include service in support of agriculture and industry does not include support activities for mining and repair service of metal products, machinery and equipment.
c) The total output in 1990-1993 were made a uniform adjustment based on the census of tertiary industry.
d) Industrial output in 1997 equaled to the total industrial output value calculated with new caliber added output tax.
e) Data on the primary industry in 2006 were adjusted according to agricultural census data.

3-2 主要年份总产出指数
Indices of Gross Output in Main Years

以上年为100

preceding year=100

单位：% (%)

年 份 地 区	Year Region	总产出 Total Output	第一产业 Primary Industry	第二产业 Secondary Industry	工 业 Industry	建筑业 Construction	第三产业 Tertiary Industry
1952		100.00	100.00	100.00	100.00	100.00	100.00
1957		91.26	100.31	70.97	104.01	57.83	122.58
1965		109.47	111.00	103.78	129.21	137.64	115.89
1970		118.56	100.02	131.31	142.33	123.41	105.56
1975		114.41	99.12	121.92	115.65	132.09	104.70
1978		123.27	99.38	129.77	116.26	146.96	117.81
1980		99.83	111.02	95.95	97.48	94.74	111.38
1981		91.77	93.05	89.05	85.46	91.99	102.63
1982		117.48	107.80	120.05	119.00	120.84	113.94
1983		108.27	102.48	106.25	101.39	109.88	119.60
1984		119.47	108.94	111.61	114.23	109.81	117.75
1985		106.89	111.11	106.77	119.72	97.48	105.32
1986		102.72	104.68	101.60	111.33	93.03	105.27
1987		106.82	103.86	106.54	113.01	99.73	109.26
1988		109.16	100.27	112.30	120.57	102.41	103.43
1989		95.69	102.43	96.34	108.09	79.82	93.71
1990		116.52	104.86	102.07	103.17	99.96	173.17
1991		107.95	102.34	99.98	105.74	88.65	126.19
1992		113.60	104.10	113.70	105.30	133.50	115.70
1993		107.29	100.18	110.00	113.47	103.27	106.98
1994		106.41	103.60	105.06	112.70	88.80	110.10
1995		107.97	99.80	109.38	109.00	110.40	109.80
1996		111.12	103.90	114.31	109.70	126.60	109.40
1997		110.82	105.70	113.46	110.50	120.30	108.70
1998		111.61	104.50	115.36	110.20	126.30	108.20
1999		108.45	100.20	110.36	109.90	111.20	108.30
2000		109.54	97.40	109.56	105.60	116.80	114.00
2001		113.07	105.40	115.28	109.40	125.00	111.60
2002		112.38	103.40	114.50	108.90	122.60	111.20
2003		113.35	97.80	117.52	120.10	114.20	109.80
2004		111.93	103.80	113.58	120.30	104.50	110.60
2005		114.35	105.53	117.54	127.51	102.01	109.78
2006		110.91	103.73	111.28	118.59	97.91	111.85
2007		113.20	104.76	113.95	119.52	101.63	113.49
2008		112.93	104.26	114.31	119.66	100.38	111.81
2009		110.92	105.77	111.31	110.66	113.62	110.39
2010		119.51	106.62	123.30	123.01	124.17	113.61
2011		115.81	104.81	117.58	117.04	119.47	113.98
2012		113.73	115.35	114.96	113.57	119.70	110.25
2013		110.15	104.14	110.42	108.58	116.67	110.67
2014		109.65	105.59	110.09	108.47	115.25	109.32
西宁市	Xining City	113.31	105.53	115.53	117.44	110.83	107.54
海东市	Haidong City	119.69	101.20	125.13	124.50	126.72	113.97
海北州	Haibei Zang A.P	95.19	105.30	86.97	71.44	127.48	107.98
黄南州	Huangnan Zang A.P	102.97	104.98	102.02	79.21	120.05	104.48
海南州	Hainan Zang A.P	110.96	115.72	111.80	117.96	106.22	104.38
果洛州	Golog Zang A.P	105.14	117.50	100.28	88.83	108.92	111.54
玉树州	Yushu Zang A.P	104.69	111.60	101.96	110.00	101.90	104.68
海西州	Haixi Mongolian & Zang A.P	104.77	121.95	102.60	101.22	121.33	112.43

注：1.1995年工业指数与工业普查数有差距。
2.2013年开始按照国民经济行业分类(GB/T4754-2011)标准执行，第一产业中不包含农林牧渔服务业，工业中不含开采辅助活动和金属制品、机械和设备修理业.
3.1992-2004年、2005-2008年、2013年数据分别根据第一次、第二次和第三次经济普查数据进行调整和修订。
4.2006年第一产业数据根据农业普查数据进行了调整。

a) There is a gap between the industrial indices in 1995 and the data of industrial census.

b) National economic accounting began to implement in accordance with the national economic industry classification (GB/T4754-2011) standards since 2013, whose primary industry does not include service in support of agriculture and industry does not include support activities for mining and repair service of metal products, machinery and equipment.

c) Data in 1992-2004, 2005-2008 and 2013 were adjusted and revised based on the first, the second and the third economic census data separately

d) Data on the primary industry in 2006 were adjusted according to agricultural census data.

3-3 主要年份总产出指数
Indices of Gross Output in Main Years

以1952年为100

year of 1952=100

单位：% (%)

年 份 Year	总产出 Total Output	第一产业 Primary Industry	第二产业 Secondary Industry	工 业 Industry	建筑业 Construction	第三产业 Tertiary Industry
1952	100.00	100.00	100.00	100.00	100.00	100.00
1957	282.38	147.46	659.48	386.33	1333.53	513.51
1965	374.18	187.14	921.11	789.04	2162.28	670.27
1970	717.21	196.56	2847.38	1805.23	5392.36	924.32
1975	1089.75	252.60	4669.44	3839.48	6677.47	1264.86
1978	1541.39	267.56	7165.41	5037.37	12347.61	1627.03
1980	1683.20	285.25	7782.74	4903.07	14814.51	1851.35
1981	1544.67	265.42	6930.53	4190.16	13627.87	1900.00
1982	1814.76	286.13	8320.10	4986.29	16467.91	2164.84
1983	1964.75	293.22	8840.10	5055.60	18094.94	2589.19
1984	2211.48	319.44	9866.44	5775.01	19870.06	3048.64
1985	2363.93	354.93	10534.40	6913.85	19369.33	3210.81
1986	2428.28	371.54	10702.95	7697.18	18019.29	3386.49
1987	2593.85	385.88	11402.93	8698.59	17970.64	3700.00
1988	2831.56	386.92	12805.49	10487.79	18403.72	3827.03
1989	2728.69	396.32	12336.81	11336.25	14689.85	3586.49
1990	3179.47	415.58	12592.17	11695.61	14683.97	6210.81
1991	3432.22	425.30	12589.65	12366.94	13017.34	7837.84
1992	3899.00	442.74	14314.43	13022.39	17378.15	9068.38
1993	4183.40	443.53	15745.44	14776.50	17946.41	9701.35
1994	4451.55	459.50	16542.14	16653.12	15936.42	10681.19
1995	4806.20	458.58	18093.51	18151.90	17593.80	11727.95
1996	5340.67	476.47	20682.50	19912.63	22273.75	12830.37
1997	5918.38	503.63	23466.37	22003.46	26795.33	13946.62
1998	6605.55	526.29	27069.88	24247.81	33842.50	15090.24
1999	7163.59	527.34	29873.19	26648.35	37632.86	16342.73
2000	7846.69	513.63	32728.22	28140.66	43955.18	18630.71
2001	8872.56	541.37	37727.83	30785.88	54943.97	20791.87
2002	9971.21	559.77	43196.76	33525.82	67361.31	23120.56
2003	11301.97	547.46	50764.65	40264.51	76926.62	25386.38
2004	12650.15	568.26	57660.98	48438.21	80388.31	28077.34
2005	14465.45	599.68	67774.72	61765.82	82004.12	30822.40
2006	16043.53	622.06	75418.27	73249.34	80293.66	34475.05
2007	18160.81	651.69	85938.67	87544.11	81604.45	39125.41
2008	20509.09	679.46	98232.89	104751.53	81917.47	43744.26
2009	22748.69	718.66	109343.03	115918.05	93074.63	48289.29
2010	27186.96	766.24	134819.96	142590.79	115570.77	54861.46
2011	31485.22	803.10	158521.31	166888.26	138072.40	62531.09
2012	35808.14	926.38	182236.10	189535.00	165272.66	68940.53
2013	39442.67	964.73	201225.10	205797.10	192823.62	76296.48
2014	43248.89	1018.66	221528.71	223228.11	222229.22	83407.31

注：1.1992-2004年、2005-2008年、2013数据分别根据第一次、第二次和第三次经济普查数据进行调整和修订。

2.2013年开始按照国民经济行业分类(GB/T4754-2011)标准执行，第一产业中不包含农林牧渔服务业，工业中不含开采辅助活动和金属制品、机械和设备修理业

3.2006年第一产业数据根据农业普查数据进行了调整。

a) Data in 1992-2004, 2005-2008 and 2013 were adjusted and revised based on the first, the second and the third economic census data separately

b) National economic accounting began to implement in accordance with the national economic industry classification (GB/T4754-2011) standards since 2013, whose primary industry does not include service in support of agriculture and industry does not include support activities for mining and repair service of metal products, machinery and equipment.

c) Data on the primary industry in 2006 were adjusted according to the agricultural census data.

3-4 主要年份生产总值
Gross Domestic Product in Main Years

按当年价格计算

Data in this table are calculated at current prices.

单位：亿元 (100 million yuan)

年份 地区	Year Region	生产总值 Gross Domestic Product	第一产业 Primary Industry	第二产业 Secondary Industry	工业 Industry	建筑业 Construction	第三产业 Tertiary Industry	人均生产总值（元） Per Capita GDP (yuan)
1952		1.63	1.20	0.12	0.10	0.02	0.31	101
1957		3.95	2.13	0.78	0.40	0.38	1.04	193
1965		6.14	3.36	1.28	0.96	0.32	1.50	271
1970		8.15	3.36	2.79	2.02	0.77	2.00	303
1975		12.42	4.64	4.76	3.78	0.98	3.02	371
1978		15.54	3.67	7.71	5.57	2.14	4.16	428
1980		17.79	5.00	7.83	5.67	2.16	4.96	473
1981		17.49	4.63	7.23	5.21	2.02	5.63	459
1982		19.95	5.56	8.03	5.62	2.41	6.36	513
1983		22.45	5.90	8.98	6.38	2.60	7.57	569
1984		26.42	7.35	10.15	7.19	2.96	8.92	662
1985		33.01	8.64	13.39	8.90	4.49	10.98	808
1986		38.44	10.47	15.40	11.06	4.34	12.57	916
1987		43.38	11.74	16.61	12.09	4.52	15.03	1018
1988		54.96	14.36	23.30	17.33	5.97	17.30	1260
1989		60.37	15.73	25.29	20.07	5.22	19.35	1365
1990		69.94	17.67	26.89	21.23	5.66	25.38	1558
1991		75.10	17.96	29.84	23.49	6.35	27.30	1647
1992		87.52	19.90	36.31	26.69	9.62	31.31	1912
1993		109.68	22.21	48.13	36.67	11.46	39.34	2364
1994		138.40	32.40	57.78	46.13	11.65	48.22	2942
1995		167.80	39.62	64.58	51.62	12.96	63.60	3513
1996		184.17	40.41	70.00	53.27	16.73	73.76	3799
1997		202.79	41.80	76.63	56.90	19.73	84.36	4122
1998		220.92	42.94	85.44	62.40	23.04	92.54	4426
1999		239.38	42.03	94.03	68.63	25.40	103.32	4728
2000		263.68	40.12	108.83	78.80	30.03	114.73	5138
2001		300.13	44.74	125.09	87.02	38.07	130.30	5774
2002		340.65	47.31	144.51	97.48	47.03	148.83	6478
2003		390.20	48.47	171.92	117.18	54.74	169.81	7346
2004		466.10	60.70	211.70	153.50	58.20	193.70	8693
2005		543.32	65.34	264.61	203.94	60.67	213.37	10045
2006		648.50	67.55	331.91	265.12	66.79	249.04	11889
2007		797.35	83.41	419.03	344.52	74.51	294.91	14507
2008		1018.62	105.57	557.12	468.60	88.52	355.93	18421
2009		1081.27	107.40	575.33	470.33	105.00	398.54	19454
2010		1350.43	134.92	744.63	613.65	130.98	470.88	24115
2011		1670.44	155.08	975.18	811.73	163.45	540.18	29522
2012		1893.54	176.91	1092.34	895.89	196.45	624.29	33181
2013		2122.06	204.72	1151.28	912.31	238.97	766.06	36875
2014		2303.32	215.93	1234.31	953.88	280.43	853.08	39671
西宁市	Xining City	1065.78	37.37	530.68	438.88	91.80	497.73	46762
海东市	Haidong City	365.69	52.35	189.28	138.63	50.65	124.06	25446
海北州	Haibei Zang A.P	92.07	17.19	43.82	28.46	15.36	31.06	31250
黄南州	Huangnan Zang A.P	66.02	19.57	22.01	12.54	9.47	24.44	24915
海南州	Hainan Zang A.P	126.32	30.67	60.78	37.73	23.05	34.87	27660
果洛州	Golog Zang A.P	36.14	5.96	15.65	7.52	8.13	14.53	18822
玉树州	Yushu Zang A.P	56.49	25.93	20.27	0.53	19.74	10.29	14180
海西州	Haixi Mongolian & Zang A.P	512.29	25.64	380.23	330.36	49.87	106.42	101767

注：1.1992—2004年、2005—2008年、2013数据分别根据第一次、第二次和第三次经济普查数据进行调整和修订。
2.2013年开始按照国民经济行业分类(GB/T4754—2011)标准执行，第一产业中不包含农林牧渔服务业，工业中不含开采辅助活动和金属制品、机械和设备修理业
3.2006年第一产业数据根据农业普查数据进行了调整。

a) Data in 1992-2004, 2005-2008 and 2013 were adjusted and revised based on the first, the second and the third economic census data separatel

b) National economic accounting began to implement in accordance with the national economic industry classification (GB/T4754-2011) standards since 2013, whose primary industry does not include service in support of agriculture and industry does not include support activitie for mining and repair service of metal products, machinery and equipment.

c) Data on the primary industry in 2006 were adjusted according to the agricultural census data.

3-5 主要年份生产总值构成
Composition of Gross Domestic Product in Main Years

按当年价格计算

Data in this table are calculated at current prices.

单位：%　　　　(%)

年 份 Year / 地 区 Region	生产总值 Gross Domestic Product	第一产业 Primary Industry	第二产业 Secondary Industry	工 业 Industry	建筑业 Construction	第三产业 Tertiary Industry
1952	100.0	73.6	7.4	6.2	1.2	19.0
1957	100.0	53.9	19.7	10.1	9.6	26.4
1965	100.0	54.7	20.8	15.6	5.2	24.5
1970	100.0	41.2	34.2	24.8	9.4	24.6
1975	100.0	37.4	38.3	30.4	7.9	24.3
1978	100.0	23.6	49.6	35.8	13.8	26.8
1980	100.0	28.1	44.0	31.9	12.1	27.9
1981	100.0	26.5	41.3	29.8	11.5	32.2
1982	100.0	27.9	40.3	28.2	12.1	31.8
1983	100.0	26.3	40.0	28.4	11.6	33.7
1984	100.0	27.8	38.4	27.2	11.2	33.8
1985	100.0	26.2	40.6	27.0	13.6	33.2
1986	100.0	27.2	40.1	28.8	11.3	32.7
1987	100.0	27.1	38.3	27.9	10.4	34.6
1988	100.0	26.1	42.4	31.5	10.9	31.5
1989	100.0	26.1	41.9	33.2	8.6	32.0
1990	100.0	25.3	38.4	30.4	8.0	36.3
1991	100.0	23.9	39.7	31.3	8.4	36.4
1992	100.0	22.7	41.5	30.5	11.0	35.8
1993	100.0	20.3	43.9	33.4	10.5	35.9
1994	100.0	23.4	41.7	33.3	8.4	34.8
1995	100.0	23.6	38.5	30.8	7.7	37.9
1996	100.0	21.9	38.0	28.9	9.1	40.0
1997	100.0	20.6	37.8	28.1	9.7	41.6
1998	100.0	19.4	38.7	28.2	10.4	41.9
1999	100.0	17.6	39.3	28.7	10.6	43.2
2000	100.0	15.2	41.3	29.9	11.4	43.5
2001	100.0	14.9	41.7	29.0	12.7	43.4
2002	100.0	13.9	42.4	28.6	13.8	43.7
2003	100.0	12.4	44.1	30.0	14.0	43.5
2004	100.0	13.0	45.4	32.9	12.5	41.6
2005	100.0	12.0	48.7	37.5	11.2	39.3
2006	100.0	10.4	51.2	40.9	10.3	38.4
2007	100.0	10.5	52.5	43.2	9.3	37.0
2008	100.0	10.4	54.7	46.0	8.7	34.9
2009	100.0	9.9	53.2	43.5	9.7	36.9
2010	100.0	10.0	55.1	45.4	9.7	34.9
2011	100.0	9.3	58.4	48.6	9.8	32.3
2012	100.0	9.3	57.7	47.3	10.4	33.0
2013	100.0	9.6	54.3	43.0	11.3	36.1
2014	100.0	9.4	53.6	41.4	12.2	37.0
西宁市 Xining City	100.0	3.5	49.8	41.2	8.6	46.7
海东市 Haidong City	100.0	14.3	51.8	37.9	13.9	33.9
海北州 Haibei Zang A.P	100.0	18.7	47.6	30.9	16.7	33.7
黄南州 Huangnan Zang A.P	100.0	29.7	33.3	19.0	14.3	37.0
海南州 Hainan Zang A.P	100.0	24.3	48.1	29.9	18.2	27.6
果洛州 Golog Zang A.P	100.0	16.5	43.3	20.8	22.5	40.2
玉树州 Yushu Zang A.P	100.0	45.9	35.9	0.9	35.0	18.2
海西州 Haixi Mongolian & Zang A.P	100.0	5.0	74.2	64.5	9.7	20.8

注：1.1992—2004年、2005—2008年、2013数据分别根据第一次、第二次和第三次经济普查数据进行调整和修订。

2.2013年开始按照国民经济行业分类(GB/T4754—2011)标准执行，第一产业中不包含农林牧渔服务业，工业中不含开采辅助活动和金属制品、机械和设备修理业

3.2006年第一产业数据根据农业普查数据进行了调整。

a) Data in 1992-2004, 2005-2008 and 2013 were adjusted and revised based on the first, the second and the third economic census data separately

b) National economic accounting began to implement in accordance with the national economic industry classification (GB/T4754-2011) standards since 2013, whose primary industry does not include service in support of agriculture and industry does not include support activities for mining and repair service of metal products, machinery and equipment.

c) Data on the primary industry in 2006 were adjusted according to the agricultural census data.

3-6 主要年份生产总值指数

Indices of Gross Domestic Product in Main Years

按可比价格计算

Data in this table are calculated at constant prices.

(1952=100) (year of 1952=100)

年 份 Year	生产总值 Gross Domestic Product	第一产业 Primary Industry	第二产业 Secondary Industry	工 业 Industry	建筑业 Construction	第三产业 Tertiary Industry	人 均 生产总值 Per Capita GDP
1952	100.00	100.00	100.00	100.00	100.00	100.00	100.00
1957	216.67	151.20	591.67	330.00	1900.00	335.48	172.86
1965	312.26	203.62	1001.62	847.14	1600.00	493.60	224.87
1970	445.69	203.60	2460.10	2111.84	3848.76	689.74	260.14
1975	665.06	278.85	4075.30	3639.41	4899.10	959.28	324.06
1978	825.92	234.54	6501.60	5435.19	10687.83	1326.01	371.37
1980	884.25	243.25	6539.41	5465.59	10796.77	1389.94	477.00
1981	871.87	230.60	6048.95	5049.11	10097.64	1690.17	464.98
1982	974.75	261.17	6672.00	5398.00	12045.89	1901.44	509.99
1983	1078.07	279.04	7279.15	5921.07	12995.10	2203.77	555.99
1984	1224.69	318.10	8123.54	6551.07	14794.92	2547.55	623.98
1985	1357.45	343.87	9358.31	7782.02	15845.36	2751.36	675.96
1986	1467.40	375.85	10006.00	8547.77	16095.72	2968.72	714.36
1987	1551.05	387.50	10362.60	9255.53	14246.32	3295.28	743.50
1988	1670.48	385.14	12755.62	11678.62	16045.63	3183.57	782.68
1989	1690.52	395.00	12717.35	12357.15	12595.82	3255.85	781.67
1990	1753.47	411.47	12797.35	12415.23	13745.82	3433.62	798.78
1991	1835.64	415.50	13556.07	13105.52	13565.75	3707.62	824.59
1992	1971.30	432.16	14586.27	13838.11	15877.35	4062.07	872.41
1993	2161.55	429.26	16720.59	15970.56	17777.87	4564.95	943.95
1994	2337.11	444.72	18038.85	17663.44	17475.65	5072.32	1006.53
1995	2524.08	442.49	19716.46	19341.47	18961.07	5667.10	1070.55
1996	2744.18	458.87	21808.38	20695.37	23720.30	6213.50	1146.77
1997	2992.25	474.93	24120.07	22557.96	27539.27	6856.88	1232.21
1998	3259.16	491.55	26891.47	24588.17	32909.43	7482.17	1322.59
1999	3523.48	496.47	29427.34	26801.11	36430.74	8228.94	1409.81
2000	3838.48	476.61	32870.34	29481.22	42478.24	9182.54	1515.41
2001	4287.97	504.25	37843.62	32724.15	53692.50	10163.04	1671.19
2002	4805.96	526.94	44072.68	37665.50	64269.92	11229.29	1851.51
2003	5375.95	546.96	51353.49	44106.30	74038.95	12328.25	2050.18
2004	6035.58	567.96	59883.30	53831.74	77259.64	13596.83	2280.21
2005	6771.92	596.59	69374.80	65157.94	78913.00	14980.98	2536.28
2006	7669.88	617.23	80322.14	77329.44	83687.24	16949.49	2848.50
2007	8703.01	644.14	92322.27	90707.43	88767.05	19349.53	3207.41
2008	9880.53	669.26	107573.91	108359.10	92548.53	21706.31	3619.56
2009	10882.42	702.73	119772.79	119379.22	108198.49	23831.35	3966.31
2010	12550.69	744.19	142864.98	142371.66	129156.54	26724.48	4541.42
2011	14238.76	779.91	167694.91	167628.39	149369.54	29324.77	5099.56
2012	15983.01	820.47	191323.12	190928.74	171774.97	32571.02	5675.81
2013	17715.57	863.95	214779.33	213649.26	195754.76	35762.98	6238.85
2014	19347.17	908.96	236171.35	232535.85	225431.18	38924.43	6752.93

注：1.1992—2004年、2005—2008年、2013数据分别根据第一次、第二次和第三次经济普查数据进行调整和修订。
2.2013年开始按照国民经济行业分类(GB/T4754—2011)标准执行。

a) Data in 1992-2004, 2005-2008 and 2013 were adjusted and revised based on the first, the second and the third economic census data separately.

b) National economic accounting began to implement in accordance with the national economic industry classification (GB/T4754-2011) whose primary industry does not include service in support of agriculture and industry does not include support activities for mining and repair service of metal products, machinery and equipment.

3-7 主要年份生产总值指数

Indices of Gross Domestic Product in Main Years

按可比价格计算

Data in this table are calculated at constant prices.

(上年=100) (preceding year=100)

年份 Year / 地区 Region		生产总值 Gross Domestic Product	第一产业 Primary Industry	第二产业 Secondary Industry	工业 Industry	建筑业 Construction	第三产业 Tertiary Industry	人均生产总值 Per Capita GDP
1952		100.00	100.00	100.00	100.00	100.00	100.00	100.00
1957		97.33	100.53	74.74	100.00	61.83	114.29	91.28
1965		112.45	110.49	127.00	121.79	145.45	106.12	107.59
1970		119.57	100.34	162.50	183.59	103.31	106.87	114.79
1975		107.83	99.78	116.23	113.41	128.95	108.13	104.82
1978		114.93	96.91	128.08	116.32	173.98	122.61	111.87
1980		117.78	97.74	123.20	131.40	105.88	129.89	115.87
1981		98.60	94.80	92.50	92.38	93.52	121.60	97.48
1982		111.80	113.30	110.30	106.91	119.30	112.50	109.68
1983		110.60	106.80	109.10	109.69	107.88	115.90	109.02
1984		113.60	114.00	111.60	110.64	113.85	115.60	112.23
1985		110.84	108.10	115.20	118.79	107.10	108.00	108.33
1986		108.10	109.30	107.50	109.84	101.58	107.90	105.68
1987		105.70	103.10	103.00	108.28	88.51	111.10	104.08
1988		107.70	99.39	123.10	126.18	112.63	96.61	105.27
1989		101.20	102.56	99.74	105.81	78.50	102.27	99.87
1990		103.72	104.17	102.23	100.47	109.13	105.46	102.19
1991		104.69	100.98	104.29	105.56	98.69	107.98	103.23
1992		107.39	104.01	107.61	105.59	117.04	109.56	105.80
1993		109.65	99.33	114.63	115.41	111.97	112.38	108.20
1994		108.12	103.60	107.88	110.60	98.30	111.11	106.63
1995		108.00	99.50	109.30	109.50	108.50	111.73	106.36
1996		108.72	103.70	110.61	107.00	125.10	109.64	107.12
1997		109.04	103.50	110.60	109.00	116.10	110.35	107.45
1998		108.92	103.50	111.49	109.00	119.50	109.12	107.33
1999		108.11	101.00	109.43	109.00	110.70	109.98	106.59
2000		108.94	96.00	111.70	110.00	116.60	111.59	107.49
2001		111.71	105.80	115.13	111.00	126.40	110.68	110.28
2002		112.08	104.50	116.46	115.10	119.70	110.49	110.79
2003		111.86	103.80	116.52	117.10	115.20	109.79	110.73
2004		112.27	103.84	116.61	122.05	104.35	110.29	111.22
2005		112.20	105.04	115.85	121.04	102.14	110.18	111.23
2006		113.26	103.46	115.78	118.68	106.05	113.14	112.31
2007		113.47	104.36	114.94	117.30	106.07	114.16	112.60
2008		113.53	103.90	116.52	119.46	104.26	112.18	112.85
2009		110.14	105.00	111.34	110.17	116.91	109.79	109.58
2010		115.33	105.90	119.28	119.26	119.37	112.14	114.50
2011		113.45	104.80	117.38	117.74	115.65	109.73	112.28
2012		112.25	105.20	114.09	113.90	115.00	111.07	111.30
2013		110.84	105.30	112.26	111.90	113.96	109.80	109.92
2014		109.21	105.21	109.96	108.84	115.16	108.84	108.24
西宁市	Xining City	113.46	105.43	116.86	117.39	113.61	109.76	112.38
海东市	Haidong City	115.10	105.12	120.74	118.37	127.80	111.42	114.11
海北州	Haibei Zang A.P	104.10	106.03	101.06	97.49	108.90	107.97	102.91
黄南州	Huangnan Zang A.P	103.81	104.87	102.63	95.54	115.43	104.24	102.67
海南州	Hainan Zang A.P	110.46	105.48	113.16	116.20	109.33	109.86	109.40
果洛州	Golog Zang A.P	104.83	104.58	102.71	95.78	112.17	107.63	102.49
玉树州	Yushu Zang A.P	103.10	102.87	102.10	110.00	101.88	105.63	100.25
海西州	Haixi Mongolian & Zang A.P	101.54	120.38	99.47	98.90	104.46	107.10	100.72

注：1.1992-2004年、2005-2008年、2013数据分别根据第一次、第二次和第三次经济普查数据进行调整和修订。
2.2013年开始按照国民经济行业分类(GB/T4754-2011)标准执行。

a) Data in 1992-2004, 2005-2008 and 2013 were adjusted and revised based on the first, the second and the third economic census data separately

b) National economic accounting began to implement in accordance with the national economic industry classification (GB/T4754-2011) whose primary industry does not include service in support of agriculture and industry does not include support activities for mining and repair service of metal products, machinery and equipment.

3-8 主要年份第三产业增加值

单位：亿元

年 份 Year / 地 区 Region	总 计 Total	交通运输、仓储及邮政业 Transport, Storage and Post	信息传输、计算机服务和软件业 Information Transmission, Computer Services and Software	批发和零售业 Wholesale and Retail Trades	住宿和餐饮业 Hotels and Catering Services
1992	31.31	5.34	0.46	7.33	1.34
1993	39.34	6.17	0.51	9.07	1.73
1994	48.22	6.69	0.69	11.28	2.08
1995	63.60	8.59	1.02	15.73	2.36
1996	73.76	9.90	1.60	15.26	2.71
1997	84.36	11.36	2.08	16.09	3.83
1998	92.54	12.73	2.64	16.94	4.53
1999	103.32	15.45	3.12	17.37	5.36
2000	114.73	17.49	4.74	19.40	5.79
2001	130.30	19.50	7.46	21.22	6.37
2002	148.83	23.06	9.53	24.31	6.54
2003	169.81	26.87	12.26	27.21	7.85
2004	193.70	30.00	14.70	31.50	8.60
2005	213.37	31.88	14.20	35.63	9.38
2006	249.04	34.92	17.41	39.10	11.11
2007	294.91	40.59	22.30	45.67	12.33
2008	355.93	42.97	27.54	55.82	13.73
2009	398.54	49.32	35.00	66.13	14.54
2010	470.88	61.26	43.15	81.44	16.30
2011	540.18	67.53	49.36	93.70	18.93
2012	624.29	71.87	54.17	109.44	21.39
2013	766.06	74.23	40.42	139.08	34.42
2014	853.08	81.70	44.85	150.64	37.30
西宁市 Xining City	497.73	41.30	43.48	103.12	10.30
海东市 Haidong City	124.06	15.70	5.91	12.89	6.30
海北州 Haibei Zang A.P	31.06	1.90	0.95	2.35	1.52
黄南州 Huangnan Zang A.P	24.44	0.52	1.01	1.40	1.44
海南州 Hainan Zang A.P	34.87	3.61	1.48	2.87	2.05
果洛州 Golog Zang A.P	14.53	1.00	1.37	1.16	1.30
玉树州 Yushu Zang A.P	10.29	0.56	1.50	1.11	0.36
海西州 Haixi Mongolian & Zang A.P	106.42	31.31	8.02	9.61	3.81

注：1.本表按当年价格计算。
2.1992—2004年、2006—2008年、2013年数据分别根据第一次、第二次和第三次经济普查数据进行调整和修订。
3.2013年执行国民经济行业分类(GB/T 4754—2011)新标准。

Value-added of the Tertiary Industry in Main Years

(100 million yuan)

金融业 Financial Intermediation	房地产业 Real Estate	租赁和商务服务业 Rental and Business Services	科学研究、技术服务和地质勘查业 Scientific Research, Technical Services and Geological Prospecting	水利、环境和公共设施管理业 Management of Water Conservancy, Environment and Public Facilities	居民服务和其他服务业 Service to Households and Other Services	教育 Education	卫生、社会保障和社会福利业 Health, Social Security and Social Welfare	文化、体育和娱乐业 Culture, Sports and Entertainment	公共管理和社会组织 Public Administration and Social Organizations	其他 Others
5.83	0.49	0.04	1.03	0.42	0.60	2.20	0.95	0.74	4.54	
8.27	0.76	0.05	1.17	0.46	0.60	2.64	1.20	0.85	5.86	
10.82	1.10	0.08	1.42	0.53	0.68	3.16	1.54	0.98	7.17	
14.62	1.58	0.12	1.90	0.68	0.81	4.22	2.04	1.26	8.67	
17.29	2.55	0.17	2.32	0.80	0.87	5.29	2.53	1.51	10.96	
18.92	3.35	0.28	2.68	0.89	1.06	5.96	3.10	1.64	13.14	
19.23	4.25	0.42	3.20	1.01	1.23	6.38	3.46	1.68	14.82	
18.70	5.39	0.59	3.81	1.16	1.33	7.75	4.01	1.97	17.31	
16.98	6.53	1.26	4.25	1.24	2.13	8.73	4.63	2.13	19.44	
16.10	7.40	1.91	4.63	1.29	2.48	10.55	5.82	2.47	23.10	
16.75	9.74	2.73	5.12	1.37	2.69	11.43	6.72	2.57	26.26	
17.98	11.41	3.72	6.04	1.55	2.79	12.57	7.64	2.71	29.19	
19.00	13.00	5.60	6.90	1.70	3.20	14.00	8.70	2.90	33.90	
20.36	14.10	6.34	7.37	1.87	3.90	15.98	9.73	3.32	39.31	
23.69	15.17	7.36	9.15	2.22	3.36	19.07	11.46	4.33	50.69	
27.67	16.98	8.69	10.82	2.94	3.51	23.50	13.95	5.60	60.36	
36.54	19.96	11.03	15.22	3.80	3.72	29.07	17.40	8.06	71.07	
45.63	23.05	14.73	14.59	3.51	3.91	28.37	17.52	10.03	72.21	
54.53	25.41	16.98	16.33	3.91	4.51	31.76	19.61	11.53	84.16	
62.56	29.05	20.85	17.80	4.26	5.55	34.62	21.37	14.19	100.41	
83.73	31.41	23.67	19.70	4.72	6.30	38.34	23.66	16.11	119.78	
145.23	46.21	32.27	20.40	5.15	14.68	42.93	23.69	13.68	130.43	3.24
175.21	48.96	35.54	22.39	5.65	16.27	47.13	26.01	14.96	142.98	3.49
101.71	25.37	20.27	16.94	4.34	7.95	29.09	20.38	11.00	61.90	0.58
8.23	4.99	1.34	6.85	2.86	1.59	14.81	2.52	0.85	38.45	0.77
2.28	0.96	0.72	0.89	0.09	0.51	2.27	1.51	0.96	13.84	0.31
1.60	0.70	0.18	0.44	0.20	0.22	1.82	1.09	0.73	12.57	0.52
3.91	2.16	0.38	0.41	0.25	0.34	6.25	2.10	0.59	8.02	0.45
1.60	0.37	0.85	0.02		0.54	1.08	1.16	0.97	3.00	0.11
0.17	0.06	0.59	0.27	0.10	0.63	0.27	0.30	0.18	4.02	0.17
11.63	5.10	4.90	2.74	0.42	2.95	3.81	3.58	2.62	15.52	0.39

a) Data in this table are calculated at current prices.
b) Data in 1992-2004, 2005-2008 and 2013 were adjusted and revised based on the first, the second and the third economic census data separately.
c) National economic accounting began to implement in accordance with the national economic industry classification (GB/T4754-2011)

3-9 主要年份第三产业增加值构成及指数

年 份 Year	总 计 Total	交通运输、仓储及邮政业 Transport, Storage and Post	信息传输、计算机服务和软件业 Information Transmission, Computer Services and Software	批发、零售贸易业 Wholesale and Retail Trades	住宿和餐饮业 Hotels and Catering Services	金融业 Financial Intermediation	房地产业 Real Estate
构成(%) Composition(%)							
1992	100.0	17.1	1.5	23.4	4.3	18.6	1.6
1993	100.0	15.7	1.3	23.1	4.4	21.0	1.9
1994	100.0	13.9	1.4	23.4	4.3	22.4	2.3
1995	100.0	13.5	1.6	24.7	3.7	23.0	2.5
1996	100.0	13.4	2.2	20.7	3.7	23.4	3.5
1997	100.0	13.4	2.5	19.1	4.5	22.4	4.0
1998	100.0	13.8	2.8	18.3	4.9	20.8	4.6
1999	100.0	15.0	3.0	16.8	5.2	18.1	5.2
2000	100.0	15.2	4.1	16.9	5.0	14.8	5.7
2001	100.0	15.0	5.7	16.3	4.9	12.3	5.7
2002	100.0	15.5	6.4	16.3	4.4	11.3	6.5
2003	100.0	15.8	7.2	16.0	4.6	10.6	6.7
2004	100.0	15.5	7.6	16.3	4.4	9.8	6.7
2005	100.0	14.9	6.7	16.7	4.4	9.5	6.6
2006	100.0	14.0	7.0	15.7	4.5	9.5	6.1
2007	100.0	13.8	7.5	15.5	4.2	9.4	5.7
2008	100.0	12.1	7.7	15.7	3.8	10.3	5.6
2009	100.0	12.4	8.8	16.6	3.6	11.4	5.8
2010	100.0	13.0	9.2	17.3	3.5	11.6	5.4
2011	100.0	12.5	9.1	17.3	3.5	11.6	5.4
2012	100.0	11.5	8.7	17.5	3.4	13.4	5.0
2013	100.0	9.7	5.3	18.2	4.5	19.0	6.0
2014	100.0	9.6	5.3	17.7	4.4	20.5	5.7
发展速度(上年=100) Speed of Development (preceding year=100)							
1992	109.6	122.5	136.7	109.7	109.7	104.6	111.6
1993	112.4	104.0	131.4	108.7	108.7	125.7	127.1
1994	111.1	106.0	99.8	98.1	98.1	122.6	126.2
1995	111.7	107.6	115.1	102.7	92.9	116.8	120.8
1996	109.6	112.4	91.4	102.2	100.5	113.0	135.5
1997	110.4	108.4	181.3	101.4	137.6	107.0	120.6
1998	109.1	106.8	157.7	102.4	130.4	102.2	120.4
1999	110.0	125.7	56.0	103.6	115.6	97.3	119.7
2000	111.6	109.7	262.5	110.3	109.6	89.8	113.7
2001	110.7	112.0	158.1	106.8	113.0	92.9	106.2
2002	110.5	105.7	152.2	109.3	116.5	100.7	122.7
2003	109.8	113.8	114.9	111.2	110.6	104.7	109.3
2004	110.3	105.3	131.0	109.7	109.3	102.0	104.0
2005	110.2	106.3	115.6	112.3	108.4	105.6	106.4
2006	113.1	102.9	123.4	107.6	115.4	113.8	103.1
2007	114.2	112.4	124.1	110.2	104.6	110.8	107.7
2008	112.2	103.8	123.0	110.5	98.7	115.7	109.4
2009	109.8	109.0	128.5	116.6	101.8	122.7	113.8
2010	112.1	109.7	123.3	118.1	106.0	114.4	105.2
2011	109.7	111.1	114.5	109.1	109.0	107.9	106.3
2012	111.1	105.5	109.6	114.4	100.8	117.1	105.2
2013	109.8	104.1	103.1	112.5	102.9	121.5	106.1
2014	108.8	108.8	110.8	106.7	102.4	118.3	104.5

注：1.1992–2004年、2006–2008年、2013年数据分别根据第一次、第二次和第三次经济普查数据进行调整和修订。
2.2013年执行国民经济行业分类(GB/T 4754–2011)新标准，第三产业其他项为农林牧渔服务业、开采辅助活动和金属制品、机械和设备修理业

Composition and Indices of Value-added of the Tertiary Industry in Main Years

租赁和商务服务业 Rental and Business Services	科学研究、技术服务和地质勘查业 Scientific Research, Technical Services and Geological Prospecting	水利、环境和公共设施管理业 Management of Water Conservancy, Environment and Public Facilities	居民服务和其他服务业 Service to Households and Other Services	教育 Education	卫生、社会保障和社会福利业 Health, Social Security and Social Welfare	文化、体育和娱乐业 Culture, Sports and Entertainment	公共管理和社会组织 Public Administration and Social Organizations	其他 Others
0.1	3.3	1.3	1.9	7.0	3.0	2.4	14.5	
0.1	3.0	1.2	1.5	6.7	3.0	2.2	14.9	
0.2	2.9	1.1	1.4	6.6	3.2	2.0	14.9	
0.2	3.0	1.1	1.3	6.6	3.2	2.0	13.6	
0.2	3.1	1.1	1.2	7.2	3.4	2.0	14.9	
0.3	3.2	1.1	1.2	7.1	3.7	1.9	15.6	
0.5	3.5	1.1	1.3	6.9	3.7	1.8	16.0	
0.6	3.7	1.1	1.3	7.5	3.9	1.9	16.7	
1.1	3.7	1.1	1.9	7.6	4.0	1.9	17.0	
1.5	3.5	1.0	1.9	8.1	4.5	1.9	17.7	
1.8	3.4	0.9	1.8	7.7	4.5	1.7	17.6	
2.2	3.6	0.9	1.6	7.4	4.5	1.6	17.2	
2.9	3.6	0.9	1.7	7.2	4.5	1.5	17.5	
3.0	3.5	0.9	1.8	7.5	4.6	1.6	18.4	
3.0	3.7	0.9	1.3	7.7	4.6	1.7	20.4	
2.9	3.7	1.0	1.2	8.0	4.7	1.9	20.5	
3.1	4.3	1.1	1.0	8.1	4.9	2.3	20.0	
3.7	3.7	0.9	1.0	7.1	4.4	2.5	18.1	
3.6	3.5	0.8	0.9	6.7	4.2	2.4	17.9	
3.9	3.3	0.8	1.0	6.4	4.0	2.6	18.6	
3.8	3.2	0.8	1.0	6.1	3.8	2.6	19.2	
4.2	2.7	0.7	1.9	5.6	3.1	1.8	17.0	0.3
4.2	2.6	0.7	1.9	5.5	3.0	1.8	16.8	0.3
107.3	105.5	107.3	107.3	109.4	109.6	109.4	113.0	
103.4	118.2	103.4	103.4	106.7	105.5	106.7	121.7	
112.2	110.4	110.8	112.2	113.6	117.7	113.6	139.7	
113.9	113.4	117.5	113.9	117.8	113.3	117.8	127.0	
104.3	116.4	109.1	104.3	114.6	110.9	114.6	105.3	
114.2	106.3	114.4	114.2	109.8	116.9	109.8	117.7	
112.4	111.8	120.5	112.4	107.7	109.6	107.7	116.2	
109.7	107.8	114.8	109.7	116.3	108.8	116.3	122.8	
165.7	112.2	111.0	165.7	113.7	114.1	113.7	117.4	
121.2	110.1	104.1	121.2	108.6	120.4	108.6	119.7	
113.6	110.3	105.8	113.6	103.9	108.2	103.9	110.0	
109.4	108.3	117.9	109.4	104.0	110.2	104.0	109.0	
118.8	108.7	110.4	118.8	106.8	106.8	106.8	117.7	
110.9	104.7	109.5	119.4	111.9	109.6	112.3	113.7	
114.7	122.4	117.3	85.2	117.5	116.1	128.6	122.3	
114.9	111.0	123.7	101.5	115.6	114.2	126.4	119.9	
123.0	132.1	121.7	103.0	116.5	117.2	139.4	106.3	
131.3	93.4	90.0	103.5	95.0	98.0	122.3	99.8	
109.3	106.4	106.7	109.2	106.2	106.3	109.2	110.7	
117.1	102.8	102.8	116.2	102.6	102.7	117.1	112.5	
110.1	107.4	107.5	111.1	107.4	107.4	110.1	115.8	
110.8	90.6	102.1	132.3	109.0	106.1	113.2	106.5	104.8
107.1	106.7	106.8	107.2	106.8	106.8	106.3	105.5	105.2

a) Data in 1992-2004, 2005-2008 and 2013 were adjusted and revised based on the first, the second and the third economic census data separately

b) National economic accounting began to implement in accordance with the national economic industry classification (GB/T4754-2011) whose primary industry does not include service in support of agriculture and industry does not include support activities for mining and repair service of metal products, machinery and equipment.

3-10 三次产业贡献率

Share of the Contribution of the Three Strata of Industry to the Increase of GDP

按可比价格计算

Data in this table are calculated at constant prices.

单位：% (%)

年 份 Year	生产总值 Gross Domestic Product	第一产业 Primary Industry	第二产业 Secondary Industry	工 业 Industry	第三产业 Tertiary Industry
1990	100.00	27.34	26.56	4.69	46.09
1991	100.00	5.60	35.60	37.68	58.80
1992	100.00	14.02	40.40	24.24	45.59
1993	100.00	-1.74	59.79	50.32	41.95
1994	100.00	10.04	41.65	43.29	48.30
1995	100.00	-1.36	47.80	40.27	53.55
1996	100.00	8.49	48.12	27.61	43.40
1997	100.00	7.39	48.29	33.69	44.33
1998	100.00	7.11	53.24	34.16	39.65
1999	100.00	2.21	50.21	37.58	47.58
2000	100.00	-7.20	56.40	38.20	50.80
2001	100.00	8.29	52.68	27.48	39.03
2002	100.00	5.93	56.98	36.37	37.09
2003	100.00	4.76	60.35	43.08	34.88
2004	100.00	4.27	61.28	56.34	34.45
2005	100.00	5.22	61.09	58.81	33.69
2006	100.00	3.14	57.96	52.87	38.90
2007	100.00	3.56	55.22	50.51	41.22
2008	100.00	2.91	61.57	58.49	35.52
2009	100.00	4.56	57.85	42.89	37.59
2010	100.00	3.40	65.80	53.80	30.80
2011	100.00	3.60	71.20	59.90	25.20
2012	100.00	3.92	65.60	53.50	30.48
2013	100.00	4.16	65.53	52.50	30.31
2014	100.00	4.56	63.50	46.35	31.94

注：1.产业贡献率指各产业增加值增量与GDP增量之比。
2.2006年第一产业数据根据农业普查数据进行了调整。
3.2013年根据第三次经济普查数据进行调整。
4.2013年开始按照国民经济行业分类(GB/T4754—2011)标准执行。

a) The contribution rate of industry refers to the ratio of increment of industrial added value to increment of GDP.
b) Data on the primary industry in 2006 were adjusted according to agricultural census data.
c) Data in 2013 were adjusted and revised based on the third economic census data.
d) National economic accounting began to implement in accordance with the national economic industry classification (GB/T4754-2011) standards since 2013.

3-11 三次产业对生产总值增长的拉动

Contribution of the Three Strata Industry to GDP Growth

按可比价格计算

Data in this table are calculated at constant prices.

单位：百分点 (percentage points)

年 份 Year	生产总值 Gross Domestic Product	第一产业 Primary Industry	第二产业 Secondary Industry	工 业 Industry	第三产业 Tertiary Industry
1990	3.70	1.01	0.98	0.17	1.71
1991	4.69	0.26	1.67	1.77	2.76
1992	7.39	1.04	2.99	1.79	3.37
1993	9.65	-0.17	5.77	4.86	4.05
1994	8.12	0.82	3.38	3.52	3.92
1995	8.00	-0.11	3.83	3.22	4.29
1996	8.72	0.74	4.20	2.41	3.78
1997	9.04	0.67	4.37	3.05	4.01
1998	8.92	0.63	4.75	3.05	3.54
1999	8.11	0.18	4.07	3.05	3.86
2000	8.94	-0.64	5.04	3.41	4.54
2001	11.71	0.97	6.17	3.22	4.57
2002	12.08	0.72	6.88	4.39	4.48
2003	11.86	0.57	7.16	5.11	4.14
2004	12.27	0.52	7.52	6.91	4.23
2005	12.20	0.64	7.45	7.18	4.11
2006	13.26	0.42	7.69	7.01	5.15
2007	13.47	0.48	7.44	6.81	5.55
2008	13.53	0.39	8.33	7.91	4.81
2009	10.14	0.46	5.87	4.35	3.81
2010	15.33	0.52	10.09	8.25	4.72
2011	13.45	0.48	9.58	8.06	3.39
2012	12.25	0.48	8.04	6.55	3.73
2013	10.84	0.45	7.10	5.69	3.29
2014	9.21	0.42	5.85	4.27	2.94

注：1.产业拉动指GDP增长速度与各产业贡献率之乘积。
2.2006年数据根据农业普查数据进行调整和修订。
3.2013年根据第三次经济普查数据进行调整。
4.2013年开始按照国民经济行业分类(GB/T4754—2011)标准执行。

a) Industry driven means the product of GDP growth rate and contribution rate of industry.
b) Data in 2006 were adjusted according to agricultural census data.
c) Data in 2013 were adjusted and revised based on the third economic census data.
d) National economic accounting began to implement in accordance with the national economic industry classification (GB/T4754-2011) standard since 2013.

3-12 1990-2014年生产总值构成项目

Components of Gross Domestic Product (1990-2014)

(按当年价格计算)

Data in this table are calculated at current prices.

单位：亿元 (100 million yuan)

年 份 Year	生产总值 Gross Domestic Product	劳动者报酬 Compensation of Employees	生产税净额 Net Taxes on Production	固定资产折旧 Depreciation of Fixed Assets	营业盈余 Operating Surplus
1990	69.94	39.50	8.48	9.86	12.10
1991	75.10	43.75	9.54	10.34	11.47
1992	87.52	50.21	10.87	14.34	12.10
1993	109.68	62.58	12.16	14.67	20.27
1994	138.40	76.06	14.29	19.49	28.56
1995	167.80	90.48	16.85	26.38	34.09
1996	184.17	109.03	16.46	26.03	32.66
1997	202.79	119.93	22.05	32.46	28.36
1998	220.92	124.44	21.30	35.31	39.86
1999	239.38	134.20	25.79	39.11	40.29
2000	263.68	139.39	30.74	58.48	35.07
2001	300.13	156.77	34.23	54.68	54.44
2002	340.65	172.31	40.59	59.57	68.19
2003	390.20	189.75	46.80	70.29	83.35
2004	466.10	220.30	55.00	84.70	106.10
2005	543.32	258.53	64.53	102.17	118.09
2006	648.50	314.39	80.13	103.72	150.26
2007	797.35	405.93	101.45	114.45	175.52
2008	1018.62	536.60	129.01	133.69	219.32
2009	1081.27	581.69	158.49	180.66	160.43
2010	1350.43	635.34	197.71	199.80	317.58
2011	1670.44	756.12	292.11	270.88	351.33
2012	1893.54	823.58	278.38	335.98	455.60
2013	2122.06	957.08	279.60	410.46	474.92
2014	2303.32	1071.61	304.77	559.25	367.69

注：1.1992-2004年、2005-2008年、2013数据分别根据第一次、第二次和第三次经济普查数据进行调整和修订。
2.2013年开始按照国民经济行业分类(GB/T4754-2011)标准执行。
3.2006年第一产业数据根据农业普查数据进行了调整。

a) Data in 1992-2004, 2005-2008 and 2013 were adjusted and revised based on the first, the second and the third economic census data separately.
b) National economic accounting began to implement in accordance with the national economic industry classification (GB/T4754-2011) standards since 2013,
c) Data on the primary industry in 2006 were adjusted according to the agricultural census data.

3-13 1990-2014年支出法生产总值

Gross Domestic Product by Expenditure Approach(1990-2014)

按当年价格计算

Data in this table are calculated at current prices.

单位：亿元 (100 million yuan)

年份 Year	支出法生产总值 Gross Domestic Product by Expenditure Approach	最终消费支出 Final Consumption Expenditures	资本形成总额 Gross Capital Formation		货物和服务净出口 Net Exports of Goods and Services	资本形成率 Capital Formation Rate (%)	最终消费率 Final Consumption Rate (%)
			固定资产形成总额 Gross Fixed Capital Formation	库存增加 Change in Inventories			
1990	69.94	53.79	20.44	8.16	-12.45	40.89	76.91
1991	75.10	60.76	23.91	9.45	-19.02	44.42	80.90
1992	87.52	65.18	29.04	8.99	-15.69	43.45	74.47
1993	109.68	73.06	41.03	10.46	-14.87	46.95	66.61
1994	138.40	92.83	47.76	12.34	-14.54	43.43	67.08
1995	167.80	113.40	57.48	20.19	-23.27	46.29	67.58
1996	184.17	130.71	79.24	11.50	-37.28	49.27	70.97
1997	202.79	135.53	101.55	12.64	-46.92	56.31	66.83
1998	220.92	142.88	116.38	13.07	-51.41	58.59	64.68
1999	239.38	155.17	131.12	9.17	-56.07	58.60	64.82
2000	263.68	171.70	156.97	3.49	-68.48	60.85	65.12
2001	300.13	202.88	202.17	5.22	-110.14	69.10	67.60
2002	340.65	227.58	244.00	10.09	-141.02	74.59	66.81
2003	390.20	257.75	282.18	9.02	-158.75	74.63	66.06
2004	466.10	309.76	314.93	8.72	-167.31	69.44	66.46
2005	543.32	360.72	364.08	5.20	-186.68	67.97	66.39
2006	648.50	423.49	411.68	15.95	-202.62	65.94	65.30
2007	797.35	509.45	480.43	16.28	-208.81	62.30	63.89
2008	1018.62	593.51	583.20	59.99	-218.08	63.14	58.27
2009	1081.27	616.51	791.80	6.44	-333.48	73.82	57.02
2010	1350.43	720.57	1057.86	29.13	-457.13	80.49	53.36
2011	1670.44	859.75	1369.90	29.76	-588.97	83.79	51.47
2012	1893.54	997.36	1895.70	-176.45	-823.07	90.80	52.67
2013	2122.06	1048.49	2418.27	100.81	-1445.51	118.71	49.41
2014	2303.32	1154.40	2953.52	50.92	-1855.52	130.44	50.12

注：1.历年数据根据经济普查数据进行调整和修订。
2.2006年数据根据农业普查数据进行调整和修订。
3.2009年、2010年最终消费数据根据国家核算要求进行调整和修订.
4.2013年数据按照第三次经济普查数据调整和修订以。

a) Data in past year were adjusted and revised based on economic census data.
b) Data in 2006 were adjusted according to agricultural census data.
c) The Final Consumption Expenditures Data in 2009 and 2010 were adjusted and amended in accordance with the requirements of national accounting.
e) Data in 2013 were adjusted and revised according to the third economic census data.

3-14 1990-2014年生产总值消费额及构成
Consumption Expenditure and Its Composition of GDP(1990-2014)

按当年价格计算

Data in this table are calculated at current prices.

年 份 Year	最终消费支出(亿元) Final Consumption Expenditure (100 million yuan)	居民消费（亿元） Household Consumption (100 million yuan)		政府消费(亿元) Government Consumption (100 million yuan)	最终消费支出=100 Final Consumption Expenditures=100		人均消费水平(元/人) Per Capita Consumption Expenditure (yuan/person)		
		农村居民 Rural Households	城镇居民 Urban Households		居民消费 Household Consumption	政府消费 Government Consumption	全体居民 All Households	农村居民 Rural Households	城镇居民 Urban Households
1990	53.79	17.68	18.76	17.35	67.74	32.26	821	606	1235
1991	60.76	19.29	21.08	20.39	66.44	33.56	895	650	1367
1992	65.18	22.07	24.87	18.24	72.00	27.98	1026	732	1592
1993	73.06	24.76	29.85	18.45	74.75	25.25	1177	809	1893
1994	92.83	30.34	39.12	23.38	74.82	25.18	1477	976	2453
1995	113.40	34.82	48.01	30.57	73.04	26.96	1734	1103	2964
1996	130.71	37.56	58.80	34.35	73.72	26.28	1988	1175	3563
1997	135.53	38.98	61.51	35.03	74.15	25.85	2043	1209	3630
1998	142.88	39.75	67.09	36.04	74.78	25.22	2140	1213	3911
1999	155.17	40.79	73.64	40.73	73.75	26.25	2260	1227	4238
2000	171.70	41.74	80.60	49.37	71.25	28.75	2384	1245	4530
2001	202.88	44.06	91.00	67.82	66.57	33.43	2598	1315	4925
2002	227.58	46.33	102.36	78.89	65.34	34.66	2828	1399	5261
2003	257.75	48.70	116.22	92.83	63.98	36.02	3105	1477	5768
2004	309.76	52.33	132.28	125.15	59.60	40.40	3443	1583	6432
2005	360.72	64.15	146.14	150.43	58.30	41.70	3888	1941	6947
2006	423.49	70.51	160.18	192.80	54.47	45.53	4229	2128	7481
2007	509.45	81.36	192.28	235.81	53.71	46.29	4978	2453	8819
2008	593.51	102.75	219.65	271.11	54.32	45.68	5830	3121	9816
2009	616.51	111.91	249.43	255.17	58.61	41.39	6501	3435	10845
2010	720.57	122.14	288.12	310.31	56.94	43.06	7326	3848	11878
2011	859.75	151.32	343.45	364.98	57.55	42.45	8744	4905	13348
2012	997.36	185.56	401.61	410.19	58.87	41.13	10289	6116	15026
2013	1048.49	208.17	486.41	353.91	66.25	33.75	12070	6954	17617
2014	1154.40	236.40	549.37	368.63	68.07	31.93	13534	8007	19252

注：1.历年数据根据经济普查数据进行调整和修订。
2.2009年、2010年最终消费数据根据国家核算要求进行调整和修订。

a) Data in past year were adjusted and revised based on economic census data.

b) The Final Consumption Expenditures Data in 2009 and 2010 were adjusted and amended in accordance with the requirements of national accounting.

3-15 三大需求对生产总值增长的贡献率和拉动(1990-2014)

Share and Contribution of the Three Demands of GDP to the Growth of GDP(1990-2014)

按可比价格计算

Data in this table are calculated at constant prices.

年 份 Year	最终消费支出 Final Consumption Expenditure		资本形成总额 Gross Capital Formation		货物和服务净出口 Net Exports of Goods and Services	
	贡献率 (%) Share of The Contribution (%)	拉动 (百分点) Contribution Driven (percentage points)	贡献率 (%) Share of The Contribution (%)	拉动 (百分点) Contribution Driven (percentage points)	贡献率 (%) Share of The Contribution (%)	拉动 (百分点) Contribution Driven (percentage points)
1990	328.12	12.14	453.13	16.77	-681.20	-25.20
1991	126.43	5.94	60.06	2.82	-86.50	-4.07
1992	-9.45	-0.70	-3.45	-0.26	112.90	8.35
1993	19.71	1.91	27.37	2.65	52.90	5.13
1994	56.26	4.56	29.96	2.43	13.80	1.12
1995	18.47	1.48	58.31	4.66	23.20	1.90
1996	41.48	3.61	45.29	3.94	13.20	1.15
1997	-6.96	-0.63	92.84	8.36	14.10	1.27
1998	28.68	2.55	76.32	6.79	-5.00	-0.45
1999	57.89	4.69	46.22	3.74	-4.10	-0.33
2000	68.97	6.14	66.14	5.89	-35.10	-3.12
2001	75.48	8.83	140.64	16.45	-116.10	-13.58
2002	66.33	8.03	111.89	13.54	-78.20	-9.46
2003	61.29	7.29	65.31	7.77	-26.63	-3.17
2004	85.79	10.55	52.30	6.43	-38.10	-4.69
2005	91.85	11.21	75.77	9.24	-67.60	-8.25
2006	76.31	10.12	65.98	8.75	-42.29	-5.61
2007	65.76	8.86	62.77	8.45	-28.53	-3.84
2008	30.05	4.06	76.10	10.30	-6.15	-0.83
2009	7.58	0.77	179.92	18.24	-87.50	-8.87
2010	40.84	6.26	143.54	22.00	-84.38	-12.93
2011	50.02	6.73	126.58	17.02	-76.60	-10.30
2012	56.90	6.97	135.88	16.65	-92.78	-11.37
2013	3.06	0.33	378.21	41.00	-281.27	-30.49
2014	39.86	3.67	237.18	21.85	-177.04	-16.31

注：1.三大需求指支出法国内生产总值的三大构成项目，即最终消费支出、资本形成总额、货物和服务净出口。
2.贡献率指三大需求增量与支出法国内生产总值增量之比。
3.拉动指国内生产总值增长速度与三大需求贡献率的乘积。
4.2006年数据根据第一次农业普查数据进行了调整。
5.历年数据根据经济普查数据进行调整和修订。
6.2009年、2010年最终消费数据根据国家核算要求进行调整和修订。
7.2013年数据根据第三次经济普查进行调整和修订

a) The three major demands means the three major conponents of GDP by expenditure approach, namely, final consumption expenditure,capital formation, net exports of goods and services.
b) The contribution rate refers to the ratio of increment of the three major demands to the increment of GDP by expenditure approach.
c) Driven by the three major demands Means the product of the growth rate of GDP and the contribution rate of the three major demands.
d) Data in 2006 were adjusted according to the first agricultural census data.
e) Historical data were adjusted and revised based on the economic census data.
f) The Final Consumption Expenditures Data in 2009 and 2010 were adjusted and amended in accordance with the requirements of national accounting.
g) Data in 2013 were adjusted and revised according to the third economic census data.

主要统计指标解释

生产总值(GDP) 指按市场价格计算的一个国家(或地区)所有常住单位在一定时期内生产活动的最终成果。生产总值有三种表现形态,即价值形态、收入形态和产品形态。从价值形态看,它是所有常住单位在一定时期内生产的全部货物和服务价值超过同期投入的全部非固定资产货物和服务价值的差额,即所有常住单位的增加值之和;从收入形态看,它是所有常住单位在一定时期内创造并分配给常住单位和非常住单位的初次收入之和;从产品形态看,它是所有常住单位在一定时期内最终使用的货物和服务价值减去货物和服务进口价值。在实际核算中,生产总值有三种计算方法,即生产法、收入法和支出法。三种方法分别从不同的方面反映生产总值及其构成。

三次产业 是根据社会生产活动历史发展的顺序对产业结构的划分,产品直接取自自然界的部门称为第一产业,对初级产品进行再加工的部门称为第二产业,为生产和消费提供各种服务的部门称为第三产业。它是世界上较为通用的产业结构分类,但各国的划分不尽一致。

我国的三次产业划分是:

第一产业:农业(包括种植业、林业、牧业和渔业)。

第二产业:工业(包括采掘业,制造业,电力、煤气及水的生产和供应业)和建筑业。

第三产业:除第一、第二产业以外的其他各业。由于第三产业包括的行业多、范围广,根据我国的实际情况,第三产业可分为两大部分;一是流通部门,二是服务部门。具体又可分为四个层次:

第一层次:流通部门,包括交通运输、仓储及邮电通信业,批发和零售贸易、餐饮业。

第二层次:为生产和生活服务的部门,包括金融、保险业,地质勘查业、水利管理业,房地产业,社会服务业,农、林、牧、渔服务业,交通运输辅助业,综合技术服务业等。

第三层次:为提高科学文化水平和居民素质服务的部门,包括教育、文化艺术及广播电影电视业,卫生、体育和社会福利业,科学研究业等。

第四层次:为社会公共需要服务的部门,包括国家机关、政党机关和社会团体以及军队、警察等。

劳动者报酬 指劳动者因从事生产活动所获得的全部报酬。包括劳动者获得的各种形式的工资、奖金和津贴,既包括货币形式的,也包括实物形式的,还包括劳动者所享受的公费医疗和医药卫生费、上下班交通补贴、单位支付的社会保险费、住房公积金等。对于个体经济来说,其所有者所获得的劳动报酬和经营利润不易区分,这两部分统一作为劳动者报酬处理。

生产税净额 指生产税减生产补贴后的余额。生产税指政府对生产单位从事生产、销售和经营活动以及因从事生产活动使用某些生产要素(如固定资产、土地、劳动力)所征收的各种税、附加费和规费。生产补贴与生产税相反,指政府对生产单位的单方面转移支出,因此视为负生产税,包括政策亏损补贴、价格补贴等。

固定资产折旧 指一定时期内为弥补固定资产损耗按照规定的固定资产折旧率提取的固定资产折旧,或按国民经济核算统一规定的折旧率虚拟计算的固定资产折旧。它反映了固定资产在当期生产中的转移价值。各类企业和企业化管理的事业单位的固定资产折旧是指实际计提的折旧费;不计提折旧的政府机关、非企业化管理的事业单位和居民住房的固定资产折旧是按照统一规定的折旧率和固定资产原值计算的虚拟折旧。原则上,固定资产折旧应按固定资产当期的重置价值计算,但是目前我国尚不具备对全社会固定资产进行重估价的基础,所以暂时只能采用上述办法。

营业盈余 指常住单位创造的增加值扣除劳动者报酬、生产税净额和固定资产折旧后的余额。它相当于企业的营业利润加上生产补贴,但要扣除从利润中开支的工资和福利等。

支出法生产总值 是从最终使用的角度反映一个国家(或地区)一定时期内生产活动最终成果的一种方法,包括最终消费支出、资本形成总额及货物和服务净出口三部分。计算公式为:支出法生产总值=最终消费支出+资本形成总额+货物和服务净出口

最终消费支出 指常住单位为满足物质、文化和精神生活的需要,从本国经济领土和国外购买的货物和服务的支出。它不包括非常住单位在本国经济领土内的消费支出。最终消费支出分为居民消费支出和政府消费支出。

居民消费支出 指常住住户在一定时期内对于货物和服务的全部最终消费支出。居民消费支出除了直接以货币形式购买的货物和服务的消费支出外,还包括以其他方式获得的货物和服务的消费支出,即所谓的虚拟消费支出。居民虚拟消费支出包括如下几种类型:单位以实物报酬及实物转移的形式提供给劳动者的货物和服务;住户生产并由本住户消费了的货物和服务,其中的服务仅指住户的自有住房服务;金融机构提供的金融媒介服务;保险公司提供的保险服务。

政府消费支出 指政府部门为全社会提供的公共服务的消费支出和免费或以较低的价格向居民住户提供的货物和服务的净支出,前者等于政府服务的产出价值减去政府单位所获得的经营收入的价值,后者等于政府部门免费或以较低价格向居民住户提供的货物和服务的市场价值减去向住户收取的价值。

资本形成总额 指常住单位在一定时期内获得减去处置的固定资产和存货的净额,包括固定资本形成总额和存货增加两部分。

固定资本形成总额 指常住单位在一定时期内获得的固定资产减处置的固定资产的价值总额。固定资产是通过生产活动生产出来的,且其使用年限在一年以上、单位价值在规定标准以上的资产,不包括自然资产。可分为有形固定资本形成总额和无形固定资本形成总额。有形固定资本形

成总额包括一定时期内完成的建筑工程、安装工程和设备工器具购置(减处置)价值,以及土地改良、新增役、种、奶、毛、娱乐用牲畜和新增经济林木价值。无形固定资本形成总额包括矿藏的勘探、计算机软件等获得减处置。

存货增加 指常住单位在一定时期内存货实物量变动的市场价值,即期末价值减期初价值的差额,再扣除当期由于价格变动而产生的持有收益。存货增加可以是正值,也可以是负值,正值表示存货上升,负值表示存货下降。存货包括生产单位购进的原材料、燃料和储备物资等存货,以及生产单位生产的产成品、在制品和半成品等存货。

货物和服务净出口 指货物和服务出口减货物和服务进口的差额。出口包括常住单位向非常住单位出售或无偿转让的各种货物和服务的价值;进口包括常住单位从非常住单位购买或无偿得到的各种货物和服务的价值。由于服务活动的提供与使用同时发生,一般把常住单位从非常住单位得到的服务作为进口,非常住单位从常住单位得到的服务作为出口。货物的出口和进口都按离岸价格计算。

Explanatory Notes on Main Statistical Indicators

Gross Domestic Product (GDP) refers to the final products at market prices produced by all resident units in a country (or a region) during a certain period of time. Gross domestic product is expressed in three different perspectives, namely value, income, and products respectively. GDP in its value perspective refers to the total value of all goods and services produced by all resident units during a certain period of time, minus the total value of input of goods and services of the nature of non - fixed assets; in other words, it is the sum of the value - added of all resident units. GDP from the perspective of income includes the primary income created by all resident units and distributed to resident and non - resident units. GDP from the perspective of products refers to the value of all goods and services for final demand by all resident units minus the imports of goods and services during a given period of time. In the practice of national accounting, gross domestic product is calculated from three approaches, namely production approach, income approach and expenditure approach, which reflect gross domestic product and its composition from different angles.

Three Strata of Industry Three industry is in the order of historical development of social productive activities division of the industrial structure, product directly from nature called the primary industry sector, re - processing of primary products sector called the second industry, sectors providing various services for the production and consumption called the Tertiary industry. Classification of economic activities into three strata of industry is a common practice in the world, although the grouping varies to some extent from country to country. In China economic activities are categorized into the following three strata of industry:

Primary industry refers to agriculture, forestry, animal husbandry and fishery.

Second industry refers to industry (including mining, manufacturing, electricity, gas and water production and supply industry) and construction.

Tertiary industry refers to various other industries in addition to the first and second industrial. Since Tertiary industry include the industry, a wide range, according to China's actual situation, the tertiary industry can be divided into two parts; circulation sector and service sector, can be divided into four levels concretely:

The first level: circulation sector, including transportation, storage and communications, wholesale and retail trade, catering.

The second level: the department providing services for production and living, including finance, insurance, geological prospecting, water conservancy management, real estate, social services, agriculture, forestry, animal husbandry and fishery service, the transport auxiliary industry, integrated technology service industry.

The third level: the department providing services to improve the scientific and cultural level and quality of residents, including education, culture, arts, broadcasting, film and television industry, health, sports and social welfare, scientific research industry.

The fourth level: the department providing services for social and public needs, including national authorities, political parties and social organizations and the military authorities, the police and so on.

Compensation of Employees refers to the total payment of various forms to employees for the productive activities they are engaged in. It includes wages, bonuses and allowances, which the employees earn in cash or in kind. It also includes the free medical services provided to the employees and the medicine expenses, transport subsidies and social insurance, and housing fund paid by the employers. As regards the individual economy, since compensation of employees is not easily distinguishable from the operating surplus, both parts are treated as compensation of employees.

Net Taxes on Production refers to taxes on production less subsidies on production. The taxes on production refers to the various taxes, extra charges and fees levied on the production units on their production, sale and business activities as well as on the use of some factors of production, such as fixed assets, land and labour in the production activities they are engaged in. In contrast to taxes on production, subsidies on production refer to the unilateral government transfer to the production units and are therefore regarded as negative taxes on production. They include subsidies on the loss due to implementation of government policies, price subsidies, etc.

Depreciation of Fixed Assets refers to the depreciation of fixed assets in a given period, drawn in accordance with the stipulated depreciation rate for the purpose of compensating the wear - and - tear loss of the fixed assets or the depreciation of fixed assets imputed in accordance with the stipulated unified depreciation rate in the national economic accounting system. It reflects the value of transfer of the fixed assets in the production of the current period. The depreciation of fixed assets in various enterprises and institutions managed as enterprises refers to the depreciation expenses actually drawn. In government agencies and institutions not managed as enterprises which do not draw the depreciation expenses, as well as for the houses of residents, the depreciation of fixed assets is the imputed depreciation, which is calculated in accordance with the stipulated unified depreciation rate. In principle, the depreciation of fixed assets should be calculated on the basis of the re – purchased value of the fixed assets. However, currently the conditions in China do not facilitate the revaluation of all the fixed assets. Therefore, only the above – mentioned methods can be adopted at present.

Operating Surplus refers to thc balance of the value added created by the resident units after deducting the labourers remuneration, net taxes on production and the depreciation of fixed assets. It is equivalent to the business profit of the enterprises plus subsidies to production, but the wages and welfare expenses paid from the profits should be deducted.

GDP by Expenditure Approach refers to the method of measuring the final results of production activities of a country (region) during a given period from the perspective of final uses. It includes final consumption expenditure, gross capital formation and net export of goods and services. The formula for computation is. :

GDP by expenditure approach = final consumption expenditure + gross capital formation + net export of goods and services

Final Consumption Expenditure refers to the total expenditure of resident units for purchases of goods and services from both the domestic economic territory and abroad to meet the needs of material, cultural and spiritual life. It does not include the expenditure of non – resident units on consumption in the economic territory of the country. The final consumption expenditure is broken down into household consumption expenditure and government consumption expenditure.

Household Consumption Expenditure refers to the total expenditure of resident households on the final consumption of goods and services. In addition to the consumption of goods and services bought by the households directly with money, the household consumption expenditure also includes expenditure on goods and services obtained by the households in other ways, i. e. the so – called imputed consumption expenditure, which includes the following: (a) the goods and services provided to households by employers in the form of payment in kind and transfer in kind; (b) goods and services produced and consumed by the households themselves, in which the services refer only to the owner – occupied housing; (c) financial intermediate services provided by financial institutions; (d) insurance services provided by insurance companies.

Government Consumption Expenditure refers to the consumption expenditure spent for the provision of public services provided by the government to the whole country and the net expenditure on the goods and services provided by the government to households free of charge or at reduced prices. The former equals to the output value of the government services minus the value of operating income obtained by the government departments. The latter equals to the market value of the goods and services provided by the government free of charge or at reduced prices to the households minus the value received by the government from the households.

Gross Capital Formation refers to the fixed assets acquired less disposals and the net value of inventory, thus including gross fixed capital formation and changes in inventories.

Gross Fixed Capital Formation refers to the value of acquisitions less those disposals of fixed assets during a given period. Fixed assets are the assets produced through production activities with unit value above a specified amount and which could be used for over one year. Natural assets are not included. Gross fixed capital formation can be categorized into total tangible fixed capital formation and total intangible fixed capital formation. Total tangible fixed capital formation includes the value of the construction projects and installation projects completed and the equipment, apparatus and instruments purchased (less those disposed) as well as the value of land improved, the value of draught animals, breeding stock and animals for milk, for wool and for recreational purposes and the newly increased forest with economic value. Total intangible fixed capital formation includes the prospecting of minerals and the acquisition of computer software minus the disposal of them.

Changes in Inventories refers to the market value of the change in the physical volume of inventory of resident units during a given period, i. e. the difference between the values at the beginning and at the end of the period minus the gains due to the change in prices. The changes in inventories can have a positive or a negative value. A positive value indicates an increase in inventory while a negative value indicates a decrease in inventory. The inventory includes raw materials, fuels and reserve materials purchased by the production units as well as the inventory of finished products, semi – finished products and work – in – progress.

Net Export of Goods and Services refers to the exports of goods and services subtracting the imports of goods and services. Exports include the value of various goods and services sold or gratuitously transferred by resident units to non – resident units. Imports include the value of various goods and services purchased or gratuitously acquired resident units from non – resident units. Because the provision of services and the use of them happen simultaneously, the acquisition of services by resident units from abroad is usually treated as import while the acquisition of services by non – resident units in this country is usually treated as export. The exports and imports of goods are calculated at FOB.

第 4 篇

CHAPTER 4

人　口

Population

常住人口及自然增长率变动情况

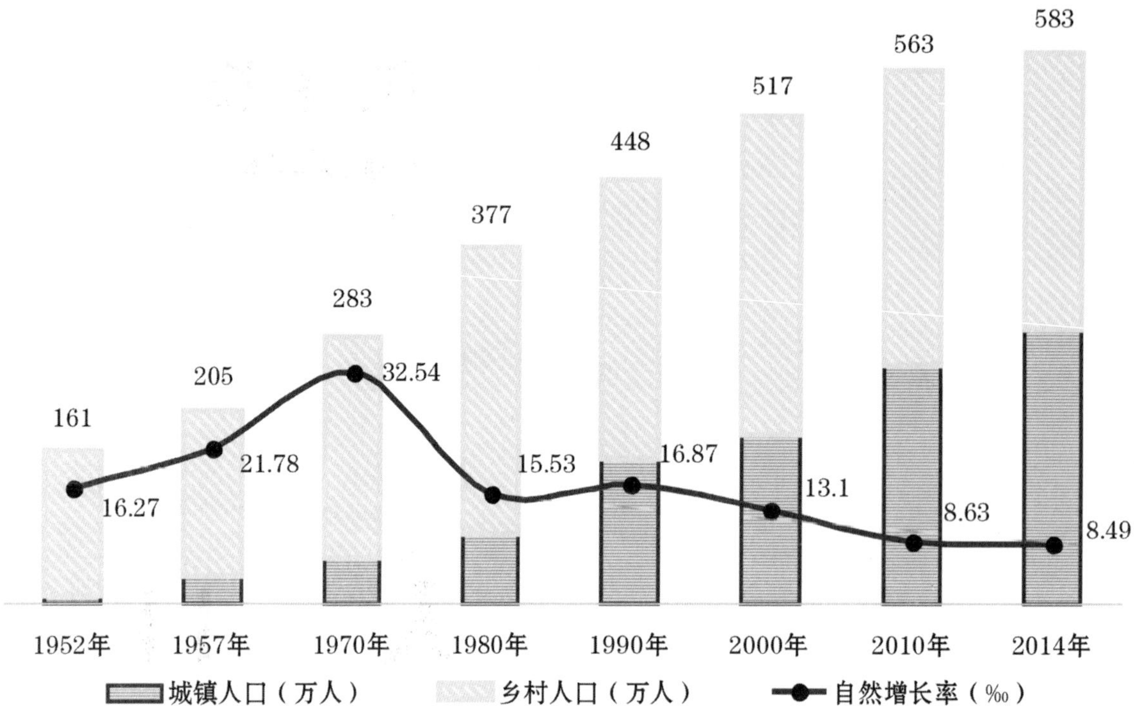

各民族人口构成

2014年

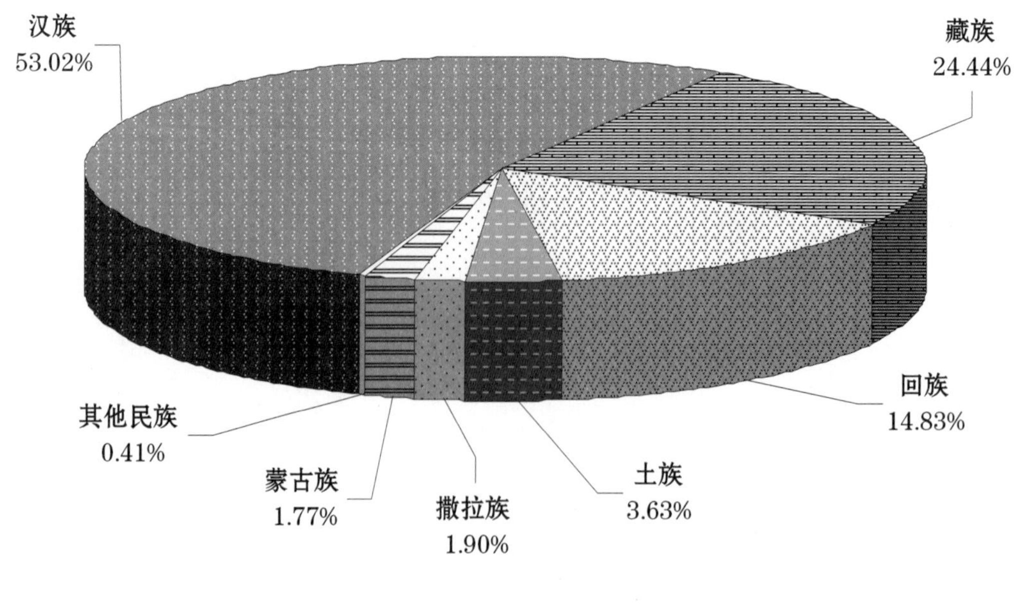

4-1 主要年份常住人口及自然变动情况
Population and Natural Changes in Main Years

年 份 Year	常住人口 (万人) Total Population (10 000 persons)	自然变动情况 natural Changes 出生 Birth 人数 (人) Population (person)	出生率 Birth Rate (‰)	死亡 Death 人数 (人) Population (person)	死亡率 Death Rate (‰)	自然增加 Natural Increase 人数 (人) Population (person)	自然增长率 Natural Growth Rate (‰)
1952	161.38	48052	30.25	22207	13.98	25845	16.27
1954	173.24	74469	44.16	22427	13.30	52042	30.86
1957	204.64	65094	32.20	21037	10.40	44057	21.78
1965	230.45	109596	48.72	20371	9.06	89225	39.66
1970	282.73	111111	40.06	20863	7.52	90248	32.54
1975	337.49	106448	31.95	27457	8.24	78991	23.71
1978	364.86	94353	26.15	24030	6.66	70322	19.49
1980	376.90	79167	21.14	21015	5.61	58152	15.53
1985	407.38	57471	14.24	18533	4.58	38938	9.63
1990	447.66	108052	24.34	33162	7.47	74890	16.87
1991	454.43	105409	23.37	37662	8.35	67747	15.02
1992	461.02	103171	22.54	37259	8.14	65912	14.40
1993	466.70	95091	20.50	38315	8.26	56776	12.24
1994	474.00	103759	22.06	32078	6.82	71681	15.24
1995	481.20	105000	22.01	33000	6.89	72000	15.12
1996	488.30	106000	21.89	35000	7.20	71000	14.69
1997	495.60	107000	21.80	34000	6.95	73000	14.85
1998	502.80	106130	21.26	33850	6.78	72280	14.48
1999	509.80	104703	20.68	34327	6.78	70376	13.90
2000	516.50	98781	19.25	31559	6.15	67222	13.10
2001	523.10	99074	19.06	33475	6.44	65599	12.62
2002	528.60	94916	18.05	33391	6.35	61525	11.70
2003	533.80	89985	16.94	32350	6.09	57635	10.85
2004	538.60	87508	16.32	34585	6.45	52923	9.87
2005	543.20	84921	15.70	33590	6.21	51331	9.49
2006	547.70	83127	15.24	34200	6.27	48927	8.97
2007	551.60	82063	14.93	33694	6.13	48369	8.80
2008	554.30	80122	14.49	33951	6.14	46171	8.35
2009	557.30	80647	14.51	34404	6.19	46243	8.32
2010	563.47	83721	14.94	35360	6.31	48361	8.63
2011	568.17	81648	14.43	34628	6.12	47020	8.31
2012	573.17	81606	14.30	34583	6.06	47023	8.24
2013	577.79	81488	14.16	35277	6.13	46211	8.03
2014	583.42	85123	14.67	35860	6.18	49263	8.49

4-2 主要年份人口变化情况

Changes of Population in Main Years

单位：万人 (10 000 persons)

年 份 Year	年末常住人口 Total Population at Year-end	按性别分 By Sex		按城乡分 By Residence		按农业、非农业分 By Agricultural or Non-agricultural	
		男 Male	女 Female	市镇人口 Urban	乡村人口 Rural	农业人口 Agricultural Population	非农业人口 Non-agricultural Population
1952	161.38	81.82	79.56	8.38	153.00	145.08	16.30
1978	364.86	189.30	175.56	67.84	297.02	277.40	87.46
1979	372.02	192.25	179.77	71.06	300.96	279.70	92.32
1980	376.90	194.18	182.72	74.71	302.19	280.38	96.52
1981	381.60	196.62	184.98	76.78	304.82	284.12	97.48
1982	392.79	201.92	190.87	79.82	312.97	294.39	98.40
1983	392.57	201.64	190.93	77.25	315.32	292.96	99.61
1984	401.61	205.98	195.63	128.63	272.98	294.20	107.41
1985	407.38	208.43	198.95	137.75	269.63	291.24	116.14
1986	421.12	216.26	204.86	140.75	280.37	298.90	122.22
1987	427.90	219.16	208.74	143.00	284.90	303.50	124.40
1988	434.20	222.18	212.02	146.86	287.34	307.93	126.27
1989	440.20	225.27	214.93	150.69	289.51	313.46	126.74
1990	447.66	229.36	218.30	153.22	294.44	321.19	126.47
1991	454.43	232.80	221.63	155.11	299.32	329.76	124.67
1992	461.02	235.95	225.07	157.34	303.68	334.57	126.45
1993	466.70	238.95	227.75	158.04	308.66	341.70	125.00
1994	474.00	242.74	231.26	160.90	313.10	347.61	126.39
1995	481.20	246.37	234.83	163.13	318.07	352.72	128.48
1996	488.30	250.01	238.29	166.93	321.37	357.88	130.42
1997	495.60	252.76	242.84	171.94	323.66	363.81	131.79
1998	502.80	252.13	250.67	174.18	328.62	369.43	133.37
1999	509.80	259.29	250.51	176.33	333.47	374.57	135.23
2000	516.50	267.03	249.47	179.54	336.96	379.47	137.03
2001	523.10	266.09	257.01	190.00	333.10	382.91	140.19
2002	528.60	271.12	257.48	199.16	329.44	385.09	143.51
2003	533.80	272.33	261.47	203.80	330.00	387.06	146.74
2004	538.60	276.43	262.17	207.51	331.09	389.30	149.30
2005	543.20	277.58	265.62	213.21	329.99	391.76	151.44
2006	547.70	278.52	269.18	215.02	332.68	393.30	154.40
2007	551.60	279.50	272.10	221.02	330.58	395.83	155.77
2008	554.30	279.33	274.97	226.49	327.81	396.93	157.37
2009	557.30	280.26	277.04	233.51	323.79	399.08	158.22
2010	563.47	291.79	271.68	251.98	311.49	397.58	165.89
2011	568.17	287.55	280.62	262.62	305.55	381.92	186.25
2012	573.17	294.94	278.23	271.92	301.25	370.55	202.62
2013	577.79	292.65	285.14	280.30	297.49	325.82	251.97
2014	583.42	297.19	286.23	290.40	293.02	307.47	275.95

注：1990年以前数据为公安户籍统计数，其余年份数据为人口变动抽样调查推算数。1990、2000、2010年数据为年底数。

a)Data before 1990 were taken from the statistics of household registration of Qinghai Provincial Public Security Department. Data in the remaining years have been estimated on the basis of the annual national sample surveys on population changes. Data in 1990,2000 and 2010 were Population at year-end.

4–3 主要年份人口机械变动情况

Mechanical Changes of Popualtion in Main Years

单位：人、%　　　　(person，%)

年 份 Year	迁 入 Immigration		迁 出 Move Out		机械增加 Machinery Increased	
	人 数 Population	迁入率 Immigration Rate	人 数 Population	迁出率 Move Out Rate	人 数 Population	增长率 Growth Rate
1952	57027	3.59	32270	2.03	24757	1.56
1955	47126	2.62	37611	2.09	9515	0.53
1957	79101	3.91	75298	3.72	3803	0.19
1965	132814	5.90	115107	5.12	17707	0.79
1970	151266	5.45	130879	4.72	20387	0.74
1975	102755	3.08	95082	2.85	7673	0.23
1978	105991	2.94	95264	2.64	10727	0.30
1980	121385	3.24	124151	3.32	-2766	-0.07
1985	52358	1.29	33172	0.82	19186	0.47
1986	24530	0.59	27113	0.65	-2583	-0.06
1987	17493	0.41	26730	0.63	-9237	-0.22
1988	13204	0.31	33330	0.77	-20126	-0.46
1989	11910	0.27	27357	0.63	-15447	-0.36
1990	10306	0.23	24491	0.55	-14185	-0.32
1991	11201	0.25	26295	0.58	-15094	-0.33
1992	12040	0.27	27666	0.62	-15626	-0.35
1993	10824	0.23	25059	0.54	-14235	-0.31
1994	10871	0.24	19464	0.43	-8593	-0.19
1995	11439	0.25	17156	0.38	-5717	-0.13
1996	11209	0.24	17219	0.37	-6010	-0.13
1997	11043	0.24	14550	0.31	-3507	-0.08
1998	7687	0.16	12734	0.27	-5047	-0.11
1999	6872	0.15	12057	0.26	-5185	-0.11
2000	8749	0.17	17782	0.35	-9033	-0.18
2001	9789	0.19	20231	0.39	-10442	-0.20
2002	10601	0.22	19534	0.40	-8933	-0.18
2003	13736	0.28	22527	0.46	-8791	-0.18
2004	15809	0.32	22652	0.46	-6843	-0.14
2005	18097	0.36	26365	0.53	-8268	-0.17
2006	21875	0.43	24261	0.48	-2386	-0.05
2007	27418	0.53	25435	0.49	1983	0.04
2008	27365	0.52	25086	0.48	2279	0.04
2009	28328	0.51	25753	0.46	2575	0.05
2010	27719	0.49	23305	0.42	4414	0.07
2011	33348	0.59	21120	0.37	12228	0.22
2012	25663	0.45	19642	0.34	6021	0.11
2013	23920	0.42	17047	0.30	6906	0.12
2014	11850	0.20	10169	0.18	1681	0.02

注：1.本表数据系省公安厅年报数据。
2.1985年以后的迁入迁出人口均为省际间迁入迁出。
3.1952年数据根据《中国财经出版社》出版的《中国人口·青海分册》的有关资料推算。

a) Date in this table are Annual Report data of Qinghai Provincial Public Security Department.
b)After the year of 1985,the population of Immigration and move out have been the population of provincial Immigration and move out.
c)1952 data were estimated based on "China's population in Qinghai branch" published in China Financial Publishing House.

4-4 分地区户籍统计人口数及变动情况(2014年)

单位：户、人

地 区	Region	年末数 Number at Year-end					
		总户数 Total Number of Households	总人口 Total Population			总人口中 In Total Population	
			合计 Total	男 Male	女 Female	非农业人口 Non-agricultural Population	未落常住户口的人员 Non-resident Accounts Personel
全省	**Provincial Total**	**1771673**	**5801645**	**2934841**	**2866804**	**2782000**	**613**
西宁市	**Xining City**	**616731**	**2026369**	**1019686**	**1006683**	**1465487**	**534**
城东区	Chengdong District	82535	253632	125988	127644	247359	
城中区	Chengzhong District	82214	243286	119091	124195	241564	
城西区	Chengxi District	73013	222535	108459	114076	220229	
城北区	Chengbei District	73920	221056	109181	111875	215884	
大通县	Datong County	124527	464610	238719	225891	213712	534
湟中县	Huangzhong County	138212	486584	249425	237159	257371	
湟源县	Huangyuan County	42310	134666	68823	65843	69368	
海东市	**Haidong City**	**490576**	**1723675**	**882704**	**840971**	**571214**	**72**
平安区	Ping'an District	43815	128822	64801	64021	50732	
民和县	Minhe County	113676	440716	226416	214300	147245	
乐都区	Ledu District	94164	292890	149661	143229	129577	72
互助县	Huzhu County	114709	400042	209303	190739	166040	
化隆县	Hualong County	80378	303712	153809	149903	48579	
循化县	Xunhua County	43834	157493	78714	78779	29041	
海北州	**Haibei Zang A.P**	**95739**	**296615**	**150065**	**146550**	**77367**	
门源县	Menyuan County	49070	162283	82709	79574	31038	
祁连县	Qilian County	17342	51977	25862	26115	14476	
海晏县	Haiyan County	12845	36412	18357	18055	16638	
刚察县	Gangcha County	16482	45943	23137	22806	15215	
黄南州	**Huangnan Zang A.P**	**90239**	**273485**	**136234**	**137251**	**71723**	**7**
同仁县	Tongren County	32097	97735	48238	49497	33183	
尖扎县	Jianzha County	22881	61133	30324	30809	18171	
泽库县	Zeku County	23205	75109	37785	37324	10433	7
河南县	Henan County	12056	39508	19887	19621	9936	

注：本表数据系省公安厅年报数。

Household Registration Statistics and Changes in Population by Region (2014)

(household，person)

年内人口变动 Changes During The Year					
出生 Birth	死亡 Death	迁入 Immigration		迁出 Move Out	
		省内 Within Province	省外 Outside Province	省内 Within Province	省外 Outside Province
110720	**36226**	**49943**	**11850**	**51676**	**10169**
31099	**14619**	**20493**	**5269**	**19245**	**2896**
3067	1728	2491	701	918	415
2701	1822	1028	410	300	291
2375	1275	944	641	233	292
2664	1458	4730	1799	4147	1516
8136	3033	7761	432	8578	135
10445	4424	2764	1096	3435	102
1711	879	775	190	1634	145
33745	**10386**	**8964**	**1928**	**11392**	**2609**
2094	801	582	182	561	189
9508	2676	921	1047	2380	1479
3941	1547	1817	283	2357	363
6507	2774	2029	189	1916	123
7464	1547	2172	146	2303	316
4231	1041	1443	81	1875	139
6093	**1658**	**4555**	**561**	**5097**	**456**
3844	854	2673	208	2950	190
986	316	851	146	871	56
410	221	364	139	336	165
853	267	667	68	940	45
6573	**1310**	**2923**	**292**	**2802**	**244**
2024	344	808	118	602	123
1527	399	860	87	975	75
2126	415	416	54	345	6
896	152	839	33	880	40

a) Data in this table are Annual Report data of Qinghai Provincial Public Security Department.

4–4 续表

单位：户、人

地 区	Region	总户数 Total Number of Households	年末数 The Numberat Year-end 总人口 Total Population 合计 Total	男 Male	女 Female	总人口中 In Total Population 非农业人口 Non-agricultural Population	未落常住户口人员 Non-resident Accounts Personel
海南州	**Hainan Zang A.P**	**149467**	**470776**	**235413**	**235363**	**112638**	
共和县	Gonghe County	45572	135946	68086	67860	44189	
同德县	Tongde County	18938	61311	30777	30534	12014	
贵德县	Guide County	37166	110906	55678	55228	24571	
兴海县	Xinghai County	23391	81839	40694	41145	11847	
贵南县	Guinan County	24400	80774	40178	40596	20017	
果洛州	**Golog Zang A.P**	**60326**	**193628**	**97682**	**95946**	**36035**	
玛沁县	Maqin County	16847	49772	25296	24476	16285	
班玛县	Banma County	7385	27563	13968	13595	4826	
甘德县	Gande County	11373	37662	19123	18539	4475	
达日县	Dari County	12165	39179	19701	19478	3987	
久治县	Jiuzhi County	6726	26783	13321	13462	2637	
玛多县	Maduo County	5830	12669	6273	6396	3825	
玉树州	**Yushu Zang A.P**	**114779**	**404636**	**202215**	**202421**	**68276**	
玉树市	Yushu City	35656	110870	55311	55559	23675	
杂多县	Zaduo County	13794	60529	30310	30219	6349	
称多县	Chengduo County	18671	62465	31294	31171	11829	
治多县	Zhiduo County	11953	37271	18647	18624	10323	
囊谦县	Nangqian County	24323	101296	50487	50809	10615	
曲麻莱县	Qumalai County	10382	32205	16166	16039	5485	
海西州	**Haixi Mongolian & Zang A.P**	**153816**	**412461**	**210842**	**201619**	**379260**	
格尔木市	Geermu City	50773	135899	69378	66521	134218	
德令哈市	Delingha City	27944	76636	39118	37518	59061	
乌兰县	Wulan County	42503	103488	53126	50362	102577	
都兰县	Dulan County	24779	73872	37992	35880	73872	
天峻县	Tianjun County	7817	22566	11228	11338	9532	

Continued

(household, person)

年内人口变动 Changes During The Year					
出生 Birth	死亡 Death	迁入 Immigration		迁出 Move Out	
		省内 Within Province	省外 Outside Province	省内 Within Province	省外 Outside Province
10537	**2890**	**4376**	**384**	**4684**	**441**
2291	855	1831	92	2268	132
1219	310	614	51	554	22
2253	875	650	145	432	157
3184	386	775	32	699	29
1590	464	506	64	731	101
3853	**562**	**1588**	**131**	**1696**	**111**
1059	194	769	52	786	47
806	135	248	29	397	23
7			1	1	
992	86	246	17	184	20
714	75	275	24	267	12
275	72	50	8	61	9
13088	**2743**	**2020**	**216**	**1653**	**1097**
3721	554	489	61	374	25
3997	668	465	42	388	984
1370	540	208	71	267	44
733	186	283	3	131	29
2603	688	545	36	446	15
664	107	30	3	47	
5732	**2058**	**5024**	**3069**	**5107**	**2315**
1959	435	2485	1963	1662	1287
955	453	606	196	591	169
1009	506	1303	783	1708	758
1354	529	528	97	1070	65
455	135	102	30	76	36

4-5 主要年份少数民族人口数

Population of Ethnic Minorities in Main Years

单位：人、%　　(person,%)

民族	Ethnic Name	2006	2007	2008	2009	2010	2011	2012	2013	2014
少数民族人口总计	Total Population of Ethnic Minorities	2544176	2569573	2589690	2610951	2646954	2669263	2692752	2714457	2740907
占全省人口的比重	Percentage to Total Population of The Province	46.45	46.58	46.72	46.85	46.98	46.98	46.98	46.98	46.98
藏族	Tibetan	1229915	1266032	1299834	1334176	1377012	1388608	1400827	1412119	1425878
占全省人口的比重	Percentage to Total Population of The Province	22.46	22.95	23.45	23.94	24.44	24.44	24.44	24.44	24.44
回族	Hui	859560	853766	845862	838737	835481	842596	850011	856863	865212
占全省人口的比重	Percentage to Total Population of The Province	15.69	15.48	15.26	15.05	14.83	14.83	14.83	14.83	14.83
土族	Tu	221161	217110	212297	207873	204703	206246	208061	209738	211781
占全省人口的比重	Percentage to Total Population of The Province	4.04	3.94	3.83	3.73	3.63	3.63	3.63	3.63	3.63
撒拉族	Salar	117208	114733	111969	109231	107241	107952	108902	109780	110850
占全省人口的比重	Percentage to Total Population of The Province	2.14	2.08	2.02	1.96	1.90	1.90	1.90	1.90	1.9
蒙古族	Mongolian	96067	96971	97557	98642	99956	100566	101451	102269	103265
占全省人口的比重	Percentage to Total Population of The Province	1.75	1.76	1.76	1.77	1.77	1.77	1.77	1.77	1.77
其它民族	Others	20155	20740	21063	21735	22561	23295	23500	23689	23920
占全省人口的比重	Percentage to Total Population of The Province	0.37	0.38	0.38	0.39	0.41	0.41	0.41	0.41	0.41

注：2005年是1%人口抽样调查数，2006年—2009年数据根据第六次人口普查数据进行了调整，2010年的各民族人口比重是第六次人口普查数据，2011年以来数据根据第六次人口普查推算。

a):Data in 2005 were the data of 1% population sample survey. Data in 2006- 2009 were estimated from the Sixth National Population Census. The proportion of people of all ethnic minorities in 2010 were from the Sixth National Population Census.Data in 2011， were calculated in accordance with the Sixth National Population Census.

4-6 人口计划生育情况(2014年)
Family Planning (2014)

单位：人、% (person，%)

指标	Item	合计 Total	西宁市 Xining City	海东市 Haidong City	海北州 Haibei Zang A.P	黄南州 Huangnan Zang A.P	海南州 Hainan Zang A.P	果洛州 Golog Zang A.P	玉树州 Yushu Zang A.P	海西州 Haixi Mongolian & Zang A.P
计划生育率	Family Planning Rate	98.70	98.65	98.61	100.66	99.63	98.78	98.27	97.41	98.05
领取独生子女证的人数	The Number of People Receiving One-child Certificate	98377	52517	11246	7061	1683	4241	2766	2904	15959
期末已婚育龄妇女人数	The Number of Married Women of Childbearing Age at the End of the Period	1217375	448050	315641	64420	57757	100491	37256	75685	118075
采取各种节育措施人数	The Number of People Taken Birth Control Measures	1067901	390947	278749	56918	50334	89541	33361	65317	102734
男性绝育	Male Sterilization	768	283	186	14	20	27		2	236
女性绝育	Female Sterilization	379185	149384	139785	30937	8733	15843	7499	2593	24411
放置宫内节育器	IUD Placement	565911	217201	127563	23098	36132	61376	10472	34793	55276
皮下埋植	Subcutaneous Implants	5894	570	1312	487	155	1371	1075	49	875
口服及注射避孕药	Oral and Injectied Contraceptives	43146	5232	3233	421	2617	5924	8308	13213	4198
避孕套	Condoms	63511	18022	6650	1858	1879	2875	4758	12186	15283
外用药	External Medicine	5063	255	19	28	741	410	623	2481	506
其他	Others	4423		1	75	57	1715	626		1949
节育率	Birth Control Rate	87.72	87.26	88.31	88.35	87.15	89.10	89.55	86.30	87.01

注：本表数据系省卫生与计划生育委员会年报数据。
a) Data in this table are Annual Report data of the Department of Provincial Population and Family Planning Commission.

主要统计指标解释

人口数 指一定时点、一定地区范围内有生命的个人总和。

年度统计的年末人口数指每年 12 月 31 日 24 时的人口数。

常住人口 指在某地区实际居住半年以上的人口。

户籍人口 指公民依照《中华人民共和国户口登记条例》已在其经常居住地的公安户籍管理机关登记了常住户口的人。

城镇人口和乡村人口 城镇人口是指居住在城镇范围内的全部常住人口；乡村人口是除上述人口以外的全部人口。

出生率(又称粗出生率) 指在一定时期内(通常为一年)一定地区的出生人数与同期内平均人数(或期中人数)之比，用千分率表示。本资料中的出生率指年出生率，其计算公式为：

出生率 = 年出生人数年平均人数 × 1000‰

式中：出生人数指活产婴儿，即胎儿脱离母体时(不管怀孕月数)，有过呼吸或其他生命现象。年平均人数指年初、年底人口数的平均数，也可用年中人口数代替。

死亡率(又称粗死亡率) 指在一定时期内(通常为一年)一定地区的死亡人数与同期内平均人数(或期中人数)之比，用千分率表示。本资料中的死亡率指年死亡率，其计算公式为：

死亡率 = 年死亡人数年平均人数 × 1000‰

人口自然增长率 指在一定时期内(通常为一年)人口自然增加数(出生人数减死亡人数)与该时期内平均人数(或期中人数)之比，用千分率表示。计算公式为：

人口自然增长率 = 本年出生人数 - 本年死亡人数年平均人数 × 1000‰

= 人口出生率 - 人口死亡率

Explanatory Notes on Main Statistical Indicators

Total Population refers to the total number of people alive at a certain point of time within a given area. The annual statistics on total population is taken at midnight, the 31st of December.

Resident Population refers to the population actually living for more than half a year at a place.

Registered Population refers to the citizens who have registered their permanent residence with the public security household register authority of the location where they often live.

Urban Population and Rural Population Urban population refers to all people residing in cities and towns, while rural population refers to population other than urban population.

Birth Rate (**or Crude Birth Rate**) refers to the ratio of the number of births to the average population (or mid – period population) during a certain period of time (usually a year), expressed in ‰. Birth rate in the chapter refers to annual birth rate. The following formula is used:

Birth Rate = Number of Births Annual Average Population × 1000‰

Number of births in the formula refers to live births, i. e. when a baby has breathed or showed any vital phenomena regardless of the length of pregnancy.

Annual average population is the average of the number of population at the beginning of the year and that at the end of the year. Sometimes it is substituted by the mid – year population.

Death Rate (**or Crude Death Rate**) refers to the ratio of the number of deaths to the average population (or mid – period population) during a certain period of time (usually a year), expressed in ‰. Death rate in the chapter refers to annual death rate. The following formula is used:

Death Rate = Number of Deaths Annual Average Population × 1000‰

Natural Growth Rate of Population refers to the ratio of natural increase in population (number of births minus number of deaths) in a certain period of time (usually a year) to the average population (or mid – period population) of the same period, expressed in ‰. The following formula is applied:

Natural Growth Rate of Population = Number of Births – Number of Deaths Annual Average Population × 1000‰

Natural Growth Rate of Population = Birth Rate – Death Rate

第 5 篇

CHAPTER 5

就业人员和工资

Employment and Wages

三次产业就业人员

(万人)

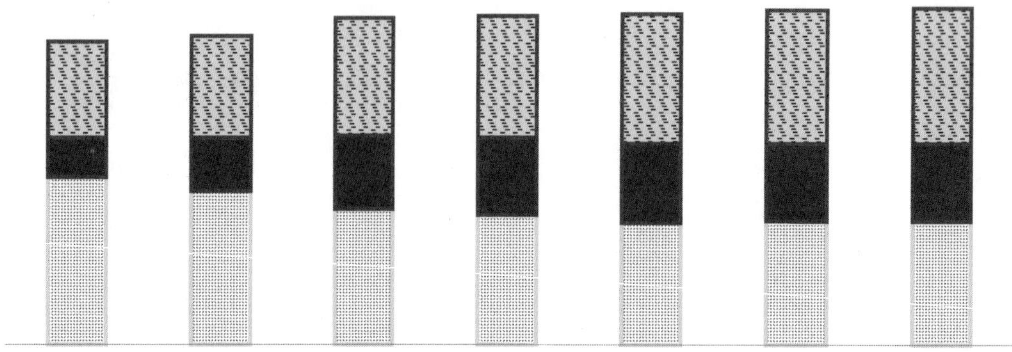

	2000年	2005年	2010年	2011年	2012年	2013年	2014年
第三产业	90	96	111	113	121	125	129
第二产业	36	51	70	74	75	73	72
第一产业	158	144	127	122	115	117	116

各种类型就业情况

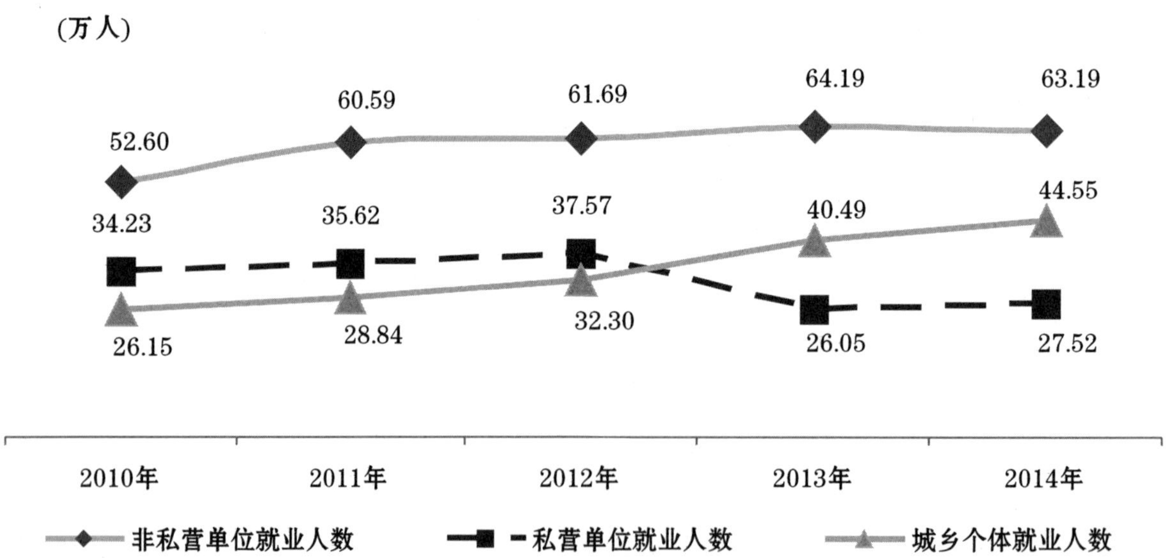

5-1　主要年份就业基本情况
Basic Conditions of Employment in Main Years

项　目		Item		2008	2009	2010	2011	2012	2013	2014
就业人员总计	**(万人)**	**Total Number of Employed Persons**	**(10 000 persons)**	**301.0**	**303.3**	**307.7**	**309.2**	**310.9**	**314.2**	**317.3**
第一产业		Primary Industry		134.0	130.4	127.4	121.8	115.1	116.6	116.2
第二产业		Secondary Industry		64.1	66.4	69.5	73.9	74.5	72.8	72.5
第三产业		Tertiary Industry		102.9	106.5	110.8	113.5	121.3	124.8	128.6
就业人员构成	**(合计=100)**	**Composition of Employed Persons**	**(total=100)**							
第一产业		Primary Industry		44.5	43.0	41.4	39.4	37.0	37.1	36.6
第二产业		Secondary Industry		21.3	21.9	22.6	23.9	24.0	23.2	22.9
第三产业		Tertiary Industry		34.2	35.1	36.0	36.7	39.0	39.7	40.5
按城乡分就业人员	**(万人)**	**Number of Employed Persons by Urban and Rural Areas**	**(10 000 persons)**							
城镇就业人员		Urban Employed Persons		107.3	110.9	119.2	127.3	132.9	141.5	148.2
国有单位		State-owned Units		34.3	36.8	37.9	41.6	43.8	34.8	34.4
城镇集体单位		Urban Collective-owned Units		2.2	1.8	1.7	1.9	1.6	1.3	1.2
股份合作单位		Cooperative Units		0.7	0.8	0.6	0.6	0.4	0.3	0.3
有限责任公司		Limited Liability Corporations		6.0	7.9	8.4	12.8	11.4	16.2	16.6
股份有限公司		Share-holding Corporations Ltd.		3.0	1.8	1.9	2.1	2.6	9.7	9.2
私营企业		Private Enterprises		16.8	20.2	22.8	21.7	20.1	12.7	14.0
外商投资单位		Foreign Funded Units		0.4	1.2	1.0	0.5	0.7	1.0	0.7
港澳台商投资单位		Units with Funds from Hong Kong,Macao & Taiwan		0.2	0.2	0.4	0.6	0.5	0.5	0.5
个体		Self-employed Individuals		19.3	19.2	20.4	22.5	27.2	37.2	40.1
乡村就业人员		Rural Employed Persons		193.7	192.4	188.5	181.9	178.0	172.7	169.1
#私营企业		Private Enterprises		14.0	11.0	11.4	13.9	17.5	13.3	13.5
个体		Self-employed Individuals		4.6	6.7	5.8	6.3	5.1	3.3	4.4
城镇登记失业人数	**(万人)**	**Number of Registered Unemployed Persons in Urban Areas**	**(10 000 persons)**	**3.9**	**4.1**	**4.2**	**4.4**	**4.1**	**4.2**	**4.2**
城镇登记失业率	**(%)**	**Registered Unemployment Rate in Urban Areas**	**(%)**	**3.8**	**3.8**	**3.8**	**3.8**	**3.4**	**3.3**	**3.2**

注：就业人员总计及城镇和乡村就业人员小计资料是根据人口普查和人口、劳动力抽样调查推算数。分经济类型、分行业的就业人员相加不等于总计。

a)Employment totals, urban and rural employment subtotal data are calculated according to the population census, population, labor force sampling ; The sum of the employment by economic types and by sector is not equal to the total.

5-2 主要年份按三次产业分的年末就业人员数

Number of Employed Persons at Year-end by Three Strata of Industry in Main Years

年 份 Year	就业人员（万人） Total Employed Persons (10 000 persons)	第一产业 Primary Industry	第二产业 Secondary Industry	第三产业 Tertiary Industry	构 成（合计=100） Composition in Percentage (Total=100) 第一产业 Primary Industry	第二产业 Secondary Industry	第三产业 Tertiary Industry
1952	71.66	62.42	1.07	8.17	87.1	1.5	11.4
1957	96.10	72.55	5.77	17.78	75.5	6.0	18.5
1965	102.49	86.60	7.38	8.51	84.5	7.2	8.3
1970	124.35	101.97	14.92	7.46	82.0	12.0	6.0
1975	136.31	105.50	21.27	9.54	77.4	15.6	7.0
1978	144.71	103.18	26.48	15.05	71.3	18.3	10.4
1980	157.62	108.29	28.21	21.12	68.7	17.9	13.4
1982	171.17	113.83	29.61	27.73	66.5	17.3	16.2
1983	174.31	115.39	29.98	28.94	66.2	17.2	16.6
1984	177.35	115.45	30.86	31.04	65.1	17.4	17.5
1985	182.70	112.18	36.72	33.80	61.4	20.1	18.5
1986	189.20	111.25	38.41	39.54	58.8	20.3	20.9
1987	193.70	113.90	38.16	41.64	58.8	19.7	21.5
1988	197.83	115.93	38.58	43.32	58.6	19.5	21.9
1989	200.83	120.50	37.96	42.37	60.0	18.9	21.1
1990	241.25	144.75	45.35	51.15	60.0	18.8	21.2
1991	245.21	147.37	45.61	52.23	60.1	18.6	21.3
1992	249.24	150.54	45.61	53.09	60.4	18.3	21.3
1993	253.33	142.62	43.07	67.64	56.3	17.0	26.7
1994	257.49	144.96	43.26	69.27	56.3	16.8	26.9
1995	261.71	146.82	44.23	70.66	56.1	16.9	27.0
1996	266.01	151.09	43.36	71.56	56.8	16.3	26.9
1997	270.38	151.41	40.56	78.41	56.0	15.0	29.0
1998	274.81	153.07	40.40	81.34	55.7	14.7	29.6
1999	279.32	152.23	40.22	86.87	54.5	14.4	31.1
2000	283.91	158.42	35.77	89.72	55.8	12.6	31.6
2001	285.66	170.25	37.99	77.42	59.6	13.3	27.1
2002	287.72	162.27	39.13	86.32	56.4	13.6	30.0
2003	289.80	156.78	45.79	87.23	54.1	15.8	30.1
2004	290.42	148.69	47.92	93.81	51.2	16.5	32.3
2005	291.04	144.06	50.64	96.34	49.5	17.4	33.1
2006	294.19	139.15	56.49	98.55	47.3	19.2	33.5
2007	298.56	132.26	61.50	104.80	44.3	20.6	35.1
2008	301.00	133.95	64.11	102.94	44.5	21.3	34.2
2009	303.26	130.40	66.41	106.45	43.0	21.9	35.1
2010	307.65	127.37	69.53	110.75	41.4	22.6	36.0
2011	309.18	121.82	73.89	113.47	39.4	23.9	36.7
2012	310.89	115.09	74.52	121.28	37.0	24.0	39.0
2013	314.21	116.60	72.80	124.81	37.1	23.2	39.7
2014	317.30	116.20	72.47	128.63	36.6	22.9	40.5

注：为了与《中国统计年鉴》口径保持一致，与历史数据有可比性，2001至2010年就业人员总数根据第六次人口普查相关数据进行了修正，2011、2012年就业人员总数是根据人口和劳动力抽样调查的推算数，分产业就业人数按全面报表结构推算。

a)In order to accord with the statistical caliber of "China Statistical Yearbook" and can be compared with the historical data, the total number of employed persons from 2001 to 2010 were adjusted on the Sixth National Population Census, the data in 2011and 2012 is estimated on the sampling survey of population, and the number of employed persons by sector are estimated according to the comprehensive report structure.

5-3 2010-2014年按行业分全部单位就业人员数

Number of Employed Persons in All Units by Sector(2010-2014)

单位：人 (person)

项　目	Item	2010	2011	2012	2013	2014
全省	**Provincial Total**	**671118**	**760951**	**791870**	**847677**	**879737**
农林牧渔业	Agriculture, Forestry, Animal Husbandry and Fishery	20361	20203	18258	17017	17760
采矿业	Mining	28646	34089	34960	56173	48637
制造业	Manufacturing	150418	175329	178354	186435	186535
电力、燃气及水的生产和供应业	Production and Supply of Electricity,Gas and Water	14230	16568	22140	20750	22602
建筑业	Construction	56792	86991	96862	99977	119780
批发和零售业	Wholesale and Retail Trades	39343	52270	56972	60329	61035
交通运输、仓储和邮政业	Transport, Storage and Post	35514	36259	36230	49818	46266
住宿和餐饮业	Hotels and Catering Services	15483	17714	18169	17825	21361
信息传输、软件和信息技术服务业	Information Transmission, Software and Information Technology	9360	10743	11418	10618	10752
金融业	Financial Intermediation	19800	20183	22079	21667	22505
房地产业	Real Estate	15345	18272	17403	23907	29097
租赁和商务服务业	Leasing and Business Services	16410	14235	14525	16187	25575
科学研究和技术服务	Scientific Research and Technical Services	26145	28197	30107	25960	25669
水利、环境和公共设施管理业	Management of Water Conservancy, Environment and Public Facilities	11744	10867	11066	11459	11557
居民服务、修理和其他服务业	Services to Households, Repair and Other Services	4716	5473	6306	9284	4857
教育	Education	76750	77717	77838	78187	76326
卫生和社会工作	Health and Social Services	32952	35767	38750	39291	41903
文化、体育和娱乐业	Culture, Sports and Entertainment	8045	7786	8403	9248	9889
公共管理、社会保障和社会组织	Public Management, Social Security Social Organization	89064	92288	92030	93545	97631

注：本表含私营单位。

a)In this talbe, private units are included.

5-4 分登记注册类型和行业年末全部单位就业人数(2014年)
Number of Employed Persons in All Units at Year-end by Status of Registration and Sector(2014)

单位：人 (person)

项目	Item	合计 Total	国有单位 State-owned Units	城镇集体单位 Urban Collective-owned Units	其他单位 Units of Other Types of Ownership
全省	**Provincial Total**	**879737**	**344456**	**12025**	**523256**
农林牧渔业	Agriculture,Forestry,Animal Husbandry and Fishery	17760	10543	69	7148
采矿业	Mining	48637	2201	65	46371
制造业	Manufacturing	186535	4692	1158	180685
电力、燃气及水的生产和供应业	Production and Supply of Electricity,Gas and Water	22602	10442		12160
建筑业	Construction	119780	19491	5177	95112
批发和零售业	Wholesale and Retail Trades	61035	3036	553	57446
交通运输、仓储和邮政业	Transport, Storage and Post	46266	31866	307	14093
住宿和餐饮业	Hotels and Catering Services	21361	1909	434	19018
信息传输、软件和信息技术服务业	Information Transmission, Software and Information Technology	10752	400		10352
金融业	Financial Intermediation	22505	15901	2473	4131
房地产业	Real Estate	29097	1101	24	27972
租赁和商务服务业	Leasing and Business Services	25575	1596	915	23064
科学研究和技术服务	Scientific Research and Technical Services	25669	19332	167	6170
水利、环境和公共设施管理业	Management of Water Conservancy, Environment and Public Facilities	11557	9593	89	1875
居民服务、修理和其他服务业	Services to Households, Repair and Other Services	4857	300	100	4457
教育	Education	76326	71029		5297
卫生和社会工作	Health and Social Services	41903	36387	226	5290
文化、体育和娱乐业	Culture, Sports and Entertainment	9889	7033	268	2588
公共管理、社会保障和社会组织	Public Management, Social Security Social Organization	97631	97604		27

注：本表含私营单位。
a)In this talbe, private units are included.

5-5 分登记注册类型和行业年末非私营单位就业人数(2014年)
Number of Employed Persons in Non-private Units at Year-end by Status of Registration and Sector(2014)

单位：人 (person)

项目	Item	合计 Total	国有单位 State-owned Units	城镇集体单位 Urban Collective-owned Units	其他单位 Units of Other Types of Ownership
合计	**Total**	**631861**	**344456**	**12025**	**275380**
按企、事业和机关分组	**Grouped by Enterprises, Institutions and Agencies**				
企业	Enterprises	371487	88048	11585	271854
事业	Institutions	164864	164269	440	155
机关	Agencies & Organizations	91981	91981		
民间非营利组织	Folk Non-profit Organizations	3141			3141
其他	Others	388	158		230
按国民经济行业分组	**Grouped by Sector**				
农林牧渔业	Agriculture,Forestry,Animal Husbandry and Fishery	13728	10543	69	3116
采矿业	Mining	42065	2201	65	39799
制造业	Manufacturing	112628	4692	1158	106778
电力、燃气及水的生产和供应业	Production and Supply of Electricity,Gas and Water	18887	10442		8445
建筑业	Construction	75510	19491	5177	50842
批发和零售业	Wholesale and Retail Trades	23216	3036	553	19627
交通运输、仓储和邮政业	Transport, Storage and Post	40894	31866	307	8721
住宿和餐饮业	Hotels and Catering Services	5977	1909	434	3634
信息传输、软件和信息技术服务业	Information Transmission, Software and Information Technology	9330	400		8930
金融业	Financial Intermediation	22377	15901	2473	4003
房地产业	Real Estate	7831	1101	24	6706
租赁和商务服务业	Leasing and Business Services	7942	1596	915	5431
科学研究和技术服务	Scientific Research and Technical Services	22876	19332	167	3377
水利、环境和公共设施管理业	Management of Water Conservancy, Environment and Public Facilities	10169	9593	89	487
居民服务、修理和其他服务业	Services to Households, Repair and Other Services	828	300	100	428
教育	Education	73917	71029		2888
卫生和社会工作	Health and Social Services	37578	36387	226	965
文化、体育和娱乐业	Culture, Sports and Entertainment	8504	7033	268	1203
公共管理、社会保障和社会组织	Public Management, Social Security Social Organization	97604	97604		

注：本表不含私营单位。
a) In this talbe, private units are not included.

5-6 分行业分地区非私营单位年末女性就业人员(2014年)

Number of Female Employed Persons in Non-private Units at Year-end by Sector and Region(2014)

单位：人 (person)

项 目	Item	全省合计 Provincial Total	西宁市 Xining City	海东市 Haidong City	海北州 Haibei Zang A.P	黄南州 Huang-nan Zang A.P	海南州 Hainan Zang A.P	果洛州 Golog Zang A.P	玉树州 Yushu Zang A.P	海西州 Haixi Mong-olian & Zang A.P
合计	**Total**	**231496**	**125582**	**26455**	**10912**	**7182**	**12677**	**5163**	**7912**	**35613**
农林牧渔业	Agriculture,Forestry,Animal Husbandry and Fishery	4903	441	615	849	94	2098	273	96	437
采矿业	Mining	11764	773	106	478	1	125	100		10181
制造业	Manufacturing	34786	21031	3217	98	50	675	6	45	9664
电力、燃气及水的生产和供应业	Production and Supply of Electricity,Gas and Water	5682	4474	189	266	145	102	61	63	382
建筑业	Construction	10413	9198	293	50	162	92	22	7	589
批发和零售业	Wholesale and Retail Trades	12139	9560	595	113	119	101	59	262	1330
交通运输、仓储和邮政业	Transport, Storage and Post	13916	11421	654	244	138	124	250	142	943
住宿和餐饮业	Hotels and Catering Services	3805	2319	456	114	4	160	47	31	674
信息传输、软件和信息技术服务业	Information Transmission, Software and Information Technology	4163	3968	86	4	13	2		75	15
金融业	Financial Intermediation	11246	7590	1246	396	307	479	114	178	936
房地产业	Real Estate	3263	2830	210	45	13	10	18	6	131
租赁和商务服务业	Leasing and Business Services	2411	1786	134	40	67	212			172
科学研究和技术服务	Scientific Research and Technical Services	7299	5317	510	404	185	127	190	102	464
水利、环境和公共设施管理业	Management of Water Conservancy, Environment and Public Facilities	4696	2383	1199	521	115	129		23	326
居民服务、修理和其他服务业	Services to Households, Repair and Other Services	236	187	9			17			23
教育	Education	38717	15628	8442	2618	1900	3524	1306	2007	3292
卫生和社会工作	Health and Social Services	22995	13688	2581	1138	1158	1564	698	767	1401
文化、体育和娱乐业	Culture, Sports and Entertainment	3840	2288	298	252	218	197	102	169	316
公共管理、社会保障和社会组织	Public Management, Social Security Social Organization	35222	10700	5615	3282	2493	2939	1917	3939	4337

5-7 分行业分地区非私营单位年末企业就业人员(2014年)

Number of Employed Persons in Non-private Enterprises at Year-end by Sector and Region(2014)

单位：人 (person)

项目	Item	全省合计 Provincial Total	西宁市 Xining City	海东市 Haidong City	海北州 Haibei Zang A.P	黄南州 Huang-nan Zang A.P	海南州 Hainan Zang A.P	果洛州 Golog Zang A.P	玉树州 Yushu Zang A.P	海西州 Haixi Mong-olian & Zang A.P
合计	**Total**	**371487**	**247101**	**24728**	**7266**	**3621**	**9693**	**1800**	**2338**	**74940**
农林牧渔业	Agriculture,Forestry,Animal Husbandry and Fishery	6322	414		1275		3895			738
采矿业	Mining	42065	5968	385	2428	8	1000	682		31594
制造业	Manufacturing	112628	69206	11057	569	261	1379	30	179	29947
电力、燃气及水的生产和供应业	Production and Supply of Electricity,Gas and Water	18661	14518	563	876	414	473	227	270	1320
建筑业	Construction	75466	63737	5442	276	1672	965	185	203	2986
批发和零售业	Wholesale and Retail Trades	23200	17518	1506	265	293	277	173	674	2494
交通运输、仓储和邮政业	Transport, Storage and Post	32840	29198	979	310	156	275	174	346	1402
住宿和餐饮业	Hotels and Catering Services	5776	3825	544	162	10	199	5	66	965
信息传输、软件和信息技术服务业	Information Transmission, Software and Information Technology	9198	8810	222		23	6		101	36
金融业	Financial Intermediation	21325	13897	2438	790	624	921	276	464	1915
房地产业	Real Estate	7534	6485	447	91	30	30	31	15	405
租赁和商务服务业	Leasing and Business Services	6690	4918	599	114	123	135			801
科学研究和技术服务	Scientific Research and Technical Services	5909	5454	80	110	7		6	9	243
水利、环境和公共设施管理业	Management of Water Conservancy, Environment and Public Facilities	949	486	308			95		11	49
居民服务、修理和其他服务业	Services to Households, Repair and Other Services	635	549	13			28			45
教育	Education	98	11	87						
卫生和社会工作	Health and Social Services	399	399							
文化、体育和娱乐业	Culture, Sports and Entertainment	1792	1708	58			15	11		
公共管理、社会保障和社会组织	Public Management, Social Security Social Organization									

5-8 2006-2014年分行业私营单位就业人员数

Number of Employed Persons in Private Units by Sector(2006-2014)

行业	Item	2006	2007	2008	2009	2010	2011	2012	2013	2014
总计 （万人）	**Total (10 000 persons)**	**35.17**	**36.63**	**30.75**	**31.21**	**34.23**	**35.62**	**37.57**	**26.05**	**27.52**
按城乡分（万人）	**By urban and Rural Areas(10 000 persons)**									
城镇	Urban	22.02	23.60	16.75	20.21	22.83	21.68	20.06	12.72	14.00
乡村	Rural	13.15	13.03	14.00	11.00	11.40	13.94	17.51	13.33	13.52
按行业分 （人）	**By Sector (person)**									
农、林、牧、渔业	Agriculture, Forestry, Animal Husbandry and Fishery	15009	16292	12738	14340	16241	16982	20790	19688	31240
采矿业	Mining	16464	17060	15532	15304	16811	16615	14387	11733	11700
制造业	Manufacturing	109957	112381	84742	87946	90899	91183	94056	80620	64018
建筑业	Construction	3873	38715	49046	49464	53398	54227	62728	24262	28192
批发和零售业	Wholesale and Retail Trades,	79756	72786	60410	67953	81085	87194	93153	55957	60262
交通运输、仓储和邮政业	Transport, Storage and Post	36004	4216	3686	3908	4173	4545	6094	4978	5774
住宿和餐饮业	Hotels and Catering Services	20959	31830	13523	18984	20823	21212	14135	6910	7691
其他	Others	69671	73039	67870	54244	58842	64279	70348	56365	66356

注：本表是工商部门统计数。

a) Data in this table are from the Commercial and Industrial department.

5-9 2006-2014年分行业分城乡个体就业人员数

Number of Employed Persons of Self-employed Individuals in Urban and Rural Areas by Sector(2006-2014)

行业	Item	2006	2007	2008	2009	2010	2011	2012	2013	2014
总计 （万人）	**Total (10 000 persons)**	**25.54**	**22.22**	**23.89**	**25.88**	**26.15**	**28.84**	**32.30**	**40.49**	**44.55**
按城乡分（万人）	**By Urban and Rural Areas**									
城镇	Urban	17.15	17.95	19.28	19.2	20.33	22.49	27.23	37.21	40.12
乡村	Rural	8.39	4.27	4.61	6.68	5.82	6.35	5.07	3.28	4.43
城镇按行业分（人）	**Cities and Towns by Sector (person)**	**171444**	**179474**	**192794**	**191960**	**203296**	**224913**	**272283**	**372059**	**401167**
农、林、牧、渔业	Agriculture, Forestry, Animal Husbandry and Fishery	651	606	133	74	161	319	984	1432	2680
采矿业	Mining	938	773	790	641	557	612	435	342	301
制造业	Manufacturing	12935	13545	14836	13058	15226	15834	15736	16718	18730
建筑业	Construction	590	351	350	368	416	477	718	691	816
批发和零售业	Wholesale and Retail Trades	82715	90577	93460	98211	105257	119318	156934	181553	194670
交通运输、仓储和邮政业	Transport, Storage and Post	11283	13800	12821	13337	11587	8656	4933	2363	2062
住宿和餐饮业	Hotels and Catering Services	33697	33069	37013	35139	37421	43928	54034	129544	133673
其他	Others	28635	26753	33391	31132	32671	35769	38509	39416	48235

注：本表是工商部门统计数。

a) Data in this table are from the Commercial and Industrial department.

5-10 2010-2014年按登记注册类型分全部单位就业人员工资总额

Total Wages of Employed Persons in All Units by Status of Registration(2010-2014)

年 份 Year	工资总额（万元）Total Wages (10 000 yuan)				
	合 计 Total	国有单位 State-owned Units	城镇集体单位 Urban Collective-owned Units	私营单位 Private Units	其他单位 Units of Other Types of Ownership
2010	2173744.9	1554173.2	34566.3	277728.3	307277.1
2011	2884530.0	1925195.4	44887.3	378904.9	535542.4
2012	3260275.9	2207462.1	45442.9	380480.1	626890.8
2013	3810416.6	1909189.4	43462.8	505802.8	1351961.6
2014	4336585.7	2053363.8	49906.4	753507.7	1479807.8

注：2011年起国家报表制度将就业人员劳动报酬改为工资总额。

a)Earning of Employed Persons is changed to Total Wages of Employed Persons in the national reporting system since 2011.

5-11 2010-2014年按登记注册类型分全部单位就业人员平均工资

Average Wage of Employed Persons in All Units by Status of Registration(2010-2014)

单位：元 (yuan)

年 份 Year	合 计 Total	国有单位 State-owned Units	城镇集体单位 Urban Collective-owned units	股份合作单位 Cooper-ative Units	有限责任公司 Limited Liability Corpora-tions	股份有限公司 Share-holding Corporati-ons Ltd.	私营单位 Private Units	外商投资单位 Foreign Funded Units	港澳台商投资单位 Units with Funds from Hong Kong, Macao & Taiwan
2010	31775	41417	23171	24847	22457	27481	17444	24019	25941
2011	36551	46936	23745	28708	29124	41221	20646	32539	29840
2012	41555	50729	29341	30519	35989	44240	23056	38559	45006
2013	45587	55410	34255	41294	39773	62088	26226	39891	57156
2014	49500	60815	40883	46092	44675	70693	30337	45109	59830

5-12 2010-2014年按行业分全部单位就业人员工资总额
Total Wages of Employed Persons in All Units by Sector(2010-2014)

单位：万元 (10 000 yuan)

项 目	Item	2010	2011	2012	2013	2014
合计	**Total**	**2173744.9**	**2884530.0**	**3260275.9**	**3810416.6**	**4336585.7**
农林牧渔业	Agriculture, Forestry, Animal Husbandry and Fishery	51156.9	59080.8	50731.1	51770.7	58972.3
采矿业	Mining	95901.6	135161.0	163598.0	345359.6	367924.3
制造业	Manufacturing	381085.9	565285.0	637433.4	708922.5	798615.0
电力、燃气及水的生产和供应业	Production and Supply of Electricity,Gas and Water	62468.3	71077.8	122129.1	122597.1	134118.7
建筑业	Construction	156720.4	317848.9	356286.4	378076.1	512831.4
批发和零售业	Wholesale and Retail Trades	80511.9	125308.2	148322.4	191916.1	216571.0
交通运输、仓储和邮政业	Transport, Storage and Post	147168.7	171835.9	201975.3	281938.4	279591.9
住宿和餐饮业	Hotels and Catering Services	26045.0	35659.1	42222.3	46927.6	59589.6
信息传输、软件和信息技术服务业	Information Transmission, Software and Information Technology	34081.4	44197.3	51906.2	52252.6	59575.2
金融业	Financial Intermediation	80498.9	105421.6	127032.5	142443.6	168653.8
房地产业	Real Estate	29419.8	40301.6	43956.2	68175.9	83467.2
租赁和商务服务业	Leasing and Business Services	51599.8	49267.2	62522.0	39545.4	56946.1
科学研究和技术服务	Scientific Research and Technical Services	117752.3	145789.2	176381.6	143293.5	155501.8
水利、环境和公共设施管理业	Management of Water Conservancy, Environment and Public Facilities	28962.2	33506.2	35400.5	42608.7	47733.2
居民服务、修理和其他服务业	Services to Households, Repair and Other Services	12915.9	14871.9	18411.8	21058.6	13169.0
教育	Education	317666.2	374527.4	392035.9	442580.4	482571.8
卫生和社会工作	Health and Social Services	117368.2	140489.3	158967.3	182341.1	215427.3
文化、体育和娱乐业	Culture, Sports and Entertainment	28225.8	31088.0	36340.3	43069.6	50733.7
公共管理、社会保障和社会组织	Public Management, Social Security Social Organization	354195.7	423813.6	434623.6	505539.1	574592.4

5-13 按登记注册类型和行业分全部单位就业人员平均工资(2014年)

Average Wage of Employed Persons in All Units by Status of Registration and Sector(2014)

单位：元 (yuan)

项　目	Item	合　计 Total	国有单位 State-owned Units	城镇集体单位 Urban Collective-owned units	私营单位 Private Units	其他单位 Units of Other Types of Ownership
合计	**Total**	**49500**	**60815**	**40883**	**30337**	**53261**
农林牧渔业	Agriculture, Forestry, Animal Husbandry and Fishery	31702	41992	28609	20328	14505
采矿业	Mining	71381	37761	58415	31706	82811
制造业	Manufacturing	42539	55210	26538	29718	51211
电力、燃气及水的生产和供应业	Production and Supply of Electricity,Gas and Water	62366	69633		37562	62201
建筑业	Construction	41534	44001	37499	35881	46435
批发和零售业	Wholesale and Retail Trades	35468	75500	27594	31502	37175
交通运输、仓储和邮政业	Transport, Storage and Post	62616	71799	45520	31355	48268
住宿和餐饮业	Hotels and Catering Services	28550	33937	36144	25811	35937
信息传输、软件和信息技术服务业	Information Transmission, Software and Information Technology	58185	55904		28954	60869
金融业	Financial Intermediation	77018	78696	64627	20769	79879
房地产业	Real Estate	29572	47751	28550	26687	35151
租赁和商务服务业	Leasing and Business Services	27847	47146	29489	22569	34237
科学研究和技术服务	Scientific Research and Technical Services	59422	61750	47418	41763	61663
水利、环境和公共设施管理业	Management of Water Conservancy, Environment and Public Facilities	42749	44892	41957	23621	38896
居民服务、修理和其他服务业	Services to Households, Repair and Other Services	27458	34616	36625	26238	32128
教育	Education	62950	65385		25179	28289
卫生和社会工作	Health and Social Services	52759	56471	41827	25049	31229
文化、体育和娱乐业	Culture, Sports and Entertainment	52809	55104	27442	30022	66019
公共管理、社会保障和社会组织	Public Management, Social Security Social Organization	59492	59497		20917	

5-14 主要年份非私营单位在岗职工工资总额和指数
Total Wages of Staff and Workers of Non-private Units in Main Years

年份 Year / 地区 Region	工资总额（万元） Total Wages Bill (10 000yuan)				指数（上年=100） Indices (preceding year=100)			
	合计 Total	国有单位 State-owned Units	城镇集体单位 Urban Collective-owned Units	其他单位 Units of Other Types of Ownership	合计 Total	国有单位 State-owned Units	城镇集体单位 Urban Collective-owned Units	其他单位 Units of Other Types of Ownership
1981	58892.8	52548.0	6344.8		102.1	101.0	112.7	
1982	63473.7	56398.6	7075.1		107.8	107.3	111.5	
1983	72821.9	64590.5	8231.4		114.7	114.5	116.3	
1984	88791.3	78482.8	10308.5		121.9	121.5	125.2	
1985	105034.0	93009.4	12016.8	7.8	118.3	118.5	116.6	
1986	121877.5	108385.9	13454.5	37.1	116.0	116.5	112.0	475.3
1987	131633.7	117302.4	14292.5	38.8	108.0	108.2	106.2	104.7
1988	149116.9	133290.3	15753.9	72.7	113.3	113.6	110.2	187.4
1989	160348.3	144330.5	15937.1	80.7	107.5	108.3	101.2	111.0
1990	173045.1	156406.1	16566.0	73.0	107.9	108.4	103.9	90.5
1991	184656.3	166116.6	18433.6	106.1	106.7	106.2	111.3	145.3
1992	209226.3	188042.7	21010.5	173.2	113.3	113.2	114.0	163.3
1993	243829.2	223340.6	20127.6	361.0	116.5	118.8	95.8	208.4
1994	327134.8	304604.0	21694.0	836.8	134.2	136.4	107.8	231.8
1995	380242.7	354554.3	24226.2	1462.1	116.2	116.4	111.7	174.7
1996	442899.5	413836.6	26868.0	2194.9	116.5	116.7	110.9	150.1
1997	459073.1	429768.5	25869.2	3435.4	103.7	103.8	96.3	156.5
1998	461574.1	428709.2	26231.5	6633.4	100.5	99.8	101.4	193.1
1999	486047.3	452903.2	25031.6	11292.2	102.4	102.4	90.8	139.2
2000	497630.4	463606.7	22731.5	11292.2	107.8	108.1	86.7	170.2
2001	573591.7	517030.5	23392.3	33168.9	115.3	111.5	102.9	293.7
2002	614001.5	544899.4	22328.3	46773.8	107.0	105.4	95.5	141.0
2003	634734.7	557899.9	20380.5	56454.3	103.4	102.4	91.3	120.7
2004	697129.5	612568.9	22446.3	62114.3	109.8	109.8	110.1	110.0
2005	780295.8	648092.3	20597.6	111605.9	111.9	105.8	91.8	179.7
2006	930521.4	774798.0	22496.6	133226.8	119.3	119.6	109.2	119.4
2007	1120644.0	934132.5	26933.1	159578.4	120.4	120.6	119.7	119.8
2008	1368950.6	1144330.0	31084.7	193535.9	122.2	122.5	115.4	121.3
2009	1597793.0	1334416.5	30248.8	233127.7	116.7	116.6	97.3	120.5
2010	1859058.8	1524032.4	32731.9	302294.5	116.4	114.2	108.2	129.7
2011	2415863.5	1873565.8	40250.0	502047.7	130.0	122.9	123.0	166.1
2012	2859622.3	2192531.2	44455.9	622635.2	118.4	117.0	110.4	124.0
2013	3266761.6	1895487.4	42628.4	1328645.8	114.2	86.5	95.9	213.4
2014	3534872.6	2031884.2	48753.7	1454234.7	108.2	107.2	114.4	109.5
西宁市 Xining City	1812981.4	977502.0	26616.7	808862.7	106.0	104.7	106.9	107.6
海东市 Haidong City	395480.7	314605.2	6322.5	74553.0	110.4	108.1	104.7	121.5
海北州 Haibei Zang A.P	158699.5	137225.5	2198.4	19275.6	112.4	113.1	106.5	108.1
黄南州 Huangnan Zang A.P	111855.4	96628.1	3760.2	11467.1	112.6	111.0	136.5	120.4
海南州 Hainan Zang A.P	157830.7	130239.1	2410.1	25181.5	109.5	110.5	97.9	106.1
果洛州 Golog Zang A.P	86304.0	77510.8	1838.5	6954.7	109.0	106.7	205.0	123.6
玉树州 Yushu Zang A.P	114914.1	110834.3	1176.5	2903.3	116.1	113.9	294.9	239.1
海西州 Haixi Mongolian & Zang A.P	696806.8	187339.2	4430.8	505036.8	109.7	107.2	142.2	110.4

注：1.1998年及以后工资总额为在岗职工工资总额。
2.不含私营单位

a)Data of total wages bill since 1998 refer to wages of fully employed staff and workers.

b) In this talbe, private units are not included.

5-15 主要年份非私营单位在岗职工平均工资和指数
Average Wage and Related Indices of Staff and Workers in Non-private Units in Main Years

年份 Year / 地区 Region	平均工资（元） Average Wage (yuan)				指数（上年=100） Indices (preceding year=100)			
	合计 Total	国有单位 State-owned Units	城镇集体单位 Urban Collective-owned Units	其他单位 Units of Other Types of Ownership	合计 Total	国有单位 State-owned Units	城镇集体单位 Urban Collective-owned Units	其他单位 Units of Other Types of Ownership
1981	1059	1103	796		99.44	100.27	97.07	
1982	1111	1155	848		104.91	104.71	106.53	
1983	1246	1301	933		112.15	112.64	110.02	
1984	1490	1565	1091		119.58	120.29	116.93	
1985	1719	1811	1233	765	115.37	115.72	113.02	
1986	1917	2021	1353	1278	111.52	111.60	109.73	167.06
1987	2041	2143	1469	1470	106.47	106.04	108.57	115.02
1988	2305	2421	1644	1731	112.93	112.97	111.91	117.76
1989	2438	2580	1628	2028	105.77	106.57	99.03	117.16
1990	2632	2789	1722	1799	107.96	108.10	105.77	88.66
1992	3098	3290	2036	2892	112.57	112.79	111.44	160.31
1993	3658	3891	2201	3006	118.08	118.27	108.10	103.94
1994	4976	5348	2512	5642	136.03	137.45	114.13	187.69
1995	5753	6161	2928	5452	115.61	115.20	116.56	96.63
1996	6687	7146	3373	6176	116.24	115.99	115.20	113.28
1997	7091	7623	3419	4326	106.04	106.68	101.36	70.05
1998	8011	8511	4249	6187	112.97	111.65	124.28	143.02
1999	9081	9664	4570	6851	113.36	113.55	107.55	110.73
2000	10050	10744	4785	6989	110.67	111.18	104.70	102.01
2001	12906	14028	6101	8841	128.42	130.57	127.50	126.50
2002	14472	15816	7211	9585	112.13	112.75	118.19	108.42
2003	15356	16692	8306	10341	106.11	105.54	115.19	107.89
2004	17229	18686	10302	11291	112.20	111.95	124.03	109.19
2005	19084	21158	10080	13591	110.77	113.23	97.84	120.37
2006	22679	24984	11322	16588	118.84	118.08	112.32	122.05
2007	26166	29683	13228	17118	115.38	118.81	116.83	103.20
2008	30983	35454	15342	19857	118.41	119.44	115.98	116.00
2009	33561	38876	18283	20046	108.32	109.65	119.17	100.95
2010	37182	42906	20672	23442	110.79	110.37	113.07	116.94
2011	42493	48618	23501	30237	114.28	113.31	113.69	128.99
2012	46827	51173	29720	37225	110.20	105.26	126.46	123.11
2013	52105	55810	34984	48290	111.27	109.06	117.71	129.72
2014	57804	61482	41160	54021	110.94	110.16	117.65	111.87
西宁市 Xining City	54181	64027	36120	46332	111.28	111.08	115.35	111.75
海东市 Haidong City	54508	57636	44525	45050	107.95	108.96	109.15	106.32
海北州 Haibei Zang A.P	57088	59960	43968	43679	114.31	112.66	117.42	120.73
黄南州 Huangnan Zang A.P	59419	61107	56459	48879	111.69	112.48	138.58	101.22
海南州 Hainan Zang A.P	52207	58218	63759	33652	111.06	111.76	90.94	108.74
果洛州 Golog Zang A.P	62210	61458	54393	75349	106.49	105.13	110.99	126.28
玉树州 Yushu Zang A.P	59652	60194	73994	41955	109.88	108.95	207.70	171.70
海西州 Haixi Mongolian & Zang A.P	73843	60172	43653	81177	110.81	107.36	123.32	112.29

5-16 分行业分地区非私营单位在岗职工工资总额(2014年)

Total Wages of Staff and Workers in Non-private Units by Sector and Region(2014)

单位：万元 (10 000 yuan)

项 目	Item	全省合计 Provincial Total	西宁市 Xining City	海东市 Haidong City	海北州 Haibei Zang A.P	黄南州 Huang-nan Zang A.P	海南州 Hainan Zang A.P	果洛州 Golog Zang A.P	玉树州 Yushu Zang A.P	海西州 Haixi Mong-olian & Zang A.P
合计	**Total**	**3534873**	**1812981**	**395481**	**158700**	**111855**	**157831**	**86304**	**114914**	**696807**
农林牧渔业	Agriculture,Forestry,Animal Husbandry and Fishery	49087	4576	9916	9182	1881	11240	3781	2358	6153
采矿业	Mining	330217	21907	1411	10700	11	5107	6034		285047
制造业	Manufacturing	570856	312217	53048	2580	1285	5283	45	547	195851
电力、燃气及水的生产和供应业	Production and Supply of Electricity,Gas and Water	122596	99162	2271	4400	3075	2522	840	1261	9065
建筑业	Construction	310970	257543	22429	1650	7916	4209	1316	228	15679
批发和零售业	Wholesale and Retail Trades	96559	68800	7982	1862	1693	1779	1064	2337	11042
交通运输、仓储和邮政业	Transport, Storage and Post	262760	227335	7547	3144	2331	1079	4438	2243	14643
住宿和餐饮业	Hotels and Catering Services	20923	15493	974	464	18	610	277	242	2845
信息传输、软件和信息技术服务业	Information Transmission, Software and Information Technology	54699	52099	1179	30	324	115		667	285
金融业	Financial Intermediation	168035	114081	14385	6374	5261	6859	2759	3934	14382
房地产业	Real Estate	28700	23989	1784	1022	196	142	29	40	1498
租赁和商务服务业	Leasing and Business Services	28503	20151	3740	342	202	872			3196
科学研究和技术服务	Scientific Research and Technical Services	142467	102800	10934	7284	3128	2773	3890	2220	9438
水利、环境和公共设施管理业	Management of Water Conservancy, Environment and Public Facilities	45382	23396	10657	2598	1814	2227	27	491	4172
居民服务、修理和其他服务业	Services to Households, Repair and Other Services	2221	1606	115	23		50			427
教育	Education	477020	167404	122748	33064	27178	42921	14951	26480	42274
卫生和社会工作	Health and Social Services	204411	110114	26758	12071	9963	16196	6751	7706	14852
文化、体育和娱乐业	Culture, Sports and Entertainment	47335	28931	3563	2993	1995	2357	1361	2200	3935
公共管理、社会保障和社会组织	Public Management, Social Security Social Organization	572132	161377	94040	58917	43584	51490	38741	61960	62023

5-17 分行业分地区非私营单位在岗职工平均工资(2014年)

Average Wage of Staff and Workers in Non-private Units by Sector and Region(2014)

单位：元 (yuan)

项　目	Item	全省合计 Provincial Total	西宁市 Xining City	海东市 Haidong City	海北州 Haibei Zang A.P	黄南州 Huang-nan Zang A.P	海南州 Hainan Zang A.P	果洛州 Golog Zang A.P	玉树州 Yushu Zang A.P	海西州 Haixi Mong-olian & Zang A.P
合计	**Total**	**57804**	**54181**	**54508**	**57088**	**59419**	**52207**	**62210**	**59652**	**73843**
农林牧渔业	Agriculture, Forestry, Animal Husbandry and Fishery	35728	40101	48089	32356	53283	23131	53405	69988	42697
采矿业	Mining	86207	38299	38555	43998	13625	53926	88082		101271
制造业	Manufacturing	51308	45400	48155	44718	52860	38007	14833	30587	67407
电力、燃气及水的生产和供应业	Production and Supply of Electricity,Gas and Water	66679	70283	40259	52008	61373	53105	37496	44246	65593
建筑业	Construction	46085	46904	41367	37926	49074	44357	37481	35092	41991
批发和零售业	Wholesale and Retail Trades	42085	39723	52757	69727	56997	68172	62240	34323	45364
交通运输、仓储和邮政业	Transport, Storage and Post	66887	70287	47196	48441	62155	32200	61730	51554	51780
住宿和餐饮业	Hotels and Catering Services	35895	39442	18685	26341	12267	26868	34247	36621	34914
信息传输、软件和信息技术服务业	Information Transmission, Software and Information Technology	61246	61832	47717	37875	62173	42667		53774	60638
金融业	Financial Intermediation	77443	83945	55756	66741	72575	66338	79267	73670	74440
房地产业	Real Estate	37161	36872	35399	43114	54528	38324	9600	26733	41844
租赁和商务服务业	Leasing and Business Services	36334	36492	43642	29466	14788	24852			37078
科学研究和技术服务	Scientific Research and Technical Services	61864	61594	55702	59607	57824	72208	73537	59029	71280
水利、环境和公共设施管理业	Management of Water Conservancy, Environment and Public Facilities	44606	48270	38753	31448	47876	49263	54000	49586	51121
居民服务、修理和其他服务业	Services to Households, Repair and Other Services	36652	33590	60737	45800		16600			57757
教育	Education	64200	60965	66154	67013	65569	62043	58085	64886	75006
卫生和社会工作	Health and Social Services and Social Welfare	55929	53311	56285	62447	51568	62315	59535	55921	68664
文化、体育和娱乐业	Culture, Sports and Entertainment	55866	56254	53906	57445	48659	50151	63316	55694	59799
公共管理、社会保障和社会组织	Public Management, Social Security Social Organization	60242	59639	56647	66785	61707	60669	63834	60662	58200

5-18 按登记注册类型和行业分非私营单位在岗职工平均工资(2014年)
Average Wage of Staff and Workers in Non-private Units by Status of Registration and Sector(2014)

单位：元 (yuan)

项目	Item	合计 Total	国有单位 State-owned Units	城镇集体单位 Urban Collective-owned Units	其他单位 Units of Other Types of Ownership
全省	**Total**	**57804**	**61482**	**41160**	**54021**
按企、事业和机关分组	**Grouped by Enterprises, Institutions and Agencies**				
企业	Enterprises	56685	67076	41003	54349
事业	Institutions	58928	58970	45271	53168
机关	Agencies & Organizations	61287	61287		
民间非营利组织	Folk Non-profit Organizations	27490			27490
其他	Others	38256	56031		25760
按国民经济行业分组	**Grouped by Sector**				
农林牧渔业	Agriculture, Forestry, Animal Husbandry and Fishery	35728	42004	28609	14505
采矿业	Mining	86207	37621	58415	89086
制造业	Manufacturing	51308	55401	26538	51402
电力、燃气及水的生产和供应业	Production and Supply of Electricity,Gas and Water	66679	70101		62469
建筑业	Construction	46085	47087	37974	46684
批发和零售业	Wholesale and Retail Trades	42085	75662	27622	37300
交通运输、仓储和邮政业	Transport, Storage and Post	66887	71854	46200	48946
住宿和餐饮业	Hotels and Catering Services	35895	35267	36322	36153
信息传输、软件和信息技术服务业	Information Transmission, Software and Information Technology	61246	55904		61492
金融业	Financial Intermediation	77443	78810	64648	79933
房地产业	Real Estate	37161	49087	30846	35355
租赁和商务服务业	Leasing and Business Services	36334	47512	29489	34397
科学研究和技术服务	Scientific Research and Technical Services	61864	61885	47912	62367
水利、环境和公共设施管理业	Management of Water Conservancy, Environment and Public Facilities	44606	44892	41957	38847
居民服务、修理和其他服务业	Services to Households, Repair and Other Services	36652	35685	36625	37714
教育	Education	64200	65624		28289
卫生和社会工作	Health and Social Services	55929	56646	41789	31236
文化、体育和娱乐业	Culture, Sports and Entertainment	55866	55172	27523	66488
公共管理、社会保障和社会组织	Public Management, Social Security Social Organization	60242	60242		

5-19 主要年份城镇登记失业人员变化情况

Changes of Urban Registered Unemployed Persons in Main Years

单位：万人、% (10 000 persons,%)

年份 Year	失业人员总数 Total Number of Unemployed Persons	上年结转人数 Number of Unemployed Persons at Last Year-end	本年新增加人数 Number of New Increase This Year	由就业转失业人数 From Employment into Unemployment	本年度安排失业人员就业的人数 Number of Arrangements for Employment of Unemployed Persons This Year	除安排就业外因其他原因减少的人数 Number of Decrease for Other Reasons in Addition to Arrangements for Employment	本年末实有失业人员数 Number of Actual Unemployed Persons at Year-end	女性 Female	城镇登记失业率 Registered Unemployment Rate in Urban Area
1980	4.89				1.64		3.25		5.68
1982	6.70	4.45	2.25		4.05		2.65		4.34
1983	6.96	2.65	4.31	0.10	2.39	0.11	4.46	1.74	6.97
1984	9.52	4.46	5.06	1.07	2.61	0.09	6.82	2.31	10.02
1985	10.66	6.82	3.84	0.48	5.18	0.09	5.39	1.99	7.67
1986	8.21	5.39	2.82	0.73	4.06	0.61	3.54	1.22	4.98
1987	7.45	3.54	3.91	1.15	2.84	0.25	4.36	1.99	5.94
1988	8.74	4.36	4.38	1.38	2.63	0.26	5.85	2.61	7.72
1989	8.45	5.85	2.60	0.34	3.60	0.51	4.34	2.07	5.65
1990	7.82	4.34	3.48	0.99	3.35	0.30	4.17	1.99	4.88
1992	6.68	3.32	3.36	0.76	3.65	0.39	2.64	1.36	3.35
1993	5.11	2.64	2.47	0.35	2.97	0.30	1.84	1.04	2.49
1994	4.40	1.84	2.56	0.27	2.61	0.15	1.64	0.98	2.21
1995	4.14	1.64	2.50	0.28	2.53	0.10	1.51	0.75	2.18
1996	4.39	1.51	2.88	0.41	2.93	0.12	1.34	0.80	1.87
1997	3.89	1.34	2.55	0.47	2.30	0.09	1.50	0.79	2.10
1998	3.84	1.50	2.34	0.59	1.95	0.07	1.82	0.86	2.50
1999	4.49	1.82	2.67	0.48	2.13	0.43	1.93	1.01	2.64
2000	4.54	1.93	2.61	1.13	2.38	0.36	1.80	0.94	2.40
2001	6.66	1.80	4.86	1.48	4.21		2.45	1.03	3.50
2002	6.92	2.45	4.47	1.37	3.98	0.09	2.85	1.46	3.60
2003	7.61	2.85	4.76	2.64	4.54		3.07	1.71	3.80
2004	8.58	3.07	5.51	3.17	5.10		3.48	1.79	3.92
2005	8.31	3.48	4.83	1.80	4.68		3.63	2.32	3.93
2006	8.60	3.63	4.97	2.01	4.87		3.73	1.89	3.90
2007	10.10	3.73	6.37	1.84	6.38		3.72	1.52	3.75
2008	8.73	3.73	5.00	2.20	4.86		3.87	1.89	3.80
2009	9.46	3.87	5.59	2.43	5.39		4.07	1.72	3.80
2010	10.33	4.06	6.27	2.08	6.09		4.24	1.63	3.80
2011	10.96	4.24	6.72	2.81	6.61		4.35	1.76	3.80
2012	10.68	4.35	6.33	1.89	6.59		4.09	1.61	3.40
2013	10.21	4.09	6.12	1.82	5.98		4.23	1.75	3.30
2014	10.71	4.23	6.48	1.93	6.49		4.22	1.76	3.20

主要统计指标解释

经济活动人口 指在16周岁及以上，有劳动能力，参加或要求参加社会经济活动的人口。包括就业人员和失业人员。

就业人员 指在16周岁及以上，从事一定社会劳动并取得劳动报酬或经营收入的人员。这一指标反映了一定时期内全部劳动力资源的实际利用情况，是研究我国、我省基本国情国力的重要指标。

单位就业人员 指在各级国家机关、政党机关、社会团体及企业、事业单位中工作，取得工资或其他形式的劳动报酬的全部人员。包括在岗职工、劳务派遣人员及其他就业人员；不包括离开本单位仍保留劳动关系，并定期领取生活费的人员；利用课余时间打工的学生及在本单位实习的各类在校学生；本单位因劳务外包而使用的人员。

国有单位 指资产归国家所有的经济组织。包括按《中华人民共和国企业法人登记管理条例》规定登记注册的非公司制的经济组织，以及中央、地方各级国家机关、事业单位和社会团体。

集体单位 指生产资料归集体所有，并按《中华人民共和国企业法人登记管理条例》规定登记注册的经济组织。

其他单位 包括股份合作单位、联营单位、有限责任公司、股份有限公司、港澳台商投资单位以及外商投资单位等其他登记注册类型单位。

在岗职工 指在本单位工作并由单位支付工资的人员，以及有工作岗位，但由于学习、病伤产假等原因暂未工作，仍由单位支付工资的人员。

城镇私营和个体就业人员 城镇私营就业人员指在工商管理部门注册登记，其经营地址设在县城关镇（含县城关镇）以上的私营企业就业人员，包括私营企业投资者和雇工。城镇个体就业人员指在工商管理部门注册登记，并持有城镇户口或在城镇长期居住，经批准从事个体工商经营的就业人员，包括个体经营者和在个体工商户劳动的家庭帮工和雇工。

就业人员工资总额 指根据《关于工资总额组成的规定》（1990年1月1日国家统计局发布的一号令）中的具体规定，本单位在一定时期内（季度或年度）直接支付给本单位全部就业人员的劳动报酬总额。包括计时工资、计件工资、奖金、津贴和补贴、加班加点工资、特殊情况下支付的工资。是在岗职工工资总额、劳务派遣人员工资总额和其他就业人员工资总额之和。

工资总额是税前工资，包括单位从个人工资中直接为其代扣或代缴的房费、水费、电费、住房公积金和社会保险基金个人缴纳部分等。

工资总额不论是计入成本的还是不计入成本的，不论是以货币形式支付的还是以实物形式支付的，均应列入工资总额的计算范围。

在岗职工工资总额 指本单位在一定时期内直接支付给本单位全部在岗职工的劳动报酬总额。在岗职工工资总额由基本工资、绩效工资、工资性津贴和补贴、其他工资四部分组成。工资总额不包括病假、事假等情况的扣款。各单位在填报在岗职工工资总额四项构成时，应根据实际情况调整对应项目；如不能确定调整项，可扣减基本工资项。

就业人员平均工资 指本单位在报告期内就业人员的平均工资水平。计算公式为：

$$\text{就业人员平均工资}=\frac{\text{就业人员工资总额}}{\text{就业人员平均人数}}$$

在岗职工平均工资 指本单位在报告期内在岗职工的平均工资水平。计算公式为：

$$\text{在岗职工平均工资}=\frac{\text{在岗职工工资总额}}{\text{在岗职工平均人数}}$$

城镇登记失业人员 指有非农业户口，在一定的劳动年龄内（16周岁至退休年龄），有劳动能力，无业而要求就业，并在当地就业服务机构进行求职登记的人员。

城镇登记失业率 城镇登记失业人员与城镇单位就业人员（扣除使用的农村劳动力、聘用的离退休人员、港澳台及外方人员）、城镇单位中的不在岗职工、城镇私营业主、个体户主、城镇私营企业和个体就业人员、城镇登记失业人员之和的比。计算公式为：

$$\text{城镇登记失业率}=\frac{\text{城镇登记失业人数}}{\text{（城镇单位就业人员－使用的农村劳动力－聘用的离退休人员－聘用的港澳台及外方人员）＋不在岗职工＋城镇私营业主＋城镇个体户主＋城镇私营企业及个体就业人员＋城镇登记失业人数}}\times 100\%$$

Explanatory Notes on Main Statistical Indicators

Economically Active Population refers to the population aged 16 and over who are capable of working, are participating in or willing to participate in economic activities, including employed persons and unemployed persons.

Employed Persons refer to persons aged 16 and over who are engaged in gainful employment and thus receive remuneration payment or earn business income. This indicator reflects the actual utilization of total labor force during a certain period of time and is often used for the research on China's and Qinghai's economic situation and national power.

Persons Employed in Various Units refer to all the persons working in government agencies of various levels, political and party organizations, social organizations, enterprises and institutions, and receiving wages or other forms of payment. They include fully – employed staff and workers, the dispatch personnel and other employment, dont include persons which leave the unit but retain labor relations and regularly receive cost of living, school students which work using of their spare time and practice in this unit, persons of the unit labor outsourcing.

State – owned Units refer to economic units whose assets are owned by the state, including non – corporation units registered according to Regulation of the People's Republic of China on the Registration of Enterprises and Corporations, state organs, institutions and social organizations at the central – level and local levels.

Collective – owned Units refer to economic units registered according to Regulation of the People's Republic of China on the Registration of Enterprises and Corporations where the means of production are collectively owned.

Units of Other Types of Ownership refer to units registered with other types of ownership, including cooperative units, joint ownership units, limited liability corporations, share holding corporations, units funded by entrepreneurs from Hong Kong, Macao, and Taiwan, and foreign – funded units.

Employed Staff and Workers refer to persons who work in, and receive wages from their working units, including persons who have their work posts but are temporarily absent from work for reasons of study or on sick, injury or maternal leave and still receive wages from their working units.

Persons Employed in Private Enterprises and Self – Employed Individuals in Urban Areas Persons employed in private enterprises refer to the persons employed in the private enterprises which have been registered at the departments of industrial and commercial administration for which the business operation are situated at a county town (i. e. a town where the county government is located), or at urban areas with administrative hierarchy higher than a county town. The self – employed individuals in urban areas refer to persons who hold the certificates of residence in urban areas or have resided in the urban areas for a long time and have been registered at the departments of industrial and commercial administration and approved to be engaged in individual industrial or commercial business, including self – employed persons as well as helpers and hired laborers who work in individual households.

Total Wage Bill of Employed Persons refers to employment wages the units paid directly to the total remuneration of all employed persons in this unit within a certain period (quarterly or annual) on the basis of the provisions on the composition of wages (January 1, 1990, the National Statistics Office published the first Decree). Including hourly, piece rates, bonuses, allowances, overtime wages and subsidies, wages paid under special circumstances. It is the total sum of fully – employed staff and workers wages, labor dispatch personnel payroll and personnel wages and other employment.

Total Wage Bill are wages before taxes, including water charges, electricity, housing fund and social insurance fund for individuals and so on, what withheld or paid rates directly from the individual wage by the units.

Total wage Bill should be calculated whether it is included in the cost is not included in the cost, whether paid in monetary form or be paid in kind.

Total Wage Bill of Employed Staff and Workers refers to this unit paid directly to the total remuneration of all fully – employed staff and workers in this unit within a certain period. It is consisting of four parts, basic salary, performance pay, wage and other wage subsidies. It do not include deductions such as sick leave, unpaid leave. When units report employee wages four constituted, they should be adjusted the corresponding project according to the actual situation. If cannot determine adjustments, can deduct from basic salary.

Average Wage of Employment Persons refers to the average wage level of employed persons in the unit during the reporting period the average wage and is calculated as follows:

$$\text{Average Wage of Employment Persons} = \frac{\text{Total Wage Bill of Employment Persons}}{\text{Average Number of Employment Persons}}$$

Average Wage of Employed Staff and Workers refers to the average wage level of employed staff and workers in the unit during the reporting period the average wage and is calculated as follows:

$$\text{Average Wage of Employed Staff and Workers} = \frac{\text{Total Wage Bill of Staff and Workers}}{\text{Average Number of Staff and Workers}}$$

Registered Unemployed Persons in Urban Areas refer to the persons with non – agricultural household registration at certain working ages (16 years old to retirement age), who are capable of working, unemployed and willing to work, and have been registered at the local employment service agencies to apply for a job.

Registered Unemployment Rate in Urban Areas refers to the ratio of the number of the registered unemployed persons to the sum of the number of persons employed in various units (minus the employed rural labor force, re - employed retirees, and Hong Kong, Macao, Taiwan or foreign employees), laid - off staff and workers in urban units, owners of private enterprises in urban areas, owners of self - employed individuals in urban areas, employees of private enterprises in urban areas, employee of self - employed individuals in urban areas, and the registered unemployed persons in urban areas. The formula is as follows:

$$\text{Registered unemployment ratein urban areas} = \frac{\text{number of registered urban unemployed persons}}{\begin{array}{c}\text{number of persons employed in urban units} - \text{employed rurallabour force} \\ - \text{re-employed retirees} - \text{Hong Kong, Macao, Taiwan or foreign employees} \\ + \text{laid-off staff and workers} + \text{owners of urban private enterprises} \\ + \text{owners of urban self-employed individuals} + \text{employees of urban private enterprises} \\ + \text{employees of urban self-employed individuals} + \text{registered unemployed persons in urban areas}\end{array}} \times 100\%$$

第 6 篇
CHAPTER 6

固定资产投资
Investment in Fixed Assets

全社会固定资产投资额

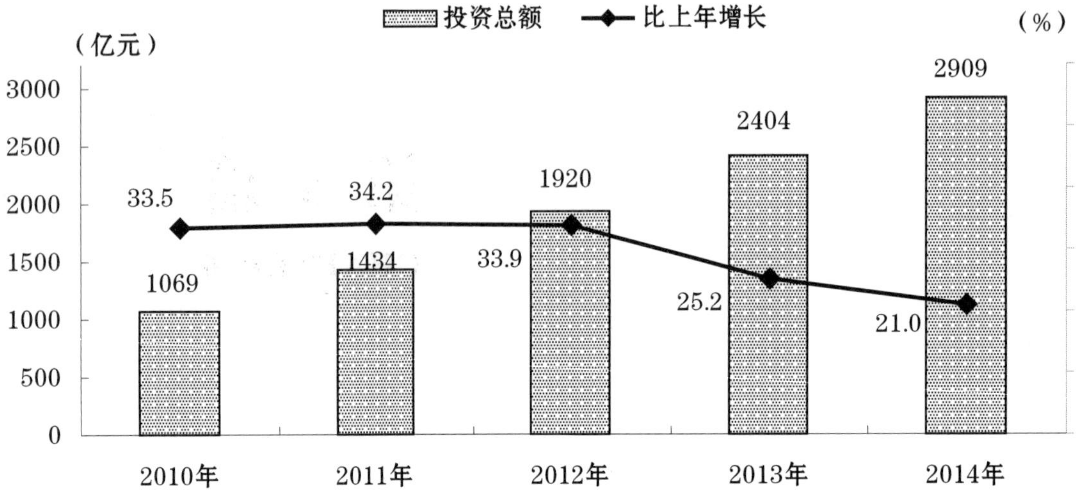

三次产业投资结构

（%）

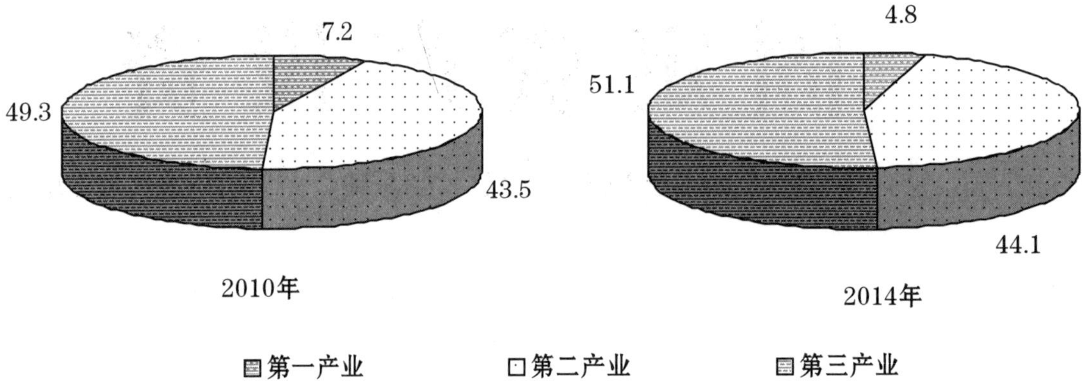

房地产开发投资

（亿元）

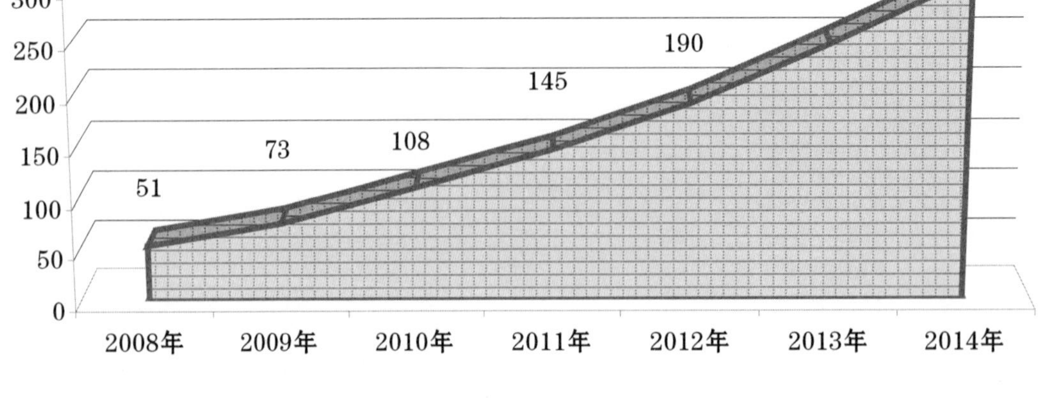

6-1 2008-2014年全社会固定资产投资

Total Investment in Fixed Assets(2008-2014)

单位：亿元 (100 million yuan)

指 标	Item	2008	2009	2010	2011	2012	2013	2014
投资总额	**Total Investment**	**582.85**	**800.51**	**1068.73**	**1434.33**	**1920.03**	**2403.90**	**2908.71**
按经济类型分	**By Economic Type**							
国有经济	The State-owned Economy	255.48	398.01	515.92	691.63	903.11	1145.32	1391.44
集体经济及私营个体投资	Collective-owned, Private and Self-employed Individual	63.98	99.09	163.84	183.51	280.08	411.48	585.33
联营经济	Joint Ownership Economy	1.02	0.70	0.54	1.35	0.39	0.73	1.60
股份经济	Share Economy	242.21	281.00	349.25	484.13	644.25	770.50	831.68
港、澳、台投资	Economy with Funds from Hong Kong, Macao and Taiwan	1.92	1.61	1.30	7.03	15.71	28.33	24.64
外商投资经济	Foreign Funded Economy	9.57	10.41	21.96	34.25	22.64	4.26	30.67
其他投资	Others	8.67	9.69	15.92	32.43	53.85	43.28	43.35
按产业分	**By Three Strata of Industry**							
第一产业	Primary Industry	40.87	53.81	76.44	90.82	82.89	109.27	139.46
第二产业	Secondary Industry	297.21	380.92	465.23	667.20	891.27	1160.25	1281.88
工业	Industry	288.49	368.02	444.93	632.07	826.06	1076.42	1204.57
第三产业	Tertiary Industry	244.77	365.78	527.06	676.31	945.87	1134.38	1487.37
按构成分	**By Structure**							
建筑安装工程	Construction and Installation	440.46	588.36	855.33	1098.56	1496.21	1794.16	2288.90
设备工具器具购置	Purchase of Equipment and Instruments	87.38	123.99	129.44	227.88	271.19	435.17	455.76
其他费用	Others	55.01	88.16	83.96	107.89	152.63	174.57	164.06
本年资金到位按来源分	**By Sources of Funds**							
国家预算内资金	State Budget	81.98	130.45	141.50	317.16	393.07	406.42	559.94
国内贷款	Domestic Loans	93.29	148.87	178.51	215.50	427.12	537.89	596.22
债券	Bond			0.07	0.11	0.14	1.09	16.46
利用外资	Foreign Investment	8.70	8.44	5.21	7.75	2.56	9.13	4.22
自筹资金	Self-raising Funds	298.95	387.27	542.75	778.01	980.10	1240.91	1363.51
其他资金	Others	80.96	125.69	175.13	164.59	219.50	439.09	285.32
房屋建筑面积（万平方米）	**Floor Space of Buildings(10 000 sq.m)**							
施工面积	Floor Space under Construction	1695.03	2542.26	4310.18	6023.28	5880.72	5642.89	5591.35
住宅	Residential Buildings	1048.34	1571.05	3093.19	4320.00	3624.57	3419.90	3342.22
竣工面积	Floor Space Completed	679.77	953.91	1474.19	1906.45	1587.48	1846.91	1743.59
住宅	Residential Buildings	505.91	663.21	1297.02	1685.09	1208.90	1405.06	1358.12

6-2 1990-2014年全社会固定资产投资(按经济类型分)
Total Investment in Fixed Assets by Econmic Type(1990-2014)

指 标 Item	总 计 Total	国有经济 State-owned	集体经济 Collective-owned	私营个体经济 Private and Self-employed Individual	其他经济 Others
投资额(亿元) Investment(100 million yuan)					
1990	22.25	19.92	0.54	1.79	
1991	23.94	21.49	0.56	1.89	
1992	30.27	27.46	0.68	2.13	
1993	44.73	40.02	1.07	3.50	0.14
1994	45.20	39.45	1.48	3.49	0.78
1995	55.58	45.15	5.34	4.34	0.75
1996	77.66	64.42	5.08	4.62	3.54
1997	97.66	76.24	4.60	10.24	6.58
1998	116.38	89.01	3.99	10.89	12.49
1999	128.13	94.09	7.05	15.02	11.97
2000	154.83	102.83	6.61	13.08	32.31
2001	201.61	125.18	3.50	17.90	55.03
2002	245.02	153.88	2.72	21.26	67.16
2003	285.12	176.31	9.03	31.57	68.21
2004	318.06	168.39	10.38	37.24	102.05
2005	367.15	175.64	14.50	42.76	134.25
2006	419.62	196.73	20.12	41.82	160.95
2007	487.47	201.21	26.52	36.46	223.28
2008	582.85	255.48	23.79	41.52	262.06
2009	800.51	398.01	14.33	84.76	303.41
2010	1068.73	515.92	16.01	147.83	388.97
2011	1434.33	691.63	17.50	166.02	559.18
2012	1920.03	903.11	16.08	264.00	736.84
2013	2403.90	1145.32	21.16	390.32	847.10
2014	2908.71	1391.44	20.48	564.85	931.94
增长速度(上年=100) Growth Rate(preceding year=100)					
1990	3.34	5.79	-19.40	-11.82	
1991	7.60	7.88	3.70	5.59	
1992	26.44	27.78	21.43	12.70	
1993	47.77	45.74	57.35	64.32	
1994	1.05	-1.42	38.32	-0.29	457.14
1995	22.96	14.45	260.81	24.36	-3.85
1996	39.73	42.68	-4.87	6.45	372.00
1997	25.75	18.35	-9.45	121.65	85.88
1998	19.17	16.75	-13.26	6.35	89.82
1999	10.10	5.71	76.69	37.92	-4.16
2000	20.84	9.29	-6.24	-12.92	170.43
2001	30.21	21.73	-45.45	36.85	70.32
2002	21.53	2.93	77.71	18.77	22.04
2003	16.37	14.58	231.99	48.49	1.56
2004	11.55	-4.49	15.00	17.96	49.61
2005	15.43	4.31	39.60	14.82	31.55
2006	14.29	12.01	38.76	-2.20	19.89
2007	16.17	2.28	-37.67	20.61	38.73
2008	19.57	26.97	-10.29	13.88	17.37
2009	37.34	55.79	-39.76	104.14	15.78
2010	33.51	29.62	11.72	74.41	28.20
2011	34.20	34.10	9.30	12.30	43.80
2012	33.86	30.58	-8.11	59.02	31.77
2013	25.20	26.82	31.59	47.85	14.96
2014	21.00	21.49	-3.21	44.71	10.02

备注：其他经济为除国有、集体、私营个体经济以外的经济类型。

a) Others mean economic types except state-owned, collective-owned, private and self-employed individual.

6-3 2000-2014年全社会固定资产投资构成及资金来源

Structrue and Sourses of Funds of Total Investment in Fixed Assets (2000-2014)

单位：亿元、%　　　　(100 million yuan，%)

年 份 Year	按构成分 By Structure of Funds			按资金来源分 By Source of Funds						
	建筑安装工程 Construction	设备工具器具购置 Purchase of Equipment and Instruments	其他费用 Others	资金来源总额 Total Funds This Year	国家预算内资金 State Budget	国内贷款 Domestic Loans	债券 Financial Bond	利用外资 Foreign Investment	自筹 Self-raising Fund	其他资金 Others
投资额 Investment										
2000	117.00	25.47	12.36	148.99	25.38	36.25	0.41	2.07	53.78	31.09
2001	146.39	34.55	20.67	191.21	33.36	43.19	0.10	1.51	77.72	35.34
2002	192.49	35.16	17.37	250.92	55.17	68.18	0.01	2.56	77.59	47.40
2003	222.87	41.34	20.91	257.82	59.04	29.89	0.21	3.44	119.31	45.94
2004	251.46	47.46	19.14	312.88	42.58	33.22	0.28	2.98	177.60	56.23
2005	266.14	69.14	31.87	378.43	59.75	63.84	1.54	2.09	196.15	55.05
2006	312.86	69.87	36.89	401.20	59.10	67.35		2.03	189.84	82.89
2007	363.41	76.72	47.35	479.14	61.93	66.05		7.49	263.34	80.33
2008	440.46	87.38	55.01	563.89	81.98	93.29		8.70	298.95	80.96
2009	588.36	123.99	88.16	800.72	130.45	148.87		8.44	387.27	125.69
2010	855.33	129.44	83.96	1043.17	141.50	178.51	0.07	5.21	542.75	175.13
2011	1098.56	227.88	107.89	1483.12	317.16	215.50	0.11	7.75	778.01	164.59
2012	1496.21	271.19	152.63	2022.50	393.07	427.12	0.14	2.56	980.10	219.50
2013	1794.16	435.17	174.57	2634.53	406.42	537.89	1.09	9.13	1240.91	439.09
2014	2288.90	455.76	164.06	2825.67	559.94	596.22	16.46	4.22	1363.51	285.32
构 成 Percentage										
2000	75.57	16.45	7.98	100	17.04	24.33	0.27	1.39	36.09	20.87
2001	72.61	17.14	10.25	100	17.45	22.59	0.05	0.79	40.64	18.48
2002	78.56	14.35	7.09	100	21.99	27.17	…	1.02	30.92	18.89
2003	78.17	14.50	7.33	100	22.90	11.59	0.08	1.33	46.27	17.82
2004	79.06	14.92	6.02	100	13.61	10.62	0.09	0.95	56.76	17.97
2005	72.49	18.83	8.68	100	15.79	16.87	0.41	0.55	51.83	14.55
2006	74.56	16.65	8.79	100	14.73	16.79		0.51	47.32	20.66
2007	74.56	15.74	9.70	100	12.93	13.78		1.56	54.96	16.77
2008	75.57	14.99	9.44	100	14.54	16.54		1.54	53.02	14.36
2009	73.50	15.49	11.01	100	16.27	18.59	0.03	1.05	48.36	15.70
2010	80.03	12.11	7.86	100	13.56	17.11	0.01	0.50	52.03	16.79
2011	76.60	15.90	7.50	100	21.40	14.50	0.01	0.52	52.50	11.07
2012	77.93	14.12	7.95	100	19.43	21.12	0.01	0.13	48.46	10.85
2013	74.64	18.10	7.26	100	15.43	20.42	0.04	0.35	47.10	16.67
2014	78.69	15.67	5.64	100	19.82	21.10	0.58	0.15	48.25	10.10

6-4 2000-2014年分地区固定资产投资
Total Investment in Fixed Assets by Region(2000-2014)

单位：亿元 (100 million yuan)

年 份 Year	西宁市 Xining City	海东市 Haidong City	海北州 Haibei Zang A.P	黄南州 Huang-nan Zang A.P	海南州 Hainan Zang A.P	果洛州 Golog Zang A.P	玉树州 Yushu Zang A.P	海西州 Haixi Mong-olian & Zang A.P
2000	53.82	14.12	4.27	3.31	5.81	1.85	3.01	28.25
2001	69.30	26.39	6.10	4.80	10.90	4.70	3.60	39.70
2002	77.70	32.79	7.50	4.70	14.09	2.20	4.30	49.00
2003	85.40	39.54	8.80	7.50	17.29	3.70	4.80	54.70
2004	98.50	43.55	10.60	11.70	21.79	3.00	5.80	57.30
2005	115.60	43.69	12.60	11.50	24.68	3.70	7.30	66.90
2006	141.04	45.93	15.65	10.61	28.13	6.13	8.76	87.30
2007	178.91	45.41	19.50	12.25	21.05	6.46	10.58	119.82
2008	221.98	54.62	25.60	15.28	24.94	7.50	14.02	125.53
2009	248.20	73.92	28.63	17.54	53.52	10.88	16.98	132.30
2010	403.02	98.01	39.48	22.53	45.88	16.60	39.50	178.23
2011	528.01	166.57	53.26	31.90	63.99	24.61	142.91	251.16
2012	700.48	255.44	71.81	42.38	79.01	38.24	170.84	401.59
2013	925.44	405.45	94.29	53.72	139.75	50.90	92.86	510.07
2014	1176.61	508.09	103.00	64.72	185.50	58.41	40.12	538.42

注：本表未包括跨地区项目。海北州数据未含飞地经济项目投资，下同。

a) Data in this table do not include trans-regional items. Data of Haibei Zang A.P in 2012 is not including enclave economy project investment. The same applies to the tables following.

6-5 按地区分全社会固定资产投资(2014年)

Total Investment in Fixed Assets by Region(2014)

单位：万元、平方米 (10 000 yuan，sq.m)

类 型	Type	西宁市 Xining City	海东市 Haidong City	海北州 Haibei Zang A.P	黄南州 Huang-nan Zang A.P	海南州 Hainan Zang A.P	果洛州 Golog Zang A.P	玉树州 Yushu Zang A.P	海西州 Haixi Mong-olian & Zang A.P
投资总额	**Investment**	**11766107**	**5080935**	**1030012**	**647191**	**1855032**	**584104**	**401224**	**5384188**
按登记注册类型分	**By Registration type**								
国有投资	State-owned Investment	3916083	2416917	622315	398338	1030985	426235	398644	1860569
集体投资	Collective-owned Investment	366777	636352	90459	138713	105239	47020		514
股份合作企业	Cooperative Investment	22267	1500	600					24491
私营个体投资	Private and Self-employed Individuals Investment	3013580	732855	45350	15930	123956	8215	2580	982859
联营经济投资	Joint Ownership	1923				6821			7275
有限责任公司	Limited Liability Corporations	2901169	970767	244626	35415	511483	98608		1477762
股份有限公司	Share Holding Corporations Ltd.	907312	157627	14456	2010	56478	1107		938057
港澳台投资	Funds from Hong Kong, Macao and Taiwan	71300	132670			1337			41048
外商投资	Foreign Funded	298400				8308			
其他投资	Others	267296	32247	12206	56785	10425	2919		51613
按资金来源分	**By Sources of Funds**	**12437876**	**5193320**	**991414**	**685482**	**1504833**	**590994**	**208726**	**4703526**
国家预算内资金	State Budget	1012113	1112711	281564	394697	538455	406181	166189	342334
国内贷款	Domestic Loans	2836558	749364	168610	10741	291437	1599		1107216
债券	Bond	20300		220	3718				390
利用外资	Foreign Investment	21148	17402		1219			2405	
自筹资金	Self-raising Fund	6860088	2650463	438531	182124	646393	92097	27443	3065161
其他资金	Others	1687669	663380	102489	92983	28548	91117	12689	188425
按构成分	**By Structure of Funds**								
建筑安装工程	Construction and Installation	9316013	4352624	958924	580733	1137929	557254	337076	3538360
设备、工具、器具购置	Purchase of Equipment and Instruments	1906634	331585	56326	35622	673245	23499	23301	1333856
其他费用	Others	543460	396726	14762	30836	43858	3351	40847	511972
本年新增固定资产	**Add Fixed Assets of This Year**	**6074005**	**2237255**	**868224**	**599373**	**1430503**	**353985**	**327995**	**2142558**
房屋建筑面积	**Floor Space of Buildings**								
施工面积	Floor Space under Construction	27497579	12798956	2603222	2805773	1983750	1074934	452928	4801073
竣工面积	Floor Space Completed	8377772	1365477	915668	1635300	350292	345072	85447	192669
住宅	Residential Buildings	6688246	1138438	623873	661248	242684	24816	4103	130794

注：本表未含跨省区项目；按资金来源分为财务拨款数。

a) Data in this table do not include trans-provincial projects. The data divided by source of funds are financial appropriating funds.

6-6 按各种口径分50万元以上项目固定资产投资(2014年)

Completion of Investment in Fixed Assets of Projects over 500 Thousand Yuan by Various Calibres (2014)

单位：亿元　　(100 million yuan)

指　标	Item	合　计 Total	地方 Local	城　镇 Urban	地方 Local	非农户 Non-farmer	地方 Local
总　计	**Total**	**2528.13**	**2314.48**	**2180.66**	**1984.74**	**347.47**	**329.73**
按登记注册类型分	**By Registration Type**						
内资	Domestic Funds	2461.61	2247.96	2123.55	1927.64	338.06	320.32
国有	State-owned	1378.92	1182.66	1161.12	982.60	217.79	200.06
集体	Collective-owned	15.59	15.59	4.79	4.79	10.80	10.80
股份合作	Cooperative	4.47	4.47	4.34	4.34	0.13	0.13
联营	Joint	1.41	1.41	1.05	1.05	0.36	0.36
国有联营	State-owned Joint	0.60	0.60	0.60	0.60		
集体联营	Collective-owned Joint	0.20	0.20			0.20	0.20
国有与集体联营	State-owned and Collective Joint						
其他联营	Others	0.61	0.61	0.45	0.45	0.16	0.16
有限责任公司	Limited Liability	526.34	511.05	485.12	469.83	41.22	41.22
国有独资公司	State-owned Sole Proprietorship	8.82	8.82	8.82	8.82		
其他有限责任公司	Others	517.52	502.24	476.30	461.02	41.22	41.22
股份有限公司	Share-holding	202.94	200.90	180.61	178.56	22.33	22.33
私营	Private	288.59	288.59	253.91	253.91	34.68	34.68
其他内资	Others	43.35	43.30	32.62	32.57	10.73	10.73
港澳台投资	Funds from Hong Kong, Macao and Taiwan	24.64	24.64	24.64	24.64		
合资经营企业(港或澳、台资)	Joint-venture Enterprises	7.26	7.26	7.26	7.26		
合作经营企业(港或澳、台资)	Cooperation Enterprises						
港、澳、台商独资经营企业	Enterprises with Sole Investment	16.13	16.13	16.13	16.13		
港、澳、台商投资股份有限公司	Share-holding Corporations Ltd.	1.20	1.20	1.20	1.20		
其他港、澳、台商投资企业	Others	0.04	0.04	0.04	0.04		
外商投资	Foreign Investment	30.67	30.67	30.50	30.50	0.17	0.17
中外合资经营企业	Joint-venture Enterprises						
中外合作经营企业	Cooperation Enterprises						
外资企业	Enterprises with Sole Funds	10.80	10.80	10.80	10.80		
外商投资股份有限公司	Share-holding Corporations Ltd.	19.32	19.32	19.15	19.15	0.17	0.17
其他外商投资企业	Others	0.55	0.55	0.55	0.55		
个体经营	Self-employed Individual	11.21	11.21	1.97	1.97	9.24	9.24
个体户	Self-employed	10.40	10.40	1.16	1.16	9.24	9.24
个人合伙	Individual Partners	0.81	0.81	0.81	0.81		
按隶属关系分	**By Jurisdiction of Management**						
中央	Central	213.65		195.91		17.74	
地方	Local	2314.48	2314.48	1984.74	1984.74	329.73	329.73
省	Province	464.64	464.64	437.97	437.97	26.67	26.67
地市县属	Prefecture, City and County	1849.84	1849.84	1546.77	1546.77	303.06	303.06
地区	Prefecture	261.25	261.25	259.94	259.94	1.31	1.31
县	County	913.50	913.50	702.15	702.15	211.36	211.36
其他	Others	675.09	675.09	584.69	584.69	90.40	90.40

6-6 续表 1 Continued

单位：亿元 (100 million yuan)

指 标	Item	合 计 Total	地方 Local	城 镇 Urban	地方 Local	非农户 Non-farmer	地方 Local
按建设性质分	**By Character of Construction**						
新建	New Construction	1946.26	1851.21	1654.43	1577.08	291.83	274.13
扩建	Extension	195.63	109.10	176.47	89.96	19.16	19.15
改建和技术改造	Reconstruction	215.65	185.62	194.36	164.35	21.29	21.27
单纯建造生活设施	The Construction of Living Facilities	10.16	10.16	4.51	4.51	5.66	5.66
迁建	Moving	6.90	6.90	4.89	4.89	2.01	2.01
恢复	Resumption	98.21	96.16	97.36	95.31	0.85	0.85
单纯购置	Purchase	55.32	55.32	48.64	48.64	6.68	6.68
按建设阶段分	**By Construction Phase**						
在建	Under Construction	1593.17	1431.99	1436.60	1275.44	156.57	156.55
全部投产	All into Operation	934.70	882.24	744.05	709.31	190.65	172.93
全部停缓建	Stop Postponed	0.25	0.25			0.25	0.25
按注册控股类型分	**By Registration Categories**						
国有控股	State-holding	1579.62	1375.53	1347.05	1160.69	232.57	214.83
集体控股	Collective-Holding	100.15	100.15	86.09	86.09	14.06	14.06
私人控股	Private-holding	671.98	662.48	590.14	580.64	81.83	81.83
港澳台商控股	Hong Kong, Macao and Taiwan-holding	17.81	17.81	17.81	17.81		
外商控股	Foreign-holding	10.85	10.80	10.85	10.80		
其他	Others	147.72	147.72	128.71	128.71	19.01	19.01
按国民经济行业分	**By Sector**						
农、林、牧、渔业	Agriculture, Forestry, Animal Husbandry and Fishery	133.31	133.31	45.08	45.08	88.23	88.23
农业	Farming	25.46	25.46	11.69	11.69	13.77	13.77
林业	Forestry	15.37	15.37	9.28	9.28	6.09	6.09
畜牧业	Animal Husbandry	28.62	28.62	8.76	8.76	19.86	19.86
渔业	Fishery	0.60	0.60	0.44	0.44	0.15	0.15
农、林、牧、渔服务业	Services in Support of Agriculture	63.26	63.26	14.91	14.91	48.35	48.35
采矿业	Mining	168.17	121.18	148.71	101.73	19.46	19.46
煤炭开采和洗选业	Mining and Washing of Coal	41.17	41.17	26.37	26.37	14.81	14.81
石油和天然气开采业	Extraction of Petroleum and Natural Gas	60.78	13.79	60.78	13.79		
黑色金属矿采选业	Mining and Processing of Ferrous Metal Ores	17.58	17.58	17.38	17.38	0.20	0.20
有色金属矿采选业	Mining and Processing of Non-Ferrous Metal Ores	8.21	8.21	5.76	5.76	2.45	2.45
非金属矿采选业	Mining and Processing of Nonmetal Ores	12.21	12.21	10.33	10.33	1.88	1.88
其他采矿业	Mining of Other Ores	28.22	28.22	28.10	28.10	0.12	0.12
制造业	Manufacturing	700.38	695.88	675.10	670.62	25.28	25.26
农副食品加工业	Processing of Food from Agricultural Products	26.56	26.56	22.93	22.93	3.62	3.62
食品制造业	Manufacture of Foods	18.42	18.42	17.31	17.31	1.11	1.11
饮料制造业	Manufacture of Beverages	8.34	8.34	6.74	6.74	1.61	1.61
烟草制品业	Manufacture of Tobacco						
纺织业	Manufacture of Textile	8.18	8.18	8.18	8.18		
纺织服装、鞋、帽制造业	Manufacture of Textile Wearing Apparel, Footwear and Caps	4.73	4.73	3.63	3.63	1.10	1.10
皮革、毛皮、羽毛(绒)及其制品业	Manufacture of Leather, Fur, Feather and Related Products						
木材加工及木、竹、藤、棕、草制品业	Processing of Timber, Manufacture of Wood, Bamboo, Rattan, Palm and Straw Products	0.99	0.99	0.99	0.99		
家具制造业	Manufacture of Furniture	7.67	7.67	7.67	7.67		
造纸及纸制品业	Manufacture of Paper and Paper Products						

6-6 续表 2 Continued

单位：亿元 (100 million yuan)

指 标	Item	合 计 Total	地方 Local	城 镇 Urban	地方 Local	非农户 Non-farmer	地方 Local
印刷业和记录媒介的复制	Printing, Reproduction of Recording Media	0.59	0.59	0.59	0.59		
文教体育用品制造业	Manufacture of Articles For Culture, Education and Sport Activities	21.26	21.26	20.92	20.92	0.35	0.35
石油加工、炼焦及核燃料加工业	Processing of Petroleum, Coking, Processing of Nuclear Fuel	3.86	3.86	2.51	2.51	1.34	1.34
化学原料及化学制品制造业	Manufacture of Raw Chemical Materials and Chemical Products	127.16	127.16	124.56	124.56	2.60	2.60
医药制造业	Manufacture of Medicines	19.03	19.03	18.93	18.93	0.10	0.10
化学纤维制造业	Manufacture of Chemical Fibers						
橡胶和塑料制造业	Manufacture of Rubber and Manufacture of Plastics	8.28	8.28	7.48	7.48	0.80	0.80
非金属矿物制品业	Manufacture of Non-metallic Mineral Products	69.40	69.40	64.19	64.19	5.21	5.21
黑色金属冶炼及压延加工业	Smelting and Pressing of Ferrous Metals	40.07	38.02	35.76	33.71	4.31	4.31
有色金属冶炼及压延加工业	Smelting and Pressing of Non-ferrous Metals	229.54	227.12	229.24	226.82	0.30	0.30
金属制品业	Manufacture of Metal Products	7.32	7.32	6.54	6.54	0.78	0.78
通用设备制造业	Manufacture of General Purpose Machinery	8.78	8.78	7.43	7.43	1.35	1.35
专用设备制造业	Manufacture of Special Purpose Machinery	11.12	11.12	11.12	11.12		
汽车制造业	Manufacture of Automobile	0.73	0.73	0.73	0.73		
铁路、船舶、航空航天和其他运输设备制造业	Manufacture of Railway,Watercraft,Aviation and other Transport Equipments						
电气机械及器材制造业	Manufacture of Electrical Machinery and Equipment	49.37	49.37	49.37	49.37		
计算机、通信和其他电子设备制造业	Manufacture of Computers, Communication and Electronic Equipment	7.30	7.30	7.30	7.30		
仪器仪表制造业	Manufacture of Measuring Instruments and Machinery						
其他制造业及金属制品、机械和设备修理业	Other Manufacture, Repair Service of Metal Products, Machinery and Equipment	19.83	19.80	19.13	19.12	0.70	0.68
废弃资源综合利用业	Recycling and Disposal of Waste	1.86	1.86	1.86	1.86		
电力、燃气及水的生产和供应业	Production and Supply of Electricity, Gas and Water	336.02	238.72	265.48	185.89	70.54	52.82
电力、热力的生产和供应业	Production and Supply of Electric Power and Heat Power	317.08	219.79	249.30	169.71	67.78	50.08
燃气生产和供应业	Production and Supply of Gas	6.78	6.78	5.96	5.96	0.82	0.82
水的生产和供应业	Production and Supply of Water	12.16	12.15	10.23	10.23	1.94	1.92
建筑业	Construction	75.05	65.98	63.00	53.93	12.05	12.05
房屋和土木工程建筑业	Construction of Buildings and Civil Engineering	58.79	49.71	49.78	40.71	9.00	9.00
建筑安装业	Building Installation	1.45	1.45	0.25	0.25	1.20	1.20
建筑装饰和其他建筑业	Building Decoration and Other Construction	14.82	14.82	12.97	12.97	1.85	1.85
交通运输、仓储和邮政业	Transport, Storage and Post	452.70	397.18	395.59	340.07	57.10	57.10
铁路运输业	Railway Transport	59.55	4.06	59.55	4.06		
道路运输业	Road Transport	379.73	379.73	324.42	324.42	55.31	55.31
水上运输业	Water Transport	0.22	0.22			0.22	0.22
航空运输业	Air Transport	5.70	5.68	5.29	5.26	0.41	0.41
管道运输业	Transport Via Pipelines	0.60	0.60	0.60	0.60		
装卸搬运和其他运输服务业	Loading, Unloading and Other Transport Services	0.05	0.05	0.04	0.04	0.01	0.01
仓储业	Storage	6.78	6.78	5.68	5.68	1.10	1.10
邮政业	Post	0.05	0.05	0.01	0.01	0.05	0.05
信息传输、计算机服务和软件业	Information Transmission, Computer Services and Software	15.42	15.32	14.71	14.61	0.71	0.71
电信和其他信息传输服务业	Telecommunications and Other Information Transmission Services	14.71	14.61	14.01	13.91	0.71	0.71
计算机服务业	Computer Services	0.71	0.71	0.71	0.71		

6-6 续表 3 Continued

单位：亿元 (100 million yuan)

指 标	Item	合计 Total	地方 Local	城镇 Urban	地方 Local	非农户 Non-farmer	地方 Local
批发和零售业	Wholesale and Retail Trades	19.17	19.17	17.09	17.09	2.09	2.09
批发业	Wholesale Trade	5.46	5.46	4.53	4.53	0.93	0.93
零售业	Retail Trade	13.71	13.71	12.56	12.56	1.15	1.15
住宿和餐饮业	Hotels and Catering Services	19.44	19.44	14.45	14.45	4.99	4.99
住宿业	Hotels	17.63	17.63	12.69	12.69	4.94	4.94
餐饮业	Catering Services	1.80	1.80	1.76	1.76	0.05	0.05
金融业	Financial Intermediation	0.91	0.79	0.91	0.79	0.00	0.00
货币金融服务	Monetary Financial Services	0.91	0.79	0.91	0.79	0.00	0.00
资本市场服务	Capital Market Service						
保险业	Insurance						
其他金融活动	Other Financial Activities						
房地产业	Real Estate	96.92	96.92	81.43	81.43	15.49	15.49
租赁和商务服务业	Leasing and Business Services	48.08	48.08	44.17	44.17	3.91	3.91
租赁业	Leasing						
商务服务业	Business Services	48.08	48.08	44.17	44.17	3.91	3.91
科学研究、技术服务和地质勘查业	Scientific Research, Technical Service and Geologic Prospecting	7.24	7.24	5.86	5.86	1.39	1.39
研究与试验发展	Research and Experimental Development	0.10	0.10	0.10	0.10		
专业技术服务业	Professional Technical Services	6.31	6.31	5.36	5.36	0.96	0.96
科技交流和推广服务业	Services of Science and Technology Exchanges and Promotion	0.83	0.83	0.40	0.40	0.43	0.43
水利、环境和公共设施管理业	Management of Water Conservancy, Environment and Public Facilities	237.12	237.12	211.61	211.61	25.52	25.52
水利管理业		31.32	31.32	20.67	20.67	10.65	10.65
生态保护和环境治理业	Ecological Protection and Environmental Mmanagement Industry	36.83	36.82	33.02	33.02	3.81	3.81
公共设施管理业	Public Facilities Management	168.97	168.97	157.92	157.92	11.06	11.06
居民服务和其他服务业	Services to Households and Other Services	10.96	10.96	8.97	8.97	1.99	1.99
居民服务业	Services to Households	5.76	5.76	3.97	3.97	1.80	1.80
其他服务业	Other Services	5.20	5.20	5.00	5.00	0.19	0.19
教育	Education	56.54	56.54	48.60	48.60	7.94	7.94
卫生和社会工作	Health, Social Work	14.97	14.97	13.60	13.60	1.36	1.36
卫生	Health	10.82	10.82	9.97	9.97	0.85	0.85
社会工作	Social Work	4.15	4.15	3.63	3.63	0.52	0.52
文化、体育和娱乐业	Culture, Sports and Entertainment	21.62	21.62	20.33	20.33	1.30	1.30
新闻出版业	Journalism and Publishing Activities	1.16	1.16	1.16	1.16		
广播、电视、电影和音像业	Broadcasting, Movies, Television and Audiovisual Activities	2.89	2.89	2.73	2.73	0.16	0.16
文化艺术业	Cultural and Art Activities	9.56	9.56	9.16	9.16	0.40	0.40
体育	Sports Activities	4.04	4.04	3.32	3.32	0.72	0.72
娱乐业	Entertainment	3.97	3.97	3.96	3.96	0.01	0.01
公共管理、社会保障和社会组织	Public Management, and Social Organization	114.10	114.06	105.97	105.93	8.13	8.13
中国共产党机关	Organs of Communist Party of China	0.37	0.37	0.36	0.36	0.01	0.01
国家机构	Government Agencies	95.25	95.21	90.61	90.57	4.64	4.64
人民政协和民主党派	People's Political Consultative Conference and Democratic Parties						
社会保障	Social Security	0.07	0.07	0.06	0.06	0.00	0.00
群众团体、社会团体和其他成员组织	Non-Governmental Organizations, Social Organizations and Membership Organizations	13.95	13.95	12.59	12.59	1.36	1.36
基层群众自治组织	Grass Roots Self-governing Organizations	4.46	4.46	2.34	2.34	2.12	2.12
国际组织	International Organizations						

6-7　2008-2014年城镇固定资产投资

Total Investment in Fixed Assets in Urban Area(2008-2014)

单位：亿元、万平方米　　(100 million yuan，10 000 sq.m)

指　标	Item	2008	2009	2010	2011	2012	2013	2014
投资总额	**Total Investment**	**514.05**	**616.27**	**731.82**	**1029.71**	**1465.90**	**1849.58**	**2180.66**
按经济类型分	**By Economic Type**							
国有经济	State-owned Investment	220.36	331.46	373.54	523.98	776.54	973.60	1161.12
集体经济	Collective-owned Investment	2.62	3.78	4.26	9.88	6.01	12.54	9.13
联营经济	Joint Ownership	0.70	0.67	0.54	0.81	0.16	0.36	1.05
有限责任公司	Limited Liability Corporations	161.29	171.12	179.49	286.82	448.02	552.41	485.12
股份制经济	Share Holding Corporations Ltd.	73.64	71.94	96.67	96.04	72.22	99.43	180.61
私营个体	Private and Self-employed Individuals Investment	38.91	23.08	46.06	51.45	85.66	150.01	255.88
其他投资	Others	5.18	5.10	10.44	20.26	41.56	29.64	32.61
外商投资经济	Foreign Funded	9.43	7.60	20.39	33.62	21.21	3.71	30.50
港澳台投资经济	Funds from Hong Kong, Macao and Taiwan	1.92	1.52	0.43	6.85	14.52	27.88	24.64
按隶属关系分	**By Jurisdiction of Management**							
中央项目	Central	102.83	149.95	129.76	127.95	127.29	215.41	195.92
地方项目	Local	411.22	466.32	602.06	901.76	1338.61	1634.17	1984.74
按资金来源分	**By Sources of Funds**							
国家预算内资金	State Budget	56.56	90.78	89.60	232.84	312.59	318.20	396.70
国内贷款	Domestic Loans	88.82	129.07	143.59	180.22	360.65	471.75	515.90
债券	Bond			0.05	0.07	0.10	1.06	16.39
利用外资	Foreign Investment	8.64	7.82	2.27	5.16	1.81	7.28	4.05
自筹资金	Self-raising Fund	262.12	283.21	387.57	589.8	738.92	941.12	1051.71
其他资金	Others	74.74	86.51	111.64	76.64	103.15	69.49	98.47
按构成分	**By Structure of Funds**							
建筑安装工程	Construction and Installation	386.36	449.01	556.31	763.08	1136.59	1333.51	1681.07
设备、工具、器具购置	Purchase of Equipment and Instruments	77.95	109.48	117.87	197.64	239.02	388.99	390.46
其他费用	Others	49.74	57.78	57.64	68.99	90.29	127.08	109.13
按建设性质分	**By Character of Construction**							
新　建	New Construction	327.88	367.77	452.25	614.13	853.16	1270.05	1654.43
扩　建	Extension	99.97	125.77	116.47	125.33	144.43	167.84	176.47
改建和技术改造	Reconstruction	76.09	108.92	127.60	168.15	183.47	189.28	194.36
房屋建筑面积	**Floor Space of Buildings**							
施工面积	Floor Space under Construction	1369.61	942.43	1505.45	2530.74	2772.52	2160.37	1995.07
住宅	Residential Buildings	783.42	280.91	648.95	1429.98	1213.46	839.39	818.65
竣工面积	Floor Space Completed	384.08	275.76	280.35	350.98	279.04	463.67	402.92
住宅	Residential Buildings	259.71	99.39	180.86	262.52	141.02	257.11	237.93
竣工房屋价值	Cost of Buildings Completed	55.24	27.20	36.92	60.62	78.96	91.19	78.67
住宅	Residential Buildings	37.87	10.43	18.12	42.68	21.01	38.21	39.83

注：按资金来源分为财务拨款数；除房地产外投资均为50万元以上项目投资。

a) The data divided by source of funds are financial appropriating funds. All the investment projects are above 500 000 yuan in addition to real estate.

6-8 2008-2014年分行业城镇固定资产投资

Investment in Fixed Assets in Urban Area by Sector (2008-2014)

单位：亿元 (100 million yuan)

指　标	Item	2008	2009	2010	2011	2012	2013	2014
总计	**Total**	**462.86**	**616.27**	**731.82**	**1027.13**	**1465.90**	**1849.58**	**2180.66**
按行业分	**By Sector**							
农林牧渔业	Agriculture, Forestry, Animal Husbandry and Fishery	10.96	20.12	26.77	26.50	25.96	32.98	45.08
采矿业	Mining	58.19	49.93	60.00	83.04	82.15	129.42	148.71
制造业	Manufacturing	142.17	182.25	266.18	332.64	475.00	613.32	675.10
电力、煤气及水的生产和供应业	Production and Supply of Electricity, Gas and Water	76.02	115.87	89.64	166.86	217.16	273.01	265.48
建筑业	Construction	7.31	8.86	14.90	21.66	51.65	68.75	63.00
交通运输、仓储及邮政业	Transport, Storage and Post	86.98	103.80	126.65	118.48	216.27	262.52	395.59
信息传输、软件和信息技术服务业	Information Transmission, Software and Information Technology Services	2.69	2.91	2.18	0.51	1.85	2.26	14.71
批发和零售业	Wholesale and Retail Trades	7.20	5.87	6.89	11.22	15.90	16.22	17.09
住宿、餐饮业	Hotels and Catering Services	2.62	3.11	6.59	7.99	10.88	15.53	14.45
金融业	Financial Intermediation	0.30	2.30	1.16	0.29	1.04	2.97	0.91
房地产业	Real Estate	2.18	5.72	17.08	85.34	112.79	71.88	81.43
租赁和商务服务业	Leasing and Business Services	1.33	1.72	2.40	7.24	29.67	68.04	44.17
科学研究、技术服务和地质勘查业	Scientific Research, Technical Services and Geological Prospecting Industry	1.32	3.58	2.89	2.89	1.89	2.07	5.86
水利、环境和公共设施管理业	Management of Water Conservancy, Environment and Public facilities	27.68	56.35	43.62	55.03	65.07	96.08	211.61
居民服务和其他服务业	Residents Services and Other Services	1.49	0.54	1.18	2.17	1.10	2.18	8.97
教育	Education	6.85	12.58	20.82	39.76	40.87	44.76	48.60
卫生和社会工作	Health and Social Work	2.33	5.16	6.85	16.18	15.33	11.91	13.60
文化、体育和娱乐业	Culture, Sports and Entertainment	7.06	13.00	9.55	14.60	19.85	35.62	20.33
公共管理、社会保障和社会组织	Public Administration, Social Security and Social Organizations	18.18	22.60	26.53	34.73	81.48	100.04	105.97
国际组织	International Organizations							

注：本表为50万元以上项目投资完成情况。

a)Date in this table are completion condition of investment projects above 500 thousand yuan.

6-9 分地区分行业城镇固定资产投资(2014年)

Investment in Fixed Assets in Urban Area by Sector and Region (2014)

单位：亿元 (100 million yan)

指 标	Item	西宁市 Xining City	海东市 Haidong City	海北州 Haibei Zang A.P	黄南州 Huang-nan Zang A.P	海南州 Hainan Zang A.P	果洛州 Golog Zang A.P	玉树州 Yushu Zang A.P	海西州 Haixi Mong-olian & Zang A.P
总计	**Total**	**867.60**	**305.87**	**81.58**	**34.25**	**101.54**	**34.72**	**17.21**	**468.07**
按行业分	**By Sector**								
农林牧渔业	Agriculture, Forestry, Animal Husbandry and Fishery	9.46	16.88	4.72	4.60	2.05	1.66	1.31	4.40
采矿业	Mining	39.92	5.40	7.43		1.04			94.91
制造业	Manufacturing	370.85	77.07	3.89	0.50	4.96	1.53	0.22	216.08
电力、煤气及水的生产和供应业	Production and Supply of Electricity, Gas and Water	60.72	12.46	22.90	1.71	66.32	2.97	3.28	61.93
建筑业	Construction	49.97	5.87			0.71	1.27	0.62	4.56
批发和零售业	Wholesale and Retail Trades	6.05	1.77	1.81	0.51	3.43	1.17	0.20	2.14
交通运输、仓储及邮政业	Transport, Storage and Post	92.57	42.07	6.62	3.53	3.68	5.84	2.14	6.06
住宿、餐饮业	Hotels and Catering Services	0.31	3.81	3.69	1.81	1.14	0.58	0.10	3.01
信息传输、软件和信息技术服务业	Information Transmission, Software and Information Technology Services	2.61	7.41		0.01	0.46	0.20	0.00	4.03
金融业	Financial Intermediation	0.04	0.35	0.12		0.25	0.12	0.03	
房地产业	Real Estate	23.38	28.14	11.93	2.89	6.35	1.74	0.08	6.92
租赁和商务服务业	Leasing and Business Services	7.92	31.12	0.24	0.21	0.41	0.02	0.12	4.14
科学研究、技术服务和地质勘查业	Scientific Research, Technical Services and Geological Prospecting Industry	1.68	0.98	1.40	0.15	0.63	0.13	0.03	0.86
水利、环境和公共设施管理业	Management of Water Conservancy, Environment and Public facilities	98.35	39.97	11.15	4.58	3.00	3.62	2.04	45.34
居民服务和其他服务业	Residents Services and Other Service	7.53	0.14	0.27	0.07	0.08	0.64	0.09	0.15
教育	Education	23.81	9.99	1.24	2.87	2.41	2.69	1.19	4.39
卫生和社会工作	Health and Social Work	7.55	1.27	0.21	0.77	1.66	1.19	0.31	0.65
文化、体育和娱乐业	Culture, Sports and Entertainment	5.51	3.21	2.15	2.81	1.43	2.67	0.25	2.31
公共管理、社会保障和社会组织	Public Administration, Social Security and Social Organizations	59.36	17.99	1.81	7.22	1.51	6.68	5.20	6.19
国际组织	International Organizations								

注：本表为50万元以上项目投资完成情况未含省直报项目，未含跨地区直报项目。

a) Data in this table are completion condition of investment projects above 500 thousand yuan, and do not include provincial and trans-regional Projects reporting directly.

6-10 2010-2014年城镇固定资产投资项目新增主要生产能力

Newly Increased Production Capacity of Investment in Fixed Assets in Urban Area(2010-2014)

能力名称		Item		2010	2011	2012	2013	2014
原煤开采	(万吨/年)	Coal Mining	(10 000 tons/year)	284	213	1095	1091	500
洗煤	(万吨/年)	Coal washing	(10 000 tons/year)		275	420	400	841
天然原油	(万吨/年)	Petroleum Extraction	(10 000 tons/year)		48			
天然气开采	(亿立方米/年)	Extraction of Petroleum and Natural Gas	(100 million cu.m/year)		11			
铁矿开采(原矿)	(万吨/年)	Iron Ore Mining	(10 000 tons/year)			430.5	68.2	19.0
铁矿石成品矿	(万吨/年)	Finished Products of Iron Ore Mine	(10 000 tons/year)		2.8			
炼铁	(万吨/年)	Iron-making	(10 000 tons/year)					
炼钢	(万吨/年)	Steel-making	(10 000 tons/year)					
初轧	(万吨/年)	Rolling Early	(10 000 tons/year)					
铁合金	(万吨/年)	Iron Alloy	(10 000 tons/year)	21.3	34.2	13.3	39.2	2.6
热轧钢材	(万吨/年)	Hot-rolled Steel	(10 000 tons/year)					
钢丝	(万吨/年)	Wire Steel	(10 000 tons/year)					
铜采矿(原矿)	(万吨/年)	Copper Ore Mining	(10 000 tons/year)	34.5	30.0	727.0	919.5	52.0
铜选矿(处理原矿)	(万吨/年)	Copper Ore Dressing:Crude Ore Processing	(10 000 tons/year)	1.5			60	0.03
铜含量	(吨/年)	Copper Content	(ton/year)	1032				
铜冶炼	(吨/年)	Copper Smelting	(ton/year)					
#电解铜	(吨/年)	Electrolytic Copper	(ton/year)					
铅锌采矿(原矿)	(万吨/年)	Plumbum/Zinc Ore Mining	(10 000 tons/year)	25.0		10.1		20.2
铅锌选矿(处理原矿)	(万吨/年)	Plumbum and Zinc Ore Dressing:Crude Ore Processing	(10 000 tons/year)	30.0	0.8	20.0	9.0	50.0
铅含量	(吨/年)	Plumbum Content	(ton/year)	243				20
锌含量	(吨/年)	Zinc Content	(ton/year)	463				
铅冶炼	(吨/年)	Plumbum Smelting	(ton/year)					
#电解铅	(吨/年)	Electrolytic Plumbum	(ton/year)					
镍采矿	(吨/年)	Nickel Ore Mining	(ton/year)					
氧化铝	(吨/年)	Aluminum Oxide	(ton/year)					
锌冶炼	(吨/年)	Zinc Smelting	(ton/year)		3000			
电解铝	(吨/年)	Electrolytic Aluminum	(ton/year)	10000		150000	240000	240000
粗铅	(吨/年)	Crude Plumbum	(ton/year)					
铝加工	(吨/年)	Aluminum Processing	(ton/year)		250000	251400	250800	1040000
金采矿(原矿)	(万吨/年)	Gold Ore Mining	(10 000 tons/year)					
金选矿(处理原矿)	(吨/年)	Gold Ore Dressing: Crude Ore Processing	(ton/year)					
金含量	(公斤/年)	Gold Content	(kg/year)					
黄金	(公斤/年)	Gold	(kg/year)		502.0	941.5	1060.0	17.0
矿山成品金	(公斤/年)	Gold Finished	(kg/year)	160.0				
水力发电	(万千瓦)	Hydraulic Power	(10 000 kw)	185	1	306	902	861
火力发电	(万千瓦)	Fire Power	(10 000 kw)	3				
输电线路长度(11万伏及以上)	(公里)	Length of Transmission Line	(km)	818	4139	2019	374	1959
变电设备能力(11万伏及以上)	(万千伏安)	Substation Equipment Capacity	(10 000kVA)					

6-10 续表 continued

能力名称		Item		2010	2011	2012	2013	2014
水 泥	(万吨/年)	Cement	(10 000 tons/year)	…	381	225	1133	51
胶合板	(万立方米/年)	Plywood	(10 000 cu.m/year)					
刨花板	(万立方米/年)	Flakeboard	(10 000 cu.m/year)					
平板玻璃	(万重量箱/年)	Plate Glass	(10 000 Weight-box/year)					
硫 酸	(吨/年)	Sulphuric Acid	(ton/year)					
烧 碱	(吨/年)	Caustic Soda	(ton/year)					
纯 碱	(吨/年)	Soda Ash	(ton/year)					
电 石	(吨/年)	Calcium Carbide	(ton/year)	60000	111000	550		
磷 肥	(吨/年)	Phosphate Fertilizer	(ton/year)				19200	
钾 肥	(吨/年)	Potash Fertilizer	(ton/year)	50050	23000	1393000	537350	254493
塑料树脂及共聚物	(吨/年)	Plastic Colophony and Polymer	(ton/year)	15000			5000	1290
化学原料药	(吨/年)	Chemical Medicinal Materials	(ton/year)					
中成药	(吨/年)	Traditional Chinese Medicine	(ton/year)					
毛纺锭	(锭)	Wool Spindles	(unit)					
原 盐	(吨/年)	Salt	(ton/year)					
机制纸	(万吨/年)	Machine-made Paper	(10 000 cu.m/year)					
移动通信基站设备	(个/年)	Mobile Communicating Base Station Equipment	(unit/year)					
程控交换机	(万线/年)	Program-Controlled Telephone Exchange	(10 000 lines/year)					
新建公路	(公里)	Length of New Highways	(km)	1205	1323	2100	5627	6424
#高速公路	(公里)	Express Way	(km)		169	22		132
一级公路	(公里)	First Class	(km)					
二级公路	(公里)	Second Class	(km)		284	19	300	41
改建公路	(公里)	Length of Reconstructed Highways	(km)	1031	358	711	1932	1790
#高速公路	(公里)	Express Way	(km)					
一级公路	(公里)	First Class	(km)					
二级公路	(公里)	Second Class	(km)	43	30	7	95	143
新建独立公路桥梁	(延长米)	New-built Seoarate	(Extended Length)	4314	1734	7447	6144	7042
	(座)	Highway and Bridge	(unit)	109	37	61	147	109
新(扩)建客、货运站	(个)	Number of Newly-built or Expanded	(unit)	3	3		6	18
	(平方米)	Passenger and Freight Stations	(sq.m)	24673	10055		15885	31688

6-11 1995-2014年城镇50万元以上项目固定资产投资

Investment in Fixed Assets of Projects over 500 Thousand Yuan in Urban Area(1995-2014)

年份 Year 地区 Region	施工项目(个) Number of Projects under Construction (unit)	新开工项目(个) Number of Projects Started This Year (unit)	全部建成投产项目(个) Number of Projects Completed and Put into Use (unit)	项目建成投产率 Rate of Construction Projects Completed and Put into Use (%)	固定资产投资额(亿元) Investment in Fixed Assets (100 million yuan)	新增固定资产(亿元) Newly Increased Fixed Assets (100 million yuan)	交付使用率 Rate of Projects of Fixed Assets Completed and Put into Use (%)
1995	1122	788	748	66.7	44.97	32.92	73.2
1996	1243	985	841	67.7	66.80	50.14	75.1
1997	1227	855	742	60.5	77.55	72.78	93.9
1998	1419	1026	785	55.3	91.94	62.30	67.8
1999	1544	998	901	58.4	94.85	77.72	81.9
2000	1646	1215	970	58.9		59.15	48.3
2001	1932	1459	1155	59.8	163.65	113.03	69.1
2002	2106	1588	1285	61.0	195.22	92.24	47.2
2003	2287	1802	1261	55.1	212.94	74.17	34.8
2004	2275	1681	1427	62.7	247.53	147.54	59.6
2005	2550	1695	1548	60.7	281.72	151.46	53.8
2006	2472	1757	1758	71.1	353.43	290.78	82.3
2007	2238	1601	1363	60.9	409.49	219.80	53.7
2008	2394	1617	1527	63.8	462.86	286.28	61.9
2009	2678	1774	1608	60.0	616.27	257.88	41.8
2010	2900	1516	1398	48.2	731.82	279.68	38.2
2011	2936	1946	1362	46.4	1029.72	444.56	43.2
2012	3767	2292	2000	53.1	1465.90	684.02	46.7
2013	4360	2718	2686	61.6	1849.58	864.37	46.7
2014	4533	2988	2970	65.5	2180.66	965.25	44.3
西宁市 Xining City	808	547	519	64.2	867.60	407.19	46.9
海东市 Haidong City	821	570	533	64.9	305.87	152.62	49.9
海北州 Haibei Zang A.P	526	357	405	77.0	81.58	74.35	91.1
黄南州 Huangnan Zang A.P	459	265	323	70.4	34.25	37.76	110.3
海南州 Hainan Zang A.P	411	275	301	73.2	101.54	85.91	84.6
果洛州 Golog Zang A.P	490	315	342	69.8	34.72	25.33	72.9
玉树州 Yushu Zang A.P	227	149	122	53.7	17.21	16.57	96.3
海西州 Haixi Mongolian & Zang A.P	767	502	425	55.4	468.07	165.52	35.4
不分地区 Not Classified by Region	24	8			270		

注：本表为50万元以上项目投资完成情况。

a) Data in this table are completion condition of investment projects above 500 thousand yuan.

6-12 城镇主要产品建设规模(2014年)

Construction Size of Main Production in Urban Area (2014)

能力名称		Item		建设规模 Total Construction Size	本年施工规模 Under Construction This Year	本年新开工 Started This Year	累计新增 Accumulated Newly Increased	本年新增 Newly Increased This Year
原煤开采	(万吨/年)	Coal Mining	(10 000 tons/year)	3255	891	607	1646	500
天然原油开采	(万吨/年)	Petroleum Extraction	(10 000 tons/year)					
天然气开采	(亿立方米/	Extraction of Natural Gas	(10 000 cu.m/year)					
铁矿开采(原矿)	(万吨/年)	Iron Ore Mining	(10 000 tons/year)	339	259	259	99	19
铁矿选矿处理量	(万吨/年)	Iron Ore Dressing: Crude Ore Dressing	(10 000 tons/year)	728	683	683	728	683
铁合金	(折标吨/年	Iron Allo	(equivalent standard ton/year)	386.4	1.6	1.6	386.4	1.6
铜采矿(原矿)	(万吨/年)	Copper Ore Mining	(10 000 tons/year)	52	52	22	52	52
铜选矿:处理原矿	(万吨/年)	Copper Ore Dressing: Crude Ore Processing	(10 000 tons/year)	30.3	30.03	0.03	0.3	0.03
铅锌采矿(原矿)	(万吨/年)	Plumbum/Zinc Ore Mining	(10 000 tons/year)	20	20	20	20	20
电解铝	(吨/年)	Electrolytic Aluminum	(ton/year)	600000	360000	360000	240000	240000
铝加工	(吨/年)	Aluminum Processing	(ton/year)	2505030	1555015	1500015	1740000	1040000
水力发电	(万千瓦)	Hydraulic Power	(10 000 KW)	522.5	502.2	301	337	316.7
火力发电	(万千瓦)	Fire Power	(10 000 KW)	137	66	66	66	
其他发电	(万千瓦)	Other Power	(10 000 KW)	53.32	31.01	31.01	25.26	3.77
输电线路长度(11万伏及以上)	(公里)	Length of Transmission Line (above 110 000V)	(km)	2678.64	2665.24	1904.24	1578.2	1184.8
水　泥	(万吨/年)	Cement	(10 000 tons/year)	108	51	51	108	51
磷　肥	(吨/年)	Phosphate Fertilizer	(ton/year)					
钾　肥	(吨/年)	Potash Fertilizer	(ton/year)	1153577	435313	274493	859715	254493
毛纺锭	(锭)	Wool Spindles	(unit)					
新建公路	(公里)	Length of New Highways	(km)	4329.95	4113.72	3794.55	3595.49	3467.54
改建公路	(公里)	Length of Reconstructed Highways	(km)	1370.45	1320.13	965.19	634.77	601.45
新建独立公路	(延长米)	New-built Separate Highway Bridge		5041.43	5041.43	4678.43	3524.39	3524.39
桥梁	(座)	(Extended Length)	(unit)	68	67	65	54	47
新(扩)建客、货运站	(个)	Number of Newly-built or Expanded Passenger and Freight Stations	(unit)	22	21	20	13	13
新(扩)建客、货运站	(平方米)	Number of newly-built or Expanded Passenger and Freight Stations	(sq.m)	40150	35250	31212	30160	30160
城市自来水供水能力	(万吨/日)	Tap Water Supply Capacity	(10 000 tons/day)	3	3	3	3	3

6−13　按行业分城镇50万元施工、投产项目个数(2014年)

Number of Construction Projects over 500 Thousand Yuan under Construction and Projects Completed and Projects Put into Use in Urban Area by Sector(2014)

单位：个、%　　　　(unit，%)

行　业	Sector	施工项目 Number of Projects under Construction	新开工项目 Started This Year	全部建成投产项目 Number of Projects Completed and Put into Use	项目建成投产率 Rate of Projects Completed and Put into Use
总计	**Total**	**4533**	**2988**	**2970**	**65.5**
农、林、牧、渔业	**Agriculture, Forestry, Animal Husbandry and Fishery**	**398**	**300**	**298**	**74.9**
农业	Agriculture	61	44	39	63.9
采矿业	**Mining**	**88**	**48**	**29**	**33.0**
煤炭开采和洗选业	Mining and Washing of Coal	27	3	6	22.2
石油和天然气开采业	Extraction of Petroleum and Natural Gas	5	4	1	20.0
黑色金属矿采选业	Mining and Processing of Ferrous Metal Ores	12	8	8	66.7
有色金属矿采选业	Mining and Processing of Non-Ferrous Metal Ores	14	10	6	42.9
制造业	**Manufacturing**	**470**	**319**	**270**	**57.4**
农副食品加工业	Processing of Food from Agricultural Products	56	35	31	55.4
食品制造业	Manufacture of Foods	17	13	12	70.6
饮料制造业	Manufacture of Beverages	13	7	3	23.1
烟草制品业	Manufacture of Tobacco				
纺织业	Manufacture of Textile	5	5	2	40.0
纺织服装、鞋、帽制造业	Manufacture of Textile Wearing Apparel, Footwear and Caps	5	4	3	60.0
皮革、毛皮、羽毛(绒)及其制品业	Manufacture of Leather, Fur, Feather and Related Products				
木材加工及木、竹、藤、棕、草制品业	Processing of Timber, Manufacture of Wood, Bamboo, Rattan, Palm and Straw Products	2	2	1	50.0
家具制造业	Manufacture of Furniture	4	2	4	100.0
造纸及纸制品业	Manufacture of Paper and Paper Products				
印刷业和记录媒介的复制	Printing, Reproduction of Recording Media	1	1	1	100.0
文教体育用品制造业	Manufacture of Articles For Culture, Education and Sport Activities	19	9	12	63.2
石油加工、炼焦及核燃料加工业	Processing of Petroleum, Coking, Processing of Nuclear Fuel	1			
化学原料及化学制品业	Manufacture of Raw Chemical Materials and Chemical Products	71	44	38	53.5
医药制造业	Manufacture of Medicines	10	6	4	40.0
化学纤维制造业	Manufacture of Chemical Fibres				
橡胶和塑料制品业	Manufacture of Rubber Manufacture of Plastics	13	9	3	23.1
非金属矿物制品业	Manufacture of Non-metallic Mineral Products	63	44	43	68.3
黑色金属冶炼及压延加工业	Smelting and Pressing of Ferrous Metals	15	9	13	86.7
有色金属冶炼及压延加工业	Smelting and Pressing of Non-ferrous Metals	70	53	43	61.4

6-13 续表 continued

单位：个、% (unit，%)

行业	Sector	施工项目 Number of Projects under Construction	新开工项目 Started This Year	全部建成投产项目 Number of Projects Completed and Put into Use	项目建成投产率 Rate of Projects Completed and Put into Use
金属制品业	Manufacture of Metal Products	12	7	5	41.7
通用设备制造业	Manufacture of General Purpose Machinery	12	10	8	66.7
专用设备制造业	Manufacture of Special Purpose Machinery	11	8	8	72.7
交通运输设备制造业	Manufacture of Transport Equipment	2	2		
电气机械及器材制造业	Manufacture of Electrical Machinery and Equipment	42	33	24	57.1
通信设备、计算机及其他电子设备制造业	Manufacture of Communication Equipment, Computers and Other Electronic Equipment	5	2	1	20.0
仪器仪表及文化、办公用机械制造业	Manufacture of Measuring Instruments and Machinery for Cultural Activity and Office Work				
工艺品及其他制造业	Manufacture of Artwork and Other Manufacturing				
废弃资源综合利用业	Recycling and Disposal of Waste	6	3	4	66.7
电力燃气水的生产供应业	**Production and Supply of Electricity, Gas and Water**	**272**	**165**	**173**	**63.6**
电力、热力的生产和供应业	Production and Supply of Electric Power and Heat Power	191	116	127	66.5
建筑业	**Construction**	**179**	**158**	**117**	**65.4**
交通运输、仓储和邮政业	**Transport, Storage and Post**	**435**	**269**	**269**	**61.8**
仓储业	Storage	24	14	12	50.0
邮政业	Post	3		3	100.0
信息传输、计算机服务和软件业	**Information Transmission, Computer Services and Software**	**71**	**66**	**49**	**69.0**
批发和零售业	**Wholesale and Retail Trades**	**91**	**61**	**70**	**76.9**
住宿和餐饮业	**Hotels and Catering Services**	**77**	**38**	**55**	**71.4**
金融业	**Financial Intermediation**	**12**	**8**	**8**	**66.7**
房地产业	**Real Estate**	**295**	**183**	**197**	**66.8**
租赁和商务服务业	**Leasing and Business Services**	**85**	**37**	**54**	**63.5**
科学研究、技术服务和地质勘查业	**Scientific Research, Technical Service and Geologic Prospecting**	**42**	**31**	**35**	**83.3**
水利、环境和公共设施管理业	**Management of Water Conservancy, Environment and Public Facilities**	**662**	**460**	**460**	**69.5**
居民服务和其他服务业	**Services to Households and Other Services**	**47**	**41**	**35**	**74.5**
教育	**Education**	**426**	**267**	**312**	**73.2**
卫生和社会工作	**Health, Social Work**	**147**	**93**	**91**	**61.9**
文化、体育和娱乐业	**Culture, Sports and Entertainment**	**158**	**111**	**96**	**60.8**
公共管理、社会保障和社会组织	**Public Management, Social Security and Social Organization**	**578**	**333**	**352**	**60.9**
国际组织	**International Organizations**				

6-14 1985-2014年农村个人固定资产投资和建房

Individual Investment in Fixed Assets and Building Construction in Rural Area(1985-2014)

年份 Year	投资总额(万元) Total Investment (10 000yuan)	按投资来源分 By Sources of Funds			按投资方向分 By Investment Orientation			施工房屋建筑面积(万平方米) Floor Space of Buildings under Construction (10 000 sq.m)	竣工房屋建筑面积(万平方米) Floor Space of Buildings Completed (10 000 sq.m)		竣工房屋造价(元/平方米) Value of Buildings Completed (yuan/sq.m)	
		国内贷款 Domestic Loans	自筹资金 Self-raising Funds	其他资金 Others	第一产业 Primary Industry	第二产业 Secondary Industry	第三产业 Tertiary Industry			住宅 Residential Buildings		住宅 Resid-ential Buildings
1985	9567							211.77	214.63	206.04		
1986	9467							109.31	109.31	109.31		
1987	11388							596.78	192.13	160.11		
1988	19950							167.82	167.82	126.60		
1989	17508							151.95	148.98	140.04		
1990	14747							124.64	121.60	112.48		
1991	16079							197.36	197.36	181.94		
1992	18259							113.00	113.00	113.00		
1993	31972							208.66	189.69	145.43		
1994	30580							176.25	176.25	163.96		
1995	35128							122.50	122.50	115.65		
1996	37359							150.41	150.41	122.90		
1997	36965							149.00	147.93	130.90		
1998	41852							198.09	198.09	172.37		
1999	40441							142.00	137.00	129.00	138.58	140.57
2000	77197	9124	62334	5739	11970	2085	63142	197.07	197.07	197.07	158.76	164.39
2001	81595	3509	74823	3264	18992	4018	58585	181.89	180.70	160.56	163.36	170.58
2002	98620	30474	63215	4931	19261	408	78951	141.45	141.28	127.05	181.06	176.11
2003	93563	9833	76727	7002	47676		45887	233.72	217.53	196.92	175.70	175.38
2004	97231	3563	87921	5748	46519	1685	49027	171.02	168.86	154.07	208.87	212.46
2005	101134	2899	85496	12739	30844	544	69746	252.74	252.74	201.03	217.44	250.72
2006	114113	1740	108697	3676	37755	393	75965	281.56	276.15	184.81	252.75	323.32
2007	140144	9198	126411	4536	41455	781	97908	257.34	252.80	219.70	328.79	361.00
2008	173472	13076	150996	9400	40129	652	132691	225.56	224.68	180.67	374.68	433.68
2009	229781	20083	209698		39770	689	189322	378.71	370.15	302.98	446.10	506.52
2010	494295	27300	404675	62320	45276	566	448453	710.42	707.52	661.72	559.97	578.32
2011	696640	136468	420730	139442	71336	561	624743	808.80	771.60	719.30	709.26	742.97
2012	747560	53743	567929	125889	57314	20254	669992	824.17	744.00	665.00	739.26	804.60
2013	760784	68804	587018	104962	65112	5269	690403	802.20	733.00	665.43	788.30	836.01
2014	723164	92480	537103	93581	61494	22637	639033	750.59	723.54	654.66	794.23	824.56

注：本表为抽样调查数。

a) Data in this table are taken from sample survey.

6–15 2010–2014年房地产开发主要指标

Main Indicators of Real Estate Development(2010-2014)

指 标	Item	2010	2011	2012	2013	2014
企业个数 (个)	**Number of Enterprises (unit)**	**395**	**408**	**291**	**308**	**325**
内 资	Domestic Funded	382	401	288	305	322
国 有	State-owned Enterprises	14	12	10	4	3
集 体	Collective-owned Enterprises	1	1			
港、澳、台投资	Enterprises with Funds from Hong Kong, Macao and Taiwan	10	4	2	2	2
外商投资	Foreign Funded	3	3	1	1	1
年末从业人数 (人)	**Average Number of Employed Persons (persons)**	**4422**	**7980**	**7696**	**10094**	**10374**
内 资	Domestic Funded	4258	7837	7624	10025	10311
国 有	State-owned Enterprises	249	434	511	261	239
集 休	Collective-owned Enterprises	2				
港、澳、台投资	Enterprises with Funds from Hong Kong, Macao and Taiwan	174	46	42	39	27
外商投资	Foreign Funded	119	97	30	30	36
土地开发及购置 (万平方米)	**Land Development and Purchase (10 000 sq.m)**					
本年土地购置面积	Land Space Purchased This Year			197.03	80.13	99.87
本年完成投资额 (亿元)	**Investment Completed This Year (100 million yuan)**	**108.19**	**144.8**	**189.68**	**247.61**	**308.27**
住宅	Residential Buildings	75.20	90.23	141.10	159.72	190.67
资金来源小计 (亿元)	**Sources of Funds (100 million yuan)**	**124.84**	**149.06**	**228.45**	**259.09**	**351.07**
国内贷款	Domestic Loans	24.9	17.13	37.39	44.43	51.56
利用外资	Foreign Investment	2.32	1.53			
自筹资金	Self-raising Fund	56.78	79.50	113.35	117.97	139.36
房屋建筑面积 (万平方米)	**Floor Space of Buildings (10 000 sq.m)**					
施工面积	Floor Space under Construction	1424.23	1276.21	1891.23	2376.64	2545.90
竣工面积	Floor Space Completed	267.67	426.86	416.2	592.62	559.49
住宅	Residential Buildings	242.12	363.82	371.06	474.39	447.50
商品房销售面积 (万平方米)	**Floor Space of Commercialized Buildings Sold (10 000 sq.m)**	**281.04**	**359.559**	**262.96**	**381.56**	**415.77**
住宅	Residential Buildings	266.43	342.56	246.85	369.70	362.92
商品房平均销售价格 (元/平方米)	**Selling Price of Commercialized Buildings (yuan/sq.m)**	**3005**	**3248**	**4048**	**4163**	**5081**
住宅	Residential Buildings	3456	3090	3692	3957	4294
实收资本合计 (亿元)	**Total Capital Held (100 million yuan)**	**53.26**	**70.80**	**84.86**	**107.51**	**131.91**
资产负债率 (%)	Ratio of Liabilities to Assets (%)	83.6	82.1	83.7	83.3	85.4
营业收入 (亿元)	**Total Revenue (100 million yuan)**		**76.85**	**103.45**	**107.85**	**159.04**
主营业务收入	**Revenue from Principal Business**	**47.49**	**76.81**	**103.40**	**106.73**	**152.96**
土地转让收入	**Land Transferred**		**0.28**	**0.35**	**0.38**	**0.55**

6-16 2000-2014年按用途分房地产开发企业(单位)投资额

Investment Actually Completed by Enterprises for Real Estate Development by Use (2000-2014)

单位：万元 (10 000 yuan)

年 份 地 区 Year Region	本年完成投资额 Investment Completed This Year	住 宅 Residential Buildings	办公室 Office	商业营业用房 Houses for Business Use	其 他 Others
2000	134990	81416	8369	24031	21174
2001	153558	85985	11482	28707	27384
2002	169171	94830	14657	13913	45771
2003	223121	154604	21610	21205	25702
2004	262394	166081	27476	35841	32996
2005	291130	165786	19280	43828	62236
2006	311794	229397	7414	48459	26524
2007	342057	280506	7094	31633	22824
2008	511881	428812	5227	38627	39215
2009	728499	545720	7221	40297	135261
2010	1081887	752005	21522	158326	150034
2011	1447986	902274	39733	290551	215428
2012	1896795	1411006	33642	268742	183405
2013	2476138	1597196	167543	444914	266485
2014	3082702	1906743	273158	642797	260004
西宁市 Xining City	2468649	1516744	267303	448324	236278
海东市 Haidong City	464600	311671	2977	132948	17004
海北州 Haibei Zang A.P	7133	5902		1231	
海南州 Hainan Zang A.P	15499	6350		7635	1514
海西州 Haixi Mongolian & Zang A.P	111671	62076	2878	41659	5058
黄南州 Huangnan Zang A.P	15150	4000		11000	150

注：本表2004年数据为常规报表数。

a) Data in 2004 in this table were taken from routine account.

6-17 2000-2014年房地产开发企业(单位)的资金来源

Sources of Funds of Enterprises for Real Estate Development(2000-2014)

单位：万元 (10 000 yuan)

年 份 地 区 Year Region	本年资金来源小计 Total Funds This Year	国内贷款 Domestic Loans	利用外资 Foreign Investment	外商直接投资 Foreign Direct Investment	自筹资金 Self-raising Funds	其他资金来源 Others
2000	128862	21719	3105	3105	85719	18319
2001	164288	27458	2239	2239	98673	35918
2002	179958	25469	5001	3241	93406	56032
2003	230688	41998	3550	3550	97984	85056
2004	409130	59935	3175	3175	187639	155477
2005	309008	20764	375	375	185255	102614
2006	357658	35338	250		239909	82161
2007	443366	82493			218491	142382
2008	599312	102594			410936	85782
2009	887388	131286			470715	285387
2010	1248374	269021	23248	23248	567846	388259
2011	1670483	171335	15276	15276	795017	508995
2012	2284477	373912			1133544	777021
2013	2590856	444349			1179734	966773
2014	3510695	515589			1393612	1601494
西宁市 Xining City	2912380	452766			1069395	1390219
海东市 Haidong City	441532	47452			237689	156391
海北州 Haibei Zang A.P	8943				4884	4059
海南州 Hainan Zang A.P	11878				1450	10428
海西州 Haixi Mongolian & Zang A.P	105962	15371			50194	40397
黄南州 Huangnan Zang A.P	30000				30000	

注：本表2004年数据为第一次经济普查数。在分地区中未包括直报单位数据。
a) Data in 2004 in this table were taken from the first economic census. Data by region does not include data of unit reporting directly.

6-18 2000-2014年房地产开发建设房屋建筑面积和造价
Floor Space and Cost of Buildings Developed for Real Estate Development(2000-2014)

年份 地区 Year Region	施工房屋面积（万平方米） Floor Space of Buildings under Construction (10 000 sq.m)	竣工房屋面积（万平方米） Floor Space of Buildings Completed (10 000 sq.m)	房屋建筑面积竣工率 Rate of Floor Space of Buildings Completed (%)	竣工房屋价值（万元） Value of Buildings Completed (10 000 yuan)	竣工房屋造价（元/平方米） Cost of Buildings Completed (yuan/sq.m)
2000	218.64	74.26	33.96	74089	997.70
2001	267.58	105.99	39.61	92126	869.19
2002	342.38	133.60	39.02	133285	997.64
2003	412.08	156.99	38.10	152522	971.50
2004	511.02	240.60	47.08	267381	1111.31
2005	422.87	104.11	24.62	126588	1215.90
2006	457.81	133.08	29.07	174446	1310.81
2007	584.22	171.21	29.30	248771	1453.02
2008	698.21	225.30	32.27	359510	1595.69
2009	900.39	181.98	20.20	285579	1569.29
2010	1424.23	267.67	18.79	498434	1862.12
2011	1666.05	520.46	31.24	1268417	2437.11
2012	1891.23	416.20	22.00	1078925	2592.32
2013	2376.64	592.62	24.94	1607565	2712.64
2014	2545.90	559.49	21.98	1601984	2863.29
西宁市 Xining City	1808.27	490.96	27.15	1461253	2976.32
海东市 Haidong City	525.89	43.34	8.24	95652	2207.01
海北州 Haibei Zang A.P	8.42	2.85	33.85	4783	1678.25
海南州 Hainan Zang A.P	35.75	7.76	21.71	16026	2065.21
海西州 Haixi Mongolian & Zang A.P	156.97	14.58	9.29	24270	1664.61
黄南州 Huangnan Zang A.P	10.60				

注：本表2004年数据为第一次经济普查数。

a) Data in 2004 in this table were taken from the first economic census.

6-19 2000-2014年按用途分房地产开发企业(单位)新开工房屋面积
Floor Space of Buildings Started This Year by Enterprises for Real Estate Development by Use(2000-2014)

单位：万平方米 (10 000 sq.m)

年份 地区 Year Region	本年新开工房屋面积 Floor Space Started This Year	住宅 Residential Buildings	办公楼 Office Buildings	商业营业用房 Houses for Business Use	其他 Others
2000	127.88	96.44	7.51	21.40	2.53
2001	127.62	84.29	12.43	30.19	0.71
2002	168.08	135.14	16.34	13.91	2.69
2003	236.34	185.34	17.00	30.84	3.15
2004	199.86	169.78	8.42	17.60	4.07
2005	243.06	201.04	11.56	26.43	4.03
2006	209.89	173.44	8.06	25.38	3.01
2007	273.99	242.04	7.69	18.05	6.21
2008	299.11	274.96	1.40	19.45	3.30
2009	505.13	423.61	3.53	57.28	20.71
2010	700.67	568.91	17.26	69.48	45.03
2011	532.33	447.78	6.51	43.73	34.32
2012	772.90	605.33	7.79	97.38	62.41
2013	859.76	599.85	43.75	123.41	92.75
2014	694.77	406.66	53.11	149.39	85.61
西宁市 Xining City	461.21	241.69	49.22	100.68	69.62
海东市 Haidong City	178.29	124.50	1.40	37.76	14.63
海北州 Haibei Zang A.P	3.90	3.46		0.44	
海南州 Hainan Zang A.P	7.81	7.81			
海西州 Haixi Mongolian & Zang A.P	32.95	23.05	2.49	6.06	1.35
黄南州 Huangnan Zang A.P	10.61	6.15		4.45	0.01

注：本表2004年数据为第一次经济普查数。
a) Data in 2004 in this table were taken from the first economic census.

6-20 2000-2014年按用途分的商品房屋实际销售面积

Actually Floor Space of Commercialized Buildings Sold by Use(2000-2014)

单位：万平方米 (10 000 sq.m)

年份 地区 Year Region	房屋销售面积 Floor Space of Commercialized Buildings Sold	住宅 Residential Buildings	办公楼 Office Buildings	商业营业用房 Houses for Business Use	其他 Others
2000	39.91	36.84	0.37	2.50	0.20
2001	33.66	31.86	0.08	1.57	0.15
2002	68.04	61.17	1.08	3.24	2.54
2003	83.51	70.34	4.14	8.27	0.76
2004	145.76	125.05	8.65	11.18	0.87
2005	121.04	108.46	8.73	3.57	0.28
2006	119.69	110.96	1.87	6.21	0.66
2007	154.53	147.34	1.60	5.26	0.34
2008	147.89	141.23	0.94	5.55	0.18
2009	216.82	208.02	1.38	6.63	0.79
2010	281.04	266.43	1.00	13.21	0.41
2011	359.56	342.56	1.48	14.81	0.71
2012	262.96	246.86	0.21	15.48	0.41
2013	381.56	369.70	0.69	10.27	0.90
2014	415.77	362.92	8.10	40.18	4.57
西宁市 Xining City	305.71	264.38	7.87	29.45	4.01
海东市 Haidong City	80.76	73.18	0.23	6.80	0.55
海北州 Haibei Zang A.P	2.85	2.40		0.45	
海南州 Hainan Zang A.P	8.36	7.80		0.56	
海西州 Haixi Mongolian & Zang A.P	18.09	15.16		2.92	0.01
黄南州 Huangnan Zang A.P					

注：本表2004年数据为第一次经济普查数。在分地区中未包括直报单位数据。

a) Data in 2004 in this table were taken from the first economic census. Data by region does not include data of unit reporting directly.

6-21 2000-2014年按用途分的商品房屋实际销售额

Actually Sale of Commercialized Buildings by Use(2000-2014)

单位：万元 (10 000 yuan)

年 份 地 区 Year Region	房 屋 销售额 Total Sale of Buildings	住 宅 Residential Buildings	办公楼 Office Buildings	商业营业 用 房 Houses for Business Use	其 他 Others
2000	49413	41847	1395	5633	538
2001	40670	35796	167	4452	255
2002	87898	71375	1420	11845	3258
2003	835083	703417	41427	82702	7537
2004	241004	183485	22682	33500	1337
2005	221768	182320	24132	14706	610
2006	229877	204230	4689	20267	691
2007	357123	324986	4924	26783	430
2008	363745	336669	3083	23531	462
2009	545761	508048	4949	31882	882
2010	844416	770999	2183	69964	1270
2011	1167878	1058522	2578	103981	2797
2012	1064592	911437	1395	150192	1568
2013	1588392	1462925	4067	118301	3099
2014	2112694	1558318	66418	470249	17709
西宁市 Xining City	1758851	1270747	65528	406326	16250
海东市 Haidong City	266200	219316	890	44611	1383
海北州 Haibei Zang A.P	6266	5208		1058	
海南州 Hainan Zang A.P	22219	17288		4931	
海西州 Haixi Mongolian & Zang A.P	59158	45759		13323	76
黄南州 Huangnan Zang A.P					

注：本表2004年数据为第一次经济普查数。
a) Data in 2004 in this table were taken from the first economic census.

6-22 2000-2014年按用途分的商品房屋平均销售价格

Average Selling Price of Commercialized Buildings by Use (2000-2014)

单位：元/平方米 (yuan/sq.m)

年 份 地 区 Year Region	房屋平均销售价格 Average Selling Price of Buildings	住 宅 Residential Buildings	办公楼 Office Buildings	商业营业用 房 Houses for Business Use	其 他 Others
2000	1238.16	1135.89	3770.27	2257.26	2662.05
2001	1208.33	1123.54	2174.48	2840.92	1700.00
2002	1291.85	1166.90	1310.69	3650.56	1004.10
2003	1465.30	1341.99	2125.91	2275.64	451.11
2004	1653.40	1460.29	7330.96	2995.16	1536.78
2005	1832.19	1681.03	2765.62	2801.87	1636.23
2006	1920.56	1840.50	2511.52	3266.03	1054.16
2007	2311.00	2205.75	3075.00	5093.08	1278.62
2008	2459.56	2383.83	3279.79	4239.82	2566.67
2009	2517.10	2442.36	3581.04	4805.27	111.79
2010	3004.61	2893.81	2183.00	5296.29	3097.56
2011	3248.08	3090.01	174.89	7021.00	3939.44
2012	4048.49	3692.12	6642.86	9702.33	3824.39
2013	4162.91	3957.10	5861.92	11522.68	3435.70
2014	5081.40	4293.83	8199.75	11703.56	3875.05
西宁市 Xining City	5753.33	4806.52	8326.30	13797.15	4052.37
海东市 Haidong City	3296.19	2996.94	3869.57	6560.44	2514.55
海北州 Haibei Zang A.P	2198.60	2170.00		2351.11	
海南州 Hainan Zang A.P	2657.78	2216.41		8805.36	
海西州 Haixi Mongolian & Zang A.P	3270.20	3018.40		4562.67	7600.00
黄南州 Huangnan Zang A.P					

注：本表2004年数据为第一次经济普查数。
a) Data in 2004 in this table were taken from the first economic census.

主要统计指标解释

全社会固定资产投资 是以货币形式表现的在一定时期内全社会建造和购置固定资产的工作量以及与此有关的费用的总称。该指标是反映固定资产投资规模、结构和发展速度的综合性指标，又是观察工程进度和考核投资效果的重要依据。全社会固定资产投资按登记注册类型可分为国有、集体、个体、联营、股份制、外商、港澳台商、其他等。

城镇固定资产投资 指城镇各种登记注册类型的企业、事业、行政单位及个体户进行的计划总投资（或实际需要总投资）50万元及50万元以上的建设项目投资和房地产开发投资。县城及以上区域内发生的投资，县及县以上各级政府及主管部门直接领导、管理的建设项目和企业事业单位的投资均为城镇固定资产投资。

房地产开发投资 指各种登记注册类型的房地产开发公司、商品房建设公司及其他房地产开发法人单位和附属于其他法人单位实际从事房地产开发或经营活动的单位统一开发的包括统代建、拆迁还建的住宅、厂房、仓库、饭店、宾馆、度假村、写字楼、办公楼等房屋建筑物和配套的服务设施，土地开发工程（如道路、给水、排水、供电、供热、通讯、平整场地等基础设施工程）的投资；不包括单纯的土地交易活动。

农村投资 包括在农村区域范围内进行固定资产投资活动的企业、事业、行政单位及农户投资。

建设总规模 是指在报告期内所有施工项目的计划总投资。这个指标和施工项目相对应。

在建总规模 是指在报告期末所有在建项目的计划总投资。

在建净规模 是指报告期末所有在建项目建成投产尚需的投资总量。

在建净规模 = 在建总规模 - 未投产项目（期末在建）累计完成投资。

固定资产投资的资金来源 根据固定资产投资的资金来源不同，分为国家预算内资金、国内贷款、利用外资、自筹资金和其他资金。

（1）国家预算内资金：分为财政拨款和财政安排的贷款两部分。包括中央财政的基本建设基金（分经营性基金和非经营性基金两部分）、专项支出（如煤代油专项等）、收回再贷、贴息资金，财政安排的挖潜改造和新产品试制支出、城建支出、商业部门简易建筑支出、不发达地区发展基金等资金中用于固定资产投资的资金；地方财政中由国家统筹安排的资金等。

（2）国内贷款：指报告期固定资产投资单位向银行及非银行金融机构借入的用于固定资产投资的各种国内借款，包括银行利用自有资金及吸收的存款发放的贷款、上级主管部门拨入的国内贷款、国家专项贷款、地方财政专项资金安排的贷款、国内储备贷款、周转贷款等。

（3）利用外资：指报告期收到的用于固定资产建造和购置的国外资金（包括设备、材料、技术在内）。包括对外借款（外国政府、国际金融组织贷款、出口信贷、外国银行商业贷款、对外发行债券和股票）、外商直接投资及外商其他投资。不包括我国自有外汇资金（国家外汇、地方外汇、留成外汇、调剂外汇和中国银行自有资金发行的外汇贷款等）。计算利用外资时，需要折算成人民币，折算中所使用的外汇汇率按现汇计算，即按使用外汇时的汇率计算。

（4）自筹资金：指固定资产投资单位报告期收到的，由各地区、各部门及企、事业单位筹集用于固定资产投资的预算外资金，包括中央各部门、各级地方和企、事业单位的自筹资金。

（5）其他资金：指在报告期收到的除以上各种资金之外其他用于固定资产投资的资金，包括企业或金融机构通过发行各种债券筹集到的资金、群众集资、个人资金、无偿捐赠的资金及其他单位拨入的资金等。

固定资产投资按国民经济行业分 根据建设项目建成投产后的主要产品或主要用途及社会经济活动性质来确定国民经济行业。一般情况下，一个建设项目或一个企业、事业单位只能属于一种国民经济行业。

固定资产投资按隶属关系分 是按建设单位或企业、事业、行政单位的主管上级机关确定的。

（1）中央：是指中共中央、人大常委会和国务院各部、委、局、总公司以及直属机构直接领导的建设项目和企业、事业、行政单位。这些单位的固定资产投资计划由国务院各部门直接编制和下达，建设中所需物资、主要设备以及建设中的问题都由中央有关部门安排和解决。

（2）地方：是由省（自治区、直辖市）、地区（州、盟、省辖市）、县（旗、县级市）三级政府及业务主管部门直接领导和管理的建设项目、企业、事业、行政单位。地方项目还包括不隶属以上各级政府及主管部门的建设项目和企业、事业单位，如外商投资企业和无主管部门的企业等。

固定资产投资按建设性质分 根据整个建设项目情况来确定。建设项目的性质一般分为新建、扩建、改建和技术改造、迁建、恢复。房地产开发单位、农村投资、城镇工矿区私人建房投资不划分建设性质。

（1）新建：一般指从无到有开始建设的企业、事业和行政单位或建设项目。现有企业、事业、行政单位一般不属于新建。但如有的单位原有基础很小，经过建设后新增的固定资产价值超过该企业、事业、行政单位原有固定资产价值（原值）三倍以上的也应作为新建。

（2）扩建：指在厂内或其他地点，为扩大原有产品的生产能力（或效益）或增加新的产品生产能力，而增建主要的生产车间（或主要工程）、分厂、独立的生产线。行政、事业单位在原单位增建业务用房（如学校增建教学用房、医院增建门诊部、病房等）也作为扩建。

现有企、事业单位为扩大原有主要产品生产能力或增加新的产品生产能力，增建一个或几个主要生产车间（或主要工程）、分厂，同时进行一些更新改造工程的，也应作为扩建。

(3)改建和技术改造:指现有企业、事业单位,对原有设施进行技术改造或更新(包括相应配套的辅助性生产、生活福利设施)的建设项目。现有企业、事业单位为适应市场变化的需要,而改变企业的主要产品种类(如军工企业转产民用品等)的建设项目,应作为改建。原有产品生产作业线由于各工序(车间)之间能力不平衡,为填平补齐充分发挥原有生产能力而增建不增加本企业主要产品设计能力的车间,也应作为改建。技术改造是指企业、事业单位在现有基础上,用先进的技术代替落后的技术,用先进的工艺和装备代替落后的工艺和装备,以改变企业落后的技术经济面貌,实现以内涵为主的扩大再生产,达到提高产品质量、促进产品更新换代、节约能源、降低消耗、扩大生产规模、全面提高社会经济效益的目的。技术改造具体包括以下内容:机器设备和工具的更新改造;生产工艺改革、节约能源和原材料的改造;厂房建筑和公共设施的改造;劳动条件和生产环境的改造等。

固定资产投资按构成分 固定资产投资活动按其工作内容和实现方式分为建筑安装工程,设备、工具、器具购置,其他费用三个部分。

(1)建筑安装工程(建筑安装工作量):指各种房屋、建筑物的建造工程和各种设备、装置的安装工程。包括各种房屋建造工程;各种用途设备基础和各种工业窑炉的砌筑工程及金属结构工程;为施工而进行的各种准备工作和临时工程以及完工后的清理工作等;铁路、道路的铺设,矿井的开凿及石油管道的架设等;水利工程;防空地下建筑等特殊工程;列入房屋工程预算内的暖气、卫生、通风、照明、煤气等设备的价值及装设油饰工程;列入建筑工程预算内的各种管道(蒸汽、压缩空气、石油、给排水等管道)、电力、电讯电缆导线等的敷设工程;以及各种机械设备的安装工程;为测定安装工程质量,对设备进行的试运工作;房地产开发单位进行的商品房屋开发建设工程、土地开发工程。

在安装工程中,不包括被安装设备本身的价值。

(2)设备、工具、器具购置:指建设单位或企、事业单位购置或自制的,达到固定资产标准的设备、工具、器具的价值。新建单位及扩建单位的新建车间,按照设计或计划要求购置或自制的全部设备、工具、器具,不论是否达到固定资产标准均计入"设备、工具、器具购置"中。

(3)其他费用:指在固定资产建造和购置过程中发生的,除上述几项内容以外的各种应分摊计入固定资产的费用。

施工项目 指报告期内进行过建筑或安装施工活动的项目。凡是报告期内施过工的建设项目,不论施工时间长短,均作为施工项目统计。施工项目个数可以反映一定时期固定资产投资的实际规模,与同期全部建成投产项目个数相比,可以从建设速度的角度反映固定资产投资的效果。根据建设项目施工活动的不同性质,施工项目又分为:本年正式施工项目、本年收尾项目和以前年度全部停缓建项目。

全部建成投产项目 工业项目指设计文件规定形成生产能力的主体工程及其相应配套的辅助设施全部建成,经负荷试运转,证明具备生产设计规定合格产品的条件,并经过验收鉴定合格或达到竣工验收标准,与生产性工程配套的生活福利设施可以满足近期正常生产的需要,正式移交生产的建设项目。非工业项目指设计文件规定的主体工程和相应的配套工程全部建成,能够发挥设计规定的全部效益,经验收鉴定合格或达到竣工验收标准,正式移交使用的建设项目。

新增生产能力(或工程效益) 指通过固定资产投资活动而增加的设计能力(或工程效益),该指标是以实物形态表现的反映固定资产投资成果的指标,也是考核投资经济效果的重要依据之一。

新增生产能力(或工程效益)一般有以下几种表现形式:

(1)用产品数量表示,以工程在单位时间内(一般是一年)所能生产的产品数量(即年产量)表示。如原煤开采用万吨/年表示,化学农药用吨/年表示,拖拉机制造用台/年表示等。某些化工产品由于含量差别较大,按其设计含量计算折合量表示,如硫酸、纯碱、烧碱等。

(2)用单位时间内所能处理的原料数量表示,以工程每天(或小时)所能处理原料的数量表示。如机制糖工程日处理原料吨,食用植物油日处理原料吨,城市污水处理能力用万吨/日表示等。

(3)用新增加的主要设备的数量或容量表示,如新增棉布织机、丝织机等台数,毛纺锭等锭数,发电厂新增发电机组容量用千瓦表示等。

(4)用建筑物容积、容量、面积、长度表示,是非工业项目或工程新增效益的一种表现形式。如铁路投产里程、新建公路、水库容量、粮食仓库、学校学生席位、医院病床、有效灌溉面积等。

根据工程的特点,有时需要用两种或两种以上的复合计量单位表示新增生产能力(或工程效益),如新增内燃机生产能力同时用年产台数、千瓦数表示等。

为了规范新增生产能力(或工程效益)的名称和计算单位,国家统计局制订了《新增生产能力(或工程效益)目录及代码》。各固定资产投资单位在统计新增生产能力(或工程效益)时,必须按目录中规定的名称、计量单位和代码填报。

房屋建筑面积 指房屋建筑物勒脚以上外墙外围的水平截面面积,包括房屋建筑物的有效面积和结构面积。该指标是从实物形态上反映建设规模和建设成果的重要指标之一,也是检查工程形象进度、计算工程造价、分析投资效果、研究施工任务和建筑材料之间平衡情况的重要依据。

住宅建筑面积 指施工和竣工房屋建筑面积中供居住用的房屋建筑面积。

施工面积 指报告期内施工的全部房屋建筑面积。包括本期新开工的面积和上期开工跨入本期继续施工的房屋面积,以及上期已停建在本期恢复施工的房屋面积。本期竣工和本期施工后又停缓建的房屋,其建筑面积仍计入本期房屋施工面积中。

竣工面积 指在报告期内房屋建筑按照设计要求已经全部完工,达到住人和使用条件,经验收鉴定合格(或达到竣工验收标准),正式移交使用单位的各栋房屋建筑面积的总和。

房屋建筑面积竣工率 指一定时期内房屋竣工面积占同期房屋施工面积的比率。

新增固定资产 指报告期内已经完成建造和购置过程,并已交付生产或使用单位的固定资产价值。该指标是表示固定资产投资成果的价值指标,也是反映建设进度,计算固定资产投资效果的重要指标。

项目建成投产率 指一定时期内全部建成投产项目个数与同期施工项目个数的比率。该指标是从建设单位建设速度的角度反映投资效果的指标。

固定资产交付使用率 指一定时期新增固定资产与同期完成投资额的比率。该指标是反映固定资产动用速度,衡量建设过程中宏观投资效果的综合指标。由于新增固定资产是较长时期内形成的结果,而投资额则是当年完成的,因此,该指标一般适宜于反映较长时期内固定资产的动用情况。

商品房销售面积 指报告期内出售商品房屋的合同总面积(即双方签署的正式买卖合同中所确定的建筑面积)。由现房销售建筑面积和期房销售建筑面积两部分组成。

商品房销售额 指报告期内出售商品房屋的合同总价款(即双方签署的正式买卖合同中所确定的合同总价)。该指标与商品房销售面积同口径,由现房销售额和期房销售额两部分组成。

Explanatory Notes on Main Statistical Indicators

Total Investment in Fixed Assets in the Whole Country refers to the volume of activities in construction and purchases of fixed assets of the whole country and related fees, expressed in monetary terms during the reference period. It is a comprehensive indicator which shows the size, structure and growth of the investment in fixed assets, providing a basis for observing the progress of construction projects and evaluating results of investment. Total investment in fixed assets in the whole country includes, by type of ownership, the investment by State - owned units, collective - owned units, individuals, joint ownership units, share - holding units, as well as investments by entrepreneurs from foreign countries and from Hong Kong, Macao and Taiwan, and by other units.

Urban Investment in Fixed Assets refers to construction projects involving a total planned (or required) investment of 500,000 yuan and over by enterprises of various types of ownership, institutions, administrative units and individuals in urban areas, investment in real estate development. In other words, all investments that take place in county towns and urban areas, investment in construction projects under the direct leadership and management of government agencies at and above county levels and investments by enterprises and institutions at and above county levels are covered in urban investment in fixed assets.

Investment in Real Estate Development refers to investment by real estate development companies, commercialized buildings construction companies and other real estate development units of various types of ownership in the construction of buildings, such as residential buildings, factory buildings, warehouses, hotels, guesthouses, holiday villages, office buildings, and the complementary service facilities and land development projects, such as roads, water supply, water drainage, power supply, heating supply, telecommunications, land leveling and other infrastructural projects. It does not include activities in pure land transactions.

Investment in Rural Areas refers to investment in fixed assets by enterprises, institutions, administrative units and households in rural areas.

Total Size of Construction refers to the planned total investment for all construction projects during the reference period. This item should correspond with projects under work.

Total Size of Investment in Projects under Construction refers to the planned total investment of all projects under construction at the end of the reference period.

Net Size of Investment in Projects under Construction refers to the outstanding requirement of investment of all projects under construction at the end of the reference period.

Net size of investment in projects under construction = Total size of investment - Accumulated completed investment of projects under construction

Sources of Funds for Investment in Fixed Assets are categorized as funds from the State budget, domestic loans, foreign investment, self - raised funds, and others, depending on the sources of investment.

(1) Fund from the State budget consists of budgetary appropriation and loans from the State budget. More specifically, it includes, from the budget of the central government, capital construction fund (operation fund and non - operational fund), special expenses (e. g. expenses on substituting petroleum with coal), loans from repayment, discount fund, expenses on innovation and trial production of new products, expenses on urban construction, expenses on temporary construction from business departments, development fund for less developed areas, as well as local budgetary fund transferred from the central budget.

(2) Domestic loans refer to loans of various forms borrowed by investing units from banks and non - bank financial institutions during the reference period for the purpose of investment in fixed assets, including loans issued by banks from their self - owned funds and deposit, loans appropriated by higher authorities, special loans by government, loans arranged by local government from special funds, domestic reserve loan, and working loan.

(3) Foreign investment refers to foreign funds received during the reference period for the construction and purchase of investment in fixed assets (covering equipment, materials and technology), including foreign borrowings (loans from foreign governments and international financial institutions, export credit, commercial loans from foreign banks, issue of bonds and stocks overseas), foreign direct investment and other foreign investments. Excluded from this category is capital in foreign exchanges owned by China (foreign exchanges owned by the central and local governments, foreign exchanges retained by enterprises, foreign exchanges by enterprises through the regulating mechanism, loans in foreign exchanges issued by the Bank of China with its own fund, etc.). In calculating the utilization of foreign capital, foreign currencies are converted into Chinese Renminbi applying the current exchange rate when the foreign capitals are actually used.

(4) Self - raised funds refer to extra - budgetary funds for investment in fixed assets received during the reference period by investing units from central government ministries, local governments, enterprises and institutions, including their self - raised funds.

(5) Others refer to funds for investment in fixed assets received from sources other than those listed above, including cap-

ital raised through issuing bonds by enterprises or financial institutions, funds raised from individuals and through donations, and funds transferred from other units.

Investment in Fixed Assets by Sector the classification of construction projects by sector is determined by the major products or the purpose of the projects when they are put into production or use, and by the nature of their social economic activities. In general, one project or one enterprise or institution can only be classified into one sector.

Investment in Fixed Assets by Jurisdiction of Management refers to the classification of investment by the competent authorities under which investment is made by construction units, enterprises, institutions or administrative units.

(1) Central investment refers to the investment in projects or by enterprises, institutions or administrative units which are under the direct leadership and management of the State Council and of the national commissions, ministries, agencies and State - owned large corporations. Various ministries and departments of the State Council prepare and implement plans for investment in fixed assets by those departments, and arrange and ensure the supply of materials and key equipment required for the projects.

(2) Local investment refers to the investment in projects or by enterprises, institutions or administrative units which are under the direct leadership and management of departments under the provincial, prefecture and county governments. Also included are projects by foreign - invested enterprises and enterprises without competent managing authorities.

Investment in Fixed Assets by Type of Construction construction projects in general can be classified, by the type of construction, into new construction, expansion, reconstruction and technical transformation, moving and restoration. However, investment by type of construction is not applied to investment by real - estate development units, investment in rural areas and private investment in housing construction in urban areas and in industrial and mining areas.

(1) New construction in general refers to construction projects, which start from scratch, of enterprises, institutions, administrative agencies. Construction in existing enterprises, institutions or agencies is generally not considered as new construction. In case the size of the existing unit is quite small, and the value of newly added fixed assets is more than three times of the original value, the expansion will be considered as new construction.

(2) Expansion refers to construction of new major production workshop, branch factory or independent production line within a factory or in other locations, for the purpose of increasing the production capacity (or improving efficiency) or adding new production capacity. Newly constructed accommodation for the operation of institutions and administrative organizations (such as newly constructed buildings for teaching in schools, buildings for clinics or wards in hospitals, etc.) are also classified as expansion.

Also included in expansion are investments by existing enterprises or institutions in building major production line(s) or branch factory(ies) along with some work on innovation, for the purpose of expanding the production capacity of original products or producing new products.

(3) Reconstruction and technical transformation refers to construction projects by existing enterprises or institutions in innovation or technical transformation of the old facilities (including auxiliary production equipment and welfare facilities). Also considered as reconstruction is the construction of new workshops by the existing enterprises or institutions to change the variety of products to meet the market demand (such as the production of civil products by defense industries), or to bring the designed production capacity into full play through a more balanced production process on production lines. Technical transformation refers to replacement of old technology or equipment by new technology or equipment, in order to expand the reproduction through improvement of technology contents in production, to improve product quality, to promote new products, to save energy, to reduce consumption, to expand the production scale and to improve overall social - economic efficiency. Contents of technical transformation include: updating of machinery, equipment and tools; reforming production process by using energy or materials saving technology; construction of factory workshops and transformation of public facilities; improvement of working conditions and environment, etc.

Investment in Fixed Assets by Structure by their contents and the mode of implementation, investment activities are classified into 3 categories, i. e. construction and installation, purchase of equipment and instrument, and other expenses.

(1) Construction and installation (work volume of construction and installation) refers to the construction of houses and buildings and the installation of various kinds of equipment and instruments. They include construction of houses; equipment foundations, industrial kilns and stoves, and metal structure work; preparation works and temporary works for project construction, and clearing up works post project construction; pavement of railways and roads, drilling of mines and putting up of oil pipes; construction of water conservancy; construction of underground air - raid shelters and construction of other special projects; value of equipment for heating, sanitation, ventilation, lighting, gas, painting, etc. that are covered by the budget of housing projects; laying out of various pipelines (for steam, compressed air, petroleum, tap water and sewage) and wiring and cabling for electric power and for communications; installation of various machinery and equipment; testing operation for pre - testing the quality of installation projects, and land and other development work conducted by real estate developers for commercialized housing.

The value of equipment installed is itself not included in the value of installation projects.

(2) Purchase of equipment and instruments refers to the total value of equipment, tools, and instruments purchased or self - produced which come up to the cut - off point for fixed assets

by the construction units or investing enterprises or institutions. Equipment, tools and instruments purchased or self - produced for new workshops by newly established or expanded units are categorized as "purchase of equipment and instruments" no matter whether they come up to the cut - off point for fixed assets.

(3) Other expenses refer to expenses arising during the construction or purchase of fixed assets other than those mentioned above.

Projects under Construction refer to projects with construction and installation activities undertaken in the reference period. All projects that have construction activities undertaken during the reference period are reported as projects under construction irrespective of the length of construction work. The number of projects under construction can reflect the actual size of investment in fixed assets during a given period, and when compared with the number of projects completed and put into use during the same period, it demonstrates the results of investment in fixed assets from the angle of the speed of the construction. Depending on the nature of construction activities, projects under construction can also be classified into projects beginning construction in current year, winding - up projects in current year and stopped or suspended projects in previous years (with resumption of work in current year).

Projects Completed and Put into Use Industrial projects refer to the major projects and auxiliary facilities having been completed in accordance with the design documents, resulting in forming production capacity and having checked and accepted after relevant tests, while the living and welfare facilities having been completed and being capable of ensuring normal production. Non - industrial projects refer to the major projects and auxiliary facilities which have been completed in accordance with the design documents; have been checked, accepted after relevant examination; and have been formally delivered for use.

Newly Increased Production Capacity (or Project Efficiency) refers to the increase in design capacity (or project efficiency) through investment in fixed assets, which reflects the accomplishment of investment in fixed assets in physical form and serves as an important basis for evaluating the economic efficiency of investment.

The newly increased production capacity (project efficiency) is usually expressed in one of the following forms:

(1) Volume of output of products, i. e. the volume of output that the project can produce during a given period (usually a year). For instance, the capacity in coal mining is expressed in 10,000 tons/year, the capacity in producing chemical pesticides expressed in ton/year, the capacity in producing tractors in tractor/year, etc. For some chemical products where the effective contents differ significantly, the production capacity is expressed as the designed effective content equivalent, such as in the case of sulphuric acid, soda ash, caustic soda, etc;

(2) volume of raw materials processed per unit of time, i. e. the volume of raw materials that could be processed by the project per day (or per hour), such as tons of materials processed per day by a sugar refining project or edible vegetable oil project, or tons of urban sewage processed per day;

(3) number or capacity of major equipment increased, such as number of cotton or silk looms increased, wool spindles increased, or capacity (in kilowatts) of power generators increased; and

(4) physical measures (volume, capacity, area, and length) of construction, which is typical for non - industrial projects, for instance, the length of railways put into operation, the length of highways, the capacity of reservoirs, the capacity of warehouses, the floor space of housing projects, capacity for new students in schools or beds in hospitals, areas under new irrigation project, etc.

The special features of projects may sometimes call for the combined use of two or more measurements to reflect the increase in production capacity (or project efficiency); for instance, the new capacity for the production of internal combustion engines is expressed in sets per year and kilowatts per year simultaneously.

To standardize the nomenclature and unit of measurement for newly increased production capacity (or project efficiency), the National Bureau of Statistics has developed the Nomenclature and Codes for New Production Capacity (Project Efficiency). All reporting units with investment activities are required to follow these two nomenclatures in reporting statistics on new production capacity (project efficiency).

Floor Space of Buildings under Construction refers to the total floor space of the horizontal section of outer walls above the plinth of the building, including the effective area and the area occupied by the structure. This indicator is one of the important indicators in physical terms to reflect the scale and accomplishment of the construction industry and also an important basis for monitoring the progress, calculating the cost, analyzing the efficiency and studying the supply of building materials in relation to the construction projects.

Floor Space of Residential Buildings refers to the floor space of the residential buildings among the total space of buildings under construction or completed.

Floor Space under Construction refers to total floor space of all buildings under construction during the reference period, including floor space of newly started buildings during the reference period, floor space of construction extended from the previous period to the current period, and floor space of construction suspended during the previous period and resumed in the current period. Floor space of construction completed in the current period, and floor space of construction started and then suspended in the current period are also included in the floor space under construction of the current year.

Floor Space Completed refers to the floor space of all buildings completed in the reference period, which have been appraised and accepted (or come up to the designed standards) and has been transferred to owner units.

Completion Rate of Floor Space of Buildings refers to the ratio of the floor space of buildings completed in a certain period of time to the floor space of buildings under construction in the same period.

Newly Increased Fixed Assets refer to the newly increased value of fixed assets, constructed or purchased, that have been transferred to the investors. This is an indicator that demonstrates the results of investment in fixed assets in monetary terms, and an important indicator to reflect the speed of construction and to calculate the efficiency of investment.

Rate of Construction Projects Completed and Put into Use refers to the ratio of the number of construction projects completed and put into use in a certain period of time to the number of projects under construction in the same period. This reflects the investment efficiency from the perspective of the speed of projects construction.

Rate of Projects of Fixed Assets Completed and Put into Operation refers to the ratio of the newly increased fixed assets to the total investment made in the same period. This is a comprehensive indicator reflecting the speed of the employment of fixed assets and the investment efficiency at the macro – level. As the newly increase fixed assets is the result of a long period while the investment is completed in the current year, this indicator is expected to be used to reflect the employment of fixed assets over a long period of time.

Area of Commercialized Housing Sold refers to total contracted area of commercialized housing (i. e. area of floor space as designated in the formal contracts signed by both sides) during the reference time. It constitutes floor space of completed housing and floor space of future housing.

Value of Commercialized Housing Sold refers to the total contracted value (i. e. value of sales/purchase for selling/purchase of commercialized housing as designated in the contract signed by both sides) during the reference time. This indicator has the same coverage as the area of commercialized housing sold, which constitutes floor space of completed housing and floor space of housing yet to be completed.

第 7 篇

CHAPTER 7

对外经济贸易

Foreign Trade and Economic Cooperation

进出口贸易

（万美元）

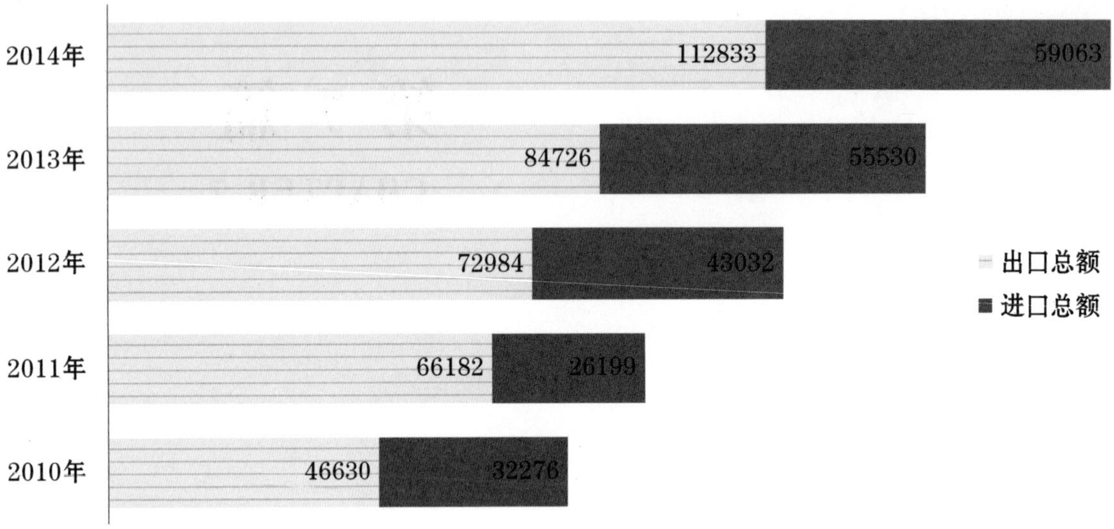

外商直接投资合同利用外资情况

（万美元）

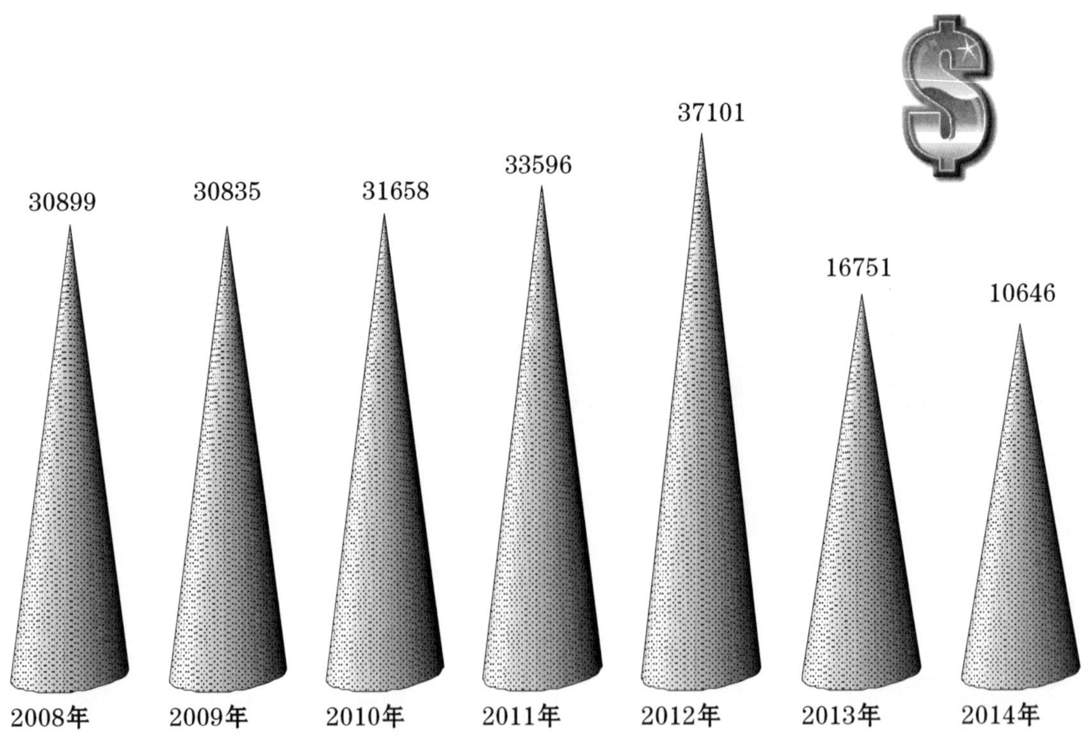

7-1 主要年份进出口贸易总额

Total Value of Imports and Exports in Main Years

单位：万美元 (USD 10 000)

年份 地区	Year Region	进出口总额 Total Value of Imports and Exports	进口总额 Total Exports	出口总额 Total Imports
1990		7027	222	6805
1991		7791	240	7552
1992		10399	1356	9043
1993		12442	2268	10174
1994		14331	1981	12350
1995		16226	2419	13807
1996		22497	9017	13480
1997		16476	4036	12440
1998		11405	974	10431
1999		10785	2099	8686
2000		15973	4773	11200
2001		20490	5577	14913
2002		19671	4562	15109
2003		33913	6526	27387
2004		57551	12075	45476
2005		41338	9014	32324
2006		65175	11752	53422
2007		61207	22616	38591
2008		68847	26972	41875
2009		58590	33491	25099
2010		78906	32276	46630
2011		92382	26199	66182
2012		116016	43032	72984
2013		140256	55530	84726
2014		171896	59063	112833
西宁市	Xining City	159674	51314	108360
海东市	Haidong City	2801	4	2797
海南州	Hainan Zang A.P	750	333	417
海西州	Haixi Mongolian & Zang A.P	8671	7412	1259

7−2 2014年海关进口主要商品总值表
Total Value of Major Import Commodities by Customs(2014)

单位：万美元 (USD 10 000)

	Item	金 额 Value
氧化铝	Alumina	12034
钢材	Rolled Steel	331
机械提升搬运装卸设备及零件	Mechanical Handling Equipment and Parts	300
初级形状的塑料	Primary plastics	454
纺织机械及零件	Textile Machinery and Parts	764
金属轧机及零件	Metal Rolling Mill and Parts	338
阀门	Valves	274
计量检测分析自控仪器及器具	Measurement of Self-control Monitoring and Analysis Instruments and Apparatus	532
塑料制品	Plastic	227
金属冶炼铸造设备及零件	Metal Smelting and Casting Equipment and Parts	194
羊毛	Wool	438
机电产品	Mechanical and Electrical Products	10013
高新技术产品	High and New-tech Products	1543
铬矿砂及其精矿	Chromium Ores and Concentrates	208
铝矿砂及其精矿	Aluminium Ores and Concentrates	4687
锌矿砂及其精矿	Zinc Ores and Concentrates	660
煤及褐煤	Coal and Lignite	27720

7-3 2014年海关出口主要商品总值表

Total Value of Major Export Commodities by Customs(2014)

金额单位：万美元 (USD 10 000)

商品名称	Item	金 额 Value
硅铁	Ferrosilicon	20352
铁合金	Ferroalloy	20698
箱包及类似容器	Bags and Similar Containers	2716
药材	Medicinal Materials	1295
医药品	Medical Products	125
纺织纱线、织物及制品	Textile Yarn, Fabrics and Products	16510
山羊绒	Cashmere	103
家用陶瓷器皿	Porcelain and Pottery Ware for Household Use	1331
玻璃制品	Glass Products	1029
装饰用陶瓷制品	Ceramic Products for Decorating	301
钢材	Rolled Steel	837
未锻造的铝及铝材	Unwrought Alumm and Its Material	4104
钢铁或铜制标准紧固件	Steel or Copper Standard Fasteners	197
锁	Locks	358
静止式变流器	Static Converters	753
手电筒	Flashlight	181
蓄电池	Battery	145
扬声器	Loudspeaker	146
通断保护电路装置及零件	Relay Protection Circuit Device and Parts	1009
电线和电缆	Wire or Cable	177
二极管及类似半导体器件	Diode and Similar Semiconductor Devices	163
汽车零件	Parts of Motor Vehicles	558
灯具、照明装置及类似品	Lamps, Lighting Fixtures and Similar Products	3813
家具及其零件	Furniture and Parts	3665
旅行用品及箱包	Travel Goods and Bags	2716
服装及衣着附件	Clothing and Accessories	8143
帽类	Hats	994
塑料制品	Plastic	3739
机电产品	Mechanical and Electrical Products	26687
高新技术产品	High and New-tech Products	1366

7-4 2013－2014年海关按国别(地区)分出口总值

Total Value of Export by Country (Region) From the Customs (2013－2014)

单位：万美元 (USD 10 000)

国 家(地区)	Country (Region)	2013	2014
亚 洲	**Asia**		
孟加拉国	Bangladesh	161	421
中国香港	Hong Kong, China	11627	6793
印 度	India	1657	2616
印度尼西亚	Indonesia		2048
伊 朗	Iran	614	1212
以色列	Israel	339	477
日 本	Japan	11816	13480
约 旦	Jordan	423	630
科威特	Kuwait	106	280
老 挝	Laos		
黎巴嫩	Lebanon	258	254
马来西亚	Malaysia	2054	5400
阿 曼	Oman	53	184
巴基斯坦	Pakistan	8002	9012
菲律宾	Philippines	476	455
沙特阿拉伯	Saudi Arabia	772	2406
新加坡	Singapore	572	3659
韩 国	Korea Rep.	2993	4480
斯里兰卡	Sri Lanka	89	115
泰 国	Thailand	619	1768
土耳其	Turkey	350	1085
阿联酋	United Arab Emirates	1656	2220
也门共和国	Republic of Yemen	361	412
越 南	Vietnam	109	5060
中国台湾	Taiwan, China	358	
非 洲	**Africa**		
阿尔及利亚	Algeria	799	698
埃 及	Egypt	769	836
尼日利亚	Nigeria	340	1365
南非(阿扎尼亚)	South Africa	565	849
欧 洲	**Europe**		
比利时	Belgium	465	741
丹 麦	Denmark	17	49
英 国	United Kingdom	2020	1728
德 国	Germany	2228	2685
法 国	France	330	807
意大利	Italy	2257	673
荷 兰	Netherlands	259	1858
希 腊	Greece	174	231
葡萄牙	Portugal	110	113
西班牙	Spain	770	618
奥地利	Austria	1	6
芬 兰	Finland	71	128
挪 威	Norway	51	237
波 兰	Poland	153	123
罗马尼亚	Romania	179	244
瑞 典	Sweden	72	69
瑞 士	Switzerland	4	
俄罗斯	Russia	1057	651
乌克兰	Ukraine	393	101
斯洛文尼亚	Slovenia	91	204
捷 克	Czech	6	13
拉丁美洲	**Latin America**		
阿根廷	Argentina	213	280
巴 西	Brazil	1375	1373
智 利	Chile	899	880
哥伦比亚	Colombia	335	294
古 巴	Cuba	59	8
多米尼加共和国	Dominica Rep.	74	60
厄瓜多尔	Ecuador	114	189
委内瑞拉	Venezuela	128	97
危地马拉	Guatemala	51	71
墨西哥	Mexico	430	607
巴拿马	Panama	393	311
秘 鲁	Peru	274	222
波多黎各	Puerto Rico	19	15
萨尔瓦多	El Salvador	57	41
北美洲	**North America**		
加拿大	Canada	2112	3144
美 国	United States	4999	8444
大洋洲及太平洋岛屿	**Oceanic and Pacific Islands**		
澳大利亚	Australia	932	1484
新西兰	New Zealand	262	778

7-5 主要年份利用外资概况

Utilization of Foreign Capital in Main Years

单位：万美元 (USD 10 000)

年 份 Year	外商直接投资 Direct Foreign Investment		
	项 目(个) Number of Projects (unit)	合同利用外资额 Total Amount of Contracted Foreign Investment	实际利用外资额 Total Amount of Foreign Investment Actually Utilized
1985	4	318.0	108.3
1991	2	19.0	13.0
1992	11	399.0	191.1
1993	54	4300.0	899.8
1994	19	2143.5	964.5
1995	28	5447.0	1064.0
1996	18	2799.0	1113.6
1997	22	7284.0	2179.0
1998	24	12583.0	5065.7
1999	15	2821.0	2670.5
2000	40	15312.0	5309.0
2001	47	15961.0	5586.0
2002	32	21268.4	11380.4
2003	44	35767.0	19167.0
2004	52	35330.0	22500.0
2005	29	35562.0	26600.0
2006	17	40608.3	27500.0
2007	37	41601.3	31000.0
2008	22	30898.6	22000.0
2009	8	30835.4	21500.0
2010	17	31658.0	21930.0
2011	6	33596.2	16893.2
2012	16	37100.5	20578
2013	13	16750.8	9372.3
2014	9	10646.1	5010.0

7-6 2013－2014年按行业分外商直接投资合同外资额

Direct Foreign Investment by Sector(2013－2014)

行 业	Sector	项 目(个) Number of Projects (unit)		金 额(万美元) Value (USD 10 000)	
		2013	2014	2013	2014
总计	**Total**	**13**	**9**	**16751**	**10646**
农、林、牧、渔业	Agriculture, Forestry, Animal Husbandry and Fishery		1		1304
采掘业	Mining	1		1772	
制造业	Manufacturing	6	1	6683	2051
电力、煤气及水的生产和供应业	Production and Supply of Electricity, Gas and Water	1		1000	
建筑业	Construction				
交通运输、仓储和邮政业	Transport, Storage and Post				
批发和零售	Wholesale and Retail Trades		2		1023
住宿和餐饮业	Hotels and Catering Services	1		5	4
房地产业	Real Estate		1		4001
租赁和商务服务业	Leasing and Business Services	3	3	6550	2255
科学研究、技术服务和地质勘查业	Scientific Research, Technical Service and Geologic Prospecting				
水利、环境和公共设施管理业	Management of Water Conservancy, Environment and Public Facilities	1		741	
居民服务和其他服务业	Services to Households and Other Services		1		8
卫生体育和社会福利业	Health, Sports and Social Welfare				
其 他	Others				

注：其他是上年项目续建金额。

a) Others Means the Amount of Continued Construction Projects of the Previous Year.

7-7 2013－2014年利用外资额(按方式和国别分)

Utilization of Foreign Capital (by Method and Country) (2013－2014)

单位：万美元 (USD 10 000)

指 标	Item	合同数(个) Number of Projects (unit)		外方直接投资合同金额 Contracted Value of Direct Foreign Investment	
		2013	2014	2013	2014
总计	**Total**	**13**	**9**	**16751**	**10646**
按投资方式分组	**By Form**				
合资经营企业	Equity Joint Venture	5	3	3116	3031
合作经营企业	Contractural Joint Venture			1610	
外资企业	Wholly Foreign-owned Enterprise	8	6	12025	7615
股份制	FDI Shareholding Inc.				
其 它	Others				
按投资国别(地区)分组	**By Country or Region**				
亚 洲	**Asia**	**12**	**8**	**14563**	**9137**
中国香港	Hong Kong, China	10	5	14496	5128
印度尼西亚	Indonesia				
韩 国	Republic of Korea	1	1	5	3
日 本	Japan			12	
新加坡	Singapore	1	2	50	4006
欧 洲	**Europe**			**551**	
德 国	Germany				
荷 兰	Netherlands				
英 国	United Kingdom				
法 国	France			551	
瑞 士	Switzerland				
美 洲	**North America**		**1**	**1610**	**1509**
加拿大	Canada				
美 国	United States		1		1509
维尔京群岛	Virgin Islands			1610	
大洋洲及太平洋诸岛	**Oceanic and Pacific Islands**				
澳大利亚	Australia				
萨摩亚	Samoa				
新西兰	New Zealand				
其他(外商投资企业再投资)	**Others**	**1**		**28**	

主要统计指标解释

进出口总额 指实际进出我国国境的货物总金额。包括对外贸易实际进出口货物，来料加工装配进出口货物，国家间、联合国及国际组织无偿援助物资和赠送品，华侨、港澳台同胞和外籍华人捐赠品，租赁期满归承租人所有的租赁货物，进料加工进出口货物，边境地方贸易及边境地区小额贸易进出口货物（边民互市贸易除外），中外合资企业、中外合作经营企业、外商独资经营企业进出口货物和公用物品，到、离岸价格在规定限额以上的进出口货样和广告品（无商业价值、无使用价值和免费提供出口的除外），从保税仓库提取在中国境内销售的进口货物，以及其他进出口货物。该指标可以观察一个国家在对外贸易方面的总规模。我国规定出口货物按离岸价格统计，进口货物按到岸价格统计。

商品经营单位所在地进、出口额 指在所在地海关注册登记的有进出口经营权的企业实际进、出口额。

商品目的地进口额和商品货源地出口额 目的地进口额指进口货物的消费、使用或最终抵运地的实际进口额；货源地出口额指出口货物的产地或原始发货地的实际出口额。

利用外资 指我国各级政府、部门、企业和其他经济组织通过对外借款、吸收外商直接投资以及用其他方式筹措的境外现汇、设备、技术等。

对外借款 指通过对外正式签订借款协议，从境外筹措的资金，包括外国政府贷款、国际金融组织贷款、外国银行商业贷款、出口信贷以及对外发行债券等。1996 年及以前还包括对外发行股票。该指标是我国利用外资的重要部分。

外商直接投资 指外国企业和经济组织或个人（包括华侨、港澳台胞以及我国在境外注册的企业）按我国有关政策、法规，用现汇、实物、技术等在我国境内开办外商独资企业、与我国境内的企业或经济组织共同举办中外合资经营企业、合作经营企业或合作开发资源的投资（包括外商投资收益的再投资），以及经政府有关部门批准的项目投资总额内企业从境外借入的资金。

外商其他投资 指除对外借款和外商直接投资以外的各种利用外资的形式。包括企业在境内外股票市场公开发行的以外币计价的股票（目前主要是在香港证券市场发行的 H 股和在境内证券市场发行的 B 股）发行价总额，国际租赁进口设备的应付款，补偿贸易中外商提供的进口设备、技术、物料的价款，加工装配贸易中外商提供的进口设备、物料的价款。

Explanatory Notes on Main Statistical Indicators

Total Imports and Exports at Customs refer to the real value of commodities imported and exported across the border of China. They include the actual imports and exports through foreign trade, imported and exported goods under the processing and assembling trades and materials, supplies and gifts as aid given gratis between governments and by the United Nations and other international organizations, and contributions donated by overseas Chinese, compatriots in Hong Kong and Macao and Chinese with foreign citizenship, leasing commodities owned by tenant at the expiration of leasing period, the imported and exported commodities processed with imported materials, commodities trading in border areas (excluding mutual exchange goods), the imported and exported commodities and articles for public use of the Sino - foreign joint ventures, cooperative enterprises and ventures with sole foreign investment. Also included is import or export of samples and advertising goods for which CIF or FOB value are beyond the permitted ceiling (excluding goods of no trading or use value and free commodities for export), imported goods sold in China from bonded warehouses and other imported or exported goods. The indicator of the total imports and exports at customs can be used to observe the total size of external trade in a country. In accordance with the stipulation of the Chinese government, imports are calculated at CIF, while exports are calculated at FOB.

Import and Export Value by Location of China's Foreign Trade Managing Units refers to actual value of imports and exports carried out by corporations which have been registered by the local Customs house and are vested with right to run import export business.

Import Value of Commodities by Place of Destination and Export Value of Commodities by Place of Origin in China The former indicator refers to the value of import commodities of the places of their consumption, utilization or the places of their final destination. The latter indicator refers to the value of export commodities of the places of their origin or the places of the commodities dispatched.

Utilization of Foreign Capitals refers to remittance, equipment and technology financed from abroad, by loans, foreign direct investment and other forms undertaken by the Chinese governments at all levels, by various departments, enterprises and other economic units.

Foreign Borrowings refer to funds borrowed from abroad through formal signing of borrowing agreements with foreign institutions, including loans of foreign governments, loans of international financial institutions, commercial loans of foreign banks, export credit, and funds raised by Chinese bonds (and shares before 1996) issued abroad. It is an important part of China's utilization of foreign capitals.

Foreign Direct Investment refers to the investments inside China by foreign enterprises and economic organizations or individuals (including overseas Chinese, compatriots from Hong Kong, Macao and Taiwan, and Chinese enterprises registered abroad), following the relevant policies and laws of China, for the establishment of ventures exclusively with foreign own investment, Sino - foreign joint ventures and cooperative enterprises or for co - operative exploration of resources with enterprises or economic organizations in China. It includes the re - investment of the foreign entrepreneurs with the profits gained from the investment and the funds that enterprises borrow from abroad in the total investment of projects which are approved by the relevant department of the government.

Other Foreign Investment refers to all forms of utilization of foreign capitals other than foreign borrowings and foreign direct investment. It includes the total value of stock shares in foreign currencies issued by enterprises at domestic or foreign stock exchanges (now mainly consisting of H shares issued at Hong Kong Security Market and B shares issued at domestic security markets), rent payable for the imported equipment through international leasing arrangement, cost of imported equipment, technology and materials provided by foreign counterparts in compensation trade and processing and assembly trade.

第 8 篇

CHAPTER 8

能源与环境

Energy and Environment

能源生产消费情况

（万吨标准煤）

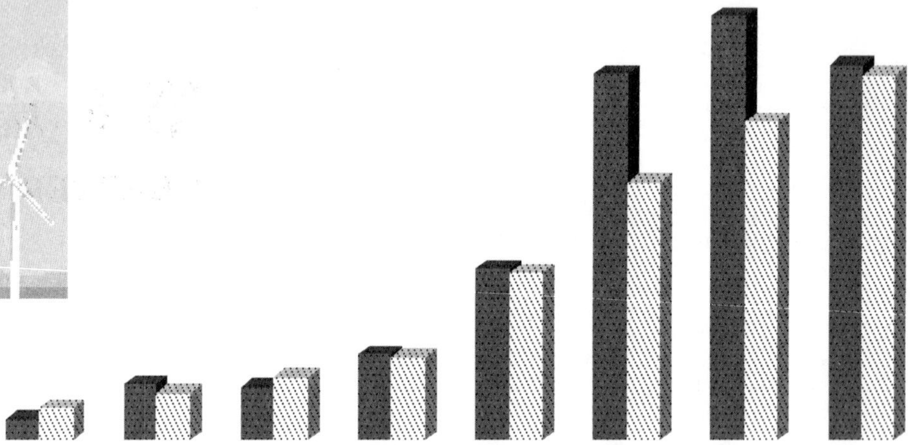

	1985年	1990年	1995年	2000年	2005年	2010年	2012年	2014年
能源生产总量	230.26	606.46	571.57	937.90	1867.27	4005.82	4631.37	4099.40
能源消费总量	349.21	504.35	687.71	897.23	1830.48	2814.57	3475.88	3991.70

能源消费构成

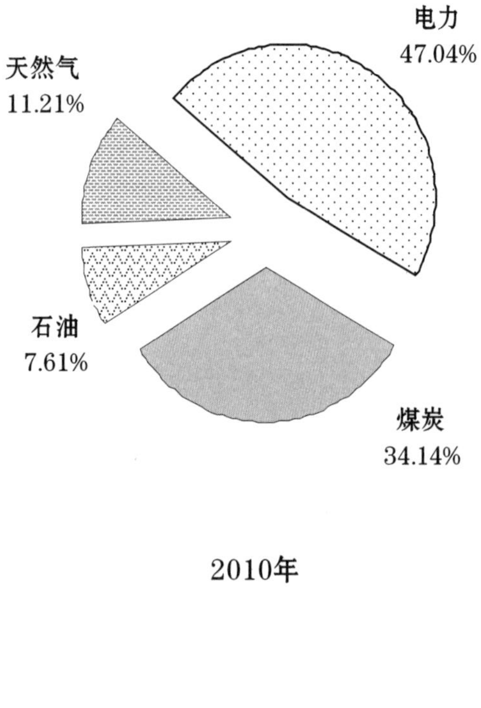

2010年

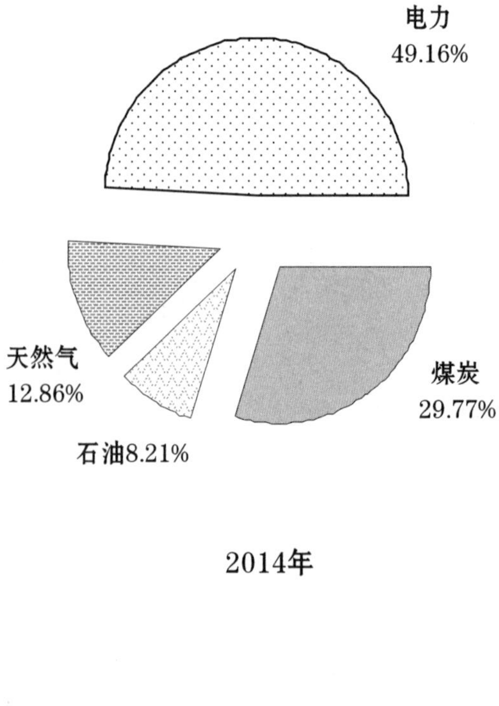

2014年

8-1 1990-2014年一次能源生产总量及构成

Total Production of Primary Energy and It's Composition (1990-2014)

年 份 Year	能源生产总量 (万吨标准煤) Total Energy Production (10 000 tons of SCE)	占能源生产总量的比重(%) As Percentage of Total Energy Production(%)			
		原煤 Coal	原油 Crude Oil	天然气 Natural Gas	一次电力 Primary Electric Power
1990	606.46	32.28	19.08	1.02	47.62
1991	552.26	31.82	26.39	1.65	40.14
1992	504.85	34.32	30.00	1.25	34.43
1993	559.17	25.29	27.69	1.00	46.01
1994	619.47	26.12	26.06	1.31	46.50
1995	571.57	29.74	30.41	1.36	38.49
1996	584.71	35.34	33.32	2.49	28.85
1997	672.89	28.79	34.02	3.97	33.22
1998	771.00	24.90	32.63	4.22	38.25
1999	885.89	23.00	30.57	4.76	41.67
2000	937.90	16.79	30.46	5.06	47.69
2001	907.05	13.31	32.44	8.76	45.49
2002	974.46	18.31	31.38	14.34	35.97
2003	990.14	22.40	31.75	18.90	26.95
2004	1226.30	23.92	25.86	17.76	32.46
2005	1867.27	26.92	16.95	15.86	40.27
2006	2113.85	25.60	15.07	14.50	44.83
2007	2458.17	32.35	12.82	18.56	36.27
2008	2857.42	36.66	11.02	20.32	32.00
2009	3219.77	39.41	8.27	17.79	34.53
2010	4005.82	41.07	6.64	18.63	33.67
2011	4035.16	41.27	6.90	20.50	31.33
2012	4631.37	43.59	6.32	17.34	32.75
2013	5068.33	48.05	6.05	16.99	28.91
2014	4099.40	33.47	7.67	21.26	37.60

注：1.2005—2013年能耗及相关数据根据第二次、第三次经济普查结果进行了修订。
2.电力折算标准煤的系数根据当年平均发电煤耗计算。
3.生产、消费量按等价值计算。下表同。

a) Data of energy consumption and related in 2005-2013 were adjusted and revised based on the second and third economic census.

b) The coefficient for conversion of electric power into SCE (standard coal equivalent) is calculated on the basis of the data on average coal consumption in generating electric power in the same year.

c) The energy production and consumption in this table are at equalance prices. The same applies to the tables following.

8-2 1990-2014年能源消费总量及构成

Total Consumption of Energy and It's Composition (1990-2014)

年 份 Year	能源消费总量 (万吨标准煤) Total Energy Consumption (10 000 tons of SCE)	占能源消费总量的比重(%) As Percentage of Total Energy Consumption(%)			
		煤炭 Coal	石油 Crude Oil	天然气 Natural Gas	电力 Electric Power
1990	504.35	51.54	12.47	1.03	32.97
1991	474.29	44.08	11.25	2.24	42.43
1992	499.29	42.53	7.80	1.85	47.82
1993	559.98	38.57	8.69	1.00	51.74
1994	625.38	40.27	8.24	1.30	50.19
1995	687.71	41.64	8.42	1.13	48.81
1996	698.25	40.75	8.57	2.07	48.61
1997	706.78	45.45	19.15	3.77	31.63
1998	738.88	39.78	17.92	4.40	37.90
1999	938.68	37.29	16.84	4.38	41.49
2000	897.23	30.18	18.96	4.83	46.03
2001	939.33	28.02	18.05	7.52	46.41
2002	1018.83	26.42	15.77	13.25	44.56
2003	1122.70	28.72	13.47	15.07	42.74
2004	1364.38	27.56	14.07	15.79	42.58
2005	1830.48	44.20	8.63	8.00	39.17
2006	2085.84	45.18	7.75	8.46	38.61
2007	2295.91	47.56	8.09	8.29	36.06
2008	2497.74	43.72	8.95	12.20	35.13
2009	2573.44	42.99	7.79	12.69	36.53
2010	2814.57	34.14	7.61	11.21	47.04
2011	3145.28	28.58	10.68	12.97	47.77
2012	3475.88	31.43	9.40	14.60	44.57
2013	3768.16	31.67	8.24	13.95	46.14
2014	3991.70	29.77	8.21	12.86	49.16

注：1、2005-2013年能耗及相关数据根据第二次、第三次经济普查结果进行了修订。
2、电力按等价值(当年发电煤耗)计算。
3、煤炭包括：原煤、洗精煤、其它洗煤、煤制品、焦炭、焦炉煤气、煤矸石、高炉煤气、其他焦化产品、转炉煤气、其他煤气。
4、石油包括：原油、汽油、煤油、柴油、燃料油、石脑油、润滑油、石蜡、溶剂油、石油沥青、石油焦、液化石油气、炼厂干气和其他石油制品。

a) Data of energy consumption and related in 2005-2013 were adjusted and revised based on the second and third economic census.
b) Electric Power is calculated at equal value (current coal consumption in generating electric power).
c) The Coal includs raw coal, washed coal, other coal washing, coal products, coke, coke oven gas, coal, blast furnace gas, other coking products, converter gas, other gas.
d) Petroleum includs crude oil, gasoline, kerosene, diesel oil, fuel oil, naphtha, lubricating oil, paraffin, solvent oil, petroleum asphalt, petroleum coke, liquefied petroleum gas, refinery gas and other petroleum products.

8-3 2010-2014年综合能源平衡表

Overall Energy Balance Sheet(2010-2014)

单位：万吨标准煤 (10 000 tons of SCE)

项　目	Item	2010	2011	2012	2013	2014
可供本地区消费的能源量	**Total Energy Available for Consumption**	**2794.60**	**3145.21**	**3476.01**	**3768.41**	**3991.90**
年初库存量	Early Stocks	175.99	194.99	232.84	215.47	342.33
一次能源生产量	Primary Energy Output	4005.82	4035.16	4631.37	5068.34	4099.40
外省(区、市)调入量	Amount Tranferred from Other Provinces	593.04	1055.26	1306.01	1351.25	1541.73
进口量	Imports					
本省(区、市)调出量(-)	Amount Tranferred out from the Province(-)	-1781.63	-1907.34	-2467.63	-2537.88	-1656.61
出口量(-)	Exports (-)					
年末库存量(-)	The End of Inventories	-198.62	-232.87	-226.58	-328.76	-334.94
加工转换投入(-)产出(+)量	**Input(-) and Output(+) of Processing and Conversion**	**-109.56**	**-89.54**	**-82.07**	**-108.58**	**-57.65**
火力发电	Thermal Power					
供　热	Heating	-7.47	-5.15	-4.91	-5.61	-5.20
煤炭洗选	Coal Washing	-75.77	-73.57	-64.13	-75.08	-35.75
炼　焦	Coking	-14.52	-15.76	-21.50	-39.41	-34.41
炼　油	Petroleum Refining	-11.79	-15.17	-15.37	-14.22	-9.96
制　气	Gas Production					
天然气液化	Natural Gas Liquefaction					-1.02
煤制品加工	Coal Goods of Process					
回收能	Recovery of Energy		20.11	23.83	25.73	28.69
损失量	Amount of Losses	66.23	72.73	72.69	78.47	76.04
其中：运输和输配损失	Transportation Losses	59.46	64.85	66.08	71.89	69.50
终端消费量	**End-use Consumption**	**2638.79**	**2983.01**	**3321.12**	**3581.11**	**3858.01**
第一产业	Primary Industry	18.87	18.44	19.28	19.80	20.88
农、林、牧、渔业	Agriculture, Forestry, Animal Husbandry, Fishery					
第二产业	Secondary Industry	2116.55	2462.76	2766.16	3006.03	3247.87
工　业	Industry	2086.44	2428.95	2729.60	2966.27	3205.84
用于原材料	For Raw and Processed Material	108.41	122.42	204.52	239.60	239.50
建筑业	Construction	30.10	33.81	36.56	39.76	42.03
第三产业	Tertiary Industry	290.32	298.28	319.81	333.08	354.73
交通运输、仓储和邮政业	Transport, Storage and Post	114.83	125.37	135.91	142.67	152.18
批发、零售业和住宿、餐饮业	Wholesale and Retail Trades, Hotels and Catering Services	51.63	51.32	55.04	57.69	61.62
其　他	Others	123.86	121.59	128.87	132.72	140.93
生活消费	Household Consumption	213.06	203.52	215.87	222.19	234.53
城　镇	Urban	123.12	118.57	125.13	130.41	138.46
乡　村	Rural	89.93	84.95	90.74	91.78	96.07
消费量合计	**Total Consumption**	**2814.57**	**3145.28**	**3475.88**	**3768.16**	**3991.70**

注：1.2005-2013年能耗及相关数据根据第二次、第三次经济普查结果进行了修订。
2.电力、热力按等价热值折算。
3.村办工业包括在工业中。

a) Data of energy consumption and related in 2005-2013 were adjusted and revised based on the second and third economic census.
b) Electric power and heat are converted on the basis of equal caloric value.
c) Energy consumption of industry include that of village industry.

8-4 1990-2014年能源生产弹性系数

Elasticity Ratio of Energy Production(1990-2014)

年份 Year	能源生产比上年增长(%) Growth Rate of Energy Production over Preceding Year (%)	电力生产比上年增长(%) Growth Rate of Electricity Production over Preceding Year (%)	生产总值比上年增长(%) Growth Rate of Gross Domestic Product (GDP) over Preceding Year (%)	能源生产弹性系数 Elasticity Ratio of Energy Production	电力生产弹性系数 Elasticity Ratio of Electricity Production
1990	17.24	21.30	3.72	4.63	5.73
1991	-8.94	-15.40	4.69		
1992	-8.58	-16.70	7.39		
1993	10.76	36.50	9.65	1.12	3.78
1994	10.80	7.40	8.12	1.33	0.91
1995	-7.70	-17.40	8.00		
1996	2.30	2.20	8.72	0.26	0.25
1997	15.08	36.45	9.04	1.67	4.03
1998	14.60	19.26	8.92	1.64	2.16
1999	14.90	13.80	8.11	1.84	1.70
2000	5.87	17.00	8.94	0.66	1.90
2001	-3.29	2.90	11.71		0.25
2002	7.40	-4.10	12.08	0.61	
2003	1.60	-14.90	11.86	0.13	
2004	23.85	41.23	12.27	1.94	3.36
2005	52.27	27.85	12.20	4.28	2.28
2006	13.21	28.51	13.26	1.00	2.15
2007	16.29	8.99	13.47	1.21	0.67
2008	16.24	6.64	13.53	1.20	0.49
2009	12.68	17.78	10.14	1.25	1.75
2010	24.41	24.35	15.33	1.59	1.59
2011	0.73	3.87	13.45	0.05	0.29
2012	14.78	20.78	12.25	1.21	1.70
2013	9.43	-0.13	10.84	0.87	
2014	-19.12	0.78	9.18		0.08

注：生产总值增长速度按可比价格计算，下表同。

a) The growth rate of GDP are calculated at constant prices. The same applies to the tables following.

8—5 1990—2014年能源消费弹性系数

Elasticity Ratio of Energy Consumption(1990-2014)

年 份 Year	能源消费比上年增长(%) Growth Rate of Energy Consumption over Preceding Year (%)	电力消费比上年增长(%) Growth Rate of Electricity Consumption over Preceding Year (%)	生产总值比上年增长(%) Growth Rate of Gross Domestic Product (GDP) over Preceding Year (%)	能源消费弹性系数 Elasticity Ratio of Energy Consumption	电力消费弹性系数 Elasticity Ratio of Electricity Consumption
1990	6.81		3.72	1.83	
1991	-5.96		4.69		
1992	5.27		7.39	0.71	
1993	12.16		9.65	1.26	
1994	11.68	9.78	8.12	1.44	1.20
1995	9.97	3.59	8.00	1.25	0.45
1996	1.53	4.40	8.72	0.18	0.50
1997	1.22	21.68	9.04	0.13	2.40
1998	4.54	7.61	8.92	0.51	0.85
1999	27.04	13.66	8.11	3.33	1.68
2000	-4.42	8.13	8.94		0.91
2001	4.69	-3.58	11.71	0.40	
2002	8.46	18.15	12.08	0.70	1.50
2003	10.19	19.65	11.86	0.86	1.66
2004	21.53	26.36	12.27	1.75	2.15
2005	34.16	4.09	12.20	2.80	0.34
2006	13.95	18.40	13.26	1.05	1.39
2007	10.07	16.69	13.47	0.75	1.24
2008	8.79	9.10	13.53	0.65	0.67
2009	3.03	7.67	10.14	0.30	0.76
2010	9.37	37.94	15.33	0.61	2.47
2011	11.75	20.52	13.45	0.87	1.53
2012	10.51	7.41	12.25	0.86	0.60
2013	8.41	12.30	10.84	0.78	1.13
2014	5.93	6.94	9.18	0.65	0.76

8-6 分行业终端能源消费总量和主要能源品种消费量(2014年)
Terminal Consumption of Energy and Major Variety Energy Consumption by Sector(2014)

行业	Sector	能源消费总量(万吨标准煤) Total Energy Consumption (10 000 tons of SCE)	原煤消费量(万吨) Coal Consump-tion (10 000 tons)	汽油消费量(万吨) Gasoline Consump-tion (10 000 tons)	电力消费量(亿千瓦小时) Electricity Consumption (100 million kwh)
消费总计	**Total Consumption**	**3858.01**	**666.30**	**37.17**	**702.20**
一、农、林、牧、渔业	**Agriculture, Forestry, Animal Husbandry, Fishery**	**20.88**	**2.78**	**2.16**	**1.54**
二、工业	**Industry**	3205.84	503.46	3.53	647.90
轻工业	Light Industry	40.58	27.42	1.69	2.84
重工业	Heavy Industry	3165.27	476.04	1.84	645.06
(一)采矿业	Mining	272.27	35.12	0.65	25.09
煤炭开采和洗选业	Mining and Washing of Coal	15.68	2.67	0.13	1.31
石油和天然气开采业	Extraction of Petroleum and Natural Gas	165.18	0.10	0.17	5.10
黑色金属矿采选业	Mining and Processing Ferrous Metal Ores	6.87	0.77	0.01	1.78
有色金属矿采选业	Mining and Processing Non-ferrous Metal Ores	38.14	22.14	0.12	6.36
非金属矿采选业	Mining and Processing Non-metal Ores	44.18	8.94	0.13	10.01
开采辅助活动	Support Activities of Mining	0.49	0.50	0.10	0.00
其他采矿业	Mining of Other Minerals	1.73	0.00	0.00	0.52
(二)制造业	Manufacturing	2863.69	465.22	2.74	602.84
农副食品加工业	Processing of Food from Agricultural Products	7.80	4.82	0.26	1.13
食品制造业	Manufacture of Foods	3.51	2.70	0.27	0.30
酒、饮料和精制茶制造业	Manufacture of Liquor,Beverage and Refined Tea	4.79	4.13	0.05	0.29
烟草制品业	Manufacture of Tobacoo	0.15	0.00	0.00	0.00
纺织业	Manufacture of Textile	1.55	0.44	0.05	0.32
纺织服装、服饰业	Manufacture of Textile Clothing, Apparel	1.23	0.57	0.28	0.04
皮革、毛皮、羽毛及其制品和制鞋业	Manufacture of Leather, Fur, Feather, and Related Products and Footware	0.12	0.00	0.08	0.00
木材加工及木、竹、藤、棕、草制品业	Processing of Timber, Manufacture of Wood, Bamboo, Rattan, Palm, and Straw Products	0.00	0.00	0.00	0.00
家具制造业	Manufacture of Furniture	2.19	1.75	0.12	0.11
造纸及纸制品业	Manufacture of Paper and Paper Products	1.30	1.24	0.30	0.00
印刷和记录媒介复制业	Printing, Reproduction of Recording Media	3.13	3.52	0.09	0.08
文教、工美、体育和娱乐用品制造业	Manufacture of Articles For Culture, Education, Arts and Sport Activities	0.44	0.57	0.01	0.00
石油加工、炼焦和核燃料加工业	Processing of Petroleum, Coking, Processing of Nuclear Fuel	20.83	0.87	0.00	2.55
化学原料和化学制品制造业	Manufacture of Raw Chemical Materials and Chemical Products	530.34	221.52	0.38	52.18
医药制造业	Manufacture of Medicines	12.55	7.60	0.06	0.42
化学纤维制造业	Manufacture of Chemical Fibres	0.18	0.00	0.07	0.02
橡胶和塑料制品业	Manufacture of Rubber and Plastics	3.40	2.82	0.01	0.43
非金属矿物制品业	Manufacture of Non-metallic Mineral Products	252.18	183.74	0.13	29.22
黑色金属冶炼和压延加工业	Smelting and Pressing of Ferrous Metals	731.50	14.14	0.02	153.09

8-6 续表

Continued

行 业	Sector	能源消费总量(万吨标准煤) Total Energy Consumption (10 000 tons of SCE)	原煤消费量(万吨) Coal Consump-tion (10 000 tons)	汽油消费量(万吨) Gasoline Consump-tion (10 000 tons)	电力消费量(亿千瓦小时) Electricity Consumption (100 million kwh)
有色金属冶炼和压延加工业	Smelting and Pressing of Non-ferrous Metals	1270.12	11.03	0.15	359.59
金属制品业	Manufacture of Metal Products	3.41	1.46	0.10	0.59
通用设备制造业	Manufacture of General Purpose Machinery	2.09	1.08	0.05	0.35
专用设备制造业	Manufacture of Special Purpose Machinery	0.51	0.40		0.07
汽车制造业	Manufacture of Automobile	1.03	0.20	0.00	0.04
铁路、船舶、航空航天和其他运输设备制造业	Manufacture of Railroad, Marine, Aerospace and Other Transportation Equipments				
电气机械和器材制造业	Manufacture of Electrical Machinery and Equipment	3.25	0.06	0.02	0.61
通信设备、计算机和其他电子设备制造业	Manufacture of Communication Equipment, Computers and Other Electronic Equipment	0.33	0.05	0.01	0.08
仪器仪表制造业	Manufacture of Measuring Instruments	1.88	0.08	0.03	0.32
其他制造业	Others	1.66	0.30	0.10	0.39
废弃资源综合利用业	Utilization of Waste Materials	0.52	0.07	0.05	0.12
金属制品、机械和设备修理业	Metal Products, Mechanics and Equipments Maintainance	1.72	0.06	0.03	0.49
(三)电力、燃气及水的生产和供应业	Electric Power, Gas and Water Production and Supply	69.88	3.11	0.14	19.96
电力、热力的生产和供应业	Production and Supply of Electric Power and Heat Power	59.73	2.90	0.10	17.04
燃气生产和供应业	Production and Supply of Gas	4.52	0.01	0.02	1.35
水的生产和供应业	Production and Supply of Water	5.63	0.20	0.01	1.58
三、建筑业	**Construction**	**42.03**	**4.48**	**2.73**	**6.70**
房屋和土木工程建筑业	Buildings and Civil Engineering	35.38	3.65	1.26	6.09
建筑安装业	Construction Installation	2.14	0.66	0.18	0.21
建筑装饰业	Construction Decoration	2.62	0.15	1.18	0.23
其它建筑业	Others	1.88	0.02	0.10	0.16
四、交通运输、仓储和邮政业	**Transport, Storage and Post**	**152.18**	**7.82**	**7.73**	**5.73**
铁路运输业	Railway Transportation	39.90	5.25	0.19	4.96
道路运输业	Road Transportation	107.70	0.51	7.21	0.38
水上运输业	Water Transportation				
航空运输业	Air Transportation	1.23	0.81	0.01	0.14
管道运输业	Pipeline Transportation	0.16	0.01	0.01	0.04
装卸搬运及其他运输服务业	Material Handling and Other Transportation Services	0.15	0.01	0.01	
仓储业	Storage	0.49	0.02	0.01	0.14
邮政业	Postal Services	2.55	1.22	0.29	0.08
五、批发、零售业和住宿、餐饮业	**Wholesale, Retail Trade, Accommodation and Catering Trade**	**61.62**	**8.62**	**3.58**	**5.80**
六、其他行业	**Others**	**140.93**	**37.26**	**7.36**	**12.79**
七、城乡居民生活	**Household Consumption of Urban and Rural Residents**	**234.53**	**101.88**	**10.08**	**21.74**

8-7 1990-2014年能源自给率
Energy Self-sufficiency Rate(1990-2014)

单位：万吨标准煤 (10 000 tons of SCE)

年 份 Year	能源生产总量 Total Energy Production	能源消费总量 Total Energy Consumption	能源自给率(%) Energy Self-sufficiency Rate(%)
1990	606.46	504.35	120.24
1991	552.26	474.29	116.44
1992	504.85	499.29	101.11
1993	559.17	559.98	99.85
1994	619.47	625.38	99.05
1995	571.57	687.71	83.11
1996	584.71	698.25	83.74
1997	672.89	706.78	95.21
1998	771.00	738.88	104.35
1999	885.89	938.68	94.38
2000	937.90	897.23	104.53
2001	907.05	939.33	96.56
2002	974.46	1018.83	95.65
2003	990.14	1122.70	88.19
2004	1226.30	1364.38	89.88
2005	1867.27	1830.48	102.01
2006	2113.85	2085.84	101.34
2007	2458.17	2295.91	107.07
2008	2857.42	2497.74	114.40
2009	3219.77	2573.44	125.12
2010	4005.82	2814.57	142.32
2011	4035.16	3145.28	128.29
2012	4631.37	3475.88	133.24
2013	5068.33	3768.16	134.50
2014	4099.40	3991.70	102.70

注：1、2005-2013年能耗及相关数据根据第二次、第三次经济普查结果进行了修订。

a) Data of energy consumption and related in 2005-2013 were adjusted and revised based on the second and third economic census.

8-8 环境保护基本情况
Basic Statistics on Environmental Protection

指　　标	Item	2013	2014
水环境	**Water Environment Conditions**		
水资源总量　(亿立方米)	Total Amount of Water Resources　(100 million cu. m)	645.60	788.09
地表水资源量	Surface Water	629.55	770.20
地下水资源量	Groundwater	290.77	346.95
地表水与地下水资源重复量	Duplicated Measurement Between Surface Water and Groundwater	274.72	329.06
人均水资源量　(立方米/人)	**Per Capita Water Resources　(cu.m/person)**	**11173.61**	**13508.11**
用水总量　(亿立方米)	Water Consumption　(100 million cu. m)	27.75	26.34
#农业用水	Agriculture	22.52	21.00
工业用水	Industry	2.74	2.39
生活用水	Consumption	2.27	2.53
生态环境补水	Ecological Protection	0.22	0.42
废水排放总量　(万吨)	Total Volume of Waste Water Discharged　(10 000 tons)	21953.00	23001.20
#工业废水排放量	Volume of Industrial Waste Water Discharged	8395.00	8213.66
城镇生活污水排放量	Volume of Consumption Waste Water Discharged	13550.00	14779.26
化学需氧量(COD)　(吨)	COD Discharge　(ton)	103390.0	105010.9
#工业废水中COD排放量	COD Discharge in Industrial Waste Water	42071.0	41372.6
城镇生活污水中COD排放量	COD Discharge in Consumption Waste Water	37056.0	39598.4
氨氮排放量　(吨)	Ammonia Nitrogen Discharge　(ton)	9675.0	9805.8
#工业废水中氨氮排放量	Ammonia Nitrogen Discharge in Industrial Waste Water	2075.0	1915.0
城镇生活污水中氨氮排放量	Ammonia Nitrogen Discharge by Consumption Waste Water	6598.0	6926.2
大气环境	**Atmospheric Environment Conditions**		
二氧化硫(SO2)排放量　(吨)	Sulphur Dioxide (SO2) Emissions　(ton)	156694	154276
#工业SO2排放量	Volume of Sulphur Dioxide Emission by Industry	130818	118046
城镇生活SO2排放量	Volume of Sulphur Dioxide Emission by Consumption	25875	36229
氮氧化物排放量　(吨)	Volume of Nitrogen oxides Emissions　(ton)	132256	134518
#工业氮氧化物排放量	Volume of Nitrogen oxides by Industry	93180	93321
城镇生活氮氧化物排放量	Volume of Nitrogen oxides by Consumption	6161	8786
烟(粉)尘排放量　(吨)	Volume of Smoke (powder) Dust Emissions　(ton)	173762	239867
#工业烟(粉)尘排放量	Volume of Smoke (powder) Dust Emissions by Industry	149239	175875
城镇生活烟尘排放量	Volume of Smoke (powder) Dust Emissions by Consumption	21600	61328

8-8 续表1 Continued

指　　标		Item		2013	2014
固体废物		**Solid Wastes**			
一般工业固体废物产生量	(万吨)	Common Industrial Solid Wastes Produced	(10 000 tons)	12377.00	12423.30
一般工业固体废物综合利用量	(万吨)	Common Industrial Solid Wastes Comprehensively Utilized	(10 000 tons)	6798.00	6998.60
一般工业固体废物处置量	(万吨)	Common Industrial Solid Wastes Disposed	(10 000 tons)	7.00	3.22
一般工业固体废物贮存量	(万吨)	Stock of Common Industrial Solid Wastes	(10 000 tons)	5602.00	5448.90
危险废物产生量	(吨)	Hazardous Wastes Produced	(10 000 tons)	3998501	3256759
危险废物综合利用量	(吨)	Hazardous Wastes Comprehensively Utilized	(10 000 tons)	696646	1460322
生态环境		**Ecological Environment Conditions**			
森林面积	(万公顷)	Area of Forest	(1 0000 hectares)	441.23	441.23
森林覆盖率	(%)	Forest Coverage Rate	(%)	6.1	6.1
累计水土流失治理面积	(千公顷)	Cumulative Soil Erosion Control Area	(10 000 hectares)	794.41	819.96
当年造林面积	(公顷)	The Area of Afforestation This Year	(hectare)	152755	132040
自然保护区数	(个)	Number of Nature Reserves	(unit)	11	11
#国家级自然保护区		Nation Level		7	7
自然保护区面积	(万公顷)	Area of Nature Reserves	(10 000 hectares)	2177.00	2177.00
自然灾害		**Natural Disasters**			
地质灾害次数	(次)	Number of Geologic Hazards	(time)	37	32
地质灾害直接经济损失	(万元)	Direct Economic Losses of Geologic Hazard	(10 000 yuan)	668.13	42.10
森林火灾次数	(次)	Number of Forest Fires	(time)	7	8
森林火灾受害森林面积	(公顷)	Danaged Forest Area	(hectare)	116	38
突发环境事件次数	(次)	Number of Sudden Environmental Incidents	(unit)	0	0
环境污染与治理投资		**Investment in the Treatment of Environmental Pollution**			
环境污染与治理投资总额	(万元)	**Total Investment in the Treatment of Environmental Pollution**	**(10 000 yuan)**	257774.00	233604.86
#城镇环境基础设施建设投资		Investment in Urban Environmental Infrastructure		204723.0	150033.0
#燃　气		Gas		27497.0	3493.0
集中供热		Centralized Heating		66569.0	24345.0
排　水		Drainage Works		48881.0	61515.0
园林绿化		Gardening and Greening		43808.0	26405.0
市容环境卫生		Environmental Sanitation		17968.0	34275.0

8-8 续表2 Continued

指　　标		Item		2013	2014
工业企业污染治理投资		Investment in the Treatment of Industrial Pollution		30456	74508
#治理废水		Treatment of Waste Water		2985	11752
治理废气		Treatment of Waste Gas		27174	48768
治理固体废物		Treatment of Solid Waste			3726
治理噪声		Treatment of Noise Pollution			
治理其他		Treatment of Other Pollution		297	10261
完成环保验收项目环保投资		Investment in Completion Acceptance of Environmental		22595	9064
环境污染治理投资占GDP比	(%)	Total Investment in the Treatment of Environmental Pollution as Percent of GDP	(%)	1.23	1.02
本年林业投资完成额	(万元)	Investment Completed This Year for Afforestation	(10 000 yuan)	269172	281662
#生态建设与保护		Ecological Construction and Protection		201321	203853
林业支撑与保障		Forestry Support and Protection		11519	18069
林业产业发展		Development of Forestry		28913	26635
林业民生工程		Forestry Projects for People's Livelihood		2263	3900
其　他		Others		25156	29205
城市环境		**Urban Environmental**			
城区面积	(平方公里)	Total Urban Area	(sq.km)	559.78	635.78
建设用地面积	(平方公里)	City Areas and Floor Space of Buildings	(sq.km)	149.39	156.47
供水总量	(万立方米)	Total Water Supply	(10 000 cu.m)	24564.23	25030.58
用水普及率	(%)	Coverage Rate of Urban Population with Access to Tap Water	(%)	99.08	99.71
污水排放量	(万立方米)	Volume of City Sewage	(10 000 cu.m)	17198	17700
污水处理量	(万立方米)	Disposal of City Sewage	(10 000 cu.m)	10600	10476
污水处理厂集中处理率	(%)	Treatment Rate of City Sewage	(%)	61.64	59.19
生活垃圾清运量	(万吨)	Urban Consumption Wastes Collected and Transported		74.05	77.60
生活垃圾无害化处理量	(万吨)	Volume of Urban Consumption Wastes Disposed	(10 000 tons)	57.64	66.95
生活垃圾无害化处理率	(%)	Treatment Rate of Urban Consumption Wastes	(%)	77.84	86.27
燃气普及率	(%)	Coverage Rate of Urban Population with Access to Gas	(%)	84.76	88.81
集中供热面积	(万平方米)	Area of Centralized Heating in Urban	(10 000 sq.m)	450.90	455.96
人均公园绿地面积	(平方米/人)	Per Capita Public Green Area	(sq.m)	9.66	10.78
建成区绿化覆盖率	(%)	Green Covered Area as % of Completed Area	(%)	31.20	31.56
农村环境		Rural Environmental			
农村卫生厕所普及率	(%)	Coverage Rate of Rural Population with Sanitary Toilet	(%)	64.94	65.16

8-9 主要地区平均风速(2014年)

Average Wind Speed of Major Districts (2014)

单位：米/秒 (m/second)

月 份 Month	地 区 Region	西 宁 Xining	海 东 Haidong	门 源 Menyuan	黄 南 Huangnan	海 南 Hainan	果 洛 Golog	玉 树 Yushu	海 西 Haixi
年平均	**Annual Average**	**1.0**	**1.8**	**1.3**	**0.9**	**1.6**	**1.7**	**1.5**	**1.7**
一 月	Jan.	0.8	2.1	0.8	0.8	1.2	1.5	1.6	1.2
二 月	Feb.	1.2	1.9	1.4	0.9	1.3	2.0	2.2	1.5
三 月	Mar.	1.3	1.8	1.5	1.1	1.7	1.8	2.1	1.7
四 月	Apr.	1.2	1.8	1.6	1.2	1.9	1.7	2.1	2.1
五 月	May.	1.4	1.9	1.6	1.1	2.6	2.1	1.9	2.1
六 月	June.	1.3	1.8	1.5	0.9	1.9	1.8	1.1	2.2
七 月	July.	1.1	1.9	1.3	1.2	1.6	1.5	1.2	2.2
八 月	Aug.	1.0	1.5	1.3	0.9	1.4	1.5	1.1	2.3
九 月	Sept.	1.0	1.5	1.2	0.8	1.4	1.4	1.0	1.4
十 月	Oct.	0.8	1.4	1.1	0.8	1.3	1.2	1.2	1.4
十一月	Nov.	0.8	1.7	1.0	0.7	1.5	2.0	1.6	1.6
十二月	Dec.	0.5	2.2	1.1	0.8	1.4	2.1	1.4	1.0

8-10 主要地区平均气温(2014年)

Average Temperature of Major Districts (2014)

单位：摄氏度 (°C)

月 份 Month	地 区 Region	西 宁 Xining	海 东 Haidong	门 源 Menyuan	黄 南 Huangnan	海 南 Hainan	果 洛 Golog	玉 树 Yushu	海 西 Haixi
年平均	**Annual Average**	**5.7**	**7.7**	**2.0**	**7.0**	**5.3**	**1.2**	**3.7**	**5.0**
一 月	Jan.	-7.5	-4.1	-11.3	-4.5	-7.4	-10.0	-6.5	-8.3
二 月	Feb.	-4.0	-2.1	-6.2	-2.5	-3.5	-6.7	-3.5	-4.6
三 月	Mar.	2.9	4.9	-0.7	4.5	2.6	-2.5	0.3	1.4
四 月	Apr.	7.9	9.5	4.0	8.9	7.2	1.8	4.3	6.6
五 月	May.	11.7	13.2	7.4	12.3	11.1	5.0	8.4	10.6
六 月	June.	15.4	16.8	11.4	15.3	14.0	8.9	11.0	14.3
七 月	July.	17.1	19.0	13.4	17.8	16.6	11.6	13.5	18.3
八 月	Aug.	14.8	16.8	11.5	15.3	14.1	9.9	11.8	15.9
九 月	Sept.	12.6	14.4	8.6	13.0	11.7	7.4	9.1	12.2
十 月	Oct.	7.0	8.9	3.6	8.2	6.1	2.2	3.4	5.8
十一月	Nov.	-1.4	0.6	-5.5	0.5	-1.4	-4.0	-1.4	-2.8
十二月	Dec.	-7.9	-5.4	-11.8	-4.7	-7.1	-8.9	-6.2	-9.2

8-11 主要地区降水量(2014年)

Monthly Precipitation of Major Districts (2014)

单位：毫米 (millimeters)

月份 Month	地区 Region	西宁 Xining	海东 Haidong	门源 Menyuan	黄南 Huangnan	海南 Hainan	果洛 Golog	玉树 Yushu	海西 Haixi
全　年	**Annual Total**	**446.5**	**352.5**	**642.5**	**431.8**	**351.6**	**487.1**	**633.5**	**189.7**
一　月	Jan.	0.0	0.0	0.1	0.0	0.0	1.2	0.9	0.0
二　月	Feb.	2.3	1.6	3.0	6.6	2.0	6.1	6.2	8.2
三　月	Mar.	1.9	0.9	14.8	7.3	1.5	6.8	17.3	0.0
四　月	Apr.	48.0	43.4	72.7	52.6	38.2	27.8	24.5	3.6
五　月	May.	26.1	22.0	45.6	26.9	9.7	47.5	61.2	4.7
六　月	June.	109.3	98.8	131.6	97.2	71.1	111.1	183.6	76.1
七　月	July.	86.4	49.3	96.6	61.2	74.2	91.0	65.0	14.2
八　月	Aug.	59.3	37.5	121.9	83.9	73.6	64.9	124.0	39.6
九　月	Sept.	71.6	49.2	113.1	63.2	54.1	99.0	132.9	21.5
十　月	Oct.	32.2	36.9	30.2	30.6	25.4	23.8	11.8	18.7
十一月	Nov.	9.4	12.9	12.8	2.3	1.8	6.8	0.1	3.1
十二月	Dec.	0.0	0.0	0.1	0.0	0.0	1.1	6.0	0.0

8-12 主要地区平均日照时数(2014年)

Average Sunshine Hours of Major Districts(2014)

单位：小时 (hours)

月份 Month	地区 Region	西宁 Xining	海东 Haidong	门源 Menyuan	黄南 Huangnan	海南 Hainan	果洛 Golog	玉树 Yushu	海西 Haixi
全　年	**Annual Total**	**2571.3**	**2559.7**	**2458.5**	**2315.4**	**2882.4**	**2272.4**	**2357.6**	**2879.8**
一　月	Jan.	224.7	230.6	224.9	228.5	246.8	221.6	194.4	223.4
二　月	Feb.	206.3	199.2	187.4	150.7	216.1	178.6	191.4	188.8
三　月	Mar.	271.4	271.7	250.6	242.5	286.8	194.1	224.0	277.8
四　月	Apr.	209.5	216.0	215.3	213.3	254.9	200.0	231.7	259.2
五　月	May.	248.7	251.2	244.3	216.8	281.6	202.7	242.7	300.2
六　月	June.	206.1	206.1	184.0	156.7	187.2	117.2	152.5	230.2
七　月	July.	252.8	263.9	247.0	225.6	277.4	213.2	223.9	274.2
八　月	Aug.	197.7	203.0	172.3	162.9	224.5	174.1	140.6	242.0
九　月	Sept.	196.7	177.8	158.5	150.1	206.0	146.0	143.4	203.4
十　月	Oct.	186.7	190.4	191.9	197.0	242.6	207.6	197.5	236.6
十一月	Nov.	165.3	165.2	171.5	175.0	224.5	219.0	211.5	209.6
十二月	Dec.	205.4	184.6	210.8	196.3	234.0	198.3	204.0	234.4

主要统计指标解释

能源生产总量 指一定时期内，一个国家或地区一次能源生产量的总和。该指标是观察全省能源生产水平、规模、构成和发展速度的总量指标。一次能源生产量包括原煤、原油、天然气、水电、核能及其他动力能（如风能、地热能等）发电量，不包括低热值燃料生产量、生物质能、太阳能等的利用和由一次能源加工转换而成的二次能源产量。

能源消费总量 指一定时期内，一个国家或地区各行业和居民生活消费的各种能源的总和。该指标是观察能源消费水平、构成和增长速度的总量指标。能源消费总量包括原煤和原油及其制品、天然气、电力，不包括低热值燃料、生物质能和太阳能等的利用。能源消费总量分为终端能源消费量、能源加工转换损失量和能源损失量三部分。

（1）**终端能源消费量**：指一定时期内，一个国家或地区生产和生活消费的各种能源在扣除了用于加工转换二次能源消费量和损失量以后的数量。

（2）**能源加工转换损失量**：指一定时期内，一个国家或地区投入加工转换的各种能源数量之和与产出各种能源产品之和的差额。该指标是观察能源在加工转换过程中损失量变化的指标。

（3）**能源损失量**：指一定时期内，能源在输送、分配、储存过程中发生的损失和由客观原因造成的各种损失量，不包括各种气体能源放空、放散量。

能源生产弹性系数 是研究能源生产增长速度与国民经济增长速度之间关系的指标。计算公式：

$$能源生产弹性系数=\frac{能源生产总量年平均增长速度}{国民经济年平均增长速度}$$

国民经济年平均增长速度，可根据不同的目的或需要，用国民生产总值、国内生产总值等指标来计算，本年鉴是采用国内生产总值指标计算的。

电力生产弹性系数 是研究电力生产增长速度与国民经济增长速度之间关系的指标。一般来说，电力的发展应当快于国民经济的发展，也就是说电力应超前发展。计算公式为：

$$电力生产弹性系数=\frac{电力生产量年平均增长速度}{国民经济年平均增长速度}$$

能源消费弹性系数 反映能源消费增长速度与国民经济增长速度之间比例关系的指标。计算公式为：

$$能源消费弹性系数=\frac{能源消费量年平均增长速度}{国民经济年平均增长速度}$$

电力消费弹性系数 反映电力消费增长速度与国民经济增长速度之间比例关系的指标。计算公式为：

$$电力消费弹性系数=\frac{电力消费量年平均增长速度}{国民经济年平均增长速度}$$

气温 指空气的温度，我国一般以摄氏度（℃）为单位表示。气象观测的温度表是放在离地面约1.5米处通风良好的百叶箱里测量的，因此，通常说的气温指的是离地面1.5米处百叶箱中的温度。

降水量 指从天空降落到地面的液态或固态（经融化后）水，未经蒸发、渗透、流失而在地面上积聚的深度。

日照时数 指太阳实际照射地面的时间。其统计方法与降水量相同。

工业废水排放量 指经过企业厂区所有排放口排到企业外部的工业废水量。包括生产废水、外排的直接冷却水、超标排放的矿井地下水和与工业废水混排的厂区生活污水，不包括外排的间接冷却水（清污不分流的间接冷却水应计算在内）。

工业废水排放达标量 指报告期内废水中各项污染物指标都达到国家或地方排放标准的外排工业废水量，包括未经处理外排达标的，经废水处理设施处理后达标排放的，以及经污水处理厂处理后达标排放的。

工业废气排放量 指报告期内企业厂区内燃料燃烧和生产工艺过程中产生的各种排入大气的含有污染物的气体的总量，以标准状态（273K，101325Pa）计算。测算公式为：

$$\begin{matrix}工业废气\\排放量\end{matrix}=\begin{matrix}燃料燃烧过程\\中废气排放量\end{matrix}+\begin{matrix}生产工艺过程\\中废气排放量\end{matrix}$$

Explanatory Notes on Main Statistical Indicators

Total Energy Production refers to the total production of primary energy by all energy producing enterprises in the province in a given period of time. It is a comprehensive indicator to show the level, scale, composition and pace of development of energy production of the country. The production of primary energy includes that of coal, crude oil, natural gas, hydro - power and electricity generated by nuclear energy and other means such as wind power and geothermal power. However, it does not include the production of fuels of low calorific value, bio - energy, solar energy and secondary energy converted from primary energy.

Total Energy Consumption refers to the total consumption of energy of various kinds by the production sectors and the households in the province in a given period of time. It is a comprehensive indicator to show the scale, composition and pace of increase of energy consumption. Total energy consumption includes that of coal, crude oil and their products, natural gas and electricity. However, it does not include the consumption of fuel of low calorific value, bio - energy and solar energy. Total energy consumption can be divided into three parts: end - use energy consumption; loss during the process of energy conversion; and energy loss.

(1) **End - use Energy Consumption**: It refers to the total energy consumption by the production sectors and the households in the province (region) in a given period of time. It does not include the consumption during the conversion of primary energy into secondary energy and the loss in the process of energy conversion.

(2) **Loss During the Process of Energy Conversion**: It refers to the total input of various kinds of energy for conversion, minus the total output of various kinds of energy in the province in a given period of time. It is an indicator to show the loss that occurs during the process of energy conversion.

(3) **Energy Loss**: It refers to the total of the loss of energy during the course of energy transport, distribution and storage and the loss caused by any objective reason in a given period of time. The loss of various kinds of gas due to gas discharges and stocktaking is not included.

Elasticity Ratio of Energy Production is an indicator to show the relationship between the growth rate of energy production and the growth rate of the national economy. The formula is:

$$\text{Elasticity Ratio of Energy Production} = \frac{\text{Average Annual Growth Rate of Energy Production}}{\text{Average Annual Growth Rate of National Economy}}$$

The average annual growth rate of the national economy can be measured by indicators such as the Gross National Product and the Gross Domestic Product, depending on the purposes or needs. The Gross Domestic Product has been used in the calculation of the ratio in this Yearbook.

Elasticity Ratio of Electricity Production is an indicator to show the relationship between the growth rate of electricity production and the growth rate of the national economy. Generally speaking, the growth rate of electricity production should be higher than that of the national economy. The formula is:

$$\text{Elasticity Ratio of Electricity Production} = \frac{\text{Average Annual Growth Rate of Electricity Production}}{\text{Average Annual Growth Rate of National Economy}}$$

Elasticity Ratio of Energy Consumption is an indicator to show the relationship between the growth rate of energy consumption and the growth rate of the national economy. The formula is:

$$\text{Elasticity Ratio of Energy Consumption} = \frac{\text{Average Annual Growth Rate of Energy Consumption}}{\text{Average Annual Growth Rate of National Economy}}$$

Elasticity Ratio of Electricity Consumption is an indicator to show the relationship between the growth rate of electricity consumption and the growth rate of the national economy. The formula is:

$$\text{Elasticity Ratio of Electricity Consumption} = \frac{\text{Average Annual Growth Rate of Electricity Consumption}}{\text{Average Annual Growth Rate of National Economy}}$$

Temperature refers to the air temperature. China uses centigrade as the unit. The thermometry used for weather observation is put in a breezy shutter, which is 1.5 meters high from the ground. Therefore, the commonly used temperature refers to the temperature in the breezy shutter 1.5 meters away from the ground.

Volume of Precipitation refers to the deepness of liquid state or solid state (thawed) water falling from the sky to the ground that has not been evaporated, infiltrated or run off.

Sunshine Hours refer to the actual hours of sun irradiating the earth. The calculation method is the same as that of the precipitation.

Waste Water Discharged by Industry refers to the volume of waste water discharged by industrial enterprises through all their outlets, including waste water from production process, directly cooled water, groundwater from mining wells which does not meet discharge standards and sewage from households mixed with waste water produced by industrial activities, but excluding indirectly cooled water discharged (It should be included if the discharge is not separated from waste water).

Industrial Waste Water Meeting Discharge Standards

refers to volume of industrial waste water discharge which, with or without treatment, reaches national or local standards with regard to all pollutants.

Industrial Waste Air Emission refers to the discharge into atmosphere of waste air containing pollutants generated from fuel burning and production processes in enterprises within a given period of time. It is calculated at standard status (273K, 101325Pa) as:

$$\text{Industrial waste air emission} = \text{emission through fuel burning} + \text{emission through production process}$$

Industrial Soot Emission refers to the volume of soot in smoke emitted in the process of fuel burning in the premises of enterprises.

Industrial Dust Emission refers to volume of dust emitted by production process of enterprises and suspended in the air for a given period of time, including dust from refractory material of iron and steel works, dust from coke – screening systems and sintering machines of coke plants, dust from lime kilns and dust from cement production in building material enterprises, but excluding soot and dust emitted from power plants.

第 9 篇

CHAPTER 9

财　政

Government Finance

公共财政预算收入

（亿元）

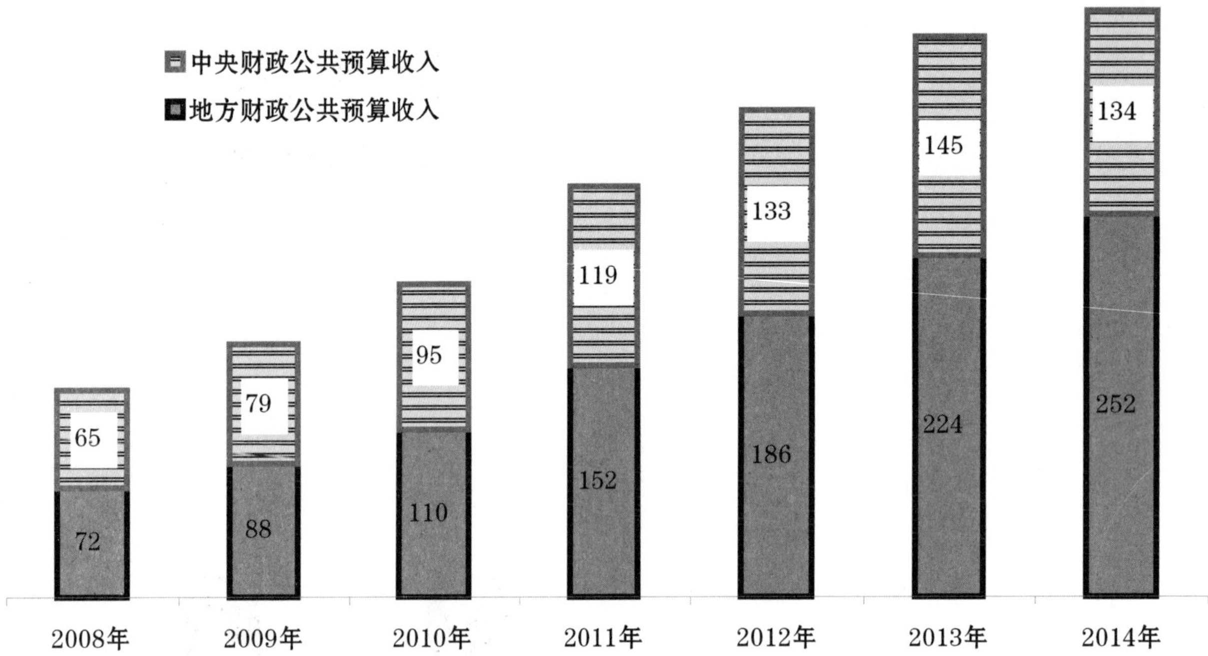

财政用于民生事业的支出

（亿元）

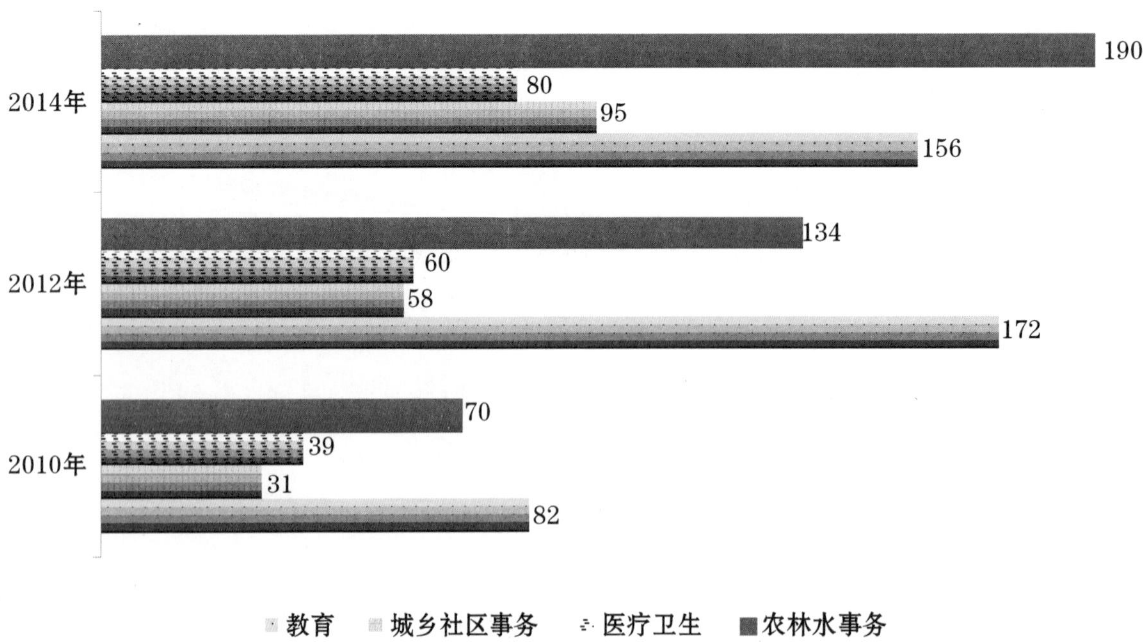

9-1 主要年份财政收支情况

Government Financial Revenue and Expenditure in Main Years

单位：万元、% (10 000 yuan，%)

年 份 / 地 区	Year / Region	财政总收入 Total Government Revenue	国家财政补贴及其他收入 State Financial Subsidies and Other Revenue	公共财政预算收入 Public Budget Revenues	中央 Central Govern-ment	地方 Local Govern-ment	公共财政预算支出 Public Finance Budget Expenditures	地方公共财政预算收入 Public Budget Revenues of Local Governments: 占收入合计的比重 The Proportion of Total Revenue	占支出合计的比重 The Proportion of Total Expenditure
1957		16358	10187	6171		6171	16212	37.7	38.1
1965		17585	7008	10577		10577	18738	60.1	56.4
1970		26228	14254	11975		11975	27105	45.7	44.2
1975		47928	27450	20478		20478	45173	42.7	45.3
1978		70301	41261	29040		29040	68010	41.3	42.7
1980		63684	47191	16493		16493	58841	25.9	28.0
1985		105053	81082	23971		23971	100911	22.8	23.8
1986		123875	91763	32112		32112	122231	25.9	26.3
1987		141025	100936	40088		40088	122555	28.4	32.7
1988		143165	92481	50684		50684	142802	35.4	35.5
1989		162836	95929	66906		66906	156668	41.1	42.7
1990		169745	97375	72369		72369	171334	42.6	42.2
1991		184729	96821	87908		87908	182272	47.6	48.2
1992		179833	98275	81558		81558	186197	45.4	43.8
1993		215325	101643	113682		113682	225395	52.8	50.4
1994		241980	171906	151899	81825	70074	253649	29.0	28.0
1995		276662	190686	170820	84844	85976	288021	31.1	29.9
1996		314159	218361	177073	81275	95798	327145	30.5	29.3
1997		353100	243900	198143	88943	109200	364713	30.9	29.9
1998		457668	329950	212742	85024	127718	440914	27.9	29.0
1999		667176	525440	230407	88671	141736	557191	21.2	25.4
2000		813082	647239	260944	95101	165843	682614	20.4	24.3
2001		1283790	1085549	325603	127362	198241	1012951	15.4	19.6
2002		1416571	1205606	381441	170476	210965	1187280	14.9	17.8
2003		1425380	1184969	436935	196524	240411	1220438	16.9	19.7
2004		1663816	1393856	512939	242979	269960	1373363	16.2	19.7
2005		2186018	1847796	633937	295715	338222	1697547	15.5	19.9
2006		2669398	2246961	830409	407972	422437	2146628	15.8	19.7
2007		3411001	2843918	1104683	537600	567083	2821993	16.6	20.1
2008		4466049	3750357	1365148	649456	715692	3635950	16.0	19.7
2009		5974197	5096816	1664598	787217	877381	4867457	14.7	18.0
2010		8622451	7520298	2049689	947536	1102153	7434033	12.8	14.8
2011		11174804	9656694	2703958	1185848	1518110	9674710	13.6	15.7
2012		13068261	11204096	3196862	1332697	1864165	11590499	14.3	16.1
2013		13677527	11438941	3685612	1447026	2238586	12278884	16.4	18.2
2014		15294734	12777975	3854678	1337919	2516759	13474303	16.5	18.7
西宁市	Xining City	2600333	1761512	838821		838821	2485365	32.3	33.8
海东市	Haidong City	1848492	1675872	172620		172620	1802504	9.3	9.6
海北州	Haibei Zang A.P	624609	563142	61467		61467	620486	9.8	9.9
黄南州	Huangnan Zang A.P	579976	554645	25331		25331	572290	4.4	4.4
海南州	Hainan Zang A.P	870353	799605	70748		70748	858950	8.1	8.2
果洛州	Golog Zang A.P	602591	579543	23048		23048	588816	3.8	3.9
玉树州	Yushu Zang A.P	725692	694307	31385		31385	699731	4.3	4.5
海西州	Haixi Mongolian & Zang A.P	1340242	846482	493760		493760	1320128	36.8	37.4

注：1.1992年财政收支为调整后口径。
2.1994年以后数据按照财税体制改革口径计算。
a) Revenue and expenditure in 1992 were calculated by adjusted calibre.
b) Data since 1994 calculated by new caliber after the taxation system reform.

9−2　主要年份财政收入占地区生产总值的比重

Percentage of Financial Revenue on GDP in Main Years

单位：万元、%　　(10 000 yuan，%)

年　份 Year / 地　区 Region		财政收入合　计 Total Financial Revenues	地方公共财政预算收入 Public Budget Revenues of Local Governments	生产总值 Gross Domestic Product	财政收入合计占生产总值的比重 Percentage of Financial Revenue on GDP	地方公共财政预算收入占生产总值的比重 Percentage of Public Budget Revenues of Local Governments on GDP
1957		16358	6171	39500	41.4	15.6
1965		17585	10577	61400	28.6	17.2
1970		26228	11975	81500	32.2	14.7
1975		47928	20478	124200	38.6	16.5
1978		70301	29040	155400	45.2	18.7
1980		63684	16493	177900	35.8	9.3
1985		105053	23971	330100	31.8	7.3
1986		123875	32112	384400	32.2	8.4
1987		141025	40088	433800	32.5	9.2
1988		143165	50684	549600	26.0	9.2
1989		162836	66906	603700	27.0	11.1
1990		169745	72369	699400	24.3	10.3
1991		184729	87908	751000	24.6	11.7
1992		179833	81558	875200	20.5	9.3
1993		215325	113682	1096800	19.6	10.4
1994		241980	70074	1384000	17.5	5.1
1995		276662	85976	1678000	16.5	5.1
1996		314159	95798	1841700	17.1	5.2
1997		353100	109200	2027900	17.4	5.4
1998		457668	127718	2209200	20.7	5.8
1999		667176	141736	2393800	27.9	5.9
2000		813082	165843	2636800	30.8	6.3
2001		1283790	198241	3001300	42.8	6.6
2002		1416571	210965	3406500	41.6	6.2
2003		1425380	240411	3902000	36.5	6.2
2004		1663816	269960	4661000	35.7	5.8
2005		2186018	338222	5433200	40.2	6.2
2006		2669398	422437	6485000	41.2	6.5
2007		3411001	567083	7973500	42.8	7.1
2008		4466049	715692	10186200	43.8	7.0
2009		5974197	877381	10812700	55.3	8.1
2010		8622451	1102153	13504300	63.8	8.2
2011		11174804	1518110	16704400	66.9	9.1
2012		13068261	1864165	18935400	69.0	9.8
2013		13677527	2238586	21220600	64.5	10.5
2014		15294734	2516759	23033200	66.4	10.9
西宁市	Xining City	2600333	838821	10657811	24.4	7.9
海东市	Haidong City	1848492	172620	3656927	50.5	4.7
海北州	Haibei Zang A.P	624609	61467	920675	67.8	6.7
黄南州	Huangnan Zang A.P	579976	25331	660244	87.8	3.8
海南州	Hainan Zang A.P	870353	70748	1263228	68.9	5.6
果洛州	Golog Zang A.P	602591	23048	361375	166.7	6.4
玉树州	Yushu Zang A.P	725692	31385	564913	128.5	5.6
海西州	Haixi Mongolian & Zang A.P	1340242	493760	5122936	26.2	9.6

注：生产总值按当年价格计算。1992−2004年、2013−2014年数据根据经济普查数据进行调整和修订。

a) GDP is calculated at current prices. Data in 1992-2004 and 2013-2014 were adjusted and revised based on economic census data.

9-3 2010-2014年财政收支情况

Financial Revenue and Expenditure(2010-2014)

单位：万元 (10 000 yuan)

收 入	Revenue	2010	2011	2012	2013	2014
税收收入	**Taxes Revenue**	**889426**	**1198476**	**1466860**	**1750516**	**1993917**
增值税	Value Added Tax	175153	229336	264234	284051	309253
营业税	Business Tax	344433	456585	591650	704413	778486
企业所得税	Corporate Income Tax	109833	146159	160761	216798	198226
企业所得税退税	Tax Rebate for Corporate Income Tax	-4			-131	
个人所得税	Individual Income Tax	34577	44514	35572	47165	62826
资源税	Resource Tax	95821	149138	177792	183680	231518
城市维护建设税	City Maintenance and Construction Tax	56920	78261	98232	112440	120285
房产税	House Property Tax	15807	19896	31992	37898	53737
印花税	Stamp Tax	10888	14516	17157	24623	30151
城镇土地使用税	Urban Land Use Tax	18294	17621	24136	28884	37481
土地增值税	Land Appreciation Tax	4454	6839	14285	17171	31402
车船税	Tax on Vehicles and Boat Operation	4030	4030	10752	15516	18782
耕地占用税	Farm Land Occupation Tax	4808	8364	9305	35430	45195
契税	Deed Tax	14412	23217	30992	42578	76575
烟叶税	Tobacco Leaf Tax					
其他税收收入	Other Tax Revenue					
非税收入	**Total Non-tax Revenue**	**212727**	**319634**	**397305**	**488070**	**522842**
专项收入	Special Program Receipts	132977	195568	209642	197605	192589
行政事业性收费收入	Charge of Administrative and Institutional Units	30471	54044	85966	80650	90915
罚没收入	Penalty Receipts	21588	28958	32812	39070	45692
国有资本经营收入	State-owned Capital Operating Revenue	5646	2532	5083	8056	8113
国有资源(资产)有偿使用收入	Revenue Paid Use of State-owned Resources (Assets)	16892	27484	43791	89159	132963
其他收入	Other Revenues	5153	11048	20011	73530	52570
本年收入合计	**Total Revenue of This Year**	**1102153**	**1518110**	**1864165**	**2238586**	**2516759**

9-3 续表 continued

单位：万元 (10 000 yuan)

支 出	Expenditure	2010	2011	2012	2013	2014
一般公共服务	Expenditure for General Public Services	552025	653992	826573	974987	1005744
外交	Expenditure for Foreign Affairs	36	6	10		
国防	Expenditure for National Defense	7864	6715	9905	9230	7095
公共安全	Expenditure for Public Security	354814	350967	403071	467898	556325
教育	Expenditure for Education	824664	1301071	1718055	1215055	1563054
科学技术	Expenditure for Science and Technology	40805	37598	71811	83890	103886
文化体育与传媒	Expenditure for Culture, Sport and Media	115731	143150	189189	258371	341602
社会保障和就业	Expenditure for Social Safety Net and Employment Effort	1895035	1635655	1795106	1620084	1480129
医疗卫生	Expenditure for Medical and Health Care	389381	474405	601084	686375	801340
节能环保	Energy Saving and Environmental Protection	361484	417606	439919	667797	567286
城乡社区事务	Expenditure for Urban and Rural Community Affairs	305952	279846	579829	866244	950361
农林水事务	Expenditure for Agriculture, Forestry and Water Conservancy	695047	1047394	1343056	1596910	1900408
交通运输	Expenditure for Transportation	466819	1485813	1548488	1979481	2047049
资源勘探电力信息等事务	Expenditure for Affairs of Exploration, Power and Information	232704	253749	480536	482769	563088
商业服务业等事务	Expenditure for Affairs of Commerce and Services	78490	109088	102111	121641	130316
金融监管等事务	Expenditure for Affairs of Financial Supervision and Reconstruction	5527	69845	62637	18244	129267
援助其他地区支出	Expenditure for Other Regional Assistance				320	421
国土资源气象等事务	Expenditure for Affairs of Land and Weather	223935	161180	180139	204525	218139
住房保障	Expenditure for Affairs of Housing Security	610881	1061467	845926	627494	677288
粮油物资储备事务	Expenditure for Affairs of Management of Grain & Oil Reserves	44344	44712	59272	43796	45840
预备费	Reserve Funds					
国债还本付息	Expenditure for the Principal and Interest of National Debts	53432	81934	296183	272658	228637
其他	Others	173814	54868	37009	80843	157028
本年支出合计	**Total Government Expenditure of This Year**	**7434033**	**9674710**	**11590499**	**12278884**	**13474303**

9—4 各时期地方财政收入主要项目

Main Items of Local Financial Revenue in Different Periods

单位：万元 (10 000 yuan)

时期(年份) Period(Year)	地方财政收入合计 Total Revenue of Local Covernments	企业收入 Revenue of Enterprises	国企所得税调节税 Regulation Tax of State-owned Enterprises Income Tax	税收收入 Tax Revenue	工商税收 Industrial and Commercial Taxes	农牧业税 Agricultural and Livestock Taxes	其他 Others
“恢复”时期	1358	168		779	656	123	411
1952	958	128		430	430		400
“一五”时期	18879	3315		14070	9608	4462	1494
1953	1061	227		560	453	107	274
1957	6171	1169		4551	3329	1222	451
“二五”时期	84133	45598		30410	24586	58240	8125
“三年”调整	29813	9241		15679	12627	3051	4893
1965	10577	3394		5628	4586	1042	1516
“三五”时期	50247	14925		30938	24350	6588	4384
1970	11975	4033		7478	5946	1532	464
“四五”时期	76897	19614		55626	48019	7607	1657
1975	20478	6314		13887	12316	1571	227
“五五”时期	106032	18866		80348	72906	7442	6818
1978	29040	9361		17322	15734	1588	393
1980	16493	-1803		16679	15384	1295	471
“六五”时期	79583	-31663	27226	103440	96503	6937	7806
1985	23971	-6666	11051	29561	28031	1530	1076
“七五”时期	262159	-23221	54199	258095	246002	12093	27285
1986	32112	-3267	9877	33798	32110	1688	1581
1990	72369	-6336	9603	67833	64553	3280	10872
“八五”时期	439198	-20180	39339	398643	369399	29244	60735
1991	87908	-2981	10804	71741	68419	3322	19148
1995	85976	-1379	7007	73313	64477	8836	14042
“九五”时期	640295	41413	62402	491057	430528	60529	107825
1996	95798	-2381	5991	80826	69519	11307	17353
1997	109200	3659	8824	89154	76885	12269	16387
1998	127718	5677	11939	97514	84146	13368	24503
1999	141736	12121	13402	106629	95565	11064	22986
2000	165843	22337	22246	116934	104413	12521	26572
“十五”时期	1257799	117763	96853	928300	863340	64960	211736
2001	198241	32562	28928	132185	123665	8520	33494
2002	210965	19340	13412	158181	141381	16800	33444
2003	240411	17021	12177	184095	166374	17721	39295
2004	269960	20197	16940	205194	191791	13403	44569
2005	338222	28643	25396	248645	240129	8516	60934
“十一五”时期							
2006	422437	39652	36066	295126	285903	9223	87659
2007	567083	47479	47526	385376	375157	10219	134228
2008	715692	71292	71292	487674	474437	13237	156726
2009	877381	88601	88601	613052	595873	17179	175728
2010	1102153	109833	109833	779593	760373	19220	212727
“十二五”时期							
2011	1518110	146159	146159	1052317	1020736	31581	319634
2012	1864165	160761	160761	1306099	1265802	40297	397305
2013	2238586	216667	216667	1533849	967771	78008	488070
2014	2516759	198226	198226	1795691	1673921	121770	522842

注：1.企业收入系企业所得税，国有企业上缴利润，国有企业计划亏损补贴及所得税退税之和。
2.各项税收按1988年口径整理，工商税收中包括盐税、建筑税等。农牧业税中包括耕地占用税和契税。
3.国家从1994年起取消调节税。

a)Revenue of enterprises, is the sum of enterprise income tax, profit delivery, plan subsidies to loss-making and the tax rebate of state-owned enterprises.

b) Revenues are arranged according to the caliber in 1988. Industrial and commercial tax include Salt tax, construction tax,and so on. Agriculture and livestock tax include farm land occupation tax and deed tax.

c) The regulation tax has been abolished since 1994.

主要统计指标解释

财政收入 指国家财政参与社会产品分配所取得的收入，是实现国家职能的财力保证。主要包括：

(1)**各项税收**：包括国内增值税、国内消费税、进口货物增值税和消费税、出口货物退增值税和消费税、营业税、企业所得税、个人所得税、资源税、城市维护建设税、房产税、印花税、城镇土地使用税、土地增值税、车船税、船舶吨税、车辆购置税、关税、耕地占用税、契税、烟叶税等。

(2)**非税收入**：包括专项收入、行政事业性收费、罚没收入和其他收入。

财政支出 指国家财政将筹集起来的资金进行分配使用，以满足经济建设和各项事业的需要。主要包括：

(1)**一般公共服务**：指政府提供基本公共管理与服务的支出，包括人大事务、政协事务、政府办公厅(室)及相关机构事务、发展与改革事务、统计信息事务、财政事务、税收事务、审计事务、海关事务、人力资源事务、纪检监察事务、人口与计划生育事务、商贸事务、知识产权事务、工商行政管理事务、国土资源事务、海洋管理事务、测绘事务、地震事务、气象事务、民族事务、宗教事务、港澳台侨事务、档案事务、共产党事务、民主党派事务及工商联事务、群众团体事务、彩票事务等。

(2)**外交**：指政府外交事务支出，包括外交行政管理、驻外机构、对外援助、国际组织、对外合作与交流、边界勘界联检等方面的支出。

(3)**国防**：指政府用于国防方面的支出，包括用于现役部队、预备役部队、民兵、国防科研事业、专项工程、国防动员等方面的支出。

(4)**公共安全**：指政府维护社会公共安全方面的支出，包括武装警察、公安、国家安全、检察、法院、司法行政、监狱、劳教、国家保密、缉私警察等。

(5)**教育**：指政府教育事务支出，包括教育行政管理、学前教育、小学教育、初中教育、普通高中教育、普通高等教育、初等职业教育、中专教育、技校教育、职业高中教育、高等职业教育、广播电视教育、留学生教育、特殊教育、干部继续教育、教育机关服务等。

(6)**科学技术**：指用于科学技术方面的支出，包括科学技术管理事务、基础研究、应用研究、技术研究与开发、科技条件与服务、社会科学、科学技术普及、科技交流与合作等。

(7)**文化教育与传媒**：指政府在文化、文物、体育、广播影视、新闻出版等方面的支出。

(8)**社会保障和就业**：指政府在社会保障与就业方面的支出，包括社会保障和就业管理事务、民政管理事务、财政对社会保险基金的补助、补充全国社会保障基金、行政事业单位离退休、企业改革补助、就业补助、抚恤、退役安置、社会福利、残疾人事业、城市居民最低生活保障、其他城镇社会救济、农村社会救济、自然灾害生活救助、红十字事务等。

(9)**医疗卫生**：指政府医疗卫生方面的支出，包括医疗卫生管理事务支出、医疗服务支出、医疗保障支出、疾病预防控制支出、卫生监督支出、妇幼保健支出、农村卫生支出等。

(10)**环境保护**：指政府环境保护支出，包括环境保护管理事务支出、环境监测与监察支出、污染治理支出、自然生态保护支出、天然林保护工程支出、退耕还林支出、风沙荒漠治理支出、退牧还草支出、已垦草原退耕还草、能源节约利用、污染减排、可再生能源和资源综合利用等支出。

(11)**城乡社区事务**：指政府城乡社区事务支出，包括城乡社区管理事务支出、城乡社区规划与管理支出、城乡社区公共设施支出、城乡社区住宅支出、城乡社区环境卫生支出、建设市场管理与监督支出等。

(12)**农林水事务**：指政府农林水事务支出，包括农业支出、林业支出、水利支出、扶贫支出、农业综合开发支出等。

(13)**交通运输**：指政府交通运输和邮政业方面的支出，包括公路运输支出、水路运输支出、铁路运输支出、民用航空运输支出、邮政业支出等。

(14)**工业商业金融等事务**：指政府对工业、商业及金融等方面的支出，包括采掘业支出、制造业支出、建筑业支出、工业和信息产业监管支出、国有资产监管支出、商业流通事务支出、金融业监管支出、旅游业管理与服务支出等。

地方财政收入 指按现行分税制财政体制划分的地方本级收入。包括营业税(不含铁道部门、各银行总行、各保险公司总公司集中交纳的营业税)，地方企业上交利润，城市维护建设税(不含铁道部门、各银行总行、各保险公司总公司集中交纳的部分)，房产税，城镇土地使用税，土地增值税，车船税，耕地占用税，契税，烟叶税，印花税，增值税25%部分，纳入共享范围的企业所得税40%部分，个人所得税40%部分，证券交易印花税3%部分，海洋石油资源税以外的其他资源税，地方非税收入等。

Explanatory Notes on Main Statistical Indicators

Government Revenue refers to income for the government finance through participating in the distribution of social products. It is the financial guarantee to ensure government functioning. The contents of government revenue include the following main items:

(1) **Various tax revenues**, including domestic value added tax (VAT), domestic consumption tax, VAT and consumption tax from imports, VAT and consumption tax rebate for exports, business tax, corporate income tax, individual income tax, resource tax, city maintenance and construct tax, house property tax, stamp tax, urban land use tax, land appreciation tax, tax on vehicles and boat operation, ship tonnage tax, vehicle purchase tax, tariffs, farm land occupation tax, deed tax, and tobacco leaf tax, etc.

(2) **Non - tax revenue**, including special program receipts, charge of administrative and institutional units, penalty receipts and others non - tax receipts.

Government Expenditure refers to the distribution and use of the funds which the government finance has raised, so as to meet the needs of economic construction and various causes. It includes the following main items:

(1) **Expenditure for general public services**: It refers to the spending on the basic public management and services which provided by governments, including the expense on affairs of People's Congress, affairs of People's Political Consultative Conference, affairs of government general office and relative institutions, affairs of development and reform, affairs of statistics, affairs of finance, affairs of taxation, affairs of audit, affairs of customs, affairs of human resources and social security, affairs of discipline inspection and supervision, affairs of population and family planning, affairs of commerce and trade, affairs of intellectual property, affairs of administration for industry and commerce, affairs of land and resources, affairs of oceanic administration, affairs of surveying and mapping, affairs of earthquake, ethnic affairs, religious affairs, affairs of Hong Kong, Macao, Taiwan, and Overseas Chinese, affairs of archives administration, affairs of Chinese Communist Party, affairs of democratic parties and federation of industry and commerce, affairs of mass organization, and affairs of lottery, etc.

(2) **Expenditure for foreign affairs**: It refers to the spending of government on foreign affairs, including the expense on administration of foreign affairs, missions overseas, external assistance, international organizations, foreign cooperation and communication, surveying and joint inspection on borderline, etc.

(3) **Expenditure for national defence**: It refers to the spending of government on national defence, including the expense on active force, reserve force, militia, scientific research on national defence, special projects, mobilization of national defence, etc.

(4) **Expenditure for public security**: It refers to the spending of government on maintaining social and public security, including the expense on armed police force, public security, state security, prosecution, courts, justice, prison, labour education and rehabilitation, protection of state secrecy, anti - smuggling police, etc.

(5) **Expenditure for education**: It refers to the spending of government on education, including the expense on the administration of education, pre - primary education, primary education, secondary education, high school education, regular higher education, primary vocational education, secondary vocational education, technical school education, vocational high school education and higher vocational education, radio and television education, student abroad education, special education, on the job training of cadres, education authorities services, etc.

(6) **Expenditure for science and technology**: It refers to the spending of government on science and technology (S&T), including the expense on the administration of S&T, basic research, applied research, research and development, conditions and services of S&T, popularization of social science, science and technology, exchanges and cooperation of S&T, etc.

(7) **Expenditure for culture, sport and media**: It refers to the spending of government on culture, cultural heritage, sports, radio, film, television, press and publication, etc.

(8) **Expenditure for social safety net and employment effort**: It refers to the spending of government on social safety net and employment, including the expense on administration of social safety net and employment, civil affairs, budgetary subsidy on the social insurance funds, subsidy on National Social Security Fund, retirees of administrative units and institutions, subsidy on enterprise reform, subsidy on employment effort, pension, placement of ex - serviceman, social welfare, the handicapped undertakings, the system of cost of living allowances for urban residents, other urban social relief, rural social relief, living relief of natural disasters, affairs of Red Cross Society, etc.

(9) **Expenditure for medical and health care**: It refers to the spending of government on medical and health care, including the expense on administration of medical and health care, medical services, health care, disease prevention and control, health inspection and supervision, women and children's health, rural health care, etc.

(10) **Expenditure for environment protection**: It refers to the spending of government on environment protection, inclu-

ding the expense on administration of environment protection, environment monitoring and supervision, pollution control, natural ecology protection, project of virgin forests protection, reforesting farmland, controlling the sources of dust storms, returning pastureland to grassland, returning pastureland to grassland, returning cultivated land to grassland, energy conservation, emissions reduction, comprehensive utilization of renewable energy and resources, etc.

(11) **Expenditure for urban and rural community affairs**: It refers to the spending of government on urban and rural community affairs, including the expense on administration of urban and rural community, planning and management of urban and rural community, public facilities of urban and rural community, housing of urban and rural community, sanitation of urban and rural community, management and supervision on the construction market, etc.

(12) **Expenditure for agriculture, forestry and water conservancy**: It refers to the spending of government on agriculture, forestry and water conservancy, including the expense on agriculture, forestry, water conservancy, poverty alleviation, comprehensive agricultural development, etc.

(13) **Expenditure for transportation**: It refers to the spending of government on transportation and postal services, including the expense on road transportation, waterway transportation, railway transportation, civil aviation transportation, and postal services.

(14) **Expenditure for industry, commerce and banking**: It refers to the spending of government on industry, commerce and banking, including the expense on mining, manufacturing, construction, industry and information technology supervision and administration, State - owned assets supervision and administration, commerce and circulation affairs, financial intermediation supervision and administration, tourism administration and service, etc.

Revenue of the Local Governments refers to the revenue collected that by the local governments as defined by the decentralized taxation system. The revenue of the local governments includes business tax (excluding the part of the Ministry of Railways, head offices of banks, head offices of insurance company, which are handed over to the government in a centralized way), profit handed in by the local enterprises, city maintenance and construct tax (excluding the part of the Ministry of Railways, head offices of banks, head offices of insurance company, which are handed over to the government in a centralized way), house property tax, urban land use tax, land appreciation tax, tax on vehicles and boat operation, farm land occupation tax, deed tax, and tobacco leaf tax, stamp tax, 25% of the value added tax, 40% the share part of the corporate income tax, 40% of individual income tax, 3% of stamp tax on securities transactions, resource tax other than the tax on offshore petroleum resources, local non - tax revenue, etc.

第 10 篇

CHAPTER 10

价格指数

Prices

商品零售价格指数

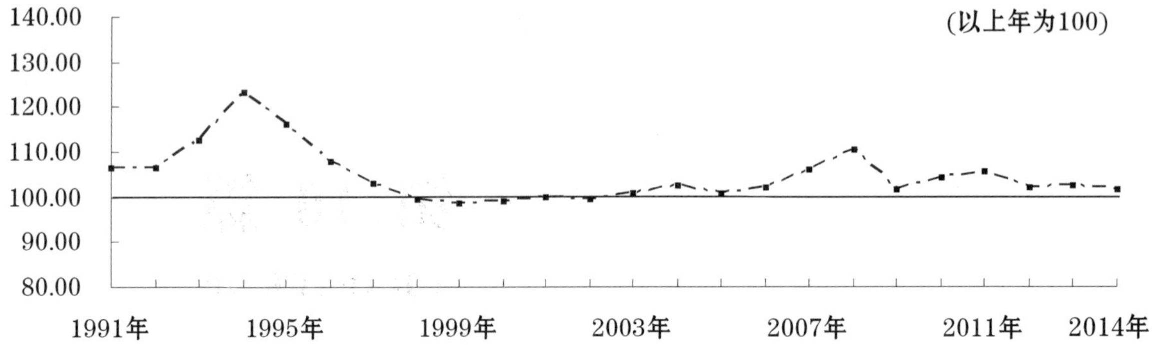

居民消费价格指数

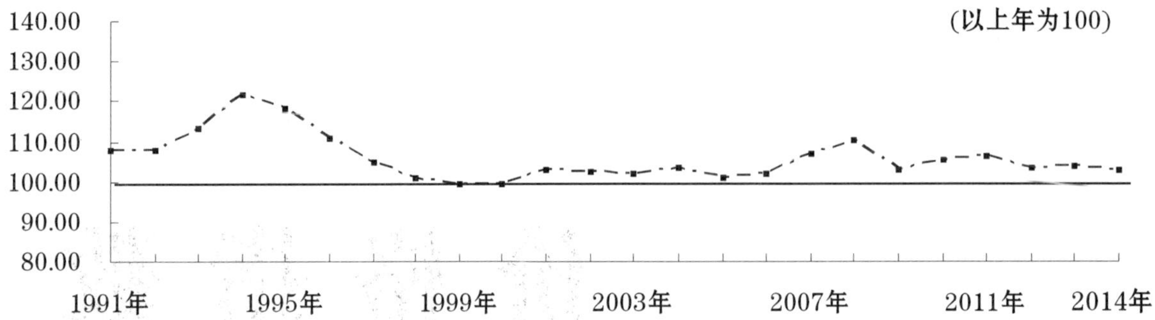

固定资产投资价格指数

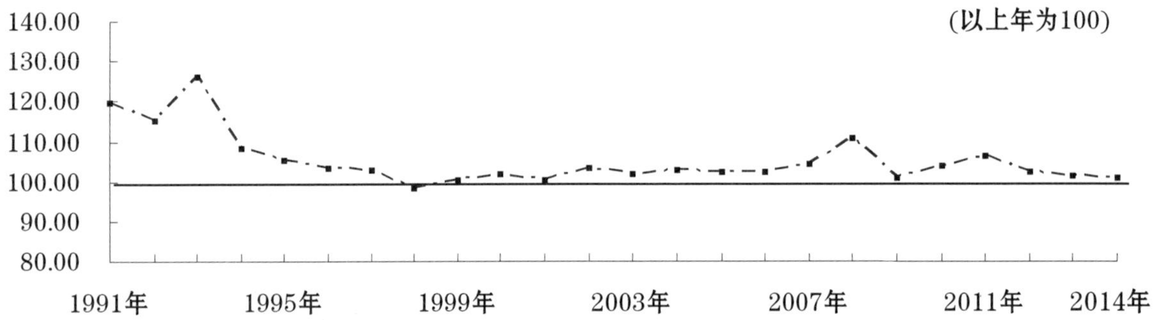

工业生产者价格指数

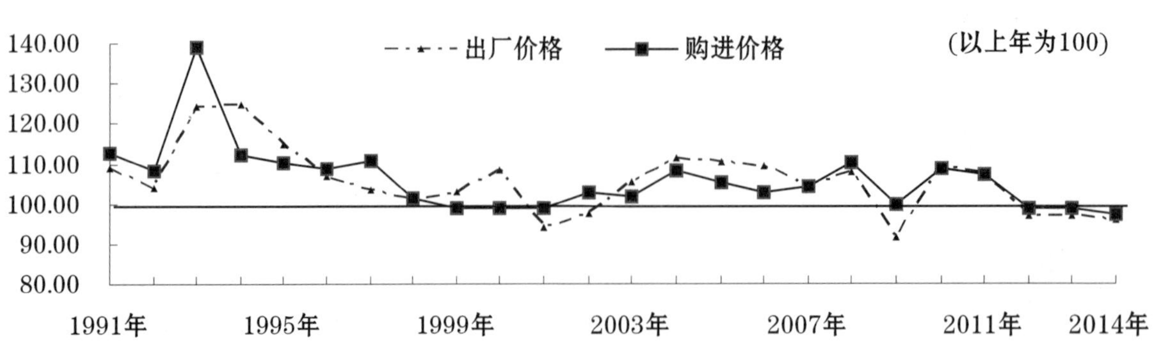

10-1 1978-2014年各种价格指数

Price Indices (1978-2014)

上年=100 (preceding year=100)

年份 Year	商品零售价格指数 Retail Price Index	居民消费价格指数 Consumer Price Index	城市居民消费价格指数 Urban Household	农村居民消费价格指数 Rural Household	服务项目价格指数 Service Price Index	农业生产资料价格指数 Price Index for Means of Agricultural Production
1978	100.22	100.35	100.23	100.50	100.00	100.04
1979	102.22	102.15	103.38	100.31	100.11	99.16
1980	104.08	105.59	105.59	101.30	100.44	99.23
1981	101.37	101.30	101.30	100.67	100.00	100.52
1982	101.80	101.77	102.07	100.88	100.20	100.88
1983	100.65	100.74	100.62	101.40	104.73	100.36
1984	103.40	103.10	103.10	102.40	103.86	107.90
1985	110.70	110.70	111.80	106.20	105.80	103.70
1986	106.10	106.20	106.40	105.70	107.80	102.60
1987	107.30	107.20	107.80	105.20	104.80	104.10
1988	118.30	118.00	118.60	116.20	112.20	111.00
1989	117.70	117.50	117.30	118.00	115.30	116.40
1990	104.50	105.10	104.70	107.60	114.10	108.70
1991	106.30	107.60	108.70	105.20	117.50	104.10
1992	106.40	108.00	108.60	106.60	119.30	103.80
1993	112.50	113.20	114.00	110.50	121.00	117.60
1994	123.30	121.80	123.20	120.70	118.50	124.10
1995	116.30	118.00	119.70	115.70	116.80	123.90
1996	107.80	110.80	111.40	108.80	129.90	112.60
1997	103.00	104.80	105.10	104.20	116.00	105.00
1998	99.60	100.70	100.60	101.00	112.30	100.30
1999	98.50	99.50	99.50	99.60	110.30	95.60
2000	99.00	99.50	99.60	99.40	103.80	100.70
2001	99.90	102.60	103.00	101.20	112.70	99.60
2002	99.30	102.30	102.10	102.90	112.20	98.00
2003	100.80	102.00	101.80	102.50	104.00	101.10
2004	102.60	103.20	102.10	105.50	104.80	109.20
2005	100.70	100.80	99.70	103.10	102.00	106.50
2006	102.00	101.60	101.80	101.10	101.30	102.10
2007	106.00	106.60	106.30	107.30	102.70	108.10
2008	110.60	110.10	108.90	112.30	103.20	124.20
2009	101.60	102.60	103.20	101.70	101.50	97.80
2010	104.30	105.40	105.10	105.80	105.30	103.50
2011	105.40	106.10	106.00	106.40	105.10	112.40
2012	102.10	103.10	103.00	103.10	103.00	108.70
2013	102.70	103.90	104.10	103.70	102.70	104.30
2014	101.50	102.80	102.90	102.60	103.40	99.80

10-2 1978-2014年各种价格定基指数
Fixed-base Price Indices (1978-2014)

1978年=100 (year of 1978=100)

年份 Year	商品零售价格指数 Retail Price Index	居民消费价格指数 Consumer Price Index	城市居民消费价格指数 Urban Household	农村居民消费价格指数 Rural Household	服务项目价格指数 Service Price Index	农业生产资料价格指数 Price Index for Means of Agricultural Production
1978	100.00	100.00	100.00	100.00	100.00	100.00
1979	102.22	102.15	103.38	100.31	100.11	99.16
1980	106.39	107.86	109.16	101.61	100.55	98.40
1981	107.85	109.26	110.58	102.29	100.55	98.91
1982	109.79	111.20	112.87	103.20	100.75	99.78
1983	110.50	112.02	113.57	104.64	105.52	100.14
1984	114.26	115.49	117.09	107.15	109.59	108.05
1985	126.49	127.85	130.90	113.79	115.95	112.05
1986	134.20	135.78	139.28	120.28	124.99	114.96
1987	144.00	145.55	150.15	126.54	130.99	119.67
1988	170.35	171.75	178.07	147.03	146.97	132.84
1989	200.50	201.81	208.88	173.50	169.46	154.62
1990	209.52	212.10	218.70	186.69	193.35	168.07
1991	222.72	228.22	237.30	196.39	227.19	174.97
1992	236.98	246.48	258.17	209.36	271.03	181.61
1993	266.60	279.01	294.31	231.34	327.95	213.58
1994	328.72	339.84	362.59	279.23	388.62	265.05
1995	381.99	401.01	434.02	323.06	453.91	328.40
1996	412.12	444.32	483.50	351.49	589.63	369.78
1997	424.48	465.65	508.16	366.25	683.97	388.27
1998	422.79	468.91	511.21	369.92	768.10	389.43
1999	416.44	466.57	508.65	368.44	847.21	372.29
2000	412.28	464.24	506.62	366.23	879.41	374.90
2001	411.87	476.31	521.82	370.62	991.09	373.40
2002	408.98	487.25	532.77	381.37	1112.00	365.93
2003	412.25	497.00	542.36	390.90	1156.48	369.96
2004	422.97	512.90	553.75	412.40	1211.99	404.00
2005	425.93	517.00	552.09	412.41	1236.23	430.26
2006	434.45	525.27	562.03	416.95	1252.30	439.30
2007	460.52	559.94	597.44	447.39	1286.11	474.88
2008	509.34	616.49	650.61	502.42	1327.27	589.80
2009	517.49	632.52	671.43	510.96	1347.18	576.82
2010	539.74	666.68	705.67	540.60	1418.58	597.01
2011	568.89	707.35	748.01	575.20	1490.93	671.04
2012	580.84	729.28	770.45	593.03	1535.66	729.42
2013	596.52	757.72	802.04	614.97	1577.12	760.78
2014	605.47	778.94	825.30	630.96	1630.74	759.26

10-3 居民消费价格分类指数(2014年)

Consumer Price Indices by Category (2014)

上年=100 (preceding year=100)

项目	Item	全省 Province	城市 Urban	农村 Rural
居民消费价格总指数	**General Index**	**102.8**	**102.9**	**102.6**
非食品价格指数	**Non-food Price Index**	**102.1**	**102.1**	**102.0**
服务项目价格指数	**Service Price Index**	**103.4**	**103.5**	**103.1**
工业品价格指数	**Consumer Price Index of Industrial Production**	**101.1**	**101.0**	**101.2**
扣除食品和能源价格指数	**Excluding Food and Energy Price Index**	**102.3**	**102.4**	**102.2**
扣除鲜菜鲜果总指数	**Excluding Fresh Vegetables and Fresh Fruits Price Index**	**102.4**	**102.4**	**102.3**
消费品价格指数	**Consumer Goods Price Index**	**102.5**	**102.6**	**102.4**
食品	**Food**	**104.0**	**104.2**	**103.5**
粮食	Grain	105.9	105.6	106.4
油脂	Oil or Fat	96.3	94.5	98.4
肉禽及其制品	Meat, Poultry and Processed Products	99.7	99.3	100.2
蛋	Eggs	107.7	107.8	107.7
水产品	Aquatic Products	105.1	104.7	106.5
菜	Vegetables	100.9	101.7	99.6
鲜菜	Fresh Vegetables	100.4	101.3	99.1
干鲜瓜果	Dried and Fresh Melons and Fruits	119.5	120.4	117.5
鲜瓜果	Fresh Fruits	125.9	127.3	123.0
液体乳及乳制品	Milk and Its Products	109.9	110.2	108.9
在外用膳食品	Dining Out	105.1	105.1	104.9
炒菜	Fried Dishes	103.6	103.2	104.6
烟酒	**Alcohol and Tobacco**	**98.7**	**98.5**	**99.1**
衣着	**Clothing**	**104.9**	**106.0**	**102.9**
服装	Garments	104.5	105.8	102.2
家庭设备用品及维修服务	**Household Facilities, Articles and Services**	**99.8**	**99.5**	**100.4**
耐用消费品	Durable Consumer Goods	98.7	97.9	100.4
家庭日用杂品	Daily Use Household Articles	100.3	100.8	99.6
医疗保健和个人用品	**Health Care and Personal Articles**	**101.4**	**101.0**	**102.0**
医疗保健	Health Care	101.6	101.2	102.1
中药材及中成药	Traditional Chinese Medicine	101.3	101.0	101.7
西药	Western Medicine	104.0	103.5	104.6
医疗保健服务	Health Care Services	100.4	100.2	100.7
交通和通讯	**Transportation and Communication**	**100.3**	**100.0**	**100.8**
交通	Transportation	101.1	100.5	101.9
通信	Communication	99.3	99.4	99.2
娱乐教育文化用品及服务	**Recreation, Education and Culture Articles**	**102.6**	**102.2**	**103.4**
教育	Education	103.5	103.1	104.3
旅游	Touring and Outing	109.1	110.0	107.8
居住	**Residence**	**103.0**	**103.3**	**102.5**
建房及装修材料	Building and Building Decoration Materials	99.9	98.8	101.6
住房租金	Renting	105.9	105.2	107.7
自有住房	Private Housing	105.2	105.9	103.8
水、电、燃料	Water, Electricity and Fuels	100.3	99.8	100.9

10-4 1994-2014年居民消费价格分类指数
Consumer Price Indices by Category (1994-2014)

(上年=100) (preceding year=100)

项 目	Item	总指数 General Index	食品 Food	烟酒 Alcohol and Tobacco	衣着 Clothing	家庭设备用品及维修服务 Household Facilities, Articles and Services	医疗保健和个人用品 Health Care and Personal Articles	交通和通信 Transportation and Communication	娱乐教育文化用品及服务 Recreation, Education and Culture Articles	居住 Residence
1994		121.8	128.5		116.1	113.6	118.3	108.1	115.3	121.3
1995		118.0	125.0		113.3	111.5	111.8	100.3	117.9	108.8
1996		110.8	107.3		111.0	106.1	110.1	99.8	128.3	110.2
1997		104.8	102.0		106.7	101.8	102.6	99.8	112.2	112.6
1998		100.7	98.3		100.4	99.7	104.6	97.4	98.6	112.5
1999		99.5	97.8		98.5	98.4	102.3	95.6	98.9	103.8
2000		99.5	97.8		99.5	98.5	101.6	96.3	99.4	107.3
2001		102.6	102.2	98.6	99.4	96.2	98.6	102.4	115.3	101.2
2002		102.3	99.5	101.6	100.2	98.9	105.3	101.5	110.2	101.3
2003		102.0	104.1	99.0	101.9	100.1	104.8	98.7	100.9	99.9
2004		103.2	106.5	102.4	102.4	99.4	102.0	98.6	102.6	102.4
2005		100.8	101.0	100.0	97.3	99.8	102.0	91.8	103.6	106.3
2006		101.6	102.9	101.7	99.4	99.4	103.5	99.3	98.3	104.3
2007		106.6	114.8	102.6	103.7	102.2	104.5	99.7	99.8	106.9
2008		110.1	119.0	105.6	104.4	102.9	106.1	99.8	101.0	115.8
2009		102.6	103.0	101.4	107.0	101.5	102.5	99.3	100.4	104.4
2010		105.4	108.3	101.1	106.7	101.5	104.9	103.0	104.7	102.8
2011		106.1	111.1	103.3	103.4	101.2	103.0	99.9	101.3	110.3
2012		103.1	106.6	102.8	98.4	99.3	100.9	99.4	100.8	105.0
2013		103.9	108.1	99.4	101.7	100.9	101.7	99.0	101.0	104.5
2014		102.8	104.0	98.7	104.9	99.8	101.4	100.3	102.6	103.0
西宁市	Xining City	102.8	103.7	98.5	107.9	98.0	101.2	99.6	102.0	103.6
大通县	Datong County	102.5	103.5	100.3	102.0	99.8	101.1	100.5	105.3	102.4
乐都区	Ledu District	102.6	103.7	100.0	106.2	102.1	103.1	100.3	102.5	100.2
平安区	Pingan District	102.3	103.1	95.8	102.5	101.3	104.7	99.4	101.5	103.2
海晏县	Haiyan County	103.1	102.0	100.8	110.0	102.4	98.2	103.2	101.1	108.3
同仁县	Tongren County	102.6	104.1	100.0	102.3	100.0	104.0	102.5	100.8	100.6
共和县	Gonghe County	102.7	104.4	99.6	101.8	98.6	101.5	101.3	106.2	100.5
玛沁县	Maqin County	103.2	105.2	98.1	100.3	100.9	100.2	100.9	102.0	107.6
格尔木市	Geermu City	103.0	106.0	98.5	102.6	102.3	101.2	100.9	102.8	100.4
德令哈市	Delingha City	102.6	104.6	100.2	104.3	102.0	99.5	100.4	100.8	102.4

注：1994-2000年烟酒归在食品类中；2011年国家方法制度将烟酒及用品改为烟酒。

a) In 1994-2000,The category of Alcohol and Tobacco was included in the Food category. It was changed from Tobacco, Liquor and Articles to Alcohol and Tobacco When Method Treatment Reformed in 2011.

10-5 2010-2014年食品类价格指数

Food Price Indices(2010-2014)

(上年=100) (preceding year=100)

分类名称	Item	2010	2011	2012	2013	2014
食品类价格指数	**Food**	**108.3**	**111.1**	**106.6**	**108.1**	**104.0**
粮食	**Grain**	**112.7**	**109.3**	**102.8**	**108.1**	**105.9**
大米	Rice	127.0	107.8	101.5	106.3	102.8
面粉	Flour	105.0	107.8	101.8	108.3	104.4
淀粉及制品	**Starches and Tubers**	**102.2**	**106.9**	**98.8**	**99.6**	**98.0**
干豆类及豆制品	**Beans and Bean Products**	**109.5**	**105.9**	**100.3**	**108.5**	**105.6**
油脂	**Oil or Fat**	**102.3**	**108.4**	**105.6**	**102.7**	**96.3**
食用植物油	Edible Vegetable Oil	103.6	108.7	106.0	103.1	97.6
植物油制品	Vegetable Oil Products	99.0	102.8	105.6	102.5	93.3
肉禽及其制品	**Meat, Poultry and Processed Products**	**104.9**	**123.0**	**107.6**	**111.1**	**99.7**
猪肉	Pork	106.2	133.7	91.6	102.7	94.9
牛肉	Beef	101.7	114.1	127.3	129.9	102.9
羊肉	Mutton	109.8	123.4	120.9	111.6	99.2
鸡	Dorking	105.2	116.7	100.0	106.3	105.3
蛋	**Eggs**	**107.0**	**110.3**	**99.2**	**108.1**	**107.7**
鲜蛋	Fresh Eggs	107.7	110.5	98.9	109.0	108.0
水产品	**Aquatic Products**	**104.6**	**109.7**	**109.6**	**104.6**	**105.1**
菜	**Vegetables**	**112.7**	**98.5**	**112.8**	**111.1**	**100.9**
鲜菜	Fresh Vegetables	110.9	98.5	115.1	110.4	100.4
调味品	**Flavoring**	**127.0**	**108.6**	**103.3**	**113.6**	**101.9**
糖	**Carbohydrate**	**107.7**	**110.5**	**106.8**	**99.9**	**100.1**
茶及饮料	**Tea and Beverages**	**101.8**	**105.1**	**105.1**	**102.3**	**100.3**
干鲜瓜果	**Dried and Fresh Melons and Fruits**	**113.1**	**113.9**	**98.8**	**106.2**	**119.5**
鲜瓜果	Fresh Melons and Fruits	113.2	113.9	97.2	107.7	125.9
糕点饼干面包	**Cake, Biscuit and Bread**	**101.5**	**111.5**	**106.4**	**103.4**	**101.0**
液体乳及乳制品	**Milk and Its Products**	**105.6**	**103.8**	**103.3**	**107.0**	**109.9**
巴氏杀菌乳或灭菌乳	Pasteurized Milk or Sterilized Milk	107.1	104.9	102.3	110.2	112.2
酸牛乳	Yoghurt	102.6	102.8	104.1	102.0	111.8
在外用膳食品	**Dining Out**	**107.4**	**108.5**	**110.4**	**108.3**	**105.1**
主食	Staple Food	103.8	108.6	109.3	112.4	104.1
炒菜	Fried Dishes	106.0	106.2	107.2	105.2	103.6
地方小吃	Local Snacks	113.8	116.9	114.6	114.0	109.9
其他食品	**Other foods**	**102.8**	**110.6**	**102.8**	**99.5**	**103.0**

注：2011流通和消费价格统计报表制度将淀粉改为淀粉及制品，糕点饼干改为糕点饼干面包，巴氏杀菌奶或消毒奶改为巴氏杀菌乳或灭菌乳，酸奶改为酸牛乳。

a)In circulation and consumer price statistics reporting system of 2011, the indicator of Starches was changed to Starch and Tubers, Cake and Biscuit was changed to Cake Biscuit and Bread, Pasteurized Milk was changed to Pasteurized Milk or Sterilized Milk, Acidophilus Milk was changed to Yoghurt.

10-6 全省及调查市、县居民消费价格指数(2014年)

(上年=100)

项 目	Item	全 省 Province	西宁市 Xining City	大通县 Datong County
居民消费价格总指数	**General Index**	**102.8**	**102.8**	**102.5**
非食品价格指数	**Non-food Price Index**	**102.1**	**102.3**	**101.9**
服务项目价格指数	**Service Price Index**	**103.4**	**103.6**	**103.7**
工业品价格指数	**Consumer Price Index of Industrial Production**	**101.1**	**101.3**	**100.8**
扣除食品和能源价格指数	**Excluding Food and Energy Price Index**	**102.3**	**102.6**	**102.1**
扣除鲜菜鲜果总指数	**Excluding Fresh Vegetables and Fresh Fruits Price Index**	**102.4**	**102.4**	**102.5**
消费品价格指数	**Consumer Price Index**	**102.5**	**102.5**	**102.1**
食品	**Food**	**104.0**	**103.7**	**103.5**
粮食	Grain	105.9	105.7	106.2
油脂	Oil or Fat	96.3	94.9	97.1
肉禽及其制品	Meat, Poultry and Processed Products	99.7	98.5	101.3
蛋	Eggs	107.7	107.7	107.3
水产品	Aquatic Products	105.1	104.7	106.1
菜	Vegetables	100.9	99.9	95.7
鲜菜	Fresh Vegetables	100.4	99.5	95.3
干鲜瓜果	Dried and Fresh Melons and Fruits	119.5	120.7	115.4
鲜瓜果	Fresh Fruits	125.9	128.4	122.2
液体乳及乳制品	Milk and Its Products	109.9	111.8	105.5
在外用膳食品	Dining Out	105.1	104.2	105.6
炒菜	Fried Dishes	103.6	103.4	105.9
烟酒	**Alcohol and Tobacco**	**98.7**	**98.5**	**100.3**
衣着	**Clothing**	**104.9**	**107.9**	**102.0**
服装	Garments	104.5	108.4	101.9
家庭设备用品及维修服务	**Household Facilities, Articles and Services**	**99.8**	**98.0**	**99.8**
耐用消费品	Durable Consumer Goods	98.7	95.1	99.8
家庭日用杂品	Daily Use Household Articles	100.3	100.5	98.7
医疗保健和个人用品	**Health Care and Personal Articles**	**101.4**	**101.2**	**101.1**
医疗保健	Health Care	101.6	101.3	100.7
中药材及中成药	Traditional Chinese Medicine	101.3	100.3	100.6
西药	Western Medicine	104.0	104.0	103.1
医疗保健服务	Health Care Services	100.4	100.0	99.7
交通和通讯	**Transportation and Communication**	**100.3**	**99.6**	**100.5**
交通	Transportation	101.1	99.7	100.9
通信	Communication	99.3	99.4	99.9
娱乐教育文化用品及服务	**Recreation, Education and Culture Articles**	**102.6**	**102.0**	**105.3**
教育	Education	103.5	103.5	105.8
旅游	Touring and Outing	109.1	110.9	113.1
居住	**Residence**	**103.0**	**103.6**	**102.4**
建房及装修材料	Building and Building Decoration Materials	99.9	99.0	101.9
住房租金	Renting	105.9	107.7	110.7
自有住房	Private Housing	105.2	106.6	104.4
水、电、燃料	Water, Electricity and Fuels	100.3	99.9	100.3

Consumer Price Indices of Pronvince, Surveyed Cities and Counties(2014)

(preceding Year=100)

乐都区 Ledu District	平安区 Pingan District	海晏县 Haiyan County	同仁县 Tongren County	共和县 Gonghe County	玛沁县 Maqin County	格尔木市 Geermu City	德令哈市 Delingha City
102.6	**102.3**	**103.1**	**102.6**	**102.7**	**103.2**	**103.0**	**102.6**
102.1	**101.9**	**103.8**	**101.7**	**101.7**	**102.0**	**101.4**	**101.5**
101.7	**102.5**	**104.0**	**103.3**	**102.6**	**105.0**	**102.7**	**100.9**
102.3	**101.6**	**103.6**	**100.5**	**101.1**	**100.0**	**100.3**	**101.9**
102.3	**102.1**	**103.4**	**102.1**	**101.9**	**102.4**	**101.6**	**101.5**
102.2	**102.0**	**103.3**	**102.0**	**102.5**	**103.0**	**102.3**	**102.0**
102.9	**102.3**	**102.7**	**102.3**	**102.7**	**102.6**	**103.1**	**103.3**
103.7	**103.1**	**102.0**	**104.1**	**104.4**	**105.2**	**106.0**	**104.6**
107.5	105.3	107.7	107.5	105.6	104.7	106.9	102.4
93.9	99.4	96.3	94.6	102.1	99.6	92.2	93.4
99.5	97.6	99.9	98.4	100.9	107.4	101.5	101.7
109.8	104.2	113.4	112.0	105.6	111.7	108.2	108.2
108.0	106.5	99.9	106.5	110.1	105.2	103.9	103.0
102.9	103.5	93.3	107.0	100.5	102.1	109.7	102.4
101.7	103.6	92.8	106.4	99.2	101.6	109.8	101.3
119.3	115.6	114.8	120.7	125.6	110.9	117.3	124.5
124.3	119.5	119.0	131.2	129.1	116.1	122.9	130.8
104.9	108.3	111.3	113.4	117.9	105.9	105.3	109.2
104.3	103.4	102.7	104.6	107.7	106.7	107.2	104.5
106.7	101.7	100.3	101.9	105.3	106.5	102.4	101.8
100.0	**95.8**	**100.8**	**100.0**	**99.6**	**98.1**	**98.5**	**100.2**
106.2	**102.5**	**110.0**	**102.3**	**101.8**	**100.3**	**102.6**	**104.3**
102.9	100.8	111.6	101.9	102.9	99.2	101.3	104.4
102.1	**101.3**	**102.4**	**100.0**	**98.6**	**100.9**	**102.3**	**102.0**
99.8	100.8	104.7	100.6	101.6	102.8	103.0	100.2
102.3	101.7	101.0	99.6	96.2	100.0	101.6	105.1
103.1	**104.7**	**98.2**	**104.0**	**101.5**	**100.2**	**101.2**	**99.5**
103.0	105.0	96.0	106.1	101.6	99.8	101.6	100.4
101.7	103.5	95.9	98.8	102.3	99.6	103.9	102.4
104.5	107.7	93.6	100.0	104.8	100.3	100.7	108.5
101.5	99.6	96.9	109.6	100.0	99.6	101.6	97.2
100.3	**99.4**	**103.2**	**102.5**	**101.3**	**100.9**	**100.9**	**100.4**
101.5	100.7	105.6	104.5	101.7	103.5	102.1	100.7
99.3	97.3	100.0	99.6	100.5	96.9	99.7	100.2
102.5	**101.5**	**101.1**	**100.8**	**106.2**	**102.0**	**102.8**	**100.8**
101.5	103.2	102.3	100.1	110.2	103.6	101.0	101.3
111.2	103.2	110.3	97.4	101.5	102.2	109.5	97.6
100.2	**103.2**	**108.3**	**100.6**	**100.5**	**107.6**	**100.4**	**102.4**
100.4	100.8	100.3	104.9	99.7	103.5	96.8	101.5
102.1	104.7	111.1	103.6	104.5	122.2	89.9	109.4
100.0	104.9	110.0	101.8	100.5	114.5	102.3	103.3
100.3	102.4	108.9	96.5	100.6	100.0	98.7	100.3

10-7 全省及调查市、县商品零售价格指数(2014年)

(上年=100)

项 目	Ietm	全 省 Province	西宁市 Xining City	大通县 Datong County	乐都区 Ledu District
商品零售价格总指数	**Retail Price Index**	**101.5**	**101.2**	**101.6**	**101.8**
食品	Food	103.9	103.6	104.1	103.1
饮料、烟酒	Beverages, Tobacco and Liquor	99.1	98.5	100.6	100.5
服装、鞋帽	Garments, Shoes and Hats	105.7	108.2	102.0	106.1
纺织品	Textiles	100.9	101.1	100.0	100.0
家用电器及音像器材	Household Appliances, Music and Video Equipment	95.5	92.5	98.7	99.8
家庭设备	Household Equipment	95.9	92.6	99.5	99.9
文娱用耐用消费品	Durable Consumer Goods for Culture and Entertainment	95.0	91.7	97.5	99.9
专业音像器材	Professional Video Equipment	95.8	95.0	100.0	98.2
文化办公用品	Cultural and Office Appliances	96.9	95.8	100.9	102.2
日用品	Articles for Daily Use	99.2	97.9	99.5	101.4
日用百货	General Merchandise for Daily Use	98.6	97.0	101.4	100.1
日用杂品	Miscellaneous for Daily Use	98.6	97.3	97.3	106.5
洗涤用品	Cleaning Products	100.2	100.4	99.5	100.0
体育娱乐用品	Sports and Recreation Articles	102.3	102.5	101.9	100.4
交通、通信用品	Transportation and Communication Appliances	97.9	98.3	98.3	96.7
交通运输机械	Transportation Machinery	99.5	99.3	100.0	108.3
通信器材	Communication Equipment	96.3	96.0	97.5	95.9
家具	Furniture	100.7	100.1	100.0	100.0
化妆品	Cosmetics	99.1	98.7	100.6	101.7
金银珠宝	Gold, Silver and Jewellery	92.2	91.5	93.2	90.0
中西药品及医疗保健用品	Traditional Chinese and Western Medicines, and Health Care Articles	102.3	102.5	102.3	103.2
书报杂志及电子出版物	Books, Newspapers, Magazines and Publications	102.0	101.2	101.7	103.6
教材及参考书	Textbooks and Reference Books	103.1	102.8	103.4	105.2
书报杂志	Newspapers and Magazines	100.8	100.0	100.7	101.6
电子音像制品	Electronic Audio-video Products	102.4	98.5	100.0	100.0
燃料	Fuels	98.8	98.2	99.7	99.1
煤炭及制品	Coal and Coal Products	99.8	99.8	100.5	100.0
石油及制品	Petroleum and Petroleum Products	98.4	98.0	98.2	98.5
建筑材料及五金电料	Building Materials and Hardware	100.6	101.1	99.7	100.0
建筑装潢材料	Building Decoration Materials	100.6	101.4	99.4	99.9
五金电料	Hardware	100.5	100.0	100.5	101.2

Retail Price Indices of Province, Surveyed Cities and Counties(2014)

(preceding Year=100)

平安区 Pingan District	海晏县 Haiyan County	同仁县 Tongren County	共和县 Gonghe County	玛沁县 Maqin County	格尔木市 Geermu City	德令哈市 Delingha City
101.5	**101.6**	**101.7**	**102.0**	**101.7**	**102.1**	**102.5**
103.2	102.5	105.3	105.3	105.6	105.4	104.6
99.4	101.2	99.4	100.8	99.3	99.3	100.4
102.5	110.3	102.2	101.3	99.5	102.5	104.4
101.4	100.0	100.3	99.9	99.7	101.4	100.0
99.4	97.2	97.7	99.4	100.0	99.3	100.2
101.9	100.5	99.9	99.5	100.1	101.2	99.5
97.6	93.9	95.0	99.1	100.0	97.0	101.2
100.0	100.0	100.0	100.0	100.0	100.0	98.0
99.8	100.0	99.8	101.1	99.6	97.7	100.4
100.3	100.0	100.4	100.6	101.3	101.4	102.4
100.3	100.0	100.2	104.0	105.5	102.3	101.8
100.3	100.0	101.1	100.0	100.0	103.7	107.4
101.0	100.0	100.6	98.8	100.0	99.6	101.4
100.0	100.0	101.7	100.6	100.0	105.7	98.5
85.9	100.0	99.0	101.8	93.7	99.6	100.2
100.0	100.0	100.0	110.5	100.0	100.1	99.7
85.8	100.0	99.0	101.7	93.7	98.9	100.6
100.0	108.4	101.0	103.4	104.3	104.7	101.6
100.2	108.9	99.8	99.9	100.3	98.8	99.3
93.4	91.8	90.9	91.5	89.9	96.1	88.4
106.2	93.9	99.6	101.7	100.1	101.1	106.0
101.5	100.6	100.5	105.2	103.2	105.6	101.8
100.9	100.7	101.3	110.7	106.3	101.3	102.0
103.2	100.5	101.4	101.1	100.0	104.8	101.6
99.9	100.0	92.0	100.0	100.0	110.2	102.0
100.4	102.2	97.9	97.9	98.4	98.1	99.8
103.4	106.3	97.7	97.1	100.0	92.8	101.1
98.5	98.1	98.0	97.9	98.1	99.1	98.7
100.7	101.5	101.2	100.2	102.1	99.3	99.8
100.8	101.7	101.4	99.4	102.7	97.8	99.5
100.2	100.8	100.3	103.9	99.4	103.5	100.6

10-8 商品零售价格分类指数(2014年)
Retail Price Indices by Category (2014)

(上年=100) (preceding year=100)

项 目	Item	全 省 Province	城 市 Urban	农 村 Rural
商品零售价格总指数	**Retail Price Index**	**101.5**	**101.3**	**101.7**
食品	Food	103.9	103.7	104.2
饮料、烟酒	Beverages, Tobacco and Liquor	99.1	98.7	100.0
服装、鞋帽	Garments, Shoes and Hats	105.7	106.8	102.8
纺织品	Textiles	100.9	101.1	100.3
家用电器及音像器材	Household Appliances, Music and Video Equipment	95.5	93.7	99.0
家庭设备	Household Equipment	95.9	94.1	100.0
文娱用耐用消费品	Durable Consumer Goods for Culture and Entertainment	95.0	93.2	97.8
专业音像器材	Professional Video Equipment	95.8	93.9	99.7
文化办公用品	Cultural and Office Appliances	96.9	96.1	100.7
日用品	Articles for Daily Use	99.2	98.8	100.4
日用百货	General Merchandise for Daily Use	98.6	97.8	100.9
日用杂品	Miscellaneous for Daily Use	98.6	97.8	100.8
洗涤用品	Cleaning Products	100.2	100.4	99.6
体育娱乐用品	Sports and Recreation Articles	102.3	102.8	100.7
交通、通信用品	Transportation and Communication Appliances	97.9	98.2	96.7
交通运输机械	Transportation Machinery	99.5	99.4	101.8
通信器材	Communication Equipment	96.3	96.6	95.9
家具	Furniture	100.7	100.7	100.7
化妆品	Cosmetics	99.1	98.7	100.7
金银珠宝	Gold, Silver and Jewellery	92.2	92.3	92.1
中西药品及医疗保健用品	Traditional Chinese and Western Medicine, and Health Care Articles	102.3	102.1	102.7
书报杂志及电子出版物	Newspapers, Magazines and Electronic Publications	102.0	101.8	102.2
教材及参考书	Textbooks and Reference Books	103.1	102.8	103.6
书报杂志	Newspapers and Magazines	100.8	100.5	101.3
电子音像制品	Electronic Audio-video Products	102.4	103.3	99.3
燃料	Fuels	98.8	98.6	99.2
煤炭及制品	Coal and Coal Products	99.8	99.2	100.6
石油及制品	Petroleum and Petroleum Products	98.4	98.5	98.3
建筑材料及五金电料	Building Materials and Hardware	100.6	100.7	100.4
建筑装潢材料	Building Decoration Materials	100.6	100.8	100.3
五金电料	Hardware	100.5	100.2	101.1

10-9 全省及调查县农业生产资料价格指数(2014年)
Price Indices for Means of Agricultural Production in the Province and Counties Surveyed(2014)

(上年=100) (preceding year=100)

项　目	Item	全　省 Province Total	大通县 Datong County	乐都区 Ledu District	平安区 Pingan District	海晏县 Haiyan County	同仁县 Tongren County	共和县 Gonghe County
农业生产资料价格指数	**Price Index for Means of Production**	**99.8**	**98.7**	**99.9**	**98.5**	**100.7**	**101.9**	**101.5**
农用手工工具	Farm Handtools	99.8	100.0	100.0	100.0	100.0	95.6	100.0
饲料	Forage	104.8	104.7	100.9	101.2	100.0	103.4	113.0
混合饲料	Mixed Forage	102.4	102.9	102.9	100.2	100.0	100.0	107.0
产品畜	Commodity Animals	98.0	94.5	101.8	95.0	104.3	100.0	101.9
半机械化农具	Semi-mechanized Farm Tools	100.8	100.0	100.0	101.9	100.0	100.0	101.8
机械化农具	Mechanized Farm Machinery	101.0	100.0	100.0	100.5	100.0	100.0	103.9
化学肥料	Chemical Fertilizer	93.6	90.1	97.5	92.3	101.0	100.3	95.1
氮肥	Nitrogen Fertilizer	93.9	87.3	96.1	90.2	101.4	100.3	104.3
磷肥	Phosphate Fertilizer	90.5	88.3	86.9	89.2	100.9	100.5	93.3
钾肥	Potassium Fertilizer	98.1	95.5	100.0	104.6	100.0	100.0	100.0
复合肥料	Compound Fertilizer	97.8	96.1	122.8	100.0	100.2	100.0	83.5
农药及农药器械	Pesticide and Its Appliances	103.0	100.0	109.2	111.7	100.5	100.0	99.4
化学农药	Chemical Pesticides	103.2	100.0	109.4	114.1	100.5	100.0	99.1
农药器械	Pesticide Equipment	100.2	100.0	100.0	100.0	100.0	100.0	101.2
农用机油	Oil for Farm Machinery	97.1	97.4	95.2	97.4	97.1	95.8	97.6
其他农业生产资料	Other Means of Agricultural Production	107.5	106.1	104.3	105.1	101.3	105.4	113.9
农用种子	Farm Seeds	109.0	109.1	103.0	107.0	101.5	106.1	118.3
农业生产服务	Service for Agricultural Production	107.3	118.7	100.0	108.6	100.1	117.3	100.0
排灌费	Irrigation and Drainage	100.9	100.0	100.0	102.4	101.6	100.0	100.0
机械作业费	Mechanical Handling	108.4	129.7	100.0	111.1	100.0	100.0	100.0
农业用电	Agricultural Electricity	100.0	100.0	100.0	100.0	100.0	100.0	100.0
农业用工	Agricultural Employment	110.2	123.2	100.0	117.0	100.0	125.0	100.0

10-10 城乡居民消费价格定基指数(2014年)

Fixed-base Consumer Price Indices in Urban and Rural Areas(2014)

(2010年=100) (year of 2010=100)

项　目	Item	全　省 Province	城　市 Urban	农　村 Rural
居民消费价格总指数	**General Index**	**118.6**	**118.5**	**118.7**
非食品价格指数	**Non-food Price Index**	**110.1**	**110.0**	**110.2**
服务项目价格指数	**Service Price Index**	**116.8**	**116.7**	**117.1**
工业品价格指数	**Consumer Price Index of Industrial Production**	**105.3**	**104.9**	**106.0**
扣除食品和能源价格指数	**Excluding Food and Energy Price Index**	**110.0**	**109.8**	**110.4**
扣除鲜菜鲜果总指数	**Excluding Fresh Vegetables and Fresh Fruits Price Index**	**116.9**	**116.9**	**117.0**
消费品价格指数	**Consumer Goods Price Index**	**119.2**	**119.2**	**119.3**
食品	Food	136.1	136.0	136.2
粮食	Grain	130.3	132.1	128.2
油脂	Oil or Fat	111.1	107.2	116.0
肉禽及其制品	Meat, Poultry and Processed Products	146.8	144.6	149.9
蛋	Eggs	128.8	129.4	127.5
水产品	Aquatic Products	131.0	131.3	130.0
菜	Vegetables	140.7	137.7	145.7
鲜菜	Fresh Vegetables	144.9	140.7	151.6
干鲜瓜果	Dried and Fresh Melons and Fruits	149.1	150.6	145.8
鲜瓜果	Fresh Fruits	158.1	160.2	153.3
液体乳及乳制品	Milk and Its Products	126.4	129.7	119.1
在外用膳食品	Dining Out	138.2	138.9	136.5
炒菜	Fried Dishes	124.9	125.8	122.7
烟酒	Alcohol and Tobacco	103.9	105.2	101.9
衣着	Clothing	111.6	114.5	106.6
服装	Garments	108.0	110.5	103.5
家庭设备用品及维修服务	Household Facilities, Articles and Services	101.4	98.9	105.6
耐用消费品	Durable Consumer Goods	93.5	91.9	97.2
家庭日用杂品	Daily Use Household Articles	106.0	102.4	111.2
医疗保健和个人用品	Health Care and Personal Articles	108.3	105.8	112.4
医疗保健	Health Care	109.3	106.9	112.7
中药材及中成药	Traditional Chinese Medicine	127.0	116.8	138.2
西药	Western Medicine	106.6	108.7	104.4
医疗保健服务	Health Care Services	106.3	103.7	110.1
交通和通信	Transportation and Communication	97.9	96.7	99.8
交通	Transportation	102.1	99.1	106.6
通信	Communication	93.3	94.4	91.3
娱乐教育文化用品及服务	Recreation, Education and Culture Articles	108.1	106.8	110.5
教育	Education	115.6	115.2	116.4
旅游	Touring and Outing	122.7	120.0	127.3
居住	Residence	125.8	127.2	123.3
建房及装修材料	Building and Building Decoration Materials	104.0	103.0	105.7
住房租金	Renting	143.5	137.5	160.6
自有住房	Private Housing	139.8	141.0	137.0
水、电、燃料	Water, Electricity and Fuels	114.1	113.8	114.6

10-11 城乡商品零售价格定基指数(2014年)

Fixed-base Retail Price Indices in Urban and Rural Areas(2014)

(2010年=100) (year of 2010=100)

项 目	Item	全 省 Province	城 市 Urban	农 村 Rural
商品零售价格总指数	**Retail Price Index**	**112.5**	**112.3**	**112.9**
食品	Food	134.7	135.0	133.9
饮料、烟酒	Beverages, Tobacco and Liquor	105.8	105.7	106.0
服装、鞋帽	Garments, Shoes and Hats	110.8	113.1	105.0
纺织品	Textiles	110.2	110.4	109.7
家用电器及音像器材	Household Appliances, Music and Video Equipment	82.5	78.3	91.5
家庭设备	Household Equipment	85.9	82.7	93.5
文娱用耐用消费品	Durable Consumer Goods for Culture and Entertainment	77.9	72.0	89.2
专业音像器材	Professional Video Equipment	89.0	86.3	94.6
文化办公用品	Cultural and Office Appliances	93.1	91.3	102.1
日用品	Articles for Daily Use	103.8	102.9	106.7
日用百货	General Merchandise for Daily Use	101.6	100.3	105.5
日用杂品	Miscellaneous for Daily Use	101.0	98.4	108.1
洗涤用品	Cleaning Products	108.9	108.3	111.1
体育娱乐用品	Sports and Recreation Articles	103.6	102.8	106.3
交通、通信用品	Transportation and Communication Appliances	84.7	86.8	77.7
交通运输机械	Transportation Machinery	93.1	92.5	102.8
通信器材	Communications Equipment	78.1	80.2	74.4
家具	Furniture	97.6	96.0	100.5
化妆品	Cosmetics	102.3	101.3	105.5
金银珠宝	Gold, Silver and Jewellery	90.0	86.9	95.7
中西药品及医疗保健用品	Traditional Chinese and Western Medicines, and Health Care Articles	111.0	110.2	112.9
书报杂志及电子出版物	Books, Newspapers, Magazines and Publications	109.8	107.8	113.6
教材及参考书	Textbooks and Reference Books	112.6	108.4	118.1
书报杂志	Newspapers and Magazines	110.2	109.4	111.9
电子音像制品	Electronic Audio-video Products	102.7	103.4	100.4
燃料	Fuels	107.5	107.2	108.2
煤炭及制品	Coal and Coal Products	117.9	119.7	115.3
石油及制品	Petroleum and Petroleum Products	103.4	103.4	103.6
建筑材料及五金电料	Building Materials and Hardware	101.7	102.0	101.1
建筑装潢材料	Building Decoration Materials	101.4	101.8	100.9
五金电料	Hardware	102.6	102.6	102.4

10-12 全省及调查市、县居民消费价格定基指数(2014年)

(2010年=100)

项 目	Item	全 省 Province	西宁市 Xining City	大通县 Datong County
居民消费价格总指数	**General Index**	**118.6**	**117.1**	**120.2**
非食品价格指数	**Non-food Price Index**	**110.1**	**108.1**	**110.8**
服务项目价格指数	**Service Price Index**	**116.8**	**112.8**	**120.5**
工业品价格指数	**Consumer Price Index of Industrial Production**	**105.3**	**104.5**	**105.0**
扣除食品和能源价格指数	**Excluding Food and Energy Price Index**	**110.0**	**107.7**	**110.5**
扣除鲜菜鲜果总指数	**Excluding Fresh Vegetables and Fresh Fruits Price Index**	**116.9**	**115.3**	**118.2**
消费品价格指数	**Consumer Goods Price Index**	**119.2**	**118.9**	**120.1**
食品	Food	136.1	135.7	140.2
粮食	Grain	130.3	134.1	126.6
油脂	Oil or Fat	111.1	109.2	115.8
肉禽及其制品	Meat, Poultry and Processed Products	146.8	146.3	161.3
蛋	Eggs	128.8	130.3	119.3
水产品	Aquatic Products	131.0	134.7	137.6
菜	Vegetables	140.7	139.7	151.1
鲜菜	Fresh Vegetables	144.9	142.8	159.1
干鲜瓜果	Dried and Fresh Melons and Fruits	149.1	153.7	143.1
鲜瓜果	Fresh Melons and Fruits	158.1	165.7	150.5
液体乳及乳制品	Milk and Its Products	126.4	136.5	122.8
在外用膳食品	Dining Out	138.2	130.9	134.3
炒菜	Fried Dishes	124.9	125.2	120.9
烟酒	Alcohol and Tobacco	103.9	106.7	104.7
衣着	Clothing	111.6	112.2	107.9
服装	Garments	108.0	106.9	105.7
家庭设备用品及维修服务	Household Facilities, Articles and Services	101.4	93.5	105.7
耐用消费品	Durable Consumer Goods	93.5	85.0	96.7
家庭日用杂品	Daily Use Household Articles	106.0	98.8	121.3
医疗保健和个人用品	Health Care and Personal Articles	108.3	106.5	108.0
医疗保健	Health Care	109.3	107.9	105.8
中药材及中成药	Traditional Chinese Medicine	127.0	117.6	151.0
西药	Western Medicine	106.6	111.6	78.0
医疗保健服务	Health Care Services	106.3	101.8	110.7
交通和通信	Transportation and Communication	97.9	95.4	98.3
交通	Transportation	102.1	96.7	105.6
通信	Communication	93.3	94.0	89.4
娱乐教育文化用品及服务	Recreation, Education and Culture Articles	108.1	105.2	115.0
教育	Education	115.6	116.7	117.0
旅游	Touring and Outing	122.7	113.7	146.2
居住	Residence	125.8	121.2	125.1
建房及装修材料	Building and Building Decoration Materials	104.0	103.7	108.8
住房租金	Renting	143.5	135.3	282.4
自有住房	Private Housing	139.8	129.9	144.7
水、电、燃料	Water, Electricity and Fuels	114.1	113.6	120.4

Fixed-base Consumer Price Indices of Surveyed Cities and Counties (2014)

(year of 2010=100)

乐都区 Ledu District	平安区 Pingan District	海晏县 Haiyan County	同仁县 Tongren County	共和县 Gonghe County	玛沁县 Maqin County	格尔木市 Geermu City	德令哈市 Delingha City
119.2	**117.1**	**117.9**	**120.4**	**117.8**	**116.2**	**122.1**	**118.4**
111.6	**109.6**	**110.5**	**111.4**	**109.2**	**107.4**	**115.7**	**110.3**
114.1	**112.9**	**123.6**	**118.0**	**117.4**	**112.4**	**126.5**	**117.1**
110.1	**107.9**	**101.8**	**107.1**	**104.6**	**104.2**	**108.0**	**105.1**
112.0	**109.8**	**111.3**	**112.0**	**109.6**	**107.2**	**116.2**	**110.2**
116.6	**115.5**	**115.6**	**119.4**	**117.1**	**115.5**	**121.3**	**116.7**
120.9	**118.3**	**115.8**	**121.2**	**117.9**	**117.6**	**120.4**	**119.0**
135.0	132.5	133.1	138.5	135.6	133.5	135.3	135.2
136.6	117.8	130.3	133.6	132.9	130.0	131.1	113.5
106.5	118.6	102.7	108.0	127.7	105.9	99.2	106.3
146.0	137.3	145.8	154.3	146.5	156.3	135.7	144.6
149.4	125.6	135.9	149.5	114.5	139.8	128.3	122.9
129.7	117.9	120.0	138.2	128.1	113.7	117.0	120.0
165.7	139.9	156.1	127.0	123.7	130.0	130.0	141.0
170.6	147.4	164.0	127.9	128.3	130.2	131.6	142.9
152.5	139.9	147.7	152.3	138.4	132.0	140.3	148.3
158.4	145.7	159.9	169.1	146.0	129.4	144.7	161.0
103.4	122.0	113.7	115.1	133.1	112.3	109.5	122.1
125.8	140.6	122.1	157.3	142.8	141.5	158.1	146.0
123.2	123.5	113.0	147.7	115.6	127.9	128.0	130.0
101.1	94.9	103.5	103.3	102.9	106.1	100.6	100.9
114.3	103.7	98.4	108.1	104.9	95.4	123.0	107.0
108.3	99.7	101.0	105.5	101.7	89.8	122.6	105.4
101.7	104.4	107.5	108.1	103.7	102.3	112.8	106.1
91.7	102.2	102.9	95.5	95.6	104.6	107.6	99.9
106.1	107.0	114.6	109.3	106.6	101.6	112.9	115.1
119.1	122.5	102.6	120.5	110.4	107.4	105.8	107.9
123.7	125.0	99.1	126.3	108.5	104.0	103.7	114.3
145.0	140.1	94.1	139.6	141.6	114.6	119.9	106.0
118.5	122.1	87.5	110.7	108.5	102.1	93.8	107.8
105.9	115.1	105.6	129.8	101.5	103.1	105.2	121.2
99.8	99.4	108.1	104.7	100.0	97.4	100.0	101.2
104.3	104.2	117.0	117.9	105.0	105.3	103.0	104.3
96.1	92.2	97.9	89.5	90.8	87.1	97.0	98.4
113.5	107.7	107.6	102.8	115.1	111.3	107.4	108.8
116.4	114.8	109.6	110.0	127.5	112.8	105.3	109.8
138.4	117.4	136.9	98.3	116.3	109.4	131.3	97.1
118.4	119.7	134.6	121.9	117.7	124.3	143.2	127.4
108.4	102.9	100.7	101.7	98.8	103.2	96.5	102.5
147.9	122.4	135.1	157.2	119.9	147.0	158.6	153.7
127.2	126.3	175.2	137.8	134.6	130.5	175.8	136.9
113.6	118.3	103.2	106.3	109.5	121.6	112.4	118.1

10-13 全省及调查市、县商品零售价格定基指数(2014年)

(2010年=100)

项 目	Item	全 省 Province	西宁市 Xining City	大通县 Datong County
商品零售价格总指数	**Retail Price Index**	**112.5**	**112.3**	**112.5**
食品	Food	134.7	135.9	136.6
饮料、烟酒	Beverages, Tobacco and Liquor	105.8	106.8	107.3
服装、鞋帽	Garments, Shoes and Hats	110.8	111.5	106.4
纺织品	Textiles	110.2	107.4	109.7
家用电器及音像器材	Household Appliances, Music and Video Equipment	82.5	76.8	94.0
家庭设备	Household Equipment	85.9	79.9	95.9
文娱用耐用消费品	Durable Consumer Goods for Culture and Entertainment	77.9	69.1	91.0
专业音像器材	Professional Video Equipment	89.0	88.1	100.0
文化办公用品	Cultural and Office Appliances	93.1	90.6	102.8
日用品	Articles for Daily Use	103.8	101.2	107.3
日用百货	General Merchandise for Daily Use	101.6	99.7	102.3
日用杂品	Miscellaneous for Daily Use	101.0	97.2	103.3
洗涤用品	Cleaning Products	108.9	109.4	115.6
体育娱乐用品	Sports and Recreation Articles	103.6	102.0	102.4
交通、通信用品	Transportation and Communication Appliances	84.7	87.7	75.3
交通运输机械	Transportation Machinery	93.1	91.4	99.5
通信器材	Communications Equipment	78.1	80.2	68.1
家具	Furniture	97.6	92.9	97.5
化妆品	Cosmetics	102.3	101.5	108.2
金银珠宝	Gold, Silver and Jewellery	90.0	85.7	100.4
中西药品及医疗保健用品	Traditional Chinese and Western Medicines, and Health Care Articles	111.0	112.1	101.7
书报杂志及电子出版物	Books, Newspapers, Magazines and Publications	109.8	107.1	106.0
教材及参考书	Textbooks and Reference Books	112.6	107.7	109.5
书报杂志	Newspapers and Magazines	110.2	108.3	107.0
电子音像制品	Electronic Audio-video Products	102.7	94.8	87.9
燃料	Fuels	107.5	104.2	110.9
煤炭及制品	Coal and Coal Products	117.9	117.4	116.4
石油及制品	Petroleum and Petroleum Products	103.4	101.9	100.4
建筑材料及五金电料	Building Materials and Hardware	101.7	101.0	94.8
建筑装潢材料	Building Decoration Materials	101.4	100.9	92.7
五金电料	Hardware	102.6	101.4	101.1

Fixed-base Retail Price Indices of Cities and Counties Surveyed (2014)

(year of 2010=100)

乐都区 Ledu District	平安区 Pingan District	海晏县 haiyan County	同仁县 tongren County	共和县 Gonghe County	玛沁县 Maqin County	格尔木市 Geermu City	德令哈市 Delingha City
113.3	**112.1**	**110.7**	**118.0**	**110.1**	**111.5**	**112.9**	**114.1**
128.8	130.4	132.8	142.5	133.5	134.3	131.3	133.2
106.0	107.0	105.5	106.8	104.8	104.5	101.1	102.7
113.6	102.3	98.3	108.3	98.5	93.1	120.5	107.1
110.4	101.3	111.2	125.1	105.9	101.0	122.5	114.5
91.2	96.2	92.7	85.2	82.4	100.6	88.5	95.6
92.4	102.4	95.9	86.2	84.9	100.0	94.1	97.9
90.1	92.9	89.1	83.4	76.9	101.4	82.1	93.0
96.4	74.6	100.0	105.9	100.0	100.0	100.0	93.4
107.6	103.1	96.6	99.1	97.8	113.2	88.9	102.5
102.1	105.9	102.0	114.0	108.5	103.9	108.9	110.8
103.7	105.6	99.8	120.0	104.0	109.9	107.8	111.0
106.3	107.0	102.7	120.3	110.9	103.3	120.3	111.5
96.0	114.4	104.2	114.0	112.1	101.7	101.7	115.2
113.3	101.0	100.8	113.4	103.0	101.7	110.1	103.0
82.6	60.9	93.7	93.4	71.7	90.3	95.5	96.8
114.3	105.2	99.7	99.9	109.2	97.7	100.4	95.7
80.7	60.8	92.9	93.4	71.6	90.2	89.3	97.6
95.2	102.2	117.4	108.9	105.2	107.3	124.1	103.8
94.2	108.3	114.6	109.7	106.1	109.3	101.4	94.9
87.8	98.0	102.7	92.9	96.4	90.9	93.6	72.7
124.2	122.1	90.5	119.1	106.4	106.2	102.4	105.2
123.0	115.3	125.2	113.8	120.0	114.6	114.3	116.8
124.3	116.9	132.7	120.4	120.8	122.5	118.7	111.3
118.1	114.1	117.6	111.5	124.9	111.5	114.2	116.1
133.0	108.6	119.8	88.0	100.0	89.5	111.1	125.8
110.3	109.0	103.1	108.6	100.1	100.4	105.3	121.2
120.6	117.2	108.9	111.3	94.3	106.5	123.6	150.0
103.7	103.8	96.8	107.8	100.5	99.3	102.1	102.0
104.8	103.6	97.6	101.9	98.3	104.6	102.5	111.3
104.7	103.7	100.1	99.6	98.7	105.2	96.9	112.1
105.6	102.1	86.3	116.0	96.2	101.1	121.1	109.1

10–14 全省及调查县农业生产资料价格定基指数(2014年)
Fixed-base Price Indices for Means of Agricultural Production in the Province and Counties Surveyed(2014)

(2010年=100) (year of 2010=100)

项目	Item	全省 Province Total	大通县 Datong County	乐都区 Ledu District	平安区 Pingan District	海晏县 Haiyan County	同仁县 Tongren County	共和县 Gonghe County
农业生产资料价格指数	**Price Index for Means of Agricultural Production**	**126.0**	**117.7**	**120.8**	**118.2**	**134.7**	**126.2**	**148.2**
农用手工工具	Farm Handtools	100.7	95.9	106.7	100.0	95.5	105.7	102.5
饲料	Forage	126.8	121.1	126.9	118.9	132.4	108.4	151.4
混合饲料	Mixed Forage	124.4	118.2	134.3	119.2	117.5	106.9	142.4
产品畜	Commodity Animals	179.6	160.5	179.1	163.5	209.0	152.9	235.1
半机械化农具	Semi-mechanized Farm Tools	104.2	105.6	100.7	104.7	109.3	103.7	106.0
机械化农具	Mechanized Farm Machinery	107.2	103.8	105.1	101.2	115.8	101.0	122.5
化学肥料	Chemical Fertilizer	108.6	100.6	104.9	104.8	135.2	113.3	124.1
氮肥	Nitrogen Fertilizer	111.2	97.9	103.9	113.8	126.1	120.4	135.3
磷肥	Phosphate Fertilizer	103.4	93.2	93.0	94.8	157.2	109.6	125.0
钾肥	Potassium Fertilizer	108.1	104.8	100.0	123.4	130.8	111.1	100.0
复合肥料	Compound Fertilizer	113.3	118.8	133.4	109.2	114.4	103.8	102.4
农药及农药器械	Pesticide and Its Appliances	104.4	97.4	109.7	117.1	104.0	139.4	100.2
化学农药	Chemical Pesticides	104.5	97.1	109.9	120.6	104.1	140.6	98.7
农药器械	Pesticide Equipment	102.8	100.0	100.0	100.0	100.0	125.0	115.9
农用机油	Oil for Farm Machinery	110.3	101.0	96.2	101.5	125.7	134.0	134.3
其他农业生产资料	Other Means of Agricultural Production	143.1	131.6	121.7	135.5	124.1	141.2	201.0
农用种子	Farm Seeds	154.4	150.9	123.4	147.1	124.5	144.5	225.0
农业生产服务	Service for Agricultural Production	170.7	188.8	148.9	158.2	108.8	196.9	201.4
排灌费	Irrigation and Drainage	105.5	100.0	100.0	114.3	111.1	100.0	100.0
机械作业费	Mechanical Handling	254.7	240.0	142.9	205.1	120.0	153.8	360.0
农业用电	Agricultural Electricity	101.8	104.6	104.2	100.0	100.0	113.4	100.0
农业用工	Agricultural Employment	173.3	250.0	184.6	160.0	111.1	249.4	100.0

10-15　1991-2014年固定资产投资价格指数
Price Indices for Investment in Fixed Assets (1991-2014)

(上年=100)　　(preceding year=100)

年　份 Year	固定资产投资价格总指数 Price Index for Investment in Fixed Assets	建筑安装、装饰工程 Construction and Installation	设备、工器具购置 Purchase of Equipment and Instruments	其他费用 Other Expenses
1991	119.5	123.5	109.5	114.2
1992	115.1	114.5	111.2	124.8
1993	125.9	129.6	120.2	112.5
1994	108.4	107.6	111.2	107.9
1995	105.3	104.3	106.7	108.7
1996	103.5	104.4	99.6	102.1
1997	103.0	104.5	97.9	100.6
1998	98.5	99.0	95.9	98.7
1999	100.1	101.0	96.2	100.0
2000	101.6	102.7	97.9	100.3
2001	100.3	101.0	97.3	100.0
2002	103.2	104.7	97.3	101.5
2003	102.0	102.9	97.8	101.9
2004	102.8	103.2	100.1	104.4
2005	102.1	102.1	100.7	104.2
2006	102.4	102.6	101.8	102.0
2007	104.2	104.6	102.9	102.6
2008	110.5	113.3	101.5	104.1
2009	100.9	101.1	99.4	102.1
2010	103.8	104.5	101.5	102.3
2011	106.5	107.9	101.5	102.6
2012	102.2	102.7	99.2	103.0
2013	101.5	102.0	99.0	101.6
2014	100.9	101.1	99.4	102.2

10-16 1991-2014年固定资产投资价格定基指数
Fixed-base Price Indices for Investment in Fixed Assets(1991-2014)

(1990年=100) (year of 1990=100)

年 份 Year	固定资产投资价格总指数 Price Index for Investment in Fixed Assets	建筑安装、装饰工程 Construction and Installation	设备、工器具购置 Purchase of Equipment and Instruments	其他费用 Other Experses
1991	119.5	123.5	109.5	114.2
1992	137.5	141.4	121.8	142.5
1993	173.2	183.3	146.4	160.3
1994	187.7	197.2	162.8	173.0
1995	197.7	205.7	173.7	188.1
1996	204.6	214.7	172.9	192.0
1997	210.7	224.4	169.3	193.2
1998	207.6	222.1	162.4	190.6
1999	207.8	224.4	156.2	190.6
2000	211.1	230.4	152.9	191.2
2001	211.7	232.7	148.8	191.2
2002	218.5	243.6	144.8	194.1
2003	222.9	250.7	141.6	197.8
2004	229.1	258.7	141.7	206.5
2005	233.9	264.1	142.7	215.2
2006	239.5	271.0	145.3	219.5
2007	249.6	283.5	149.5	225.2
2008	275.8	321.2	151.7	234.4
2009	278.3	324.7	150.8	239.3
2010	288.9	339.3	153.1	244.8
2011	307.7	366.1	155.4	251.2
2012	314.5	376.0	154.2	258.7
2013	319.2	383.5	152.7	262.8
2014	322.1	387.7	151.8	268.6

10−17　1997−2014年西宁市区房地产价格指数
Price Indices for Real Estate in Xining(1997-2014)

(上年=100)　　(preceding year=100)

年　份 Year	新建商品住宅 价格指数 Price Index for New Commercial Residential Buildings	二手住宅 价格指数 Price Index for Second-hand Residential Buildings	住宅租赁 价格指数 Price Index for Residential Leasing	物业服务 价格指数 Price Index for Property Services	土地交易 价格指数 Price Index for Land Transactions
1997	100.6	100.0	197.6		100.8
1998	100.9	100.9	146.2		99.4
1999	99.0	100.7	100.0		94.4
2000	99.9	98.8	133.4		100.4
2001	100.4	102.5	126.4		99.7
2002	102.3	111.2	117.4		102.7
2003	104.6	106.1	106.5		106.2
2004	107.9	113.9	100.0		106.1
2005	102.8	104.3	100.9	100.0	102.9
2006	103.0	103.4	100.7	100.0	102.5
2007	104.9	103.3	104.6	100.9	103.2
2008	109.0	108.5	101.4	102.6	103.2
2009	104.9	104.8	100.7	101.0	104.0
2010	108.0	106.3	107.6	101.8	104.4
2011	106.5	105.8	104.4	100.2	104.1
2012	101.5	101.1	106.7	102.4	102.7
2013	106.8	103.2	101.7	101.3	101.0
2014	104.8	101.6			

10-18 1989-2014年工业生产者出厂价格分行业、类别指数

(上年=100)

年 份 Year	总指数 General Index	轻工业 Light Industry	重工业 Heavy Industry	生产资料 Means of Production	采掘工业 Mining & Quarrying Industry	原料工业 Raw Materials Industry	加工工业 Processing Industry	煤炭开采和洗选业 Mining and Washing of Coal
1989	112.66	112.40	113.22	113.16	113.30	107.71	126.82	111.08
1990	109.48	114.89	107.75	107.76	105.92	108.49	107.53	103.58
1991	108.70	108.98	109.19	109.11	124.93	109.57	101.33	121.29
1992	103.64	107.73	101.88	102.03	104.17	100.24	104.19	106.38
1993	124.37	112.94	127.94	127.58	122.17	128.58	128.07	108.74
1994	124.86	121.30	126.00	125.54	143.65	126.02	115.57	144.19
1995	114.58	119.76	112.23	112.55	123.49	108.68	110.75	124.55
1996	106.66	107.21	106.06	106.74	103.31	107.92	107.70	109.91
1997	103.54	102.08	103.78	103.77	102.18	104.65	102.04	113.69
1998	100.67	97.32	101.26	101.27	99.31	102.11	100.16	105.86
1999	102.81	98.74	104.05	103.99	111.34	101.08	102.04	102.36
2000	108.05	92.21	111.09	110.89	137.85	102.05	95.04	103.03
2001	93.74	94.96	93.50	93.60	94.33	93.02	96.38	112.05
2002	97.57	100.91	97.23	97.29	97.11	96.24	102.18	101.81
2003	105.46	99.99	106.19	105.84	114.10	101.65	101.95	102.45
2004	111.23	102.99	112.54	111.83	116.98	106.48	113.56	103.80
2005	110.24	101.02	111.73	111.05	130.73	100.34	102.77	120.66
2006	109.49	99.97	110.41	109.86	118.87	110.38	100.22	114.33
2007	104.15	104.19	104.15	104.07	106.35	102.86	104.69	103.96
2008	107.60	111.56	107.22	107.50	107.27	97.87	124.00	118.23
2009	91.30	102.44	90.21	90.89	88.97	89.36	94.62	114.97
2010	109.35	104.02	110.13	109.73	122.42	110.99	102.16	105.54
2011	107.43	108.73	107.34	107.44	112.28	105.63	107.35	111.45
2012	96.86	106.33	96.16	96.16	101.80	95.67	93.97	105.53
2013	97.00	104.90	96.40	96.40	96.10	95.60	97.40	90.40
2014	96.10	101.90	95.70	95.70	95.10	96.10	95.50	86.60

Producer Price Indices for Industrial Products by Sector and Category (1989-2014)

(preceding year=100)

石油和天然气开采业 Extraction of Petroleum and Natural Gas	有色金属矿采选业 Mining and Processing of Non-Ferrous Metal Ores	电力、热力的生产和供应业 Production and Supply of Electric Power and Heat Power	生活资料 Consumer Goods	食品类 Food	衣着类 Clothing	一般日用品 Articles for Daily Use	耐用消费品 Durable Consumer Goods
114.01			112.48	104.58	125.31	124.88	
119.79			114.96	116.63	116.49	100.81	
122.77			109.25	108.08	112.06	103.85	
105.88	114.78		107.72	114.86	102.44	103.43	
135.08	121.66		113.33	122.09	104.20	110.44	
173.75	106.54		122.40	123.29	126.45	114.91	
133.09	133.28		119.41	122.74	117.95	114.63	
95.70	96.30		106.52	112.50	100.99	104.28	
97.74	98.85	125.92	102.10	104.53	99.54	97.27	
100.31	89.46	121.68	97.12	97.19	97.58	97.50	
121.61	93.75	101.41	98.73	99.05	99.67	97.64	
171.81	108.41	95.18	91.65	88.34	99.99	97.21	94.48
79.75	109.61	94.21	94.46	92.94	92.93	101.04	93.89
91.67	102.27	98.60	100.67	99.16	103.67	101.75	98.08
116.74	106.52	99.47	100.67	100.13	95.27	105.40	100.00
113.83	150.07	99.90	104.79	104.55	101.52	108.37	101.15
133.91	121.07	97.37	101.79	102.11	98.54	103.87	105.75
117.94	134.11	97.12	101.48	100.97	99.97	103.90	98.37
105.46	114.69	100.84	106.46	111.14	99.81	101.53	99.90
115.53	68.60	100.45	110.39	113.22	102.61	110.81	103.55
76.83	94.15	99.47	101.22	98.42	104.03	102.88	116.38
130.85	130.84	100.74	104.24	104.24	101.55	107.02	100.54
122.20	103.59	103.71	107.31	105.15	108.83	113.89	103.32
97.54	94.56	104.72	105.88	104.92	119.63	102.82	101.12
96.80	96.70	101.80	104.70	104.80	111.20	102.00	100.00
96.90	100.10	101.30	101.60	101.90	104.00	99.60	100.00

10-19 2001-2014年按工业部门分工业生产者出厂价格指数

上年=100

指 标	Item	2001	2002	2003	2004
核心指数	Core Index				
高技术	High Technology				
能源	Energy				
初级产品	Primary Products				
中间产品	Intermediate Products				
最终产品	Final Products				
冶金工业	Metallurgical Industry	92.71	95.83	103.46	119.55
电力工业	Electric Power Industry	94.21	98.60	99.47	99.90
煤炭及炼焦工业	Coal and Coke Industries	112.05	101.81	102.45	103.80
石油工业	Oil Industry	80.94	91.69	116.81	113.83
化学工业	Chemical Industry	95.72	101.69	100.16	104.00
机械工业	Machinery Industry	97.50	99.28	100.56	100.65
建筑材料工业	Building Materials Industry	103.67	99.29	99.22	99.63
森林工业	Forest Industry	93.89	98.08	100.00	101.15
食品工业	Food Industry	92.94	99.18	99.51	105.27
纺织工业	Textile Industry		101.32	100.00	99.41
缝纫工业	Sewing Industry	92.51	103.36	94.59	98.64
皮革工业	Leather Industry	103.91	106.52	105.42	105.55
造纸工业	Paper Industry	100.00	99.76	100.00	100.00
文教艺术用品工业	Cultural, Educational and Art Supplies Industry	98.97	103.99	94.27	99.44
其他工业	Others	110.40	114.34	105.76	108.54

Producer Price Indices for Industrial Products by Industrial Department (2001-2014)

(preceding year=100)

2005	2006	2007	2008	2009	2010	2011	2012	2013	2014
						106.81	94.04	97.00	95.80
						100.91	100.60	100.30	100.30
						108.88	100.81	95.80	96.00
						112.36	101.74	96.10	95.10
						106.55	95.48	96.90	96.10
						106.03	102.31	99.90	98.30
103.32	113.32	105.51	99.02	84.69	108.93	105.43	92.60	96.40	95.10
97.37	97.12	100.84	100.45	99.47	102.51	103.71	104.72	101.80	101.30
120.66	114.19	103.99	117.93	109.49	101.10	106.01	97.93	87.20	87.80
133.89	119.08	104.94	115.60	82.40	104.60	121.64	98.12	97.10	97.00
109.45	105.90	102.57	124.07	96.51	110.19	110.61	93.95	95.60	94.30
103.55	107.75	111.56	104.62	106.40	108.81	104.23	100.01	98.90	99.50
100.27	97.56	101.26	113.42	109.05	98.92	101.33	95.10	102.80	101.50
105.75	98.37	99.90	107.07	100.00	100.00	100.00	101.91	100.00	100.00
102.03	99.71	113.39	113.79	98.28	108.73	108.20	105.87	106.00	102.80
99.84	102.04	97.85	108.43	100.29	105.58	109.52	97.35	102.30	100.60
95.16	99.86	99.78	102.55	104.38	103.05	109.47	120.55	109.00	103.60
105.38	101.99	100.27	100.69	114.40	99.81	99.86	106.97	139.00	108.10
100.08	101.69	101.06	106.84	101.16	100.00	104.49	115.57	102.00	100.80
104.00	100.12	94.35	107.49	103.76	117.95	101.83	108.77	108.20	103.40
104.39	103.56	107.35	117.90	91.60	112.81	113.64	98.93	100.20	98.00

10–20 1989–2014年工业生产者购进价格指数
Purchasing Price Indices for Industrial Producers (1989-2014)

上年=100 (preceding year=100)

年份 Year	总指数 General Index	燃料、动力类 Fuel and Power	黑色金属材料类 Black Metals	有色金属材料类 Non-Ferrous Metals	化工原料类 Raw Chemical Materials	木材及纸浆类 Timber and Paper-Pulp	建材及非金属矿类 Building materials and non-metallic Mineral	其它工业原材料及半成品类 Other Industrial Raw Materials and Semi-finished Products	农副产品类 Agricultural Products	纺织原料类 Textile Materials	初级产品 Primary Products	中间产品 Intermediate Products
1989	123.81	121.91	136.38		126.79	114.68						
1990	113.87	119.42	107.38		96.46	106.66						
1991	112.76	113.92	115.67		95.22	105.49						
1992	108.43	134.60	109.08	116.76	90.41	99.85			102.80	98.57		
1993	138.86	129.35	164.77	121.67	135.72	131.97			120.33	99.29		
1994	112.33	115.65	102.84	112.66	108.10	113.72			121.73	102.25		
1995	110.22	112.76	98.63	126.60	124.53	109.12			129.02	145.69		
1996	108.81	112.62	97.47	96.12	111.44	108.33			111.80	104.49		
1997	110.93	121.15	100.67	101.90	103.21	104.33	104.87	106.54	97.10	90.26		
1998	101.32	105.08	95.48	101.26	104.55	102.42	96.53	99.93	89.48	98.48		
1999	99.06	100.50	96.46	95.60	95.04	98.49	99.66	98.48	96.79	100.00		
2000	98.93	100.26	101.06	129.35	105.55	99.30	100.15	100.92	90.34	103.51		
2001	99.09	102.70	97.94	85.60	99.71	102.23	107.01	105.11	88.68	100.00		
2002	102.75	102.07	100.63	92.45	96.63	112.70	95.88	99.24	106.39	99.59		
2003	101.84	101.63	107.57	111.48	98.80	107.81	96.04	97.26	98.04	94.21		
2004	108.51	104.36	128.64	138.23	101.80	100.50	112.83	99.75	110.35	99.64		
2005	105.28	104.56	104.05	101.00	106.04	110.67	105.03	100.02	108.26	99.96		
2006	102.76	102.26	94.46	112.25	102.43	102.38	143.75	100.13	97.46	100.04		
2007	104.44	104.10	102.11	97.13	109.70	109.18	101.44	104.71	108.76	96.61		
2008	110.43	108.38	119.55	97.74	107.53	115.92	111.27	113.36	132.60	99.37		
2009	99.83	101.26	92.00	81.20	101.97	101.23	105.90	101.61	97.47	97.72		
2010	108.58	105.75	110.27	120.53	101.52	99.71	110.18	104.38	108.43	117.56		
2011	107.04	103.27	108.23	108.79	103.80	107.84	105.47	109.39	115.77	106.26	113.40	106.07
2012	98.6	102.34	99.02	95.90	95.31	123.16	96.16	106.62	99.82	100.34	99.24	98.52
2013	98.8	100.30	98.80	95.40	98.50	102.20	95.50	102.60	109.10	104.60	99.60	98.70
2014	97.6	100.00	99.30	93.00	99.70	99.70	97.00	101.20	99.20	103.80	98.30	97.50

10-21 主要年份农产品生产价格总指数
Producer's Prices Indices for Farm Products in Main Years

年 份	农产品生产价格指数 Producer's Price Index for Farm Products	
	环比指数(上年=100) Linked Index(preceding year=100)	定基指数(1952=100) Fixed-base Index(1952=100)
1952	106.90	100.00
1957	101.90	99.30
1965	98.60	96.30
1970	110.93	100.01
1975	100.13	128.53
1978	99.76	128.47
1980	101.19	166.32
1985	106.90	189.47
1986	104.40	202.54
1987	111.70	226.24
1988	136.90	309.72
1989	110.70	342.86
1990	100.70	345.26
1991	103.30	356.65
1992	109.40	390.18
1993	123.10	480.31
1994	148.60	713.74
1995	115.40	823.66
1996	95.40	785.77
1997	91.90	722.12
1998	93.70	676.62
1999	94.60	640.08
2000	100.70	644.56
2001	103.20	665.19
2002	101.16	672.90
2003	105.75	711.60
2004	108.75	773.86
2005	103.28	799.24
2006	104.54	835.53
2007	118.95	993.86
2008	114.93	1142.24
2009	94.61	1080.67
2010	124.28	1343.06
2011	117.25	1574.74
2012	108.15	1703.08
2013	110.38	1879.86
2014	99.99	1879.67

注：2001年以前数据为农产品收购价格指数。
a)Data Before 2001 was Sprocurement Price Index for Farm Product.

10—22 2007—2014年主要农产品生产价格指数

Producer's Prices Indices for Major Farm Products(2007-2014)

(上年=100) (preceding year=100)

指 标	Item	2007	2008	2009	2010	2011	2012	2013	2014
总指数	**General Index**	**118.95**	**114.93**	**94.61**	**124.28**	**117.25**	**108.15**	**110.38**	**99.99**
种植业产品	**Planting Products**	**121.57**	**109.76**	**97.78**	**130.75**	**109.47**	**104.38**	**108.31**	**99.24**
谷物(原粮)	Cereal	101.63	111.44	105.65	117.16	116.17	106.01	104.28	103.08
小麦	Wheat	104.76	109.57	103.30	114.17	110.12	105.81	106.25	104.76
杂粮	Coarse Cereals	96.54	114.49	109.48	122.97	124.53	106.28	101.56	100.75
薯类	Tubers	105.44	109.69	101.35	194.07	86.41	100.00	136.19	104.17
豆类	Soybeans	121.40	113.16	103.56	138.93	106.54	84.02	98.69	102.81
油料	Oil-bearing Crops	141.86	111.75	87.19	121.21	110.91	104.20	106.67	98.7
蔬菜	Vegetables	114.11	114.61	119.53	133.20	99.15	118.74	104.3	103.52
中药材	Chinese Medicines Materials	167.65	98.99	65.64	140.43	117.34	113.24	111.77	86.06
畜牧业产品	**Animal Husbandry Products**	**116.97**	**118.83**	**92.22**	**119.39**	**124.41**	**111.61**	**112.29**	**100.69**
牛(毛重)	Cattle and Buffaloes (gross weight)	122.55	131.63	99.98	105.87	116.07	115.00	128.87	101.98
羊(毛重)	Sheep and Goats (gross weight)	121.76	129.65	98.83	112.19	125.9	113.68	112.05	98.29
奶类	Milk	104.39	118.70	104.47	115.16	113.85	110.77	111.99	116.57
毛绒类	Cashmere	102.91	88.96	81.94	143.69	115.47	104.04	94.75	104.64
猪(毛重)	Pig (gross weight)	131.30	137.21	74.95	102.27	140.55	103.43	100.46	94.02
家禽(毛重)	Poultry (gross weight)	111.59	112.67	103.67	109.79	107.62	116.49	105.47	105.46

主要统计指标解释

定基价格指数 在一个价格指数数列中，每个指数都以同一时期为基期计算的价格指数。通常以某一年为基期来计算。其特点是无论计算期如何变动，其基期固定不变（通常每5年更换一次基期）。从2001年起，我国改用国际通用方法计算定基价格指数，首轮固定对比基期选为2000年，即以2000年平均价格作基数。编制定基价格指数的目的在于观察物价变动的长期趋势和变动程度及其规律。

同比价格指数 同比指数是根据报告期的定基指数除以上年同期的定基指数取得的。

居民消费价格指数 是反映一定时期内城乡居民所购买的生活消费品价格和服务项目价格变动趋势和程度的相对数，是对城市居民消费价格指数和农村居民消费价格指数进行综合汇总计算的结果。该指数可以观察和分析消费品的零售价格和服务项目价格变动对城乡居民实际生活费支出的影响程度。

城市居民消费价格指数 是反映一定时期内城市居民家庭所购买的生活消费品价格和服务项目价格变动趋势和程度的相对数。该指数可以观察和分析消费品的零售价格和服务项目价格变动对城镇职工货币工资的影响，作为研究职工生活和确定工资政策的依据。

农村居民消费价格指数 是反映一定时期内农村居民家庭所购买的生活消费品价格和服务项目价格变动趋势和程度的相对数。该指数可以观察农村消费品的零售价格和服务项目价格变动对农村居民生活消费支出的影响，直接反映农村居民生活水平的实际变化情况，为分析和研究农村居民生活问题提供依据。

商品零售价格指数 是反映一定时期内城乡商品零售价格变动趋势和程度的相对数。商品零售价格的变动直接影响到城乡居民的生活支出和国家的财政收入，影响居民购买力和市场供需的平衡，影响到消费与积累的比例关系。因此，该指数可以从一个侧面对上述经济活动进行观察和分析。

农业生产资料价格指数 指反映一定时期内农业生产资料价格变动趋势和程度的相对数。其编制目的是了解农业生产中物质资料投入价格的变动状况，服务于国民经济核算。1994年以前，农业生产资料价格指数仅仅是商品零售价格指数的一个类别，此后，从商品零售价格指数中分离出来，单独编制。

农产品生产价格指数 是反映一定时期内，农产品生产者出售农产品价格水平变动趋势及幅度的相对数。该指数可以客观反映全国农产品生产价格水平和结构变动情况，满足农业与国民经济核算需要。其中某代表品生产价格指数是通过对全部有出售该产品行为的调查单位的个体指数进行几何平均求得的，类价格指数是通过对其所属的类（或代表品）的价格指数进行加权平均求得的。季度累计价格指数的计算方法与分季指数的计算方法相同。

工业生产者出厂价格指数 是反映一定时期内全部工业产品出厂价格总水平的变动趋势和程度的相对数，包括工业企业售给本企业以外所有单位的各种产品和直接售给居民用于生活消费的产品。该指数可以观察出厂价格变动对工业总产值及增加值的影响。

工业生产者购进价格指数 是反映工业企业作为生产投入，而从物资交易市场和能源、原材料生产企业购买原材料、燃料和动力产品时，所支付的价格水平变动趋势和程度的统计指标，是扣除工业企业物质消耗成本中的价格变动影响的重要依据。

目前，我国编制的工业生产者购进价格指数所调查的产品包括燃料动力、黑色金属、有色金属、化工、建材等九大类。

固定资产投资价格指数 是反映一定时期内固定资产投资品及取费项目的价格变动趋势和程度的相对数。固定资产投资额是由建筑安装工程投资完成额、设备工器具购置投资完成额和其他费用投资完成额三部分组成的。编制固定资产投资价格指数应首先分别编制上述三部分投资的价格指数，然后采用加权算术平均法求出固定资产投资价格总指数。

该指数可以准确地反映固定资产投资中涉及的各类投资品和取费项目价格变动趋势和变动幅度，消除按现价计算的固定资产投资指标中的价格变动因素，真实地反映固定资产投资的规模、速度、结构和效益，为国家科学地制定、检查固定资产投资计划并提高宏观调控水平，为完善国民经济核算体系提供科学的、可靠的依据。

房地产价格指数 是反映一定时期内房地产价格变动趋势和程度的相对数，包括房屋销售价格指数、房屋租赁价格指数、土地交易价格指数和物业管理价格指数。这四套指数的计算方法相似，均采用由下到上逐级汇总的方法。

住宅销售价格指数 包括新建住宅销售价格指数和二手住宅销售价格指数。新建住宅销售价格、面积、金额等资料直接采用当地房地产管理部门的网签数据。二手住宅销售价格调查为非全面调查，采用重点调查和典型调查相结合的方法，按照房地产经纪机构上报、房地产管理部门提供与调查员实地采价相结合的方式收集基础数据。新建住宅含保障性住房；新建商品住宅不含保障性住房。

Explanatory Notes on Main Statistical Indicators

Fixed Base Price Indices in a series of price indices, each index during the same period are calculated as the base year price index. Usually there is a particular year to calculate the base period. It features no matter how change in period, the base period is fixed (usually once every 5 years to replace the base period). Since 2001, China has used international general method to calculate a fixed base price indices, fixed the first round of comparison in 2000 as the base period, that is, the average price in 2000 for the base. The preparation of fixed base price indices for the purpose is observation of long – term trends in price changes and changes in the extent and regularity.

Price Indices for the Same Period Last Year year – on – year indices is based on the reporting period divided by the fixed base indices of the fixed base year – on – year indices achieved.

Consumer Price Indices reflect the trend and degree of changes in prices of consumer goods and services purchased by urban and rural households during a given period. They are obtained by combining Consumer Price Indices of Urban Household and Consumer Price Indices of Rural Household. The Indices enable the observation and analysis of the degree of impact of the changes in the prices of retailed goods and services on the actual living expenses of urban and rural residents.

Consumer Price Indices of Urban Household reflects the trend and degree of changes in prices of consumer goods and services purchased by urban households during a given period. It can be used to observe and analyze the impact of price changes in consumer goods and services on wages (in monetary terms) of urban staff and workers, and provide a basis for research on the livelihood of staff and workers and policy – making concerning wages.

Consumer Price Indices of Rural Household reflects the trend and degree of changes in prices of consumer goods and services purchased by rural households during a given period. It can be used to observe the impact of change in retail prices of consumer goods and service prices in rural areas on living expenditure of rural households, and to show the changes in the living standard of rural households. It provides a basis for analysis and research on the condition of life in rural areas.

Retail Price Indices reflect the trend and degree of change in retail prices of commodities during a given period. The change in retail prices of commodities directly affect the living expenses of urban and rural residents, government revenue, purchasing power of residents and the equilibrium of market supply and demand, and the ratio of consumption to accumulation. Therefore, the retail price indices are useful from an oblique perspective for observing and analyzing the changes of the above economic activities.

Price Indices for Means of Agricultural Production reflects the trend and degree of changes in the prices of the means of agricultural production during a given period. Compilation of these indices helps to understand the changes in prices of input into agricultural production and facilitate the compilation of national accounts statistics. Before 1994, price indices for means of agricultural production were a sub – category in the retail price indices for commodities, and it has been compiled separately since 1994.

Producer Prices Indices for Farm Products reflect the trend and degree of changes in producers′ prices received by farmers when they sell farm products during a given period. These indices depict the change in the level and structure of producer prices for farm products of the country and meet the needs of agricultural statistics and national accounts statistics. The producer price index for a given product is calculated as the geometrical mean of individual indices for all surveyed units which sell such product, and the indices for a product category is obtained as the weighted mean of price indices for all products in the category. Method for calculating accumulative quarterly indices is the same as for calculating the individual quarterly indices.

Producer Price Indices for Industrial Products reflect the trend and degree of changes in general ex – factory prices of all manufactured goods during a given period, including sales of manufactured goods by an industrial enterprise to all units outside the enterprise, as well as sales of consumer goods to residents. It can be used to analyze the impact of ex – factory prices on gross output value and value – added of the industrial sector.

Purchasing Price Indices for Industrial Producers reflect changes in the level and degree of prices paid by industrial enterprises when they purchase production input such as raw materials, fuels and power from the market or from other energy or raw materials producing enterprises. These indices provide an important basis for measuring the material consumption of industrial enterprises after removing the influence of price changes.

At present, products in 9 categories, including fuels and power, ferrous metals, non – ferrous metals, chemicals, building materials, are covered in China for the survey to produce indices for purchasing′prices for industrial producers.

Price Indices for Investment in Fixed Assets reflect the trend and degree of changes in prices of investment goods and projects in fixed assets during a given period. The investment in fixed assets consists of three components, namely the investment in construction and installation, the investment in purchases of equipment and instrument, and the investment in other items. Price indices for investment in fixed assets are calculated as the weighted arithmetic mean of the price indices for the three components of investment in fixed assets.

Removing the factor of price change in the aggregates of investment at current prices, this indicator shows the changes in the prices of commodities and fees involved in the investment of fixed assets, and can be used to observe the actual size, growth, structure, and efficiency of investment in fixed assets and provides reliable and scientific data for government planning, management, decision - making, and further improving the current national accounting system.

Price Indices for Real Estate reflect the trend and degree of changes in prices of real estate during a given period, including sale price indices for houses, price indices for renting houses, price indices for land transactions and price indices for management of properties. The methods for the compilation of these four sets of indices are similar in that they all use the bottom - up approach under which data are reported from lower level to higher level.

Residential Buildings Sales Price Indices includes new residential buildings sales price index and second - hand residential buildings sales price index. The price, size, amount and other information of new residential buildings sales are directly from the data network to sign the local real estate management. Second - hand residential buildings sales price survey is non - comprehensive survey, using the method of combining typical survey and key investigation, according to a combination of real estate agencies reporting, real estate management providing and investigators collected price field to collet infrastructure data. New residential buildings include new residential affordable housing. New commercial residential buildings don't include affordable housing.

第 11 篇

CHAPTER 11

人民生活

People's Living Conditions

城乡居民收入比

（以农村居民收入为1）

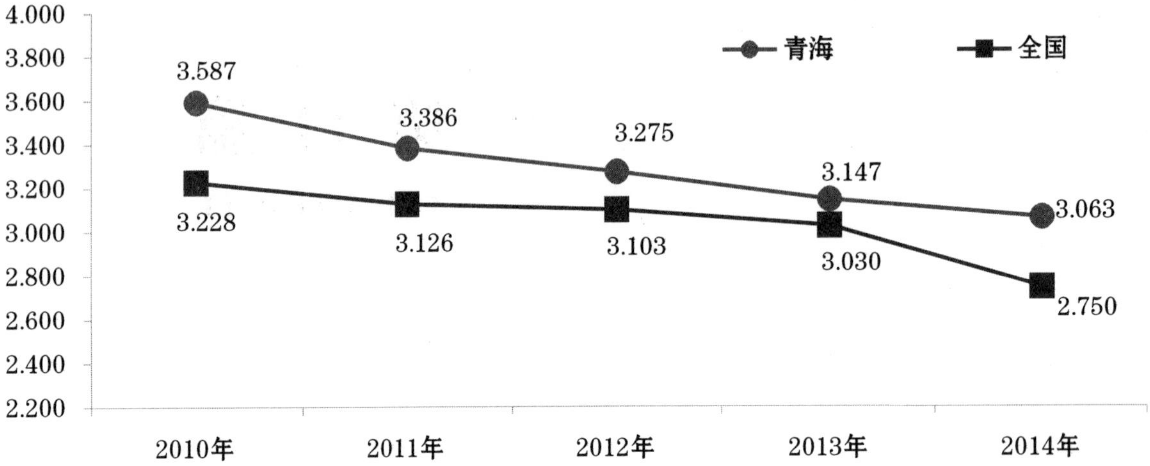

注：2014年为城乡一体化调查数据。

城镇居民家庭每百户耐用消费品拥有量

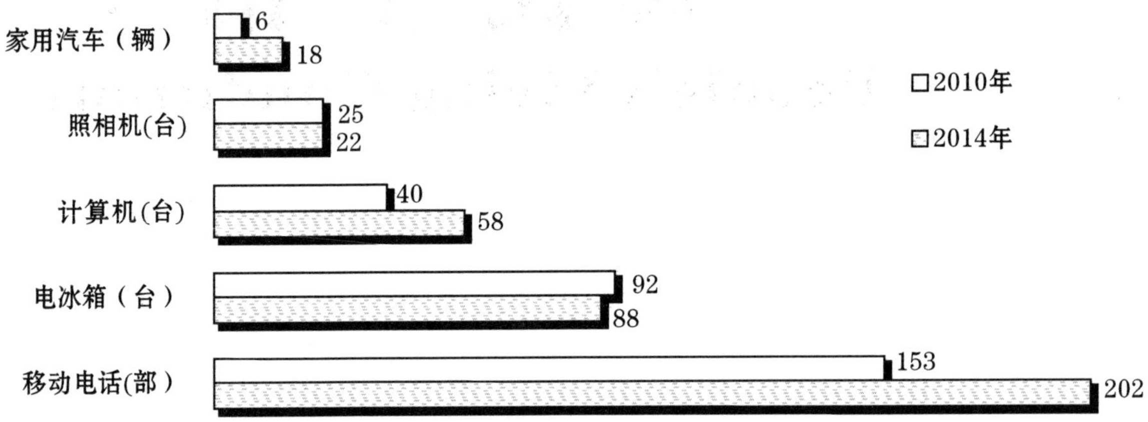

农村居民家庭每百户耐用消费品拥有量

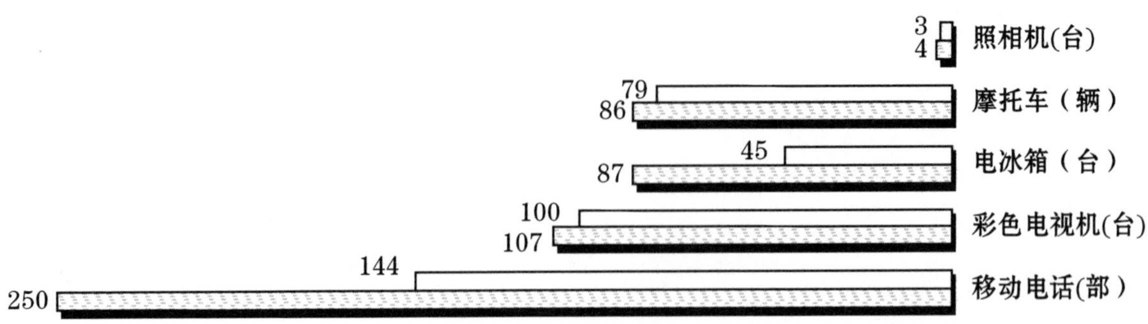

11-1 2013-2014年人民物质文化生活情况

People's Living Material and Cultural Conditions in Main Years(2013-2014)

项 目	Item	2013	2014
就业	**Employment**		
*每一农村劳动力负担人数 (人)	Number of Dependents per Laborer of Rural Household (person)	**1.6**	**1.6**
*每一城镇就业者负担人数 (人)	Number of Dependents per Employee of Urban Household (person)	2.09	2.07
城镇登记失业率 (%)	Registered Urban Unemployment Rate (%)	3.30	3.20
收入	**Income**		
***全体居民家庭人均可支配收入 (元)**	**Per Capita Disposable Income of Population of All Households (yuan)**	**12948.0**	**14374.0**
*农村居民家庭人均可支配收入 (元)	Per Capita Disposable Income of Rural Households (yuan)	6461.6	7282.7
*城镇居民家庭人均可支配收入 (元)	Per Capita Disposable Income of Urban Households (yuan)	20352.4	22306.6
职工年平均工资 (元)	Annual Average Wages of staff and workers (yuan)	45587.0	49500.0
消费水平	**Consumption Level**		
***全体居民 (元)**	**All Residents (yuan)**	**11577**	**12605**
*农村居民 (元)	Rural Households (yuan)	7506	8235
*城镇居民 (元)	Urban Households (yuan)	16223	17493
储蓄	**Savings**		
城乡居民年底储蓄存款余额 (亿元)	Balance of Savings Deposits of Urban and Rural Households at Year-end (100 million yuan)	1504.2	1640.7
平均每人储蓄存款余额(元)	Average Balance of Savings Deposits (yuan)	26138	28259
住房面积	**Floor Space of Houses**		
*农村居民人均居住面积 (平方米)	Per Capita Living Space of Rural Household (sq.m)	26.8	27.6
*城镇居民人均住房建筑面积(平方米)	Per Capita Building Space of Urban Household (sq.m)	25.9	26.0
交通	**Transport**		
*城镇每百户拥有家庭汽车 (辆)	Number of Automobile per 100 Urban Households (units)	14.5	17.7
城市每万人拥有公共车辆 (辆)	Number of Public Transportation Vehicles per 10 000 Population in City (units)	10.3	13.4
城市公用事业	**City Public Utility**		
自来水普及率 (%)	Percentage of Population with Access to Tap Water (%)	99.1	94.2
用气普及率 (%)	Percentage of Population with Access to Gas (%)	84.8	88.8
文化	**Culture**		
*城镇每百户拥有彩色电视机 (台)	Number of Color TV per 100 Urban Households (unit)	100.8	100.7
*农村每百户拥有彩色电视机 (台)	Number of Color TV per 100 Rural Households (unit)	104.2	107.0
广播人口综合覆盖率 (%)	Radio Coverage Ratio of the Population (%)	95.7	97.0
电视人口综合覆盖率 (%)	TV Coverage Ratio of the Population (%)	96.9	97.5
教育	**Education**		
学龄儿童入学率 (%)	Net Enrollment Ratio of School-Age Children (%)	99.7	99.7
每万人口中在校大学生数 (人)	Total Enrollment of Colleges and Universities per 10 000 Population (person)	110.6	115.8
卫生	**Health**		
每万人拥有医院、卫生院病床数 (张)	Number of Beds of Hospitals and Health Centers per 10 000 Population (bed)	51.4	57.0
每万人拥有卫生技术人员数 (人)	Number of Health Technical Personnel per 10 000 Population (person)	56.4	58.9

注：带*指标2013年数据进行了调整。

a)Data with * in 2013 were adjusted.

11-2 1984-2013年城乡居民收入情况(老口径)
Income Conditions of Urban and Rural Households(1984-2013) (Old Caliber)

年份 year	城镇居民人均可支配收入(元) Per Capita Disposable Income of Urban Households(yuan)	指数(上年=100) Index (preceding year=100)	指数(上年=100)(扣除物价因素) Index (preceding year=100) (Adjusted for Inflation)	农村居民人均纯收入(元) Per Capita Net Income of Rural Households (yuan)	指数(上年=100) Index (preceding year=100)	指数(上年=100)(扣除物价因素) Index (preceding year=100) (Adjusted for Inflation)
1984	684.80	—	—	281.22	—	—
1985	849.20	124.01	110.92	342.94	121.95	118.37
1986	1002.16	118.01	110.91	369.15	107.64	104.21
1987	1084.00	108.17	100.34	392.15	106.23	103.45
1988	1153.80	106.44	89.75	492.82	125.67	114.19
1989	1274.90	110.50	94.20	463.52	94.05	86.04
1990	1335.88	104.78	100.08	559.78	120.77	106.12
1991	1486.58	111.28	102.37	555.56	99.25	96.73
1992	1756.03	118.13	108.77	603.40	108.61	105.67
1993	2078.87	118.38	103.85	672.56	111.46	103.77
1994	2769.36	133.21	108.13	869.34	129.26	106.63
1995	3379.85	122.04	101.96	1029.77	118.45	102.30
1996	3829.78	113.31	101.72	1173.80	113.99	104.00
1997	3999.36	104.43	99.36	1320.63	112.51	104.40
1998	4240.08	106.02	105.39	1426.00	107.98	109.70
1999	4703.52	110.93	111.49	1486.31	104.23	107.60
2000	5169.96	109.92	110.36	1490.49	100.28	100.40
2001	5853.72	113.23	109.93	1610.87	108.08	106.03
2002	6199.88	105.91	103.74	1710.80	106.20	108.79
2003	6731.88	108.58	106.66	1817.38	106.23	102.95
2004	7319.67	108.73	106.50	2004.59	110.30	103.82
2005	8057.85	110.08	110.42	2165.11	108.01	105.50
2006	9000.35	111.70	109.72	2358.37	108.93	107.10
2007	10276.06	114.17	107.41	2683.78	113.80	104.11
2008	11648.30	113.35	104.09	3061.24	114.06	101.57
2009	12691.85	108.96	105.58	3346.15	109.31	107.48
2010	13854.99	109.16	103.87	3862.68	115.44	109.11
2011	15603.31	112.62	106.24	4608.47	119.31	112.13
2012	17566.28	112.58	109.30	5364.38	116.40	112.90
2013	19498.54	111.00	106.63	6196.39	115.51	111.39

11-3 1984-2013年城乡居民消费情况(老口径)

Consumption Conditions of Urban and Rural Households(1984-2013) (Old Caliber)

年份 Year	城镇居民人均消费性支出(元) Per Capita Consumption Expenditure of Urban Households(yuan)	食品(元) Food (yuan)	恩格尔系数(%) Engel's Coefficient (%)	农村居民人均消费性支出(元) Per Capita Expenditure of Rural Households (yuan)	食品(元) Food (yuan)	恩格尔系数(%) Engel's Coefficient (%)
1984	581.19	299.11	51.5	225.18	141.21	62.7
1985	678.70	348.50	51.3	274.70	176.10	64.1
1986	-	-	-	313.53	193.08	61.6
1987	-	-	-	344.93	199.50	57.8
1988	1048.06	526.59	50.2	399.50	223.71	56.0
1989	1069.44	603.03	56.4	413.29	244.38	59.1
1990	1117.84	629.21	56.3	474.80	282.60	59.5
1991	1260.58	723.94	57.4	486.25	293.77	60.4
1992	1488.66	802.39	53.9	495.90	302.27	61.0
1993	1817.68	949.03	52.2	585.19	354.37	60.6
1994	2392.44	1225.57	51.2	745.72	456.75	61.3
1995	2930.10	1507.10	51.4	913.80	593.90	65.0
1996	3305.25	1641.00	49.6	1052.30	700.76	66.6
1997	3300.48	1593.48	48.3	1085.38	719.46	66.3
1998	3580.44	1625.88	45.4	1117.79	694.62	62.1
1999	3903.84	1654.68	42.4	1133.63	699.45	61.7
2000	4185.70	1711.10	40.9	1218.20	705.20	57.9
2001	4698.60	1790.30	38.1	1345.60	704.70	52.4
2002	5045.00	1799.00	35.7	1411.70	690.30	48.9
2003	5389.40	1982.60	36.8	1572.00	771.40	49.1
2004	5759.00	2056.00	35.7	1676.40	813.40	48.5
2005	6245.26	2267.36	36.3	2085.50	941.30	45.1
2006	6530.10	2366.40	36.2	2214.89	978.00	44.2
2007	7512.39	2803.35	37.3	2475.80	1098.30	44.4
2008	8203.20	3315.60	40.4	2974.90	1298.30	43.6
2009	8786.52	3548.85	40.4	3243.60	1234.20	38.1
2010	9613.79	3784.81	39.4	3858.50	1526.89	39.6
2011	10955.46	4260.27	38.9	4536.82	1716.39	37.8
2012	12346.29	4667.34	37.8	5338.90	1858.60	34.8
2013	13539.50	4777.10	35.3	6060.19	1872.00	30.9

11-4 分地区城镇居民人均可支配收入(老口径)

Per Capita Disposable Income of Urban Households by Region (Old Caliber)

单位：元 (yuan)

年份 Year	西宁市 Xining City	海东市 Haidong City	海北州 Haibei Zang A.P	黄南州 Huangnan Zang A.P	海南州 Hainan Zang A.P	果洛州 Golog Zang A.P	玉树州 Yushu Zang A.P	海西州 Haixi Mongolian & Zang A.P
2005	8397	7066	7798	7383	6849	8348	8637	8693
2006	9335	8049	9016	8661	7797	9336	9778	9691
2007	10636	9259	10710	10103	9099	10085	10823	11548
2008	11929	10655	12538	11761	10432	11094	12015	13522
2009	12911	11962	14136	13271	11456	12273	13032	15077
2010	14085	13256	15843	14603	12554	13760	16306	16759
2011	15842	15092	18150	16574	14652	15299	17427	19007
2012	17634	17112	20669	18642	16557	17405	18894	21252
2013	19444	18788	22799	20718	18657	19596	21160	23399
2014	21291	20514	24664	22645	20568	21638	23347	25453

11-5 分地区农村居民人均纯收入(老口径)
Per Capita Net Income of Rural Households by Region (Old Caliber)

单位：元 (yuan)

年份 Year	西宁市 Xining City	海东市 Haidong City	海北州 Haibei Zang A.P	黄南州 Huangnan Zang A.P	海南州 Hainan Zang A.P	果洛州 Golog Zang A.P	玉树州 Yushu Zang A.P	海西州 Haixi Mongolian & Zang A.P
2000	1513	1120	1357	1253	1578	1387	1204	1925
2001	1671	1248	1478	1348	1749	1491	1336	2051
2002	1839	1393	1581	1434	1916	1592	1399	2190
2003	2054	1547	1705	1538	2084	1697	1496	1972
2004	2321	1764	1849	1659	2258	1808	1662	2120
2005	2593	2011	2084	1807	2442	1917	1794	2303
2006	2951	2315	2269	2003	2640	2039	1923	2587
2007	3398	2728	2698	2188	2904	2162	2048	3059
2008	3944	3219	3386	2369	3216	2291	2177	3725
2009	4699	3827	4023	2633	3822	2430	2335	4544
2010	5466	3802	4813	2878	4490	2629	3663	5434
2011	6634	4600	6150	3649	5238	2964	2657	6574
2012	7802	5352	7436	4299	6128	3705	3493	7916
2013	9004	6187	8650	4991	7120	4261	4090	9183
2014	10097	6979	9726	5654	8050	4827	4638	10294

11-6 一体化住户调查主要指标
Main Indicators of Integrated Household Survey

指标	Item	2013	2014
全体居民人均可支配收入(元)	Per Capita Disposable Income of All Households(yuan)	12948	14374
城镇常住居民人均可支配收入(元)	Per Capita Disposable Income of Urban Households(yuan)	20352	22307
农村常住居民人均可支配收入(元)	Per Capita Disposable Income of Rural Households(yuan)	6462	7283
全体居民人均可支配收入名义增长速度(%)	Nominal Growth Rate of Per Capita Disposable Income of Households(%)	—	11.0
城镇常住居民人均可支配收入名义增长速度(%)	Nominal Growth Rate of Per Capita Disposable Income of Urban Households(%)	—	9.6
农村常住居民人均可支配收入名义增长速度(%)	Nominal Growth Rate of Per Capita Disposable Income of Rural Households(%)	—	12.7
全体居民人均可支配收入实际增长速度(%)	Actual Growth Rate of Per Capita Disposable Income of All Households(%)	—	8.0
城镇常住居民人均可支配收入实际增长速度(%)	Actual Growth Rate of Per Capita Disposable Income of Urban Households(%)	—	6.5
农村常住居民人均可支配收入实际增长速度(%)	Actual Growth Rate of Per Capita Disposable Income of Rural Households(%)	—	9.9
全体居民人均可支配收入中位数(元)	Median of Per Capita Disposable Income of All Households(yuan)	10131	11870
城镇常住居民人均可支配收入中位数(元)	Median of Per Capita Disposable Income of Urban Households(yuan)	18165	21572
农村常住居民人均可支配收入中位数(元)	Median of Per Capita Disposable Income of Rural Households(yuan)	5659	6896
全体居民人均消费支出(元)	Per Capita Consumption Expenditure of All Households(yuan)	11577	12605
城镇常住居民人均消费支出(元)	Per Capita Consumption Expenditure of Urban Households(yuan)	16223	17493
农村常住居民人均消费支出(元)	Per Capita Consumption Expenditure of Rural Households(yuan)	7506	8235
全体居民人均消费支出增长速度(%)	Growth Rate of Per CapitaConsumption Expenditure of All Households(%)	—	8.9
城镇常住居民人均消费支出增长速度(%)	Growth Rate of Per Capita Consumption Expenditure of Urban Households(%)	—	7.8
农村常住居民人均消费支出增长速度(%)	Growth Rate of Per Capita Consumption Expenditure of Rural Households(%)	—	9.7
城乡居民收入比(以农村为1)	Urban and Rural Households Income Ratio(Rural Income as 1)	3.15	3.06

11-7 居民家庭基本情况

Basic Conditions of Households

指标	Item	2013			2014		
		全体住户 All Households	城镇住户 Urban Households	农村住户 Rural Households	全体住户 All Households	城镇住户 Urban Households	农村住户 Rural Households
一、调查样本住户数(户)	Number of Households Surveyed(household)	1860	720	1140	1860	720	1140
二、期内住户常住成员数(人)	Number of Resident Households Members During Period (person)	6565	2637	3928	6635	2690	3945
三、常住劳动力情况(16周岁及以上非在校学生)	Conditions of Resident Labor Force (Non Students of Aged 16 and Over)						
(一)劳动力人数(人)	Number of Labor Force(person)	4185	1793	2392	4288	1850	2438
1.整劳动力人数	Number of Full Labor Force	2961	1240	1721	2904	1203	1701
2.半劳动力人数	Number of Semi Labor Force	1224	553	671	1384	647	737
(二)性别(人)	Sex (person)	4185	1793	2392	4288	1850	2438
1.男性	Male	2133	880	1253	2164	904	1260
2.女性	Female	2052	913	1139	2124	946	1178
(三)年龄(人)	Age (person)	4185	1793	2392	4288	1850	2438
1.16-19岁	Aged 16-19	126	23	103	101	19	82
2.20-24岁	Aged 20-24	397	118	279	331	100	231
3.25-29岁	Aged 25-29	369	140	229	432	147	285
4.30-34岁	Aged 30-34	396	146	250	374	130	244
5.35-40岁	Aged 35-40	721	334	387	684	314	370
6.41-50岁	Aged 41-50	1319	633	686	1366	662	704
7.51-60岁	Aged 51-60	574	247	327	688	310	378
8.61-65岁	Aged 61-65	148	66	82	163	72	91
9.66岁及以上	Aged 66 and Over	135	86	49	149	96	53
(四)受教育程度(人)	Educational Attainment(person)	4185	1793	2392	4288	1850	2438
1.未上过学	No Schooling	688	137	552	688	134	554
2.小学	Primary School	1307	330	977	1323	325	998
3.初中	Junior Secondary School	1227	538	689	1252	553	699
4.高中	Senior Secondray School	517	385	132	553	415	138
5.大学专科	College Students	257	224	32	265	231	34
6.大学本科	University Undergraduate	182	172	10	200	185	15
7.研究生	Graduate Students	7	7		7	7	

11-7 续表 Continued

指标	Item	2013 全体住户 All House-holds	2013 城镇住户 Urban House-holds	2013 农村住户 Rural House-holds	2014 全体住户 All House-holds	2014 城镇住户 Urban House-holds	2014 农村住户 Rural House-holds
四、常住从业人员情况(人)	Conditions of Resident Engaged Persons(person)						
(一)常住成员从业人数	Number of Resident Engaged Persons	3327	1271	2056	3407	1303	2104
(二)年末就业类型	Type of Employment at Year-end	3327	1271	2056	3407	1303	2104
1.雇主	Employers	45	37	8	40	35	5
2.公职人员	Public Officials	113	107	6	111	111	
3.事业单位人员	Business Unit Personnels	110	104	6	104	100	4
4.国有企业雇员	State-owned Enterprise Employees	119	118	1	115	114	1
5.其他雇员	Other Employees	1311	631	680	1386	683	703
6.农业自营	Agricultural Self-employed	1252	67	1185	1283	56	1227
7.非农自营	Non-agricultural Self-employed	377	207	170	368	204	164
(三)年末从事主要行业(人)	Engaged Industry at Year-end (person)	3327	1271	2056	3407	1303	2104
1.第一产业	Primary Industry	1351	86	1265	1350	79	1271
2.第二产业	Secondary Industry	783	305	478	816	313	503
3.第三产业	Tertiary Industry	1193	880	313	1241	911	330
(四)单位离退休人员(人)	Retired Personnels of Units(person)	225	210	15	258	248	10
五、住房情况	Housing Conditions						
(一)期末人均拥有房屋面积(平方米)	Per Capita Floor Space of Houses at End of Period(sq.m)	28.4	29.1	27.7	28.9	28.8	29.0
1.自有现住房面积	Floor Space of Residential Building Now Owned	26.4	25.9	26.8	26.7	26.0	27.6
2.出租住房面积	Floor Space of Tenemental Houses	0.9	2.0		0.8	1.5	0.1
3.出租商用建筑物面积	Floor Space of Tenemental Commercial Buildings	0.3	0.5	0.2	0.4	0.7	0.2
4.偶尔居住房面积	Floor Space of Residential Building Occasionally Lived	0.4	0.6	0.2	0.5	0.6	0.3
5.空宅或其他用途房面积	Floor Space of Empty Building and Other Uses	0.4	0.1	0.5	0.5	0.3	0.8
(二)期末拥有房屋价值(元/平方米)	Per Market Price Estimates of Houses at End of Period(yuan/sq.m)	1811	3081	640	1738	2913	695
1.自有现住房市场价估计值	Market Price Estimates of Residential Building Now Owned	1822	3211	642	1724	2973	686
2.出租住房市场价估计值	Market Price Estimates of Tenemental Houses	1598	1602	625	2033	2097	1402
3.出租商用建筑物市场价估计值	Market Price Estimates of Tenemental Commercial Buildings	3749	4987	818	3147	3807	1060
4.偶尔居住房市场价估计值	Market Price Estimates of Residential Building Occasionally Lived	1187	1244	1030	2080	2273	1723
5.空宅或其他用途房市场价估计值	Market Price Estimates of Empty Building and Other Uses	553	1365	364	533	959	403
(三)期内新购住房情况	Conditions of Houses Newly Purchased During Period						
1.期内新购住房建筑面积(平方米/人)	Floor Space of Residential Buildings Newly Purchased During Period(sq.m/person)	0.3	0.5	0.2	0.5	0.9	0.1
2. 新购住房总金额(元/平方米)	Total Amount of Residential Buildings Newly Purchased(yuan/sq.m)	2676	3144	1269	3460	3402	3900
(四)期内新建住房情况	Conditions of Houses Newly Built During Period						
1.期内新建住房竣工建筑面积(平方米/人)	Floor Space Completed of Residential Buildings Newly Built During Period(sq.m/person)	1.6	0.4	2.7	2.4	0.4	4.3
2.新建住房总费用(元/平方米)	Total Cost of Residential Buildings Newly Built(yuan/sq.m)	685	515	709	683	861	669

11-8 居民家庭主要耐用消费品每百户年末拥有量
Number of Durable Consumer Goods Owned Per 100 Households

指标	Item	2013			2014		
		全体住户 All Households	城镇住户 Urban Households	农村住户 Rural Households	全体住户 All Households	城镇住户 Urban Households	农村住户 Rural Households
家用汽车(辆)	Automobile(unit)	14.8	14.5	15.2	18.1	17.7	18.8
摩托车(辆)	Motorcycle(unit)	41.8	11.3	80.7	46.0	15.5	86.0
电动助力车(台)	Electric Bicycle(set)	6.7	4.7	9.1	8.4	6.0	11.5
洗衣机(台)	Washing Machine (set)	91.2	92.7	89.4	93.9	93.9	93.7
电冰箱(柜)(台)	Refrigerator (set)	84.0	86.6	80.6	87.7	88.4	86.9
微波炉(台)	Microwave Oven(set)	29.8	48.7	5.6	30.5	48.6	6.9
彩色电视机(台)	Color Television Set(set)	102.3	100.8	104.2	103.5	100.7	107.0
空调(台)	Air Conditioner(set)	1.2	1.8	0.5	1.1	1.8	0.3
热水器(台)	Water Heater (set)	32.9	48.1	13.4	35.4	50.0	16.3
排油烟机(台)	Exhaust Fan(set)	39.5	65.5	6.3	41.1	66.5	7.7
固定电话(部)	Telephone(unit)	49.5	58.9	37.5	51.1	61.5	37.5
移动电话(部)	Mobile Telephone(unit)	211.6	195.4	232.2	222.5	201.6	249.9
计算机(台)	Computer(set)	33.2	54.1	6.5	37.1	58.0	9.6
照相机(台)	Camera (set)	14.0	22.5	3.3	14.2	22.3	3.6

11-9 2014年全体居民人均收支情况

Per Capita Income and Consumption Expenditure of All Households(2014)

指 标	Item	绝对数(元) Level(yuan)	增长率(%) Growth Rate(%)	构成(%) Composition(%)
可支配收入	**Disposable Income**	**14374**	**11.0**	**100.0**
工资性收入	Income of Wages and Salaries	8292	9.0	57.7
经营净收入	Net Business Income	2397	16.9	16.6
第一产业经营净收入	Net Business Income of Primary Industry	1263	-3.3	8.8
第二产业经营净收入	Net Business Income of Secondary Industry	140	81.6	1.0
第三产业经营净收入	Net Business Income of Tertiary Industry	994	49.1	6.9
财产净收入	Net Income from Property	699	24.4	4.9
转移净收入	Net Income from Transfer	2986	9.4	20.8
消费支出	**Consumption Expenditure**	**12605**	**8.9**	**100.0**
食品烟酒	Food,Tobacco and Liquor	3854	6.3	30.6
衣着	Clothing	1153	6.1	9.1
居住	Residence	2375	5.8	18.8
生活用品及服务	Household Facilities, Articles and Services	734	4.5	5.8
交通通信	Transport and communications	1790	19.7	14.2
教育文化娱乐	Education,Cultural and Recreation	1293	23.5	10.3
医疗保健	Health Care and Medical Services	1071	-2.8	8.5
其他用品和服务	Other Goods and Services	335	24.0	2.7

11−10　2014年城镇常住居民人均收支情况

Per Capita Income and Consumption Expenditure of Urban Households(2014)

指　　标	Item	绝对数(元) Level(yuan)	增长率(%) Growth Rate(%)	构成(%) Composition(%)
可支配收入	**Disposable Income**	**22307**	**9.6**	**100.0**
工资性收入	Income of Wages and Salaries	15283	7.1	68.5
经营净收入	Net Business Income	1699	40.8	7.6
第一产业经营净收入	Net Business Income of Primary Industry	113	25.1	0.5
第二产业经营净收入	Net Business Income of Secondary Industry	237	165.6	1.1
第三产业经营净收入	Net Business Income of Tertiary Industry	1348	31.3	6.0
财产净收入	Net Income from Property	1160	10.3	5.2
转移净收入	Net Income from Transfer	4164	8.8	18.7
消费支出	**Consumption Expenditure**	**17493**	**7.8**	**100.0**
食品烟酒	Food,Tobacco and Liquor	5228	6.2	29.9
衣着	Clothing	1754	3.7	10.0
居住	Residence	3446	1.6	19.7
生活用品及服务	Household Facilities, Articles and Services	1009	0.5	5.8
交通通信	Transport and communications	2235	24.4	12.8
教育文化娱乐	Education,Cultural and Recreation	2056	25.5	11.8
医疗保健	Health Care and Medical Services	1213	-9.8	6.9
其他用品和服务	Other Goods and Services	550	26.9	3.1

11-11　2014年农村常住居民人均收支情况
Per Capita Income and Consumption Expenditure of Rural Households(2014)

指　标	Item	绝对数(元) Level(yuan)	增长率(%) Growth Rate(%)	构成(%) Composition(%)
可支配收入	**Disposable Income**	**7283**	**12.7**	**100.0**
工资性收入	Income of Wages and Salaries	2041	15.1	28.0
经营净收入	Net Business Income	3021	8.4	41.5
第一产业经营净收入	Net Business Income of Primary Industry	2291	-3.4	31.5
第二产业经营净收入	Net Business Income of Secondary Industry	53	-20.1	0.7
第三产业经营净收入	Net Business Income of Tertiary Industry	678	93.1	9.3
财产净收入	Net Income from Property	288	116.2	4.0
转移净收入	Net Income from Transfer	1932	9.4	26.5
消费支出	**Food,Tobacco and Liquor**	**8235**	**9.7**	**100.0**
食品烟酒	Clothing	2626	5.3	31.9
衣着	Residence	615	10.5	7.5
居住	Household Facilities, Articles and Services	1416	14.1	17.2
生活用品及服务	Transport and communications	488	11.3	5.9
交通通信	Education,Cultural and Recreation	1392	13.0	16.9
教育文化娱乐	Health Care and Medical Services	611	15.7	7.4
医疗保健	Other Goods and Services	944	6.3	11.5
其他用品和服务	Other Goods and Services	143	12.0	1.7

11-12 居民家庭现金收入及支出

Cash Income and Consumption Expenditure of Households

单位：元 (yuan)

指标	Item	2013			2014		
		全体居民 All House-holds	城镇常住居民 Urban House-holds	农村常住居民 Rural House-holds	全体居民 All House-holds	城镇常住居民 Urban House-holds	农村常住居民 Rural House-holds
现金收入(未扣除生产费用)	**Cash Income(Not Deduct the Cost of Production)**	**14478**	**22242**	**7676**	**15506**	**23650**	**8226**
现金工资性收入	Cash Income of Wages and Salaries	7585	14219	1774	8279	15262	2037
现金经营性收入	Business Cash Income	3363	2528	4093	3333	2549	4034
现金财产性收入	Cash Income from Property	183	222	148	341	376	310
现金转移性收入	Cash Income from Transfer	3347	5273	1661	3553	5463	1845
现金支出	**Expenditure**	**21790**	**31786**	**13033**	**17086**	**21719**	**12944**
现金消费支出	Cash Consumption Expenditure	9715	14064	5905	10769	15392	6636
食品烟酒	Food, Tobacco and Liquor	3106	4860	1571	3398	5198	1789
衣着	Clothing	1086	1689	557	1153	1754	615
居住	Residence	1205	1728	746	1357	1882	887
生活用品及服务	Household Facilities, Articles and Services	695	989	437	709	959	484
交通通信	Transport and Communications	1496	1797	1232	1790	2235	1392
教育文化娱乐	Education,Cultural and Recreation	1041	1627	528	1293	2056	611
医疗保健	Health Care and Medical Services	818	945	707	737	760	717
其他用品和服务	Other Goods and Services	268	429	127	332	548	141
生产经营现金费用支出	Production and Business Cash Expenditure	1071	561	1518	982	483	1429
第一产业	Primary Industry	717	57	1294	673	65	1216
第二产业	Secondary Industry	18	9	27	1		2
第三产业	Tertiary Industry	336	495	197	308	418	211
现金财产性支出	Cash Expenditure on Property	44	86	7	42	79	8
现金转移性支出	Cash Expenditure on Transfer	934	1870	114	941	1803	171
部分商业保险支出	Expenditure on Some Commercial Insurance	42	74	15	48	85	15
购置资产及非经常性转移支出	Expenditure on Accumulation of Assets and Non Recurring Transfer	2613	2604	2621	3207	2592	3756
借贷性支出	Expenditure on Loan	7371	12527	2853	1097	1285	929

11–13 居民家庭主要食品人均消费量
Per Capita Consumption of Major Foods by Households

单位：公斤 (kg)

指标	Item	2013年			2014年		
		全体居民 All House-holds	城镇常住居民 Urban House-holds	农村常住居民 Rural House-holds	全体居民 All House-holds	城镇常住居民 Urban House-holds	农村常住居民 Rural House-holds
粮食消费量	**Grain**	**148.7**	**107.8**	**184.5**	**128.5**	**98.2**	**155.5**
谷物消费量	Cereal	140.2	101.1	174.6	120.4	91.8	146.1
薯类消费量	Potato	6.3	3.3	8.9	5.6	3.2	7.8
豆类消费量	Beans	2.2	3.4	1.1	2.4	3.3	1.6
油脂类消费量	**Oil**	**9.2**	**9.4**	**9.0**	**10.0**	**9.4**	**10.5**
植物油	Vegetable Oil	8.7	9.3	8.1	9.6	9.3	10.0
动物油	Animal Oil	0.5	0.1	0.9	0.3	0.1	0.5
蔬菜及菜制品消费量	**Vegetable and Products**	**64.5**	**77.5**	**53.2**	**62.3**	**72.7**	**53.0**
鲜菜	Fresh Vegetable	63.1	75.6	52.2	60.8	70.7	52.0
肉类	**Meat**	**24.8**	**23.7**	**25.8**	**25.0**	**23.7**	**26.2**
猪肉	Pork	12.7	11.7	13.7	13.1	11.8	14.2
牛肉	Beef	5.3	4.5	6.0	5.1	4.5	5.7
羊肉	Mutton	5.0	4.4	5.5	5.5	5.0	5.9
其他肉类及制品	Other Meat and Processed Products	1.8	3.1	0.7	1.4	2.3	0.5
禽类	**Poultry**	**2.8**	**3.0**	**2.6**	**3.5**	**4.1**	**2.9**
水产品	**Aquatic Products**	**2.1**	**3.7**	**0.7**	**2.1**	**3.6**	**0.7**
鱼类	Fish	1.6	2.9	0.5	1.5	2.6	0.5
蛋类及蛋制品	**Eggs and Processed Products**	**3.8**	**5.8**	**2.0**	**4.1**	**6.3**	**2.2**
奶和奶制品	**Milk and Processed Products**	**17.3**	**20.4**	**14.6**	**16.2**	**21.9**	**11.2**
干鲜瓜果类	**Dry and Fresh Melons and Fruits**	**24.7**	**37.7**	**13.2**	**25.8**	**37.7**	**15.1**
糖果糕点类	**Candy Cakes**	**3.5**	**5.0**	**2.1**	**3.7**	**4.9**	**2.7**
食糖	Sugar	3.5	5.0	2.1	1.3	1.1	1.5
茶叶	**Tea**	**0.4**	**0.3**	**0.5**	**0.4**	**0.3**	**0.4**
烟草消费量(盒)	**Tobacco(box)**	**21.5**	**19.5**	**23.3**	**21.5**	**20.2**	**22.6**
酒	**Liquor**	**4.3**	**3.8**	**4.6**	**4.2**	**3.9**	**4.6**
白酒	White Liquor	2.2	2.1	2.3	2.2	2.2	2.2
啤酒	Beer	2.0	1.6	2.4	2.0	1.6	2.3
果酒	Fruit Wine	0.1	0.1		0.1	0.1	

11-14　2014年西部十二省市区居民人均可支配收入

Per Capita Disposable Income of Households in Western Twelve Provinces(2014)

地区	Region	全体居民 All Households				城镇常住居民 Urban Households				农村常住居民 Rural Households			
		水平（元） Level (yuan)	增速 (%) Growth Rate(%)	水平位次 Rank of Level	速度位次 Rank of Growth Rate	水平（元） Level (yuan)	增速 (%) Growth Rate(%)	水平位次 Rank of Level	速度位次 Rank of Growth Rate	水平（元） Level (yuan)	增速 (%) Growth Rate(%)	水平位次 Rank of Level	速度位次 Rank of Growth Rate
内蒙古	Inner Mongolia	20559	10.0	1	9	28350	9.0	1	5	9976	11.0	1	9
广　西	Guangxi	15557	10.5	6	6	24669	8.7	3	6	8683	11.4	5	7
重　庆	Chongqing	18352	10.8	2	4	25147	9.1	2	4	9490	11.7	2	5
四　川	Sichuan	15749	10.7	5	5	24234	9.0	6	5	9348	11.5	3	6
贵　州	Guizhou	12371	11.6	10	1	22548	9.6	9	3	6671	13.1	11	1
云　南	Yunnan	13772	9.5	9	10	24299	8.2	5	8	7456	10.9	8	10
西　藏	Tibet	10730	10.2	12	8	22016	7.9	11	9	7359	12.3	9	3
陕　西	Shaanxi	15837	10.2	4	8	24366	9.0	4	5	7932	11.8	7	4
甘　肃	Gansu	12185	11.2	11	2	21804	9.7	12	2	6277	12.3	12	3
青　海	**Qinghai**	**14374**	**11.0**	**8**	**3**	**22307**	**9.6**	**10**	**3**	**7283**	**12.7**	**10**	**2**
宁　夏	Ningxia	15907	9.2	3	11	23285	8.4	7	7	8410	10.7	6	11
新　疆	Xinjiang	15097	10.4	7	7	23214	10.1	8	1	8724	11.2	4	8

11-15 2014年西北五省区居民人均可支配收入
Per Capita Disposable Income of Households in Five Northwestern Provinces(2014)

地区	Region	全体居民 All Households				城镇常住居民 Urban Households				农村常住居民 Rural Households			
		水平(元) Level (yuan)	增速(%) Growth Rate(%)	水平位次 Rank of Level	速度位次 Rank of Growth Rate	水平(元) Level (yuan)	增速(%) Growth Rate(%)	水平位次 Rank of Level	速度位次 Rank of Growth Rate	水平(元) Level (yuan)	增速(%) Growth Rate(%)	水平位次 Rank of Level	速度位次 Rank of Growth Rate
陕 西	Shaanxi	15837	10.2	2	4	24366	9.0	1	4	7932	11.8	3	3
甘 肃	Gansu	12185	11.2	5	1	21804	9.7	5	2	6277	12.3	5	2
青 海	**Qinghai**	**14374**	**11.0**	**4**	**2**	**22307**	**9.6**	**4**	**3**	**7283**	**12.7**	**4**	**1**
宁 夏	Ningxia	15907	9.2	1	5	23285	8.4	2	5	8410	10.7	2	5
新 疆	Xinjiang	15097	10.4	3	3	23214	10.1	3	1	8724	11.2	1	4

主要统计指标解释

住户收支与生活状况调查简介 住户收支与生活状况调查过去一直按照城镇和农村分别组织实施，城镇统计居民可支配收入，农村统计农民纯收入。从2012年起，国家统计局分别进行的城乡住户调查实施了一体化改革，统一了城乡居民收入指标名称、分类和统计标准，建立了城乡统一的一体化住户调查。青海省从2014年开始发布新口径全省住户收支调查数据，各州县新口径住户收支调查数据从2015年开始发布。本章中未标明“老口径”数据均为一体化改革后住户收支调查新口径数据。

可支配收入 指调查户在调查期内获得的、可用于最终消费支出和储蓄的总和，即调查户可以用来自由支配的收入。可支配收入既包括现金，也包括实物收入。计算方法：可支配收入 = 工资性收入 + 经营净收入 + 财产净收入 + 转移净收入。

经营净收入 指住户或住户成员从事生产经营活动所获得的净收入，是全部经营收入中扣除经营费用、生产性固定资产折旧和生产税之后得到的净收入。

财产净收入 指住户或住户成员将其所拥有的金融资产、住房等非金融资产和自然资源交由其他机构单位、住户或个人支配而获得的回报并扣除相关的费用之后得到的净收入。

转移净收入 计算公式为：

转移净收入 = 转移性收入 - 转移性支出

转移性收入 指国家、单位、社会团体对住户的各种经常性转移支付和住户之间的经常性收入转移。包括政府、非行政事业单位、社会团体对居民转移的养老金或退休金、社会救济和补助、惠农补贴、政策性生活补贴、救灾款、经常性捐赠和赔偿以及报销医疗费等；住户之间的赡养收入、经常性捐赠和赔偿以及农村地区（村委会）在外（含国外）工作的本住户非常住成员寄回带回的收入等。转移性收入不包括住户之间的实物馈赠。

转移性支出 指调查户对国家、单位、住户或个人的经常性或义务性转移支付。包括缴纳的税款、各项社会保障支出、赡养支出、经常性捐赠和赔偿支出以及其他经常转移支出等。

消费支出 指住户用于满足家庭日常生活消费需要的全部支出，包括用于消费品的支出和用于服务性消费的支出。

现行一体化住户调查与老口径城镇及农村住户调查指标统计上的变化：

收入减少部分 以前计算收入现在不计算收入的项目主要包括：拆迁征地补偿所得、出售住房溢价所得、出售收藏品溢价所得、出售股票基金等金融衍生品的溢价所得、一次性抚恤金、一次性赔偿所得、遗产及一次性馈赠所得、压岁钱、婚丧嫁娶礼金所得、博彩所得等。

收入增加部分 以前不计算收入现在计算收入的项目主要包括：报销医疗费、实物福利、单位出资缴纳的各种社会保障费（如：养老金、住房公积金、失业保险金）等。

住户常住成员：满足下列三种情况之一，即可判定为常住成员：

（1）过去三个月或未来三个月居住时间超过一个半月的人。

（2）包括在外居住在工棚、集体宿舍、工作场所、帐篷船屋等且每月都回本住宅居住的人。

（3）由本住户供养的在校学生。

外出从业人员收入统计方法

首先判断外出从业人员是否本户常住成员，若是，则其所对应的收支均计算为本户的收支；否则，只有当外出从业人员有寄带回收入行为的方可计算为本户收入，同时其产生的消费支出不计入本户消费支出。

Explanatory Notes on Main Statistical Indicators

Income and Expenditure of Households and Living Conditions Survey In the past, income and expenditure of households and living conditions Survey have been in accordance with the urban and rural areas: urban statistics disposable income and the rural statistics net income. The NBS conducted survey of urban and rural households in implementation of the reform and integration since 2012, unified the name, classification and statistical standards of urban and rural residents income indicator, established a unified urban and rural integrated household survey. Qinghai Province began issuing new caliber household income and expenditure survey data since 2014. State and county began issuing new caliber household income and expenditure survey data since 2015. Data non - indicated the "old caliber" in this chapter are new caliber data from integrated reform of household income and expenditure survey.

Disposable Income Refers to the sum total of the households in the survey period, which can be used for final consumption and savings, namely, the income of the household can be used for free. Disposable income includes both cash and in kind. Calculation method: Disposable Income = Wage Income + Net Business Income + Net Income from Property + Net Income from Transfer.

Net Business Income refers to the members of the households or households get net income from production and business activities, equal to the total operating income deduct operating expenses, obtained after the production of fixed assets depreciation and tax.

Net Income from Property refers to the income received as returns by the members of the households or households of financial assets or tangible non - productive assets by providing capitals or tangible non - productive assets to other institutional units, households and personal, deducting the relevant expenses.

Net Income from Transfer The calculation formula is as follows: Net Income from Transfer = Income from Transfers - Transfer Expenditure.

Income from Transfers refers to the regular current transfers of the country, unit and social group to the households and the transfer of the regular income between households. It includes pension or retirement benefits, social benefits and subsidies, subsidies benefit farmers, policy subsidy, relief funds, regular donation, regular compensation and reimbursement of medical expenses that the government, the non - administrative institutions and social groups transfer to households. It also includes alimony income, regular donations and compensation between households and income send back by non - resident members of households work outside (including foreign) in rural areas (village). It does not include the physical gifts between households.

Transfer Expenditure refers to regular or voluntary transfer payment of survey households to the country, unit, household or individual. It includes the payment of taxes, social security expenses, maintenance expenses, regular donations and compensation expenses, and other expenses, etc..

Consumption Expenditure refers to the all the expenditures of households for consumption in daily life. It includes the expenses for the consumer goods and the expenses for the service.

The changes of survey indicators between the current integrated household survey and the old caliber survey of urban and rural household:

Reduced Income previously calculated income now does not calculate the income of the project mainly includes: land acquisition compensation income, the sale of housing premium income, sell collection of premium income, the sale of stock funds and other financial derivatives of premium income, lump sum pension, one - time compensation income, the gift of heritage and disposable income, lucky money, weddings and funerals gifts income, gaming income, etc..

Increased Income refers to income calculated now and does not calculated previously that mainly includes: reimbursement of medical expenses, physical benefits, various social security (pension, housing provident fund, unemployment insurance), etc..

Resident Permanent Members refers to the persons which meet one of the following three cases:

(1) living more than a month and a half over the past three months or three months in the future.

(2) living in the barracks, dormitories, workplaces, tents and boat house ,and back to the residence every month.

(3) the students in the school who are supported by the household.

Income Statistics Method for Employees Work Outside

Firstly judging whether employees work outside are the resident members, if so, the corresponding income and expenditure were calculated for the household income and expenditure; otherwise, only when out practitioners sent back to income behavior can be calculated as the household income, while its consumer spending not included in the household consumption expenditure.

第 12 篇

CHAPTER 12

城市概况

General Survey of Cities

城市年末总人口

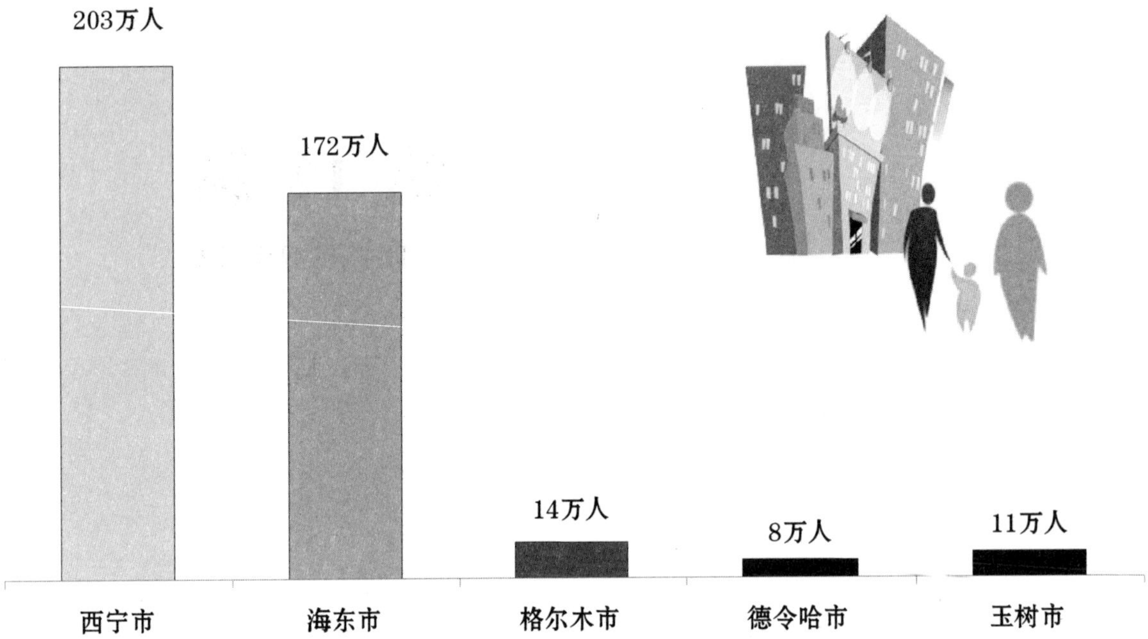

城市主要经济指标

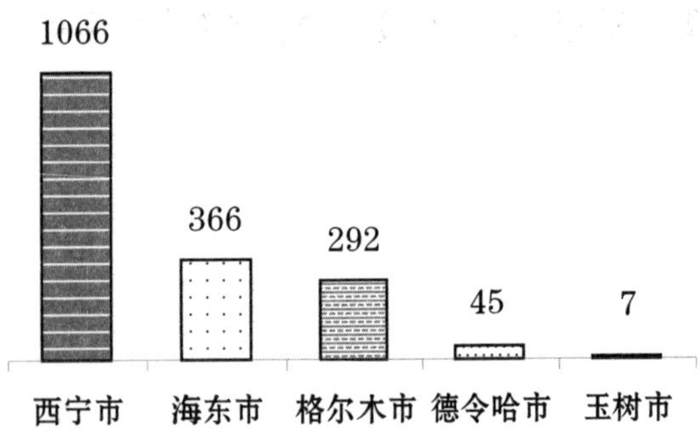

地区生产总值（亿元）

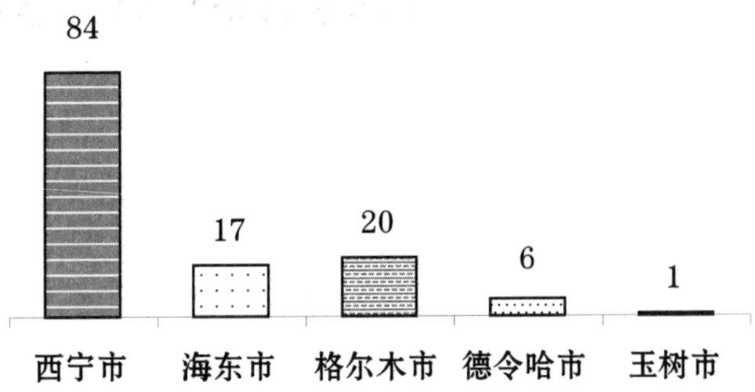

地方财政收入（亿元）

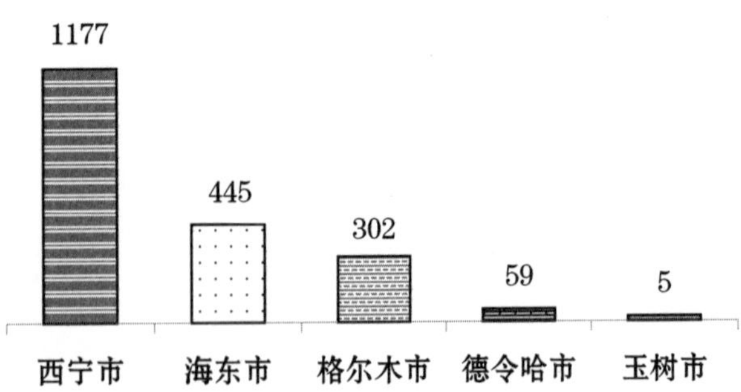

固定资产投资（亿元）

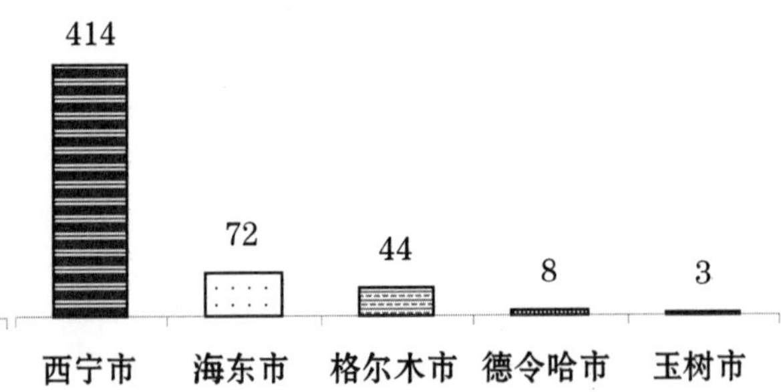

社会消费品零售额（亿元）

12-1 城市主要社会经济指标(2014年)

Main Socail and Economic Indicators on Cities(2014)

指 标	Item	西宁市 Xining City	海东市 Haidong City	格尔木市 Geermu City	德令哈市 Delingha City	玉树市 Yushu City
人口	**Population (10 000 persons)**					
年末总户数(万户)	Total Households at Year-end (10 000 households)	61.67	49.06	5.08	2.79	3.57
年末总人口(万人)	Population at Year-end (10 000 persons)	202.64	172.37	13.59	7.66	11.09
综合经济	**General Economic**					
地区生产总值(当年价)(亿元)	Gross Domestic Product (at Current Prices) (100 million yuan)	1065.78	365.69	292.11	44.58	7.35
第一产业增加值	Primary Industry	37.37	52.35	4.10	4.78	4.77
第二产业增加值	Secondary Industry	530.68	189.28	215.09	18.35	1.11
第三产业增加值	Tertiary Industry	497.73	124.06	72.92	21.45	1.47
人均地区生产总值(元)	Per Capita GDP (yuan)	46762	25446	135508	74889	6685
地区生产总值增长率(%)	Growth Rate of GDP (%)	13.5	15.1	7.7	10.0	-18.7
财政(亿元)	**Public Finance (100 million yuan)**					
公共财政收入	Local General Budget Revenue	83.88	17.26	19.71	5.57	1.24
公共财政支出	Local Finance General Budget Expenditures	248.54	180.25	34.70	15.07	12.28
规模以上工业(亿元)	**Industry (100 million yuan)**					
工业总产值(当年价)	Gross Industrial Output Value (at current price)	1332.27	344.36	411.87	40.18	
利润总额	Total Profits	-16.50	9.84	24.02	-1.83	
固定资产投资(亿元)	**Investment in Fixed Assets**					
固定资产投资(不含农户)	Investment in Fixed Assets (Excluding Rural Households)	1152.08	444.51	302.23	58.46	4.62
其中：房地产开发投资	Investment in Real Estate Development	246.86	46.46	9.84	1.32	
贸易(亿元)	**Domestic Trade**					
社会消费品零售总额	Total Retail Sales of Consumer Goods	414.09	71.80	44.32	8.42	2.62
邮政电信(亿元)	**Post and Telecommunication (100 million yuan)**					
邮政业务收入	Postal Services Income	2.75	0.38	0.21	0.06	0.06
电信业务收入	Telecommunication Services Income	33.10	6.50	3.18	0.53	1.02
人民生活	**People's Livelihood, Social Security**					
城镇居民人均可支配收入(元)	Annual Per Capita Disposable Income of Urban Households(yuan)	21291	19887	25490	25346	23347
城镇居民人均消费支出(元)	Annual Per Capita Consumption Expenditure of Urban Households(yuan)	15077	13801	17865	11319	16168
市政公用事业	**City Public Utilities**					
排水管道长度(公里)	Length of Sewage Pipes(km)	818	65	214	252	560
城市供水总量(万吨)	Total Volume of Water Supply(10 000 tons)	15299	292	4846	4221	657
供气总量(人工、天然气)(万立方米)	Volume of Gas Supply (Manpower and Natural Gas)(10 000 cu.m)	113747	7079	8985	2061	

注：固定资产投资(不含农户)指城镇和农村各种登记注册类型的企业、事业、行政单位及城镇个体户进行的计划总投资500万元及500万元以上的建设项目投资和房地产开发投资。

a)Investment in Fixed Assets (Excluding Rural Households) refers to the investment in construction projects with a total planned investment of 5 million yuan and over by enterprises of various ownerships, institutions, administrative units and urban self-employed individuals, and the investment in real estate development in both urban and rural areas.

12-2 城市社会经济基本情况表

指标名称		Item	西宁市 Xinning City 全市 Total	西宁市 Xinning City 市辖区 Municipal District
一、行政区划		**Administrative Divisions**		
所辖行政区数	(个)	Administrative Area under the Jurisdiction (unit)	4	
所辖行政县(旗)数	(个)	Administrative County (flag) under the Jurisdiction (unit)	3	
所辖行政县级市数	(个)	Administrative County-level city under the Jurisdiction (unit)		
二、土地面积及水资源		**Land Area and Water Resources**		
行政区域土地面积	(平方公里)	Land Area of Administrative Divisions (sq.km)	7649	510
建成区面积		Developed Area	113.73	90
城市建设用地面积		Urban Construction Land Areas	106.07	83.85
居住用地面积		Land Areas of Living	49.33	43.22
公共设施用地面积		Land Areas of Public Facilities	5.29	3.45
工业用地面积		Land Areas of Industry	6.94	4.2
水资源总量	(万立方米)	Water Resources (10 000 cu.m)	153400	
三、人口与就业		**Population and Employment**		
(一)人口		Population		
年末总人口	(万人)	Population at Year-end (10 000 persons)	202.64	94.05
农业户籍人口	(万人)	Agricultural Household Population (10 000 persons)	56.09	
年平均人口	(万人)	Annual Average Population (10 000 persons)	201.45	93.38
年出生人口	(人)	Annual Birth Population (person)	31099	10807
年死亡人口	(人)	Annual Death Population (person)	14619	6283
年末总户数	(万户)	Total Households at Year-end (10 000 households)	61.67	31.17
(二)从业人员	(万人)	Employed Persons (10 000 persons)		
从业人员期末人数(城镇)		Employed Persons in Various Units at Year-end (Urban Area)	34.9	27.67
第一产业		Primary Industry	0.11	0.04
第二产业		Secondary Industry	15.35	11.13

注：本表人口数据系省公安厅年报数。

Basic Statistics on City Social and Economic

海东市 Haidong City		格尔木市 Geermu City	德令哈市 Geermu City	玉树市 Yushu City
全市 Total	市辖区 Municipal District			
1				
5				
		1	1	1
12751	3050	119263	27700	15411
48.55	10.5	31	17.95	6.82
		31	17.59	24.57
1574	4	10	3.89	6.36
2.2	1	3	2.97	1.57
3.37	0.59	3	3.12	0.47
154800		724200	99270	463
172.37	29.29	13.59	7.66	11.09
115.25		0.17	1.76	8.72
171.35	29.20	13.44	7.63	11.09
33745	3941	1959	955	3721
10386	1547	435	453	554
49.06	9.42	5.08	2.79	3.57
7.27	1.32	8.52	1.53	0.38
0.21	0.04	0.08	0.04	0.01
1.75	0.31	3.40	0.53	

a) Population data in this table are Annual Report data of Qinghai Provincial Public Security Department.

12-2 续表 1

指 标 名 称	Item	西宁市 Xinning City 全市 Total	市辖区 Municipal District
(1)采矿业	Mining	0.60	0.39
(2)制造业	Manufacturing	6.92	3.81
(3)电力、热力、燃气及水生产和供应业	Production and Supply of Electricity, Gas and Water	1.45	0.90
(4)建筑业	Construction	6.38	6.03
第三产业	Tertiary Industry	19.44	16.50
(1)交通运输、仓储和邮政业	Transport, Storage and Post	3.39	2.66
(2)信息传输、计算机服务和软件业	Information transmission, Computer Services and Software	0.88	0.68
(3)批发和零售业	Wholesale and Retail Trades,	1.75	1.67
(4)住宿、餐饮业	Hotels and Catering Services	0.39	0.36
(5)金融业	Financial Intermediation	1.41	1.16
(6)房地产业	Real Estate	0.67	0.61
(7)租赁和商务服务业	Leasing and Business Services	0.56	0.44
(8)科学研究、技术服务和地质勘查业	Scientific Research, Technical Service and Geologic Prospecting	1.65	1.65
(9)水利、环境和公共设施管理业	Management of Water Conservancy, Environment and Public Facilities	0.49	0.48
(10)居民服务和其他服务业	Services to Households and Other Services	0.07	0.05
(11)教育	Education	2.76	2.23
(12)卫生、社会保障和社会福利业	Health, Social Security and Social Welfare	2.15	1.91
(13)文化、体育和娱乐业	Culture, Sports and Entertainment	0.52	0.51
(14)公共管理和社会组织	Public Management and Social Organization	2.75	2.09
城镇私营和个体从业人员 (人)	Number of Engaged Persons in Private Enterprises and Self-employed Individuals in Urban Areas (person)	295524	223711
年末城镇登记失业人员数 (人)	Number of Registered Unemployed Persons in Urban Areas (person)	21000	17640

Continued

海东市 Haidong City		格尔木市 Geermu City	德令哈市 Geermu City	玉树市 Yushu City
全市 Total	市辖区 Municipal District			
0.04	0.00	0.28		
1.11	0.25	2.48	0.39	
0.06	0.01	0.25	0.03	
0.54	0.04	0.39	0.11	
5.32	0.97	5.04	0.96	0.37
0.15	0.02	0.35	0.17	0.03
0.16	0.01	0.16		
0.05	0.03	1.64	0.09	0.01
0.03	0.01	1.18	0.02	
0.26	0.05	0.14	0.07	
0.05	0.01	0.03	0.02	
0.08		0.22	0.02	
0.20	0.03	0.08	0.04	
0.27	0.08	0.03	0.04	
0.02		0.32		
1.81	0.37	0.23	0.12	0.10
0.50	0.07	0.13	0.05	0.02
0.07	0.01	0.18	0.02	
1.67	0.28	0.35	0.30	0.21
190900	18437	49082	10066	6217
4063	1860	1986	1232	2099

12-2 续表 2

指 标 名 称	Item	西宁市 Xinning City 全市 Total	市辖区 Municipal District
四、综合经济	**General Economic**		
(一)地区生产总值(当年价格)(万元)	Gross Domestic Product(at Current Prices) (10 000 yuan)	10657811	7750847
第一产业增加值	Primary Industry	373720	26886
第二产业增加值	Secondary Industry	5306841	3182835
第三产业增加值	Tertiary Industry	4977250	4541126
人均地区生产总值 (元)	Per Capita GDP (yuan)	46762	62266
地区生产总值增长率 (%)	Growth Rate of GDP (%)	13.5	13.9
(二)财政 (万元)	Public Finance (10 000 yuan)		
公共财政收入	Local General Budget Revenue	838821	300399
其中：税收收入	Taxes	770729	281801
其中：企业所得税	Company Income Tax	74095	18944
个人所得税	Personal Income Tax	33210	14130
公共财政支出	Local Finance General Budget Expenditures	2485365	552182
其中：一般性公共服务支出	Expenditure for General Public Services	124216	52566
科学技术支出	Expenditure for Science and Technology	18640	5895
教育支出	Expenditure for Education	345903	83616
文化体育与传媒支出	Expenditure for Culture, Sport and Media	33722	7575
医疗卫生支出	Expenditure for Medical and Health Care	183648	36010
节能保护支出	Expenditure for Environment Protection	150722	32264
城乡社区事务支出	Expenditure for Urban and Rural Community Affairs	322101	88483
交通运输支出	Expenditure for Transportation	102393	189
社会保障和就业支出	Expenditure for Social Security and Employment	280837	100571
住房保障支出	Expenditure of Social Insurance Funds	191623	65321
(三)金融 (万元)	Financial Intermediation (10 000 yuan)		
年末金融机构各项存款余额	Deposits of National Banking System at Year-end	31047613	28756633
年末金融机构各项贷款余额	Loans of National Banking System at Year-end	33282190	31758170

Continued

海东市 Haidong City		格尔木市 Geermu City	德令哈市 Geermu City	玉树市 Yushu City
全市 Total	市辖区 Municipal District			
3656927	733862	2921071	445842	73471
523501	111835	40955	47845	47721
1892787	347643	2150931	183475	11057
1240639	274384	729185	214522	14693
25446	27393	135508	74889	6685
15.1	15.2	7.7	10.0	-18.7
172620	23448	197057	55721	12353
140907	18008	180511	25830	10876
12616	1400	13059	750	1791
3194	467	7167	378	447
1802504	277696	346951	150683	122787
248241	28789	20245	5395	16450
4649	1934	1286	1250	152
276336	40679	49060	24641	19243
18796	3481	8481	3399	2035
154500	26841	17261	3775	5157
81775	21078	30805	14095	4332
198105	5102	42723	11409	15238
11166	2772	2081	1133	806
194371	36778	33238	20693	17160
119116	22937	30189	9477	1381
4451949	935343	2098332	1239409	285381
2130065	472797	3294490	1184172	133641

12-2 续表 3

指 标 名 称	Item	西宁市 Xinning City 全市 Total	市辖区 Municipal District
(四)保险 (万元)	Insurance (10 000 yuan)		
保费收入	Premium of Insurance	314705	
其中：财产险	Property Insurance	152153	
人身险	Life Insurance	162552	
赔款、给付	Payment	176403	
其中：财产险	Property Insurance	128995	
人身险	Life Insurance	47408	
五、工业	**Industry**		
规模以上工业法人企业：	Industrial Business Corporation above Designated Size		
(一)工业企业数 (个)	Number of Industrial Enterprises (unit)	246	154
(1)内资企业	Domestic Funded	232	143
其中：国有企业	State-owned Enterprises	6	5
私营企业	Private Enterprises	117	83
(2)港、澳、台商投资企业	Enterprises with Funds from Hong Kong, Macao and Taiwan	3	2
(3)外商投资企业	Foreign Funded Enterprises	11	9
(二)工业总产值(当年价)(万元)	Gross Industrial Output Value (at current price) (10 000 yuan)	13322699	7344421
(1)内资企业	Domestic Funded	12886105	6925483
其中：国有企业	State-owned Enterprises	1485619	1483092
私营企业	Private Enterprises	4114024	2908656
(2)港、澳、台商投资企业	Enterprises with Funds from Hong Kong, Macao and Taiwan	95416	85410
(3)外商投资企业	Foreign Funded Enterprises	341178	333528
(三)企业财务	Enterprise Finance		
从业人员年平均人数 (万人)	Annual Average Number of Employed Persons(10 000 persons)	9.95	5.41
流动资产合计 (万元)	Total Value of Working Capitals(10 000 yuan)	5896061	2917663
固定资产合计 (万元)	Total Value of Fixed Assets(10 000 yuan)	10145055	4639444
主营业务收入 (万元)	Revenue from Principal Business(10 000 yuan)	11900194	6358335
主营业务成本 (万元)	Cost of Principal Business(10 000 yuan)	11402529	5953292
主营业务税金及附加 (万元)	Taxes and Other Charges on Principal Business(10 000 yuan)	42408	27541
本年应交增值税 (万元)	Value Added Tax Payable(10 000 yuan)	194812	67941
利润总额 (万元)	Total Profits(10 000 yuan)	-164971	73850

Continued

海东市 Haidong City		格尔木市 Geermu City	德令哈市 Geermu City	玉树市 Yushu City
全市 Total	市辖区 Municipal District			
515975		32425	5183	
31250		17738	3277	
20347		14687	1906	
16947		8708	1661	
16820		7171	1469	
127		1537	192	
105	22	70	19	
104	22	58	19	
4		22	1	
100	22	36	3	
1		2		
		1		
3443576	871850	4118733	401781	
3134053	871850	3923067	401781	
598482		3131030	9181	
2535571	871850	792037	17111	
309523		64239		
		3780		
2.08	0.46	2.84	0.42	
1425534	226534	2692377	350719	
967729	259562		766730	
2282297	411650	2055182	365548	
2045169	390521	1113346	272464	
26582	1096	105531	993	
45081	-4447	104396	8980	
98409	-9357	240213	-18265	

12-2 续表 4

指　标　名　称		Item	西宁市 Xinning City 全市 Total	市辖区 Municipal District
六、交通运输、邮电通信、能源电力		**Transport, Postal and Telecommunication, Energy and Hydropower**		
(一)交通运输		Transport		
铁路旅客运量	(万人)	Railways Passenger Traffic (10 000 persons)	444	
铁路货物运量	(万吨)	Railways Freight Traffic (10 000 tons)	458	
公路客运量(全社会)	(万人)	**Highways Passenger Traffic (10 000 persons)**	1587	
公路货运量(全社会)	(万吨)	Highways Freight Traffic (10 000 tons)	5761	
公路里程	(公里)	Highway Mileage (km)	4341	
境内高速公路里程	(公里)	Domestic Highway Mileage (km)	105	
民用汽车拥有量	(辆)	Possession of Civil Vehicles (unit)	360573	
(二)邮电通信		Post and Telecommunication		
年末邮政局(所)数	(处)	Number of Post and Telecommunication at Year-end(unit)	105	
邮政业务收入	(万元)	Postal Services Income (10 000 yuan)	27547	
电信业务收入	(万元)	Telecommunication Services Income (10 001 yuan)	331007	
固定电话年末用户数	(万户)	Number of Fixed Telephone Subscribers at Year-end (10 000 subscribers)	65.09	
移动电话年末用户数	(万户)	Number of Mobile Telephone Subscribers at Year-end (10 000 subscribers)	246.77	
互联网宽带接入用户数	(万户)	Number of Subscribers Accessed to the Internet by Broadband (10 000 subscribers)	40.17	
(三)能源电力		Energy and Hydropower		
综合能源消费量	(万吨标准煤)	Comprehensive Energy Consumption (10 000 Tons of SCE)	2287	
全社会用电量	(万千瓦时)	Total Electricity Consumption(10 000 kwh)	4956479	765342
其中：工业用电	(万千瓦时)	Industry Electricity	4669160	585092
城乡居民生活用电	(万千瓦时)	Living Electricity for Resident	134228	105842

Continued

海东市 Haidong City		格尔木市 Geermu City	德令哈市 Geermu City	玉树市 Yushu City
全市 Total	市辖区 Municipal District			
		97	34	
		1891	593	
1683		134	762	
2494		989	1385	
8102		2459	3702	253
146		125	184	
110404		44411	5906	18717
28		13	5	
3847		2131	624	570
64983		31845	5298	10211
11.91		6.04	2.24	1.22
104.16		26.92	7.24	9.30
5.77		4.31	1.69	1.07
316		263	132	
1362704	333917	408792	63197	
1289284	294170	376086	44819	
35458	6601	8347	3843	

12-2 续表 5

指 标 名 称	Item	西宁市 Xinning City 全市 Total	市辖区 Municipal District
七、贸易、外经、旅游	**Domestic Trade, Foreign Trade, Tourism**		
(一)贸易	Domestic Trade		
社会消费品零售总额 (万元)	Total Retail Sales of Consumer Goods(10 000 yuan)	4140886	3776488
限额以上批发零售贸易业商品销售总额 (万元)	Total Sales of Goods of Wholesale and Retail Trades above Designated Size(10 000 yuan)	11218545	9851987
限额以上批发零售企业数(法人数) (个)	Number of Enterprises of Wholesale and Retail Trades above Designated Size(unit)	218	211
其中：零售业	Retail Trades	105	105
限额以上批发零售贸易业企业财务	Financial Affairs of Wholesale and Retail Trades		
年末从业人数 (万人)	Annual Average Number of Employed Persons(person)	2.05	2.04
流动资产合计 (万元)	Total Value of Working Capitals(10 000 yuan)	3470479	2774678
固定资产合计 (万元)	Total Value of Fixed Assets(10 000 yuan)	474663	471728
主营业务收入 (万元)	Revenue from Principal Business(10 000 yuan)	12140876	10608023
主营业务成本 (万元)	Cost of Principal Business(10 000 yuan)	11643420	10132381
主营业务税金及附加 (万元)	Taxes and Other Charges on Principal Business(10 000 yuan)	26297	26272
本年应交增值税 (万元)	Value Added Tax Payable(10 000 yuan)	31644	31643
利润总额 (万元)	Total Profits(10 000 yuan)	197526	176911
(二)外经	Foreign Trade		
货物进口额(海关数) (万美元)	Total Exports (USD 10 000)	51314	
货物出口额(海关数) (万美元)	Total Imports (USD 10 000)	108360	
外商直接投资合同项目 (个)	Number of Projects for Contracted Foreign Direct Investment (unit)	6	
当年实际使用外资金额 (万美元)	Total Amount of Foreign Investment (USD 10 000)	1091	
(三)旅游	Tourism		
国际旅游(外汇)收入 (万美元)	International Tourism (Foreign Exchange) Income (USD 10 000)	1516.69	

Continued

海东市 Haidong City		格尔木市 Geermu City	德令哈市 Geermu City	玉树市 Yushu City
全市 Total	市辖区 Municipal District			
717966	144558	443192	84174	26201
223300	11247	412668	193786	
5	1	33	18	
4	1	23	12	
0.08	0.01	0.14	0.13	
8950	8249	69639	63630	
15853	4970	27804	46538	
209064	11247	756331	228803	
184802	8333	692871	208544	
4827	72	3525	2741	
168	76	2688	10946	
8306	1352	6023	3504	
4				
2797				
184.5		133.73		

12-2 续表 6

指 标 名 称	Item	西宁市 Xinning City 全市 Total	市辖区 Municipal District
八、固定资产投资	**Investment**		
(一)固定资产投资 (万元)	Investment in Fixed Assets		
固定资产投资(不含农户)	Investment in Fixed Assets (Excluding Rural Households)	11520755	7964738
其中：房地产开发投资	Investment in Real Estate Development	2468649	2417503
其中：住宅	Residential Buildings	1516744	1498259
全年新增固定资产	Newly Increased Fixed Assets thought the Year	6074005	4094964
(二)房地产	Real Estate		
商品房屋销售面积 (万平方米)	Floor Space of Selling House(10 000 sq.m)	305.71	302.9
其中：住宅	Residential Buildings	264.38	261.84
其中：别墅、高档公寓	Villas and High-grade Apartments	0.11	0.11
商品房屋销售额 (万元)	Total Sale of Commercialized Buildings Sold(10 000 yuan)	1758851	1745945
其中：住宅	Residential Buildings	1270747	1260700
其中：别墅、高档公寓	Villas and High-grade Apartments	1208	1208
待售面积 (万平方米)	Floor Space of House Waiting for Sale (10 000 sq.m)	85.21	84.77
(三)保障性住房建设	Affordable Housing Construction		
保障性住房本年完成投资 (万元)	Investment at Current Year (10 000 yuan)	77179	37861
其中：廉租房	Low-rent Houses	10786	
保障性住房施工面积 (万平方米)	Floor Space under Construction (10 000 sq.m)	236.69	177.25
其中：廉租房	Low-rent Houses	10.39	
保障性住房竣工面积 (万平方米)	Floor Space Completed (10 000 sq.m)	323.77	167.25
其中：廉租房	Low-rent Houses	65.37	
九、教育、科技、文化及卫生	**Education, Science and Technology, Culture and Public Health**		
(一)教育	Education		
学校数 (所)	Number of Schools(unit)		
普通高等学校数	Regular Institutions of Higher Education	10	
中等职业教育学校数	Vocational Secondary Education	19	12
普通中学数	Regular High School	140	50
小学数	Primary Schools	170	75

注：固定资产投资(不含农户）指城镇和农村各种登记注册类型的企业、事业、行政单位及城镇个体户进行的计划总投资500万元及500万元以上的建设项目投资和房地产开发投资，

Continued

海东市 Haidong City		格尔木市	德令哈市	玉树市
全市 Total	市辖区 Municipal District	Geermu City	Geermu City	Yushu City
4445103	972300	3022300	584610	46169
464600	96180	98434	13237	
311671	67027		216	
2237255	463265	842560	524493	42023
80.76	21.57	12.00	5.78	
73.18	21.18	9.00	5.78	
266200	73050	47458	12693	
219316	71069	34059	12693	
33.66	3.36	2.00		
454000	25451	3300	3343	
		3300		
270	20.49	1.44	10.02	
		1.44		
50.8	7.31	1.44		
		1.44		
			1	
6		1	1	
100	13	19	7	6
498	31	10	8	29

a)Investment in Fixed Assets (Excluding Rural Households) refers to the investment in construction projects with a total planned investment of 5 million yuan and over by enterprises of various ownerships, institutions, administrative units and urban self-employed individuals, and the investment in real estate development in both urban and rural areas.

12-2 续表 7

指　标　名　称	Item	西宁市 Xinning City 全市 Total	市辖区 Municipal District
专任教师数	Full-time Teachers(person)		
普通高等学校专任教师数　(人)	Regular Institutions of Higher Education	3881	3881
中等职业教育学校专任教师数(人)	Vocational Secondary Education	1495	1029
普通中学专任教师数　(人)	Regular High School	8915	4204
小学专任教师数　(人)	Primary Schools	7269	3506
在校学生数	Number of Students (person)		
普通高等学校在校学生数　(人)	Regular Institutions of Higher Education	67257	67257
高中阶段在校学生数　(人)	Students in Senior Secondary Education	45233	24074
中等职业教育学校在校学生数(人)	Vocational Secondary Education	41186	22910
普通中学在校学生数　(万人)	Regular High School(10 000 persons)	12.19	6.16
小学在校学生数　(万人)	Primary Schools(10 000 persons)	15.00	7.46
初中毕业生升学率　(%)	Promotion Rate from Junior Secondary Schools to Senior Secondary Schools(%)	110.6	94.7
(二)科技	Science and Technology		
科技活动人员　(人)	Personnel Engaged in S&T Activities(person)	3678	1471
专利申请受理量　(项)	Acceptance of Patent Applications(unit)	1286	
专利申请授权量　(项)	Patent Application Authorization(unit)	495	
其中：发明　(项)	Invention(unit)	101	
(三)文化	Culture		
体育场馆数　(个)	Number of Cinemas, Theaters and Music Halls(unit)	12	8
剧场、影剧院数　(个)	Number of Stadiums and Gymnasiums(unit)	12	11
公共图书馆图书总藏量　(千册)	Collection of Books of Public Libraries(1 000 copies)	1804	1508
订销报刊杂志累计份数　(千份)	Cumulative Number of Reservations and Sales of Newspapers and Magazines(1 000 copies)	32213	20938
广播节目综合人口覆盖率　(%)	Radio Coverage of Population(%)	99.14	99.32
电视节目综合人口覆盖率　(%)	TV Coverage of Population(%)	99.55	99.51

Continued

海东市 Haidong City		格尔木市 Geermu City	德令哈市 Geermu City	玉树市 Yushu City
全市 Total	市辖区 Municipal District			
			39	
413		49	104	
6586	1305	805	344	346
6851	1350	916	354	838
			276	
32611		4479	1774	
16473		2463	3092	
8.48	1.68	1.19	0.32	0.58
11.83	1.78	1.80	0.61	1.41
94.2	100	91.07	75	80
125		3166	19	
		34		
		17		
4	1	1	3	
1		4	1	
447	130	506	3600	
19761	983.5	2800	6000	1154
96.6	96.59	100.0	97.7	83.0
97.73	98.69	99.1	95.81	89.0

12-2 续表 8

指　标　名　称		Item	西宁市 Xinning City	
			全市 Total	市辖区 Municipal District
(四)卫生		Public Health		
医院、卫生院数	(个)	Number of Hospitals and Health Centers(unit)	114	46
医院、卫生院床位数	(张)	Number of Beds of Hospitals and Health Centers(unit)	16253	12915
医生数(执业医师+执业助理医师)	(人)	Number of Doctors (Licensed Doctors and Assistant Doctors) (person)	7243	5798
注册护士	(人)	Number of Registered Nurses(person)	8972	7574
十、人民生活		**People's Livelihood, Social Security**		
在岗职工平均人数	(万人)	Average Number of Fully Employed Staff and Workers(10 000 persons)	31.54	24.97
在岗职工工资总额	(万元)	Total Wages Bill of Fully Employed Staff and Workers(10 000 yuan)	1731990	1398249
(一)居民收支	(元)	Income and Expenditure of Inhabitants		
家庭总收入		Annual Percapita Total Income(yuan)		24280
工资性收入		Income from Wages and Salaries		12798
经营净收入		Net Business Income		1486
财产性收入		Income from Properties		396
转移性收入		Income from Transfer		9599
城镇居民人均可支配收入		Annual Per Capita Disposable Income of Urban Households		21291
城镇居民人均消费支出		Annual Per Capita Consumption Expenditure of Urban Households		15077
其中：(1)食品		Food		5903
(2)衣着		Clothing		1756
(3)居住		Residence		1419
(4)家庭设备用品及服务		Household Facilities, Articles and Services		1053
(5)医疗保健		Health Care and Medical Services		1125
(6)交通和通信		Transport and Communications		2018
(7)教育文化娱乐服务		Education, Culture and Recreation		1249
(8)其他用品及服务		Other Articles and Services		554

注：根据城乡一体化住户调查，西宁市和海东市全市新口径住户收支调查数据将从2015年开始发布。

Continued

海东市 Haidong City		格尔木市 Geermu City	德令哈市 Geermu City	玉树市 Yushu City
全市 Total	市辖区 Municipal District			
150	32	9	10	9
5045	623	734	476	280
4620	444	386	191	24
		468	131	28
7.42	1.81	3.21	1.56	0.38
387289	46319	226771	76884	23950.5
	22451	31456	27949	24332
	15717	27374	22010	21447
	2874	1474	1566	1060
	17	269	262	149
	3843	2339	4111	1677
	20514	25490	25346	23347
	13801	17865	11319	16168
	4122	7228	4812	8322
	1700	2164	1646	942
	720	1633	776	2197
	871	1080	617	458
	2542	986	510	531
	1656	2412	1696	2303
	1742	1646	876	1033
	448	717	387	381

a)According to the integrated household survey,Xining City and Haidong City will begin issuing new caliber household income and expenditure survey data since 2015.

12-2 续表 9

指标名称	Item	西宁市 Xinning City 全市 Total	市辖区 Municipal District
(二)居民生活	People's Livelihood		
每百户居民家庭拥有：	Number of Major Durable Consumer Goods Owned Per 100 Urban Households		
(1)家用汽车 (辆)	Automobile(unit)		17
(2)消毒碗柜 (台)	Disinfection Cupboard(set)		2
(3)固定电话 (部)	Fixed Telephone(set)		71
(4)移动电话 (部)	Mobile Telephone(set)		207
其中：接入互联网 (部)	Accessed to the Internet		56
(5)计算机 (台)	Computer		68
其中：接入互联网 (台)	Accessed to the Internet		62
(6)电冰箱(柜) (台)	Refrigerators(set)		92
(7)彩色电视机 (台)	Color TV(set)		101
(8)中高档乐器 (架)	Piano (set)		3
(9)照相机 (架)	Camera(set)		28
(10)摄像机 (架)	Video Camera (set)		7
(11)洗衣机 (台)	Washing Machine(set)		96
城镇人均住房建筑面积 (平方米)	Per Capita Building Space(sq.m)		28.20
居民消费价格指数(上年为100)(%)	Consumer Price Indices (preceding year=100)(%)		102.8
十一、社会保障	**Social Security**		
城镇基本养老保险参保人数 (人)	Number of People Participated in Basic Pension Insurance in Urban Area (person)	334544	292474
城镇职工基本医疗保险参保人数 (人)	Number of Staff and Workers Participated in Urban Basic Medical Care Insurance (person)	281685	217412
失业保险参保人数 (人)	Unemployment Insurance Contributors (person)	163400	137384
工伤保险参保人数 (人)	Injury Insurance Contributors (person)	182094	154780
生育保险参保人数 (人)	Maternity Insurance Contributors (person)	89730	76271
社会福利院数 (个)	Number of Social Welfare Homes(unit)	10	2
社会福利院床位数 (张)	Number of Beds of Social Welfare Homes(unit)	1332	420
社区服务设施数 (个)	Number of Community Service Facilities(unit)	115	105
城镇居民最低生活保障人数 (人)	Number of Persons Receiving Lowest Cost-of-living(person)	60997	36320

注：根据城乡一体化住户调查，西宁市和海东市全市新口径住户收支调查数据将从2015年开始发布。

Continued

海东市 Haidong City		格尔木市 Geermu City	德令哈市 Geermu City	玉树市 Yushu City
全市 Total	市辖区 Municipal District			
	15	16	16	11
	10	2	8	1
	65	22	100	4
	170	199	148	80
	45	69	42	77
	45	59	70	13
	25	56	50	11
	80	75	100	29
	100	99	100	31
	13	2	2	
	20	25	46	3
	25	3		2
	85	92	9	30
	32.18	20.62	27.28	40.70
	102.6	103.0	102.6	
79474	14627	56863	17685	1768
73223	15717	45764	23281	3300
44498	10808	16227	6413	2099
73235	17529	28121	6712	2104
42679	8648	32391	11966	2422
22	4	2	1	20
1778	240	21	100	846
34	4	69	2	
41915	8305	6140	8041	5605

a)According to the integrated household survey,Xining City and Haidong City will begin issuing new caliber household income and expenditure survey data since 2015.

12−2 续表 10

指　标　名　称	Item	西宁市 Xinning City 全市 Total	市辖区 Municipal District
十二、公共管理	**Public Management**		
(一)事故	Accident		
交通事故死亡人数 (人)	Number of Deaths of Traffic Accident(person)	129	78
交通事故损失额 (万元)	Losses Converted into Cash of Traffic Accident(10 000 yuan)	364	273
火灾事故损失额 (万元)	Losses Converted into Cash of Fires(10 000 yuan)	246	222
(二)社会治安	Public Security		
刑事案件立案数 (起)	Number of Criminal Cases Registered(case)	2678	1712
罪犯人数 (人)	Number of Perpetrators(person)	2904	1885
其中：青少年人数(年龄14−25周岁)(人)	Number of Adolescents (age of 16 to 25)	1319	1108
十三、市政公用事业	**City Public Utilities**		
(一)基础设施	Infrastructure		
城市维护建设资金支出 (万元)	Funds Expenditure for Urban Construction and Maintenance(10 000 yuan)		409664
年末实有城市道路面积 (万平方米)	Area of Paved Road at Year-end(10 000 sq.m)		913
排水管道长度 (公里)	Length of Sewage Pipes(km)		818
供水综合生产能力 (包括自备水源) (万立方米/日)	Production Capacity of Tap Water Supply(10 000 cu.m/day)		50.39
城市供水总量 (万吨)	Total Volume of Water Supply(10 000 tons)		15299
售水量 (万吨)	Sold Volume of Water (10 000 tons)		12782
其中：居民生活用水量 (万吨)	Consumption of Tap Water for Residential Use		6458
用水人口 (万人)	Number of Residents with Access to Water(10 000 persons)		126.08
供气总量(人工、天然气) (万立方米)	Volume of Gas Supply (Manpower and Natural Gas)(10 000 cu.m)		113747
其中：家庭用量 (万立方米)	Consumption of Gas for Residential Use		16257
用气人口 (人)	Number of Residents with Access to Gas(10 000 persons)		1089400
液化石油气供气总量 (吨)	Volume of Liquefied Petroleum gas Supply(ton)		3923
其中：家庭用量 (吨)	Consumption of Gas for Residential Use		3918
用液化气人口 (人)	Number of Residents with Access to Liquefied Petroleum Gas(person)		110000

Continued

海东市 Haidong City		格尔木市 Geermu City	德令哈市 Geermu City	玉树市 Yushu City
全市 Total	市辖区 Municipal District			
112	13	12	5	6
128	32	32	316	1
457	114	105	52	
484	122	133	737	20
710	132	383	129	28
115	20	14	39	11
		12624	13785	
	77	429	321	
	65	214	252	560
	1.2	24.4	15.2	
	292	4846	4221	657
	248	4510	3737	
	162	756	401	
	9.50	13.59	8.03	1.60
	7079	8985	2061	
	1465	738	47	
	32000	100600	34800	
		1020	248	
		1020	235	
		32700	10000	

12-2 续表 11

指　标　名　称	Item	西宁市 Xinning City 全市 Total	市辖区 Municipal District
(二)公共交通	Public Traffic		
年末实有公共汽(电)车运营车辆数 (辆)	Number of Public Vehicles under Operation at Year-end(unit)		1915
全年公共汽(电)车客运总量 (万人次)	Number of Passengers Carried of Public Vehicles(10 000 person-times)		34047
年末实有出租汽车数 (辆)	Number of Taxis at Year-end(unit)		5666
(三)绿地	Green Areas		
绿地面积 (公顷)	Green Areas(hectare)		3398
其中：公园绿地面积(公顷)	Park Green Areas(hectare)		1500
建成区绿化覆盖面积 (公顷)	Greening Coverage of the Current Urban Areas(hectare)		3520
十四、环境保护	**Environmental Protection**		
工业废水排放量 (万吨)	Industrial Wastewater Discharge(10 0000 tons)	2555	
工业废气排放量 (亿立方米)	Industrial Emissions(10 000 cu.m)	4146.89	
工业二氧化硫产生量 (吨)	Industrial Sulfur Dioxide Production(ton)	137946	
工业二氧化硫排放量 (吨)	Industrial Sulfur Dioxide Emissions(ton)	66772	
工业氮氧化物产生量 (吨)	Industrial Nitrogen Oxide Production(ton)	53257	
工业氮氧化物排放量 (吨)	Industrial Nitrogen Oxide Emissions(ton)	47286	
工业烟(粉)尘产生量 (吨)	Industrial Smoke (Powder) Dust Production(ton)	3242945	
工业烟(粉)尘排放量 (吨)	Industrial Smoke (Powder) Dust Emissions(ton)	71622	
一般工业固体废物综合利用率(%)	Utilization Rate of General Industrial Solid Waste(%)	96.83	
污水处理率 (%)	Sewage Treatment Rate(%)	73.12	
生活垃圾无害化处理率 (%)	Treatment Rate of Living Garbage Harmless(%)	94.16	
空气质量达到及好于二级的天数 (天)	Number of Days that Air quality Reach and Better than Secondary Grade(day)	265	

Continued

海东市 Haidong City		格尔木市 Geermu City	德令哈市 Geermu City	玉树市 Yushu City
全市 Total	市辖区 Municipal District			
	58	105	91	34
	737	547.5	225	1.9
	337	1189	414	200
	1190	669.46	643.72	233
	53	93.1	58.67	
	246	613.5	716	
1885.56		560.19	2207.85	
1065.92		436.23	141.00	
108236		57520	10423	
108236		18541	6164	
12004		8089	9972	
10028		8016	9930	
1333983		41324	34528	
59817		7510	8962	
84		46	85.5	
100		74	31.97	
		96		100
255		278	302	

主要统计指标解释

供水综合生产能力 指按供水设施取水、净化、送水、出厂输水干管等环节设计能力计算的综合生产能力。包括在原设计能力的基础上,经挖、革、改增加的生产能力。计算时,以四个环节中最薄弱的环节为主确定能力。

城市供水总量 指报告期供水企业(单位)供出的全部水量。包括有效供水量和漏损水量。

用水普及率 指报告期末城区用水人口数与城市人口总数的比率。计算公式:

$$用水普及率 = \frac{城区用水人口(含暂住人口)}{城区人口 + 城区暂住人口} \times 100\%$$

排水管道长度 指所有排水总管、干管、支管、检查井及连接井进出口等长度之和。

城市绿地面积 指报告期末用作园林和绿化的各种绿地面积。包括公园绿地、生产绿地、防护绿地、附属绿地和其他绿地的面积。

公园绿地 城市中向公众开放的、以游憩为主要功能,有一定的游憩设施和服务设施,同时兼有健全生态、美化景观、防灾减灾等综合作用的绿化用地。包括综合公园、社区公园、专类公园、带状公园和街旁绿地。其中综合公园、专类公园和带状公园面积之和为公园面积。

Explanatory Notes on Main Statistical Indicators

Production Capacity of Water Supply refers to the designed overall production capacity of water facilities, covering the four segments of water collection, purification, conveyance, and outflow through trunk pipelines. Increased capacity through transformation and innovation projects is included as well. The capacity is determined mainly on the weakest of the above - mentioned four segments.

Total Volume of Urban Water Supply refers to the total volume of water supplied by water - works (units) during the reference period, including both the effective water supply and loss during the water supply.

Coverage Rate of Urban Population with Access to Tap Water refers to the ratio of the urban population with access to tap water to the total urban population at the end of reference period. The formula is:

$$\text{Coverage Rate of urban population with access to tap water} = \frac{\text{Urban population with access to tap water}}{\text{Urban population}} \times 100\%$$

Length of Urban Sewage Pipes refers to the total length of general drainage, trunks, branch and inspection wells, connection wells, inlets and outlets, etc.

Area of Urban Green Land refers to the total area occupied for green projects at the end of the reference period, including park green land, production green land, protection green land, green land attached to institutions, and other green areas.

Park Green Area refers to green areas open to the public for amusement and rest with the facilities of amusement, rest and services. Its function includes perfecting ecology, beautifying landscape, and preventing and reducing disaster. Park green areas include comprehensive park, community park, theme park, linear park and roadside green space. Total areas of comprehensive park, topic park and belt - shaped is the area of park.

第 13 篇

CHAPTER 13

农 业

Agriculture

农作物播种面积
（千公顷）

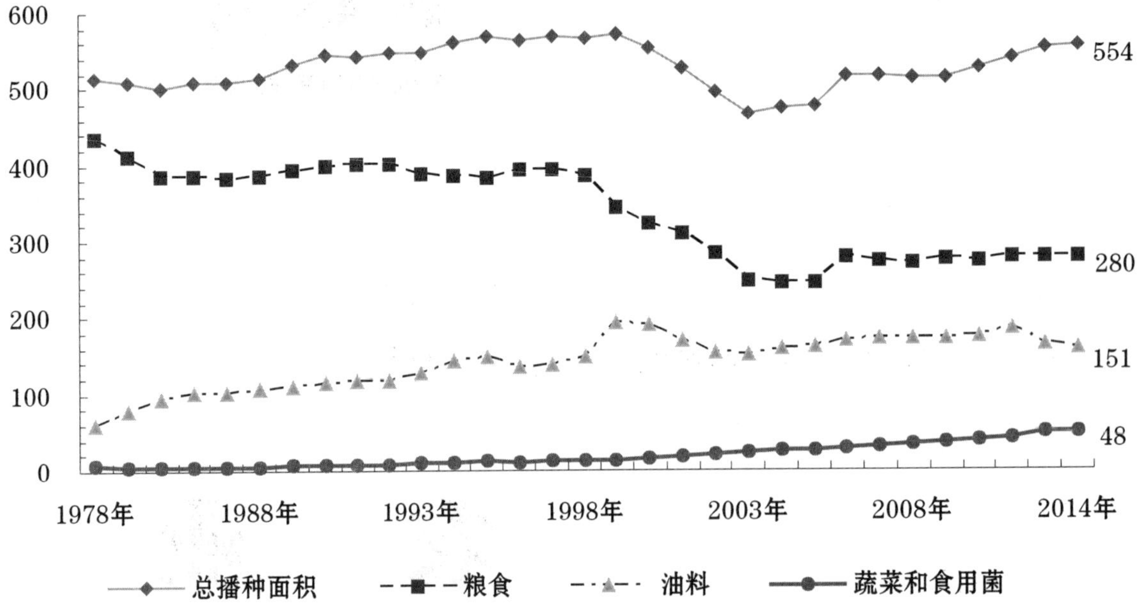

特色农牧产品产量
（万吨）

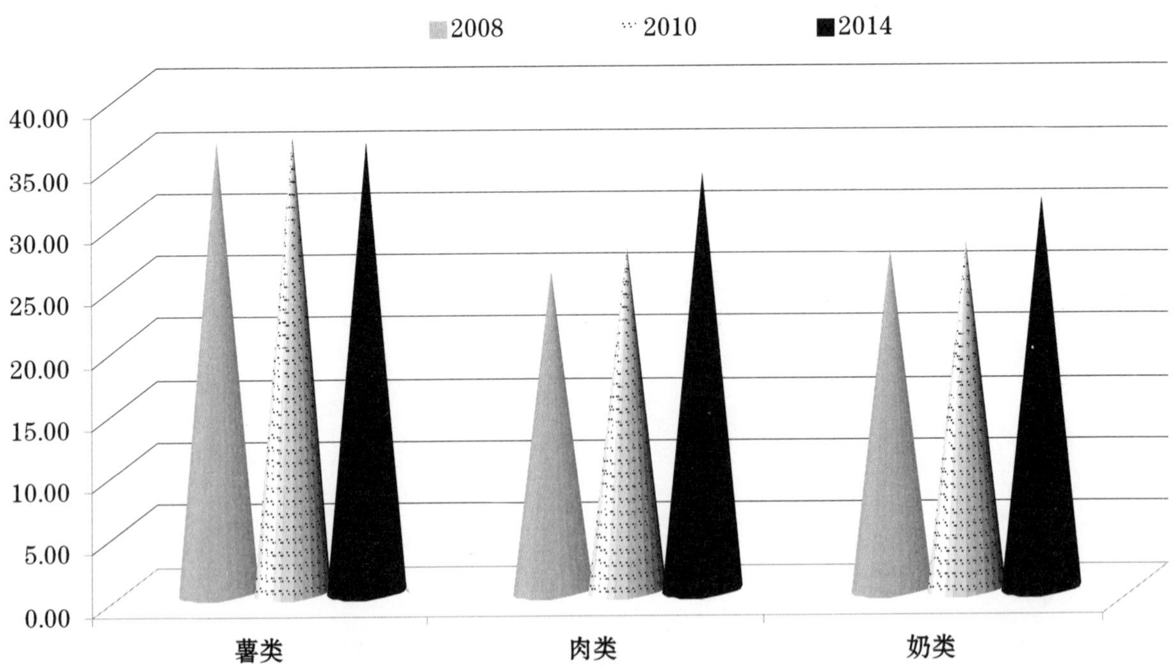

13-1 2010-2014年农村基本情况及乡村从业人员
Basic Statistics of Rural Area and Employed Persons(2010-2014)

指 标	Item	2010	2011	2012	2013	2014
农村基层组织情况 （个）	**Basic Conditions of Rural Grass-root Units (unit)**					
乡镇数	Number of Township and Town Governments	365	365	366	365	365
镇数	Number of Town Governments	133	133	138	137	140
村民委员会	Number of Villagers' Committees	4163	4164	4163	4170	4167
牧业	Animal Husbandry	888	917	917	922	890
户数及人口情况	**Number of Households and Situation of Population**					
乡村户数 （万户）	Number of Rural Households (10 000 households)	87.5	90.0	91.8	92.5	94.9
乡村人口数 （万人）	Number of Rural Population (10 000 persons)	378.2	381.0	385.2	385.9	393.7
乡村从业人员 （万人）	**Number of Rural Employed Persons (10 000 persons)**					
乡村劳动力资源数	Number of Rural Labor Resources	218.0	223.7	228.8	230.0	234.7
乡村从业人员	Number of Rural Employed Persons	198.3	203.0	203.1	202.75	206.8
按性别分	By Sex					
男	Male	106.7	107.6	108.1	108.0	109.9
女	Female	91.6	95.4	95.1	94.8	96.9
按国民经济行业分	By National Economic Sector					
农林牧渔业	Agriculture, Forestry, Animal Husbandry & Fishery	121.0	118.1	114.9	115.2	115.7
工 业	Industry	13.0	13.8	13.8	13.7	14.5
建筑业	Construction	25.2	26.5	26.6	27.1	28.2
交通运输、仓储及邮政业	Transport, Storage and Post	7.0	8.7	9.5	9.4	9.5
信息传输、计算机服务和软件业	Information Transmission, Computer Services and Software	0.3	0.5	0.5	0.7	0.8
批发与零售业	Wholesale and Retail Trades	7.9	9.3	9.7	10.3	10.4
住宿和餐饮业	Hotels and Catering Services	9.4	9.8	11.7	11.6	11.4
其他行业	Others	14.5	16.3	16.4	14.8	16.3

13-2 1980-2014年农村基层组织及从业人员

Basic Conditions of Rural Grass-roots Units and Employed Persons (1980-2014)

年份 地区	Year Region	乡镇数 (个) Number of Township and Town Governments (unit)	乡 Town-ship	镇 Town	村民委员会 (个) Number of Villagers' Committees (unit)	乡村户数 (万户) Number of Rural Households (10 000 units)	乡村人口数 (万人) Number of Rural Population (10 000 persons)	乡村从业人员 (万人) Number of Rural Employed Persons (10 000 persons)	按性别分 By Sex 男 Male	女 Female
1980		403			3688	47.70	271.80	103.63	51.53	52.10
1981		418			3743	48.75	276.77	109.59	54.54	55.05
1982		420			3729	49.13	282.23	112.89	56.74	56.15
1983		422			3749	49.52	284.67	116.25	60.55	55.70
1984		428			3880	50.30	286.56	118.47	60.77	57.70
1985		428	403	25	3933	50.72	286.17	120.17	61.31	58.86
1986		429	404	25	3940	51.44	287.67	121.65	61.85	59.80
1987		429	404	25	3970	52.52	291.11	124.60	63.41	61.19
1988		429	403	26	3977	53.55	294.43	127.81	64.93	62.88
1989		430	403	27	4022	54.81	297.95	131.79	67.36	64.43
1990		430	403	27	4021	57.35	304.13	135.88	69.00	66.88
1991		430	403	27	4027	58.70	308.38	139.80	71.34	68.46
1992		430	403	27	4039	59.93	314.60	143.74	73.38	70.36
1993		431	404	27	4002	61.01	316.15	146.02	74.55	71.47
1994		431	404	27	4002	62.19	319.65	150.02	76.56	73.46
1995		432	404	28	4008	63.34	322.86	152.65	78.01	74.64
1996		432	404	28	4008	64.80	325.99	158.33	81.21	77.12
1997		432	404	28	4046	65.73	328.30	161.40	82.93	78.47
1998		432	402	30	4054	67.08	331.11	162.38	83.33	79.05
1999		430	390	40	4056	68.48	334.06	173.25	88.60	84.65
2000		430	390	40	4120	69.90	336.59	171.97	88.68	83.29
2001		422	349	73	4123	71.16	339.48	174.01	89.75	84.26
2002		392	285	107	4129	72.50	342.89	177.32	91.66	85.66
2003		392	285	107	4133	73.82	347.28	180.55	94.60	85.95
2004		392	285	107	4158	75.88	354.10	184.55	97.52	87.03
2005		392	283	109	4161	77.60	357.33	186.04	98.24	87.80
2006		369	241	128	4162	77.82	353.30	185.34	98.76	86.58
2007		367	238	129	4173	80.19	359.48	189.35	100.96	88.39
2008		366	234	132	4161	82.85	367.01	193.74	103.64	90.10
2009		366	234	132	4163	85.06	372.02	197.30	105.34	91.96
2010		365	232	133	4163	87.49	378.20	198.34	106.70	91.64
2011		365	232	133	4164	89.97	381.00	203.01	107.62	95.39
2012		366	228	138	4163	91.75	385.17	203.14	108.08	95.06
2013		365	228	137	4170	92.53	385.91	202.75	107.96	94.79
2014		365	225	140	4167	94.95	393.66	206.78	109.86	96.92
西宁市	Xining City	50	23	27	931	25.99	107.86	62.89	33.92	28.97
海东市	Haidong City	94	59	35	1587	31.57	135.86	71.46	37.46	34.00
海北州	Haibei Zang A.P	30	19	11	214	5.49	22.54	11.14	6.37	4.77
黄南州	Huangnan Zang A.P	32	21	11	261	4.75	20.63	10.50	5.30	5.20
海南州	Hainan Zang A.P	36	20	16	423	8.95	35.93	17.45	9.21	8.24
果洛州	Golog Zang A.P	44	36	8	188	3.98	14.82	7.07	3.56	3.51
玉树州	Yushu Zang A.P	44	33	11	258	9.22	36.44	15.74	8.15	7.59
海西州	Haixi Mongolian & Zang A.P	35	14	21	305	5.00	19.58	10.53	5.89	4.64

13-2 续表 Continued

单位：万人 (10 000 persons)

年 份 Year 地 区 Region		按行业分 By Sector 农 林 牧渔业 Agriculture, Forestry, Animal Husbandry & Fishery	工 业 Industry	建筑业 Construction	交通运输，仓储及邮政业 Transport, Storage and Post	信息传输、计算机服务和软件业 Information Transmission, Computer Services and Software	批发，零售贸易业 Wholesale and Retail Trades	住宿和餐饮业 Hotels and Catering Services	其 他 行 业 Others
1983		110.44	0.65	0.45	0.43		0.42		0.22
1984		109.68	0.72	0.89	0.69		0.68		1.79
1985		107.09	3.48	2.77	1.83		1.10		2.34
1986		106.13	3.60	3.49	2.33		1.35		3.01
1987		109.09	3.37	3.05	2.52		1.43		3.45
1988		111.87	3.67	2.77	2.67		1.62		3.51
1989		116.50	3.79	2.38	2.62		1.61		3.30
1990		119.65	3.94	2.47	2.92		1.69		3.64
1991		123.10	3.98	2.78	2.97		1.87		3.54
1992		126.59	4.03	2.79	3.15		1.92		3.70
1993		127.01	4.66	3.21	3.34		2.43		5.35
1994		130.18	5.11	3.02	3.68		2.60		5.43
1995		131.83	5.62	3.39	3.82		2.81		5.18
1996		137.09	5.67	3.07	3.52		2.82		6.16
1997		138.20	6.04	3.38	3.84		3.00		6.94
1998		138.16	6.09	3.65	3.85		3.01		7.62
1999		144.03	6.09	4.43	4.45		3.61		10.64
2000		142.25	6.14	5.01	3.93		3.63		11.01
2001		141.57	6.27	5.33	4.31		4.07		12.46
2002		136.50	6.94	6.86	5.11		4.99		16.92
2003		134.80	8.87	9.98	5.14		5.64		16.12
2004		131.85	9.74	13.29	5.62		5.32	4.17	14.56
2005		128.73	10.09	15.17	5.73		5.89	5.34	15.09
2006		124.03	11.35	17.69	6.21		6.82	5.73	13.50
2007		119.82	11.92	21.13	6.46	0.25	7.21	7.96	14.60
2008		120.61	12.04	23.17	6.72	0.20	7.50	8.88	14.62
2009		121.46	12.37	24.56	7.05	0.32	7.59	8.76	15.18
2010		120.99	12.98	25.17	7.06	0.35	7.92	9.40	14.49
2011		118.11	13.83	26.53	8.72	0.45	9.27	9.82	16.28
2012		114.94	13.75	26.62	9.50	0.54	9.68	11.70	16.41
2013		115.19	13.70	27.14	9.38	0.71	10.26	11.57	14.80
2014		115.70	14.48	28.16	9.54	0.77	10.43	11.38	16.32
西宁市	Xining City	25.00	7.54	11.45	4.63	0.08	4.47	3.92	5.80
海东市	Haidong City	34.30	4.84	12.11	3.02	0.51	3.84	5.66	7.18
海北州	Haibei Zang A.P	6.26	1.15	1.44	0.39	0.09	0.52	0.45	0.84
黄南州	Huangnan Zang A.P	8.59	0.22	0.48	0.34		0.30	0.32	0.25
海南州	Hainan Zang A.P	12.71	0.23	1.64	0.42	0.05	0.50	0.62	1.28
果洛州	Golog Zang A.P	6.77			0.06		0.10	0.01	0.13
玉树州	Yushu Zang A.P	14.82	0.01	0.17	0.11	0.05	0.05	0.17	0.36
海西州	Haixi Mongolian & Zang A.P	7.25	0.47	0.87	0.58		0.65	0.23	0.48

注：1.工业劳动力中包括村及村以下办的工业的劳动力。
2.本表分行业劳动力是按从事的主行业划分的，如以农业为主、兼营商业的，仍作为农林牧渔业劳动力。
3.2004年新增加了两个行业，把“住宿、餐饮业”从“批发零售贸易餐饮业”中分出，把“信息传输计算机服务和软件业”从“交通运输仓储和邮电业”中分出，与历史资料的口径有所不同。

a) Industrial labor force include industrial workforce run by village and below.

b) Laborers Grouped by sector in this table is based on the division of the main industries, such as agricultural, run concurrently commercial , is still as agriculture, forestry, animal husbandry and fishery workers.

c) Two new industry were increased in 2004, "hotels and catering services" separated from the "wholesale and retail trades" , "information transmission, computer services and software" separated from the "transport, storage and post". There is a different caliber from the historical data.

13-3 2009-2014年农业机械年末拥有量
Number of Agricultural Machinery at Year-end(2009-2014)

指 标	Item	2009	2010	2011	2012	2013	2014
农业机械总动力 （万千瓦）	**Total Agricultural Machinery Power (10 000 KW)**	**400.7**	**421.3**	**432.3**	**435.3**	**436.3**	**448.4**
柴油发动机动力	Diesel Engine	343.3	361.0	372.5	369.9	370.2	379.8
汽油发动机动力	Gasoline Engine	25.9	25.3	24.3	28.4	28.1	30.1
电动机动力	Motor Power	29.7	33.1	33.1	34.5	35.5	36.1
其他机械动力	Other Machinery Power	1.8	1.9	2.4	2.4	2.5	2.4
主要农业机械与设备	**Major Agricultural Machinery and Equipment**						
大中型拖拉机 （台）	Number of Large and Medium-sized Tractors (unit)	3875	4747	9060	9121	10236	11855
（万千瓦）	(10 000 KW)	16.8	18.6	25.2	25.0	26.4	30.8
小型拖拉机 （万台）	Number of Small Tractors (10 000 unit)	26.4	27.6	28.0	26.8	25.3	25.7
（万千瓦）	(10 000 KW)	248.7	261.0	265.2	254.8	243.8	249.2
大中型拖拉机配套农具(台)	Number of Large and Medium-sized Tractor Towing Farm Machinery (unit)	4439	5263	6138	6833	8283	13528
小型拖拉机配套农具(万台)	Small Tractor Towing Farm Machinery (10 000 unit)	20.9	21.9	23.4	24.4	25.1	28.3
农用排灌动力 （台）	Agricultural Irrigation and Drainage Power (unit)	2405	2529	2757	2703	2912	2882
（万千瓦）	(10 000 KW)	9.6	9.5	9.7	9.3	9.9	9.9
联合收割机 （台）	Combine Harvesters (unit)	856	1113	1231	1446	1715	1879
（万千瓦）	(10 000 KW)	5.2	6.3	7.6	9.0	10.3	11.9
机动脱粒机 （台）	Motorized Threshing Machines (unit)	18178	22633	27242	29264	31747	34274
农用运输车 （辆）	Trucks for Agricultural Use (unit)	29970	31661	32977	31614	30780	33377
渔用机动船 （艘）	Number of Motorized Fishing Boats (unit)	93	93	179	210	192	213
（千瓦）	(KW)	1130	1130	2232	2430	2336	2570
农用排灌设施	Machinery for Agricultural Drainage and Irrigation						
机电井 （眼）	Motor-pumped Set (unit)	373	490	810	793	818	916
节水灌溉机械 （套）	Water-saving Irrigation Machinery (unit)	8035	9281	9206	8056	7760	7641
农用水泵 （台）	Agricultural Pumps (unit)	5004	5173	6496	6495	5435	4928

13-4 主要年份农业机械年末拥有量

Number of Agricultural Machinery at Year-end in Main Years

年 份 Year / 地 区 Region		农机总动力（万千瓦）Total Power of Agricultural Machinery (10 000 KW)	大中型拖拉机 Large and Medium-sized Agricultural Tractors（混合台）(mixed unit)	大中型拖拉机（万千瓦）(10 000 KW)	小型和手扶拖拉机 Small and Walking Tractor（台）(unit)	小型和手扶拖拉机（万千瓦）(10 000 KW)	排灌动力机械 Machinery for Agricultural Drainage and Irrigation（台）(unit)	排灌动力机械（万千瓦）(10 000 KW)	联合收割机（台）Combine Harvesters (unit)	农用运输车（辆）Trucks for Agricultural Use (unit)
1965			775	2.66	6	0.01	127	0.50	100	
1970			1296	3.02	749	1.12	263	1.40	98	
1975		30.47	3434	12.02	5776	4.26	1716	4.41	113	
1980		69.62	6364	23.07	13933	12.48	4552	8.46	363	
1985		88.03	5018	17.91	28589	25.21	3117	7.77	439	
1990		126.86	4232	15.44	63143	56.91	2919	7.01	479	
1995		188.47	3149	11.89	112907	100.67	2963	8.53	533	
1996		199.21	2980	11.25	124629	111.12	3081	8.87	541	
1997		207.85	2772	10.92	127796	111.45	4922	9.05	549	
1998		219.43	2750	11.06	138187	122.01	5074	9.38	626	
1999		241.94	2548	11.02	158867	135.97	2974	8.71	650	
2000		256.18	2409	10.46	167830	150.66	2725	8.65	670	8906
2001		264.66	2469	10.69	178638	160.66	2858	8.89	676	13433
2002		281.39	2787	11.04	190581	174.77	3080	9.06	651	16320
2003		292.43	2808	10.53	200714	177.24	2874	8.80	665	21192
2004		328.77	2861	10.94	230496	196.65	3066	10.03	632	25862
2005		327.34	2745	10.35	221664	204.41	2876	9.81	657	27762
2006		335.07	3063	10.85	230866	215.42	2965	9.92	667	27724
2007		348.57	3002	10.44	245443	228.63	3018	10.12	736	27996
2008		362.41	3417	12.95	251531	232.32	2975	10.08	886	27330
2009		400.73	3875	16.83	263728	248.71	2405	9.57	856	29970
2010		421.31	4747	18.56	276168	261.03	2529	9.54	1113	31661
2011		432.34	9060	25.18	279616	265.24	2757	9.71	1231	32977
2012		435.26	9121	24.96	268005	254.80	2703	9.34	1446	31614
2013		436.32	10236	26.44	253428	243.78	2912	9.93	1715	30780
2014		448.37	11855	30.82	257160	249.18	2882	9.88	1879	33377
西宁市	Xining City	128.99	1848	5.42	89120	87.48	502	1.03	513	9024
海东市	Haidong City	155.81	1218	2.84	97465	91.55	1276	5.29	103	15337
海北州	Haibei Zang A.P	45.33	1145	4.89	17663	17.48	88	0.16	580	24
黄南州	Huangnan Zang A.P	16.44	78	0.30	8331	7.59	123	0.93	19	3058
海南州	Hainan Zang A.P	46.29	1483	4.96	20933	21.97	635	1.95	462	3486
果洛州	Golog Zang A.P	4.10			1723	1.64				520
玉树州	Yushu Zang A.P	12.48	4037	6.45	4422	3.73	18	0.11	13	864
海西州	Haixi Mongolian & Zang A.P	38.93	2046	5.96	17503	17.74	240	0.41	189	1064

13−5 2009−2014年农村电力、农田水利建设和物资消耗
Rural Electric Power, Construction of Farmland Irrigation and Water Conservancy, Material Consumption(2009-2014)

指 标	Item	2009	2010	2011	2012	2013	2014
农村电力	**Rural Electric Power**						
乡村办水电站 (个)	Hydropower Station in Rural Areas (unit)	43	42	40	35	34	35
发电能力 (万千瓦)	Generating Capacity (10 000 kw)	2.40	1.44	1.39	1.24	1.19	1.3
发电量 (万千瓦时)	Amount of Electric Power Generation (10 000 kwh)	9647	5987	6130	6458	6256	6391
农村用电量 (万千瓦时)	Electricity Consumed in Rural Areas (10 000 kwh)	37782	38342	40709	44595	45027	49557
农田水利建设情况 (千公顷)	**Construction of Farmland Irrigation and** Water Conservancy (10 000 hectares)						
旱涝保收面积	Farmland with Stable Yields Despite of Drought or Waterlogging	62.8	57.0	80.7	72.9	54.8	52.9
机电排灌面积	Pumping Irrigation and Drainage Area	28.3	22.8	28.2	24.9	24.7	25.5
农用化肥施用量(折纯) (万吨)	**Consumption of Chemical Fertilizer (100% Purity)** (10 000 tons)	**7.96**	**8.17**	**8.26**	**9.30**	**9.8**	**9.74**
氮肥(实物量)	Nitrogenous Fertilizer (Physical Volume)	7.45	7.64	8.09	8.23	8.33	8.65
折纯量	(100% Purity)	3.45	3.49	3.65	3.77	3.86	3.98
磷肥(实物量)	Phosphate Fertilizer (Physical Volume)	7.03	7.17	7.22	7.01	8.12	8.24
折纯量	(100% Purity)	1.27	1.29	1.26	1.26	1.53	1.7
钾肥(实物量)	Potash Fertilizer (Physical Volume)	0.51	0.67	0.74	0.81	0.67	0.68
折纯量	(100% Purity)	0.27	0.35	0.38	0.37	0.26	0.27
复合肥(实物量)	Compound Fertilizer (Physical Volume)	6.07	6.30	6.47	8.06	8.60	7.88
折纯量	(100% Purity)	2.97	3.04	2.98	3.90	4.15	3.79
农用塑料薄膜使用量 (吨)	**Consumption of Agricultural Plastic Film (ton)**	**2113.79**	**3113.36**	**5405.86**	**5329.17**	**6472.24**	**7045.86**
地膜使用量 (吨)	Consumption of Plastic Mulching (ton)	1277.55	2425.20	4149.16	4308.09	5415.30	5734.14
地膜覆盖面积 (公顷)	Area of Plastic Mulching (hectare)	15203	26163	42954	51307	59912	66124
农用柴油使用量 (万吨)	**Consumption of Agricultural Diesel Oil (10 000 tons)**	**5.87**	**6.12**	**6.22**	**6.39**	**6.52**	**6.56**
农药使用量 (吨)	**Consumption of Pesticide (ton)**	**2025.55**	**2061.91**	**1995.36**	**1805.38**	**1996.96**	**1886.4**

13-6 主要年份农村电力、化肥施用量
Rural Electric Power , Consumption of Chemical Fertilizers in Main Years

年份 Year 地区 Region		乡村办水电站 Hydropower Station in Rural Areas		农村用电量（万千瓦时）Electricity Consumed in Rural Areas (10 000 kwh)	化肥施用量（实物吨）Consumption of Chemical Fertilizer (physical ton)
		个数 Number	装机容量（万千瓦）Installed Capacity (10 000 kw)		
1978		128	0.55	7442	158394
1980		138	0.77	8664	159014
1985		93	1.18	8292	117845
1990		67	0.76	14758	158840
1991		52	0.59	14856	160662
1992		43	0.48	15730	165501
1993		40	0.56	18647	171517
1994		41	0.69	21563	167100
1995		46	0.73	20377	179250
1996				20952	175006
1997		47	1.21	21446	181104
1998		48	1.26	21144	179885
1999		49	1.28	21420	185318
2000		57	1.64	23005	182439
2001		56	1.84	24427	182397
2002		54	2.73	22468	176458
2003		52	4.23	28789	171386
2004		49	4.07	29486	170655
2005		50	4.26	29923	176088
2006		51	4.28	31838	195053
2007		46	2.70	34533	197809
2008		43	2.65	36939	200804
2009		43	2.40	37782	210686
2010		42	1.44	38342	217853
2011		40	1.39	40709	225080
2012		35	1.24	44595	241106
2013		34	1.19	45027	257138
2014		35	1.30	49557	254482
西宁市	Xining City	11	1.06	19433	81932
海东市	Haidong City			15024	89368
海北州	Haibei Zang A.P	1	…	2430	17311
黄南州	Huangnan Zang A.P			1096	2575
海南州	Hainan Zang A.P	12	0.15	7958	29374
果洛州	Golog Zang A.P			136	2
玉树州	Yushu Zang A.P	7	0.02	519	859
海西州	Haixi Mongolian & Zang A.P	4	0.07	2961	33061

13-7 主要年份各地区耕地面积
Area of Cultivated Land by Region in Main Years

单位：公顷 (hectare)

地 区	Region	耕地面积总资源 Cultivated Land (Total Area) 2005	2008	2011	2012	2013
全省	**Total**	**542245.95**	**542719.26**	**588323.87**	**588527.67**	**588211.91**
西宁市	Xining City	146462.82	145786.12	149394.26	148147.14	147006.27
海东市	Haidong City	201501.18	201316.49	225688.15	224744.76	223210.80
海北州	Haibei Zang A.P	47696.94	49053.35	54345.64	56606.35	56494.63
黄南州	Huangnan Zang A.P	19539.23	19628.95	20037.45	20021.34	19942.57
海南州	Hainan Zang A.P	77352.54	77317.58	83327.18	83273.86	83513.74
果洛州	Golog Zang A.P	991.80	991.80	1294.43	1293.97	1286.12
玉树州	Yushu Zang A.P	13757.51	13728.10	13546.67	13456.18	13429.54
海西州	Haixi Mongolian & Zang A.P	34943.93	34896.86	40690.09	40984.07	43328.24

注：数据来自省国土资源厅。
a)Data in this table are from Department of Land and Resources of Qinghai Province

13-8 主要年份耕地面积增减变动情况
Changing Situation of Increased and Decreased Cultivated Land in Main Years

单位：千公顷 (1 000 hectares)

指 标	Item	2005	2008	2011	2012	2013
年初耕地总资源	**Total Area of Cultivated Land at Year-begin**	**542.0**	**542.2**		**588.3**	**588.5**
年内新增加	Increased During the Year	8.0	1.3		2.8	3.0
年内减少	Decreased During the Year	7.8	0.8		2.6	3.3
年末耕地总资源	**Total Area of Cultivated Land at Year-end**	**542.2**	**542.7**	**588.3**	**588.5**	**588.2**
水浇地	Irrigated Land	176.5	177.2	186.7	187.2	187.3
旱地	Dry Land			401.6	401.3	400.9

13—9 主要年份农业机械化与草原建设

Agricultural Mechanization and Grassland Construction in Main Years

单位：千公顷　　(1 000 hectares)

指　标	Item	2005	2009	2010	2011	2012	2013	2014
农业机械化情况	**Agricultural Mechanization**							
当年实际机耕面积	Mechanical Tillage Area	207	299	310	361	331	367	377
当年机械播种面积	Mechanical Sowing Area	176	239	270	255	264	268	283
当年机械收割面积	Mechanical Harvesting Area	62	125	140	156	174	200	207
草原建设情况	**Grassland Construction**							
围栏草场面积	Area of Fenced Grassland	5921	7177	7891	8751	6303	10777	10777
当年新围面积	New Fenced in This Year	934	719	713	860	610	1300	
人工种草保留面积	Artificial Grass to Retain the Area	682	300	310	322	340	446	474
当年新种面积	New Sown in This Year	116	127	177	151	174	262	28
年内鼠害危害发生面积	Damage Occurrence Area by Rats in This Year	7464	7240	8067	8497	8628	8719	7665
年内鼠害防治面积	Damage Prevention Area by Rats in This Year	2727	2915	1956	832	1046	1124	1452
年内虫害危害面积	Damage Occurrence Area by Pests in This Year	615	2179	2095	2189	1996	1654	2060
年内虫害防治面积	Damage Prevention Area by Pests in This Year	169	301	415	371	316	443	314

注:2008年后草原建设情况数据由青海省农牧厅提供。
a) Grassland Construction have been from Agriculture and Animal Husbandry Department since 2008 .

13—10 主要年份水果、渔业生产情况

Production of Fruit and Fishery in Main Years

指　标	Item	2005	2009	2010	2011	2012	2013	2014
水果	**Fruit**							
水果产量合计　(吨	Total Output of Fruit　(ton)	14772	14575	14387	13511	14090	13519	13249
苹果	Apples	7316	5729	5738	5773	5880	5382	4765
梨	Pears	5105	4835	4428	4725	4708	4147	4041
葡萄	Grapes	80	109	117	97	103	99	205
年末实有果园面积（公顷）	Orchard Area at Year-end(hectare)	4298	4507	5087	5049	6842	6845	7680
苹果园	Apple Orchard	2806	2490	2075	2039	1658	1639	1594
梨园	Pear Orchard	1226	847	821	827	884	880	837
葡萄园	Grapery	7	26	63	62	53	52	58
年末实有零星果树（万株）	Sporadic Fruit Trees at Year-end (10 000 trees)	312	324	357	353	389	415	344
苹果树	Apple Trees	171	170	177	185	189	207	178
梨树	Pear Trees	87	99	121	119	143	152	118
渔业	**Fishery**							
水产品总产量　(吨)	Total Aquatic Products　(ton)	878	827	1600	3293	4520	6000	9037
养殖产量	Aquaculture Output	816	784	1600	3293	4520	6000	9037
养殖面积　(千公顷)	Aquaculture Area (1 000 hectares)	43	44	45	44	44	44	42

注:2012年起渔业产量和2014年起渔业养殖面积数据来自省农牧厅渔业局。
a)Data of fishery output since 2012 and fishery aquaculture area since 2014 have been from Fisheries Administrator of Provice Agriculture and Animal Husbandry Bureau

13–11 农作物播种面积及种植结构

Total Sown Area of Farm Crops and Its Planting Structure

单位：千公顷、%　　　　(1 000 hectares，%)

指　标	Item	播种面积 Sown Areas					种植结构 Planting Structure				
		2010	2011	2012	2013	2014	2010	2011	2012	2013	2014
农作物总播种面积	**Total Sown Area**	**526.75**	**540.05**	**554.21**	**555.77**	**553.70**					
粮食作物	**Grain Crops**	**274.51**	**279.41**	**280.18**	**279.97**	**280.10**	**52.11**	**51.74**	**50.55**	**50.38**	**50.59**
谷物	Cereal	151.63	159.05	163.38	159.15	160.17	55.24	56.92	58.31	56.85	57.18
小麦	Wheat	100.96	94.03	94.20	95.42	88.58	66.58	59.12	57.65	59.96	55.3
青稞	Highland Barley	35.91	43.53	45.30	39.33	43.48	23.68	27.37	27.72	24.71	27.15
玉米	Corn	12.33	20.47	22.90	23.29	27.00	8.13	12.87	14.02	14.63	16.86
其它	Others	2.44	1.01	0.98	1.11	1.11	1.61	0.64	0.60	0.7	0.69
豆类	Beans	36.17	32.31	33.10	27.14	27.03	13.18	11.57	11.81	9.69	9.65
蚕豆	Broad Bean	24.95	22.29	22.80	20.21	20.27	68.98	68.99	68.88	74.47	75
豌豆	Pea	11.22	10.02	10.30	6.93	6.76	31.02	31.01	31.12	25.53	25
薯类	Tubers	86.71	88.05	83.70	93.68	92.90	31.59	31.51	29.87	33.46	33.17
经济作物	**Economic Crops**	**185.97**	**198.06**	**185.65**	**181.42**	**174.97**	**35.31**	**36.67**	**33.50**	**32.64**	**31.6**
油料	Oil-bearing Crops	175.05	184.21	164.40	158.36	150.88	94.13	93.01	88.55	87.29	86.23
油菜籽	Rapeseeds	172.56	180.54	159.99	154.23	148.15	98.58	98.01	97.32	97.39	98.19
胡麻	Flax	2.49	3.67	4.41	4.13	2.73	1.42	1.98	2.68	2.61	1.81
其它	Others	10.92	13.85	21.25	23.06	24.09	5.87	6.99	11.45	12.71	13.77
枸杞	Wolfberry	10.43	13.35	21.08	21.70	22.57	95.51	96.39	99.20	94.10	93.69
蔬菜和食用菌	**Vegetables and Edible Fungus**	**40.08**	**42.04**	**48.78**	**50.55**	**48.10**	**7.61**	**7.79**	**8.80**	**9.10**	**8.69**
瓜果类	**Melon**	**0.59**	**0.71**	**0.64**	**0.40**	**0.35**	**0.11**	**0.13**	**0.12**	**0.07**	**0.06**
其他农作物	**Other Farm Crops**	**25.60**	**19.83**	**38.96**	**43.43**	**50.18**	**4.86**	**3.67**	**7.03**	**7.81**	**9.06**
青饲料	Succulence	23.91	18.02	34.36	40.39	42.92	93.40	90.87	88.19	93.00	85.53
果园面积	Area of Orchards	5.09	5.05	6.84	6.84	7.68	—	—	—	—	—

注：2010年以后播种面积包括枸杞面积。

a) The sown areas of wolfberry have been included in the total sown areas since 2010.

13-12 主要年份农作物总播种面积

Total Sown Area of Farm Crops in Main Years

单位：千公顷 (1 000 hectares)

年份 Year / 地区 Region	总播种面积 Total Sown Area	粮食作物 Grain Crops	小麦 Wheat	杂粮 Cereal Crops	薯类 Tubers	经济作物 Economic Crops	油料 Oil-bearing Crops	蔬菜和食用菌 Vegetables and Edible Fungus
1978	514.58	434.76	207.03	190.39	37.00	62.11	61.18	7.19
1980	508.73	411.96	201.14	174.47	36.35	78.89	78.77	5.58
1985	500.46	386.57	200.69	154.87	31.01	95.19	94.89	4.49
1986	507.81	386.98	200.98	154.41	31.59	100.74	100.53	4.95
1987	507.79	384.46	201.37	152.04	31.05	102.89	102.57	5.27
1988	514.30	385.72	204.78	149.07	31.87	106.69	106.43	5.43
1989	532.22	395.21	209.99	151.53	33.69	110.24	109.75	6.89
1990	544.71	400.33	213.46	152.51	34.36	114.39	113.91	6.89
1991	543.46	401.95	217.62	149.01	35.33	117.38	117.01	7.36
1992	546.55	401.26	220.74	143.21	37.31	118.05	117.75	8.19
1993	548.17	389.83	209.92	143.23	36.68	129.20	129.02	10.18
1994	562.10	386.85	204.99	143.55	38.31	144.67	144.60	10.11
1995	568.81	384.25	205.98	140.56	37.71	149.88	149.77	12.44
1996	564.37	394.79	210.58	146.29	37.92	136.04	135.93	11.61
1997	567.96	394.72	213.46	144.00	37.26	137.89	137.76	12.61
1998	566.93	384.85	211.91	135.44	37.50	147.95	147.78	12.48
1999	571.02	344.83	182.89	117.81	44.13	192.45	192.36	13.94
2000	553.68	322.72	165.54	110.91	46.27	192.23	191.58	15.78
2001	526.72	309.87	149.75	100.94	59.18	154.67	168.74	17.81
2002	494.36	284.74	142.50	81.54	60.70	159.35	152.93	20.61
2003	466.80	248.00	107.00	75.30	65.70	155.90	152.10	24.11
2004	473.70	244.70	102.20	74.70	67.80	164.95	159.80	25.05
2005	476.73	245.57	96.80	73.44	75.33	165.68	161.86	25.83
2006	517.20	278.81	104.87	88.30	85.64	170.23	168.42	27.71
2007	516.70	274.93	105.00	83.83	86.10	174.57	172.40	30.12
2008	513.63	271.99	104.40	81.99	85.60	177.16	172.73	34.16
2009	514.06	275.73	104.13	84.93	86.65	173.08	172.41	35.24
2010	526.75	274.51	100.96	86.85	86.71	185.97	175.05	40.08
2011	540.05	279.41	94.03	97.33	88.05	198.06	184.21	42.04
2012	554.21	280.18	94.20	102.30	83.70	185.65	164.40	48.78
2013	555.77	279.97	95.42	90.87	93.68	181.42	158.36	50.55
2014	553.70	280.10	88.58	98.62	92.90	174.97	150.88	48.10
西宁市 Xining City	122.17	56.40	27.04	13.41	15.95	33.89	32.77	21.95
海东市 Haidong City	202.41	120.62	28.67	42.36	49.59	57.81	57.61	20.57
海北州 Haibei Zang A.P	53.60	15.73	1.28	13.02	1.43	27.28	27.26	0.43
黄南州 Huangnan Zang A.P	17.62	7.90	4.67	2.02	1.21	4.48	4.48	0.34
海南州 Hainan Zang A.P	99.14	54.36	9.89	42.90	1.57	25.84	24.08	2.80
果洛州 Golog Zang A.P	0.53	0.46	0.05	0.40	0.01	0.04	0.04	0.01
玉树州 Yushu Zang A.P	12.32	9.40	0.07	8.59	0.74	0.34	0.34	0.32
海西州 Haixi Mongolian & Zang A.P	46.76	17.10	8.34	7.60	1.16	25.29	4.30	1.68

注：1.2006年数据根据农业普查结果已作了修正。
2.2010年以后播种面积包括枸杞面积。
a) Data in 2006 has been amended based on the results of the census of agriculture.
b)The sowm areas of wolfberry have been included in the total sown areas since 2010.

13-13 主要年份主要农产品产量

年份 Year 地区 Region		粮食（万吨）Grain (10 000 tons)	小麦 Wheat	杂粮 Cereal Crops	薯类 Tubers
1978		90.30	53.30	28.77	8.24
1980		95.60	56.31	31.67	7.62
1985		100.32	62.96	28.96	8.40
1986		98.35	60.89	28.26	9.20
1987		104.15	67.60	27.72	8.83
1988		105.82	68.40	27.10	10.32
1989		110.84	70.59	29.24	11.01
1990		114.56	74.18	29.51	10.87
1991		114.63	76.92	29.41	8.30
1992		118.50	74.90	31.41	12.19
1993		118.63	73.92	32.69	12.02
1994		116.84	68.64	33.59	14.61
1995		114.19	69.49	29.92	14.78
1996		123.83	76.66	33.36	13.81
1997		127.55	78.29	35.24	14.02
1998		128.20	79.94	33.41	14.85
1999		103.61	59.37	29.46	14.78
2000		82.70	47.58	20.23	14.89
2001		103.20	52.70	23.89	26.61
2002		91.28	45.20	21.68	24.40
2003		86.80	36.80	21.80	28.20
2004		88.47	37.11	22.33	29.03
2005		93.26	39.32	21.49	32.45
2006		95.17	41.06	21.10	33.01
2007		99.02	41.76	23.10	34.16
2008		101.80	42.03	23.59	36.18
2009		102.70	39.04	25.35	38.30
2010		102.03	37.28	28.20	36.55
2011		103.36	35.36	31.12	36.88
2012		101.50	35.20	33.80	32.50
2013		102.37	35.96	30.51	35.90
2014		104.81	34.86	34.00	35.95
西宁市	Xining City	23.33	10.42	4.27	8.64
海东市	Haidong City	54.50	11.35	22.01	21.14
海北州	Haibei Zang A.P	5.40	0.56	4.04	0.80
黄南州	Huangnan Zang A.P	2.94	1.83	0.55	0.56
海南州	Hainan Zang A.P	13.90	4.27	8.85	0.78
果洛州	Golog Zang A.P	0.13	0.01	0.11	……
玉树州	Yushu Zang A.P	1.67	0.01	1.45	0.21
海西州	Haixi Mongolian & Zang A.P	8.04	4.36	3.07	0.61

注：1.全省粮食、油料总产量为抽样调查数，故各州、地、市数相加不等于全省合计数。
2.2006年数据根据农业普查结果已作了修正。

Output of Major Farm Products in Main Years

油　料 (万吨) Oil-bearing Crops (10 000 tons)	油菜籽 Rapeseeds	蔬菜和食用菌 (万吨) Vegetables and Edible Fungus (10 000 tons)	水　果 (吨) Fruits (ton)	苹　果 Apples	梨 Pears	葡　萄 Grapes	水产品产量 (吨) Output of Aquatic Products (ton)
4.53	4.18	19.77					
7.07	6.81	14.33	7434	4281	3014	22	3245
9.92	9.57	16.15	19825	11552	6880	41	4350
10.36	10.01	15.71	19281	11571	4885	58	4580
10.38	9.98	16.46	21154	12770	6830	37	2260
10.45	10.14	19.01	25717	15974	8090	138	2380
10.55	10.26	22.48	22679	12971	7299	70	2781
12.04	11.74	22.85	22019	14431	6210	95	3356
13.21	12.92	23.34	21365	14471	5148	77	3943
14.03	13.68	28.59	26049	17388	6632	127	3994
15.21	14.69	30.45	27180	18677	6236	69	3886
18.44	18.05	34.00	25704	17444	6460	56	3602
16.21	15.82	38.31	26831	17446	7116	72	2444
17.09	16.56	39.26	29062	18935	7807	159	2213
18.36	17.80	42.37	27179	18884	5891	189	1752
21.04	20.42	46.26	24766	16138	6585	67	1416
28.50	27.85	56.63	24144	15897	5931	106	1488
19.40	19.08	60.28	22415	14144	5963	106	1166
23.00	22.60	63.72	17252	9661	5525	117	1989
23.40	22.66	67.63	16301	9078	5228	106	1796
26.20	25.70	77.11	14603	8246	4418	74	1253
28.89	28.26	78.44	14686	7198	5362	102	1058
31.85	31.57	84.46	14772	7316	5105	80	878
27.94	27.67	90.44	13308	5939	4912	114	1985
32.03	31.63	98.27	13846	5804	4894	112	1780
35.22	34.80	110.08	13241	5823	4680	106	2129
36.60	36.20	118.86	14575	5729	4835	109	827
36.91	36.44	134.43	14387	5738	4428	117	1600
36.07	35.60	143.64	13511	5773	4725	97	3293
35.22	34.53	158.75	14090	5880	4708	103	4520
32.57	31.93	158.94	13519	5382	4147	99	6000
31.51	31.04	158.58	13249	4765	4041	205	9037
9.13	9.10	78.31	1056	699	84	85	21
13.00	12.69	65.79	6883	1987	2159	85	1381
4.58	4.58	1.10					34
0.62	0.59	1.13	1357	663	464		398
3.23	3.13	5.60	3402	1416	1334		6721
0.01	0.01	0.02					
0.04	0.04	0.15					
0.90	0.90	6.48	551			35	482

a) The grain and oil production of total province are from sample survey, so the sum of regional data is not equal to provincial total.

b) Data in 2006 has been amended based on the results of the census of agriculture.

13-14 2008-2014年主要农作物产品产量
Output of Major Farm Products (2008-2014)

指 标	Item	2008	2009	2010	2011	2012	2013	2014
粮食 （万吨）	**Grain (10 000 tons)**	**101.80**	**102.70**	**102.03**	**103.36**	**101.50**	**102.37**	**104.81**
谷物	Cereal	54.74	53.59	56.95	59.42	61.90	60.82	63.18
小麦	Wheat	42.03	39.04	37.28	35.36	35.20	35.96	34.86
青稞	Highland Barley	10.78	10.13	8.86	8.52	9.70	8.20	9.44
其它	Others	1.93	4.42	10.81	15.54	17.00	16.66	18.88
豆类	**Beans**	**10.88**	**10.80**	**8.53**	**7.06**	**7.10**	**5.65**	**5.68**
蚕豆	Broad Bean	9.10	9.00	7.05	6.02	6.05	4.67	4.7
豌豆	Pea	1.78	1.81	1.48	1.04	1.05	0.98	0.98
薯类	Tubers	36.18	38.30	36.55	36.88	32.50	35.90	35.95
油料 （万吨）	**Oil-bearing Crops (10 000 tons)**	**35.22**	**36.60**	**36.91**	**36.07**	**35.22**	**32.57**	**31.51**
油菜籽	Rapeseeds	34.80	36.20	36.44	35.60	34.53	31.93	31.04
胡麻	Flax	0.42	0.40	0.47	0.47	0.69	0.64	0.47
麻类 （吨）	**Fiber Crops (ton)**							
甜菜 （吨）	**Beetroots (ton)**			**439**	**110**	**35**	**150**	**980**
烟叶 （吨）	**Tobacco (ton)**	**741**		**747**	**1710**	**1310**	**530**	**150**
枸杞 （吨）	**Wolfberry (ton)**				**18160**	**26411**	**40373**	**53070**
蔬菜和食用菌（吨）	**Vegetables and Edible Fungus (ton)**	**1100799**	**1188635**	**1344321**	**1436411**	**1587488**	**1589446**	**1585846**
瓜果 （吨）	**Melons (ton)**	**19396**	**18824**	**24011**	**30862**	**22705**	**16125**	**12500**
水果 （吨）	**Fruits (ton)**	**13241**	**14575**	**14387**	**13511**	**14090**	**13519**	**13249**

13-15 2008-2014年林业生产情况

Basic Statistics of Afforestation(2008-2014)

单位：千公顷 (1 000 hectares)

指 标	Item	2008	2009	2010	2011	2012	2013	2014
营林情况	**Forest Management**							
造林面积	**Barren Waste (Sand) Afforestation Area**				**177.5**	**135.6**	**152.8**	**132.0**
人工造林	Reforestation				49.7	33.4	44.4	28.4
#灌木林面积	Shrubbery Area				25.0	21.6	37.3	20.7
无林地和疏林地新封	Newly Closed Area of No Woodland and Open Forest Land				127.8	102.3	108.4	103.6
年末实有封山(沙)育林面积	**Area of Closing Hillsides (Sand) to Facilitate Afforestation**	**579.2**	**687.4**	**771.5**	**887.5**	**989.8**	**1096.8**	**970.8**
四旁(零星)植树 (万株)	**Fragmentary Planting (10 000 trees)**	**1093.2**	**1210.4**	**1124.3**	**1329.9**	**2048.9**	**1395.2**	**1386.3**
育苗面积	Actual Sapling Breeding Area	2.3	2.4	2.8	3.6	5.2	4.7	6.4
本年新育面积	Newly Breeded Area This Year	0.9	1.1	0.9	1.1	1.1	1.2	1.1
森林抚育	Forest Tending							
低产低效林改造面积	Transformation Area of Low-yielding and Inefficient Forest				0.1	13.1	0.5	
未成林抚育作业面积	Tending Area of Immature Forest	78.4	58.5	51.3	29.2	30.4	5	
中幼龄林抚育面积	Tending Area of Middle-aged and Young Forest		6.0	3.5	7.6	25.1	23.5	23.5
木材采伐量 (万立方米)	**Volume of Timber Harvesting (10 000 cu.m)**	**2.2**	**2.1**	**1.8**	**1.5**	**1.1**	**0.6**	**1.0**

13-16 2008－2014年畜牧业生产情况及主要畜产品产量

Livestock and Its Major Products(2008-2014)

单位：万头只 (10 000 heads)

指 标	Item	2008	2009	2010	2011	2012	2013	2014
牲畜年末头数	**Number of Animals at Year-end**							
草食畜合计	Total of Herbivorous Livestock	1981.2	1978.4	1976.8	1976.3	1905.3	1944.9	1941.8
大牲畜	Large Animals	484.2	480.7	471.6	478.8	459.0	484.7	484.7
牛	Cattle and Buffaloes	445.4	444.6	436.1	442.4	425.2	452.2	452.9
羊	Sheep and Goats	1496.9	1497.8	1505.2	1497.5	1446.3	1460.2	1457.1
绵羊	Sheep	1267.5	1270.2	1310.8	1303.9	1253.0	1268.5	1266.7
猪	Hogs	107.2	109.8	113.2	115.2	116.7	120.8	120.6
肉用畜出栏数	**Slaughtered Fattened Animals**							
草食畜合计	Total of Herbivorous Livestock	637.8	649.1	663.2	687.8	718.9	732.1	750.2
大牲畜	Large Animals	95.8	96.2	98.5	99.0	104.3	109.3	114.9
牛	Cattle and Buffaloes	92.1	92.5	94.8	95.0	100.0	105.4	110.6
羊	Sheep and Goats	542.0	552.9	564.8	588.7	614.6	622.8	635.3
绵羊	Sheep	461.8	471.8	483.1	532.9	564.3	576.4	589.7
猪	Hogs	123.6	134.8	131.4	130.2	132.1	137.7	140.5
肉类产量(万吨)	**Output of Meat (10 000 tons)**	**25.5**	**26.9**	**27.5**	**28.8**	**30.5**	**32.0**	**33.4**
猪肉	Pork	8.7	9.2	9.2	9.2	9.4	9.9	10.5
牛肉	Beef	7.3	8.1	8.5	8.7	9.6	10.3	10.6
羊肉	Mutton	8.7	8.8	9.0	9.9	10.4	10.5	10.9
禽肉	Poultry				0.7	0.7	0.7	0.7
奶类 (万吨)	**Milk** **(10 000 tons)**	**27.2**	**26.8**	**27.8**	**28.5**	**29.4**	**28.7**	**31.3**
牛奶	Cow Milk	25.3	25.3	26.2	27.0	27.6	27.6	30.5
羊毛 (吨)	**Wool** **(ton)**	**15369**	**15378**	**17749**	**19411**	**19149**	**19308**	**18438**
绵羊毛	Sheep Wool	14560	14573	16666	17537	18076	17928	17110
羊绒 (吨)	**Cashmere** **(ton)**	**347**	**345**	**417**	**414**	**398**	**425**	**397**
禽蛋 (吨)	**Poultry Eggs** **(ton)**	**14913**	**15151**	**15600**	**17553**	**20054**	**22622**	**21800**

13−17　主要年份牲畜饲养情况

Number of Livestock in Main Years

单位：万头(只)　　(10 000 heads)

年份 Year 地区 Region		大牲畜年末存栏 Large Animals (year-end)	牛 Cattle and Buffaloes	马 Horses	羊年末存栏 Sheep and Goats (year-end)	绵羊 Sheep	猪年末存栏 Hogs (year-end)
1978		568.8	497.3	46.6	1645.0	1475.2	84.5
1980		553.9	486.8	41.9	1612.8	1447.0	68.3
1985		589.4	515.9	44.0	1328.2	1197.4	83.0
1990		612.3	538.6	44.8	1608.3	1404.7	96.5
1992		622.6	550.7	41.7	1648.1	1436.7	97.7
1993		575.1	509.1	38.2	1635.1	1421.7	102.6
1994		587.4	524.2	37.2	1677.1	1463.3	101.6
1995		559.0	500.9	34.6	1666.3	1466.2	108.9
1996		505.5	443.2	37.3	1569.5	1368.6	107.1
1997		481.3	421.7	37.4	1601.2	1372.9	108.9
1998		451.7	394.3	36.9	1638.9	1378.8	113.3
1999		431.4	378.2	35.1	1639.5	1372.5	109.2
2000		441.4	390.5	33.8	1642.0	1369.5	103.6
2001		454.3	400.7	28.9	1676.2	1396.7	103.2
2002		462.2	410.7	27.3	1732.9	1437.7	104.8
2003		455.9	405.6	26.8	1761.7	1446.0	101.0
2004		452.8	403.8	27.1	1763.7	1434.9	106.4
2005		453.5	406.2	24.5	1765.7	1435.2	105.1
2006		486.1	450.3	18.5	1501.8	1265.9	89.0
2007		487.9	447.1	22.2	1497.1	1266.4	88.8
2008		484.2	445.4	21.8	1496.9	1267.5	107.2
2009		480.7	444.6	21.4	1497.8	1270.2	109.8
2010		471.6	436.1	21.5	1505.2	1310.8	113.2
2011		478.8	442.4	22.3	1497.5	1303.9	115.2
2012		459.0	425.2	20.1	1446.3	1253.0	116.7
2013		484.7	452.2	19.4	1460.2	1268.5	120.8
2014		484.7	452.9	19.0	1457.1	1266.7	120.6
西宁市	Xining City	37.3	33.5	1.6	88.2	85.7	37.5
海东市	Haidong City	32.2	25.0	0.7	141.4	118.9	66.6
海北州	Haibei Zang A.P	54.9	50.7	3.9	280.6	276.7	2.6
黄南州	Huangnan Zang A.P	56.6	51.7	2.6	144.4	137.6	0.6
海南州	Hainan Zang A.P	66.8	63.5	2.9	406.2	347.4	4.6
果洛州	Golog Zang A.P	84.7	82.5	2.2	52.9	52.8	
玉树州	Yushu Zang A.P	157.0	154.6	2.4	84.2	72.5	…
海西州	Haixi Mongolian & Zang A.P	18.5	14.6	2.8	231.9	153.0	4.1

注：1.全省大牲畜、羊年末存栏数为抽样调查数，与各州、地、市相加数不等。
2.2006年数据根据农业普查结果已作了修订。

a) The number of livestock of large animals, sheep and Goats of total province are from sample survey, it states that the sum of regional data is not equal to provincial total.

b) Data in 2006 has been amended based on the results of the census of agriculture.

13-18 2008-2014年畜牧业生产及经济效益指标

Production and Main Economic Benefit Indicators of Livestock (2008-2014)

单位：万头(只) (10 000 heads)

指 标	Item	2008	2009	2010	2011	2012	2013	2014
年末能繁殖母畜数	**Number of Fertile Female Animals at Year-end**							
草食畜合计	Total of Herbivorous Livestock	991.18	991.27	983.84	971.56	951.90	963.49	963.72
大牲畜	Large Animals	193.44	193.19	189.3	192.28	185.70	195.86	196.49
羊	Sheep and Goats	797.74	798.08	794.54	779.28	766.20	767.63	767.23
猪	Hogs	10.06	11.03	10.87	12.92	13.97	14.08	14.02
当年繁殖仔畜数	**Newborn Animals This Year**							
草食畜合计	Total of Herbivorous Livestock	788.38	786.79	794.87	802.93	800.04	797.94	806.53
大牲畜	Large Animals	95.26	94.90	97.45	102.39	102.70	89.82	97.70
羊	Sheep and Goats	693.12	691.89	697.42	700.53	697.34	708.12	708.83
猪	Hogs	106.93	120.94	130.67	118.08	138.68	149.79	141.25
当年育活仔畜数	**Newborn Animals Survived**							
草食畜合计	Total of Herbivorous Livestock	693.38	702.92	720.85	738.81	738.16	747.95	758.82
大牲畜	Large Animals	84.98	84.97	86.65	93.49	94.18	82.56	90.29
羊	Sheep and Goats	608.40	617.95	634.2	645.32	643.98	665.39	668.53
猪	Hogs	100.74	115.51	125.35	111.99	130.03	141.24	136.04
成幼畜死亡数	**Deaths of Young Animals**							
草食畜合计	Total of Herbivorous Livestock	59.74	40.32	47.77	47.22	46.61	42.47	26.2
大牲畜	Large Animals	12.78	7.57	14	13.87	12.73	8.82	6.19
羊	Sheep and Goats	46.96	32.75	33.76	33.35	33.88	33.65	20.01
猪	Hogs	2.09	2.68	3.48	2.49	2.21	2.19	2.29
牲畜出栏数	**Slaughtered Livestock**							
草食畜合计	Total of Herbivorous Livestock	673.65	688.40	723.51	729.59	783.02	789.11	835.79
大牲畜	Large Animals	102.18	102.88	110.28	105.20	119.17	113.38	126.31
羊	Sheep and Goats	571.47	585.52	613.23	624.39	663.85	675.73	709.48
猪	Hogs	136.57	155.61	161.39	160.56	161.55	167.99	168.41
出售牲畜数	**Sold Livestock**							
草食畜合计	Total of Herbivorous Livestock	570.80	583.92	604.77	606.89	655.90	662.01	702.57
大牲畜	Large Animals	91.02	92.24	95.96	87.17	99.01	93.69	105.93
羊	Sheep and Goats	479.47	491.68	508.81	519.72	556.89	568.32	596.64
猪	Hogs	101.03	119.06	123.72	122.11	122.17	127.76	127.19

13-18 续表 Continued

单位：% (%)

指　标	Item	2008	2009	2010	2011	2012	2013	2014
牲畜总增率	**Gross Rate of Increase of Livestock**							
草食畜合计	Total of Herbivorous Livestock	31.92	33.44	34.02	34.96	34.99	37.03	37.67
大牲畜	Large Animals	14.80	15.98	15.11	16.56	17.01	16.07	17.35
羊	Sheep and Goats	37.50	39.09	40.09	40.86	40.74	43.68	44.41
猪	Hogs	110.79	105.24	101.39	96.77	110.95	119.17	110.69
牲畜出栏率	**Ratio of Livestock for Sale**							
草食畜合计	Total of Herbivorous Livestock	33.94	34.75	36.57	36.88	39.62	41.42	42.97
大牲畜	Large Animals	20.95	21.25	22.94	21.89	24.89	24.70	26.06
羊	Sheep and Goats	38.17	39.11	40.94	41.69	44.33	46.72	48.59
猪	Hogs	153.38	145.15	134.27	141.90	140.23	143.97	139.38
牲畜商品率	**Ratio of Commercialization of Livestock**							
草食畜合计	Total of Herbivorous Livestock	28.76	29.47	30.57	30.67	33.19	34.75	36.12
大牲畜	Large Animals	18.66	19.05	19.96	18.13	20.68	20.41	21.86
羊	Sheep and Goats	32.03	32.85	33.97	34.70	37.19	39.29	40.86
猪	Hogs	113.47	111.05	102.93	107.92	106.05	109.50	105.26
能繁母畜比重	**Proportion of Fertile Female Animals**							
草食畜合计	Total of Herbivorous Livestock	50.05	50.10	49.77	49.16	49.96	49.54	49.63
大牲畜	Large Animals	40.03	40.19	40.14	40.16	40.46	40.41	40.54
羊	Sheep and Goats	53.26	53.29	52.79	52.04	52.98	52.57	52.66
猪	Hogs	11.83	10.05	9.61	11.22	11.97	11.65	11.63
母畜繁殖率	**Breeding Ratio of Female Animals**							
草食畜合计	Total of Herbivorous Livestock	79.36	79.38	80.12	80.93	82.35	84.07	84.05
大牲畜	Large Animals	48.44	49.06	50.22	52.77	53.41	49.12	50.90
羊	Sheep and Goats	86.45	86.73	87.39	87.78	89.49	92.41	92.34
猪	Hogs	1534.15	953.79	1025.67	1086.29	1073.37	1072.23	1003.20
母畜繁殖成活率	**Survival Ratio of Breeding of Female Animals**							
草食畜合计	Total of Herbivorous Livestock	69.80	70.92	72.66	74.47	75.98	78.81	79.08
大牲畜	Large Animals	43.21	43.93	44.66	48.18	48.98	45.15	47.04
羊	Sheep and Goats	75.88	77.46	79.47	80.86	82.64	86.84	87.09
猪	Hogs	1445.34	910.96	983.91	1030.27	1006.42	1011.02	966.19
仔畜成活率	**Survival Ratio of Newborn Animals**							
草食畜合计	Total of Herbivorous Livestock	87.95	89.34	90.69	92.01	92.27	93.74	94.08
大牲畜	Large Animals	89.21	89.54	88.92	91.31	91.70	91.92	92.42
羊	Sheep and Goats	87.78	89.31	90.94	92.12	92.35	93.97	94.31
猪	Hogs	94.21	95.91	95.93	94.84	93.76	94.29	96.31
成幼畜死亡率	**Death Ratio of Young Animals**							
草食畜合计	Total of Herbivorous Livestock	3.01	2.04	2.41	2.39	2.36	2.23	1.35
大牲畜	Large Animals	2.62	1.56	2.91	2.89	2.66	1.92	1.28
羊	Sheep and Goats	3.14	2.19	2.25	2.23	2.26	2.33	1.37
猪	Hogs	2.35	2.50	2.90	2.20	1.92	1.88	1.90

13-19 主要年份主要畜产品产量

单位：吨

年份 Year 地区 Region		肉类总产量 Total Output of Meat Products	猪肉 Pork	牛肉 Beef	羊肉 Mutton	其他 Others
1980		84857	19635	24920	39696	606
1985		111602	27825	35790	45783	2204
1990		153442	43985	52088	55518	1851
1991		157360	45787	52611	56120	2842
1992		163405	45994	57173	57790	2448
1993		159082	46725	54768	54633	2956
1994		178407	51688	58186	64946	3587
1995		183743	56114	62922	61346	3361
1996		187226	57813	63378	63834	2201
1997		198382	64047	68514	63211	2610
1998		205296	68022	68735	64325	4214
1999		201493	69923	60529	66508	4533
2000		208323	69530	63529	70011	5253
2001		220692	70419	69973	76269	4031
2002		227885	71703	70293	80001	5888
2003		236651	74195	70932	84919	6605
2004		248077	80136	72893	88438	6610
2005		257522	85506	74356	91581	6079
2006		244100	79000	77000	83000	5100
2007		243316	75777	73201	86814	7524
2008		255445	87409	72767	86723	8546
2009		269078	91920	81000	88466	7692
2010		275300	91800	84600	90400	8500
2011		288432	91600	87000	99432	10400
2012		304700	94400	95600	103900	10800
2013		319800	99000	102800	105300	12700
2014		334100	105300	106100	109200	13500
西宁市	Xining City	75222	35391	24403	11595	3833
海东市	Haidong City	87412	58146	10545	12021	6700
海北州	Haibei Zang A.P	51909	4250	16486	30702	471
黄南州	Huangnan Zang A.P	45556	650	23829	21077	
海南州	Hainan Zang A.P	58485	3879	19588	34341	677
果洛州	Golog Zang A.P	21219		16742	4477	
玉树州	Yushu Zang A.P	37344	14	30067	7263	
海西州	Haixi Mongolian & Zang A.P	29657	4557	6675	17680	745

注：1.部分数据为抽样调查数，与各州、地、市相加数不等。
2.2006年数据根据农业普查结果已作修订。

Output of Major Livestock Products in Main Years

(ton)

奶类 Milk		羊毛 Sheep and Goat Wool			牛毛绒 Cattle Cashmere	蜂蜜 Honey	禽蛋 Poultry Eggs
	生牛奶 Cow Milk		绵羊毛 Sheep Wool	山羊绒 Cashmere			
119179	115614	17040	16662	113	1742	203	
159108	154527	15293	14956	107	1874	119	9160
209610	201312	17575	17155	157	2048	73	10690
210296	203234	18237	17736	189	2125	19	11068
214454	208438	18515	17887	190	2287	70	11132
195945	188922	17578	17044	173	1950	80	11281
201233	193769	17974	17390	209	2236	60	12394
205951	200184	17907	17302	211	2263	97	12444
185641	181421	16481	15974	195	2098	109	11739
190638	186035	16398	15861	225	2041	103	13284
204596	198677	16463	15904	221	2087	94	13683
196435	190405	15593	14980	281	1890	96	13495
212852	206132	16333	15588	310	1897	51	13392
228289	216514	16566	15775	313	1836	48	12941
235277	220342	16740	15930	314	1868	480	13672
235113	221398	17349	16483	319	2090	484	14005
240950	227500	17734	16629	341	2243	746	14062
250233	236166	17652	16501	355	2097	548	13884
255545	238000	17661	16505	357	2058	546	14631
265054	249826	15378	14551	355	2040	561	13865
272283	252757	15369	14560	347	2076	1030	14913
267841	253142	15378	14573	345	2214	1043	15151
278043	262200	17749	16666	417	2356	1059	15600
285300	269600	19411	17537	414	3092	1044	17553
293500	275500	19149	18076	398	2311	1029	20054
287400	275500	19308	17928	425	2166	1531	22622
312584	305000	18438	17110	397	1883	1533	21800
149182	149182	1394	1363	5	41		10571
39969	39969	2234	2029	30	16	19	11722
43752	43752	4236	4185	10	265	1500	487
42698	42240	1271	1194	9	304		120
47999	47999	5500	5112	106	378	14	1834
31291	31291	483	483		451		
70629	68089	373	337	17	362		
14278	9692	2947	2407	220	66		86

a) Some data are from sample survey, it states that the sum of regional data is not equal to provincial total.
b) Data in 2006 has been amended based on the results of the census of agriculture.

13−20 主要年份主要牲畜出栏情况

Major Livestock Slaughtered in Main Years

单位：万头(只) (10 000 heads)

年份 Year 地区 Region		肉用畜出栏数 Slaughtered Fattened Animals		肉猪出栏头数 Slaughtered Fattened Hogs	家禽出栏数 Slaughtered Poultry
		大牲畜 Large Animals	羊 Sheep and Goats		
1978		33.12	184.94	37.62	
1980		36.48	248.14	35.67	
1985		47.98	294.61	42.39	
1990		61.87	326.35	61.59	
1991		63.51	349.93	62.64	
1992		76.44	366.79	63.56	
1993		71.31	351.40	66.27	
1994		61.29	385.29	73.10	
1995		82.68	397.20	80.65	
1996		81.41	399.46	85.17	
1997		87.81	393.84	89.04	
1998		90.06	397.33	95.03	
1999		73.37	400.10	98.53	
2000		75.57	417.01	99.72	
2001		89.01	448.97	101.36	100.71
2002		91.69	475.35	104.55	188.56
2003		95.91	508.58	105.35	248.82
2004		94.44	538.99	114.24	236.71
2005		96.79	559.08	121.75	264.68
2006		115.40	501.10	111.30	309.17
2007		95.96	542.59	105.25	302.59
2008		95.81	542.02	123.58	320.81
2009		96.47	552.91	134.78	322.20
2010		98.49	564.75	131.39	342.27
2011		99.03	588.73	130.17	372.36
2012		104.29	614.63	132.12	396.52
2013		109.33	622.77	137.69	404.19
2014		114.90	635.33	140.46	412.35
西宁市	Xining City	23.03	68.47	45.58	108.64
海东市	Haidong City	10.74	63.82	80.06	197.99
海北州	Haibei Zang A.P	20.27	174.39	5.54	16.53
黄南州	Huangnan Zang A.P	25.08	91.92	0.90	
海南州	Hainan Zang A.P	26.42	197.27	5.67	16.46
果洛州	Golog Zang A.P	18.74	25.37		
玉树州	Yushu Zang A.P	33.81	42.95	0.02	
海西州	Haixi Mongolian & Zang A.P	8.20	107.00	6.52	11.26

注：1.全省肉用畜出栏数为抽样调查数，与各州、地、市相加数不等。
2.2006年数据根据农业普查结果已作了修订。
a) The number of slaughtered fattened animals of total province are from sample survey, it states that the sum of regional data is not equal to provincial total.
b) Data in 2006 has been amended based on the results of the census of agriculture.

13-21 主要年份农林牧渔业总产值

Gross Output Value of Farming, Forestry, Animal Husbandry and Fishery in Main Years

单位：万元 (10 000 yuan)

年份 Year / 地区 Region		按当年现行价格计算 Calculated at Current Prices 农林牧渔业总产值 Total Output	农业 Farming	林业 Forestry	牧业 Animal Husbandry	渔业 Fishery	农林牧渔服务业 Services for Farming,Forestry, Animal Husbandry and Fishery
1952		16071	6991	24	7958	16	
1978		59898	29069	545	29218	126	
1980		77772	47170	683	28725	109	
1981		72958	40265	685	30736	124	
1985		122515	61968	4709	50091	527	
1990		245270	114837	6944	109548	670	
1991		252406	115579	6787	116486	792	
1992		272619	120585	6839	129816	799	
1993		309975	151834	7463	149779	899	
1994		448723	218100	7699	221601	1323	
1995		550982	265469	8630	275705	1178	
1996		561574	299864	9099	251409	1220	
1997		590148	306163	9735	273363	887	
1998		607924	314152	9993	283127	652	
1999		590200	293093	13840	282361	906	
2000		569850	249055	15056	304939	800	
2001		632975	289023	18206	324693	1053	
2002		655019	285919	26555	341463	1082	
2003(旧)		681200	297347	27617	355361	875	
2003(新)		769492	297384	26377	407062	875	37795
2004		866478	342201	17980	464983	695	40618
2005		940416	364408	17521	516985	620	40881
2006		976369	386153	19919	540833	1043	28421
2007		1212521	491608	19608	670122	1105	30077
2008		1534004	587381	20477	891517	1439	33190
2009		1572984	613081	23051	900931	714	35207
2010		2013173	920725	37745	1014535	1236	38932
2011		2308188	1029100	41700	1193388	2000	42000
2012		2638613	1170875	45709	1370758	5583	45687
2013		3103020	1405389	56768	1579041	12628	49194
2014		3274916	1442060	66092	1691371	22172	53221
西宁市	Xining City	699532	340088	7054	346009	4	6377
海东市	Haidong City	867901	557045	12060	282041	3915	12840
海北州	Haibei Zang A.P	249848	70986	3621	170113		5128
黄南州	Huangnan Zang A.P	245555	44707	2712	188057	1599	8480
海南州	Hainan Zang A.P	439733	130385	12296	273872	15470	7710
果洛州	Golog Zang A.P	71987	11351	222	58515		1899
玉树州	Yushu Zang A.P	296236	73941	6699	211256		4340
海西州	Haixi Mongolian & Zang A.P	404124	245579	21429	129397	1183	6536

注：2006年数据根据农业普查结果已作了修订。
a) Data in 2006 were amended based on the results of the census of agriculture.

13-22 主要年份农业总产值构成及环比指数(按可比价格计算)
Structure of Gross Output Value of Agriculture and Its Chain Indices in Main Years (Calculated at Constant Prices)

单位：% (%)

年份 Year	农业总产值构成 Structure of Gross Output Value of Agriculture	农业 Farming	林业 Forestry	牧业 Animal Husbandry	渔业 Fishery	农林牧渔服务业 Services for Farming,Forestry, Animal Husbandry and Fishery
1952	100	43.50	0.15	49.52	0.10	
1978	100	48.53	0.91	48.78	0.21	
1980	100	50.29	0.90	47.23	0.16	
1985	100	47.96	4.26	42.75	0.17	
1990	100	48.22	3.35	43.02	0.15	
1995	100	48.25	2.61	48.84	0.30	
1996	100	51.92	2.64	45.17	0.27	
1997	100	52.08	2.57	45.20	0.15	
1998	100	51.53	2.51	45.83	0.13	
1999	100	50.15	3.48	46.24	0.13	
2000	100	46.66	3.70	49.48	0.16	
2001	100	47.15	3.53	49.08	0.24	
2002	100	44.91	4.97	49.89	0.23	
2003	100	38.65	3.43	52.90	0.11	4.91
2004	100	39.73	2.78	52.66	0.12	4.71
2005	100	38.75	1.86	54.97	0.07	4.35
2006	100	39.55	2.04	55.39	0.11	2.91
2007	100	40.54	1.62	55.27	0.09	2.48
2008	100	38.29	1.34	58.12	0.09	2.16
2009	100	38.98	1.46	57.27	0.05	2.24
2010	100	45.74	1.87	50.40	0.06	1.93
2011	100	44.58	1.81	51.70	0.09	1.82
2012	100	44.38	1.73	51.95	0.21	1.73
2013	100	45.29	1.83	50.89	0.41	1.58
2014	100	44.03	2.02	51.65	0.68	1.62

注：2006年数据根据农业普查结果已作了修订。

a) Data in 2006 were amended based on the results of the census of agriculture.

13-22 续表 Continued

上年=100 (Preceding year=100)

年 份 Year	农业总产值环比指数 Chain Index of Gross Output Value of Agriculture	农 业 Farming	林 业 Forestry	牧 业 Animal Husbandry	渔 业 Fishery	农林牧渔服务业 Services for Farming,Forestry, Animal Husbandry and Fishery
1952	111.86	112.27	216.67	110.21	114.29	
1978	99.38	103.39	88.78	95.51	86.86	
1980	111.02	119.12	114.88	105.82	91.59	
1985	111.11	104.73	123.76	109.77	111.32	
1990	104.86	105.21	87.49	105.77	127.34	
1995	99.78	97.20	102.30	102.49	78.74	
1996	103.91	111.81	105.22	96.11	93.07	
1997	105.69	106.03	102.60	105.76	60.33	
1998	104.52	103.43	102.31	105.97	88.30	
1999	100.23	97.54	138.88	101.13	105.30	
2000	97.46	90.67	103.65	104.30	117.16	
2001	105.38	106.51	100.30	104.51	159.18	
2002	103.45	98.52	145.81	105.17	98.53	
2003	102.96	102.33	82.70	106.07	73.60	98.36
2004	103.70	104.32	71.76	105.58	77.32	106.02
2005	105.37	104.07	97.45	107.14	89.18	99.95
2006	100.36	97.88	113.68	104.11	168.14	68.29
2007	104.79	105.29	98.44	104.93	105.95	99.56
2008	104.51	108.90	104.43	101.40	130.28	101.33
2009	105.80	106.03	112.57	105.69	49.62	102.79
2010	106.65	109.40	129.04	104.09	173.04	105.01
2011	104.80	106.48	110.48	103.09	161.84	102.45
2012	105.44	105.65	109.61	104.81	279.17	105.61
2013	105.56	106.09	124.19	104.02	226.17	104.84
2014	105.44	106.62	116.43	103.51	175.58	104.73

注：2006年数据根据农业普查结果已作了修订。

a) Data in 2006 were amended based on the results of the census of agriculture.

13-23 分项目农业总产值

Gross Output Value of Agriculture by Project

单位：万元 (10 000 yuan)

指 标	Item	按当年价格计算 Calculated at Current Prices 2011	2012	2013	2014
农林牧渔业总产值	**Total**	**2308187.6**	**2638612.6**	**3103020.3**	**3274916.4**
农业产值	**Farming**	**1029100.0**	**1170874.8**	**1405389.4**	**1442060.1**
谷物及其他作物	Cereal and Other Crops	541401.3	613693.7	706296.6	658662.2
谷物	Cereal	142261.6	166774.6	164474.6	170049.5
薯类	Tubers	142459.8	160896.2	242290.0	170320.8
油料	Oil-bearing	150288.0	155913.6	169345.2	170320.8
豆类	Beans	34074.1	40840.5	34170.5	31711.2
棉花	Cotton				
麻类	Fiber Crops				
糖料	Sugar Crops	3.3	4.2	60.0	346.4
烟草	Tobacco	716.4	516.4	276.0	113.9
其他农作物	Other Farm Crops	71598.1	88748.2	95680.3	115799.6
蔬菜食用菌花卉园艺作物	Vegetables, Edible Fungi, Flowers and Plants, and Horticulture Crops	296091.0	308895.6	371250.4	406575
蔬菜	Vegetables	284297.9	298554.7	362983.8	397231.3
食用菌	Edible Fungi	5195.8	3818.6	4469.1	5621.6
花卉	Flowers and Plants	5855.5	5286.3	2682.0	2325
其他园艺作物	Other Horticulture Crops	741.8	1236.0	1115.5	1397.1
水果坚果香料原料	Fruits, Nuts, Spices Raw Materials	13273.6	13687.7	15314.2	17162.1
中药材	Medicinal Meterials	178334.1	234597.9	312528.2	359660.8
林业产值	**Forestry**	**41700.0**	**45709.3**	**56767.9**	**66092.2**
林木的培育和种植	Forest of Cultivate and Raise				
育种育苗	Breeding of Seedlings	2930.6	3017.4	6133.2	5898.5
造林	Afforestation	21431.5	23804.4	30511.1	37122.4
抚育和管理	Tending and Management	9077.0	11248.1	12126.7	17167.5
竹木采运	Wood Harvesting	1213.5	698.1	1068.8	2091.4
林产品	Forest Products	7047.4	6941.3	6927.9	3812.4
牧业产值	**Animal Husbandry**	**1193387.6**	**1370757.7**	**1579041.2**	**1691371.3**
牲畜饲养	Number of Livestock	976299.3	1135236.3	1321615.4	1440651.8
牛的饲养	Cattle and Buffaloes	371271.7	425739.4	504870.7	537477.5
羊的饲养	Sheep and Goats	398571.6	487683.2	557111.6	604040
其他牲畜饲养	Other Livestock	6814.2	8343.3	10182.0	12065.9
奶产品	Milk Products	169793.0	182715.5	221193.2	257025.2
毛绒产品	Down Products	29848.8	30754.9	28257.9	30043.2
其他牲畜副产品	Other by-products				
猪的饲养	Hogs	184365.7	196050.9	212241.5	203034.9
家禽饲养	Poultry	28660.1	34747.8	39674.4	43260.6
狩猎和捕捉动物	Hunting Animal	1143.2	3.2	387.3	740.1
其他畜牧业	Other Animal Husbandry	2919.3	4719.5	5122.6	3683.9
渔业产值	**Fishery**	**2000.0**	**5583.4**	**12627.9**	**22171.7**
农林牧渔服务业	**Services for Farming, Forestry, Animal Husbandry and Fishery**	**42000.0**	**45687.4**	**49193.9**	**53221.1**

13-24 2008－2014年农业增加值(按当年价格计算)
Value-added of Agriculture (Calculated at Current Prices)(2008－2014)

单位：万元 (10 000 yuan)

指 标	Item	2008	2009	2010	2011	2012	2013	2014
农业总产值	**Gross Output Value of Agriculture**	**1534004**	**1572984**	**2013173**	**2308188**	**2638613**	**3103020**	**3274916**
农业	Farming	587380	613081	920725	1029100	1170875	1405389	1442060
种植业	Cultivate	477439	518109	810637	895264	1026888	1231331	1263467
林业	Forestry	20477	23051	37745	41700	45709	56768	66092
牧业	Animal Husbandry	891517	900931	1014535	1193388	1370758	1579041	1691371
渔业	Fishery	1439	714	1236	2000	5583	12628	22172
农林牧渔服务业	Services for Farming, Forestry, Animal Husbandary and Fishery	33190	35207	38932	42000	45687	49194	53221
中间消耗	**Between Consume**	**478264**	**499026**	**664012**	**757410**	**869557**	**1027134**	**1084575**
农业	Farming	224029	242534	369713	415848	475016	586935	589413
种植业	Cultivate	217381	231580	357430	397772	456879	551993	571647
林业	Forestry	8805	10379	12434	14099	16425	20730	24149
牧业	Animal Husbandry	231748	231798	265903	309885	358001	396347	443678
渔业	Fishery	407	231	409	217	1132	2636	5157
农林牧渔服务业	Services for Farming, Forestry, Animal Husbandary and Fishery	13276	14083	15553	17361	18983	20486	22178
增加值	**Value-added**	**1055739**	**1073958**	**1349161**	**1550778**	**1769056**	**2075886**	**2190341**
农业	Farming	363352	370546	551012	613252	695859	818454	852647
种植业	Cultivate	260058	286529	453207	497492	570010	679338	691820
林业	Forestry	11673	12672	25311	27601	29284	36038	41943
牧业	Animal Husbandry	659769	669133	748632	883503	1012757	1182694	1247693
渔业	Fishery	1033	483	827	1783	4451	9992	17015
农林牧渔服务业	Services for Farming, Forestry, Animal Husbandary and Fishery	19914	21124	23379	24639	26704	28708	31043

13-25 2012-2014年乡镇企业主要经济指标

单位：个、人、万元

指 标	Item	企业个数 Number of Enterprises			从业人员年末数 Number of Employed Persons at Year-end		
		2012	2013	2014	2012	2013	2014
总 计	**Total**	**6895**	**6587**	**6476**	**97198**	**103234**	**108020**
按注册登记类型分组	**By Status of Registration**						
内资企业	Domestic Funded	6894	6586	6476	97148	103184	108020
集体企业	Collective-owned Enterprises	131	203	167	3613	9589	9349
股份合作企业	Cooperative Enterprises	27			775		
联营企业	Joint Ownership Enterprises	20			637		
有限责任公司	Limited Liability Corporations	350			15750		
股份有限公司	Share-holding Corporations Limited	239			2989		
私营企业	Private Enterprises	6127	6161	6046	73384	90594	93409
港、澳、台商投资企业	Enterprises with Funds from Hong Kong, Macao and Taiwan						
外商投资企业	Foreign Funded Enterprises	1	1		50	50	
按国民经济行业分组	**By National Economic Sector**						
农林牧渔业	Farming, Forestry, Animal Husbandry and Fishery	102	74	92	2523	1376	1792
工业	Industry	3115	3235	3444	64972	70200	75327
建筑业	Construction	216	227	169	7393	8144	7317
交通运输仓储业	Transport, Storage and Post	229	233	247	2026	1942	2257
批发与零售业	Wholesale and Retail Trades	1482	572	630	8804	5795	5450
住宿及餐饮业	Hotels and Catering Services	1362	1459	1671	9164	10890	12523
社会服务业	Society Services	377	138	74	2204	1849	2128
其他	Others	12	649	149	112	3038	1226

注：1.总产值为现价；本表不包括个体工商户。
2.本表数据来源于青海省经信委中小企业发展局。

Main Economic Indicators of Township Enterprises(2012-2014)

(unit, person, 10 000 yuan)

总产值 Total Output Value			营业收入 Business Income			利润总额 Total Profits			上缴税金 Turn over to the Higher Authorities Tax			劳动者报酬 Earnings of Employed Persons		
2012	2013	2014	2012	2013	2014	2012	2013	2014	2012	2013	2014	2012	2013	2014
1473224	**1636305**	**1730810**	**1359412**	**1467475**	**1587272**	**65517**	**76187**	**80428**	**33768**	**35903**	**38388**	**113201**	**133946**	**148151**
1472413	1635494	1730810	1358601	1466664	1587272	65314	75984	80428	33768	35903	38388	113127	133872	148151
30776	381764	380042	31186	353400	348939	3908	17093	13969	1079	8510	8185	3603	16713	13546
4047			2987			256			72			684		
14894			15385			343			415			1035		
661808			616619			20659			13439			33496		
33867			24527			1110			665			5452		
727021	1233412	1296392	667897	1094583	1199401	39038	57093	63600	18098	26602	29177	68857	112998	127244
811	811		811	811		203	203					74	74	
5441	7723	8864	5046	7222	8002	1429	1216	1710	259	253	332	2070	1759	2104
1266300	1413551	1489918	1177063	1281867	1389581	53230	59154	65097	27940	29764	32215	79787	95147	101886
85653	89100	101106	74830	79552	90456	3551	6115	5399	2184	2888	2943	9902	15052	17040
25633	35062	34875	20755	22433	13668	1147	1727	1474	427	509	520	3111	4425	5680
38673	32424	36954	37619	31266	36447	2782	3867	3212	1325	831	831	10593	4555	6964
44609	49786	50122	37448	36999	40715	2302	3106	2871	901	1267	1255	5379	8046	11062
5832	3882	3716	5454	3375	3445	955	573	411	712	207	38	2123	1637	1799
1083	4777	5255	1197	4761	4958	121	429	254	20	184	254	236	3325	1616

a)The total value is calculated with current price. this table does not include individual industrial and commercial households.
b)Data in this table are from Small and Medium Enterprise Development Bureau of Qinghai Economy and Information Technology Commission.

13-26 主要年份农业经济效益主要指标
Major Indicators of Agriculture Economy Benefit in Main Years

年 份 Year	人均粮食产量 (千克/人) Per Capita Output of Grain (kg/person)			人均油料产量 (千克/人) Per Capita Output of Oil-bearing Corps (kg/person)			人均农业总产值 (元/人) Per Capita Output of Gross Output Value of Agriculture (yuan/person)		
	按总人口 By Total Population	按乡村人口 By Rural Population	按农业从业人员 By Rural Employed Persons	按总人口 By Total Population	按乡村人口 By Rural Population	按农业从业人员 By Rural Employed Persons	按总人口 By Total Population	按乡村人口 By Rural Population	按农业从业人员 By Rural Employed Persons
1952	231	258	595	10	11	26	383	425	972
1957	285	354	806	10	12	28	462	566	1285
1965	291	373	752	15	19	39	527	718	1367
1970	230	292	651	9	12	26	429	545	1192
1975	276	362	904	13	16	40	486	637	1569
1978	248	326	875	12	16	44	476	626	1663
1980	254	341	883	19	25	65	492	658	1701
1985	246	343	894	25	34	88	585	808	2109
1990	258	361	952	27	38	100	576	806	2127
1995	239	362	854	34	51	121	591	854	2111
1996	254	371	886	35	51	122	601	880	2099
1997	257	383	911	37	55	131	626	930	2214
1998	255	379	908	42	62	149	645	957	2295
1999	203	303	706	56	84	194	637	951	2212
2000	160	244	577	38	57	135	613	933	2210
2001	197	298	714	44	66	159	638	962	2309
2002	173	261	656	44	67	168	653	987	2478
2003	163	250	644	49	75	194	662	1017	2620
2004	164	250	671	54	82	219	680	1034	2777
2005	172	261	724	59	89	247	1731	2632	7305
2006	174	269	768	51	79	225	1783	2764	7874
2007	180	275	827	58	89	267	2198	3373	10121
2008	184	277	844	64	96	292	2767	4180	12719
2009	184	276	846	66	98	301	2823	4228	12951
2010	183	270	843	66	98	305	3592	5323	16638
2011	182	271	875	63	95	305	4062	6058	19543
2012	177	264	883	61	91	306	4604	6851	22956
2013	177	265	889	56	84	283	5370	8041	26936
2014	180	266	906	54	80	272	5613	8319	28305

注：人均产值2004年以前按1990年不变价格计算，2005年后按当年价格计算。

a) Per capita output of gross output value of agriculture had been calculated at 1990 constant prices before 2004, and calculated at the current price since 2005.

主要统计指标解释

农林牧渔业总产值 指以货币表现的农、林、牧、渔业全部产品和对农林牧渔业生产活动进行的各种支持性服务活动的价值总量，它反映一定时期内农林牧渔业生产总规模和总成果。1957 年以前的农林牧渔业总产值中包括了厩肥和农民自给性手工业（如农民自制衣服、鞋、袜，自己从事粮食初步加工等）。1958 年及以后，林业中增加了村及村以下竹木采伐产值；牧业中取消了厩肥产值；副业中取消了农民自给性手工业产值，增加了村及村以下办的工业产值；渔业中增加了海洋捕捞水产品产值。1980 年及以后，在副业中增加了农民家庭兼营工业商品部分的产值。从 1984 年起村及村以下工业产值划归工业。从 1993 年起取消副业，将野生动物的捕猎划入牧业，野生植物采集和农民家庭兼营商品性工业划归农业。从 2003 年起，执行新的国民经济行业分类标准，农林牧渔业总产值中包括了农林牧渔服务业产值。林业中增加了森林采运业产值。农业中取消了家庭兼营商品性工业产值，将野生林产品的采集划归林业。第一次农业普查以后，由于畜牧业产品年报数据与普查数据之间存在一定的差距，国家统计局农调总队对畜牧业年报数据与普查数据进行衔接，对畜牧业产值进行相应调整。

农林牧渔业总产值的计算方法通常是按农、林、牧、渔业产品及其副产品的产量分别乘以各自单位产品价格求得；少数生产周期较长，当年没有产品或产品产量不易统计的，则采用间接方法匡算其产值；然后将四业产品产值及农林牧渔服务业产值相加即为农林牧渔业总产值。

粮食产量 指全社会的产量。包括国有经济经营的、集体统一经营的和农民家庭经营的粮食产量，还包括工矿企业办的农场和其他生产单位的产量。粮食除包括稻谷、小麦、玉米、高粱、谷子及其他杂粮外，还包括薯类和豆类。其产量计算方法，豆类按去豆荚后的干豆计算；薯类（包括甘薯和马铃薯，不包括芋头和木薯）1963 年以前按每 4 公斤鲜薯折 1 公斤粮食计算，从 1964 年开始改为按 5 公斤鲜薯折 1 公斤粮食计算。城市郊区作为蔬菜的薯类（如马铃薯等）按鲜品计算，并且不作粮食统计。其他粮食一律按脱粒后的原粮计算。1989 年以前全国粮食产量数据主要靠全面报表取得，1989 年开始使用抽样调查数据。

油料产量 指全部油料作物的生产量。包括花生、油菜籽、芝麻、向日葵籽、胡麻籽（亚麻籽）和其他油料。不包括大豆、木本油料和野生油料。花生以带壳干花生计算。

猪、牛、羊肉产量 指当年出栏并已屠宰、除去头蹄下水后带骨肉（即胴体重）的重量。包括全社会范围内的产量。1996 年前为各级逐级上报数据。1996 年第一次农业普查以后，由于畜牧业产品年报数据与普查数据之间存在一定的差距，国家统计局农调总队对畜牧业年报数据与普查数据进行衔接。1999 年以后，国家统计局在部分地区开展了猪、牛、羊、禽等主要畜禽品种的抽样调查，并用抽样数据作为国家定案数据使用。未开展抽样调查的地区和品种，仍使用各级统计部门逐级上报数据。

期初（末）畜禽存栏头（只）数 指报告期初（末）农村各种合作经济组织和国营农场、农民个人、机关、团体、学校、工矿企业、部队等单位以及城镇居民饲养的大牲畜、猪、羊、家禽等畜禽的存栏数。数据上报方式及数据调整情况同猪、牛、羊肉产量。

农作物播种面积 指实际播种或移植有农作物的面积。凡是实际种植有农作物的面积，不论种植在耕地上还是种植在非耕地上，均包括在农作物播种面积中。在播种季节基本结束后，因遭灾而重新改种和补种的农作物面积，也包括在内。它是反映我国耕地面积利用情况的一个重要指标。目前，农作物播种面积主要包括粮食、棉花、油料、糖料、麻类、烟叶、蔬菜和瓜类、药材和其他农作物九大类。

有效灌溉面积 指具有一定的水源，地块比较平整，灌溉工程或设备已经配套，在一般年景下，当年能够进行正常灌溉的耕地面积。在一般情况下，有效灌溉面积应等于灌溉工程或设备已经配备，能够进行正常灌溉的水田和水浇地面积之和。它是反映我国耕地抗旱能力的一个重要指标。

农用化肥施用量 指本年内实际用于农业生产的化肥数量，包括氮肥、磷肥、钾肥和复合肥。化肥施用量要求按折纯量计算数量。折纯量是指把氮肥、磷肥、钾肥分别按含氮、含五氧化二磷、含氧化钾的百分之百成份进行折算后的数量。复合肥按其所含主要成分折算。公式为：

折纯量 = 实物量 × 某种化肥有效成份含量的百分比

农业机械总动力 指主要用于农、林、牧、渔业的各种动力机械的动力总和。包括耕作机械、排灌机械、收获机械、农用运输机械、植物保护机械、牧业机械、林业机械、渔业机械和其他农业机械〔内燃机按引擎马力折成瓦（特）计算、电动机按功率折成瓦（特）计算〕。不包括专门用于乡、镇、村、组办工业、基本建设、非农业运输、科学试验和教学等非农业生产方面用的动力机械与作业机械。这个指标的统计数据主要来源于农机部门。

Explanatory Notes on Main Statistical Indicators

Gross Output Value of Agriculture, Forestry, Animal Husbandry and Fishery refers to the total value of products of agriculture, forestry, animal husbandry and fishery, and total value of services in support of agriculture, forestry, animal husbandry and fishery activities. It reflects the total scale and results of agricultural production during a given period. Prior to 1957, China's gross agricultural output value included barnyard manure and handicraft products for self – consumption (clothes, shoes, stockings, and initial grain processing undertaken by peasants). Since 1958, cutting and felling of bamboo and trees by villages and other cooperative organizations under villages have been included in forestry; value of barnyard manure has been excluded from animal husbandry; self consumed handicrafts have not been included from sideline occupations, while the output value of industries run by villages and cooperative organizations under village has been included in sideline occupations; and the output value of fish catches by motor fishing boats has been added to fishery. Since 1980, the value of handicraft products made for sale by individuals in households has been added to sideline occupations. Since 1984, industries run by villages and under villages have been included in the sector of industry. Since 1993, the subdivision of sideline occupations has been cancelled, and the hunting of wild animals has been classified into animal husbandry, and the gathering of wild plants and commodity industry run by rural household have been included in farming. A new industrial classification of economic activities was introduced in 2003. Under the new classification, value of services to agriculture, forestry, animal husbandry and fishery is included in the gross output value of agriculture, value of wood felling and transport is included in forestry, value of industrial output by rural households is not included in agriculture, and the collection of wild forest products is taken from agriculture and included in forestry. The First Agriculture Census of China revealed some discrepancy between the production of animal products from the annual reports and that from the census. Efforts were made by the Rural Survey of NBS to adjust the output value of animal husbandry to make the figures from the annual reports consistent with the census data.

Gross output value of agriculture is obtained by multiplying the output of each product or by – product by its price, resulting in the output value of each single item. For a small number of products, annual output of which is not available or difficult to get due to the long production (growing) process involved, the output value is estimated through an indirect approach. The sum of output values of all products of agriculture, forestry, animal husbandry and fishery and services in support to those industries is then equal to the gross output value of agriculture.

Grain Output refers to the total output in the whole country including grains produced by State farms, collective units, rural households, as well as by farms affiliated to industrial and mining enterprises and other production units. Grain includes rice, wheat, corn, sorghum, millet and other miscellaneous grains as well as tubers and beans. Output of beans refers to dry beans without pods. The output of tubers (sweet potatoes and potatoes, not including taros and cassava) are converted into that of grain at the ratio 4:1, i. e. 4 kilograms of fresh tubers were equivalent to 1 kilogram of grain up to 1963. Since 1964 the ratio for conversion has been 5:1. Tubers supplied as vegetables (such as potatoes) in cities and suburbs are calculated as fresh vegetables and their output is not included in the output of grain. Output of all other grains refers to husked grain. Data on grain production before 1989 were obtained through the Comprehensive Statistical Reporting System. Since 1989, data from sample surveys are used.

Output of Oil – bearing Crops refers to the total production of oil – bearing crops of various kinds, including peanuts (dry, in shell), rapeseeds, sesame, sunflower seeds, flax seeds, and other oil – bearing crops. Soybeans, oil – bearing woody plants, and wild oil – bearing crops are not included.

Output of Pork, Beef, and Mutton refers to the meat of slaughtered hogs, cattle, sheep and goats with head, feet, and offal taken away. Data refers to the production of the whole country. The First Agricultural Census of China in 1996 revealed some discrepancy between the production of animal products from the annual reports and that from the census. Efforts were made by the Rural Survey Organization of the NBS to adjust the output value of animal husbandry to make the figures from the annual reports consistent with the census data. Since 1999, the NBS conducted sample surveys for the major animal husbandry products, such as hogs, cattle, sheep and goats and fowls, and the data from sample surveys are used as national finalized data. Those products, which are not covered by the sample survey, are still reported by statistical agencies level by level.

Number of Livestock or Poultry in Stock at Beginning (or End) of Period refers to the total number of large animals, pigs, sheep, fowls, etc. raised by rural cooperative organizations, State farms, rural individuals, government agencies, schools, industrial and mining enterprises, army, and urban residents at the beginning (or end) of the reference period. Data reporting system and data adjustment are the same as that in the output of pork, beef and mutton.

Sown Area of Crops refers to area of land sown or transplanted with crops regardless of being in cultivated area or non – cultivated area. Area of land re – sown due to natural disasters is also included. This is an important indicator that can reflect the utilization condition of the cultivated land in China. At present, the sown area of crops mainly include the following 9 categories of crops: grain, cotton, oil – bearing crops, sugar crops, flax crops, tobacco, vegetables and melons, medicinal materials and other farm crops.

Irrigated Area refers to area of land that are effectively irrigated, i. e. relatively level land, where there are water sources or complete sets of irrigation facilities to lift and move adequate water for irrigation purpose under normal conditions. Under normal situations, irrigated area is the sum of watered fields and irrigated fields where irrigation systems or equipment have been installed for regular irrigation purpose. This important indicator reflects drought resistance capacity of the cultivated land in China.

Consumption of Chemical Fertilizers in Agriculture refers to the quantity of chemical fertilizers applied in agriculture in the year, including nitrogenous fertilizer, phosphate fertilizer, potash fertilizer, and compound fertilizer. The consumption of chemical fertilizers is calculated in terms of volume of effective components by means of converting the gross weight of the respective fertilizers into weight containing effective component (e. g. nitrogen content in nitrogenous fertilizer, phosphorous pentoxide contents in phosphate fertilizer, and potassium oxide contents in potash fertilizer). Compound fertilizer is converted in regard to its major components. The formula is:

Volume of effective component = physical quantity × effective component of certain chemical fertilizer (%)

Total Power of Agricultural Machinery refers to total mechanical power of machinery used in agriculture, forestry, animal husbandry and fishery, including machinery for ploughing, irrigation and drainage, harvesting, transport, plant protection, animal husbandry, forestry and fishery and other agricultural machineries. (For the power of internal combustion engines, it is converted from its horsepower into watts while for electric motors the output power is converted into watts.) Machinery employed for non – agricultural purposes, such as the machines used in township – run and village – run industry, construction, non – agricultural transport, scientific experiments and teaching, are not included. Data are mainly from agricultural machinery agencies.

第 14 篇

CHAPTER 14

工　业

Industry

规模以上工业增加值增速

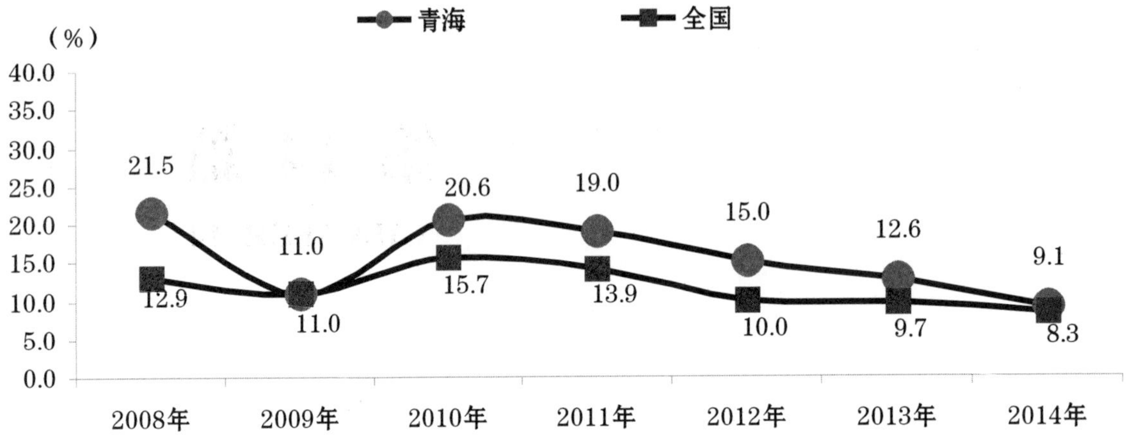

重工业产品

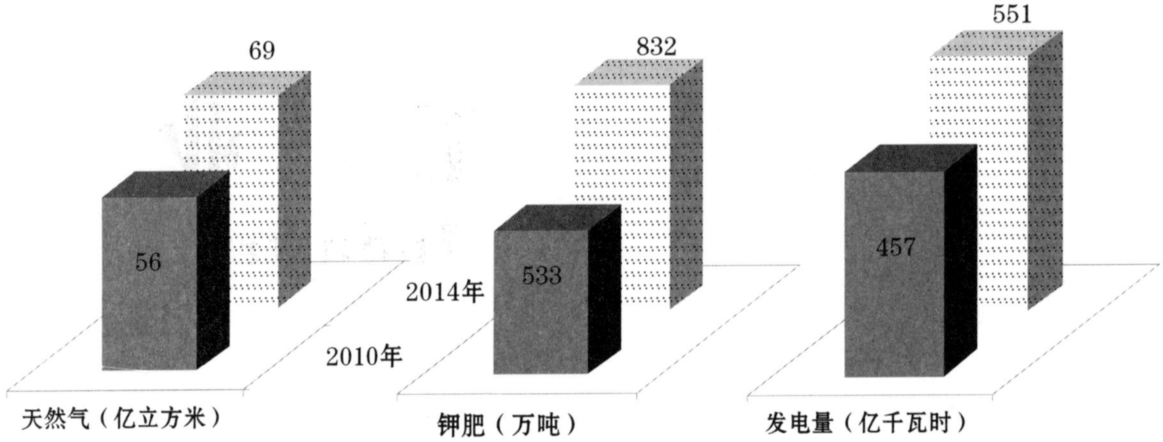

轻工业产品

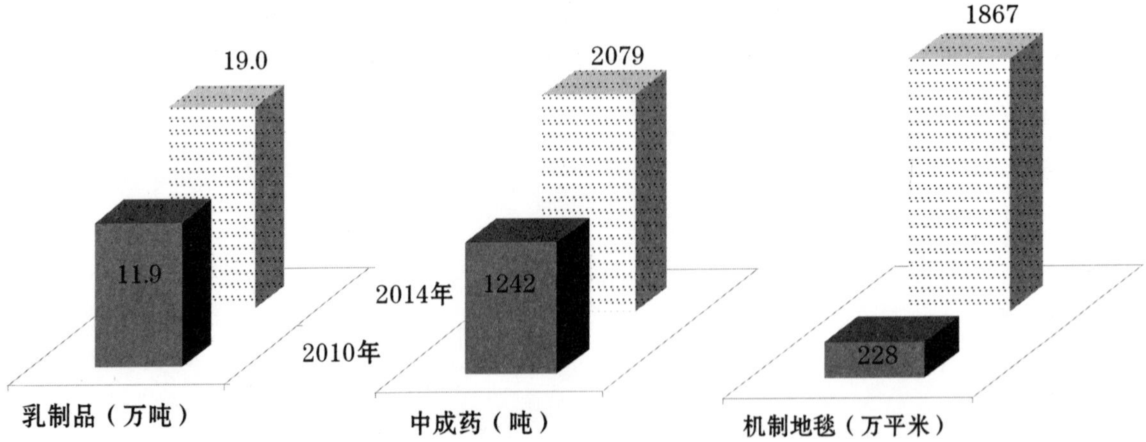

14-1 2013-2014年规模以上工业企业基本情况

Basic Condition of Industrial Enterprises above Designated Size (2013-2014)

指标	Item	2013 企业单位数(个) Number of Enterprises (unit)	2013 工业总产值(万元) Gross Industrial Output Value (10 000 yuan)	2014 企业单位数(个) Number of Enterprises (unit)	2014 工业总产值(万元) Gross Industrial Output Value (10 000 yuan)
规模以上工业企业(下同)	**Industrial Enterprises above Designated Size**	**521**	**25371036**	**568**	**26558558**
按登记注册类型分组:	**By Status of Registration**	**521**	**25371036**	**568**	**26558558**
内资企业	Domestic Funded	491	24439429	542	25575983
国有企业	State-owned Enterprises	16	2727278	13	2741666
中央企业	Central	1	2140241	1	2608314
地方企业	Local	15	587037	12	133352
集体企业	Collective-owned Enterprises	3	17333	2	4881
股份合作企业	Cooperative Enterprises	1	101156	1	130159
有限责任公司	Limited Liability Corporations	203	8238221	231	8923309
国有独资公司	State Sole funded Corporations	15	868297	23	1247678
其他有限责任公司	Other Limited Liability Corporations	188	7369924	208	7675632
股份有限公司	Share-holding Corporations Limited	25	6065052	27	6427276
私营企业	Private Enterprises	242	7229885	266	7268186
私营独资企业	Private-funded Enterprises	8	87897	7	57006
私营合伙企业	Private Partnership Enterprises				
私营有限责任公司	Private Limited Liability Corporations	220	6795345	243	6729161
私营股份有限公司	Private Share-holding Corporations Ltd.	14	346644	16	482019
其他企业	Other Eenterprises	1	60504	2	80506
港、澳、台商投资企业	Enterprises with Funds from Hong Kong, Macao and Taiwan	12	429351	10	507142
合作经营企业(港或澳、台资)	Cooperative Enterprises	7	134162	7	147815
合资经营企业(港或澳、台资)	Joint-ventures Enterprises	1			
港澳台商独资经营企业	Enterprises with Sole Investment	2	217112	2	323504
港澳台商投资股份有限公司	Share-holding Corporations Ltd.	2	78077	1	35823
外商投资企业	Foreign Funded Enterprises	18	502256	16	475433
中外合资经营企业	Joint-venture Enterprises	8	152945	8	191089
中外合作经营企业	Cooperation Enterprises	3	106879	3	118120
外资企业	Enterprises with Sole Funds	5	130998	4	162445
外商投资股份有限公司	Share-holding Corporations Ltd.	2	111435	1	3780
亏损企业	**Loss-making Enterprises**	**159**	**6230458**	**191**	**10094018**
国有控股企业	**State-holding Enterprises**	**117**	**12201632**	**126**	**12792554**
按轻重工业分	**Grouped by Light & Heavy Industries**				
轻工业	Light Industry	131	2713123	155	3645205
重工业	Heavy Industry	390	22657914	413	22913353
按企业规模分	**Grouped by Size of Enterprises**				
大型企业	Large Enterprises	25	11761896	25	11977478
中型企业	Medium-sized Enterprises	99	5993594	102	6218933
小型企业	Small Enterprises	397	7615546	441	8362147
#微型企业	Micro Enterprises			59	510473

注：1.2011年起规模以上工业企业是指主营业务收入在2000万元以上的工业企业(下同)。

2.工业总产值按当年价格计算。

a)Industrial enterprises above designated size are those with annual revenue from principal business over 20 million yuan since 2011. The same applies to the tables following.

b)Gross industrial output value is calculated at current prices.

14-2 2008-2014年规模以上工业企业增加值增速及比重
Growth Rate and Proportion of Value-added of Industry of Industrial Enterprises above Designated Size(2008-2014)

本表比上年增长数按不变价格计算。
The growthrate over the previous year in this table arecalculated at constant prices.

单位：% (%)

类型	Type	2008	2009	2010	2011	2012	2013	2014
工业增加值比上年增长(%)	**Value-added of Industry Growth over the Previous Year**	**21.5**	**11.0**	**20.6**	**19.0**	**15.0**	**12.6**	**9.1**
在总计中：	Categories of the Total							
轻工业	Light Industry	18.4	26.2	23.0	19.0	32.2	19.5	30.0
重工业	Heavy Industry	21.8	9.8	20.4	19.0	13.8	11.9	5.9
在总计中：	Categories of the Total							
国有企业	State-owned Enterprises	34.0	12.9	42.8	25.8	7.6	9.4	-15.5
集体企业	Collective-owned Enterprises	-1.1	102.6	0.6	-0.8	9.9	-21.7	-23.3
股份合作企业	Cooperative Enterprises	9.3	99.4	-15.6	33.9	-16.0	-3.3	42.6
股份制企业	Joint-stock Enterprises	20.4	9.6	20.6	17.8	17.8	13.5	9.7
外商及港澳台投资企业	Enterprises with Funds from Hong Kong,Macao	16.1	39.2	14.1	19.2	-10.2	5.8	19.9
其他经济类型	Other Enterprises	18.4	-20.7	29.2	78.6	0.1	17.3	-16.1
在总计中：	Categories of the Total							
国有控股企业	State-holding Enterprises	13.2	3.0	17.9	12.9	10.1	9.2	3.5
在总计中：	Categories of the Total							
非公有工业	Non-public-owned Industries	37.0	15.3	27.1	29.8	26.5	16.2	12.5
在总计中：	Categories of the Total							
大中型工业企业	Large and Medium-sized Industrial Enterprises	9.9	2.2	15.9	13.3	11.1	5.8	2.0
国有企业	State-owned Enterprises	15.4	8.5	35.6	18.1	6.2	7.9	-16.9
在总计中：	Categories of the Total							
私营企业	Private Enterprises	25.5	25.8	23.7	17.8	20.2	21.3	10.6
工业增加值占比(%)	**Value-added of Industry Proportion**							
在总计中：	Categories of the Total							
轻工业	Light Industry	6.9	9.2	7.9	6.7	8.1	9.6	12.8
重工业	Heavy Industry	93.1	90.8	92.1	93.3	91.9	90.4	87.2
在总计中：	Categories of the Total							
国有企业	State-owned Enterprises	13.1	7.1	8.0	12.6	15.0	11.6	6.2
集体企业	Collective-owned Enterprises	0.3	0.6	0.5	0.3	0.1	0.1	0.0
股份合作企业	Cooperative Enterprises	0.5	0.6	1.0	0.7	0.6	0.5	0.5
股份制企业	Joint-stock Enterprises	81.7	86.8	86.4	82.5	81.3	82.5	88.6
外商及港澳台投资企业	Enterprises with Funds from Hong Kong,Macao	3.2	4.2	3.1	2.8	2.5	4.1	4.6
其他经济类型	Other Enterprises	1.2	0.7	1.0	1.1	0.5	1.2	0.1
在总计中：	Categories of the Total							
国有控股企业	State-holding Enterprises	61.5	51.6	62.5	48.2	51.3	45.6	44.3
在总计中：	Categories of the Total							
非公有工业	Non-public-owned Industries	26.8	30.3	28.9	33.1	39.1	44.2	46.2
在总计中：	Categories of the Total							
大中型工业企业	Large and Medium-sized Industrial Enterprises	61.6	57.3	67.7	63.5	65.6	62.4	59.5
国有企业	State-owned Enterprises	4.5	4.4	4.9	7.0	10.3	10.2	5.5
在总计中：	Categories of the Total							
私营企业	Private Enterprises	11.8	13.9	11.4	10.3	10.5	21.8	23.4

注：本表均为快报数据。
a) Data in this table are from express report forms.

14-3 按行业分规模以上工业企业工业增加值(2014年)
Value-added of Industrial Enterprises above Designated Size by Industrial Sector(2014)

行业名称	Sector	工业增加值Value-added 比上年增长(%) Growth over the Previous Year (%)	占总量(%) Proportion of Total (%)
合计	**Total**	**9.1**	**100.00**
煤炭开采和洗选业	Mining and Washing of Coal	-34.5	5.29
石油和天然气开采业	Extraction of Petroleum and Natural Gas	8.7	11.38
黑色金属矿采选业	Mining and Processing of Ferrous Metal Ores	-56.7	0.33
有色金属矿采选业	Mining and Processing of Non-Ferrous Metal Ores	14.0	4.98
非金属矿采选业	Mining and Processing of Non-metal Ores	3.4	1.21
其他采矿业	Mining of Other Ores		
开采辅助活动	Support Activities for Mining	-37.4	0.29
农副食品加工业	Processing of Food from Agricultural Products	30.0	2.04
食品制造业	Manufacture of Foods	63.6	1.01
酒、饮料和精制茶制造业	Manufacture of Liquor, Beverages and Refined Tea	24.2	2.19
纺织业	Manufacture of Textile	33.1	0.90
纺织服装、服饰业	Manufacture of Textile, Wearing Apparel and Accessories	15.5	1.29
皮革、毛皮、羽毛及其制品和制鞋业	Manufacture of Leather, Fur, Feather and Related Products and Footwear	-3.5	
木材加工和木、竹、藤、棕、草制品业	Processing of Timber, Manufacture of Wood, Bamboo, Rattan, Palm and Straw Products		
家具制造业	Manufacture of Furniture	127.3	0.07
造纸和纸制品业	Manufacture of Paper and Paper Products	817.3	0.01
印刷和记录媒介的复制业	Printing and Reproduction of Recording Media	18.0	0.26
文教、工美、体育和娱乐用品制造业	Manufacture of Articles for Culture, Education, Arts and Crafts, Sport and Entertainment Activities	10.6	1.29
石油加工、炼焦和核燃料加工业	Processing of Petroleum, Coking and Processing of Nuclear Fuel	2.5	6.18
化学原料和化学制品制造业	Manufacture of Raw Chemical Materials and Chemical Products	19.1	10.91
医药制造业	Manufacture of Medicines	32.4	3.03
化学纤维制造业	Manufacture of Chemical Fibres		
橡胶和塑料制品业	Manufacture of Rubber and Plastics Products	52.8	0.22
非金属矿物制品业	Manufacture of Non-metallic Mineral Products	28.2	4.32
黑色金属冶炼和压延加工业	Smelting and Pressing of Ferrous Metals	-0.4	5.27
有色金属冶炼和压延加工业	Smelting and Pressing of Non-ferrous Metals	16.4	19.50
金属制品业	Manufacture of Metal Products	-17.0	0.34
通用设备制造业	Manufacture of General Purpose Machinery	-7.7	0.60
专用设备制造业	Manufacture of Special Purpose Machinery	3.3	0.27
汽车制造业	Manufacture of Automobiles	-4.8	0.80
铁路、船舶、航空航天和其他运输设备制造业	Manufacture of Railway, Ship, Aerospace and Other Transport Equipments	115.2	0.07
电气机械和器材制造业	Manufacture of Electrical Machinery and Apparatus	147.1	1.62
计算机、通信和其他电子设备制造业	Manufacture of Computers, Communication and Other Electronic Equipment	46.0	0.21
仪器仪表制造业	Manufacture of Measuring Instruments and Machinery	-7.5	0.04
其他制造业	Other Manufacture	23.2	0.04
废弃资源综合利用业	Utilization of Waste Resources		
金属制品、机械和设备修理业	Repair Service of Metal Products, Machinery and Equipment	-22.3	0.02
电力、热力生产和供应业	Production and Supply of Electric Power and Heat Power	5.5	13.82
燃气生产和供应业	Production and Supply of Gas	19.9	0.07
水的生产和供应业	Production and Supply of Water	2.4	0.13

注：1.本表为年快报数据，国民经济行业分类为GB/T4754—2011。
2.增长速度均按可比价格计算(价格缩减法)，根据当年的企业增减变动后的行业数计算的。

a)Data in this table are annual express report data. Classification of national economic industries is GB/T4754-2011.
b)Growth rate is calculated according to comparable prices (price reduction method), according to the number of sector after industrial enterprises changes increase or decrease in the same year.

14–4 2014年工业循环经济重点行业总产值和增加值增速

Gross Industrial Output Value and Value-added of Industry of Key Sectors of Industrial Circular Economy(2014)

指标名称	Item	工业总产值 Gross Industrial Output Value	增长% Growth Rate(%)	工业增加值 Value-added of Industry 增长% Growth Rate(%)	占比(%) Value-added of I ndustry Proportion
全省规模以上工业(快报)	**Industry above Designated Size (Express Report Forms)**	**2622.73**	**4.4**	**9.1**	**1.0**
十个循环经济重点行业	**Ten Key Sectors of Industrial Circular Economy**	**1455.96**	**1.8**	**9.2**	**62.9**
一、 煤炭开采和洗选业	Mining and Washing of Coal	124.36	-44.2	-34.5	5.3
二、石油和天然气开采业	Extraction of Petroleum and Natural Gas	166.50	5.0	8.7	11.4
三、黑色金属矿采选业	Mining and Processing of Ferrous Metal Ores	10.42	-61.2	-56.7	0.3
四、石油加工、炼焦和核燃料加工业	Processing of Petroleum, Coking and Processing of Nuclear Fuel	105.84	-6.7	2.5	6.2
五、化学原料和化学制品制造业	Manufacture of Raw Chemical Materials and Chemical Products	328.26	7.4	19.1	10.9
六、非金属矿物制品业	Manufacture of Non-metallic Mineral Products	147.13	33.6	28.2	4.3
七、医药制造业	Manufacture of Medicines	72.47	32.8	32.4	3.0
八、黑色金属冶炼和压延加工业	Smelting and Pressing of Ferrous Metals	55.81	-10.4	-4.8	1.6
九、有色金属冶炼和压延加工业	Smelting and Pressing of Non-ferrous Metals	303.31	25.1	32.2	10.8
十、电力生产业	Production of Electric Power	141.86	6.7	6.6	9.1

注： 1、黑色金属冶炼和压延加工业剔除铁合金冶炼，有色金属冶炼和压延加工业剔除铝冶炼，电力生产业剔除电力供应业

2、增长率依据年度工业企业增减变动后的数据计算。

a)Smelting and pressing of ferrous metals excludes ferroalloy smelting, smelting and pressing of non-ferrous Metals excludes aluminum smelting, and production of electric power excludes supply of electric power.

b) Growth Rate is Calculated according to the data after the change of the industrial enterprises.

14-5 十大优势产业工业总产值和增加值(2014年)
Gross Industrial Output Value and Value-added of Industry of Ten Superior Industries (2014)

单位：亿元、% (100 million yuan, %)

指标名称	Item	工业总产值 Gross Industrial Output Value		工业增加值 Value-added of Industry
		绝对量 Absolute Amount	比上年增长(%) Growth Over the Previous Year(%)	比上年增长(%) Growth Over the Previous Year(%)
全省规模以上工业企业	**Industrial Enterprises above Designated Size**	**2622.73**	**4.4**	**9.1**
十大优势产业	**Ten Superior Industries**			
新能源产业	New Energy Industrial	40.31	86.0	82.8
新材料产业	New Materials Industry	212.48	18.9	21.1
盐湖化工产业	Salt Lake Chemical	251.76	10.3	18.4
有色金属产业	Non-ferrous Metals	610.88	7.6	16.4
油气化工	Oil and Gas Chemical	281.17	-0.3	9.5
煤化工	Coal Chemical	20.76	-34.1	-27.5
装备制造业	Equipment Manufacturing Industry	121.70	25.8	30.0
钢铁产业	Iron and Steel Industry	208.19	-2.7	-0.4
轻工纺织业	Light Industry and Textile Industry	78.81	17.6	14.9
生物产业	Bio-industry	182.49	42.2	44.0

注：本表为快报数据。
a)Data in this table are from express report forms.

14-6 规模以上工业企业主要指标(2014年)

单位：万元

项目	Item	企业单位数(个) Number of Enterprises (unit)	亏损企业 Loss-making Enterprises
总计	**Total**	**568**	**191**
在总计中：国有控股企业	State-holding Enterprises	126	43
在总计中：轻工业	Light Industry	155	21
重工业	Heavy Industry	413	170
在总计中：大型企业	Large Enterprises	25	11
中型企业	Medium-sized Enterprises	102	38
小型企业	Small Enterprises	441	142
#微型企业	Micro Enterprises	59	22
在总计中：按登记注册类型分组	**By Status of Registration**		
集体企业	Collective-owned Enterprises	2	1
股份合作企业	Cooperative Enterprises	1	
有限责任公司	Limited Liability Corporations	231	85
股份有限公司	Share-holding Corporations Limited	27	9
私营企业	Private Enterprises	266	85
其他企业	Other Enterprises	2	
港、澳、台商投资企业	Enterprises with Funds from Hong Kong, Macao and Taiwan	10	2
外商投资企业	Foreign Funded Enterprises	16	3
按工业行业分组	**Grouped by Sector**		
采掘业	**Mining**		
煤炭开采和洗选业	Mining and Washing of Coal	37	21
石油和天然气开采业	Extraction of Petroleum and Natural Gas	1	
黑色金属矿采选业	Mining and Processing of Ferrous Metal Ores	13	11
有色金属矿采选业	Mining and Processing of Non-Ferrous Metal Ores	14	3
非金属矿采选业	Mining and Processing of Non-metal Ores	14	8
开采辅助活动	Support Activities for Mining	1	1
制造业	**Manufacturing**		
农副食品加工业	Processing of Food from Agricultural Products	55	7
食品制造业	Manufacture of Foods	15	1
酒、饮料和精制茶制造业	Manufacture of Liquor, Beverages and Refined Tea	13	3
纺织业	Manufacture of Textile	5	
纺织服装、服饰业	Manufacture of Textile, Wearing Apparel and Accessories	10	
家具制造业	Manufacture of Furniture	1	
造纸和印刷	Manufacture of Paper and Printing	1	
印刷和记录媒介复制业	Printing and Reproduction of Recording Media	4	1
文教、工美、体育和娱乐用品制造业	Manufacture of Articles for Culture, Education, Arts and Crafts,Sport and Entertainment Activities	7	1
石油加工、炼焦和核燃料加工业	Processing of Petroleum, Coking and Processing of Nuclear Fuel	4	1
化学原料和化学制品制造业	Manufacture of Raw Chemical Materials and Chemical Products	62	30
医药制造业	Manufacture of Medicines	29	3
橡胶和塑料制品业	Manufacture of Rubber and Plastics Products	9	3
非金属矿物制品业	Manufacture of Non-metallic Mineral Products	60	21
黑色金属冶炼和压延加工业	Smelting and Pressing of Ferrous Metals	39	29
有色金属冶炼和压延加工业	Smelting and Pressing of Non-ferrous Metals	51	28
金属制品业	Manufacture of Metal Products	9	1
通用设备制造业	Manufacture of General Purpose Machinery	7	2
专用设备制造业	Manufacture of Special Purpose Machinery	3	
汽车制造业	Manufacture of Automobiles	2	
铁路、航舶、航空航天和其他运输设备制造业	Manufacture of Railway, Ship, Aerospace and Other Transport Equipments	1	
电气机械和器材制造业	Manufacture of Electrical Machinery and Apparatus	17	4
计算机、通信和其他电子设备制造业	Manufacture of Computers, Communication and Other Electronic Equipment	2	
仪器仪表制造业	Manufacture of Measuring Instruments and Machinery	2	
其他制造业	Other Manufacture	1	1
金属制品、机械和设备修理业	Repair Service of Metal Products, Machinery and Equipment	1	
电力、燃气及水的生产和供应业	**Power, Gas and Water Production and Supply**		
电力、热力生产和供应业	Production and Supply of Electric Power and Heat Power	72	10
燃气生产和供应业	Production and Supply of Gas	3	
水的生产和供应业	Production and Supply of Water	3	1

Main Indicators of Industrial Enterprises above Designated Size(2014)

(10 000 yuan)

工 业 总产值 Gross Industrial Output Value	资 产 总 计 Total Assets	流动资产 合 计 Total Working Capitals	固定资产 合 计 Total Fixed Assets	固定资产 原 价 Original Value of Fixed Assets	累 计 折 旧 Accumulated Depreciation	本 年 折 旧 Depreciation Charge for the Year
26558558	**54140852**	**14885732**	**28231712**	**41968584**	**15577780**	**2836923**
12792554	36551609	7617262	20558342	28234456	8891426	1627653
3645205	3084985	1416265	1214000	3100486	1972470	323831
22913353	51055868	13469467	27017712	38868097	13605309	2513092
11977478	29253202	5657229	16715877	23803841	7979194	1411112
6218933	11700303	4753502	4967750	8372110	3832178	731068
8362147	13187348	4475001	6548085	9792633	3766408	694743
510473	2537778	604264	1401060	1285862	143307	42071
4881	10354	9887	467	327	143	29
130159	85644	41689	43955	98570	54616	11828
8923309	22697889	5830413	13646900	19278863	6170748	1326099
6427276	17337130	4454320	6760668	9809609	3630328	539717
7268186	7914158	3442966	3473957	6709318	3563252	585943
80506	78452	29945	48496	135199	86903	16124
507142	1078841	313324	476300	550257	151911	41890
475433	969224	295208	605085	884153	342850	50381
1011754	3431428	1858256	539886	492233	137997	26647
2631122	3652648	807075	2537790	4581129	1851006	256629
93468	357254	164363	151519	194739	53491	13989
488251	815921	346880	234075	379762	156538	27728
187896	270863	139104	85104	336486	255115	31722
2888	2097	2044				
747124	560781	290299	221282	548665	371597	57199
337636	260430	102991	119580	139454	21864	10892
476553	428724	182698	187088	201147	33381	13046
356696	243520	115231	106694	694304	588153	82133
273919	155180	69061	74610	265782	191484	30357
27579	3979	1587	2392	50637	49245	6076
2698	700	453	246	317	71	31
64578	59175	21246	37926	47967	10041	4523
307173	192480	75459	103275	467451	364176	53770
434506	472081	165068	229841	323811	93970	16516
3182172	13090526	3245620	5098743	6082812	1307282	319378
671557	519844	279660	142307	240363	103437	16036
34977	49348	35648	10855	20530	10594	1714
1550771	2488682	821777	1476558	1866782	475627	121829
2002968	3638763	1243360	1449746	2328870	898334	150419
6241901	7867290	2787704	3766509	6763780	3820001	710496
86291	160314	45712	110232	65378	39793	4528
229976	330136	169719	101784	288270	186515	22982
43160	25028	11154	13874	13710	1824	870
223465	108009	30776	77233	86501	9268	9268
25073	9633	5685	3947	16632	12684	1979
511545	567479	263064	220987	541615	330473	68125
33560	7449	3854	3552	70034	66708	8592
16477	23554	13401	8897	15058	6161	806
9264	103922	20532	7228	6418	1731	706
11003	1269	525	744	20152	19408	2418
4192430	13998873	1477064	11019880	14685034	4060283	759784
22684	69474	19540	27929	35210	10607	1896
25442	174002	69122	59400	97556	38921	3844

14-6 续表 1

单位：万元

项 目	Item	负债合计 Total Liabilities	流动负债合计 Total Working Liabilities
总计	**Total**	**36908521**	**20989335**
在总计中：国有控股企业	State-holding Enterprises	25405842	13361123
在总计中：轻工业	Light Industry	1528276	1107218
重工业	Heavy Industry	35380245	19882116
在总计中：大型企业	Large Enterprises	19932977	9599881
中型企业	Medium-sized Enterprises	7794931	5674870
小型企业	Small Enterprises	9180613	5714584
#微型企业	Micro Enterprises	1988233	697560
在总计中:按登记注册类型分组	**By Status of Registration**		
集体企业	Collective-owned Enterprises	8866	8866
股份合作企业	Cooperative Enterprises	40811	40811
有限责任公司	Limited Liability Corporations	17075288	9868852
股份有限公司	Share-holding Corporations Limited	11397225	5601472
私营企业	Private Enterprises	5009453	3499876
其他企业	Other Enterprises	26002	23448
港、澳、台商投资企业	Enterprises with Funds from Hong Kong, Macao and Taiwan	1032231	538208
外商投资企业	Foreign Funded Enterprises	402352	229257
按工业行业分组	**Grouped by Sector**		
采掘业	**Mining**		
煤炭开采和洗选业	Mining and Washing of Coal	1773493	1329545
石油和天然气开采业	Extraction of Petroleum and Natural Gas	1799868	746267
黑色金属矿采选业	Mining and Processing of Ferrous Metal Ores	290584	250370
有色金属矿采选业	Mining and Processing of Non-Ferrous Metal Ores	397577	310456
非金属矿采选业	Mining and Processing of Non-metal Ores	156371	141172
开采辅助活动	Support Activities for Mining	1102	1102
制造业	**Manufacturing**		
农副食品加工业	Processing of Food from Agricultural Products	287515	203257
食品制造业	Manufacture of Foods	113976	96278
酒、饮料和精制茶制造业	Manufacture of Liquor, Beverages and Refined Tea	268029	259295
纺织业	Manufacture of Textile	120367	92671
纺织服装、服饰业	Manufacture of Textile, Wearing Apparel and Accessories	76359	68820
家具制造业	Manufacture of Furniture	1873	1073
造纸和纸制品业	Manufacture of Paper and Paper Products	560	560
印刷和记录媒介复制业	Printing and Reproduction of Recording Media	27592	27081
文教、工美、体育和娱乐用品制造业	Manufacture of Articles for Culture, Education, Arts and Crafts,Sport and Entertainment Activities	106217	48158
石油加工、炼焦和核燃料加工业	Processing of Petroleum, Coking and Processing of Nuclear Fuel	297628	222039
化学原料和化学制品制造业	Manufacture of Raw Chemical Materials and Chemical Products	9672637	4972747
医药制造业	Manufacture of Medicines	169641	139246
橡胶和塑料制品业	Manufacture of Rubber and Plastics Products	36737	27067
非金属矿物制品业	Manufacture of Non-metallic Mineral Products	1743895	1453196
黑色金属冶炼和压延加工业	Smelting and Pressing of Ferrous Metals	2867150	1903055
有色金属冶炼和压延加工业	Smelting and Pressing of Non-ferrous Metals	5927401	4272649
金属制品业	Manufacture of Metal Products	57218	25177
通用设备制造业	Manufacture of General Purpose Machinery	195740	149668
专用设备制造业	Manufacture of Special Purpose Machinery	13955	13660
汽车制造业	Manufacture of Automobiles	33930	33930
铁路、航舶、航空航天和其他运输设备制造业	Manufacture of Railway, Ship, Aerospace and Other Transport Equipments	4524	2998
电气机械和器材制造业	Manufacture of Electrical Machinery and Apparatus	343036	197990
计算机、通信和其他电子设备制造业	Manufacture of Computers, Communication and Other Electronic Equipment	4297	1594
仪器仪表制造业	Manufacture of Measuring Instruments and Machinery	3273	3107
其他制造业	Other Manufacture	39165	30754
金属制品、机械和设备修理业	Repair Service of Metal Products, Machinery and Equipment	404	
电力、燃气及水的生产和供应业	**Power, Gas and Water Production and Supply**		
电力、热力生产和供应业	Production and Supply of Electric Power and Heat Power	9982689	3925487
燃气生产和供应业	Production and Supply of Gas	26698	19300
水的生产和供应业	Production and Supply of Water	67022	19566

Continued

(10 000 yuan)

非流动负债合计 Total Non-current Liabilities	所有者权益合计 Total Owners' Equity	实收资本 Paid-up Capital	营业收入 Revenue of Operating	营业成本 Cost of Business	营业税金及附加 Taxes and Other Charges on Operating	其他业务利润 Other Operating Profit
14386819	**17019581**	**7719921**	**23386656**	**19351974**	**621296**	**99339**
11929669	11056728	4358168	12384126	9561066	532141	92747
261910	1537059	562225	2836296	2382156	30099	5091
14124909	15482522	7157696	20550360	16969818	591197	94248
10333095	9246085	3141097	11264562	8742015	554197	83719
1673742	3879662	2249358	5009534	4372621	34240	10784
2379982	3893834	2329467	7112559	6237337	32859	4835
602109	486147	365151	477444	377365	820	726
	1489	1395	26763	24944	125	1555
	44833	500	103280	96363	110	
6886359	5526736	4027138	8043845	6948652	47897	9970
5317561	5876270	1114230	5962685	3887880	502665	85224
858253	2865798	1435156	5561828	4899026	50029	1731
2048	52449	11900	81948	77527	72	
492510	46585	147345	531048	443026	2182	16
94380	562300	342217	395879	320398	2294	-69
432175	1647694	643428	831010	758268	12094	-217
1053601	1852780		2054903	768077	389888	60606
39327	65371	73941	87690	82230	1701	134
78590	407544	150719	480323	313975	6827	2657
11637	114492	60015	136224	103574	3344	5
	995	1000	12656	12565	47	
43536	269473	109669	577178	527271	621	1190
15060	146353	66530	155251	123399	1097	420
6183	160695	95134	299439	207279	22488	334
5015	115244	32568	354698	337830	129	
6470	73817	17972	231500	209595	511	
800	2106	560	27302	21951	116	
	140	50	2698	2556	10	
511	31583	6694	43867	37112	270	
56153	86237	23157	290136	273246	989	
75589	174453	94313	173111	184266	36	50
4179215	3357894	1168243	2809007	1867660	119448	546
8095	349755	128595	423584	247093	3308	2268
9670	12609	7792	43000	39398	92	
222924	667516	398263	1007434	833341	4459	944
633919	760992	566367	2013693	1971474	17405	594
1366050	1937134	1900953	6247527	6163254	5948	27115
31736	102867	72114	50773	42673	99	136
46072	134396	46855	200321	170348	751	-18
	11074	3237	36859	31180	67	
	74079	21100	26737	21368	196	
1526	5109	2000	24895	22685	61	
79603	222074	90891	469333	431064	373	342
1397	3152	1326	33429	32965	32	
166	20281	2500	10601	8472	86	
8412	64757	11372	60568	58259	302	54
	865	100	10941	10388	164	
5925935	3996295	1887442	4102595	3401566	27868	1695
	42775	10600	32255	24217	268	
47456	106980	24425	25122	11377	199	482

14-6 续表 2

单位：万元

项 目	Item	销售费用 Cost of Sales	营业利润 Operating Profit
总计	**Total**	**761471**	**815033**
在总计中：国有控股企业	State-holding Enterprises	363577	710758
在总计中：轻工业	Light Industry	133146	142094
重工业	Heavy Industry	628325	672939
在总计中：大型企业	Large Enterprises	372869	680714
中型企业	Medium-sized Enterprises	247718	-21620
小型企业	Small Enterprises	140884	155939
#微型企业	Micro Enterprises	8491	-2572
在总计中：按登记注册类型分组	**By Status of Registration**		
集体企业	Collective-owned Enterprises	673	-1066
股份合作企业	Cooperative Enterprises	1391	1834
有限责任公司	Limited Liability Corporations	228956	-23792
股份有限公司	Share-holding Corporations Limited	276462	777069
私营企业	Private Enterprises	203732	75785
其他企业	Other Enterprises	508	1389
港、澳、台商投资企业	Enterprises with Funds from Hong Kong, Macao and Taiwan	37018	-7747
外商投资企业	Foreign Funded Enterprises	7406	43230
按工业行业分组	**Grouped by Sector**		
采掘业	**Mining**		
煤炭开采和洗选业	Mining and Washing of Coal	38031	-44725
石油和天然气开采业	Extraction of Petroleum and Natural Gas	6578	685640
黑色金属矿采选业	Mining and Processing of Ferrous Metal Ores	6232	-15209
有色金属矿采选业	Mining and Processing of Non-Ferrous Metal Ores	9440	113235
非金属矿采选业	Mining and Processing of Non-metal Ores	10526	-669
开采辅助活动	Support Activities for Mining		-35
制造业	**Manufacturing**		
农副食品加工业	Processing of Food from Agricultural Products	11144	17241
食品制造业	Manufacture of Foods	10461	2867
酒、饮料和精制茶制造业	Manufacture of Liquor, Beverages and Refined Tea	36962	30173
纺织业	Manufacture of Textile	2265	5727
纺织服装、服饰业	Manufacture of Textile, Wearing Apparel and Accessories	1947	10090
家具制造业	Manufacture of Furniture	2300	619
造纸和纸制品业	Manufacture of Paper and Paper Products	27	63
印刷和记录媒介复制业	Printing and Reproduction of Recording Media	1591	3936
文教、工美、体育和娱乐用品制造业	Manufacture of Articles for Culture, Education, Arts and Crafts,Sport and Entertainment Activities	2369	4174
石油加工、炼焦和核燃料加工业	Processing of Petroleum, Coking and Processing of Nuclear Fuel	11978	-43956
化学原料和化学制品制造业	Manufacture of Raw Chemical Materials and Chemical Products	327884	16354
医药制造业	Manufacture of Medicines	60842	59263
橡胶和塑料制品业	Manufacture of Rubber and Plastics Products	1369	228
非金属矿物制品业	Manufacture of Non-metallic Mineral Products	38981	39939
黑色金属冶炼和压延加工业	Smelting and Pressing of Ferrous Metals	54699	-42693
有色金属冶炼和压延加工业	Smelting and Pressing of Non-ferrous Metals	102119	-234634
金属制品业	Manufacture of Metal Products	2079	1912
通用设备制造业	Manufacture of General Purpose Machinery	8262	-1275
专用设备制造业	Manufacture of Special Purpose Machinery	1097	3448
汽车制造业	Manufacture of Automobiles	421	3498
铁路、航舶、航空航天和其他运输设备制造业	Manufacture of Railway, Ship, Aerospace and Other Transport Equipments	869	221
电气机械和器材制造业	Manufacture of Electrical Machinery and Apparatus	4736	8329
计算机、通信和其他电子设备制造业	Manufacture of Computers, Communication and Other Electronic Equipment	129	109
仪器仪表制造业	Manufacture of Measuring Instruments and Machinery	684	153
其他制造业	Other Manufacture		-286
金属制品、机械和设备修理业	Repair Service of Metal Products, Machinery and Equipment	159	64
电力、燃气及水的生产和供应业	**Power, Gas and Water Production and Supply**		
电力、热力生产和供应业	Production and Supply of Electric Power and Heat Power	2661	179650
燃气生产和供应业	Production and Supply of Gas	1250	3955
水的生产和供应业	Production and Supply of Water	1379	7629

Continued

(10 000 yuan)

利　润 总　额 Total Profits	应　交 所得税 Income Tax Payable	亏损企业 亏损总额 The Total Loss of Loss-making Enterprises	利　税 总　额 Total Profits and Taxes	本年应交 增 值 税 Value Added Tax Payable
1061910.6	**118363**	**698969.6**	**2502870**	**819663.7**
846395.9	63817.4	360575	1967859	589321.7
151477.2	12795	26716.3	234041	52465.3
910433.4	105568	672253.3	2268829	767198.4
824611.7	87029.9	250688.3	1942396.4	563588
37875.5	13056.9	275265.6	205411.9	133296.4
199423.4	18276.2	173015.7	355061.7	122779.3
4797.8	863.4	45376.7	14760	9142.1
-1050	26.6	1154.9	-921.5	3.5
1834			2567.4	623.6
68443.1	15403.3	358369.1	432288.9	315949.3
862692.3	61409.5	100652.9	1721217.3	355860.2
121932.6	26069.4	176600.9	264653.3	92692
1478.2			1606.4	56.2
-2639.2	476.8	11999.4	4263.7	4720.7
46393	9693.7	4727.1	56082.7	7396
-34693.1	5208	62287.1	19341.4	41940.5
667638.4			1308981.2	251454.6
-13188.8	-401.1	13458.9	-6612.9	4874.6
112272.5	-17697.6	6241.3	153000.3	33900.4
-282.6	861.1	5603.5	9883.1	6821.4
-10.1		10.1	466.2	429.1
20217.7	687.4	3077.8	22567.3	1728.4
5451.9	437	5946	10054.3	3505.4
29389.7	2470.2	10394.4	65152.4	13274.8
6121.4			6379.6	128.9
10214.6	339.6		15449.4	4723.6
619			734.6	
71.6	17.9		131.7	50.2
4341.8	2.4	13.4	6851.5	2239.9
4370.2	14.1	87.2	6262.6	903.8
-40823.8	525.4	43809.7	-40716.1	71.3
124109.4	58804.8	193306.4	335185.6	91628.5
61875.2	7672	1763.5	88104.2	22920.8
383.4	13.2	358.9	800.4	325.1
61301.8	11360.4	21272.4	96799.6	31039.1
-18286.6	16168.8	47398.7	26365.2	27246.4
-167699	11796.7	234184.6	-77020.9	84729.8
2440.6	303.6	488	2833.5	294
-519.1	328.4	4132.4	5002.4	4770.3
3472.6			4562	1022
3497.8			4177.4	483.8
220.5	3		281	
9112	1398	5670.9	10989.8	1504.6
109.4			141.2	
2984.6	458.3		3671.5	600.6
-298.7	101.4	298.7	1466.4	1462.7
63.5			227.5	
195392.4	16312.3	38402	405712	182452
4345.3	413.2		6644.9	2031.6
7695.1	764.5	763.7	8999.7	1105.5

14-7 地方规模以上工业企业主要指标(2014年)

单位：万元

项 目	Item	企 业 单位数 (个) Number of Enterprises (unit)	亏 损 企 业 Loss-making Enterprises
总计	**Total**	**548**	**183**
在总计中：国有控股企业	State-holding Enterprises	106	35
在总计中：轻工业	Light Industry	155	21
重工业	Heavy Industry	393	162
在总计中：大型企业	Large Enterprises	21	8
中型企业	Medium-sized Enterprises	98	36
小型企业	Small Enterprises	429	139
＃微型企业	Micro Enterprises	57	21
在总计中按登记注册类型分	**By Status of Registration**		
集体企业	Collective-owned Enterprises	2	1
股份合作企业	Cooperative Enterprises	1	
有限责任公司	Limited Liability Corporations	214	79
股份有限公司	Share-holding Corporations Limited	25	8
私营企业	Private Enterprises	266	85
其他企业	Other Enterprises	2	
港、澳、台商投资企业	Enterprises with Funds from Hong Kong, Macao and Taiwan	10	2
外商投资企业	Foreign Funded Enterprises	16	3
按工业行业分组	**Grouped by Sector**		
采掘业	**Mining**		
煤炭开采和洗选业	Mining and Washing of Coal	37	21
黑色金属矿采选业	Mining and Processing of Ferrous Metal Ores	13	11
有色金属矿采选业	Mining and Processing of Non-Ferrous Metal Ores	14	3
非金属矿采选业	Mining and Processing of Non-metal Ores	13	7
开采辅助活动	Support Activities for Mining	1	1
制造业	**Manufacturing**		
农副食品加工业	Processing of Food from Agricultural Products	55	7
食品制造业	Manufacture of Foods	15	1
酒、饮料和精制茶制造业	Manufacture of Liquor, Beverages and Refined Tea	13	3
纺织业	Manufacture of Textile	5	
纺织服装、服饰业	Manufacture of Textile, Wearing Apparel and Accessories	10	
家具制造业	Manufacture of Furniture	1	
造纸和纸制品业	Manufacture of Paper and Paper Products	1	
印刷和记录媒介复制业	Printing and Reproduction of Recording Media	4	1
文教、工美、体育和娱乐用品制造业	Manufacture of Articles for Culture, Education, Arts and Crafts, Sport and Entertainment Activities	7	1
石油加工、炼焦和核燃料加工业	Processing of Petroleum, Coking and Processing of Nuclear Fuel	4	1
化学原料和化学制品制造业	Manufacture of Raw Chemical Materials and Chemical Products	60	28
医药制造业	Manufacture of Medicines	29	3
橡胶和塑料制品业	Manufacture of Rubber and Plastics Products	9	3
非金属矿物制品业	Manufacture of Non-metallic Mineral Products	59	21
黑色金属冶炼和压延加工业	Smelting and Pressing of Ferrous Metals	38	29
有色金属冶炼和压延加工业	Smelting and Pressing of Non-ferrous Metals	48	25
金属制品业	Manufacture of Metal Products	9	1
通用设备制造业	Manufacture of General Purpose Machinery	7	2
专用设备制造业	Manufacture of Special Purpose Machinery	3	
汽车制造业	Manufacture of Automobiles	2	
铁路、船舶、航空航天和其他运输设备制造业	Manufacture of Railway, Ship, Aerospace and Other Transport Equipments	1	
电气机械和器材制造业	Manufacture of Electrical Machinery and Apparatus	17	4
计算机、通信和其他电子设备制造业	Manufacture of Computers, Communication and Other Electronic Equipment	2	
仪器仪表制造业	Manufacture of Measuring Instruments and Machinery	2	
其他制造业	Other Manufacture	1	1
金属制品、机械和设备修理业	Repair Service of Metal Products, Machinery and Equipment	1	
电力、燃气及水的生产和供应业	**Power, Gas and Water Production and Supply**		
电力、热力生产和供应业	Production and Supply of Electric Power and Heat Power	61	8
燃气生产和供应业	Production and Supply of Gas	3	
水的生产和供应业	Production and Supply of Water	3	1

Main Indicators of Local Industrial Enterprises above Designated Size (2014)

(10 000 yuan)

工业总产值 Gross Industrial Output Value	资产总计 Total Assets	流动资产合计 Total Working Capitals	固定资产合计 Total Fixed Assets	固定资产原价 Original Value of Fixed Assets	累计折旧 Accumulated Depreciation	本年折旧 Depreciation Charge for the Year
19576464	**44502884**	**13223175**	**20723544**	**30123372**	**11176430**	**2107541**
5810460	26913640	5954706	13050174	16389245	4490076	898271
3645205	3084985	1416265	1214000	3100486	1972470	323831
15931259	41417900	11806910	19509544	27022886	9203959	1783710
5624686	21429638	4359250	10632827	13870540	4092543	792413
5998780	11012926	4603596	4430280	7678201	3648093	696016
7952998	12060320	4260329	5660437	8574632	3435794	619113
503502	2486369	597649	1358127	1238054	138171	40252
4881	10354	9887	467	327	143	29
130159	85644	41689	43955	98570	54616	11828
7648252	20228388	5345830	11686691	16660922	5472121	1168591
3328554	13369721	3564721	3995497	4645918	1423840	213151
7268186	7914158	3442966	3473957	6709318	3563252	585943
80506	78452	29945	48496	135199	86903	16124
507142	1078841	313324	476300	550257	151911	41890
475433	969224	295208	605085	884153	342850	50381
1011754	3431428	1858256	539886	492233	137997	26647
93468	357254	164363	151519	194739	53491	13989
488251	815921	346880	234075	379762	156538	27728
185098	251141	137921	66829	316121	253025	31722
2888	2097	2044				
747124	560781	290299	221282	548665	371597	57199
337636	260430	102991	119580	139454	21864	10892
476553	428724	182698	187088	201147	33381	13046
356696	243520	115231	106694	694304	588153	82133
273919	155180	69061	74610	265782	191484	30357
27579	3979	1587	2392	50637	49245	6076
2698	700	453	246	317	71	31
64578	59175	21246	37926	47967	10041	4523
307173	192480	75459	103275	467451	364176	53770
434506	472081	165068	229841	323811	93970	16516
3130795	12758380	3165896	4846321	5794694	1251767	302314
671557	519844	279660	142307	240363	103437	16036
34977	49348	35648	10855	20530	10594	1714
1482568	2362350	788468	1383535	1757965	452006	116905
1834543	3553959	1202978	1405323	2058913	672799	118051
5038625	6831472	2560628	2969224	5414620	3254839	587070
86291	160314	45712	110232	65378	39793	4528
229976	330136	169719	101784	288270	186515	22982
43160	25028	11154	13874	13710	1824	870
223465	108009	30776	77233	86501	9268	9268
25073	9633	5685	3947	16632	12684	1979
511545	567479	263064	220987	541615	330473	68125
33560	7449	3854	3552	70034	66708	8592
16477	23554	13401	8897	15058	6161	806
9264	103922	20532	7228	6418	1731	706
11003	1269	525	744	20152	19408	2418
1335536	9612375	1003256	7254930	9457369	2381862	464812
22684	69474	19540	27929	35210	10607	1896
25442	174002	69122	59400	97556	38921	3844

14-7 续表 1

单位：万元

项 目	Item	负债合计 Total Liabilities	流动负债合计 Total Working Liabilities
总计	**Total**	**31467274**	**17710577**
在总计中：国有控股企业	State-holding Enterprises	19964595	10082365
在总计中：轻工业	Light Industry	1528276	1107218
重工业	Heavy Industry	29938998	16603358
在总计中：大型企业	Large Enterprises	16027976	7425434
中型企业	Medium-sized Enterprises	7168269	5183756
小型企业	Small Enterprises	8271029	5101387
#微型企业	Micro Enterprises	1949454	694031
在总计中按登记注册类型分	**By Status of Registration**		
集体企业	Collective-owned Enterprises	8866	8866
股份合作企业	Cooperative Enterprises	40811	40811
有限责任公司	Limited Liability Corporations	15070113	8367719
股份有限公司	Share-holding Corporations Limited	9359147	4790625
私营企业	Private Enterprises	5009453	3499876
其他企业	Other Enterprises	26002	23448
港、澳、台商投资企业	Enterprises with Funds from Hong Kong, Macao and Taiwan	1032231	538208
外商投资企业	Foreign Funded Enterprises	402352	229257
按工业行业分组	**Grouped by Sector**		
采掘业	**Mining**		
煤炭开采和洗选业	Mining and Washing of Coal	1773493	1329545
黑色金属矿采选业	Mining and Processing of Ferrous Metal Ores	290584	250370
有色金属矿采选业	Mining and Processing of Non-Ferrous Metal Ores	397577	310456
非金属矿采选业	Mining and Processing of Non-metal Ores	139490	124291
开采辅助活动	Support Activities for Mining	1102	1102
制造业	**Manufacturing**		
农副食品加工业	Processing of Food from Agricultural Products	287515	203257
食品制造业	Manufacture of Foods	113976	96278
酒、饮料和精制茶制造业	Manufacture of Liquor, Beverages and Refined Tea	268029	259295
纺织业	Manufacture of Textile	120367	92671
纺织服装、服饰业	Manufacture of Textile, Wearing Apparel and Accessories	76359	68820
家具制造业	Manufacture of Furniture	1873	1073
造纸和纸制品业	Manufacture of Paper and Paper Products	560	560
印刷和记录媒介复制业	Printing and Reproduction of Recording Media	27592	27081
文教、工美、体育和娱乐用品制造业	Manufacture of Articles for Culture, Education, Arts and Crafts,Sport and Entertainment Activities	106217	48158
石油加工、炼焦和核燃料加工业	Processing of Petroleum, Coking and Processing of Nuclear Fuel	297628	222039
化学原料和化学制品制造业	Manufacture of Raw Chemical Materials and Chemical Products	9346653	4652371
医药制造业	Manufacture of Medicines	169641	139246
橡胶和塑料制品业	Manufacture of Rubber and Plastics Products	36737	27067
非金属矿物制品业	Manufacture of Non-metallic Mineral Products	1666629	1401871
黑色金属冶炼和压延加工业	Smelting and Pressing of Ferrous Metals	2794050	1859987
有色金属冶炼和压延加工业	Smelting and Pressing of Non-ferrous Metals	5150760	3741785
金属制品业	Manufacture of Metal Products	57218	25177
通用设备制造业	Manufacture of General Purpose Machinery	195740	149668
专用设备制造业	Manufacture of Special Purpose Machinery	13955	13660
汽车制造业	Manufacture of Automobiles	33930	33930
铁路、航舶、航空航天和其他运输设备制造业	Manufacture of Railway, Ship, Aerospace and Other Transport Equipments	4524	2998
电气机械和器材制造业	Manufacture of Electrical Machinery and Apparatus	343036	197990
计算机、通信和其他电子设备制造业	Manufacture of Computers, Communication and Other Electronic Equipment	4297	1594
仪器仪表制造业	Manufacture of Measuring Instruments and Machinery	3273	3107
其他制造业	Other Manufacture	39165	30754
金属制品、机械和设备修理业	Repair Service of Metal Products, Machinery and Equipment	404	
电力、燃气及水的生产和供应业	**Power, Gas and Water Production and Supply**		
电力、热力生产和供应业	Production and Supply of Electric Power and Heat Power	7611183	2355511
燃气生产和供应业	Production and Supply of Gas	26698	19300
水的生产和供应业	Production and Supply of Water	67022	19566

Continued

(10 000 yuan)

非流动负债合计 Total Non-current Liabilities	所有者权益合计 Total Owners' Equity	实收资本 Paid-up Capital	营业收入 Revenue of Operating	营业成本 Cost of Business	营业税金及附加 Taxes and Other Charges on Operating	其他业务利润 Other Operating Profit
12224330	**12823760**	**6702328**	**17068401**	**14406093**	**214090**	**38155**
9767180	6860907	3340575	6065871	4615185	124936	31563
261910	1537059	562225	2836296	2382156	30099	5091
11962420	11286701	6140104	14232105	12023937	183992	33064
8602543	5327522	2373548	5571801	4301190	148314	22978
1538193	3818948	2163874	4791559	4171388	33280	10341
2083594	3677290	2164907	6705040	5933516	32496	4835
566859	473518	358055	471263	374126	764	726
	1489	1395	26763	24944	125	1555
	44833	500	103280	96363	110	
6382316	5063311	3497093	6763835	5778014	45348	8865
4090329	3946941	1037681	3446163	2631603	111916	25145
858253	2865798	1435156	5561828	4899026	50029	1731
2048	52449	11900	81948	77527	72	
492510	46585	147345	531048	443026	2182	16
94380	562300	342217	395879	320398	2294	-69
432175	1647694	643428	831010	758268	12094	-217
39327	65371	73941	87690	82230	1701	134
78590	407544	150719	480323	313975	6827	2657
11637	111650	58015	131502	99005	3309	5
	995	1000	12656	12565	47	
43536	269473	109669	577178	527271	621	1190
15060	146353	66530	155251	123399	1097	420
6183	160695	95134	299439	207279	22488	334
5015	115244	32568	354698	337830	129	
6470	73817	17972	231500	209595	511	
800	2106	560	27302	21951	116	
	140	50	2698	2556	10	
511	31583	6694	43867	37112	270	
56153	86237	23157	290136	273246	989	
75589	174453	94313	173111	184266	36	50
4173607	3351732	1143862	2762015	1799725	119448	103
8095	349755	128595	423584	247093	3308	2268
9670	12609	7792	43000	39398	92	
196982	618452	374359	937387	788923	4124	944
603887	749289	563787	1848540	1810327	17391	594
1120272	1677958	1505061	5033813	4916475	3861	26980
31736	102867	72114	50773	42673	99	136
46072	134396	46855	200321	170348	751	-18
	11074	3237	36859	31180	67	
	74079	21100	26737	21368	196	
1526	5109	2000	24895	22685	61	
79603	222074	90891	469333	431064	373	342
1397	3152	1326	33429	32965	32	
166	20281	2500	10601	8472	86	
8412	64757	11372	60568	58259	302	54
	865	100	10941	10388	164	
5124405	1982203	1318605	1339871	748609	13023	1695
	42775	10600	32255	24217	268	
47456	106980	24425	25122	11377	199	482

14-7 续表 2

单位：万元

项 目	Item	销售费用 Cost of Sales	营业利润 Operating Profit
总计	**Total**	**719437**	**264370**
在总计中：国有控股企业	State-holding Enterprises	321542	160095
在总计中：轻工业	Light Industry	133146	142094
重工业	Heavy Industry	586291	122276
在总计中：大型企业	Large Enterprises	336611	170853
中型企业	Medium-sized Enterprises	244904	-11541
小型企业	Small Enterprises	137923	105058
#微型企业	Micro Enterprises	8491	-3045
在总计中按登记注册类型分	**By Status of Registration**		
集体企业	Collective-owned Enterprises	673	-1066
股份合作企业	Cooperative Enterprises	1391	1834
有限责任公司	Limited Liability Corporations	206950	-787
股份有限公司	Share-holding Corporations Limited	256434	162401
私营企业	Private Enterprises	203732	75785
其他企业	Other Enterprises	508	1389
港、澳、台商投资企业	Enterprises with Funds from Hong Kong, Macao and Taiwan	37018	-7747
外商投资企业	Foreign Funded Enterprises	7406	43230
按工业行业分组	**Grouped by Sector**		
采掘业	**Mining**		
煤炭开采和洗选业	Mining and Washing of Coal	38031	-44725
黑色金属矿采选业	Mining and Processing of Ferrous Metal Ores	6232	-15209
有色金属矿采选业	Mining and Processing of Non-Ferrous Metal Ores	9440	113235
非金属矿采选业	Mining and Processing of Non-metal Ores	10526	-576
开采辅助活动	Support Activities for Mining		
制造业	**Manufacturing**		
农副食品加工业	Processing of Food from Agricultural Products	11144	17241
食品制造业	Manufacture of Foods	10461	2867
酒、饮料和精制茶制造业	Manufacture of Liquor, Beverages and Refined Tea	36962	30173
纺织业	Manufacture of Textile	2265	5727
纺织服装、服饰业	Manufacture of Textile, Wearing Apparel and Accessories	1947	10090
家具制造业	Manufacture of Furniture	2300	619
造纸和纸制品业	Manufacture of Paper and Paper Products	27	63
印刷和记录媒介复制业	Printing and Reproduction of Recording Media	1591	3936
文教、工美、体育和娱乐用品制造业	Manufacture of Articles for Culture, Education, Arts and Crafts,Sport and Entertainment Activities	2369	4174
石油加工、炼焦和核燃料加工业	Processing of Petroleum, Coking and Processing of Nuclear Fuel	11978	-43956
化学原料和化学制品制造业	Manufacture of Raw Chemical Materials and Chemical Products	327266	40886
医药制造业	Manufacture of Medicines	60842	59263
橡胶和塑料制品业	Manufacture of Rubber and Plastics Products	1369	228
非金属矿物制品业	Manufacture of Non-metallic Mineral Products	36784	26726
黑色金属冶炼和压延加工业	Smelting and Pressing of Ferrous Metals	53946	-42806
有色金属冶炼和压延加工业	Smelting and Pressing of Non-ferrous Metals	70231	-97964
金属制品业	Manufacture of Metal Products	2079	1912
通用设备制造业	Manufacture of General Purpose Machinery	8262	-1275
专用设备制造业	Manufacture of Special Purpose Machinery	1097	3448
汽车制造业	Manufacture of Automobiles	421	3498
铁路、船舶、航空航天和其他运输设备制造业	Manufacture of Railway, Ship, Aerospace and Other Transport Equipments	869	221
电气机械和器材制造业	Manufacture of Electrical Machinery and Apparatus	4736	8329
计算机、通信和其他电子设备制造业	Manufacture of Computers, Communication and Other Electronic Equipment	129	109
仪器仪表制造业	Manufacture of Measuring Instruments and Machinery	684	153
其他制造业	Other Manufacture		-286
金属制品、机械和设备修理业	Repair Service of Metal Products, Machinery and Equipment	159	64
电力、燃气及水的生产和供应业	**Power, Gas and Water Production and Supply**		
电力、热力生产和供应业	Production and Supply of Electric Power and Heat Power	2661	166657
燃气生产和供应业	Production and Supply of Gas	1250	3955
水的生产和供应业	Production and Supply of Water	1379	7629

Continued

(10 000 yuan)

利　润 总　额 Total Profits	应　交 所得税 Income Tax Payable	亏损企业 亏损总额 The Total Loss of Loss-making Enterprises	利　税 总　额 Total Profits and Taxes	本年应交 增 值 税 Value Added Tax Payable
505620	**109877**	**513086**	**1217664**	**497953**
290105	55331	174691	682653	267611
151477	12795	26716	234041	52465
354143	97082	486369	983623	445488
316929	81723	90733	727944	262701
44904	10678	251478	198626	120442
143787	17475	170875	291094	114811
4327	863	45187	13123	8032
-1050	27	1155	-922	4
1834			2567	624
82575	12224	269701	423049	295126
260456	61410	35250	467099	94726
121933	26069	176601	264653	92692
1478			1606	56
-2639	477	11999	4264	4721
46393	9694	4727	56083	7396
-34693	5208	62287	19341	41941
-13189	-401	13459	-6613	4875
112273	-17698	6241	153000	33900
-189	846	5510	9361	6241
-10		10	466	429
20218	687	3078	22567	1728
5452	437	5946	10054	3505
29390	2470	10394	65152	13275
6121			6380	129
10215	340		15449	4724
619			735	
72	18		132	50
4342	2	13	6852	2240
4370	14	87	6263	904
-40824	525	43810	-40716	71
147897	58805	169519	357895	90550
61875	7672	1764	88104	22921
383	13	359	800	325
45951	8982	21272	75582	25507
-23145	15857	47399	21492	27246
-37700	11797	104185	39463	73301
2441	304	488	2834	294
-519	328	4132	5002	4770
3473			4562	1022
3498			4177	484
221	3		281	
9112	1398	5671	10990	1505
109			141	
2985	458		3672	601
-299	101	299	1466	1463
64			228	
173068	10531	6399	316908	130817
4345	413		6645	2032
7695	765	764	9000	1106

14-8 规模以上国有及国有控股工业企业主要经济指标(2014年)

单位：万元

项目	Item	企业单位数(个) Number of Enterprises (unit)	亏损企业 Loss-making Enterprises
总计	**Total**	**126**	**43**
在总计中：国有控股企业	State-holding Enterprises	126	43
在总计中：轻工业	Light Industry	18	5
重工业	Heavy Industry	108	38
在总计中：大型企业	Large Enterprises	16	7
中型企业	Medium-sized Enterprises	36	15
小型企业	Small Enterprises	74	21
#微型企业	Micro Enterprises	13	2
在总计中：按登记注册类型分组	**By Status of Registration**		
国有企业	**State-owned Enterprises**	13	6
有限责任公司	Limited Liability Corporations	97	32
股份有限公司	Share-holding Corporations Limited	14	5
港、澳、台商投资企业	Enterprises with Funds from Hong Kong, Macao and Taiwan	2	
外商投资企业	Foreign Funded Enterprises		
按工业行业分组	**Grouped by Sector**		
采掘业	**Mining**		
煤炭开采和洗选业	Mining and Washing of Coal	12	5
石油和天然气开采业	Extraction of Petroleum and Natural Gas	1	
黑色金属矿采选业	Mining and Processing of Ferrous Metal Ores	1	1
有色金属矿采选业	Mining and Processing of Non-Ferrous Metal Ores	3	
非金属矿采选业	Mining and Processing of Non-metal Ores	6	4
制造业	**Manufacturing**		
农副食品加工业	Processing of Food from Agricultural Products	2	1
食品制造业	Manufacture of Foods	1	
纺织服装、服饰业	Manufacture of Textile, Wearing Apparel and Accessories	2	
印刷和记录媒介复制业	Printing and Reproduction of Recording Media	2	1
石油加工、炼焦和核燃料加工业	Processing of Petroleum, Coking and Processing of Nuclear Fuel		
化学原料和化学制品制造业	Manufacture of Raw Chemical Materials and Chemical Products	16	9
医药制造业	Manufacture of Medicines	4	
非金属矿物制品业	Manufacture of Non-metallic Mineral Products	7	2
黑色金属冶炼和压延加工业	Smelting and Pressing of Ferrous Metals	2	
有色金属冶炼和压延加工业	Smelting and Pressing of Non-ferrous Metals	18	11
通用设备制造业	Manufacture of General Purpose Machinery	1	1
电气机械和器材制造业	Manufacture of Electrical Machinery and Apparatus	4	1
其他制品业	Other Manufacture	1	1
电力、燃气及水的生产和供应业	**Power, Gas and Water Production and Supply**		
电力、热力生产和供应业	Production and Supply of Electric Power and Heat Power	40	5
水的生产和供应业	Production and Supply of Water	3	1

Main Economic Indicators of State-owned and State-holding Industrial Enterprises above Designated Size(2014)

(10 000 yuan)

工业总产值 Gross Industrial Output Value	资产总计 Total Assets	流动资产合计 Total Working Capitals	固定资产合计 Total Fixed Assets	固定资产原价 Original Value of Fixed Assets	累计折旧 Accumulated Depreciation	本年折旧 Depreciation Charge for the Year
12792554	**36551609**	**7617262**	**20558342**	**28234456**	**8891426**	**1627653**
12792554	36551609	7617262	20558342	28234456	8891426	1627653
344068	525255	184232	202497	286060	96715	28084
12448485	36026354	7433030	20355845	27948396	8794711	1599569
9888504	26583831	4680772	15385035	21803229	7234215	1210605
1792515	5673949	2084791	2397220	3175400	1004932	240698
1111535	4293829	851700	2776087	3255827	652278	176351
92071	642264	128509	470455	385682	42960	14856
2741666	3969162	467981	3175885	4502288	1577030	264912
4519950	16161374	3107644	10704230	14067736	3743854	828400
5502674	16277835	4026986	6568299	9553019	3546359	528345
28264	143238	14652	109928	111413	24183	5997
345160	1600596	812973	374302	367721	100645	18774
2631122	3652648	807075	2537790	4581129	1851006	256629
12954	69102	10725	37540	44041	6502	1889
213181	383218	125305	95057	216938	121881	15837
57367	195547	82314	67894	109756	40640	5170
35639	11186	4072	6042	21015	14973	2116
7639	15803	8697	3889	6239	2350	39
11822	25985	21530	4305	8946	4640	573
7884	13547	9608	3936	7936	4000	459
1833036	9881966	2026139	3724020	4425644	883586	224150
65238	53660	19321	26068	29286	3219	1951
295220	1096013	195930	891168	1041241	164354	62542
700939	2530626	760084	966389	1578007	611617	93919
2267009	4252390	1265152	2101121	2485046	1154529	223106
101620	226584	129528	41152	76998	35846	3468
220185	173726	41836	127720	149057	31182	22697
9264	103922	20532	7228	6418	1731	706
3951834	12091089	1207320	9483322	12981484	3819805	689786
25442	174002	69122	59400	97556	38921	3844

14-8 续表 1

单位：万元

项 目	Item	负 债 合 计 Total Liabilities	流动负债 合 计 Total Working Liabilities
总计	**Total**	**25405842**	**13361123**
在总计中：国有控股企业	State-holding Enterprises	25405842	13361123
在总计中：轻工业	Light Industry	273806	145609
重工业	Heavy Industry	25132036	13215514
在总计中：大型企业	Large Enterprises	18104815	8416910
中型企业	Medium-sized Enterprises	4006029	2942185
小型企业	Small Enterprises	3294998	2002028
#微型企业	Micro Enterprises	514034	246420
在总计中：按登记注册类型分组	**By Status of Registration**		
国有企业	**State-owned Enterprises**	1916292	1178546
有限责任公司	Limited Liability Corporations	12787255	6786219
股份有限公司	Share-holding Corporations Limited	10615757	5356993
港、澳、台商投资企业	Enterprises with Funds from Hong Kong, Macao and Taiwan	86538	39365
外商投资企业	Foreign Funded Enterprises		
按工业行业分组	**Grouped by Sector**		
采掘业	**Mining**		
煤炭开采和洗选业	Mining and Washing of Coal	734695	554723
石油和天然气开采业	Extraction of Petroleum and Natural Gas	1799868	746267
黑色金属矿采选业	Mining and Processing of Ferrous Metal Ores	60182	59239
有色金属矿采选业	Mining and Processing of Non-Ferrous Metal Ores	134625	72799
非金属矿采选业	Mining and Processing of Non-metal Ores	117065	107874
制造业	**Manufacturing**		
农副食品加工业	Processing of Food from Agricultural Products	6915	6915
食品制造业	Manufacture of Foods	8428	5790
纺织服装、服饰业	Manufacture of Textile, Wearing Apparel and Accessories	8296	7869
印刷和记录媒介复制业	Printing and Reproduction of Recording Media	11542	11031
石油加工、炼焦和核燃料加工业	Processing of Petroleum, Coking and Processing of Nuclear Fuel		
化学原料和化学制品制造业	Manufacture of Raw Chemical Materials and Chemical Products	7512808	3670570
医药制造业	Manufacture of Medicines	25720	5091
非金属矿物制品业	Manufacture of Non-metallic Mineral Products	849890	713390
黑色金属冶炼和压延加工业	Smelting and Pressing of Ferrous Metals	1947449	1403278
有色金属冶炼和压延加工业	Smelting and Pressing of Non-ferrous Metals	3208747	2482862
通用设备制造业	Manufacture of General Purpose Machinery	149152	105807
电气机械和器材制造业	Manufacture of Electrical Machinery and Apparatus	122018	73894
其他制品业	Other Manufacture	39165	30754
电力、燃气及水的生产和供应业	**Power, Gas and Water Production and Supply**		
电力、热力生产和供应业	Production and Supply of Electric Power and Heat Power	8602256	3283406
水的生产和供应业	Production and Supply of Water	67022	19566

Continued

(10 000 yuan)

非流动负债合计 Total Non-current Liabilities	所有者权益合计 Total Owners' Equity	实收资本 Paid-up Capital	营业收入 Revenue of Operating	营业成本 Cost of Business	营业税金及附加 Taxes and Other Charges on Operating	其他业务利润 Other Operating Profit
11929669	**11056728**	**4358168**	**12384126**	**9561066**	**532141**	**92747**
11929669	11056728	4358168	12384126	9561066	532141	92747
104929	251449	72044	338795	293447	1425	1222
11824740	10805279	4286123	12045331	9267619	530716	91525
9687905	8404876	2615549	9567616	7258815	505623	83395
1047625	1667465	1064763	1752380	1503427	20431	7751
1194140	984386	677856	1064130	798825	6088	1602
267614	128229	78388	56410	22500	90	566
735708	2043120	640042	2679381	2654161	15923	911
5901564	3295284	2653438	4347318	3548636	33650	6944
5245225	5661623	1029010	5331526	3341648	482366	84892
47173	56700	35678	25901	16622	202	
176656	865529	433635	356736	314343	7709	465
1053601	1852780		2054903	768077	389888	60606
944	8920	10300	13800	15373	777	
61827	248593	19965	214195	115547	4631	2648
9191	78482	34480	53556	28358	2740	
	4271	6161	20480	19497		
	7374	5000	7497	3395	474	420
427	17689	4152	14726	9732	242	
511	2005	737	6606	5111	44	
3842238	2369158	658992	1683519	1057144	82027	670
	27939	13998	40909	32920	125	
136500	172277	148793	328228	283478	1063	-35
544171	583177	382000	896133	886727	11160	
677594	1043268	1072075	2472346	2447032	3346	25619
43345	77432	23885	110538	90057	613	
48124	51708	9984	182428	167819	195	266
8412	64757	11372	60568	58259	302	54
5278673	3474389	1498215	3841837	3246819	26608	1552
47456	106980	24425	25122	11377	199	482

14-8 续表 2

单位：万元

项　目	Item	销售费用 Cost of Sales	营业利润 Operating Profit
总计	**Total**	**363577**	**710758**
在总计中：国有控股企业	State-holding Enterprises	363577	710758
在总计中：轻工业	Light Industry	4444	13796
重工业	Heavy Industry	359133	696962
在总计中：大型企业	Large Enterprises	277251	660642
中型企业	Medium-sized Enterprises	73876	-31363
小型企业	Small Enterprises	12449	81479
#微型企业	Micro Enterprises	55	14792
按登记注册类型分组	**By Status of Registration**		
国有企业	**State-owned Enterprises**	5327	-51669
有限责任公司	Limited Liability Corporations	105242	-9340
股份有限公司	Share-holding Corporations Limited	252507	770067
港、澳、台商投资企业	Enterprises with Funds from Hong Kong, Macao and Taiwan	501	1701
外商投资企业	Foreign Funded Enterprises		
按工业行业分组	**Grouped by Sector**		
采掘业	**Mining**		
煤炭开采和洗选业	Mining and Washing of Coal	27654	-28190
石油和天然气开采业	Extraction of Petroleum and Natural Gas	6578	685640
黑色金属矿采选业	Mining and Processing of Ferrous Metal Ores	2829	-1574
有色金属矿采选业	Mining and Processing of Non-Ferrous Metal Ores	6974	68084
非金属矿采选业	Mining and Processing of Non-metal Ores	7174	-1082
制造业	**Manufacturing**		
农副食品加工业	Processing of Food from Agricultural Products	216	-549
食品制造业	Manufacture of Foods	1077	658
纺织服装、服饰业	Manufacture of Textile, Wearing Apparel and Accessories	357	1824
印刷和记录媒介复制业	Printing and Reproduction of Recording Media	0	-410
石油加工、炼焦和核燃料加工业	Processing of Petroleum, Coking and Processing of Nuclear Fuel		
化学原料和化学制品制造业	Manufacture of Raw Chemical Materials and Chemical Products	222796	-6993
医药制造业	Manufacture of Medicines	789	2772
非金属矿物制品业	Manufacture of Non-metallic Mineral Products	7584	14468
黑色金属冶炼和压延加工业	Smelting and Pressing of Ferrous Metals	21830	5752
有色金属冶炼和压延加工业	Smelting and Pressing of Non-ferrous Metals	48524	-177418
通用设备制造业	Manufacture of General Purpose Machinery	6107	-3895
电气机械和器材制造业	Manufacture of Electrical Machinery and Apparatus	1678	3208
其他制品业	Other Manufacture		-286
电力、燃气及水的生产和供应业	**Power, Gas and Water Production and Supply**		
电力、热力生产和供应业	Production and Supply of Electric Power and Heat Power	29	141120
水的生产和供应业	Production and Supply of Water	1379	7629

Continued

(10 000 yuan)

利润总额 Total Profits	应交所得税 Income Tax Payable	亏损企业亏损总额 The Total Loss of Loss-making Enterprises	利税总额 Total Profits and Taxes	本年应交增值税 Value Added Tax Payable
846396	**63817**	**360575**	**1967859**	**589322**
846396	63817	360575	1967859	589322
15534	1082	2714	23273	6314
830862	62735	357861	1944586	583008
755347	68765	191766	1752860	491891
-6764	-11550	130896	83788	70121
97813	6602	37913	131211	27310
14939	535	805	16762	1733
-37173	5284	45465	21112	42362
33559	-548	240885	272856	205646
848137	58959	74224	1669801	339298
1873	123		4090	2015
-19439	5161	44476	14090	25819
667638			1308981	251455
-1573	-401	1573	322	1118
68779	-18363		99674	26263
-471	643	4913	8277	6008
-549		817	-530	19
1082	208		2248	693
2149			3627	1236
-4	2	13	450	410
68440	40252	114779	194129	43662
2772			3895	998
19992	3009	48	30439	9384
24923	15494		46837	10754
-147747	1407	155237	-119887	24515
-3409		3409	1050	3845
3737	6	822	5107	1175
-299	101	299	1466	1463
152677	15534	33427	358686	179402
7695	765	764	9000	1106

14-9 规模以上集体工业企业主要经济指标(2014年)

单位：万元

项 目	Item	企业单位数(个) Number of Enterprises (unit)	工业总产值 Gross Industrial Output Value
总计	**Total**	**2**	**4881**
重工业	Heavy Industry	2	4881
中型企业	Medium-sized Enterprises	1	2101
小型企业	Small Enterprises	1	2780
在总计中按登记注册类型分组	**By Status of Registration**		
集体企业	Collective-owned Enterprises	2	4881
制造业	**Manufacture**		
化学原料和化学制品制造业	Manufacture of Raw Chemical Materials and Chemical Products	1	2780
有色金属冶炼和压延加工业	Smelting and Pressing of Non-ferrous Metals	1	2101

Main Indicators of Collective-owned Industrial Enterprises above Designated Size(2014)

(10 000 yuan)

资产总计 Total Assets	流动资产合计 Total Working Capitals	固定资产合计 Total Fixed Assets	固定资产原价 Original Value of Fixed Assets	累计折旧 Accumulated Depreciation	本年折旧 Depreciation Charge for the Year
10354	**9887**	**467**	**327**	**143**	**29**
10354	9887	467	327	143	29
8087	7621	466	325	142	28
2267	2267	1	2	1	1
10354	9887	467	327	143	29
2267	2267	1	2	1	1
8087	7621	466	325	142	28

14-9 续表 1

单位：万元

项　目	Item	负　债 合　计 Total Liabilities	流动负债 合　计 Total Working Liabilities
总计	**Total**	**8866**	**8866**
重工业	Heavy Industry	8866	8866
中型企业	Medium-sized Enterprises	7692	7692
小型企业	Small Enterprises	1173	1173
在总计中按登记注册类型分组	**By Status of Registration**		
集体企业	Collective-owned Enterprises	8866	8866
制造业	**Manufacture**		
化学原料和化学制品制造业	Manufacture of Raw Chemical Materials and Chemical Products	1173	1173
有色金属冶炼和压延加工业	Smelting and Pressing of Non-ferrous Metals	7692	7692

Continued

(10 000 yuan)

所有者权益合计 Total Owners' Equity	实收资本 Paid-up Capital	营业收入 Revenue of Operating	营业成本 Cost of Business	营业税金及附加 Taxes and Other Charges on Operating	其他业务利润 Other Operating Profit
1489	**1395**	**26763**	**24944**	**125**	**1555**
1489	1395	26763	24944	125	1555
395	395	23513	22187	125	1555
1094	1000	3251	2756		
1489	1395	26763	24944	125	1555
1094	1000	3251	2756		
395	395	23513	22187	125	1555

14-9 续表 2

单位：万元

项 目	Item	销售费用 Cost of Sales	营业利润 Operating Profit
总计	**Total**	**673**	**-1066**
重工业	Heavy Industry	673	-1066
中型企业	Medium-sized Enterprises	406	-1172
小型企业	Small Enterprises	267	106
在总计中按登记注册类型分组	**By Status of Registration**		
集体企业	Collective-owned Enterprises	673	-1066
制造业	**Manufacture**		
化学原料和化学制品制造业	Manufacture of Raw Chemical Materials and Chemical Products	267	106
有色金属冶炼和压延加工业	Smelting and Pressing of Non-ferrous Metals	406	-1172

Continued

(10 000 yuan)

利润总额 Total Profits	应交所得税 Income Tax Payable	利税总额 Total Profits and Taxes	本年应交增值税 Value Added Tax Payable
-1050	**27**	**-922**	**4**
-1050	27	-922	4
-1155		-1026	4
105	27	105	
-1050	27	-922	4
105	27	105	
-1155		-1026	4

14-10 大中型企业主要经济指标(2014年)

单位：万元

项 目	Item	企业单位数(个) Number of Enterprises (unit)	亏损企业 Loss-making Enterprises
总计	**Total**	**127**	**49**
在总计中：国有控股企业	State-holding Enterprises	52	22
在总计中：轻工业	Light Industry	34	3
重工业	Heavy Industry	93	46
在总计中：大型企业	Large Enterprises	25	11
中型企业	Medium-sized Enterprises	102	38
小型企业	**Grouped by Sector**		
#微型企业	**Mining**		
煤炭开采和洗选业	Mining and Washing of Coal	7	3
石油和天然气开采业	Extraction of Petroleum and Natural Gas	1	
黑色金属矿采选业	Mining and Processing of Ferrous Metal Ores	2	2
有色金属矿采选业	Mining and Processing of Non-Ferrous Metal Ores	3	
非金属矿采选业	Mining and Processing of Non-metal Ores	2	1
制造业	**Manufacturing**		
农副食品加工业	Processing of Food from Agricultural Products	4	
食品制造业	Manufacture of Foods	5	1
酒、饮料和精制茶制造业	Manufacture of Liquor, Beverages and Refined Tea	6	1
纺织业	Manufacture of Textile	4	
纺织服装、服饰业	Manufacture of Textile, Wearing Apparel and Accessories	5	
印刷业和记录媒介的复制业	Printing and Reproduction of Recording Media	1	
文教、工美、体育和娱乐用品制造业	Manufacture of Articles for Culture, Education, Arts and Crafts,Sport and Entertainment Activities	3	
石油加工、炼焦和核燃料加工业	Processing of Petroleum, Coking and Processing of Nuclear Fuel	1	1
化学原料及化学制品制造业	Manufacture of Raw Chemical Materials and Chemical Products	20	11
医药制造业	Manufacture of Medicines	3	1
非金属矿物制品业	Manufacture of Non-metallic Mineral Products	14	4
黑色金属冶炼及压延加工业	Smelting and Pressing of Ferrous Metals	10	7
有色金属冶炼及压延加工业	Smelting and Pressing of Non-ferrous Metals	23	13
金属制品业	Manufacture of Metal Products		
通用设备制造业	Manufacture of General Purpose Machinery	2	2
汽车制造业	Manufacture of Automobiles	1	
电气机械及器材制造业	Manufacture of Electrical Machinery and Apparatus	3	
仪器仪表制造业	Manufacture of Measuring Instruments and Machinery	1	
其他制造业	Other Manufacture		
电力、燃气及水的生产和供应业	**Power, Gas and Water Production and Supply**		
电力、热力的生产和供应业	Production and Supply of Electric Power and Heat Power	5	2
水的生产和供应业	Production and Supply of Water	1	

Main Indicators of Large and Medium-sized Industrial Enterprises(2014)

(10 000 yuan)

工业总产值 Gross Industrial Output Value	资产总计 Total Assets	流动资产合计 Total Working Capitals	固定资产合计 Total Fixed Assets	固定资产原价 Original Value of Fixed Assets	累计折旧 Accumulated Depreciation	本年折旧 Depreciation Charge for the Year
18196411	**40953504**	**10410731**	**21683627**	**32175951**	**11811372**	**2142180**
11681019	32257780	6765563	17782255	24978629	8239147	1451302
1876180	1514769	699767	646937	1572933	956521	174323
16320231	39438735	9710964	21036690	30603018	10854851	1967857
11977478	29253202	5657229	16715877	23803841	7979194	1411112
6218933	11700303	4753502	4967750	8372110	3832178	731068
398705	2283484	1329431	384560	311600	97690	18289
2631122	3652648	807075	2537790	4581129	1851006	256629
29719	103832	44896	53175	57507	12395	4998
213181	383218	125305	95057	216938	121881	15837
41509	126802	58447	39355	74818	34240	4420
141663	75855	36738	28868	174943	146075	20168
207937	145868	47977	81132	95337	14205	8946
399725	355189	152208	147928	154871	26179	12674
276499	202259	103224	79405	502610	423748	59130
164524	94662	45922	40749	49938	9189	4476
36294	42815	9138	33677	37718	4041	4041
234954	154568	65263	80379	345848	265470	41501
350007	349567	96696	199361	271926	72565	13509
2586427	11252845	2611540	4489126	5353245	1039679	277736
237164	232463	172921	27351	41979	15530	2147
852039	1758841	435731	1223925	1437772	260141	87660
1220940	3174351	988826	1295329	1889161	606902	105167
4076710	6519453	2174779	3301973	5620674	3124526	597351
109365	245734	144691	43243	82815	39592	3825
159717	37786	9711	28075	31444	3369	3369
198576	147817	24844	119071	135078	25853	22488
12357	20862	10882	8725	14829	6104	786
3599387	9482736	862469	7300906	10618771	3580462	573982
17889	109848	52018	44470	75002	30532	3053

14-10 续表 1

单位：万元

项 目	Item	负债合计 Total Liabilities	流动负债合计 Total Working Liabilities
总计	**Total**	**27727908**	**15274751**
在总计中：国有控股企业	State-holding Enterprises	22110844	11359095
在总计中：轻工业	Light Industry	769205	593290
重工业	Heavy Industry	26958704	14681461
在总计中：大型企业	Large Enterprises	19932977	9599881
中型企业	Medium-sized Enterprises	7794931	5674870
按工业行业分组	**Grouped by Sector**		
采掘业	**Mining**		
煤炭开采和洗选业	Mining and Washing of Coal	1060682	712844
石油和天然气开采业	Extraction of Petroleum and Natural Gas	1799868	746267
黑色金属矿采选业	Mining and Processing of Ferrous Metal Ores	63855	35855
有色金属矿采选业	Mining and Processing of Non-Ferrous Metal Ores	134625	72799
非金属矿采选业	Mining and Processing of Non-metal Ores	65554	56363
制造业	**Manufacturing**		
农副食品加工业	Processing of Food from Agricultural Products	42877	25707
食品制造业	Manufacture of Foods	73435	55973
酒、饮料和精制茶制造业	Manufacture of Liquor, Beverages and Refined Tea	228205	220229
纺织业	Manufacture of Textile	101610	92671
纺织服装、服饰业	Manufacture of Textile, Wearing Apparel and Accessories	43027	39351
印刷业和记录媒介的复制业	Printing and Reproduction of Recording Media	15750	15750
文教、工美、体育和娱乐用品制造业	Manufacture of Articles for Culture, Education, Arts and Crafts,Sport and Entertainment Activities	84112	34825
石油加工、炼焦和核燃料加工业	Processing of Petroleum, Coking and Processing of Nuclear Fuel	223447	167975
化学原料及化学制品制造业	Manufacture of Raw Chemical Materials and Chemical Products	8259203	4181516
医药制造业	Manufacture of Medicines	52301	50175
非金属矿物制品业	Manufacture of Non-metallic Mineral Products	1269289	1036541
黑色金属冶炼及压延加工业	Smelting and Pressing of Ferrous Metals	2517402	1649672
有色金属冶炼及压延加工业	Smelting and Pressing of Non-ferrous Metals	4807507	3610099
金属制品业	Manufacture of Metal Products		
通用设备制造业	Manufacture of General Purpose Machinery	157195	113430
汽车制造业	Manufacture of Automobiles	14976	14976
电气机械及器材制造业	Manufacture of Electrical Machinery and Apparatus	106483	58359
仪器仪表制造业	Manufacture of Measuring Instruments and Machinery	1529	1529
其他制造业	Other Manufacture		
电力、燃气及水的生产和供应业	**Power, Gas and Water Production and Supply**		
电力、热力的生产和供应业	Production and Supply of Electric Power and Heat Power	6568273	2266296
水的生产和供应业	Production and Supply of Water	36705	15551

Continued

(10 000 yuan)

非流动负债合计 Total Non-current Liabilities	所有者权益合计 Total Owners' Equity	实收资本 Paid-up Capital	营业收入 Revenue of Operating	营业成本 Cost of Business	营业税金及附加 Taxes and Other Charges on Operating	其他业务利润 Other Operating Profit
12006837	**13125746**	**5390454**	**16274096**	**13114637**	**588437**	**94503**
10735529	10072342	3680312	11319996	8762242	526054	91146
158750	733635	255473	1515452	1234139	27241	3776
11848087	12392111	5134981	14758644	11880498	561196	90728
10333095	9246085	3141097	11264562	8742015	554197	83719
1673742	3879662	2249358	5009534	4372621	34240	10784
347837	1222431	502305	309094	251889	6581	-164
1053601	1852780		2054903	768077	389888	60606
28000	39977	45320	31686	29372	100	
61827	248593	19965	214195	115547	4631	2648
9191	61249	30000	42318	19459	2351	
12293	32978	12000	133624	123709	78	
14824	72434	40500	72160	52917	670	420
5425	126984	75884	273885	189067	22367	335
5015	92740	25680	274999	261999	40	
3676	48089	13452	121958	106768	493	
	27065	5357	16861	12001	226	
47774	70432	10897	233413	220021	969	
55472	126120	70000	90727	110377	21	50
4006056	2991655	999648	2211229	1385165	105702	543
465	179713	46949	226335	126125	2200	2268
186389	415101	280903	587895	459197	3268	-35
577230	656572	488621	1379213	1341125	16646	-27
1176744	1701213	1562811	4158587	4131615	4974	27077
43765	88539	25555	116217	94110	630	
	22810	7200	21251	16405	114	
48124	41334	8784	163305	148203	195	271
	19333	1500	8601	6959	69	
4301976	2914463	1097368	3513187	3136538	26067	28
21154	73143	19755	18454	7994	158	482

14-10 续表 2

单位：万元

项 目	Item	销售费用 Cost of Sales	营业利润 Operating Profit
总计	**Total**	**620587**	**659094**
在总计中：国有控股企业	State-holding Enterprises	351128	629280
在总计中：轻工业	Light Industry	93428	104848
重工业	Heavy Industry	527160	554246
在总计中：大型企业	Large Enterprises	372869	680714
中型企业	Medium-sized Enterprises	247718	-21620
按工业行业分组	**Grouped by Sector**		
采掘业	**Mining**		
煤炭开采和洗选业	Mining and Washing of Coal	28841	-1335
石油和天然气开采业	Extraction of Petroleum and Natural Gas	6578	685640
黑色金属矿采选业	Mining and Processing of Ferrous Metal Ores	960	-4083
有色金属矿采选业	Mining and Processing of Non-Ferrous Metal Ores	6974	68084
非金属矿采选业	Mining and Processing of Non-metal Ores	6876	-371
制造业	**Manufacturing**		
农副食品加工业	Processing of Food from Agricultural Products	3068	3707
食品制造业	Manufacture of Foods	7404	-2173
酒、饮料和精制茶制造业	Manufacture of Liquor, Beverages and Refined Tea	35471	28245
纺织业	Manufacture of Textile	1611	4440
纺织服装、服饰业	Manufacture of Textile, Wearing Apparel and Accessories	1699	7573
印刷业和记录媒介的复制业	Printing and Reproduction of Recording Media	1091	2146
文教、工美、体育和娱乐用品制造业	Manufacture of Articles for Culture, Education, Arts and Crafts,Sport and Entertainment Activities	1982	3260
石油加工、炼焦和核燃料加工业	Processing of Petroleum, Coking and Processing of Nuclear Fuel	10222	-46760
化学原料及化学制品制造业	Manufacture of Raw Chemical Materials and Chemical Products	298938	27198
医药制造业	Manufacture of Medicines	39621	47299
非金属矿物制品业	Manufacture of Non-metallic Mineral Products	26463	38315
黑色金属冶炼及压延加工业	Smelting and Pressing of Ferrous Metals	45264	-20524
有色金属冶炼及压延加工业	Smelting and Pressing of Non-ferrous Metals	87519	-233142
金属制品业	Manufacture of Metal Products		
通用设备制造业	Manufacture of General Purpose Machinery	6685	-4887
汽车制造业	Manufacture of Automobiles	318	1218
电气机械及器材制造业	Manufacture of Electrical Machinery and Apparatus	1678	4029
仪器仪表制造业	Manufacture of Measuring Instruments and Machinery	470	99
其他制造业	Other Manufacture		
电力、燃气及水的生产和供应业	**Power, Gas and Water Production and Supply**		
电力、热力的生产和供应业	Production and Supply of Electric Power and Heat Power		43745
水的生产和供应业	Production and Supply of Water	856	7374

continued

(10 000 yuan)

利润总额 Total Profits	应交所得税 Income Tax Payable	亏损企业亏损总额 The Total Loss of Loss-making Enterprises	利税总额 Total Profits and Taxes	本年应交增值税 Value Added Tax Payable
862487	**100087**	**525954**	**2147808**	**696884**
748583	57215	322662	1836648	562012
109893	10675	16458	176802	39668
752594	89412	509496	1971007	657216
824612	87030	250688	1942396	563588
37876	13057	275266	205412	133296
2766	3938	16264	35398	26052
667638			1308981	251455
-3100		3100	-2046	955
68779	-18363		99674	26263
240	628	4203	7516	4925
2948			3208	183
406	306	5946	3142	2065
27278	2257	10048	62384	12739
4835			4994	119
7898			13080	4689
2146			3702	1330
3434	13		5206	803
-43810		43810	-43789	
124607	54491	154956	299870	69561
50008	7580	465	69191	16983
54400	8648	10982	80589	22920
-5312	15836	27848	35158	23824
-167670	10532	211865	-105058	57638
-4132		4132	466	3968
1218			1431	100
4559			5538	785
2930	432		3468	468
52990	13270	32336	247360	168303
7433	519		8348	757

14-11 规模以上非公有工业企业主要指标(2014年)

单位：万元

项目	Item	企业单位数(个) Number of Enterprises (unit)	亏损企业 Loss-making Enterprises
总计	**Total**	**553**	**184**
在总计中：轻工业	Light Industry	152	20
重工业	Heavy Industry	401	164
在总计中：大型企业	Large Enterprises	24	10
中型企业	Medium-sized Enterprises	99	35
小型企业	Small Enterprises	430	139
#微型企业	Micro Enterprises	57	22
在总计中按登记注册类型分组	**By Status of Registration**		
股份合作企业	Cooperative Enterprises	1	
有限责任公司	Limited Liability Corporations	231	85
股份有限公司	Share-holding Corporations Limited	27	9
私营企业	Private Enterprises	266	85
其他企业	Other Enterprises	2	
港、澳、台商投资企业	Enterprises with Funds from Hong Kong, Macao and Taiwan	10	2
外商投资企业	Foreign Funded Enterprises	16	3
按工业行业分组	**Grouped by Sector**		
采掘业	**Mining**		
煤炭开采和洗选业	Mining and Washing of Coal	36	21
石油和天然气开采业	Extraction of Petroleum and Natural Gas	1	
黑色金属矿采选业	Mining and Processing of Ferrous Metal Ores	13	11
有色金属矿采选业	Mining and Processing of Non-Ferrous Metal Ores	14	3
非金属矿采选业	Mining and Processing of Non-metal Ores	14	8
开采辅助活动	Support Activities for Mining	1	1
制造业	**Manufacturing**		
农副食品加工业	Processing of Food from Agricultural Products	55	7
食品制造业	Manufacture of Foods	15	1
酒、饮料和精制茶制造业	Manufacture of Liquor, Beverages and Refined Tea	13	3
纺织业	Manufacture of Textile	5	
纺织服装、服饰业	Manufacture of Textile, Wearing Apparel and Accessories	10	
家具制造业	Manufacture of Furniture	1	
造纸和纸制品业	Manufacture of Paper and Paper Products	1	
印刷和记录媒介复制业	Printing and Reproduction of Recording Media	2	
文教、工美、体育和娱乐用品制造业	Manufacture of Articles for Culture, Education, Arts and Crafts, Sport and Entertainment Activities	7	1
石油加工、炼焦和核燃料加工业	Processing of Petroleum, Coking and Processing of Nuclear Fuel	4	1
化学原料和化学制品制造业	Manufacture of Raw Chemical Materials and Chemical Products	60	29
医药制造业	Manufacture of Medicines	28	3
橡胶和塑料制品业	Manufacture of Rubber and Plastics Products	9	3
非金属矿物制品业	Manufacture of Non-metallic Mineral Products	60	21
黑色金属冶炼和压延加工业	Smelting and Pressing of Ferrous Metals	39	29
有色金属冶炼和压延加工业	Smelting and Pressing of Non-ferrous Metals	49	26
金属制品业	Manufacture of Metal Products	9	1
通用设备制造业	Manufacture of General Purpose Machinery	7	2
专用设备制造业	Manufacture of Special Purpose Machinery	3	
汽车制造业	Manufacture of Automobiles	2	
铁路、航舶、航空航天和其他运输设备制造业	Manufacture of Railway, Ship, Aerospace and Other Transport Equipments	1	
电气机械和器材制造业	Manufacture of Electrical Machinery and Apparatus	17	4
计算机、通信和其他电子设备制造业	Manufacture of Computers, Communication and Other Electronic Equipment	2	
仪器仪表制造业	Manufacture of Measuring Instruments and Machinery	2	
其他制造业	Other Manufacture	1	1
金属制品、机械和设备修理业	Repair Service of Metal Products, Machinery and Equipment	1	
电力、燃气及水的生产和供应业	**Power, Gas and Water Production and Supply**		
电力、热力生产和供应业	Production and Supply of Electric Power and Heat Power	65	7
燃气生产和供应业	Production and Supply of Gas	3	
水的生产和供应业	Production and Supply of Water	3	1

Main Indicators of Non-public Industrial Enterprises Above Designated Size (2014)

(10 000 yuan)

工 业 总产值 Gross Industrial Output Value	资 产 总 计 Total Assets	流动资 产合计 Total Working Capitals	固定资产 合 计 Total Fixed Assets	固定资 产原价 Original Value of Fixed Assets	累 计 折 旧 Accumulated Depreciation	本 年 折 旧 Depreciation Charge for the Year
23812011	**50161336**	**14407864**	**25055360**	**37465969**	**14000607**	**2571983**
3629006	3062453	1404977	1202760	3084369	1967594	322496
20183006	47098883	13002887	23852600	34381600	12033013	2249487
9369165	26052142	5368854	13933088	19740262	6482958	1165805
6159725	11303716	4622013	4887914	8302679	3811642	723374
8283122	12805478	4416997	6234358	9423029	3706007	682804
492466	2419807	585089	1309293	1186205	135417	37830
130159	85644	41689	43955	98570	54616	11828
8923309	22697889	5830413	13646900	19278863	6170748	1326099
6427276	17337130	4454320	6760668	9809609	3630328	539717
7268186	7914158	3442966	3473957	6709318	3563252	585943
80506	78452	29945	48496	135199	86903	16124
507142	1078841	313324	476300	550257	151911	41890
475433	969224	295208	605085	884153	342850	50381
992570	3422858	1850065	539518	491751	137883	26623
2631122	3652648	807075	2537790	4581129	1851006	256629
93468	357254	164363	151519	194739	53491	13989
488251	815921	346880	234075	379762	156538	27728
187896	270863	139104	85104	336486	255115	31722
2888	2097	2044				
747124	560781	290299	221282	548665	371597	57199
337636	260430	102991	119580	139454	21864	10892
476553	428724	182698	187088	201147	33381	13046
356696	243520	115231	106694	694304	588153	82133
273919	155180	69061	74610	265782	191484	30357
27579	3979	1587	2392	50637	49245	6076
2698	700	453	246	317	71	31
56694	45628	11638	33990	40031	6041	4064
307173	192480	75459	103275	467451	364176	53770
434506	472081	165068	229841	323811	93970	16516
3143130	12945224	3180431	5035140	6034537	1291952	314211
663242	510859	277979	135002	232182	102561	15160
34977	49348	35648	10855	20530	10594	1714
1550771	2488682	821777	1476558	1866782	475627	121829
2002968	3638763	1243360	1449746	2328870	898334	150419
6218956	7613738	2719138	3750275	6742622	3814795	707968
86291	160314	45712	110232	65378	39793	4528
229976	330136	169719	101784	288270	186515	22982
43160	25028	11154	13874	13710	1824	870
223465	108009	30776	77233	86501	9268	9268
25073	9633	5685	3947	16632	12684	1979
511545	567479	263064	220987	541615	330473	68125
33560	7449	3854	3552	70034	66708	8592
16477	23554	13401	8897	15058	6161	806
9264	103922	20532	7228	6418	1731	706
11003	1269	525	744	20152	19408	2418
1543254	10449312	1152431	7934973	10268451	2508637	503897
22684	69474	19540	27929	35210	10607	1896
25442	174002	69122	59400	97556	38921	3844

14-11 续表 1

单位：万元

项 目	Item	负债合计 Total Liabilities	流动负债合计 Total Working Liabilities
总计	**Total**	**34983363**	**19801923**
在总计中：轻工业	Light Industry	1515374	1094827
重工业	Heavy Industry	33467989	18707097
在总计中：大型企业	Large Enterprises	18534983	8633102
中型企业	Medium-sized Enterprises	7496780	5533387
小型企业	Small Enterprises	8951600	5635434
#微型企业	Micro Enterprises	1894870	683883
在总计中按登记注册类型分组	**By Status of Registration**		
股份合作企业	Cooperative Enterprises	40811	40811
有限责任公司	Limited Liability Corporations	17075288	9868852
股份有限公司	Share-holding Corporations Limited	11397225	5601472
私营企业	Private Enterprises	5009453	3499876
其他企业	Other Enterprises	26002	23448
港、澳、台商投资企业	Enterprises with Funds from Hong Kong, Macao and Taiwan	1032231	538208
外商投资企业	Foreign Funded Enterprises	402352	229257
按工业行业分组	**Grouped by Sector**		
采掘业	**Mining**		
煤炭开采和洗选业	Mining and Washing of Coal	1767322	1323375
石油和天然气开采业	Extraction of Petroleum and Natural Gas	1799868	746267
黑色金属矿采选业	Mining and Processing of Ferrous Metal Ores	290584	250370
有色金属矿采选业	Mining and Processing of Non-Ferrous Metal Ores	397577	310456
非金属矿采选业	Mining and Processing of Non-metal Ores	156371	141172
开采辅助活动	Support Activities for Mining	1102	1102
制造业	**Manufacturing**		
农副食品加工业	Processing of Food from Agricultural Products	287515	203257
食品制造业	Manufacture of Foods	113976	96278
酒、饮料和精制茶制造业	Manufacture of Liquor, Beverages and Refined Tea	268029	259295
纺织业	Manufacture of Textile	120367	92671
纺织服装、服饰业	Manufacture of Textile, Wearing Apparel and Accessories	76359	68820
家具制造业	Manufacture of Furniture	1873	1073
造纸和纸制品业	Manufacture of Paper and Paper Products	560	560
印刷和记录媒介复制业	Printing and Reproduction of Recording Media	16050	16050
文教、工美、体育和娱乐用品制造业	Manufacture of Articles for Culture, Education, Arts and Crafts,Sport and Entertainment Activities	106217	48158
石油加工、炼焦和核燃料加工业	Processing of Petroleum, Coking and Processing of Nuclear Fuel	297628	222039
化学原料和化学制品制造业	Manufacture of Raw Chemical Materials and Chemical Products	9567386	4914991
医药制造业	Manufacture of Medicines	168280	137886
橡胶和塑料制品业	Manufacture of Rubber and Plastics Products	36737	27067
非金属矿物制品业	Manufacture of Non-metallic Mineral Products	1743895	1453196
黑色金属冶炼和压延加工业	Smelting and Pressing of Ferrous Metals	2867150	1903055
有色金属冶炼和压延加工业	Smelting and Pressing of Non-ferrous Metals	5733327	4187750
金属制品业	Manufacture of Metal Products	57218	25177
通用设备制造业	Manufacture of General Purpose Machinery	195740	149668
专用设备制造业	Manufacture of Special Purpose Machinery	13955	13660
汽车制造业	Manufacture of Automobiles	33930	33930
铁路、船舶、航空航天和其他运输设备制造业	Manufacture of Railway, Ship, Aerospace and Other Transport Equipments	4524	2998
电气机械和器材制造业	Manufacture of Electrical Machinery and Apparatus	343036	197990
计算机、通信和其他电子设备制造业	Manufacture of Computers, Communication and Other Electronic Equipment	4297	1594
仪器仪表制造业	Manufacture of Measuring Instruments and Machinery	3273	3107
其他制造业	Other Manufacture	39165	30754
金属制品、机械和设备修理业	Repair Service of Metal Products, Machinery and Equipment	404	
电力、燃气及水的生产和供应业	**Power, Gas and Water Production and Supply**		
电力、热力生产和供应业	Production and Supply of Electric Power and Heat Power	8375929	2899293
燃气生产和供应业	Production and Supply of Gas	26698	19300
水的生产和供应业	Production and Supply of Water	67022	19566

Continued

(10 000 yuan)

非流动负债合计 Total Non-current Liabilities	所有者权益合计 Total Owners' Equity	实收资本 Paid-up Capital	营业收入 Revenue of Operating	营业成本 Cost of Business	营业税金及附加 Taxes and Other Charges on Operating	其他业务利润 Other Operating Profit
13651111	**14974972**	**7078485**	**20680512**	**16672870**	**605248**	**96872**
261399	1527429	559088	2825879	2375018	30034	5091
13389713	13447543	6519397	17854633	14297851	575214	91782
9901881	7443019	2730098	8742840	6223049	540289	83719
1517073	3781227	2134585	4904431	4271731	32331	9229
2232157	3750726	2213802	7033242	6178090	32628	3924
522422	461540	343529	461540	372330	820	726
	44833	500	103280	96363	110	
6886359	5526736	4027138	8043845	6948652	47897	9970
5317561	5876270	1114230	5962685	3887880	502665	85224
858253	2865798	1435156	5561828	4899026	50029	1731
2048	52449	11900	81948	77527	72	
492510	46585	147345	531048	443026	2182	16
94380	562300	342217	395879	320398	2294	-69
432175	1645294	642933	804412	731982	12088	-217
1053601	1852780		2054903	768077	389888	60606
39327	65371	73941	87690	82230	1701	134
78590	407544	150719	480323	313975	6827	2657
11637	114492	60015	136224	103574	3344	5
	995	1000	12656	12565	47	
43536	269473	109669	577178	527271	621	1190
15060	146353	66530	155251	123399	1097	420
6183	160695	95134	299439	207279	22488	334
5015	115244	32568	354698	337830	129	
6470	73817	17972	231500	209595	511	
800	2106	560	27302	21951	116	
	140	50	2698	2556	10	
	29578	5957	37261	32001	226	
56153	86237	23157	290136	273246	989	
75589	174453	94313	173111	184266	36	50
4131720	3317843	1112243	2789842	1850571	117664	546
8095	342131	126195	419773	245066	3288	2268
9670	12609	7792	43000	39398	92	
222924	667516	398263	1007434	833341	4459	944
633919	760992	566367	2013693	1971474	17405	594
1256875	1877656	1841180	6158338	6076696	5823	25560
31736	102867	72114	50773	42673	99	136
46072	134396	46855	200321	170348	751	-18
	11074	3237	36859	31180	67	
	74079	21100	26737	21368	196	
1526	5109	2000	24895	22685	61	
79603	222074	90891	469333	431064	373	342
1397	3152	1326	33429	32965	32	
166	20281	2500	10601	8472	86	
8412	64757	11372	60568	58259	302	54
	865	100	10941	10388	164	
5347407	2063245	1365410	1541820	859532	13799	784
	42775	10600	32255	24217	268	
47456	106980	24425	25122	11377	199	482

14-11 续表 2

单位：万元

项　目	Item	销售费用 Cost of Sales	营业利润 Operating Profit
总计	**Total**	**755471**	**867767**
在总计中：轻工业	Light Industry	132799	141822
重工业	Heavy Industry	622672	725946
在总计中：大型企业	Large Enterprises	372869	721713
中型企业	Medium-sized Enterprises	242362	-5906
小型企业	Small Enterprises	140241	151960
#微型企业	Micro Enterprises	8491	-7812
在总计中按登记注册类型分组	**By Status of Registration**		
股份合作企业	Cooperative Enterprises	1391	1834
有限责任公司	Limited Liability Corporations	228956	-23792
股份有限公司	Share-holding Corporations Limited	276462	777069
私营企业	Private Enterprises	203732	75785
其他企业	Other Enterprises	508	1389
港、澳、台商投资企业	Enterprises with Funds from Hong Kong, Macao and Taiwan	37018	-7747
外商投资企业	Foreign Funded Enterprises	7406	43230
按工业行业分组	**Grouped by Sector**		
采掘业	**Mining**		
煤炭开采和洗选业	Mining and Washing of Coal	38031	-44972
石油和天然气开采业	Extraction of Petroleum and Natural Gas	6578	685640
黑色金属矿采选业	Mining and Processing of Ferrous Metal Ores	6232	-15209
有色金属矿采选业	Mining and Processing of Non-Ferrous Metal Ores	9440	113235
非金属矿采选业	Mining and Processing of Non-metal Ores	10526	-669
开采辅助活动	Support Activities for Mining		-35
制造业	**Manufacturing**		
农副食品加工业	Processing of Food from Agricultural Products	11144	17241
食品制造业	Manufacture of Foods	10461	2867
酒、饮料和精制茶制造业	Manufacture of Liquor, Beverages and Refined Tea	36962	30173
纺织业	Manufacture of Textile	2265	5727
纺织服装、服饰业	Manufacture of Textile, Wearing Apparel and Accessories	1947	10090
家具制造业	Manufacture of Furniture	2300	619
造纸和纸制品业	Manufacture of Paper and Paper Products	27	63
印刷和记录媒介复制业	Printing and Reproduction of Recording Media	1591	4346
文教、工美、体育和娱乐用品制造业	Manufacture of Articles for Culture, Education, Arts and Crafts,Sport and Entertainment Activities	2369	4174
石油加工、炼焦和核燃料加工业	Processing of Petroleum, Coking and Processing of Nuclear Fuel	11978	-43956
化学原料和化学制品制造业	Manufacture of Raw Chemical Materials and Chemical Products	323490	30525
医药制造业	Manufacture of Medicines	60496	58581
橡胶和塑料制品业	Manufacture of Rubber and Plastics Products	1369	228
非金属矿物制品业	Manufacture of Non-metallic Mineral Products	38981	39939
黑色金属冶炼和压延加工业	Smelting and Pressing of Ferrous Metals	54699	-42693
有色金属冶炼和压延加工业	Smelting and Pressing of Non-ferrous Metals	100889	-233195
金属制品业	Manufacture of Metal Products	2079	1912
通用设备制造业	Manufacture of General Purpose Machinery	8262	-1275
专用设备制造业	Manufacture of Special Purpose Machinery	1097	3448
汽车制造业	Manufacture of Automobiles	421	3498
铁路、船舶、航空航天和其他运输设备制造业	Manufacture of Railway, Ship, Aerospace and Other Transport Equipments	869	221
电气机械和器材制造业	Manufacture of Electrical Machinery and Apparatus	4736	8329
计算机、通信和其他电子设备制造业	Manufacture of Computers, Communication and Other Electronic Equipment	129	109
仪器仪表制造业	Manufacture of Measuring Instruments and Machinery	684	153
其他制造业	Other Manufacture		-286
金属制品、机械和设备修理业	Repair Service of Metal Products, Machinery and Equipment	159	64
电力、燃气及水的生产和供应业	**Power, Gas and Water Production and Supply**		
电力、热力生产和供应业	Production and Supply of Electric Power and Heat Power	2632	217297
燃气生产和供应业	Production and Supply of Gas	1250	3955
水的生产和供应业	Production and Supply of Water	1379	7629

Continued

(10 000 yuan)

利润总额 Total Profits	应交所得税 Income Tax Payable	亏损企业亏损总额 The Total Loss of Loss-making Enterprises	利税总额 Total Profits and Taxes	本年应交增值税 Value Added Tax Payable
1100134	**113053**	**652349**	**2482680**	**777298**
150799	12793	26703	232783	51950
949335	100260	625647	2249897	725348
856425	81723	218875	1920548	523835
51769	13621	261372	216840	132740
191941	17709	172102	345292	120723
-520	571	45377	9443	9142
1834			2567	624
68443	15403	358369	432289	315949
862692	61410	100653	1721217	355860
121933	26069	176601	264653	92692
1478			1606	56
-2639	477	11999	4264	4721
46393	9694	4727	56083	7396
-34941	5146	62287	19035	41888
667638			1308981	251455
-13189	-401	13459	-6613	4875
112273	-17698	6241	153000	33900
-283	861	5604	9883	6821
-10		10	466	429
20218	687	3078	22567	1728
5452	437	5946	10054	3505
29390	2470	10394	65152	13275
6121			6380	129
10215	340		15449	4724
619			735	
72	18		132	50
4346			6402	1830
4370	14	87	6263	904
-40824	525	43810	-40716	71
136476	59342	180835	345216	91075
61193	7672	1764	87296	22816
383	13	359	800	325
61302	11360	21272	96800	31039
-18287	16169	47399	26365	27246
-166278	11797	232763	-75728	84726
2441	304	488	2834	294
-519	328	4132	5002	4770
3473			4562	1022
3498			4177	484
221	3		281	
9112	1398	5671	10990	1505
109			141	
2985	458		3672	601
-299	101	299	1466	1463
64			228	
220754	10529	5689	375763	141211
4345	413		6645	2032
7695	765	764	9000	1106

14-12 2013-2014年规模以上工业企业主要经济效益指标

指 标	Item	工业增加值率(%)收入法 Ratio of Value Added to Gross Industrial Output Value (%) By Production Approach 2013	2014
总 计	**Total**	**35.44**	**33.95**
在总计中：国有控股企业	State-holding Enterprises	41.00	37.69
在总计中：轻工业	Light Industry	36.08	31.05
重工业	Heavy Industry	35.37	34.36
在总计中：大型企业	Large Enterprises	39.32	38.38
中型企业	Medium-sized Enterprises	28.50	27.53
小型企业	Small Enterprises	33.62	29.72
#微型企业	Micro Enterprises		
在总计中：按登记注册类型分组：	**By Status of Registration**		
集体企业	Collective-owned Enterprises	59.84	21.52
股份合作企业	Cooperative Enterprises	38.42	38.65
有限责任公司	Limited Liability Corporations	32.26	29.69
股份有限公司	Share-holding Corporations Limited	50.27	51.59
私营企业	Private Enterprises	27.77	30.81
其他企业	Other Enterprises	38.17	31.79
港、澳、台商投资企业	Enterprises with Funds from Hong Kong, Macao and Taiwan	29.13	23.58
外商投资企业	Foreign Funded Enterprises	54.17	42.42
按工业行业分组	**Grouped by Sector**		
采掘业	**Mining**		
煤炭开采和洗选业	Mining and Washing of Coal	31.49	41.06
石油和天然气开采业	Extraction of Petroleum and Natural Gas	68.46	76.08
黑色金属矿采选业	Mining and Processing of Ferrous Metal Ores	28.34	27.68
有色金属矿采选业	Mining and Processing of Non-Ferrous Metal Ores	62.82	49.61
非金属矿采选业	Mining and Processing of Non-metal Ores	29.84	39.32
开采辅助活动	Support Activities for Mining		
其他采矿业	Mining of Other Ores		
制造业	**Manufacturing**		
农副食品加工业	Processing of Food from Agricultural Products	31.00	34.03
食品制造业	Manufacture of Foods	33.50	31.41
酒、饮料和精制茶制造业	Manufacture of Liquor, Beverages and Refined Tea	37.67	28.92
纺织业	Manufacture of Textile	34.00	30.27
纺织服装、服饰业	Manufacture of Textile, Wearing Apparel and Accessories	31.82	31.04
家具制造业	Manufacture of Furniture		33.14
造纸和纸制品业	Manufacture of Paper and Paper Products		
印刷和记录媒介复制业	Printing and Reproduction of Recording Media	44.30	30.23
文教、工美、体育和娱乐用品制造业	Manufacture of Articles for Culture, Education, Arts and Crafts,Sport and Entertainment Activities	38.07	33.42
石油加工、炼焦和核燃料加工业	Processing of Petroleum, Coking and Processing of Nuclear Fuel	11.92	11.51
化学原料和化学制品制造业	Manufacture of Raw Chemical Materials and Chemical Products	30.18	30.05
医药制造业	Manufacture of Medicines	40.61	34.78
橡胶和塑料制品业	Manufacture of Rubber and Plastics Products	23.95	19.64
非金属矿物制品业	Manufacture of Non-metallic Mineral Products	29.33	25.98
黑色金属冶炼和压延加工业	Smelting and Pressing of Ferrous Metals	23.76	21.98
有色金属冶炼和压延加工业	Smelting and Pressing of Non-ferrous Metals	27.77	23.05
金属制品业	Manufacture of Metal Products	32.20	22.05
通用设备制造业	Manufacture of General Purpose Machinery	27.16	29.15
专用设备制造业	Manufacture of Special Purpose Machinery	28.34	32.10
汽车制造业	Manufacture of Automobiles	33.68	36.30
铁路、航舶、航空航天和其他运输设备制造业	Manufacture of Railway, Ship, Aerospace and Other Transport Equipments		24.93
电气机械和器材制造业	Manufacture of Electrical Machinery and Apparatus	34.58	26.62
计算机、通信和其他电子设备制造业	Manufacture of Computers, Communication and Other Electronic Equipment	33.35	38.00
仪器仪表制造业	Manufacture of Measuring Instruments and Machinery	36.25	35.21
其他制造业	Other Manufacture	34.10	54.85
金属制品、机械和设备修理业	Repair Service of Metal Products, Machinery and Equipment	11.73	28.40
电力、燃气及水的生产和供应业	**Power, Gas and Water Production and Supply**		
电力、热力生产和供应业	Production and Supply of Electric Power and Heat Power	35.48	29.63
燃气的生产和供应业	Production and Supply of Gas	32.91	52.91
水的生产和供应业	Production and Supply of Water	51.28	52.32

注：工业增加值率是采用企业成本费用调查年报资料。下表同。

Main Economic Indicators of Industria Enterprises above Designated Size(2013-2014)

总资产贡献率(%) Ratio of Total Assets to Industrial Output Value (%)		资产负债率(%) Assets-Liability Ratio (%)		流动资产周转率(次/年) Number of Times of Annual of Turnover Working Capitals (times/year)		成本费用利润率(%) Ratio of Profits to Industrial Cost (%)		产品销售率(%) Proportion of Products Sold (%)	
2013	2014	2013	2014	2013	2014	2013	2014	2013	2014
7.98	**6.48**	**67.36**	**68.17**	**1.50**	**1.57**	**7.46**	**4.80**	**90.92**	**93.21**
8.86	7.44	69.52	69.51	1.60	1.63	10.76	7.51	93.89	93.29
8.44	8.26	45.99	49.54	1.64	2.00	7.25	5.68	93.74	90.89
7.94	6.37	68.79	69.30	1.49	1.53	7.49	4.67	90.59	93.58
10.06	8.54	67.68	68.14	1.88	1.99	10.62	8.13	91.91	91.83
6.15	3.67	68.18	66.62	1.01	1.05	6.34	0.74	93.58	94.13
4.82	4.39	65.62	69.62	1.55	1.59	3.11	2.89	87.30	94.49
18.40	-8.91	56.02	85.62	2.37	2.71	9.57	-3.78	103.01	101.29
6.11	5.91	55.03	47.65	2.47	2.48	1.73	1.80	100.00	100.08
5.22	4.53	75.37	75.23	1.30	1.38	2.67	0.85	93.66	95.70
12.23	11.22	65.65	65.74	1.46	1.34	18.82	17.90	95.82	97.21
8.26	5.03	61.45	63.30	1.58	1.62	6.06	2.24	82.45	90.34
2.63	2.05	34.88	33.14	1.64	2.74	3.82	1.84	100.42	99.49
2.26	1.40	97.00	95.68	1.71	1.69	-3.48	-0.52	100.49	99.49
9.96	6.31	52.22	41.51	1.32	1.34	18.49	13.13	97.55	97.90
7.40	1.75	53.19	51.68	0.76	0.45	6.17	-3.83	85.54	87.73
34.15	36.45	50.60	49.28	2.67	2.55	72.01	68.17	97.74	98.32
5.21	-0.20	77.46	81.34	1.23	0.53	-2.28	-12.18	98.85	98.43
21.75	19.32	50.68	48.73	1.24	1.38	39.35	31.19	68.48	90.30
8.67	4.70	59.48	57.73	0.84	0.98	5.98	-0.21	51.06	67.63
0.65	22.23	44.94	52.55	6.47	6.19	0.17	-0.08	88.86	100.00
3.90	4.90	50.30	51.27	1.82	1.99	2.58	3.61	89.33	88.96
8.27	4.43	42.66	43.76	1.88	1.51	10.37	3.61	90.16	73.47
13.15	14.98	59.90	62.52	1.59	1.64	3.89	11.25	81.11	79.24
5.25	3.79	55.93	49.43	1.84	3.08	3.81	1.75	100.30	99.14
11.86	10.29	53.35	49.21	2.98	3.35	5.83	4.64	97.09	98.64
83.86	18.93	76.19	47.08	16.02	17.20	28.63	2.33	101.23	99.59
22.44	11.54	46.44	46.63	1.75	2.06	22.28	10.06	93.14	95.31
5.10	4.04	63.50	55.18	3.19	3.84	2.31	1.53	99.27	98.43
8.16	-6.12	55.94	63.05	1.00	1.05	8.51	-18.81	32.84	40.37
5.21	4.01	69.45	73.89	0.71	0.87	9.84	4.80	83.80	94.85
11.59	17.52	27.31	32.63	1.13	1.51	21.03	18.22	99.22	93.09
11.82	2.11	67.02	74.45	1.66	1.21	5.28	0.90	104.77	102.87
5.29	5.38	76.94	70.07	1.23	1.23	6.14	6.30	93.87	97.23
3.43	2.24	79.10	78.79	2.02	1.62	-0.51	-0.84	93.40	95.43
3.43	1.03	75.85	75.34	1.90	2.24	-0.49	-2.55	96.97	98.70
0.09	1.91	39.79	35.69	0.74	1.11	-1.59	4.97	99.75	82.17
5.49	2.33	56.16	59.29	1.06	1.18	3.47	-0.26	87.20	98.52
19.87	19.53	58.35	55.76	3.77	3.30	8.49	10.40	88.57	97.61
3.26	4.59	44.36	31.41	1.29	0.87	3.42	13.74	91.55	94.13
19.87	5.58	23.55	46.96	1.76	4.38	6.70	0.90	96.11	100.00
2.29	3.28	60.88	60.45	1.60	1.78	1.57	1.98	96.78	98.99
3.36	1.93	71.71	57.69	6.03	8.67	0.14	0.33	95.06	99.72
9.49	15.75	9.56	13.90	0.96	0.79	10.26	28.80	88.39	78.20
1.16	2.54	49.66	37.69	1.48	2.95	0.33	-0.49	100.00	100.00
56.42	17.93	0.79	31.85	26.25	20.86	1.55	0.59	101.30	99.41
6.90	6.11	72.69	71.31	2.88	2.78	5.64	5.01	95.34	87.62
12.67	9.78	35.52	38.43	1.80	1.65	22.02	15.50	123.86	124.96
6.91	5.18	39.48	38.52	0.42	0.36	37.21	36.65	98.44	98.14

a) Ratio of value added to gross industrial output value are based on business costs surveyed. The same applies to the tables following.

14-13　2013-2014年地方规模以上工业企业经济效益指标

指　标	Item	工　业 增加值率 (%) Ratio of Value Added to Gross Industrial Output Value (%) 2013	2014
总计	**Total**	**32.49**	**31.89**
在总计中：国有控股企业	State-holding Enterprises	39.55	37.10
在总计中：轻工业	Light Industry	36.08	31.05
重工业	Heavy Industry	31.92	32.08
在总计中：大型企业	Large Enterprises	35.41	37.64
中型企业	Medium-sized Enterprises	28.41	27.51
小型企业	Small Enterprises	34.04	29.84
#微型企业	Micro Enterprises		
按工业行业分组	**Grouped by Sector**		
采掘业	**Mining**		
煤炭开采和洗选业	Mining and Washing of Coal	31.49	41.06
黑色金属矿采选业	Mining and Processing of Ferrous Metal Ores	28.34	27.68
有色金属矿采选业	Mining and Processing of Non-Ferrous Metal Ores	62.82	49.61
非金属矿采选业	Mining and Processing of Non-metal Ores	29.84	39.32
开采辅助活动	Support Activities for Mining		
其他采矿业	Mining of Other Ores		
制造业	**Manufacturing**		
农副食品加工业	Processing of Food from Agricultural Products	31.00	34.03
食品制造业	Manufacture of Foods	33.50	31.41
酒、饮料和精制茶制造业	Manufacture of Liquor, Beverages and Refined Tea	37.67	28.92
纺织业	Manufacture of Textile	34.00	30.27
纺织服装、服饰业	Manufacture of Textile, Wearing Apparel and Accessories	31.82	31.04
家具制造业	Manufacture of Furniture		33.14
造纸和纸制品业	Manufacture of Paper and Paper Products		
印刷和记录媒介复制业	Printing and Reproduction of Recording Media	44.30	30.23
文教、工美、体育和娱乐用品制造业	Manufacture of Articles for Culture, Education, Arts and Crafts,Sport and Entertainment Activities	38.07	33.42
石油加工、炼焦和核燃料加工业	Processing of Petroleum, Coking and Processing of Nuclear Fuel	11.92	11.51
化学原料和化学制品制造业	Manufacture of Raw Chemical Materials and Chemical Products	30.15	30.40
医药制造业	Manufacture of Medicines	40.61	34.78
橡胶和塑料制品业	Manufacture of Rubber and Plastics Products	23.95	19.64
非金属矿物制品业	Manufacture of Non-metallic Mineral Products	28.30	25.04
黑色金属冶炼和压延加工业	Smelting and Pressing of Ferrous Metals	23.73	21.44
有色金属冶炼和压延加工业	Smelting and Pressing of Non-ferrous Metals	29.14	28.81
金属制品业	Manufacture of Metal Products	32.20	22.05
通用设备制造业	Manufacture of General Purpose Machinery	27.16	29.15
专用设备制造业	Manufacture of Special Purpose Machinery	28.34	32.10
汽车制造业	Manufacture of Automobiles	33.68	36.30
铁路、航舶、航空航天和其他运输设备制造业	Manufacture of Railway, Ship, Aerospace and Other Transport Equipments		24.93
电气机械和器材制造业	Manufacture of Electrical Machinery and Apparatus	34.58	26.62
计算机、通信和其他电子设备制造业	Manufacture of Computers, Communication and Other Electronic Equipment	33.35	38.00
仪器仪表制造业	Manufacture of Measuring Instruments and Machinery	36.25	35.21
其他制造业	Other Manufacture	34.10	54.85
金属制品、机械和设备修理业	Repair Service of Metal Products, Machinery and Equipment	11.73	28.40
电力、燃气及水的生产和供应业	**Power, Gas and Water Production and Supply**		
电力、热力生产和供应业	Production and Supply of Electric Power and Heat Power	67.99	66.38
燃气的生产和供应业	Production and Supply of Gas	32.91	52.91
水的生产和供应业	Production and Supply of Water	51.28	52.32

Main Indicators on Ecocomic Benefit of Local Industrial Enterprises above Designated Size(2013-2014)

总资产贡献率(%) Ratio of Total Assets to Industrial Output Value (%)		资产负债率(%) Assets-Liability Ratio (%)		流动资产周转率(次/年) Number of Times of Annual of Turnover Working Capitals (times/year)		成本费用利润率(%) Ratio of Profits to Industrial Cost (%)		产品销售率(%) Proportion of Products Sold (%)	
2013	2014	2013	2014	2013	2014	2013	2014	2013	2014
6.18	**4.68**	**70.05**	**70.71**	**1.23**	**1.29**	**5.27**	**3.01**	**89.04**	**93.65**
6.14	4.82	74.90	74.18	0.99	1.02	7.38	4.91	90.99	94.87
8.44	8.26	45.99	49.54	1.64	2.00	7.25	5.68	93.74	90.89
5.99	4.42	72.05	72.29	1.18	1.21	4.95	2.51	88.25	94.28
6.88	5.65	74.65	74.79	1.24	1.28	6.15	5.91	87.36	92.38
6.30	3.65	66.60	65.09	0.98	1.04	6.97	0.92	93.33	94.05
4.76	3.91	65.38	68.58	1.54	1.57	3.03	2.20	87.06	94.24
7.40	1.75	53.19	51.68	0.76	0.45	6.17	-3.83	85.54	87.73
5.21	-0.20	77.46	81.34	1.23	0.53	-2.28	-12.18	98.85	98.43
21.75	19.32	50.68	48.73	1.24	1.38	39.35	31.19	68.48	90.30
9.03	4.80	57.71	55.54	0.82	0.95	6.09	-0.15	50.45	67.14
0.65	22.23	44.94	52.55	6.47	6.19	0.17	-0.08	88.86	100.00
3.90	4.90	50.30	51.27	1.82	1.99	2.58	3.61	89.33	88.96
8.27	4.43	42.66	43.76	1.88	1.51	10.37	3.61	90.16	73.47
13.15	14.98	59.90	62.52	1.59	1.64	3.89	11.25	81.11	79.24
5.25	3.79	55.93	49.43	1.84	3.08	3.81	1.75	100.30	99.14
11.86	10.29	53.35	49.21	2.98	3.35	5.83	4.64	97.09	98.64
83.86	18.93	76.19	47.08	16.02	17.20	28.63	2.33	101.23	99.59
22.44	11.54	46.44	46.63	1.75	2.06	22.28	10.06	93.14	95.31
5.10	4.04	63.50	55.18	3.19	3.84	2.31	1.53	99.27	98.43
8.16	-6.12	55.94	63.05	1.00	1.05	8.51	-18.81	32.84	40.37
5.49	4.24	68.66	73.26	0.71	0.87	11.13	5.90	83.64	94.79
11.59	17.52	27.31	32.63	1.13	1.51	21.03	18.22	99.22	93.09
11.82	2.11	67.02	74.45	1.66	1.21	5.28	0.90	104.77	102.87
4.62	4.59	77.36	70.55	1.18	1.19	5.36	5.01	93.81	97.59
3.33	2.12	78.91	78.62	1.97	1.54	-0.71	-1.16	93.13	95.13
3.87	2.39	76.66	75.40	1.62	1.97	0.17	-0.72	96.22	98.34
0.09	1.91	39.79	35.69	0.74	1.11	-1.59	4.97	99.75	82.17
5.49	2.33	56.16	59.29	1.06	1.18	3.47	-0.26	87.20	98.52
19.87	19.53	58.35	55.76	3.77	3.30	8.49	10.40	88.57	97.61
3.26	4.59	44.36	31.41	1.29	0.87	3.42	13.74	91.55	94.13
19.87	5.58	23.55	46.96	1.76	4.38	6.70	0.90	96.11	100.00
2.29	3.28	60.88	60.45	1.60	1.78	1.57	1.98	96.78	98.99
3.36	1.93	71.71	57.69	6.03	8.67	0.14	0.33	95.06	99.72
9.49	15.75	9.56	13.90	0.96	0.79	10.26	28.80	88.39	78.20
1.16	2.54	49.66	37.69	1.48	2.95	0.33	-0.49	100.00	100.00
56.42	17.93	0.79	31.85	26.25	20.86	1.55	0.59	101.30	99.41
7.34	7.25	83.33	79.18	1.47	1.34	13.84	14.88	99.72	99.18
12.67	9.78	35.52	38.43	1.80	1.65	22.02	15.50	123.86	124.96
6.91	5.18	39.48	38.52	0.42	0.36	37.21	36.65	98.44	98.14

14-14 2013-2014年规模以上国有及国有控股工业企业主要经济效益指标

指 标	Item	工业增加值率(%) Ratio of Value Added to Gross Industrial Output Value (%) 2013	2014
总计	**Total**	**41.00**	**37.69**
国有控股企业	State-holding Enterprises	41.00	37.69
轻工业	Light Industry	32.77	25.01
重工业	Heavy Industry	41.10	38.03
大型企业	Large Enterprises	43.08	39.55
中型企业	Medium-sized Enterprises	31.64	28.92
小型企业	Small Enterprises	34.23	28.06
#微型企业	Micro Enterprises		
按工业行业分组	**Grouped by Sector**		
采掘业	**Mining**		
煤炭开采和洗选业	Mining and Washing of Coal	34.02	50.76
石油和天然气开采业	Extraction of Petroleum and Natural Gas	68.46	76.08
黑色金属矿采选业	Mining and Processing of Ferrous Metal Ores		29.82
有色金属矿采选业	Mining and Processing of Non-Ferrous Metal Ores	74.13	67.07
非金属矿采选业	Mining and Processing of Non-metal Ores	56.21	63.77
制造业	**Manufacturing**		
农副食品加工业	Processing of Food from Agricultural Products	33.70	33.12
食品制造业	Manufacture of Foods	13.94	41.33
纺织服装、服饰业	Manufacture of Textile, Wearing Apparel and Accessories	64.33	74.20
印刷和记录媒介复制业	Printing and Reproduction of Recording Media		
石油加工、炼焦和核燃料加工业	Processing of Petroleum, Coking and Processing of Nuclear Fuel		
化学原料和化学制品制造业	Manufacture of Raw Chemical Materials and Chemical Products	32.93	30.18
医药制造业	Manufacture of Medicines	29.81	25.41
非金属矿物制品业	Manufacture of Non-metallic Mineral Products	37.77	36.20
黑色金属冶炼和压延加工业	Smelting and Pressing of Ferrous Metals	27.62	28.85
有色金属冶炼和压延加工业	Smelting and Pressing of Non-ferrous Metals	25.38	10.65
金属制品业	Manufacture of Metal Products		
通用设备制造业	Manufacture of General Purpose Machinery	26.97	24.19
电气机械和器材制造业	Manufacture of Electrical Machinery and Apparatus	33.50	19.44
其他制造业	Other Manufacture	34.10	54.85
金属制品、机械和设备修理业	Repair Service of Metal Products, Machinery and Equipment		
电力、燃气及水的生产和供应业	**Power, Gas and Water Production and Supply**		
电力、热力的生产和供应业	Production and Supply of Electric Power and Heat Power	35.20	29.38
水的生产和供应业	Production and Supply of Water	51.28	52.32

Main Indicators on Ecocomic Benefit of State-owned and State-holding Industrial Enterprises Above Designated Size(2013-2014)

总资产贡献率(%) Ratio of Total Assets to Industrial Output Value (%)		资产负债率(%) Assets-Liability Ratio (%)		流动资产周转率(次/年) Number of Times of Annual of Turnover Working Capitals (times/year)		成本费用利润率(%) Ratio of Profits to Industrial Cost (%)		产品销售率(%) Proportion of Products Sold (%)	
2013	2014	2013	2014	2013	2014	2013	2014	2013	2014
8.86	**7.44**	**69.52**	**69.51**	**1.60**	**1.63**	**10.76**	**7.51**	**93.89**	**93.29**
8.86	7.44	69.52	69.51	1.60	1.63	10.76	7.51	93.89	93.29
5.18	5.92	47.23	52.13	1.08	1.84	7.98	4.71	88.43	97.56
8.92	7.46	69.85	69.76	1.61	1.62	10.82	7.60	93.97	93.17
10.48	8.50	66.74	68.10	2.01	2.04	12.30	8.93	96.24	94.10
5.58	3.60	75.47	70.60	0.90	0.84	5.58	-0.37	87.55	88.89
4.08	5.99	77.30	76.74	0.99	1.25	6.63	9.95	83.35	93.14
6.56	1.01	49.10	45.90	0.60	0.44	9.77	-5.14	81.31	81.61
34.15	36.45	50.60	49.28	2.67	2.55	72.01	68.17	97.74	98.32
7.47	4.23	83.21	87.09	1.48	1.29	-3.05	-7.18	103.83	100.95
39.58	26.11	46.69	35.13	2.85	1.71	74.07	48.61	100.05	97.91
9.30	5.58	58.67	59.87	0.81	0.65	8.32	-0.94	72.29	78.52
0.95	-4.72	33.15	61.82	3.68	5.03	0.97	-2.61	93.44	96.09
6.39	14.17	31.25	53.33	0.83	0.86	23.41	17.00	45.86	94.89
18.20	13.96	27.30	31.93	0.75	0.68	20.45	14.67	89.69	100.84
1.89	3.44	85.12	85.20	0.78	0.69	-1.10	-0.05	82.42	82.67
4.00	3.37	71.87	76.03	0.71	0.83	6.38	4.44	86.71	91.23
9.95	9.68	44.00	47.93	1.98	2.12	7.97	7.41	93.59	91.86
3.82	3.29	88.20	77.54	1.02	1.68	7.50	6.39	100.24	108.71
5.25	3.54	76.56	76.96	1.62	1.18	2.62	2.47	97.27	98.69
3.63	-0.06	81.32	75.46	1.82	1.95	-2.57	-5.48	95.12	97.25
5.72	1.56	63.97	65.83	0.79	0.85	3.54	-2.99	97.74	102.02
5.29	5.99	63.94	70.24	1.56	4.36	5.59	2.08	91.25	98.91
1.16	2.54	49.66	37.69	1.48	2.95	0.33	-0.49	100.00	100.00
7.18	6.33	71.45	71.15	3.22	3.18	5.36	4.15	95.24	86.87
6.91	5.18	39.48	38.52	0.42	0.36	37.21	36.65	98.44	98.14

14-15 2013-2014年规模以上集体工业企业经济效益指标

指　标	Item	工　业 增加值率 (%) Ratio of Value Added to Gross Industrial Output Value (%)	
		2013	2014
总计	**Total**	**59.84**	**21.52**
重工业	Heavy Industry	59.84	21.52
中型企业	Medium-sized Enterprises	59.84	21.52
小型企业	Small Enterprises		
按工业行业分组	**Grouped by Sector**		
采掘业	**Mining**		
有色金属矿采选业	Mining and Processing of Non-Ferrous Metal Ores		
制造业	**Manufacturing**		
化学原料和化学制品制造业	**Manufacture of Raw Chemical Materials and Chemical Products**		
非金属矿物制品业	Manufacture of Non-metallic Mineral Products		
有色金属冶炼及压延加工业	Smelting and Pressing of Nonferrous Metals	59.84	21.52
金属制品业	Manufacture of Metal Products		

Main Indicators on Economic Benefit of Collective-owned Industrial Enterprises Above Designated Size(2013-2014)

总资产贡献率 (%) Ratio of Total Assets to Industrial Output Value (%)		资 产 负债率 (%) Assets-Liability Ratio (%)		流动资产周 转 率 (次/年) Number of Times of Annual of Turnover Working Capitals (times/year)		成本费用利 润 率 (%) Ratio of Profits to Industrial Cost (%)		产 品 销售率 (%) Proportion of Products Sold (%)	
2013	2014	2013	2014	2013	2014	2013	2014	2013	2014
18.40	**-8.91**	**56.02**	**85.62**	**2.37**	**2.71**	**9.57**	**-3.78**	**103.01**	**101.29**
18.40	-8.91	56.02	85.62	2.37	2.71	9.57	-3.78	103.01	101.29
5.47	-12.70	59.45	95.12	2.75	3.09	0.02	-4.69	98.41	105.82
27.48	4.62	53.61	51.74	2.09	1.43	19.87	3.34	103.62	97.86
33.24		55.94		2.07		29.13		100.00	
2.80	4.62	43.61	51.74	2.16	1.43	1.16	3.34	2.80	97.86
5.47	-12.70	59.45	95.12	2.75	3.09	0.02	-4.69	5.47	105.82

14-16 2013-2014年大中型工业企业经济效益指标

指标	Item	工业增加值率(%) Ratio of Value Added to Gross Industrial Output Value (%)	
		2013	2014
总计	**Total**	**35.80**	**34.96**
国有控股企业	State-holding Enterprises	41.14	38.13
轻工业	Light Industry	37.27	30.94
重工业	Heavy Industry	35.68	35.42
大型企业	Large Enterprises	39.32	38.38
中型企业	Medium-sized Enterprises	28.50	27.53
按工业行业分组	**Grouped by Sector**		
采掘业	**Mining**		
煤炭开采和洗选业	Mining and Washing of Coal	26.52	50.76
石油和天然气开采业	Extraction of Petroleum and Natural Gas	68.46	76.08
黑色金属矿采选业	Mining and Processing of Ferrous Metal Ores	28.27	28.88
有色金属矿采选业	Mining and Processing of Non-Ferrous Metal Ores	74.13	67.07
非金属矿采选业	Mining and Processing of Non-metal Ores	57.97	66.66
制造业	**Manufacturing**		
农副食品加工业	Processing of Food from Agricultural Products	35.64	37.99
食品制造业	Manufacture of Foods	29.02	34.68
酒、饮料和精制茶制造业	Manufacture of Liquor, Beverages and Refined Tea	42.16	28.81
纺织业	Manufacture of Textile	33.79	29.60
纺织服装、服饰业	Manufacture of Textile, Wearing Apparel and Accessories	29.87	30.63
印刷业和记录媒介的复制	Printing and Reproduction of Recording Media	48.29	47.29
文教、工美、体育和娱乐用品制造业	Manufacture of Articles for Culture, Education, Arts and Crafts, Sport and Entertainment Activities	38.07	33.58
石油加工、炼焦和核燃料加工业	Processing of Petroleum, Coking and Processing of Nuclear Fuel	10.80	
化学原料及化学制品制造业	Manufacture of Raw Chemical Materials and Chemical Products	28.93	29.11
医药制造业	Manufacture of Medicines	39.50	34.48
非金属矿物制品业	Manufacture of Non-metallic Mineral Products	32.07	25.53
黑色金属冶炼及压延加工业	Smelting and Pressing of Ferrous Metals	24.59	24.76
有色金属冶炼及压延加工业	Smelting and Pressing of Non-ferrous Metals	26.75	20.12
金属制品业	Manufacture of Metal Products	32.15	
通用设备制造业	Manufacture of General Purpose Machinery	29.33	25.02
汽车制造业	Manufacture of Automobiles		35.39
电气机械和器材制造业	Manufacture of Electrical Machinery and Apparatus	34.98	21.34
仪器仪表制造业	Manufacture of Measuring Instruments and Machinery	36.25	35.21
其他制造业	Other Manufacture	34.10	
电力、燃气及水的生产和供应业	**Power, Gas and Water Production and Supply**		
电力、热力的生产和供应业	Production and Supply of Electric Power and Heat Power	34.30	28.93
水的生产和供应业	Production and Supply of Water	54.31	54.80

Main Indicators on Economic Benefit of Large and Medium-sized Industrial Enterprises above Designated Size (2013-2014)

总资产贡献率 (%) Ratio of Total Assets to Industrial Output Value (%)		资产负债率 (%) Assets-Liability Ratio (%)		流动资产周转率 (次/年) Number of Times of Annual of Turnover Working Capitals (times/year)		成本费用利润率 (%) Ratio of Profits to Industrial Cost (%)		产品销售率 (%) Proportion of Products Sold (%)	
2013	2014	2013	2014	2013	2014	2013	2014	2013	2014
8.85	**7.15**	**67.84**	**67.71**	**1.48**	**1.56**	**9.17**	**5.65**	**92.48**	**92.62**
9.47	7.63	68.54	68.54	1.67	1.67	11.07	7.28	94.69	93.30
11.26	12.37	51.98	50.78	1.56	2.17	7.89	7.82	93.35	88.99
8.75	6.95	68.48	68.36	1.48	1.52	9.28	5.44	92.40	93.03
10.06	8.54	67.68	68.14	1.88	1.99	10.62	8.13	91.91	91.83
6.15	3.67	68.18	66.62	1.01	1.05	6.34	0.74	93.58	94.13
7.50	2.89	51.24	46.45	0.40	0.23	15.44	0.80	90.09	84.78
34.15	36.45	50.60	49.28	2.67	2.55	72.01	68.17	97.74	98.32
0.66	-0.13	62.38	61.50	0.83	0.71	-5.18	-8.77	100.86	106.57
39.58	26.11	46.69	35.13	2.85	1.71	74.07	48.61	100.05	97.91
11.33	6.63	48.71	51.70	0.88	0.72	11.20	0.62	67.20	75.67
2.41	4.23	66.28	56.52	2.45	3.64	1.49	2.27	82.72	95.02
5.74	3.08	47.61	50.34	1.35	1.50	11.18	0.55	79.89	60.55
12.49	17.28	66.64	64.25	1.23	1.80	2.11	11.48	75.64	75.96
4.56	3.25	54.48	50.24	1.89	2.66	3.37	1.79	99.91	99.11
13.67	14.23	51.81	45.45	2.53	2.66	7.06	6.81	95.81	98.36
21.08	8.79	34.58	36.79	1.83	1.85	33.38	14.63	93.12	95.42
5.78	4.34	63.58	54.42	2.95	3.58	2.56	1.50	100.41	99.34
8.83	-9.77	58.07	63.92	0.83	0.94	10.53	-31.87	24.74	27.95
5.79	4.26	70.09	73.40	0.74	0.85	12.28	6.18	88.30	94.19
27.22	30.42	30.17	22.50	1.20	1.31	24.44	28.11	105.66	94.31
5.63	6.44	80.47	72.17	1.31	1.35	8.13	9.72	92.49	99.46
3.97	2.67	78.49	79.30	1.86	1.39	0.08	-0.35	94.08	96.11
3.64	0.59	75.13	73.74	1.64	1.91	-0.73	-3.75	97.72	98.96
-2.54		38.06		0.40		-13.67		92.83	
6.38	1.17	61.53	63.97	0.79	0.80	4.62	-3.43	99.48	101.28
	3.79		39.63		2.19		6.37		92.61
3.45	7.34	56.70	72.04	1.49	6.57	2.32	2.86	95.37	98.79
9.49	16.57	9.56	7.33	0.96	0.79	10.26	34.75	88.39	76.24
1.16		49.66		1.48		0.33		100.00	
7.35	5.73	70.75	69.27	3.99	4.07	4.00	1.54	94.87	85.93
10.94	7.38	34.94	33.41	0.44	0.35	50.31	50.93	100.00	100.00

14-17 2013-2014年规模以上非公有工业企业经济效益指标

指标	Item	工业增加值率(%) Ratio of Value Added to Gross Industrial Output Value (%) 2013	2014
总计	**Total**	**37.13**	**36.59**
#轻工业	Light Industry	35.89	30.99
重工业	Heavy Industry	37.27	37.51
#大型企业	Large Enterprises	43.27	44.88
中型企业	Medium-sized Enterprises	28.12	27.78
小型企业	Small Enterprises	33.57	29.68
#微型企业	Micro Enterprises		
按登记注册类型分组	**By Status of Registration**		
股份合作企业	Cooperative Enterprises	38.42	38.65
有限责任公司	Limited Liability Corporations	32.26	29.69
股份有限公司	Share-holding Corporations Limited	50.27	51.59
私营企业	Private Enterprises	27.77	30.81
其他企业	Other Enterprises	38.17	31.79
港、澳、台商投资企业	Enterprises with Funds from Hong Kong, Macao and Taiwan	29.13	23.58
外商投资企业	Foreign Funded Enterprises	54.17	42.42
按工业行业分组	**Grouped by Sector**		
采掘业	**Mining**		
煤炭开采和洗选业	Mining and Washing of Coal	32.52	41.06
石油和天然气开采业	Extraction of Petroleum and Natural Gas	68.46	76.08
黑色金属矿采选业	Mining and Processing of Ferrous Metal Ores	28.34	27.68
有色金属矿采选业	Mining and Processing of Non-Ferrous Metal Ores	62.82	49.61
非金属矿采选业	Mining and Processing of Non-metal Ores	29.13	39.32
开采辅助活动	Support Activities for Mining		
其他采矿业	Mining of Other Ores		
制造业	**Manufacturing**		
农副食品加工业	Processing of Food from Agricultural Products	31.00	34.03
食品制造业	Manufacture of Foods	33.50	31.41
酒、饮料和精制茶制造业	Manufacture of Liquor, Beverages and Refined Tea	37.67	28.92
纺织业	Manufacture of Textile	34.00	30.27
纺织服装、服饰业	Manufacture of Textile, Wearing Apparel and Accessories	30.30	31.04
家具制造业	Manufacture of Furniture		33.14
造纸和纸制品业	Manufacture of Paper and Paper Products		
印刷业和记录媒介的复制	Printing and Reproduction of Recording Media	44.30	30.23
文教、工美、体育和娱乐用品制造业	Manufacture of Articles for Culture, Education, Arts and Crafts, Sport and Entertainment Activities	38.07	33.42
石油加工、炼焦和核燃料加工业	Processing of Petroleum, Coking and Processing of Nuclear Fuel	11.92	11.51
化学原料及化学制品制造业	Manufacture of Raw Chemical Materials and Chemical Products	29.72	30.61
医药制造业	Manufacture of Medicines	40.36	34.41
塑料制品业	Manufacture of Rubber and Plastics Products	23.95	19.64
非金属矿物制品业	Manufacture of Non-metallic Mineral Products	29.33	25.98
黑色金属冶炼及压延加工业	Smelting and Pressing of Ferrous Metals	23.76	21.98
有色金属冶炼及压延加工业	Smelting and Pressing of Non-ferrous Metals	27.75	23.00
金属制品业	Manufacture of Metal Products	32.20	22.05
通用设备制造业	Manufacture of General Purpose Machinery	27.16	29.15
专用设备制造业	Manufacture of Special Purpose Machinery	28.34	32.10
汽车制造业	Manufacture of Automobiles	33.68	36.30
铁路、航舶、航空航天和其他运输设备制造业	Manufacture of Railway, Ship, Aerospace and Other Transport Equipments		24.93
电气机械和器材制造业	Manufacture of Electrical Machinery and Apparatus	34.58	26.62
计算机、通信和其他电子设备制造业	Manufacture of Computers, Communication and Other Electronic Equipment	33.35	38.00
仪器仪表制造业	Manufacture of Measuring Instruments and Machinery	36.25	35.21
其他制造业	Other Manufacture	34.10	54.85
金属制品、机械和设备修理业	Repair Service of Metal Products, Machinery and Equipment	11.73	28.40
电力、燃气及水的生产和供应业	**Power, Gas and Water Production and Supply**		
电力、热力的生产和供应业	Production and Supply of Electric Power and Heat Power	63.72	61.87
燃气生产和供应业	Production and Supply of Gas	32.91	52.91
水的生产和供应业	Production and Supply of Water	51.28	52.32

Main Indicators on Economic Benefit of Non-public Industrial Enterprises Above Designated Size(2013-2014)

总资产贡献率(%) Ratio of Total Assets to Industrial Output Value (%)		资产负债率(%) Assets-Liability Ratio (%)		流动资产周转率(次/年) Number of Times of Annual of Turnover Working Capitals (times/year)		成本费用利润率(%) Ratio of Profits to Industrial Cost (%)		产品销售率(%) Proportion of Products Sold (%)	
2013	2014	2013	2014	2013	2014	2013	2014	2013	2014
8.11	**6.89**	**69.68**	**69.74**	**1.43**	**1.44**	**7.89**	**5.67**	**90.92**	**94.63**
8.42	8.28	45.99	49.48	1.66	2.01	7.22	5.68	93.79	90.90
8.09	6.79	71.41	71.06	1.40	1.37	7.98	5.67	90.53	95.31
10.68	9.43	70.81	71.15	1.60	1.63	13.24	11.28	91.73	94.96
5.76	3.87	70.79	66.32	1.10	1.06	5.28	1.04	94.66	94.37
4.80	4.36	65.93	69.90	1.55	1.59	3.02	2.82	87.15	94.47
6.11	5.91	55.03	47.65	2.47	2.48	1.73	1.80	100.00	100.08
5.22	4.53	75.37	75.23	1.30	1.38	2.67	0.85	93.66	95.70
12.23	11.22	65.65	65.74	1.46	1.34	18.82	17.90	95.82	97.21
8.26	5.03	61.45	63.30	1.58	1.62	6.06	2.24	82.45	90.34
2.63	2.05	34.88	33.14	1.64	2.74	3.82	1.84	100.42	99.49
2.26	1.40	97.00	95.68	1.71	1.69	-3.48	-0.52	100.49	99.49
9.96	6.31	52.22	41.51	1.32	1.34	18.49	13.13	97.55	97.90
5.21	1.75	60.57	51.63	0.84	0.43	0.90	-3.98	87.13	87.49
34.15	36.45	50.60	49.28	2.67	2.55	72.01	68.17	97.74	98.32
5.21	-0.20	77.46	81.34	1.23	0.53	-2.28	-12.18	98.85	98.43
21.63	19.32	50.63	48.73	1.23	1.38	39.66	31.19	67.89	90.30
9.51	4.70	61.14	57.73	0.84	0.98	6.57	-0.21	48.87	67.63
0.65	22.23	44.94	52.55	6.47	6.19	0.17	-0.08	88.86	100.00
3.90	4.90	50.30	51.27	1.82	1.99	2.58	3.61	89.33	88.96
8.27	4.43	42.66	43.76	1.88	1.51	10.37	3.61	90.16	73.47
13.15	14.98	59.90	62.52	1.59	1.64	3.89	11.25	81.11	79.24
5.25	3.79	55.93	49.43	1.84	3.08	3.81	1.75	100.30	99.14
11.02	10.29	56.81	49.21	3.59	3.35	5.10	4.64	97.42	98.64
83.86	18.93	76.19	47.08	16.02	17.20	28.63	2.33	101.23	99.59
28.78	13.95	34.50	35.18	2.27	3.20	27.52	12.02	94.93	97.07
5.10	4.04	63.50	55.18	3.19	3.84	2.31	1.53	99.27	98.43
8.16	-6.12	55.94	63.05	1.00	1.05	8.51	-18.81	32.84	40.37
5.28	4.11	69.53	73.91	0.72	0.88	10.11	5.33	83.37	95.36
11.61	17.67	27.40	32.94	1.13	1.51	21.14	18.19	99.31	93.09
11.82	2.11	67.02	74.45	1.66	1.21	5.28	0.90	104.77	102.87
5.29	5.38	76.94	70.07	1.23	1.23	6.14	6.30	93.87	97.23
3.43	2.24	79.10	78.79	2.02	1.62	-0.51	-0.84	93.40	95.43
3.61	1.08	75.76	75.30	1.94	2.26	-0.40	-2.57	96.87	98.69
0.09	1.91	39.79	35.69	0.74	1.11	-1.59	4.97	99.75	82.17
5.49	2.33	56.16	59.29	1.06	1.18	3.47	-0.26	87.20	98.52
19.87	19.53	58.35	55.76	3.77	3.30	8.49	10.40	88.57	97.61
3.26	4.59	44.36	31.41	1.29	0.87	3.42	13.74	91.55	94.13
19.87	5.58	23.55	46.96	1.76	4.38	6.70	0.90	96.11	100.00
2.29	3.28	60.88	60.45	1.60	1.78	1.57	1.98	96.78	98.99
3.36	1.93	71.71	57.69	6.03	8.67	0.14	0.33	95.06	99.72
9.49	15.75	9.56	13.90	0.96	0.79	10.26	28.80	88.39	78.20
1.16	2.54	49.66	37.69	1.48	2.95	0.33	-0.49	100.00	100.00
56.42	17.93	0.79	31.85	26.25	20.86	1.55	0.59	101.30	99.41
7.52	7.61	84.02	80.16	1.55	1.34	13.17	16.81	99.75	99.18
12.67	9.78	35.52	38.43	1.80	1.65	22.02	15.50	123.86	124.96
6.91	5.18	39.48	38.52	0.42	0.36	37.21	36.65	98.44	98.14

14-18 分地区规模以上工业企业主要经济指标(2014年)

单位：万元

指 标	Item	企业单位数(个) Number of Enterprises	亏损企业 Loss-making Enterprises
西宁市	**Xining City**	**248**	**72**
国有控股企业	State-holding Enterprises	51	25
轻工业	Light Industry	109	14
重工业	Heavy Industry	139	58
集体企业	Collective-owned Enterprises	2	1
股份合作企业	Cooperative Enterprises	1	
有限责任公司	Limited Liability Corporations	95	36
股份有限公司	Share-holding Corporations Limited	11	4
私营企业	Private Enterprises	117	24
其他企业	Other Enterprises	1	
港、澳、台商投资企业	Enterprises with Funds from Hong Kong,Macao and Taiwan	3	
外商投资企业	Foreign Funded Enterprises	11	2
海东市	**Haidong City**	**101**	**46**
国有控股企业	State-holding Enterprises	3	1
轻工业	Light Industry	23	3
重工业	Heavy Industry	78	43
有限责任公司	Limited Liability Corporations		
股份有限公司	Share-holding Corporations Limited	2	1
私营企业	Private Enterprises	59	25
其他企业	Other Enterprises	1	
港、澳、台商投资企业	Enterprises with Funds from Hong Kong,Macao and Taiwan	1	
外商投资企业	Foreign Funded Enterprises		
海北州	**Haibei Zang A.P**	**42**	**12**
国有控股企业	State-holding Enterprises	8	2
轻工业	Light Industry	8	
重工业	Heavy Industry	34	12
集体企业	Collective-owned Enterprises		
有限责任公司	Limited Liability Corporations	11	4
股份有限公司	Share-holding Corporations Limited	2	
私营企业	Private Enterprises	25	8
外商投资企业	Foreign Funded Enterprises	1	
黄南州	**Huangnan Zang A.P**	**6**	**3**
重工业	Heavy Industry	4	2
有限责任公司	Limited Liability Corporations	2	2
私营企业	Private Enterprises	1	1
其他企业	Other Enterprises		
外商投资企业	Foreign Funded Enterprises	1	
海南州	**Hainan Zang A.P**	**31**	**5**
国有控股企业	State-holding Enterprises	6	
轻工业	Light Industry	8	
重工业	Heavy Industry	23	5
股份合作企业	Cooperative Enterprises		
有限责任公司	Limited Liability Corporations	22	3
股份有限公司	Share-holding Corporations Limited	3	1
私营企业	Foreign Funded Enterprises	4	
港、澳、台商投资企业	Enterprises with Funds from Hong Kong,Macao and Taiwan	2	1
果洛州	**Golog Zang A.P**	**1**	
国有控股企业	State-holding Enterprises	1	
重工业	Heavy Industry	1	
股份有限公司	Share-holding Corporations Limited		
海西州	**Haixi Mongolian & Zang A.P**	**139**	**53**
国有控股企业	State-holding Enterprises	57	15
轻工业	Light Industry	5	3
重工业	Heavy Industry	134	50
集体企业	Collective-owned Enterprises		
股份合作企业	Cooperative Enterprises		
有限责任公司	Limited Liability Corporations	62	20
股份有限公司	Share-holding Corporations Limited	8	3
私营企业	Private Enterprises	60	27
其他企业	Other Enterprises		
港、澳、台商投资企业	Enterprises with Funds from Hong Kong,Macao and Taiwan	3	1
外商投资企业	Foreign Funded Enterprises	3	1

Main Economic Indicators of Industrial Enterprises Above Designated Size by Region (2014)

(10 000 yuan)

工 业 总产值 Gross Industrial Output Value	资 产 总 计 Total Assets	流动资产 合 计 Total Working Capitals	固定资产 合 计 Total Fixed Assets	固定资产 原 价 Original Value of Fixed Assets	累 计 折 旧 Accumulated Depreciation	本 年 折 旧 Depreciation Charge for the Year
15295175	**25168157**	**6371378**	**15554811**	**25649403**	**11362383**	**2003993**
7475945	18683624	3679607	12256452	17058035	5909870	1089346
2618970	2278118	965235	995829	2828641	1895288	305681
12676206	22890039	5406143	14558982	22820762	9467095	1698312
4881	10354	9887	467	327	143	29
130159	85644	41689	43955	98570	54616	11828
5839611	13728639	3087276	8959738	14245076	5443886	1080309
2033505	4510677	1472449	2100872	2564248	1211806	188647
4114024	2570739	1226160	1079370	3780717	2759128	411488
80220	77142	29725	47416	134251	86835	16110
95416	68973	30445	27552	103061	75509	11973
341178	494045	103958	343520	456370	195631	30903
2831592	**3465707**	**1425534**	**967730**	**945622**	**215392**	**79308**
131734	684135	173475	19728	32101	12446	1818
696294	534780	317184	134945	132127	17839	9007
2135298	2930927	1108350	832784	813495	197553	70301
268676	844154	275718	48802	39288	7067	2815
1236438	1278860	516309	519756	489671	115700	41601
286	1310	220	1080	948	68	14
309523	623474	240928	163854	146385	17469	17469
842199	**1385985**	**628880**	**383346**	**782455**	**409859**	**51633**
107260	386739	106487	187653	233954	65698	9315
94659	34580	17269	11893	42655	32090	4416
747541	1351405	611611	371454	739800	377768	47217
249619	549403	201867	152869	176770	43340	7434
67695	129837	73858	24519	37334	12815	2946
450145	499640	293119	75605	345031	279736	34859
43527	120893	43942	61760	135745	54986	3595
78492	**346447**	**24017**	**305543**	**353560**	**68335**	**13057**
71653	326413	10016	302869	350450	67899	12965
38504	41111	14402	20925	25696	4770	1311
2164	47093	1347	45505	49479	3974	1987
14749	113673	4076	108285	147260	38975	5696
369572	**1582400**	**284888**	**1207360**	**1281984**	**122950**	**55838**
145180	729274	99403	590607	653868	63261	27325
97130	101558	62042	25011	30401	6147	997
272442	1480841	222846	1182349	1251583	116803	54841
282713	1375600	241257	1091524	1174073	97891	50984
33518	19044	11968	5326	6754	1486	97
28881	114334	20556	79489	49980	3419	1715
24460	73423	11107	31021	51176	20156	3042
102734	**163543**	**37805**	**40110**	**94288**	**54178**	**10475**
102734	163543	37805	40110	94288	54178	10475
102734	163543	37805	40110	94288	54178	10475
7038794	**22028615**	**6113230**	**9772812**	**12861272**	**3344683**	**622621**
4829700	15904294	3520485	7463792	10162210	2785974	489375
131315	115914	40534	43648	63553	20670	3639
6907479	21912701	6072695	9729164	12797719	3324013	618983
1393460	6121685	1855447	3147495	3293630	451595	158177
4018091	11830605	2618307	4580531	7161069	2396858	345212
1436535	3403492	1385475	1674233	1994440	401295	94293
60459	171215	28672	123663	119424	18459	5344
75979	240613	143232	91520	144778	53258	10188

14-18 续表 1

单位：万元

指 标	Item	负债合计 Total Liabilities	流动负债合计 Total Working Liabilities
西宁市	**Xining City**	**17422098**	**10332807**
国有控股企业	State-holding Enterprises	13294500	7292533
轻工业	Light Industry	1108659	762265
重工业	Heavy Industry	16313439	9570542
集体企业	Collective-owned Enterprises	8866	8866
股份合作企业	Cooperative Enterprises	40811	40811
有限责任公司	Limited Liability Corporations	10556849	5443755
股份有限公司	Share-holding Corporations Limited	3435028	2481839
私营企业	Private Enterprises	1429545	1092592
其他企业	Other Enterprises	25739	23233
港、澳、台商投资企业	Enterprises with Funds from Hong Kong,Macao and Taiwan	48208	33545
外商投资企业	Foreign Funded Enterprises	221282	123925
海东市	**Haidong City**	**2188689**	**1453450**
国有控股企业	State-holding Enterprises	464662	354707
轻工业	Light Industry	102804	90481
重工业	Heavy Industry	2085885	1362970
有限责任公司	Limited Liability Corporations		
股份有限公司	Share-holding Corporations Limited	465026	358127
私营企业	Private Enterprises	829869	566269
其他企业	Other Enterprises	263	215
港、澳、台商投资企业	Enterprises with Funds from Hong Kong,Macao and Taiwan	566356	231377
外商投资企业	Foreign Funded Enterprises		
海北州	**Haibei Zang A.P**	**759423**	**583435**
国有控股企业	State-holding Enterprises	236046	148265
轻工业	Light Industry	20315	8711
重工业	Heavy Industry	739108	574723
集体企业	Collective-owned Enterprises		
有限责任公司	Limited Liability Corporations	316559	244683
股份有限公司	Share-holding Corporations Limited	82981	65161
私营企业	Private Enterprises	237163	190692
外商投资企业	Foreign Funded Enterprises	59639	58857
黄南州	**Huangnan Zang A.P**	**281139**	**134847**
重工业	Heavy Industry	261628	115528
有限责任公司	Limited Liability Corporations	31124	30932
私营企业	Private Enterprises	45978	32078
其他企业	Other Enterprises		
外商投资企业	Foreign Funded Enterprises	70227	30227
海南州	**Hainan Zang A.P**	**1208357**	**861785**
国有控股企业	State-holding Enterprises	582872	477134
轻工业	Light Industry	54980	30912
重工业	Heavy Industry	1153377	830873
股份合作企业	Cooperative Enterprises		
有限责任公司	Limited Liability Corporations	1086262	746113
股份有限公司	Share-holding Corporations Limited	17274	17274
私营企业	Foreign Funded Enterprises	65414	65406
港、澳、台商投资企业	Enterprises with Funds from Hong Kong,Macao and Taiwan	39407	32992
果洛州	**Golog Zang A.P**	**44716**	**44716**
国有控股企业	State-holding Enterprises	44716	44716
重工业	Heavy Industry	44716	44716
股份有限公司	Share-holding Corporations Limited		
海西州	**Haixi Mongolian & Zang A.P**	**15004099**	**7578295**
国有控股企业	State-holding Enterprises	10783046	5043768
轻工业	Light Industry	222007	195531
重工业	Heavy Industry	14782092	7382764
集体企业	Collective-owned Enterprises		
股份合作企业	Cooperative Enterprises		
有限责任公司	Limited Liability Corporations	4712603	3061192
股份有限公司	Share-holding Corporations Limited	7395253	2677407
私营企业	Private Enterprises	2401484	1552838
其他企业	Other Enterprises		
港、澳、台商投资企业	Enterprises with Funds from Hong Kong,Macao and Taiwan	246114	200348
外商投资企业	Foreign Funded Enterprises	51203	16249

Continued

(10 000 yuan)

非流动负债合计 Total Non-current Liabilities	所有者权益合计 Total Owners' Equity	实收资本 Paid-up Capital	营业收入 Revenue from Business	营业成本 Cost of Principal Business	营业税金及附加 Taxes and Other Charges on Business	其他业务利润 Other Operating Profit
6638675	**7632139**	**4675024**	**14173207**	**13283236**	**60615**	**29049**
5952876	5305152	3049276	7757918	7238471	45280	26418
220040	1157083	391748	2076909	1825701	6240	2124
6418635	6475056	4283275	12096298	11457535	54374	26924
	1489	1395	26763	24944	125	1555
	44833	500	103280	96363	110	
4949301	3092896	2747213	5713163	5178684	21062	4367
878628	1075268	652019	2188664	2131552	13848	21751
199143	1120896	496739	3106811	2890996	8656	948
2000	51402	11880	79659	75387	24	
13150	20741	12760	98630	60948	1005	
25726	268191	210747	248001	223288	1764	0
542364	**1277968**	**715817**	**2315957**	**2068756**	**26690**	**4319**
109955	219473	210000	170082	164213	182	-35
9494	425077	98578	524357	369801	22775	2530
532871	852891	617240	1791600	1698954	3915	1789
106899	379128	245000	225213	186122	19401	318
79881	451023	273428	1015434	938346	3166	577
48	1047	20	2289	2140	48	
334978	57118	59480	331189	327054		
134766	**606875**	**202317**	**850771**	**734491**	**2685**	**511**
86543	146605	62044	130561	101169	1531	483
5322	14091	7484	91400	84734	46	
129443	592785	194833	759371	649756	2639	511
55947	228641	54485	264168	229130	1704	
17820	46856	8100	65629	53550	5	
22417	246992	61412	438092	379990	758	
783	61254	56671	43555	38102	100	28
132392	**65308**	**46886**	**77470**	**60495**	**838**	**24**
132200	64784	45200	69607	54187	835	24
192	9987	4886	37805	38783	10	24
	1115	3000	2164	1806	172	
40000	43445	38000	14749	8027	271	
321029	**370598**	**198583**	**328824**	**198302**	**1348**	**110**
85109	146402	56412	141016	59494	506	
3023	46378	20995	82733	71149	188	
318006	324219	177588	246091	127153	1160	110
314606	285993	155997	253425	137218	819	110
	1770	2600	25697	25078	26	
8	48820	25770	23840	14660	40	
6415	34015	14215	25863	21347	462	
	118827	**12000**	**101615**	**60513**	**3171**	
	118827	12000	101615	60513	3171	
	118827	12000	101615	60513	3171	
6617593	**6947867**	**1869295**	**5538812**	**2946182**	**525949**	**65325**
5695188	5120269	968435	4082934	1937208	481471	65881
23838	-106093	41734	53034	24463	847	437
6593754	7053960	1827561	5485778	2921719	525102	64889
1545755	1400740	914667	931838	689232	17055	2045
4314215	4372099	205511	3451689	1486555	469381	63156
556804	996953	574807	975488	673227	37237	206
45766	-74899	60890	58406	26820	333	16
27872	189410	36799	89574	50981	159	-97

14-18 续表 2

单位：万元

指　标	Item	销售费用 Cost of Sales	营业利润 Operating Profit
西宁市	**Xining City**	**260697**	**-215345**
国有控股企业	State-holding Enterprises	116461	-180664
轻工业	Light Industry	55934	67809
重工业	Heavy Industry	204763	-283154
集体企业	Collective-owned Enterprises	673	-1066
股份合作企业	Cooperative Enterprises	1391	1834
有限责任公司	Limited Liability Corporations	112422	-110644
股份有限公司	Share-holding Corporations Limited	60098	-85249
私营企业	Private Enterprises	76417	17621
其他企业	Other Enterprises	500	1329
港、澳、台商投资企业	Enterprises with Funds from Hong Kong,Macao and Taiwan	613	2231
外商投资企业	Foreign Funded Enterprises	7403	3513
海东市	**Haidong City**	**70173**	**78063**
国有控股企业	State-holding Enterprises	2330	858
轻工业	Light Industry	42849	84271
重工业	Heavy Industry	27324	-6209
有限责任公司	Limited Liability Corporations		
股份有限公司	Share-holding Corporations Limited	2205	28239
私营企业	Private Enterprises	15340	13882
其他企业	Other Enterprises	8	60
港、澳、台商投资企业	Enterprises with Funds from Hong Kong,Macao and Taiwan	6502	-4912
外商投资企业	Foreign Funded Enterprises		
海北州	**Haibei Zang A.P**	**11940**	**55847**
国有控股企业	State-holding Enterprises	1891	8034
轻工业	Light Industry	834	4685
重工业	Heavy Industry	11106	51161
集体企业	Collective-owned Enterprises		
有限责任公司	Limited Liability Corporations	6731	5135
股份有限公司	Share-holding Corporations Limited	851	5716
私营企业	Private Enterprises	4339	38721
外商投资企业	Foreign Funded Enterprises		3993
黄南州	**Huangnan Zang A.P**	**1036**	**3186**
重工业	Heavy Industry	64	3262
有限责任公司	Limited Liability Corporations	477	-2423
私营企业	Private Enterprises		-598
其他企业	Other Enterprises		
外商投资企业	Foreign Funded Enterprises		2729
海南州	**Hainan Zang A.P**	**8208**	**54874**
国有控股企业	State-holding Enterprises	645	45032
轻工业	Light Industry	1616	3792
重工业	Heavy Industry	6592	51082
股份合作企业	Cooperative Enterprises		
有限责任公司	Limited Liability Corporations	6316	51312
股份有限公司	Share-holding Corporations Limited	277	-438
私营企业	Foreign Funded Enterprises	1032	5729
港、澳、台商投资企业	Enterprises with Funds from Hong Kong,Macao and Taiwan	583	-1728
果洛州	**Golog Zang A.P**	**5311**	**24048**
国有控股企业	State-holding Enterprises	5311	24048
重工业	Heavy Industry	5311	24048
股份有限公司	Share-holding Corporations Limited		
海西州	**Haixi Mongolian & Zang A.P**	**404106**	**814360**
国有控股企业	State-holding Enterprises	236938	813449
轻工业	Light Industry	30941	-18387
重工业	Heavy Industry	373166	832748
集体企业	Collective-owned Enterprises		
股份合作企业	Cooperative Enterprises		
有限责任公司	Limited Liability Corporations	51581	-32014
股份有限公司	Share-holding Corporations Limited	212471	828687
私营企业	Private Enterprises	106604	430
其他企业	Other Enterprises		
港、澳、台商投资企业	Enterprises with Funds from Hong Kong,Macao and Taiwan	29320	-6701
外商投资企业	Foreign Funded Enterprises	3	32995

Continued

利润 总额 Total Profits	应交 所得税 Income Tax Payable	亏损企业 亏损总额 The Total Loss of Loss-making Enterprises	利税 总额 Total Profits and Taxes	本年应交 增值税 Value Added Tax Payable
-99704	**40805**	**378985**	**292771**	**331860**
-105772	32799	252988	166839	227330
70526	3565	8935	100412	23646
-170230	37240	370050	192359	308214
-1050	27	1155	-922	4
1834			2567	624
-51864	18133	227553	189964	220766
-46425	15406	78684	5210	37787
22487	1739	34059	58260	27117
1419			1499	56
2376	13		4102	721
3820	219	4541	9959	4375
98409	**15320**	**38511**	**170180**	**45081**
1680	359	0	3629	1767
87167	8914	823	135352	25410
11242	6406	37688	34828	19670
28411	2257	0	53575	5763
23523	4655	23232	41456	14767
60			108	
19			19	
57084	**2524**	**11019**	**71196**	**11427**
8995	2478	1663	18897	8371
4708			4756	2
52377	2524	11019	66440	11425
6035	1001	2133	15562	7823
5921	1376		5974	48
38837	-139	8886	40843	1247
4009			5019	910
3111	**406**	**3048**	**6041**	**2092**
3216	406	2847	6143	2092
-2450		2450	-2303	138
-598		598	-426	
2700	406		4926	1954
63430	**433**	**6454**	**75891**	**11113**
45122	123		52528	6900
4818	102		5755	749
58612	330	6454	70136	10364
59407	270	3464	69114	8887
-350	8	1038	-300	24
6009	31		6117	68
-1636	123	1952	960	2133
23833	**-18486**		**39887**	**12883**
23833	-18486		39887	12883
23833	-18486		39887	12883
915747	**77362**	**260952**	**1846905**	**405209**
872538	46544	105924	1686079	332070
-15637	214	16757	-12131	2659
931384	77149	244195	1859036	402550
-12915	6079	107489	45043	40902
875039	42363	20931	1656659	312238
31675	19783	109827	118404	49492
-6761	341	10048	-4562	1866
35863	9069	186	36179	157

14-19 主要年份主要工业产品产量
Output of Major Industrial Products in Main Years

产品名称	Item	2008	2009	2010	2011	2012	2013	2014
原煤 (万吨)	Coal (10 000 tons)	1183	1284	1863	1961	2460	3020	1800
原油 (万吨)	Crude Petroleum Oil (10 000 tons)	220	186	186	195	205	215	220
天然气 (亿立方米)	Natural Gas (100 million cu.m)	44	43	56	65	64	68	69
铜选矿含铜 (吨)	Content of Cuprum in Cuprum Concentration (ton)	22739	34170	38934	48091	46400	58954	56919
锌精矿含锌 (万吨)	Content of Zinc in Zinc Concentration (10 000 tons)	9	7	8	7	6	10	7
铅精矿含铅 (万吨)	Content of Lead in Lead Concentration (10 000 tons)	6	6	9	5	4	13	16
碳酸钠(纯碱) (万吨)	Soda Ash (10 000 tons)	116	120	75	133	212	228	327
原盐 (万吨)	Salt (10 000 tons)	236	71	124	153	177	261	222
碳化钙(电石) (万吨)	Calcium Carbide (10 000 tons)	22	5	9	40	19	16	38
发电量 (亿千瓦小时)	Electricity (100 million kwh)	306	361	457	437	556	566	551
水电	Hydropower	203	259	360	345	435	417	373
火电	Thermal Power	103	102	97	92	116	134	130
食用植物油 (万吨)	Refined Edible Vegetable Oil (10 000 tons)	3	5	6	8	11	9	11
乳制品 (吨)	Dairy Products (ton)	66076	60812	118951	121810	157548	166362	189955
饮料酒 (千升)	Alcohol Beverage (kilo-liter)	104619	115483	137085	105755	120378	137228	138352
白酒 (千升)	Liquor (kilo-liter)	10399	10639	12047	17055	19178	21128	19442
啤酒 (千升)	Beer (kilo-liter)	94220	104844	125038	88700	101200	116100	118910
棉纱 (吨)	Cotton Yarn (ton)	3194	2899	5681	5516	7972	5922	6103
毛线 (吨)	Knitting Wool (ton)	1261		845				
轻革 (万平方米)	Light Leather (10 000 sq.m)		6	1				
皮鞋 (万双)	Leather Shoes (10 000 pairs)		4	4	4	3	3	2
机制纸及纸板 (吨)	Machine-made Paper and Paperborad (ton)	1991						

14-19 续表

Continued

产品名称	Item	2008	2009	2010	2011	2012	2013	2014
原油加工量 (万吨)	Processed Crude Oil (10 000 tons)	100	81	127	154	143	144	141
汽油	Gasoline	31	24	41	46	42	45	49
柴油	Diesel Oil	47	37	57	73	67	65	62
硫酸(折100%) (万吨)	Sulfuric Acid (10 000 tons)	15	14	25	21	56	48	41
氢氧化钠(烧碱) (万吨)	Caustic Soda (10 000 tons)	1	1	2	39	18	18	19
农用化肥 (万吨)	Chemical Fertilizers (10 000 tons)	247	278	313	263	357	413	503
钾肥(实物量) (万吨)	Potash Fertilizer (10 000 tons)	399	473	533	435	556	673	832
中成药 (吨)	Traditional Chinese Medicine (ton)	908	883	1242	1429	1539	2052	2079
水泥 (万吨)	Cement (10 000 tons)	458	610	811	1043	1371	1786	1844
平板玻璃 (万重量箱)	Plain Glass (10 000 weight cases)	103	50	150	206	236	677	801
粗钢 (万吨)	Crude Steel (10 000 tons)	115	127	137	139	141	148	144
钢材 (万吨)	Rolled Steel (10 000 tons)	115	125	138	141	139	131	131
焦炭 (万吨)	Coke (10 000 tons)	144	141	130	167	240	252	133
铁合金 (万吨)	Ferroalloy (10 000 tons)	70	80	97	113	172	223	221
十种有色金属 (万吨)	Ten Kinds of Nonferrous Metals (10 000 tons)	114	107	160	183	216	237	247
铅 (万吨)	Lead (10 000 tons)	1	1	3	5	4	4	4
锌 (万吨)	Zinc (10 000 tons)	11	13	9	9	9	10	8
原铝(电解铝) (万吨)	Electrolytic Alumm (10 000 tons)	102	91	147	169	203	224	234
黄金 (千克)	Gold (kg)	3713	3347	4695	4026	4932	7648	7256
铝材 (万吨)	Aluminum Material (10 000 tons)	4	20	14	14	20	36	65
金属切削机床 (台)	Metal-cutting Machine Tools (unit)	920	879	1004	1206	801	458	376
数控机床 (台)	Numerical Control Machine (unit)	461	458	653	676	408	321	258
粮食加工机械 (台)	Grain-processing Machines (unit)	95319	99575	123000				
环境保护专用设备 (台/套)	Environmental Protection Equipment (unit)	739	259	410	311	254	217	783
变压器 (千伏安)	Transformer (kva)	23738	24572	23621	24719	51935		
手工地毯、挂毯(万平方米)	Handmade Carpets and Tapestries (10 000 sq.m)		45	44	54	36	27	24
机制地毯、挂毯(万平方米)	Mechanisms Carpets and Tapestries(10 000 sq.m)		43	228	456	506	1634	1867
制帽 (万顶)	Hatting (10 000 units)		1394	1760	6001	7597	10065	11779
单晶硅 (千克)	Monocrystalline (kg)		642302	665424	314701	923723	2016047	2886784
多晶硅 (千克)	Polysilicon (kg)		1193277	1507279	5115581	5090440	6778865	7715127

14-20 分地区主要工业产品产量(2014年)

Output of Major Industrial Products by Region(2014)

产品名称	Item	西宁市 Xining City	海东市 Haidong City	海北州 Haibei Zang A.P	黄南州 Huangnan Zang A.P	海南州 Hainan Zang A.P	果洛州 Golog Zang A.P	海西州 Haixi Mongolian & Zang A.P
原煤(万吨)	Coal (10 000 tons)	113.5		298.4				1387.6
原油(万吨)	Crude Petroleum Oil (10 000 tons)							220.0
天然气(亿立方米)	Natural Gas (100 million cu.m)							68.9
铜选矿含铜(吨)	Content of Cuprum in Cuprum Concentration (ton)			17806.0		5443.2	26175.6	7494.7
碳酸钠(纯碱)(万吨)	Soda Ash (10 000 tons)							326.6
原盐(万吨)	Salt (10 000 tons)							221.9
碳化钙(电石)(万吨)	Calcium Carbide (10 000 tons)	29.3	8.6					
发电量(亿千瓦小时)	Electricity (100 million kwh)	97.9	95.9	26.1	76.5	200.6		54.3
水电	Hydropower	1.4	95.9	8.6	76.2	184.2		6.7
火电	Thermal Power	96.5		16.4		0.4		16.6
食用植物油(万吨)	Refined Edible Vegetable Oil (10 000 tons)	3.6	5.6	1.9				
乳制品(吨)	Dairy Products (ton)	175774				14181		
饮料酒(千升)	Alcohol Beverage (kilo-liter)	119111	19241					
白酒(千升)	Liquor (kilo-liter)	201	19241					
啤酒(千升)	Beer (kilo-liter)	118910						
棉纱(吨)	Cotton Yarn (ton)					6103		
手工地毯、挂毯(万平方米)	Handmade Carpets, Tapestries (10 000 sq.m)	24						
机制地毯、挂毯(万平方米)	Mechanism Carpets, Tapestries (10 000 sq.m)	1250	617					
制帽(万顶)	Hatting (10 000 units)	4470	7309					
原油加工量(万吨)	Processed Crude Oil (10 000 tons)							140.9
汽油	Gasoline							49.3
柴油	Diesel Oil							62.0
硫酸(折100%)(万吨)	Sulfuric Acid (10 000 tons)	36.6						4.5
氢氧化钠(烧碱)(万吨)	Caustic Soda (10 000 tons)	18.7						
农用化肥(万吨)	Chemical Fertilizers (10 000 tons)	21.0						481.9
钾肥(实物量)(万吨)	Potash Fertilizer (10 000 tons)							832.5
中成药(吨)	Traditional Chinese Medicine (ton)	2072	7					
水泥(万吨)	Cement (10 000 tons)	599.4	930.3			69.4		244.6
粗钢(万吨)	Crude Steel (10 000 tons)	144.3						
钢材(万吨)	Rolled Steel (10 000 tons)	131.4						
铁合金(万吨)	Ferroalloy (10 000 tons)	137.0	76.3	4.0		3.4		
十种有色金属(万吨)	Ten Kinds of Nonferrous Metals (10 000 tons)	211.5	32.2		3.1			
原铝(电解铝)(万吨)	Electrolytic Aluminum (10 000 tons)	199.7	30.7		3.1			
黄金(千克)	Gold (kg)			720				6536
铝材(万吨)	Aluminum Material (10 000 tons)	57.8	6.9					
单晶硅(千克)	Monocrystalline (kg)	2886784						
多晶硅(千克)	Polysilicon (kg)	7715127						

14–21　2011–2014年规模以上工业主要产品生产能力

Production Capacity of Major Industrial Products of Industrial Enterprises above Designated Size(2011-2014)

能力名称		Item		年末生产能力 Production Capacity at Year-end				能力利用率(%) Capacity Utilization Ratio (%)			
				2011	2012	2013	2014	2011	2012	2013	2014
原煤开采	(万吨)	Coal Mining	(10 000 tons)	2132	2806	2907	2045	90.2	103.3	105.5	76.7
天然原油开采	(万吨)	Petroleum Extraction	(10 000 tons)	205	206	228	235	98.6	99.8	98.9	95.0
原油加工能力	(万吨)	Crude Oil Processing Capacity	(10 000 tons)	150	150	150	150	102.7	95.4	95.9	93.9
发电设备容量	(万千瓦)	Generating Capacity	(10 000 kw)	1218	1311	1433	1600	41.2	49.1	46.4	39.5
火电设备容量		Capacity of Thermal Power Equipment		179	213	211	221	58.8	62.8	71.1	68.1
水电设备容量		Hydropower Capacity		1039	1047	1054	1053	38.2	47.8	45.3	40.5
棉纺锭(环锭纺)	(万锭)	Cotton Spindles	(10 000 units)	5	5	18	0				
焦炭	(万吨)	Coke	(10 000 tons)	156	270	278	200	107.3	88.9	92.1	66.4
电石(折300升/千克)	(万吨)	Calcium Carbide	(10 000 tons)	60	56	52	72	104.1	33.6	29.4	53.8
农用氮磷钾肥料(折纯)	(万吨)	Chemical Npk Fertilizers	(10 000 tons)	300	455	586	597	59.7	81.9	86.4	89.4
水泥熟料	(万吨)	Cement Chamotte	(10 000 tons)	1132	1066	1395	1708	77.2	82.3	79.9	75.6
窑外分解窑熟料		Decompose Chamotte out of Cellar		1069	514			77.9	56.9		
水泥	(万吨)	Cement	(10 000 tons)	1588	1905	2430	2428	76.5	79.1	82.4	75.1
平板玻璃	(万重量箱)	Plate Glass	(10 000 Weight-box)	286	520	838	880	96.6	58.7	99.7	93.3
生铁	(万吨)	Pig Iron	(10 000 tons)	130	200	200	210	88.2	78.3	67.6	62.0
粗钢	(万吨)	Steel-making	(10 000 tons)	150	150	150	210	93.0	94.1	98.4	80.2
钢材	(万吨)	Rolled Steel	(10 000 tons)	145	152	150	200	97.2	92.1	88.7	75.1
铁合金	(万吨)	Ferroalloy	(10 000 tons)	168	207	263	261	78.8	91.2	93.5	83.5
电解铝	(万吨)	Electrolytic Aluminum	(10 000 tons)	194	208	251	222	91.0	101.7	97.1	99.0
金属切削机床	(台)	Metal-cutting Machine Tools	(unit)	1233	1092	1125	964	101.1	68.9	41.3	36.0

14-22 工业园区主要经济指标(2014年)
Main Economic Indicators of Industrial Park(2014)

指标名称		Item	2014年	增长(%) Growth Rate(%)
园区工业企业单位数	(个)	Number of Enterprises of Industrial Park (unit)	718	5.6
其中：规模以上工业企业单位数	(个)	Number of Enterprises above Designated Size (unit)	282	22.1
固定资产投资	(万元)	Investment in Fixed Assets (10 000 yuan)	8650766	13.6
其中：工业投资	(万元)	Industrial Investment (10 000 yuan)	6943402	13.6
工业总产值	(万元)	Gross Industrial Output Value (10 000 yuan)	16306678	10.6
工业销售产值	(万元)	Gross Industrial Sell Output Value (10 000 yuan)	15076548	12.3
流动资产合计	(万元)	Total Working Capitals (10 000 yuan)	7843915	1.5
其中：应收账款	(万元)	Accounts Receivable (10 000 yuan)	1213590	10.6
存货	(万元)	Inventory (10 000 yuan)	1919466	-0.6
其中：产成品	(万元)	Finished Product (10 000 yuan)	795771	5.4
资产总计	(万元)	Total Assets (10 000 yuan)	26137810	12.5
负债合计	(万元)	Total Liabilities (10 000 yuan)	18368594	16.5
主营业务收入	(万元)	Revenue from Principle Business (10 000 yuan)	11903834	16.8
主营业务成本	(万元)	Cost of Principal Business (10 000 yuan)	10221293	18.8
主营业务税金及附加	(万元)	Taxes and Other Charges on Operating (10 000 yuan)	151208	1.3
利润总额	(万元)	Total Profits (10 000 yuan)	182643	-52.0
应交增值税	(万元)	Value Added Tax Payable (10 000 yuan)	53498	
从业人员平均人数	(人)	Aunnual Employed Persons at Year-end (person)	101450	4.5

14—23 2009－2014年全省规模以下工业抽样调查主要经济指标

Main Indicators of Sample Investigation of Industry Under Designated Size(2009－2014)

单位：个、人、万元 (unit, person, 10 000 yuan)

指 标	Item	2009	2010	2011	2012	2013	2014
规模以下工业总体	**Total of Industry Under Designated Size**						
企业单位数	Number of Enterprises	19991	14477	13916	13076	13483	12980
从业人员年末数	Employed Persons at Year-end	60998	47407	60883	51686	59579	57421
工业总产值	Gross Industrial Output Value	871256	884854	885712	767124	1082739	960773
工资及福利	Wages and Benefits	55882	69455	95991	97928	126990	126207
资产总计	Total Assets	538818	649835	1843723	2024726	2365731	2346439
工业增加值	Industrial Value-added	302325	310200	310400	300000	380000	337000
企业子总体	**Enterprises Collectivity**						
企业数	Number of Enterprises	1326	1657	1605	1418	1920	1973
期末从业人数	Employed Persons at Year-end	28252	23712	37163	29264	36682	35646
工业总产值	Gross Industrial Output Value	477036	483049	546776	436064	727493	614853
主营业务收入	Revenue from Principle Business	418398	454198	508166	428468	716772	605301
应收帐款	Accounts Receivable			99179	95848	202973	144212
固定资产原价	Original Value of Fixed Assets	257704	311848	784569	739189	1405294	716370
本年折旧	Depreciation in the Year	16194	23935	74464	76951	74341	86676
固定资产净值	Net Value of Fixed Assets	172510	250785	648499	584977	1185085	536726
资产总计	Total Assets	495704	594191	1770875	1606264	2312432	2292506
负债总计	Total Liabilities			942044	902279	1160839	761793
出口产品销售收入	Export Sales Revenue			2652	4345	1166	2495
主营业务成本	Cost of Principal Business			363983	308212	550678	487818
税金总额	Due Tax	11121	10020	23543	20991	20651	22411
所得税	Due Income Tax	1604	820	3098	1569	1455	1076
营业利润	Business Profit	19901	11531	40809	40140	66167	41437
利息支出	Interest Expense			26787	26523	35762	20525
银行借款利息	Bank Borrowing Interest			24327	25111	29177	17813
民间借款利息	Non-governmental Borrowing Interest			2433	1412	6585	2646
期末剩余订单额	End of Remaining Amount of Orders			3145	3377	3357	1939
企业生产能力总产值	Total Output Value of Production Capacity			888360	636012	1154612	917209
应付职工薪酬	Due Wage	33028	33383	72818	65942	96401	96056
下季度需增减员工数	Number of Employees Needed to Increase or Decrease Next Quarter			2250	101		
个体经营单位子总体	**Individual Business Units Collectivity**						
单位数	Number of Units	18665	12820	12311	11658	11563	11007
从业人员年末数	Employed Persons at Year-end	32746	23695	23720	22422	22897	21775
营业收入	Business Income	394220	401805	338935	331060	355246	345919
生产支出	Production Expenditures			131685	170944	189914	174808
工资及福利	Wages and Benefits	22854	36072	23173	31986	30590	30151
资产总计	Total Assets	43114	55644	72848	418462	53299	53933

注：2013—2014年年报中取消了“下季度需增减员工数”一项指标。

a) Number of Employees Needed to Increase or Decrease Next Quarter was canceled in 2013 and 2014 Annual Report.

主要统计指标解释

工业 指从事自然资源的开采，对采掘品和农产品进行加工和再加工的物质生产部门。具体包括：(1)对自然资源的开采，如采矿、晒盐等（但不包括禽兽捕猎和水产捕捞）；(2)对农副产品的加工、再加工，如粮油加工、食品加工、缫丝、纺织、制革等；(3)对采掘品的加工、再加工，如炼铁、炼钢、化工生产、石油加工、机器制造、木材加工等，以及电力、自来水、煤气的生产和供应等；(4)对工业品的修理、翻新，如机器设备的修理、交通运输工具（如汽车）的修理等。

工业统计调查单位为独立核算法人工业企业。

独立核算法人工业企业指从事工业生产经营活动的单位。独立核算法人工业企业应同时具备以下条件：①依法成立，有自己的名称、组织机构和场所，能够承担民事责任；②独立拥有和使用资产，承担负债，有权与其他单位签订合同；③独立核算盈亏，并能够编制资产负债表。

本年鉴中涉及的企业登记注册类型：

国有及国有控股企业 指国有企业加上国有控股企业。国有企业（即原全民所有制工业或国营工业）指企业全部资产归国家所有，并按《中华人民共和国企业法人登记管理条例》规定登记注册的非公司制的经济组织。包括国有企业、国有独资公司和国有联营企业。1957 年以前的公私合营和私营工业，后均改造为国营工业，1992 年改为国有工业，这部分工业的资料不单独分列时，均包括在国有企业内。国有控股企业是对混合所有制经济的企业进行的“国有控股”分类。它是指这些企业的全部资产中国有资产（股份）相对其他所有者中的任何一个所有者占资（股）最多的企业。该分组反映了国有经济控股情况。

集体企业 指企业资产归集体所有，并按《中华人民共和国企业法人登记管理条例》规定登记注册的经济组织。是社会主义公有制经济的组成部分。包括城乡所有使用集体投资举办的企业，以及部分个人通过集资自愿放弃所有权并依法经工商行政管理机关认定为集体所有制的企业。

股份合作企业 指以合作制为基础，由企业职工共同出资入股，吸收一定比例的社会资产投资组建，实行自主经营，自负盈亏，共同劳动，民主管理，按劳分配与按股分红相结合的一种集体经济组织。

联营企业 指两个及两个以上相同或不同所有制性质的企业法人或事业单位法人，按自愿、平等、互利的原则，共同投资组成的经济组织。联营企业包括：

国有联营企业指国有企业与国有企业间的联营；

集体联营企业指集体企业与集体企业间的联营；

国有与集体联营企业指国有企业与集体企业间的联营。

有限责任公司 指根据《中华人民共和国公司登记管理条例》规定登记注册，由两个以上，五十个以下的股东共同出资，每个股东以其所认缴的出资额对公司承担有限责任，公司以其全部资产对其债务承担责任的经济组织。

有限责任公司包括国有独资公司以及其他有限责任公司。

股份有限公司 指根据《中华人民共和国企业法人登记管理条例》规定登记注册，其全部注册资本由等额股份构成并通过发行股票筹集资本，股东以其认购的股份对公司承担有限责任，公司以其全部资产对其债务承担责任的经济组织。

私营企业 指由自然人投资设立或由自然人控股，以雇佣劳动为基础的营利性经济组织。包括按照《公司法》、《合伙企业法》、《私营企业暂行条例》规定登记注册的私营有限责任公司、私营股份有限公司、私营合伙企业和私营独资企业。

港、澳、台商投资企业 指企业注册登记类型中的港、澳、台资合资、合作、独资经营企业和股份有限公司之和。

外商投资企业 指企业注册登记类型中的中外合资、合作经营企业、外资企业和外商投资股份有限公司之和。

轻工业 指主要提供生活消费品和制作手工工具的工业。按其所使用的原料不同，可分为两大类：(1)以农产品为原料的轻工业，是指直接或间接以农产品为基本原料的轻工业。主要包括食品制造、饮料制造、烟草加工、纺织、缝纫、皮革和毛皮制作、造纸以及印刷等工业；(2)以非农产品为原料的轻工业，是指以工业品为原料的轻工业。主要包括文教体育用品、化学药品制造、合成纤维制造、日用化学制品、日用玻璃制品、日用金属制品、手工工具制造、医疗器械制造、文化和办公用机械制造等工业。

重工业 指为国民经济各部门提供物质技术基础的主要生产资料的工业。按其生产性质和产品用途，可以分为下列三类：(1)采掘（伐）工业，是指对自然资源的开采，包括石油开采、煤炭开采、金属矿开采、非金属矿开采等工业；(2)原材料工业，指向国民经济各部门提供基本材料、动力和燃料的工业。包括金属冶炼及加工、炼焦及焦炭、化学、化工原料、水泥、人造板以及电力、石油和煤炭加工等工业；(3)加工工业，是指对工业原材料进行再加工制造的工业。包括装备国民经济各部门的机械设备制造工业、金属结构、水泥制品等工业，以及为农业提供的生产资料如化肥、农药等工业。

根据上述划分原则，修理业中以重工业产品为修理作业对象的划为重工业，反之划为轻工业。

工业总产值

(1)定义：

工业总产值是以货币形式表现的，工业企业在一定时期内生产的工业最终产品或提供工业性劳务活动的总价值量。它反映一定时间内工业生产的总规模和总水平。

(2)计算原则：

工业生产的原则，即凡是企业在报告期生产的经检验合格的产品，不管是否在报告期销售，均包括在内。

最终产品的原则，即凡是计入工业总产值的产品，必须是本企业生产的经检验合格的，不需要再进行任何加工的最终产品。如果企业有中间产品（半成品）对外销售，则对外销售的中间产品应视为企业的最终产品。

工厂法原则，即工业总产值是以工业企业作为基本计算（核算）单位，即按企业的最终产品计算工业总产值。按这种方法计算的工业总产值，不允许同一产品价值在企业内部重复计算，不能把企业内部各个车间（分厂）生产的成果相加，但允许企业间的重复计算。

（3）内容及计算方法：

1995年全国工业普查对工业总产值（原规定）的内容及计算原则和方法做了某些修订，修订后的工业总产值（新规定）包括三项内容：即本期生产成品价值、对外加工费收入、在制品半成品期末期初差额价值三部分。

本期生产成品价值　指企业本期生产，并在报告期内不再进行加工，经检验、包装入库的全部工业成品（半成品）价值合计，包括企业生产的自制设备及提供给本企业在建工程、其他非工业部门和福利部门等单位使用的成品价值。本期生产成品价值为按自备原材料生产的产品的数量乘以本期不含增值税（销项税额）的产品实际销售平均单价计算；会计核算中按成本价格转帐的自制设备和自产自用的成品，按成本价格计算生产成品价值。生产成品价值中不包括用定货者来料加工的成品（半成品）价值。

对外加工费收入　指企业在报告期内完成的对外承接的工业品加工（包括用定货者来料加工产品）的加工费收入和对外工业修理作业所取得的加工费收入。对外加工费收入按不含增值税（销项税额）的价格计算，可根据会计“产品销售收入”科目的有关资料取得。

对于本企业对内非工业部门提供的加工修理、设备安装的劳务收入，如果企业会计核算基础较好，能取得这部分资料，而且这部分价值所占比重较大，应包括在对外加工费收入中。自制半成品在制品期末期初差额价值：指企业报告期在制品期末减期初的差额价值，本指标一般可以从会计核算资料中取得。如果会计产品成本核算中不计算半成品、在制品的成本，则总产值中也不包括这部分价值，反之则包括。

（4）工业总产值统计范围变化和计算方法修订情况：

1984年以前工业总产值不包括村办工业，村办工业总产值划归农业。1984年以后工业总产值包括村办工业。

1995年工业普查对工业总产值计算方法做了修订，即从1995年始按新修订（新规定）方法计算工业总产值。新规定与原规定的区别如下：

全价与加工费的计算原则不同：新规定为凡自备原材料，不论其生产繁简程度如何，一律按全价计算工业总产值；凡来料加工，允许按加工费计算工业总产值。原规定则视生产加工的繁简程度不同，规定哪些行业按全价，哪些行业按加工费计算工业总产值。

自制半成品、在产品期末期初差额价值的计算原则不同：新规定要求，凡会计产品成本核算时计算了成本的差额价值，总产值中就应包括，否则可不包括；原规定则按生产周期六个月的界限区分，凡生产周期六个月以上的企业，总产值计算中应包括这部分差额价值，否则可不包括。

计算价格不同：新规定按不含增值税（销项税额）的价格计算；原规定则按含增值税（销项税额）的价格计算。

工业增加值　指工业企业在报告期内以货币表现的工业生产活动的最终成果。

工业增加值有两种计算方法：一是生产法，即工业总产出减去工业中间投入加上应交增值税；二是收入法，即从收入的角度出发，根据生产要素在生产过程中应得到的收入份额计算，具体构成项目有固定资产折旧、劳动者报酬、生产税净额、营业盈余，这种方法也称要素分配法。本年鉴中的工业增加值是以生产法计算的。

生产法工业增加值的计算方法为：

工业增加值＝工业总产出－工业中间投入＋应交增值税

（1）工业总产出：指工业企业在一定时期内工业生产活动的总成果。工业总产出包括：成品生产价值，对外加工费收入，自制半成品、在产品期末期初差额价值。1995年后用新规定计算的工业总产值代替。

（2）工业中间投入：指工业企业在工业生产活动中消耗的外购物质产品和对外支付的服务费用。服务费用包括支付给物质生产部门（工业、农业、批发零售贸易业、建筑业、运输邮电业）的服务费用和支付给非物质生产部门（如保险、金融、文化教育、科学研究、医疗卫生、行政管理等）的服务费用。工业中间投入的确定须遵循以下原则：必须从外部购入的，并已计入工业总产出的产品和服务价值；必须是本期投入生产，并一次性消耗掉（包括本期摊销的低值易耗品等）的产品和服务价值。

工业中间投入包括直接材料费用、制造费用中的工业中间投入、管理费用中的工业中间投入、销售费用中的工业中间投入和利息支出五部分。

资产总计　指企业拥有或控制的能以货币计量的经济资源，包括各种财产、债权和其他权利。资产按流动性分为流动资产、长期投资、固定资产、无形资产、递延资产和其他资产。该指标根据企业会计“资产负债表”中“资产总计”项目的期末数填列。

流动资产　指企业可以在一年内或者超过一年的一个生产周期内变现或者耗用的资产，包括现金及各种存款、短期投资，应收及预付款项、存货等。

流动资产平均余额　指企业在报告期内全部流动资产的平均余额。

固定资产原价　指企业在建造、购置、安装、改建、扩建、技术改造某项固定资产时所支出的全部货币总额。它一般包括买价、包装费、运杂费和安装费等。

固定资产净值年平均余额　指固定资产净值在报告期内余额的平均数。计算公式为：

$$\text{固定资产净值年平均余额}=\frac{\text{1至12月各月月初、月末固定资产净值之和}}{24}$$

该指标根据“资产负债表”中“固定资产原价”、“累计折旧”指标的期初、期末数计算填列。

固定资产净值　指固定资产原价减去历年已提折旧额后的净额。计算公式为：

固定资产净值＝固定资产原价－累计折旧

负债合计　指企业所承担的能以货币计量，将以资产或劳务偿付的债务，偿还形式包括货币、资产或提供劳务。负债一般按偿还期长短分为流动负债和长期负债。根据会计“资产负债表”中“负债合计”的年末数填列。

所有者权益　指企业投资人对企业净资产的所有权。企业净资产等于企业全部资产减去全部负债后的余额，包括企业投资人对企业的最初投入的实际到位的资产及资本公积金、盈余公积金和未分配利润。所有者权益合计数小于零,表示企业资不抵债。

主营业务收入 指会计“利润表”中对应指标的本年累计数。未执行2001年《企业会计制度》的企业,用“产品销售收入”的本期累计数代替。

主营业务成本 指会计“利润表”中对应指标的本年累计数。未执行2001年《企业会计制度》的企业,用“产品销售成本”的本期累计数代替。

主营业务税金及附加 指会计“利润表”中对应指标的本年累计数。未执行2001年《企业会计制度》的企业,用“产品销售税金及附加”的本期累计数代替。

利润总额 指企业生产经营活动的最终成果,是企业在一定时期内实现的盈亏相抵后的利润总额(亏损以“-”号表示),它等于营业利润加上补贴收入加上投资收益加上营业外净收入再加上以前年度损益调整。

本年应交增值税 指企业在报告期内应交纳的增值税额。它等于本年销项税额加上出口退税加上进项税额转出数减去本年进项税额。小规模纳税企业直接按全年计税销售额乘以征收率计算取得。

从业人员平均人数 是指报告期内每天拥有的从业人员人数。其计算公式为:

$$月平均人数=\frac{报告月内每天实有人数和}{报告月日历日数}$$

$$季平均人数=\frac{季内各月平均人数之和}{3}$$

$$年平均人数=\frac{年内各月平均人数之和}{12}$$

总资产贡献率 反映企业全部资产的获利能力,是企业经营业绩和管理水平的集中体现,是评价和考核企业盈利能力的核心指标。计算公式为:

$$总资产贡献率(\%)=\frac{利润总额+税金总额+利息支出}{平均资金总额}\times100\%$$

公式中:税金总额为产品销售税金及附加与应交增值税之和;平均资产总额为期初期末资产之和的算术平均值。

资产负债率 该指标既反映企业经营风险的大小,也反映企业利用债权人提供的资金从事经营活动的能力。计算公式为:

$$资产负债率(\%)=\frac{负债总额}{资产总额}\times100\%$$

资产与负债均为报告期期末数。

流动资产周转次数 指一定时期内流动资产完成的周转次数,反映投入工业企业流动资金的周转速度。计算公式为:

$$流动资产周转次数=\frac{产品销售收入}{全部流动资产平均余}$$

公式中:全部流动资产平均余额为期初和期末的流动资产之和的算术平均值。

成本费用利润率 反映企业投入的生产成本及费用的经济效益,同时也反映企业降低成本所取得的经济效益。计算公式为:

$$成本费用利润率(\%)=\frac{利润总额}{成本费用总额}\times100\%$$

公式中:成本费用总额为产品销售成本、销售费用、管理费用、财务费用之和。

产品销售率 该指标反映工业产品已实现销售的程度,是分析工业产销衔接情况,研究工业产品满足社会需求的指标。计算公式为:

$$产品销售率(\%)=\frac{现价工业销售产值}{现价工业总产值}\times100\%$$

规模以下工业主要指标解释

应收账款 指企业因销售商品、提供劳务等经营活动,应向购货单位或接受劳务单位收取的款项,主要包括企业销售商品或提供劳务等应向有关债务人收取的价款及代购货单位垫付的包装费、运杂费等。根据会计“资产负债表”中“应收账款”项目的期末余额数填报。

本年折旧 指企业在报告期内提取的固定资产折旧合计数。可以根据会计“财务状况变动表”中“固定资产折旧”项的数值填报。

负债合计 指企业过去的交易或者事项形成的,预期会导致经济利益流出企业的现时义务。包括流动负债和长期负债。

主营业务收入 指企业确认的销售商品、提供劳务等主营业务的收入。

出口产品销售收入 指工业企业销售给外贸部门或自营(委托)出口(包括销往香港、澳门、台湾),用外汇价格结算的销售收入,以及外商来样、来料加工、来件装配和补偿贸易等收入。在计算时,要把外汇价格按交易时的汇率折算成人民币计算。

主营业务成本 指企业经营主要业务所发生的成本总额。

税金总额 指企业报告期内应交纳的各种税金总和,包括产品销售税金及附加(城市维护建设税、消费税、资源税、营业税和教育费附加)、增值税、所得税、以及房产税、印花税、车船使用税和土地使用税等。

所得税 指企业按税法规定,应从生产经营等活动的所得中缴纳的税金。

营业利润 指企业从事生产经营活动所取得的利润。

利息支出 指企业短期借款利息、长期借款利息、应付票据利息、票据贴现利息、应付债券利息、长期应付引进国外设备款利息等利息支出。该指标为各项利息支出的总和,不冲减利息收入。

银行贷款利息 指本报告期,企业向银行、信用社等金融机构支付的利息。

民间借款利息 指本报告期,企业为生产经营发生的民间借款(非银行、非金融机构借款)所支付的利息。

期末剩余订单额 指本企业在报告期末,尚未兑现的订货金额,即企业现存的订货金额。

应付职工薪酬(贷方累计发生额) 指企业为获得职工提供的服务而给予各种形式的报酬以及其他相关支出。包括职工工资、奖金、津贴和补贴,职工福利费,医疗保险费、养老保险费、失业保险费、工伤保险费和生育保险费等社会保险费,住房公积金,工会经费和职工教育经费,非货币性福利,因解除与职工的劳动关系给予的补偿,其他与获得职工提供的服务相关的支出。

从业人员期末人数 指报告期末最后一日24时在本单位中工作,并取得工资或其他形式劳动报酬的人员数。该指标为时点指标，不包括最后一日当天及以前已经与单位解除劳动合同关系的人员，是在岗职工、劳务派遣人员及其他从业人员之和。

营业收入 指企业经营主要业务和其他业务所确认的收入总额。营业收入合计包括“主营业务收入”和“其他业务收入”。根据会计“利润表”中“营业收入”项目的本期金额数填报。

生产支出 指个体经营工业单位在工业生产活动中所消耗的原材料、燃料、动力、服务等费用。具体包括材料费、水电费、租赁费、邮电费、修理费、运输费、包装费等。但不包括支付给雇工的工资报酬、上交的税金及购置固定资产支出。

Explanatory Notes on Main Statistical Indicators

Industry refers to the material production sector which is engaged in the extraction of natural resources and processing and reprocessing of minerals and agricultural products, including (1) extraction of natural resources, such as mining, salt production (but not including hunting and fishing); (2) processing and reprocessing of farm and sideline produces, such as rice husking, flour milling, wine making, oil pressing, silk reeling, spinning and weaving, and leather making; (3) manufacture of industrial products, such as steel making, iron smelting, chemicals manufacturing, petroleum processing, machine building, timber processing; water and gas production and electricity generation and supply; (4) repairing of industrial products such as the repairing of machinery and means of transport (including cars).

In industrial statistics surveys, the units of enquiry are corporate industrial enterprises with independent accounting systems.

Corporate industrial enterprises with independent accounting systems refer to enterprises engaging in industrial production activities, which meet the following requirements: (1) They are established legally, having their own names, organizations, location and able to take civil liability; (2) They possess and use their assets independently, assume liabilities and are entitled to sign contracts with other units; (3) They are financially independent and compile their own balance sheets.

Enterprises covered in the industrial statistics in the Yearbook include the following categories by their registration:

State - owned and State - holding Enterprises refer to state - owned enterprises plus State - holding enterprises. State - owned enterprises (originally known as State - run enterprises with ownership by the whole society) are non - corporate economic entities registered in accordance with the Regulation of the People's Republic of China on the Management of Registration of Legal Enterprises, where all assets are owned by the State. Included in this category are State - owned enterprises, State - funded corporations and State - owned joint - operation enterprises. Joint State - private industries and private industries, which existed before 1957, were transformed into state - run industries since 1957, and into State - owned industries after 1992. Statistics on those enterprises are included in the State - owned industries instead of being grouped them separately. State - holding enterprises are a sub - classification of enterprises with mixed ownership, referring to enterprises where the percentage of State assets (or shares by the State) is larger than any other single share holder of the same enterprise. This sub - classification illustrates the control of the State over a particular industry.

Collective - owned Enterprises refer to economic entities registered in accordance with the Regulation of the People's Republic of China on the Management of Registration of Legal Enterprises, where assets are owned collectively. Collective enterprises constitute an integral part of the socialist economy with public ownership. They include urban and rural enterprises invested collectively, and some enterprises registered in industrial and commercial administration agency as collective units where funds are pooled together by individuals who voluntarily give up their right of ownership.

Cooperative Enterprises refer to economic units set up on a cooperative basis, with funding partly from employees of the enterprise and partly from outside investment, where the operation and management is decided by all the members who also participate in the production, and the distribution of income is based both on work (labour input) and on shares (capital input).

Joint Ownership Enterprises refer to economic units that are established by joint investment by two or more corporate enterprises or institutions of the same or different types of ownership on voluntary, equal and mutual - beneficial basis. They include:

a) State - owned joint - operation enterprises (joint operation between State - owned enterprises); b) Collective joint - operation enterprises (joint operation between collective enterprises; andc) State - collective joint - operation enterprises (joint operation between state and collective enterprises).

Limited Liability Corporations refer to economic units registered in accordance with the Regulation of the People's Republic of China on the Management of Registration of Corporations, with capital from 2 to 49 investors, each investor bears limited liability to the corporation depending on his/her holding of shares, and the corporation bears liability to its debt to the maximum of its total assets.

Limited liability corporations include state sole funded corporations and other limited liability corporations.

Share - holding Corporations Ltd. refer to economic units registered in accordance with the Regulation of the People's Republic of China on the Management of Registration of Corporate Enterprises, with total registered capital divided into equal shares and raised through issuing stocks. Each investor bears limited liability to the corporation depending on the holding of shares, and the corporation bears liability to its debt to the maximum of its total assets.

Private Enterprises refer to economic units invested or controlled (by holding the majority of the shares) by natural persons who hire labours for profit - making activities. Included in this category are private limited liability corporations, private share - holding corporations Ltd., private partnership enterprises and private sole investment enterprises registered in accordance with the Corporation Law, Partnership Enterprise Law and Tentative Regulation on Private Enterprises.

Enterprises with Funds from Hong Kong, Macao and Taiwan refers to all industrial enterprises registered as the joint – venture, cooperative, sole (exclusive) investment industrial enterprises and limited liability corporations with funds from Hong Kong, Macao and Taiwan.

Foreign Funded Enterprises refer to all industrial enterprises registered as the joint – venture, cooperative, sole (exclusive) investment industrial enterprises and limited liability corporations with foreign funds.

Light Industry refers to the industry that produces consumer goods and hand tools. It consists of two categories, depending on the materials used:

(1) Industries using farm products as raw materials. These are the branches of light industry which directly or indirectly use farm products as basic raw materials, including the manufacture of food and beverages, tobacco processing, textile, clothing, fur and leather manufacturing, paper making, printing, etc.

(2) Industries using non – farm products as raw materials. These are the branches of light industry which use manufactured goods as raw materials, including the manufacture of cultural, educational articles and sports goods, chemicals, synthetic fibre, chemical products for daily use, glass products for daily use, metal products for daily use, hand tools, medical apparatus and instruments, and the manufacture of cultural and office machinery.

Heavy Industry refers to the industry which produces capital goods, and provides various sectors of the national economy with necessary material and technical basis for production. It consists of the following three branches according to the purpose of production or the use of products:

(1) Mining, quarrying and logging industry, which refers to the industry that extracts natural resources, including extraction of petroleum, coal, metal and non – metal ores.

(2) Raw materials industry refers to the industry that provides various sectors of the national economy with raw materials, fuels and power. It includes smelting and processing of metals, coking and coke chemistry, chemical materials and building materials such as cement, plywood, and power, petroleum refining and coal dressing.

(3) Manufacturing industry which refers to the industry that processes raw materials. It includes machine – building industries which equip sectors of the national economy; industries producing metal structure and cement products; and industries producing means of agricultural production, such as chemical fertilizers and pesticides.

In accordance with the above principles of classification, the repairing trades, which are engaged primarily in repairing products of heavy industry, are classified as heavy industry while those which are engaged in repairing products of light industry are classified as light industry.

Gross Industrial Output Value

(1) Definition: Gross industrial output value is the total volume of final industrial products produced and industrial services provided during a given period. It reflects the total achievements and overall scale of industrial production during a given period.

(2) Principles for calculation:

Statistics on industrial production follow the principle that all products produced by the enterprises and accepted through quality check during the reference period are to be included no matter whether they are sold or not during the reference period.

Determination of final products follows the principle that all products that are included in the calculation of gross industrial output value are the final products of the enterprise which have been accepted through quality check and require no further processing. If an enterprise has intermediate (semi – finished) products to sell, these intermediate products are considered as the final products of the enterprise.

Gross industrial output value is calculated following the principle of factory approach, i. e. industrial enterprise is used as the basic accounting unit in calculating the gross industrial output value. By this approach, value of the same product is not to be double – counted, and the output value of different workshops (branch factories) within the enterprise should not be added. However, this approach allows the possibility of double counting between enterprises.

(3) Content and method of calculation:

The old definition of gross industrial output value was modified during the 1995 National Industrial Census. The revised (new) definition of gross industrial output value consists of 3 components: value of the finished products during the reference period, income from processing for external parties, and value of change in semi – finished products between the end and the beginning of the reference period.

Value of Finished Products During the Reference Period refers to the value of all finished (semi – finished) industrial products that are produced during the reference period without the need for further processing, checked for acceptance, packed and put into the warehouse of the enterprise, including the value of own – produced equipment and the value of products provided to the projects under construction of the enterprise, and to other non – industrial or welfare units. Value of finished products during the reference period is calculated by the quantity of products produced using own materials multiplied by the average unit prices at which products are sold (excluding value – added tax). Own – produced equipment and products produced for own use are valued at cost prices as in the case of enterprise accounting. Value of finished products does not include the value of finished products (semi – finished products) that are produced using the materials from the clients who place the orders.

Income from External Processing refers to income from contracted external processing of industrial products (including processing of industrial products using materials from the clients), and the income from industrial repairing work provided to other parties. Income from external processing is calculated using information from the item "products sales income" in the enterprise accounting at the prices with value – added tax excluded.

For income from services such as processing, repairing and installation of equipment provided to non – industrial units within the enterprise, if the accounting work of the enterprise is good enough to separate it from other records, and the share of such services is significant, it should also be included in the income from external processing.

Value of change in semi – finished products between the end and the beginning of the reference period: refers to the value of change in semi – finished products between the end and the beginning of the reference period, which generally can be obtained from accounting records of enterprises. If the enterprise accounting excludes the cost of semi – finished products, then it should not be included in the gross industrial output value, and the reverse if otherwise.

(4) Changes in the scope and method of calculation of the gross industrial output value

Prior to 1984, the value of rural industry run by villages was classified into agriculture instead of industry. Since 1984, it has been included in the gross industrial output value. Method of calculation for the gross industrial output value was modified in the industrial census in 1995. The difference in the new method as compared with the old one is outlined below:

Principle in using full value vs. processing fee: The new method stipulates that all products produced using own materials are to be calculated with full value in reporting the gross industrial output value irrespective of the complexity of production, and for external processing, it allows calculation using processing fee. In the old method, however, the use of full value or processing fee was determined by the degree of complexity of production in different branches of industries. Principle in determining the value of change in semi – finished products: The new method requires that value of change in semi – finished products should be included in the gross industrial output value if it is included in the accounting record of the enterprise, otherwise it should not be included. In the old method, it is determined by the type of enterprises in terms of production cycle. If the production cycle is over 6 months, the value of change in semi – finished products is included in the gross industrial output value, otherwise it is not.

Difference in prices: The new method uses prices excluding value – added tax in the calculation of gross industrial output value, while the old method used prices including value – added tax.

Value – added of Industry refers to the final results of industrial production of industrial enterprises in money terms during the reference period.

Industrial value – added can be calculated by two approaches: the production approach, i. e. gross industrial output value minus intermediate input plus value – added tax, and the income approach, i. e. income for various factors used in the course of production, including depreciation of fixed assets, remuneration of labourers, net of production tax, and operating surplus. Value – added of industry in the Yearbook is calculated by the production approach as follows:

Value – added of industry = gross industrial output – industrial intermediate input + value – added tax

(1) Gross industrial output: refers to the total achievements of industrial production activities during a given period. Gross industrial output includes value of finished products, income from external processing, and value of change in semi – finished products between the end and the beginning of the reference period. Since 1995, the gross industrial output value obtained by the new method is used in the calculation.

(2) Industrial intermediate input: refers to purchased goods and paid services consumed during the industrial production of enterprises. Fees paid for services include fees paid for the services provided by material production sectors (industry, agriculture, wholesale and retail trade, construction, transport, post and telecommunications) and by non – material production sectors (insurance, banking, culture, education, scientific research, health and medical care, public administration, etc.). The determination of industrial intermediate input follows the principle that the goods and services must be purchased from outside and included in the gross industrial output, and that the goods and services are inputted into production and consumed (include low – value consumables) during the reference period.

Industrial intermediate input includes 5 components, namely direct consumption of materials, industrial intermediate input in manufacturing cost, industrial intermediate input in management cost, industrial intermediate input in marketing cost and expenditure on interest.

Total Assets refer to all economic resources, in monetary term, these are owned or controlled by enterprises, including properties, creditor′s equity and other economic rights of all forms. Classified by the degree of liquidity, total assets include working capitals, long – term investment, fixed assets, intangible assets, deferred assets and other assets. Data on this indicator can be obtained by the year – end figures of total assets in the Assets and Liability Table of accounting records of enterprises.

Working Capital refers to capital that an enterprise can cash or use during one year or one production cycle that may exceed one year, including cash and savings deposits of various forms, short – term investment, money receivable and prepaid money, inventories, etc.

Annual Average Value of Working Capital refers to the average value of all working capital of the enterprise during the reference period.

Original Value of Fixed Assets refers to the total value, in monetary terms, that an enterprise spent on fixed assets, through construction, purchase, installation, transformation, expansion or technical upgrading. Generally, it covers cost of purchase, packing, transportation and installation, etc.

Annual Average of Net Value of Fixed Assets refers to the average of the net value of fixed assets during the reference period, calculated with the following formula:

$$\text{Annual Average of Net Value of Fixed Assets} = \frac{\text{sum of net value of fixed assets at the beginning and at the end of each month from January to December}}{24}$$

Information on this indicator can be obtained from the beginning and ending figures of the original value of fixed assets and cumulative depreciation from the Assets and Liability Table of enterprises.

Net value of Fixed Assets refers to the original value of fixed assets minus depreciation over the years, calculated with the following formula:

Net value of Fixed Assets = original value of fixed assets – cumulative depreciation

Total Liabilities refer to payable liabilities of enterprises that have to be repaid in terms of money, assets or labour services. In terms of payment, it can be divided into liquid liabilities and long – term liabilities. Data on this item is obtained from the ending figures on total liabilities from the Assets and Liability Table from the enterprises.

Owner's Equity refers to the ownership of net assets of enterprise by its investors. Net assets equal total assets minus total liabilities of the enterprise, including the actual assets invested into the enterprise by investors, accumulation of capital and operating surplus and non – distributed profits. The enterprise's assets are less than its liabilities if the sum of owner's equity is smaller than zero.

Revenue from Principal Business refers to the annual accumulation of the corresponding item in the "profit table" of the accountant. For enterprises that do not follow the 2001 Enterprise Accounting Standards, the year – end accumulation of revenue from the sales of products is used as a substitute.

Cost of Principal Business refers to the annual accumulation of the corresponding item in the "profit table" of the accountant. For enterprises that do not follow the 2001 Enterprise Accounting Standards, the year – end accumulation of cost for the sales of products is used as a substitute.

Tax and Extra Charges from Principal Business refer to the annual accumulation of the corresponding item in the "profit table" of the accountant. For enterprises that do not follow the 2001 Enterprise Accounting Standards, the year – end accumulation of tax and extra charges from the sales of products is used as a substitute.

Total Profits refer to the final achievement of production and operation activities of the enterprises, represented by total profits after deducting losses (loss is expressed by the negative figure). It is the sum of profits from operation, income from subsidies, investment earnings, net income from activities other than operation, and adjustment of profits and losses of previous years.

Value – added Tax Payable in the Current Year refers to the amount of the value – added tax which should be paid by the enterprises during the reference period. It is the sum of tax on sales, export rebate, and transferred tax on purchases of the current year, minus the tax on purchases of the current year. Value – added tax payable of small – size enterprises is determined by the taxable sales of the year multiplied by the tax rate.

Average Number of Employed Persons refers to the number of employee everyday during the reference period, calculated with the following formula:

$$\text{Monthly average number} = \frac{\text{sum of actual employees everydayin reference month}}{\text{number of calendar dates in reference month}}$$

$$\text{Quarterly average number} = \frac{\text{sum of monthly average number in reference quarter}}{3}$$

$$\text{Annual average number} = \frac{\text{sum of monthly average number in reference year}}{12}$$

Ratio of Profits, Taxes and Interests to Average Assets reflects the profit – making capability of all assets of the enterprise and is a key indicator manifesting the performance and management and evaluating the profit – making potential of the enterprise. It is calculated as follows:

$$\text{Ratio of Profits, Taxes and Interests to Average Assets(\%)} = \frac{\text{total profits + total taxes + interest payment}}{\text{average assets}} \times 100\%$$

In the above formula, total taxes is the sum of tax and extra charges on the sales of products and value – added tax payable; and average assets is the arithmetic mean of the sum of beginning assets and ending assets.

Ratio of Debts to Assets reflects both the operation risk and the capability of the enterprise in making use of the capital from the creditors. It is calculated as follows:

$$\text{Ratio of Debts to Assets(\%)} = \frac{\text{total debts}}{\text{total assets}} \times 100\%$$

Both assets and debts are figures at the end of the reference period.

Turnover of Working Capital refers to the number of times of turnover of working capital in a given period of time, which reflects the speed of the turnover of working capital of industrial enterprises, and is calculated as follows:

$$\text{Turnover of Working Capital} = \frac{\text{sales revenue of products}}{\text{average balance of total working capital}}$$

In the above formula, average balance of total working capital refers to the arithmetic mean of the sum of working capital at the beginning and at the end of the reference period.

Ratio of Profits to Total Industrial Costs refers to the ratio of profits realized in a given period to the total costs in the same period, which reflects the economic efficiency of input cost and is calculated as follows:

$$\text{Ratio of Profits to Total Industrial Cost(\%)} = \frac{\text{total profits}}{\text{total costs}} \times 100\%$$

In the above formula, total costs in the above formula are the sum of cost of products sold, marketing cost, management cost and financial cost.

Sales Ratio of Products is an indicator reflecting the actual sale of industrial products, analyzing the production – selling and supply – demand relations. It is calculated as:

$$\text{Sales Ratio of Products}(\%) = \frac{\text{value of industrial sales}}{\text{gross industrial output value(current prices)}} \times 100\%$$

Explanatory Notes on Main Statistical Indicators of Industrial Enterprises under Designated Size

Accounts receivable refers to the money that purchase units or receiving services unit should receive to the enterprise for selling of goods and services, including businesses selling goods or providing services, should be charged to the debtor price and purchase the goods unit advance the packing expenses, transportation charges etc.. According to the account balance sheet, the final balance of the accounts receivable.

Depreciation in the Year refers to the total amount of depreciation of fixed assets during the reporting period. It can be filled according to the numerical of the "fixed assets depreciation" in " Statement of financial position " .

Total Liabilities refer to payable liabilities of enterprises that accumulated from previous trades or transactions with expectation of economic profits leaking out. In terms of payment, it can be divided into liquid liabilities and long – term liabilities.

Revenue from Principal Business refers to the income confirmed of an enterprise from the principal business of selling products and providing services.

Export Sales Revenue refers to the sales revenue of industrial enterprises sold to foreign trade departments or self (commissioned) exports (including sold to Hong Kong, Macao and Taiwan) settled by the price of foreign exchange, as well as foreign investors to sample, processing, assembling and compensation trade income. In the calculation, the exchange rate should be converted into RMB according to the exchange rate.

Cost of Principal Business refers to the total cost occurred from the principal business of the enterprise.

Due Tax refers to various taxes in the reporting period paid by enterprise, including sales tax and additional (urban maintenance and construction tax, consumption tax, resource tax, business tax and education fee additional), value added tax, income tax, and property tax, stamp tax, vehicle and ship use tax and land use tax and so on.

Due Income Tax refers to the tax from the production and operation of the proceeds of enterprise in accordance with the provisions of the tax law.

Business Profit refers to the profits made by the enterprises in the production and operation activities.

Interest Expense refers to the short – term loan interest payments, interest payments, notes payable, interest payable, notes payable interest on interest payments, and long – term accounts payable etc.. The indicator is the sum of the interest expense, not to cut interest income.

Bank Borrowing Interest refers to the interest paid by company to bank or credit union or other financial institution.

Non – governmental Borrowing Interest refers to the interest paid by the enterprises in the period for production and operation to private lending (non – banks, non – financial institutions).

End of Remaining Amount of Orders refers to the amount of the order that the enterprise has not been honored at the end of the reporting period, that is, the existing order amount of the enterprise.

Due Wage Refers to various forms of remuneration and other related expenses paid by the company for the services provided by the staff and workers, including wages, bonuses, allowances and subsidies, employee welfare benefit expenses, medical insurance, endowment insurance, unemployment insurance, work – related injury insurance premiums and maternity insurance fees social insurance, housing provident fund, the trade union funds and employee education funds, non – monetary benefits, the compensation to give labor relations and workers for the solution in addition, and related expenditure to worker for other services.

Employed Persons at Year – end refers to persons working in the unit at the final day 24 of the reporting period and receiving wages or other forms of remuneration. The indicator is point indicators, including on – the – job workers, labor dispatch personnel and other employees. It does not include personnel that labor contract has been suspended in the final day and before.

Business Income refers to the total revenue recognized by the business and other business operations of the enterprise. Total operating income includes "main business income" and "other business income", According to the "business income" in the accounting "profit statement".

Production Expenditures Refers to the cost of raw materials, fuel, power, service, etc. in the industrial production activities of the individual business units, including material costs, utilities, rental fees, post and telecommunications, repair, transportation, packaging, etc.. But it does not include the payment of wages to workers compensation, pay taxes and purchase of fixed assets expenditure.

第 15 篇

CHAPTER 15

建筑业

Construction

建筑业总产值

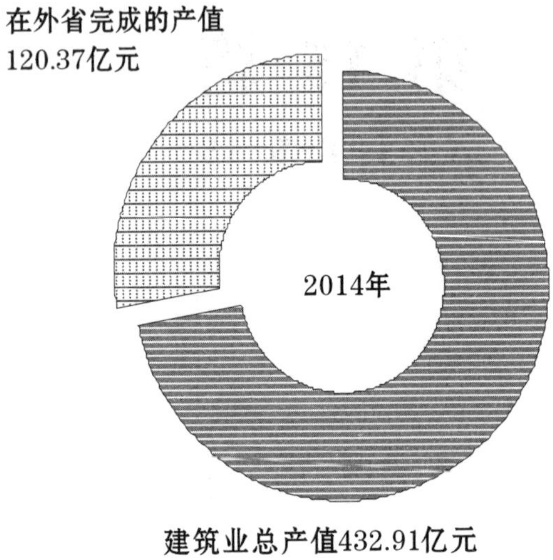

房屋建筑面积

（万平方米）

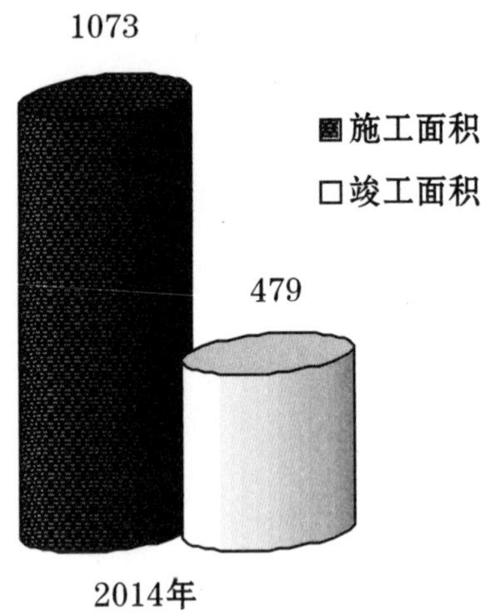

建筑业企业个数及从业人员

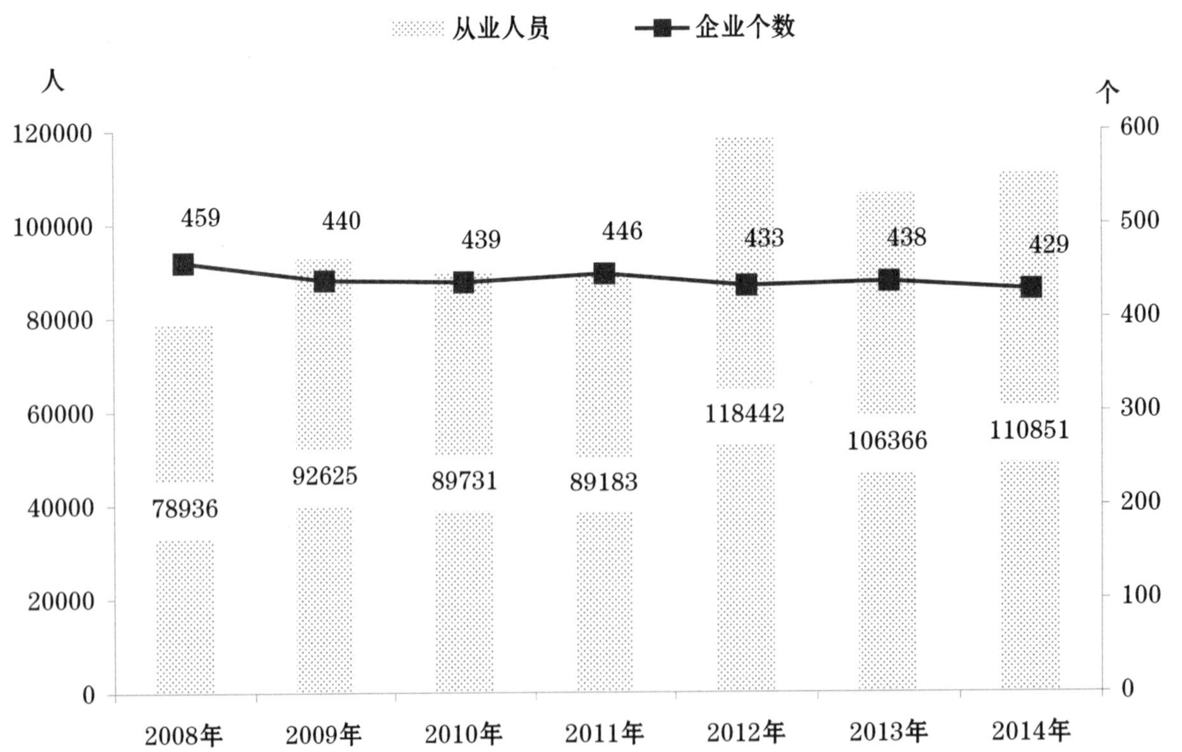

15-1 主要年份建筑安装施工企业概况
Main Indicators on Construction Enterprises in Main Years

年 份 Year	总 计 Total	国有企业 State-owned	集体企业 Collective-owned	有限责任公司 Limited Liability Corporation	股份有限公司 Share-holding Corporation Limited	私营企业 Private Enterprise	港澳台及外商投资企业 Funded from Hong Kong, Macao, Taiwan and Foreign
企业单位数(个) Number of Enterprises (unit)							
1985	117	46	71				
1990	131	43	88				
1995	115	53	62				
2000	273	101	104	25	16	25	2
2001	270	75	86	64	11	31	2
2002	374	83	75	91	39	84	2
2003	373	79	70	105	36	81	2
2004	399	74	51	133	6	131	3
2005	392	68	47	133	12	128	3
2006	417	67	49	137	14	147	3
2007	425	64	48	138	16	156	2
2008	459	60	39	171	10	177	2
2009	440	58	39	156	9	176	2
2010	439	57	37	157	9	177	2
2011	446	57	35	147	9	190	2
2012	433	53	35	107	8	218	2
2013	438	38	28	135	12	223	2
2014	429	37	28	128	11	223	2
从业人员(人) Number of Persons Employed (person)							
1985	99005	72711	26294				
1990	79000	61100	17900				
1995	71500	54100	17400				
2000	88269	45616	25873	7277	5236	4193	74
2001	86023	33927	23379	21939	1426	5153	78
2002	97294	35680	17262	19415	10753	14125	59
2003	101501	38509	18705	22887	9378	11847	175
2004	93847	28307	12480	31359	1109	20071	211
2005	86231	25921	10549	30018	3133	16454	144
2006	92565	30496	9619	29936	4035	18233	246
2007	95190	32046	7500	32204	3377	20012	51
2008	78936	24825	7162	28903	933	17082	31
2009	92625	34813	7305	31754	1208	17513	32
2010	89731	28654	6634	35441	1440	17535	27
2011	89183	35598	6429	24767	1301	20529	59
2012	118442	42943	13977	23288	3913	33433	33
2013	106366	19358	5142	44925	3373	33545	23
2014	110851	18535	5624	47451	3162	36056	23
建筑业总产值(万元) Gross Output Value (10 000 yuan)							
1985	69400	61700	7700				
1990	89800	75500	14300				
1995	204865	180731	24134				
2000	447163	329320	68189	23110	14862	11457	225
2001	543383	292003	81499	142010	10171	17167	248
2002	733830	427401	101675	81562	50946	72145	101
2003	747325	431290	70417	134071	48198	62009	1340
2004	886406	448422	46145	278362	6031	104731	1339
2005	909337	495063	47415	257143	20541	87864	1311
2006	1083718	617117	61000	291618	21878	91124	981
2007	1254431	718053	79896	318459	24104	113863	56
2008	1429970	778884	79537	411936	26421	132607	585
2009	2043419	1173359	95438	569258	22914	182120	330
2010	2796060	1633263	105009	802596	40803	214133	256
2011	3194161	1670780	114279	954021	22286	426003	448
2012	3257576	1691462	97487	749498	100276	607692	230
2013	4137110	796391	86902	2220020	252124	781522	151
2014	4329067	742934	127994	2234244	257114	966544	237

注：本表1985年至1992年数据为全民和集体所有制建筑业企业数据；1993年至1995年数据为各种经济成分的建制镇以上建筑业企业数据；1996年至2001年数据为资质等级(旧资质)四级及四级以上建筑业企业数据；2002年及以后数据为具有资质等级的施工总承包、专业承包建筑业企业(不含劳务分包建筑业企业)数据，(以下各表同)。(此表中集体企业含股份合作企业)。

a) Data from 1985 to 1992 are the figures of State-owned and collective-owned construction enterprises. Data from 1993 to 1995 are the figures of construction enterprises of all economic types above town level. Data from 1996 to 2001 included construction enterprises at fourth or higher quality grades(old classification of grades). Data since 2002 included all general construction contractors and professional contractors (not including construction enterprises of worker subcontractors) which possess qualification grades.The same applies to the following tables. In this table, the Collective-owned enterprises include cooperative enterprises.

15-2 主要年份建筑业企业主要经济指标

Main Economic Indicators on Construction Enteprises in Main Years

指 标	Item	2010	2011	2012	2013	2014
企业单位数 (个)	Number of Construction Enterprises (unit)	439	446	433	438	429
期末从业人员 (人)	Number of Employed Persons (person)	89731	89183	118442	106366	110851
建筑业总产值 (万元)	Gross Output Value of Construction (10 000 yuan)	2796060	3194161	3257576	4137110	4329067
自有固定资产原值 (万元)	Original Value Fixed Assets Owned (original value)(10 000 yuan)	668726	716019	743241	793197	851570
本年提取固定资产折旧(万元)	Depreciation of Fixed Assets (10 000 yuan)	45843	55249	62352	53584	59871
自有机械设备台数 (台)	Number of Machinery and Equipment Owned (set)	1082108	29366	24729	26312	29030
自有机械设备净值 (万元)	Net Value of Machinery and Equipment Owned (10 000 yuan)	206988	232259	190223	181679	284659
自有机械设备总功率 (千瓦)	Total Power of Machinery and Equipment Owned (KW)	680652	1104006	748111	768558	1260077
工程结算税金及附加 (万元)	Taxes and Extra Charges on Project Settle Accounts (10 000 yuan)	89407	105405	113582	130244	126406
管理费用中的税金 (万元)	Taxes in Management Expenses (10 000 yuan)	2946	6483	6910	4609	2861
应付工资总额 (万元)	Wages Payable (10 000 yuan)	289504	379008	438156	471263	503621
利润总额 (万元)	Total Profits (10 000 yuan)	61719	80605	108053	140406	134864
税金总额 (万元)	Total Tax (10 000 yuan)	92353	111888	121200	134853	136302
施工面积 (万平方米)	Floor Space of Buildings under Construction (10 000 sq.m)	693.12	738.96	763.76	1158.30	1072.82
竣工面积 (万平方米)	Floor Space of Buildings Completed (10 000 sq.m)	273.16	323.76	344.10	466.52	479.39
技术装备率 (元/人)	Value of Machines per Laborer (yuan/person)	23068	19168	16060	17080	25679
动力装备率 (千瓦/人)	Power of Machines per Laborer (KW/person)	7.59	9.11	6.32	7.23	11.36
房屋建筑面积竣工率 (%)	Rate of Floor Space of Buildings Completed (%)	39.41	43.80	45.05	40.28	44.69
产值利润率 (%)	Ratio of Profit to Gross Output Value (%)	2.20	2.52	3.32	3.39	3.11
产值利税率 (%)	Ratio of Pre-tax Profit to Gross Output Value (%)	3.58	3.50	3.72	3.26	3.14

注：1.建筑业总产值为现价。本表为所有具有资质等级的施工总承包、专业承包建筑业企业(不含劳务分包建筑业企业)数据。

2.自2011年起取消了“工程结算利润”和“应付福利费总额”指标。

3.自2011年起“应付工资总额”统计口径改为“应付职工薪酬”。

a) Gross output value of construction is calculated at current prices. Data in this table included all general construction contractors and professional contractors (not including construction enterprises of worker subcontractors) which possess qualification grades.

b) Indicator of Project Settlement Profits and Total Welfare Payable have been canceled since 2011.

c) The statistic caliber of Wages Payable has been changed to Employee Benefits Payable since 2011.

15-3 1978-2014年建筑业企业概况

Basic Situation of Construction Enterprises(1978-2014)

年份 Year	建筑业企业单位数(个) Number of Construction Enterprises (unit)	国有 State-owned	集体 Collective -owned	建筑业企业从业人员(万人) Number of Persons Employed (10 000 persons)	国有 State-owned	集体 Collective -owned	建筑业企业总产值(亿元) Gross Output Value (100 million yuan)	国有 State-owned	集体 Collective -owned
1978	67	33	34	4.71	4.27	0.44	2.06	1.87	0.19
1979	57	33	24	5.19	4.72	0.47	2.37	2.15	0.22
1980	67	38	29	5.70	5.09	0.61	2.75	2.44	0.31
1981	73	41	32	5.29	4.73	0.56	3.65	3.36	0.29
1982	77	45	32	9.63	9.01	0.62	4.33	3.98	0.35
1983	79	46	33	8.38	7.69	0.69	5.49	5.09	0.40
1984	87	49	38	9.62	7.43	2.19	6.63	5.66	0.97
1985	117	46	71	8.01	6.56	1.45	7.47	6.17	1.30
1986	113	46	67	9.28	7.23	2.05	7.39	6.25	1.13
1987	136	47	89	9.36	6.94	2.42	8.12	6.63	1.49
1988	145	46	99	9.09	6.47	2.62	8.04	6.37	1.67
1989	130	45	85	8.20	6.25	1.95	7.77	6.34	1.43
1990	131	43	88	4.65	2.97	1.68	9.01	7.55	1.46
1991	81	43	38	6.35	5.10	1.25	9.29	8.14	1.14
1992	87	46	41	6.75	5.15	1.60	11.35	9.75	1.60
1993	111	52	59	7.49	5.90	1.59	13.25	11.14	2.11
1994	115	53	62	8.20	5.54	2.66	16.44	14.29	2.14
1995	115	53	62	7.15	5.41	1.74	20.49	18.07	2.41
1996	212	84	109	13.32	10.15	2.98	27.77	22.73	4.73
1997	202	82	94	9.56	6.42	2.68	30.93	25.33	4.87
1998	215	78	100	8.39	4.86	2.64	35.56	26.77	6.08
1999	214	75	98	8.14	4.57	2.42	39.65	29.90	6.05
2000	273	101	104	8.83	4.56	2.59	44.72	32.93	6.82
2001	270	75	86	8.60	3.39	2.34	54.34	29.20	8.15
2002	374	83	75	9.73	3.57	1.73	73.38	42.74	10.17
2003	373	79	70	10.15	3.85	1.87	74.73	43.13	7.04
2004	399	74	51	9.38	2.83	1.25	88.78	44.84	4.61
2005	392	68	47	8.62	2.59	1.05	91.01	49.51	4.75
2006	417	67	49	9.26	3.05	0.96	108.42	61.71	6.11
2007	425	64	48	9.52	3.20	0.75	125.53	71.81	8.00
2008	500	61	51	7.89	2.48	0.72	143.47	77.89	7.96
2009	479	58	37	9.39	3.48	0.71	204.70	117.34	9.22
2010	478	57	37	9.11	2.87	0.66	280.47	163.33	10.50
2011	484	57	34	8.92	3.56	0.61	320.10	167.08	11.17
2012	461	53	36	11.84	4.29	1.40	326.31	169.15	9.75
2013	463	38	28	10.69	1.94	0.51	414.60	79.64	8.69
2014	453	37	26	11.20	1.94	0.50	434.16	432.88	11.78

注：1992年以前数据为全民和集体所有制建筑业企业数据，1993年至1995年数据为各种经济成分的建制镇以上建筑业企业数据；1996年至2001年数据为资质等级(旧资质)四级及四级以上建筑业企业数据；2002年及以后数据为所有具有资质等级的施工总承包、专业承包建筑业企业（含劳务分包建筑业企业)数据。

a) Data before 1992 are the figures of State-owned and collective-owned construction enterprises. Data from 1993 to 1995 are the figures of construction enterprises of all economic types above town level. Data from 1996 to 2001 included construction enterprises at fourth or higher quality grades(old classification of grades). Data since 2002 included all general construction contractors and professional contractors (not including construction enterprises of worker subcontractors) which possess qualification grades.

15-4 1978-2014年建筑业企业主要指标
Main Indicators on Construction Enterprises(1978-2014)

年份 Year	建筑业企业增加值(亿元) Total Value-added of Construction Enterprises (100 million yuan)	资产合计(亿元) Total Assets (100 million yuan)	利润总额(亿元) Total Profits (100 million yuan)	税金总额(亿元) Total Tax (100 million yuan)	按总产值计算劳动生产率(元/人) Overall Labor Productivity by Gross Output Value (yuan/person)	房屋建筑面积(万平方米) Floor Space of Building Construction (10 000 sq.m) 施工面积 Under Construction	竣工面积 Completed
1978	2.14				4372	138.76	67.14
1979	2.04				4564	169.17	77.39
1980	2.16				4832	176.72	87.37
1981	2.02				6903	166.25	87.24
1982	2.41				4500	197.53	92.79
1983	2.60		0.38	0.10	6553	163.13	94.98
1984	2.96		0.30	0.07	6889	209.32	123.58
1985	4.49		0.22	0.12	7542	282.04	139.08
1986	4.34		0.12	0.14	1897	261.36	136.90
1987	4.52		-0.09	0.10	8744	189.41	137.26
1988	5.97		0.07	0.16	8952	251.17	164.03
1989	5.22		0.08	0.19	9518	130.82	148.82
1990	5.66		0.04	0.23	11395	214.22	127.86
1991	6.35		-0.03	0.26	13363	183.54	100.25
1992	9.62		-0.03	0.27	16009	194.70	107.80
1993	11.46	17.03	-0.09	0.40	18883	188.65	87.83
1994	11.65	21.56	-0.72	5.05	25803	174.18	86.82
1995	12.96	24.89	-0.08	0.65	33407	183.73	97.29
1996	16.73	36.38	-0.07	0.88	22395	250.02	139.01
1997	19.73	38.37	-0.08	0.96	39426	283.05	149.39
1998	23.04	44.25	-0.16	1.14	44169	428.81	190.09
1999	25.41	51.28	-0.39	1.28	39027	386.95	223.82
2000	30.03	61.67	0.38	1.45	42284	339.43	192.90
2001	38.07	20.44	0.52	0.10	51904	375.16	183.66
2002	47.03	89.11	1.38	2.64	58626	451.32	244.09
2003	54.74	95.82	1.36	2.61	61046	556.64	242.88
2004	58.20	114.22	0.58	2.63	84295	438.00	263.31
2005	60.67	113.81	0.57	2.97	87203	407.55	194.02
2006	66.04	123.19	0.86	3.49	103128	346.80	160.56
2007	73.26	147.95	2.39	4.54	120027	384.67	173.97
2008	88.52	179.96	3.58	5.97	145192	404.50	189.18
2009	105.00	203.24	5.41	7.71	168323	490.98	211.71
2010	130.98	227.71	6.17	9.24	221885	693.12	273.16
2011	163.45	308.64	8.06	11.21	262028	738.96	323.76
2012	196.45	388.19	10.81	12.81	252800	763.76	344.10
2013	238.97	442.85	14.05	13.04	387789	1158.30	466.52
2014	280.43	508.72	13.49	13.63	307456	1072.82	479.39

注：1.自2002年起，建筑业增加值核算口径有所调整。
2.从2004年第一次全国经济普查开始，建筑业增加值按新核算方法核算。

a) Since 2002, the statistical coverage of value added of construction have been adjusted accordingly.
b) New accounting methods were applied in 2004 during the First Economic Census in calculating the value-added of the construction industry.

15-5 各种分组总专包企业生产汇总表(2014年)

Production Summary of General and Professional Contractors with Diversified Grouping (2014)

单位：个、万元 (unit, 10 000 yuan)

指 标	Item	建筑业企业个数 Number of Construction Enterprises	有工作量的 Having Workload	合同情况 Total Value of Contracts	建筑业总产值 Gross Output Value of Construction	在外省完成的产值 Completed in Other Provinces	竣工产值 Completed Output Value
总计	**Total**	**429**	**391**	**9369410**	**4329067**	**1203744**	**1924516**
国有及国有控股企业	Stated-owned and State-holding Enterprises	65	59	5314353	2427394	1163543	1133217
按登记注册类型分组	**By Status of Registration**						
内资企业	Domestic Funded	427	390	9369149	4328831	1203744	1924279
国有企业	State-owned Enterprises	37	35	1436123	742934	109401	275522
集体企业	Collective-owned Enterprises	26	24	118226	117822		87509
股份合作企业	Cooperative Enterprises	2	2	10172	10172		9917
有限责任公司	Limited Liability Corporations						
股份有限公司	Share-holding Corporations Limited	128	114	5109080	2234244	1064075	1175701
私营企业	Private Enterprises	11	10	474749	257114		799
其他企业	Others Enterprises	223	205	2220801	966544	30268	374831
港、澳、台商投资企业	Enterprises with Funds from Hong Kong, Macao and Taiwan	1					
外商投资企业	Foreign Funded Enterprises	1	1	260	237		237
按国民经济行业分组	**By Sector**						
房屋建筑业	Housing Project building	171	154	2932640	1233435	74107	709884
土木工程建筑业	Civil Engineering Construction	143	136	5985057	2894687	1113801	1097056
建筑安装业	Construction Installation	60	56	415173	176526	15435	105237
建筑装饰和其他建筑业	Construction Decoration and Other Construction	55	45	36539	24419	400	12338
建筑装饰业	Construction Decoration	38	32	27139	16306		10272
工程准备活动	Engineering Preparation Activity	9	7	2513	2289		1829
提供施工设备服务	Providing Construction Equipment Services	1	1	2256	2041		237
其他未列明建筑业	Others	7	5	4631	3783	400	237
按隶属关系分组	**By Jurisdiction of Management**						
中央	Central	9	9	3607316	1479767	1055905	862634
地方	Local	420	382	5762094	2849301	147838	1061882
按企业资质等级分组	**By Qualification Criteria of Enterprises**						
施工总承包	General Contractors	297	275	9035464	4036851	1160781	1788712
二级	Second Grade	124	121	3733132	1756124	19953	620998
三级及以下	Third Grade and below	158	141	648729	444920	3450	281917

15-6 总承包和专业承包建筑业企业财务情况(2014年)

单位：万元

指 标	Item	建筑业企业个数(个) Number of Construction Enterprises (unit)	年初存货 Stock at the Beginning of the Year	流动资产合计 Total Current Assets
总计	**Total**	**429**	**637989**	**3684644**
#国有及国有控股企业	State-owned and State Holding Enterprises	65	411789	2143389
按登记注册类型分组	**By Status of Registration**			
内资企业	Domestic Funded	427	637927	3684379
国有企业	State-owned Enterprises	37	107427	775637
集体企业	Collective-owned Enterprises	26	3036	56602
股份合作企业	Cooperative Enterprises	2	170	4213
有限责任公司	Limited Liability Corporations		341334	1801244
股份有限公司	Share-holding Corporations Limited	128	28195	179684
私营企业	Private Enterpriscs	11	155168	866879
其他企业	Others Enterprises	223	2598	120
港、澳、台商投资企业	Enterprises with Funds from Hong Kong,Macao and Taiwan	1		
外商投资企业	Foreign Funded Enterprises	1	62	265
按国民经济行业分组	**By Sector**			
房屋建筑业	Housing Project Building	171	168144	868136
土木工程建筑业	Civil Engineering Construction	143	444096	2538531
建筑安装业	Construction Installation	60	18093	231750
建筑装饰和其他建筑业	Construction Decoration and Other Construction	55	7657	46227
建筑装饰业	Construction Decoration	38	3574	30395
工程准备活动	Engineering Preparation Activity	9	282	1950
提供施工设备服务	Providing Construction Equipment Services	1		1910
其他未列明建筑业	Others	7	3801	11972
按隶属关系分组	**By Jurisdiction of Management**			
中央	Central	9	290275	1202605
省(自治区、直辖市)	Provincial (Autonomous Regions and Municipalities)	69	88335	733349
地区(州、盟、省辖市)	Regional (Prefectures and Leagues, Provincial Cities)	48	36225	329134
县(区、市、旗)	County (District, City, Flag)	51	30598	313714
街道	Street	1	71	259
镇	Town	2	327	516
村委会	Village Committee	1	41	758
其他	Others	248	192116	1104309
按企业资质等级分组	**By Qualification Criteria of Enterprises**			
施工总承包	General Contractors	297	609411	3445637
特级	Special Grade	1	275540	961308
一级	First Grade	14	60720	476098
二级	Second Grade	124	194680	1424380
三级以下	Third Grade and below	158	78471	583852
专业承包	Professional Contractors	132	28578	239007
一级	First Grade	3	7347	29031
二级	Second Grade	43	9803	76826
三级以下	Third Grade and below	86	11428	133149

Financial Affairs Condition of Enterprises of General and Professional Contractors (2014)

(10000 yuan)

应收工程款 Accounts for Projects	存货 Stock	固定资产合计 Total Fixed Assets	固定资产减值准备 Impairment of Fixed Assets	固定资产原价 Original Cost of Fixed Assets	累计折旧 Accumulated Depreciation	本年折旧 Depreciation Charge for the Year	在建工程 Project under Construction	资产合计 Total Assets
1058474	**803260**	**882489**	**2826**	**851570**	**380683**	**59871**	**48848**	**5087166**
605717	546431	553765	2748	438858	227659	31345	26884	2876947
1058378	803247	882476	2826	851449	380576	59871	48848	5086798
211388	198256	52568	0.2	126955	75260	7988	54	896336
5634	4953	17542		20537	10541	6994	672	76386
1742	1116	1028		1277	249	5		5240
516109	390754	636759	2776	477775	203262	28709	30655	2517178
65732	35651	25497		37602	20972	3675	339	369812
257775	172449	149031	50	187244	70283	12500	17128	1219129
	69	52		60	8			2718
96	13	13		121	107			368
232421	175362	181245	30	234075	77066	8847	15388	1231870
716850	601079	646161	2783	527828	255137	39878	32150	3508748
91665	19809	39803	14	75604	42282	10514	344	282035
17537	7009	15279		14063	6198	633	966	64513
11358	4461	12011		9067	4280	429	966	45072
908	37	1294		1685	392	33		3311
714	461	784		1490	706	110		2694
4558	2052	1191		1821	820	61		13436
386644	342207	461031	2748	290555	154577	22601	12109	1670434
214814	112368	96310		177838	86017	9900	602	974510
53728	94545	35531	28	46152	20748	4071	849	392090
66783	36923	58952		53512	19391	8427	15342	416326
	71	487		644	157	0		746
37	307	1324		1762	456	1	17	1873
	41	242		603	360	22		1000
336468	216797	228612	50	280505	98977	14850	19929	1630188
974439	775535	828464	2777	779659	350780	53243	47784	4772969
252797	331013	439361	2748	223144	108836	18423	12109	1400668
168650	66391	69042		93604	46585	5953	10429	759500
406626	279037	219097	28	351535	158836	18442	11985	1876214
146367	99093	100964	2	111376	36523	10426	13262	736586
84035	27725	54025	49	71911	29903	6628	1064	314197
6091	9550	7791		9813	4587	2832		37819
24300	8923	17358	14	28326	11837	997	144	98325
53645	9253	28877	35	33773	13479	2799	920	178053

15-6 续表 1

单位：万元

指 标	Item	流动负债合计 Total Liquid Liabilities	应付账款 Accounts Payable	非流动负债合计 Total Non-current Liabilities
总计	**Total**	3103785	1262185	244995
其中：国有及国有控股企业	State-owned and State Holding Enterprises	2006229	902361	175636
按登记注册类型分组	By Status of Registration			
内资企业	Domestic Funded	3103763	1262185	244995
国有企业	State-owned Enterprises	651601	186664	18145
集体企业	Collective-owned Enterprises	41159	3292	467
股份合作企业	Cooperative Enterprises	47	47	
有限责任公司	Limited Liability Corporations	1611401	783137	183805
股份有限公司	Share-holding Corporations Limited	274966	89687	12024
私营企业	Private Enterprises	523871	198641	30554
其他企业	Others Enterprises	718	718	
港、澳、台商投资企业	Enterprises with Funds from Hong Kong,Macao and Taiwan			
外商投资企业	Foreign Funded Enterprises	22		
按国民经济行业分组	**By Sector**			
房屋建筑业	Housing Project Building	597278	150947	53824
土木工程建筑业	Civil Engineering Construction	2301281	1015738	186495
建筑安装业	Construction Installation	175340	85498	3400
建筑装饰和其他建筑业	Construction Decoration and Other Construction	29886	10003	1276
建筑装饰业	Construction Decoration	18351	8778	1197
工程准备活动	Engineering Preparation Activity	747	7	
提供施工设备服务	Providing Construction Equipment Services	1193	851	
其他未列明建筑业	Others	9595	367	79
按隶属关系分组	**By Jurisdiction of Management**			
中央	Central	1185577	702028	144281
省(自治区、直辖市)	Provincial (Autonomous Regions and Municipalities)	637208	194229	24400
地区(州、盟、省辖市)	Regional (Prefectures and Leagues, Provincial Cities)	273188	49019	7894
县(区、市、旗)	County (District, City, Flag)	218811	32397	12616
街道	Street	59		
镇	Town	137	100	
村委会	Village Committee	592		
其他	Others	788212	284412	55805
按企业资质等级分组	**By Qualification Criteria of Enterprises**			
施工总承包	General Contractors	2949960	1185210	242750
特级	Special Grade	958346	551939	143732
一级	First Grade	525750	215033	20395
二级	Second Grade	1097953	335791	53061
三级以下	Third Grade and below	367911	82447	25563
专业承包	Professional Contractors	153825	76975	2245
一级	First Grade	16024	8058	
二级	Second Grade	45677	16245	1197
三级以下	Third Grade and below	92124	52672	1048

15-6 Continued

(10000 yuan)

负债合计 Total Liabilities	所有者权益合计 Total Owners' Equity	实收资本 Paid-in Capitals	国家资本 State Capitals	集体资本 Collective Capitals	法人资本 Corporate Capitals	个人资本 Personal Capitals
3444402	1642764	1181674	205662	83512	472430	420070
2249077	627870	367129	201782	5710	156819	2818
3444380	1642418	1181374	205362	83512	472430	420070
736358	159978	107368	96209	5710	4712	738
42362	34025	18814	24	18050	741	
2969	2271	2228			2228	
1807659	709519	472025	85142	38193	256087	92602
292183	77628	67779	23986	900	19207	23686
562131	656998	511160		20660	188456	302044
718	2000	2000			1000	1000
22	346	300	300			
680640	551231	417298	14748	34315	173163	195072
2553806	954942	647863	177482	32177	272934	165271
178744	103292	85639	12794	15010	13272	44562
31213	33300	30875	638	2010	13061	15166
19561	25511	22816	178	2010	9933	10695
785	2526	2927	160		2441	326
1193	1501	1500				1500
9674	3763	3632	300		687	2645
1332474	337960	118864	15802		103062	
681366	293144	265699	134475	15711	77610	37903
291465	100625	82761	12356	13643	45033	11730
286443	129883	117400	42729	17202	44019	13450
59	688	608		608		
137	1736	1574		1574		
592	408	408		408		
851867	778321	594359	300	34366	202706	356988
3275326	1497642	1053287	198556	64066	431034	359630
1102078	298590	94300			94300	
550235	209265	150551	49455	11061	41089	48946
1168383	707831	556633	136845	21744	193182	204863
454630	281956	251802	12257	31261	102463	105821
169076	145122	128387	7105	19446	41396	60441
26800	11019	6377	1800		4577	
46874	51452	48328	1408	7810	17160	21950
95402	82651	73682	3897	11636	19659	38490

15-6 续表 2

单位：万元

指标	Item	营业收入 Operating Revenue	主营业务收入 Revenue from Principal Business	营业成本 Operating Cost	主营业务成本 Cost of Principal Business
总计	**Total**	4802895	4672126	4302109	4149995
其中：国有及国有控股企业	State-owned and State Holding Enterprises	2705991	2672323	2440274	2408210
按登记注册类型分组	By Status of Registration				
内资企业	Domestic Funded	4802637	4671868	4301870	4149756
国有企业	State-owned Enterprises	783325	780512	701025	695474
集体企业	Collective-owned Enterprises	158260	146320	128257	118672
股份合作企业	Cooperative Enterprises	9872	9872	8829	8829
有限责任公司	Limited Liability Corporations	2580493	2545773	2338821	2274195
股份有限公司	Share-holding Corporations Limited	248671	247571	219911	219134
私营企业	Private Enterprises	1021616	941419	904867	833291
其他企业	Others Enterprises	402	402	161	161
港、澳、台商投资企业	Enterprises with Funds from Hong Kong,Macao and Taiwan				
外商投资企业	Foreign Funded Enterprises	258	258	239	239
按国民经济行业分组	**By Sector**				
房屋建筑业	Housing Project Building	1263135	1185266	1126701	1055401
土木工程建筑业	Civil Engineering Construction	3215800	3169478	2892875	2824767
建筑安装业	Construction Installation	288394	284321	253030	242604
建筑装饰和其他建筑业	Construction Decoration and Other Construction	35566	33061	29503	27224
建筑装饰业	Construction Decoration	22594	20384	18447	16265
工程准备活动	Engineering Preparation Activity	3291	3291	2917	2899
提供施工设备服务	Providing Construction Equipment Services	2041	2041	1846	1846
其他未列明建筑业	Others	7640	7344	6293	6214
按隶属关系分组	**By Jurisdiction of Management**				
中央	Central	1725047	1694664	1563449	1535272
省(自治区、直辖市)	Provincial (Autonomous Regions and Municipalities)	1141385	1127206	1034908	1019575
地区(州、盟、省辖市)	Regional (Prefectures and Leagues, Provincial Cities)	240314	235899	208874	205367
县(区、市、旗)	County (District, City, Flag)	282769	282394	245681	245122
街道	Street	5561	5561	5238	5238
镇	Town	9328	9328	8579	8579
村委会	Village Committee	149	149	160	160
其他	Others	1398343	1316925	1235219	1130682
按企业资质等级分组	**By Qualification Criteria of Enterprises**				
施工总承包	General Contractors	4456079	4342706	3999621	3861563
特级	Special Grade	1389120	1364954	1251230	1230900
一级	First Grade	662726	658506	605963	571459
二级	Second Grade	1863644	1781809	1672084	1594322
三级以下	Third Grade and below	540589	537438	470343	464882
专业承包	Professional Contractors	346816	329420	302488	288432
一级	First Grade	67645	65818	59398	58348
二级	Second Grade	125441	122275	111232	107810
三级以下	Third Grade and below	153730	141327	131858	122274

15-6 Continued 2

(10000 yuan)

营业税金及附加 Taxes and Other Charges	主营业务税金及附加 Taxes and Other Charges on Principal Business	其他业务利润 Other Operating Profit	销售费用 Selling Expenses	管理费用 Management Costs	税金 Taxes	财务费用 Financial Costs	利息收入 Interest Revenue	利息支出 Interest Expense	资产减值损失 Loss from Asset Devaluation
133441	126406	7906	19806	173623	2861	38279	1916	34183	9214
60969	58185	6204	676	95535	839	24406	1420	22144	8378
133432	126397	7906	19806	173614	2861	38279	1916	34183	9214
23113	22940	762	330	38855	473	3547	44	1880	-104
5711	5271	198	1837	18145	42	71	-2	2	-67
517	517		135	339	18	12		1	
59273	55908	6323	12083	75159	802	23764	1535	21603	8184
8271	8268	323	52	6506	225	6711	31	6453	782
36333	33279	301	5369	34604	1301	4173	308	4245	419
215	215			6					
9	9			9					
44058	40458	1153	14977	46521	1109	8136	82	6145	528
81291	78045	6493	2283	98195	1452	28984	1741	27136	9373
7121	6956	242	1669	25488	222	823	-1	874	-687
971	946	19	877	3419	79	337	94	28	
593	575	19	871	1886	64	345	100	27	
62	62		6	307	3	1		1	
69	69			127	1				
248	241		1	1100	11	-8	-6		
28437	28034	4976	198	64470	293	17909	1386	17735	6400
38213	34803	1235	486	29252	556	6663	9	4401	1786
7875	7843	889	697	13501	198	2532	33	1337	217
9428	9417	232	2289	20964	280	960	2	552	6
206	206			103	1				
436	436		10	108	5	11			
24	24			12	5				
48821	45643	574	16126	45214	1524	10204	485	10158	805
122509	116109	7521	16608	151930	2406	37435	1826	33634	8760
21076	20743	3504	6	42893		16640	1323	16461	7052
19145	19116	1617	114	18677	926	8128	159	7941	-132
62747	57392	2008	13025	55690	915	11569	4	8059	1913
19542	18858	393	3462	34670	566	1099	340	1173	-73
10932	10297	385	3198	21693	455	844	91	549	453
2089	2089		128	2894	254	123	-8	128	65
3871	3729	258	1364	5956	72	369	12	376	53
4972	4479	127	1706	12842	129	351	86	45	335

15-6 续表 3

单位：万元

指 标	Item	公允价值变动收益 Gains on the Changes in Fair Value	投资收益 Investment Income	营业利润 Operating Profit
总计	**Total**	**3**	**7818**	**134245**
其中：国有及国有控股企业	State-owned and State Holding Enterprises	2	4209	79965
按登记注册类型分组	By Status of Registration			
内资企业	Domestic Funded	3	7818	134244
国有企业	State-owned Enterprises	2	3	16564
集体企业	Collective-owned Enterprises		171	4477
股份合作企业	Cooperative Enterprises			40
有限责任公司	Limited Liability Corporations	1	4382	67591
股份有限公司	Share-holding Corporations Limited		3100	9539
私营企业	Private Enterprises		163	36014
其他企业	Others Enterprises			20
港、澳、台商投资企业	Enterprises with Funds from Hong Kong,Macao and Taiwan			
外商投资企业	Foreign Funded Enterprises			1
按国民经济行业分组	**By Sector**			
房屋建筑业	Housing Project Building	1	137	22353
土木工程建筑业	Civil Engineering Construction	2	7447	110250
建筑安装业	Construction Installation		234	1184
建筑装饰和其他建筑业	Construction Decoration and Other Construction			458
建筑装饰业	Construction Decoration			454
工程准备活动	Engineering Preparation Activity			-2
提供施工设备服务	Providing Construction Equipment Services			
其他未列明建筑业	Others			6
按隶属关系分组	**By Jurisdiction of Management**			
中央	Central		4147	48331
省(自治区、直辖市)	Provincial (Autonomous Regions and Municipalities)		234	30310
地区(州、盟、省辖市)	Regional (Prefectures and Leagues, Provincial Cities)		175	6793
县(区、市、旗)	County (District, City, Flag)	3	-1	3444
街道	Street			14
镇	Town			184
村委会	Village Committee			-48
其他	Others		3263	45216
按企业资质等级分组	**By Qualification Criteria of Enterprises**			
施工总承包	General Contractors	3	7405	126623
特级	Special Grade		4006	54229
一级	First Grade		3100	13931
二级	Second Grade	1	296	46912
三级以下	Third Grade and below	2	3	11551
专业承包	Professional Contractors		414	7622
一级	First Grade			2947
二级	Second Grade		175	2770
三级以下	Third Grade and below		239	1906

15-6 Continued 3

(10 000 yuan)

营业外收入 Non--operating Revenue	补贴收入 Subsidy Revenue	营业外支出 Non--operating Expenses	利润总额 Total Profit	应交所得税 Income Taxes Payable	应付职工薪酬 Employee Wages Payable	建筑业企业在境外完成的营业收入 Operating Revenue Completed by Construction Enterprises in Overseas
6307	**116**	**5685**	**134864**	**22094**	**467088**	**117121**
4151	114	2110	82006	11220	178298	116919
6307	116	5685	134863	22093	466995	117121
648	44	67	17146	6451	60181	4024
1111		32	5557	1085	25338	
			40	8	1971	
3788	72	5075	66299	6405	214606	112895
157		91	9605	2377	18688	
604		420	36198	5763	146198	203
			20	5	13	
			1	1	93	
546	63	1078	21821	5423	198036	
4672	44	4517	110400	14773	218902	112895
1012	7	85	2112	1664	43533	4024
77	2	4	531	234	6619	203
77	2	1	530	207	4205	
			-2	19	502	
					449	
		3	4	8	1463	203
3101		1882	49550	3501	108843	116919
1418	116	2196	29527	7293	113691	
903		73	7624	2102	21835	
106		105	3445	988	45231	
			14	3	461	
		1	183	76	1671	
48					123	
731		1428	44520	8130	175233	203
5634	107	5333	126919	19807	422533	116919
2862		1412	55678	2788	81606	112895
468	44	429	13971	3270	39991	4024
1238	63	3222	44923	11054	205856	
1067		270	12348	2695	95080	
673	10	351	7945	2287	44555	203
202			3149	820	5930	
50		137	2684	817	15612	203
420	9	214	2112	649	23013	

15-7 按行业分建筑企业主要指标(2014年)

Main Indicators of Construction Enterprises by Sector(2014)

类 别	Item	企业数(个) Number of Enterprises (unit)	从业人员(人) Number of Employed Persons (person)	建筑业总产值(万元) Gross Output Value of Construction (10 000 yuan)	建筑工程 Output Value of Construction	安装工程 Output Value of Installation
总计	**Total**	**429**	**110851**	**4329067**	**3566538**	**602626**
房屋建筑业	Housing Project Building	171	52005	1233435	1089513	94541
土木工程建筑业	Civil Engineering Construction	143	49270	2894687	2418038	380845
铁路、道路、隧道和桥梁工程建筑	Railway, Road, Tunnel and Bridge Construction	71	18117	1233029	1168775	27484
水利和内河港口工程建筑	Water and Inland Port Engineering Construction	31	5127	132153	116422	8781
工矿工程建筑	Industrial and Mining Engineering Construction	7	19477	1283058	1043750	202056
架线和管道工程建筑	Line and Pipeline Engineering Construction	25	5551	231431	75151	142169
其他土木工程建筑	Other Civil Engineering Construction	9	998	15016	13941	355
建筑安装业	Construction Installation	60	7506	176526	47830	121507
建筑装饰和其他建筑业	Construction Decoration and Other Constructions	55	2070	24419	11158	5732

注：本表数据为具有资质等级的施工总承包、专业承包建筑业企业(不含劳务分包建筑业企业)数据。
a)Data in this table included all general construction contractors and professional contractors (not including construction enterprises of worker subcontractors) which possess qualification grades.

15-7 续表 Continued

类 别	Item	竣工产值(万元) Output Value of Completed (10 000 yuan)	房屋建筑面积(平方米) Floor Space of Buildings(sq.m) 施工面积 Floor Space under Construction	竣工面积 Floor Space Completed	竣工房屋价值(万元) Value of Completed (10 000 yuan) 合计 Total	住宅 Residential Buildings
总计	**Total**	**1924516**	**10728222**	**4793927**	**816555**	**468525**
房屋建筑业	Housing Project Building	709884	8854661	3471355	519905	299332
土木工程建筑业	Civil Engineering Construction	1097056	1711997	1264553	288237	163601
铁路、道路、隧道和桥梁工程建筑	Railway, Road, Tunnel and Bridge Construction	274476	638617	361573	78147	40975
水利和内河港口工程建筑	Water and Inland Port Engineering Construction	68735	6856	1210	260	
工矿工程建筑	Industrial and Mining Engineering Construction	701169	932071	847853	199451	116686
架线和管道工程建筑	Line and Pipeline Engineering Construction	41971	43962			
其他土木工程建筑	Other Civil Engineering Construction	10704	90491	53917	10380	5940
建筑安装业	Construction Installation	105237	161564	58019	8413	5592
建筑装饰和其他建筑业	Construction Decoration and Other Constructions	12338				

15-8 2007-2014年建筑业企业房屋竣工面积

Floor Space of Buildings Completed by Construction Enterprises(2007-2014)

项 目	Item	房屋建筑竣工面积(平方米) Floor Space of Buildings Completed (sq.m)							
		2007	2008	2009	2010	2011	2012	2013	2014
总计	**Total**	**1739663**	**1891814**	**2117063**	**2731628**	**3237566**	**3440990**	**4665198**	**4793927**
按房屋主要用途分	By Usage of Housing								
厂 房	Workshop	107262	97664	47521	61330	154573	152626	197133	70698
住 宅	Residential Buildings	927091	1153854	1403177	1582692	1972181	2025802	3069780	2746050
办公用房	Office	297757	250707	209872	478501	272196	431445	513490	614595
批发零售用房	Wholesale and Retail	28334	12305	7666	11739	85498	35977	34243	47370
住宿和餐饮用房	Hotel and Catering	4771	11272	25479	22756	16248	64359	39620	63787
居民服务业用房	Services to Households	15367	20443	37506	22567	68856	48949	140707	131035
教育用房	Education	183269	186786	252472	243689	481498	413426	383162	606568
文化体育娱乐用房	Culture, Sports and Entertainment	23166	10222	13287	14692	29983	35667	58803	130302
医疗用房	Medical	19056	47364	57607	28824	23916	40638	82918	37621
科研用房	Research		3380	100	4807	19402	29238	921	100899
其他用房	Others	133590	97817	62376	260031	109233	142077	102212	214312
仓库用房	Storage					3982	8529	22111	17409
商务会展用房	Business Exhibition						12257	20098	13281

15-9 2010-2014年建筑业经济效益指标

Main Indicators on Economic Benefit of Construction Enterprises (2010-2014)

指 标	Item	2010	2011	2012	2013	2014
房屋建筑面积竣工率 (%)	Rate of Floor Space of Buildings Completed (%)	39.41	43.80	45.10	40.28	44.69
产值利润率 (%)	Ratio of Profit to Gross Output Value (%)	2.21	2.44	3.32	3.39	3.11
人均竣工产值 (元/人)	Gross Output Value Completed Per Capita (yuan/person)	73026	134420	100164	128424	196401
人均施工面积 平米/人)	Floor Space under Construction Per Capita (sq.m/person)	77.24	60.98	59.27	87.66	109.48
人均竣工面积 平米/人)	Floor Space Completed Per Capita (sq.m/person)	21.68	26.71	26.70	35.30	48.92
人均利润 (元/人)	Profits Per Capita (yuan/person)	6878.25	6794.22	8338.98	13138.05	13730.21
资产负债率 (%)	Assets-liability Ratio (%)	63.07	60.98	68.10	66.41	67.71
技术装备率 (元/人)	Value of Machines per Laborer (yuan/person)	23068	19168	16060	17080	81930

15-10 按资质等级分的建筑业主要经济指标(2014年)

Main Economic Indicators of Construction Enterprises by Qualification Grade(2014)

指 标	Item	企业数（个）Number of Enterprises (unit)	有工作量的 Having Workload	年末从业人员（人）Number of Employed Persons (person)	工程技术人员（人）Engineering and Technical Personnel (person)	直接从事生产经营活动的平均人数（人）Average Number of Calculating Labor Productivity (person)	签订合同额（万元）Total Value of Contracts (10 000 yuan)
按资质等级关系分组	**By Qualification Criteria of Enterprises**	**429**	**391**	**110854**	**23978**	**140803**	**9369410**
施工总承包	General Contractors	297	275	98126	19971	127334	9035464
特级	Special Grade	1	1	17431	2232	17189	2817751
一级	First Grade	14	12	6617	2236	10898	1835853
二级	Second Grade	124	121	55971	10947	74975	3733132
三级及以下	Third Grade and Below	158	141	18107	4556	24272	648729
专业承包	Professional Contractors	132	116	12725	4007	13469	333946
一级	First Grade	3	3	1730	1104	2695	75609
二级	Second Grade	43	40	5103	1518	5044	103376
三级及以下	Third Grade and Below	86	73	5892	1385	5730	154960

15-10 续表 1 Continued

单位：万元 (10 000 yuan)

指 标	Item	建筑业总产值 Total Gross Output Value	建筑工程产值 Output Value of Construction	安装工程产值 Output Value of Installation	其他产值 Output Value of Others	竣工产值 Output Value of Completed	建筑业企业在境外完成的营业收入 Operating Revenue Completed by Construction Enterprises in Overseas
按资质等级关系分组	**By Qualification Criteria of Enterprises**	**4329067**	**3566538**	**602626**	**159904**	**1924516**	**117121**
施工总承包	General Contractors	4036851	3454099	487422	95330	1788712	116919
特级	Special Grade	1210098	1038362	171736		667340	112895
一级	First Grade	625710	483569	142141		218457	4024
二级	Second Grade	1756124	1544932	122183	89009	620998	
三级及以下	Third Grade and Below	444920	387236	51363	6321	281917	
专业承包	Professional Contractors	292217	112440	115203	64574	135804	203
一级	First Grade	65770	23193	132	42446	42577	
二级	Second Grade	89678	53014	32551	4114	44398	203
三级及以下	Third Grade and Below	136768	36233	82521	18014	48828	

15-10 续表 2 Continued

单位：万元 (10 000 yuan)

项 目	Item	税金总额 Total Taxes	利润总额 Total Profits	营业收入(万元) Operating Revenue	营业成本(万元) Operating Cost
按企业资质等级分组	**By Qualification Criteria of Enterprises**	**136197**	**1345411**	**4799084**	**4299253**
施工总承包	General Contractors	124916	1269190	4456079	3999621
特级	Special Grade	21076	556780	1389120	1251230
一级	First Grade	20071	139708	662726	605963
二级	Second Grade	63662	449227	1863644	1672084
三级及以下	Third Grade and Below	20107	123475	540589	470343
专业承包	Professional Contractors	11282	76221	343005	299632
一级	First Grade	2343	31489	67645	59398
二级	Second Grade	3838	23612	121630	108376
三级及以下	Third Grade and Below	5101	21120	153730	131858

15-10 续表 3 Continued

项 目	Item	房屋建筑施工面积(平方米) Floor Space of Buildings Under Construction (sq.m)	房屋建筑竣工面积(平方米) Floor Space of Buildings Completed (sq.m)	住宅 Residential Buildings	竣工房屋价值(万元) Value of Buildings Completed (10 000 yuan)	住宅 Residential Buildings
按企业资质等级分组	**By Qualification Criteria of Enterprises**	**10728222**	**4793927**	**2746050**	**816555**	**468525**
施工总承包	General Contractors	10431205	4672111	2677885	800690	461064
特级	Special Grade	932071	847853	489867	199451	116686
一级	First Grade	2625547	748475	627726	150301	108265
二级	Second Grade	5272661	1982420	969483	292452	153969
三级及以下	Third Grade and Below	1600926	1093363	590809	158486	82144
专业承包	Professional Contractors	297017	121816	68165	15865	7462
一级	First Grade					
二级	Second Grade	273122	114221	66465	14312	7348
三级及以下	Third Grade and Below	23895	7595	1700	1553	113

15-11 分地区建筑业企业主要经济指标(2014年)

Basic Statistics of Construction Enterprises Production by Region(2014)

地 区	Region	企业数(个) Number of Enterprises (unit)	有工作量的 Having Workload	签订合同额(万元) Total Value of Contracts (10 000 yuan)	建筑业总产值(万元) Total Gross Output Value (10 000 yuan)	竣工产值(万元) Output Value of Completed (10 000 yuan)	房屋建筑施工面积(平方米) Floor Space of Buildings Under Construction (sq.m)	房屋建筑竣工面积(平方米) Floor Space of Buildings Completed (sq.m)
总计	**Total**	**429**	**391**	**9369410**	**4329067**	**1924516**	**10728222**	**4793927**
国有及国有控股企业	State-owned and State-holding Enterprises	65	59	5314353	2427394	1133216	1910434	1350300
西宁市	Xining City	303	271	7987709	3488573	1426795	7162976	2998105
海东市	Haidong City	48	46	717519	357569	148376	2113804	713737
海北州	Haibei Zang A.P	11	11	75632	62655	57003	372167	289362
黄南州	Huangnan Zang A.P	12	11	89773	73639	39394	331341	166076
海南州	Hainan Zang A.P	16	16	192776	127113	59686	395882	346413
果洛州	Golog Zang A.P	4	4	10165	10135	10135	43557	43557
玉树州	Yushu Zang A.P	5	3	3298	1813	699	6732	3752
海西州	Haixi Mongolian & Zang A.P	30	29	292538	207570	182428	301763	232925

15-11 续表 1 Continued

单位：万元 (10 000 yuan)

地 区	Region	资产总计 Total Assets	固定资产合计 Total Fixed Assets	负债合计 Total Liabilities	流动负债合计 Total Liquid Liabilities	非流动负债合计 Total Non-current Liabilities	所有者权益合计 Total Owners' Equity
总计	**Total**	**5087166**	**882489**	**3444402**	**3103785**	**244995**	**1642764**
国有及国有控股企业	State-owned and State-holding Enterprises	2876946.6	553765	2249077	2006229	175636	627870
西宁市	Xining City	4066526	724051	2732664	2505782	196000	1333862
海东市	Haidong City	420577	43503	277247	195712	26619	143330
海北州	Haibei Zang A.P	45838	5632	27244	26737		18594
黄南州	Huangnan Zang A.P	45427	12999	27089	19653	2013	18338
海南州	Hainan Zang A.P	103014	11773	55025	54802	223	47988
果洛州	Golog Zang A.P	109527	2475	107043	106845	199	2484
玉树州	Yushu Zang A.P	4805	340	1377	1206	5	3429
海西州	Haixi Mongolian & Zang A.P	291452	81716	216713	193048	19936	74739

15-11 续表 2 Continued

单位：万元 (10 000 yuan)

地区	Region	实收资本 Paid-in Capitals	营业收入 Operating Revenue	主营业务收入 Revenue from Principal Business	营业成本 Operating Cost	主营业务成本 Cost of Principal Business	营业税金及附加 Taxes and Other Charges	主营业务税金及附加 Taxes and Other Charges on Principal Business	其他业务利润 Other Operating Profit	财务费用 Selling Expense
总计	**Total**	**1181674**	**4802895**	**4672126**	**4302109**	**4149995**	**133441**	**126406**	**7906**	**38279**
国有及国有控股企业	State-owned and State-holding Enterprises	367129	2705991	2672323	2440274	2408210	60969	58185	6204	24406
西宁市	Xining City	901930	3900097	3847885	3515853	3437262	102730	98505	6816	32289
海东市	Haidong City	124416	415744	340591	359906	292957	14362	11612	84	3160
海北州	Haibei Zang A.P	16481	60410	60410	52081	52081	2319	2319		252
黄南州	Huangnan Zang A.P	17426	69997	69885	65096	65086	2506	2506		368
海南州	Hainan Zang A.P	44610	119556	119508	106735	106712	4517	4517	23	293
果洛州	Golog Zang A.P	2346	35155	35153	29875	29875	1399	1399		345
玉树州	Yushu Zang A.P	2200	2181	1578	1674	774	40	34		13
海西州	Haixi Mongolian & Zang A.P	72265	199756	197115	170890	165250	5568	5513	984	1560

15-11 续表 3 Continued

单位：万元 (10 000 yuan)

地区	Region	管理费用 Management Expenses	税金 Taxes	利润总额 Total Profits	财务费用 Financial Expenses	利息收入 Interest Revenue	应付职工薪酬 Employee Wages Payable
总计	**Total**	**173623**	**2861**	**134864**	**38279**	**1916**	**467088**
国有及国有控股企业	State-owned and State-holding Enterprises	95535	839	82006	24406	1420	178298
西宁市	Xining City	131433	2262	114497	32289	1674	337903
海东市	Haidong City	13157	247	24088	3160	50	59881
海北州	Haibei Zang A.P	2009	16	3690	252	2	11996
黄南州	Huangnan Zang A.P	1368	73	5	368	15	17553
海南州	Hainan Zang A.P	2376	97	3807	293	7	11401
果洛州	Golog Zang A.P	717	1	1166	345	-0.9	2477
玉树州	Yushu Zang A.P	595	1	-214	13	1	805
海西州	Haixi Mongolian & Zang A.P	21968	164	-12175	1560	168	25073

15-12 各种分组的劳务分包企业产值资产和损益情况(2014年)

指标名称	Item	企业个数(个) Number of Enterprises (unit)	建筑业总产值(万元) Total Gross Output Value (10 000 yuan)	从业人员期末人数(人) Number of Employed Persons (person)
总计	**Total**	**24**	**12556**	**1108**
按登记注册类型分组	**By Status of Registration**			
内资企业	Domestic Funded	24	12556	1108
有限责任公司	Limited Liability Corporations	7	3383	441
私营企业	Private Enterprises	17	9173	667
按国民经济行业分组	**By Sector**			
房屋建筑业	Housing Project building	2	11	6
土木工程建筑业	Civil Engineering Construction	5	9098	580
建筑安装业	Construction Installation	5	2124	99
建筑装饰和其他建筑业	Construction Decoration and Other Construction	12	1323	423
按企业资质等级分组	**By Qualification Criteria of Enterprises**			
劳务分包	Labor Subcontract	24	12556	1108
一级	First Grade	13	9717	702
二级	Second Grade	3	166	279
三级及以下	Third Grade and Below	8	2673	127
按营业状态分	**By Business Status**			
营业	In Business	23	12542	1089
停业(歇业)	Out of Business	1	14	19
按控股情况分	**By Holding Situation**			
集体控股	Collective Holding	2	3105	164
私人控股	Private Holding	20	9404	928
其他	Others	2	47.2	16

Assets and Profit Conditions of Labor Subcontracting Enterprises by Groups (2014)

资产负债(万元) Assets and Liabilities (10 000 yuan)				损益及分配(万元) Profit and Loss, Distribution (10 000 yuan)				
固定资产原价 Original Cost of Fixed Assets	本年折旧 Depreciation Charge for the Year	资产总计 Total Assets	负债合计 Total Liabilities	营业收入合计 Operating Revenue	营业成本 Operating Cost	销售费用 Selling Expenses	管理费用 Management Costs	利润总额 Total Profit
1371.9	**292.6**	**10839**	**8303**	**15454**	**14277**	**10**	**521**	**189**
1371.9	292.6	10839	8303	15454	14277	10	521	189
712.1	147.1	3761	3102	3293	2940	10	139	93
659.8	145.5	7078	5201	12161	11337		382	96
1.3	0.4	46	10	11	3		34	-27
609.6	151.8	3319	2838	12086	11438		184	146
115.7	41.4	1976	1516	2124	1835		226	-12
645.3	99	5497	3939	1232	1001	10	76	82
1372	293	10839	8303	15454	14277	10	521	189
973	164	4950	3520	12706	11948		212	194
269	86	3205	2805	166	145		18	-1
131	43	2683	1978	2582	2185	10	291	-4
1372	293	10839	8303	15440	14273	10	513	186
				14	4		8	2
679	158	683	312	3105	2775		93	132
690	146	10067	7963	12302	11470	10	383	89
2.9	-10.9	88.1	28.7	47.2	31.6		45.5	-31.7

主要统计指标解释

建筑业统计单位 指从事房屋、构筑物建造和设备安装活动的法人企业。建筑业法人企业应具有建筑业资质并能够独立核算,同时其应具备以下条件:①依法成立,有自己的名称、组织机构和场所,能够承担民事责任;②独立拥有和使用资产,承担负债,有权与其他单位签订合同;③独立核算盈亏,能够编制资产负债表。

建筑业总产值 是以货币形式表现的建筑业企业在一定时期内生产的建筑业产品和提供的服务的总和。建筑业总产值包括:

(1)建筑工程产值:指列入建筑工程预算内的各种工程价值。

(2)安装工程产值:指设备安装工程价值,不包括被安装设备本身的价值。

(3)其他产值:建筑业总产值中除建筑工程、安装工程以外的产值。包括房屋构筑物修理产值、非标准设备制造产值、总包企业向分包企业收取的管理费以及不能明确划分的施工活动所完成的产值。

a. 房屋构筑物修理产值:指房屋和构筑物修理所完成的产值,但不包括被修理房屋、构筑物本身价值和生产设备的修理产值。

b. 非标准设备制造产值:指加工制造没有定型的非标准生产设备的加工费和原材料价值(如化工厂、炼油厂用的各种罐、槽,矿井生产统一使用的各种漏斗、三角槽、阀门等)以及附属加工厂为本企业承建工程制作的非标准设备的价值。

建筑业增加值 指建筑业企业在报告期内以货币形式表现的建筑业生产经营活动的最终成果。

从2004年第一次全国经济普查开始,建筑业现价增加值按生产法和分配法(收入法)两种方法计算,以收入法的计算结果为准,即从收入的角度出发,根据生产要素在生产过程中应得的收入份额计算。具体计算方法:经济普查年度建筑业增加值按照《经济普查年度GDP核算方案》计算,非经济普查年度建筑业增加值按照《非经济普查年度GDP核算方案》计算。

房屋建筑施工面积 指在报告期内施过工的全部房屋建筑面积,包括本期新开工的房屋面积、上期施工跨入本期继续施工的房屋面积、上期停缓建在本期恢复施工的房屋面积、本期竣工的房屋面积及本期施工后又停缓建的房屋面积。

房屋建筑竣工面积 指在报告期内房屋建筑按照设计要求全部完工,达到了使用条件,经验收鉴定合格,正式移交使用单位的房屋建筑面积。

Explanatory Notes on Main Statistical Indicators

Statistical Unit in the Construction Industry refers to a corporate enterprise engaged in the construction of buildings and structures and in the installation of equipment. A corporate construction enterprise should have qualification certificates with independent accounting system, and should meet the following 3 requirements: a) being set up in line with relevant legal basis, having its full name, organization and location, and capable of taking civil liabilities; b) independently possessing and using its assets and assuming its liabilities, and entitled to sign contracts with other institutions; and c) making independent accounts of its profits and losses, and capable of compiling its own balance sheet.

Gross Output Value of Construction refers to total of construction products and services, expressed in money terms, produced or rendered by construction and installation enterprises during a given period of time. It includes:

(1) Output value of construction projects: the value of projects covered by the project budgets;

(2) Output value of installation projects: the value of the installation of equipment, (excluding the value of the equipment to be installed);

(3) Other output values: the output value of construction industry apart from that of construction projects and installation projects. It includes: output value of repair of buildings and structures; output value of non - standard equipment manufacturing; overhead expenses received by contracted enterprises from the sub - contracted enterprises and the completed output value of construction activities for which there is no clear definition.

a. Output value of repair of buildings and structures: the value created through the repairs of buildings or structures. It does not include the value of buildings or structures being repaired and the value of the repair of production equipment;

b. Output value of manufactured non - standard equipment: the value of non - standard production equipment, including raw materials and manufacturing cost, made for the construction project (i. e. , chemical plant; kettles or tanks used by refineries; various fillers, triangle tanks, valves used by mines). It also includes the output value of equipment manufactured by subsidiary workshops.

Value - added of Construction refers to the final result of the activities of production and operation of enterprises of the construction industry in monetary terms during the reference period.

Starting from the 2004 economic census, value - added of construction is calculated by both production approach and income approach, with the figures from the income approach as the final figures. Under the income approach,, calculation starts from the perspective of income and is based on the share of income derived from the production process by the relevant factors of production.. Specifically, value - added of construction for the Census years is calculated in accordance with the Programme of Compilation of GDP and National Accounts for the Year of Economic Census, and value - added of construction for other years is calculated in accordance with the Programme of Compilation of GDP and National Accounts for the Non Economic Census Years.

Floor Space of Buildings Under Construction refers to floor space of buildings under construction during the reference period, including the floor space of buildings for which construction has newly started; buildings for which construction has started earlier and is continuing during the reference period; and buildings for which construction has been suspended earlier but has restarted during the reference period; buildings completed during the reference period; and buildings under construction but construction has subsequently been during the reference period.

Floor Space of Buildings Completed refers to the floor space of buildings that are completed in the reference period in accordance with the requirements of the design, up to the standard for being put into use, and having been checked and accepted by departments concerned as qualified ones.

第 16 篇

CHAPTER 16

运输和邮电

Transport, Postal and Telecommunication

铁路、公路、民航年末到达数
（公里）

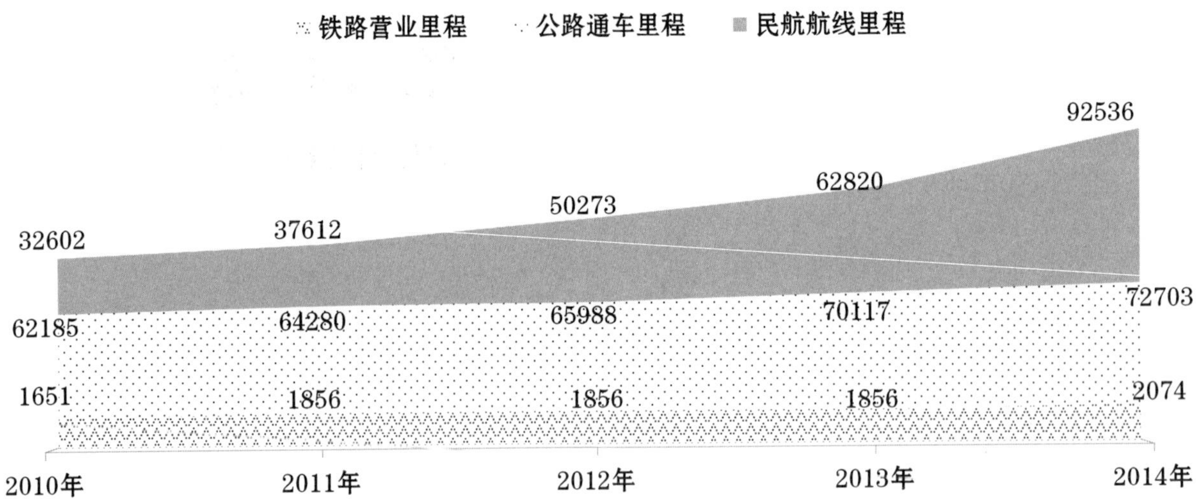

移动电话用户
（万户）

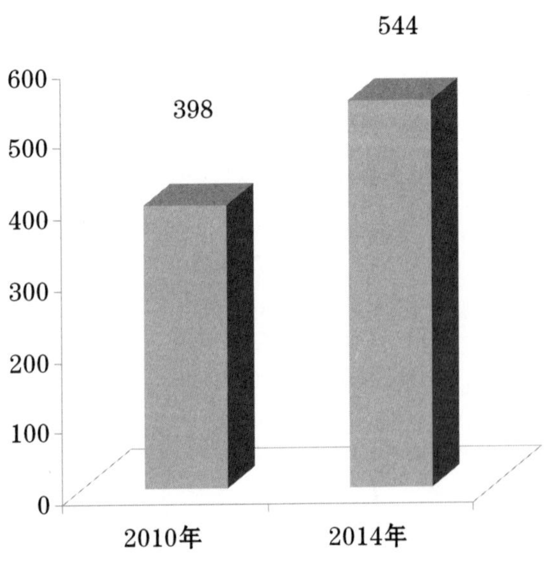

民用车拥有量
（万辆）

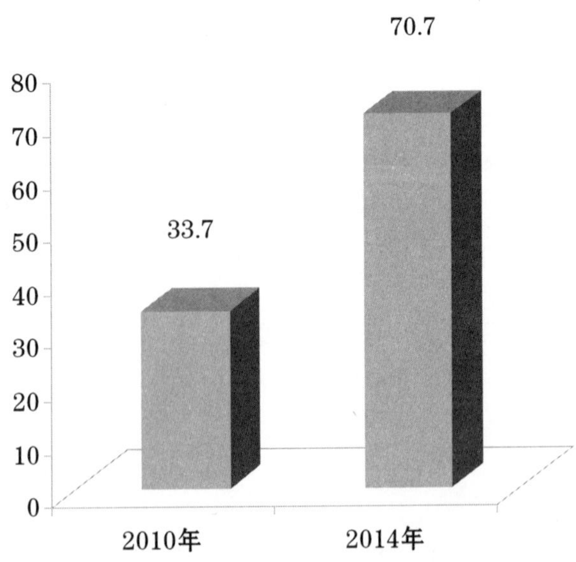

16-1 主要年份交通运输业基本情况

Basic Conditions of Transport in Main Years

指 标	Item	2008	2009	2010	2011	2012	2013	2014
客运量总计 (万人)	**Total Passenger Traffic (10 000 persons)**	**9447**	**10101**	**10997**	**11972**	**12830**	**4957**	**5643**
铁路	Railways	404	430	474	520	544	592	615
公路	Highways	8996	9603	10439	11308	12100	4140	4769
民用航空	Civil Aviation	47	68	85	102	138	167	199
水路	Waterways				42	48	58	60
旅客周转量总计 (万人公里)	**Total Passenger-Kilometers (10 000 passenger-km)**	**826430**	**955376**	**1072054**	**1205720**	**1302492**	**1199090**	**1324986**
铁路	Railways	332583	398742	446155	497642	505492	548882	563086
公路	Highways	424611	455610	502093	556426	595000	403349	465045
民用航空	Civil Aviation	69236	101024	123806	151096	201349	246116	296093
水路	Waterways				556	651	742	762
货运量总计 (万吨)	**Total Freight Traffic (10 000 tons)**	**9318**	**10057**	**11426**	**12772**	**13680**	**13576**	**14846**
铁路	Railways	2310	2702	3286	3634	3784	3783	3608
公路	Highways	6805	7173	7962	8952	9700	9588	11030
民用航空	Civil Aviation	1	1	0.5	0.4	0.5	0.7	0.7
管道	Petroleum and Gas Pipelines	202	182	178	185	195	204	207
货物周转量总计 (万吨公里)	**Total Freight Ton-kilometers (10 000 ton-km)**	**3433354**	**3722543**	**4275704**	**4945713**	**5362693**	**4594935**	**5162956**
铁路	Railways	1485024	1654897	1922024	2283398	2466199	2476842	2727096
公路	Highways	1866003	1986737	2274730	2580397	2810000	2027634	2343632
民用航空	Civil Aviation	1016	1090	645	571	792	1122	1206
管道	Petroleum and Gas Pipelines	81311	79819	78304	81347	85702	89337	91022
民用汽车拥有量 (辆)	**Possession of Civil Motor Vehicles (units)**	**225645**	**268988**	**336958**	**425879**	**517269**	**611681**	**706699**
载客汽车	Passenger Vehicles	135364	164911	214518	286034	366536	452810	542585
载货汽车	Trucks	61467	74183	89928	106190	117733	127864	138219
普通载货汽车	Ordinary Trucks	46411	53412	63036	73621	82970	91140	97788
#私人汽车	Private Vehicles	130467	167974	226003	301584	383271	469563	558984

注：1.从2007年起铁路为境内统计数，2006年之前为铁路部门管理辖区数。
2.2008年公路及车辆管理部门进行了部门普查，故公路运输和车辆数据使用了部门普查数。以下各表同。
3.省交通厅根据交通运输部2013年交通运输专项调查数据，对全省2013年公路客货运输数据进行了调整，以下各表公路运输数据为调整后的数据。

a)Data about railway are cisborder since 2007, 2006 and before they are data of management popedom of railway department.
b)Highway and vehicle management department conducted a census in 2008, so data on road transport and vehicles are census data of departments.The same applies to the tables following.
c)According to the 2013 traffic special survey data of Ministry of Transport, the Provincial Traffic Department adjusted the provincial highway passenger and freight transport data in 2013. The highway transport data in following tables is the adjusted data.

16-2 主要年份客运量

Passenger Traffic in Main Years

单位：万人、万人公里 (10 000 persons,10 000 passenger-km)

年份 Year	客运量 合计 Total Passenger Traffic	铁路 Railways	公路 Highways	民用航空 Civil Aviation	水路 Waterways	旅客周转量 合计 Total Passener-Kilometers	铁路 Railways	公路 Highways	民用航空 Civil Aviation	水路 Waterways
1978	328	170	158			103241	85259	17982		
1985	1288	295	993			127647	73123	54524		
1986	1633	289	1344	0.2		147911	76260	71414	237	
1987	1749	296	1453	0.2		161244	79430	81552	262	
1988	1844	323	1521			182477	93796	88422	259	
1989	1864	275	1589			169501	82658	86696	147	
1990	1843	209	1634			153736	61220	92411	105	
1991	1899	196	1703			154238	55314	98817	107	
1992	2010	197	1812	1		161839	54785	105760	1294	
1993	2227	208	2017	2		186261	59608	123432	3221	
1994	2292	217	2073	2		193057	62980	126527	3550	
1995	2388	220	2165	3		198391	64027	129270	5094	
1996	2690	185	2500	5		205356	53923	144088	7345	
1997	2885	200	2680	5		220469	59275	153000	8194	
1998	3157	261	2889	7		245574	73025	161569	10980	
1999	3359	297	3055	7		275227	93634	171219	10374	
2000	3612	352	3250	10		312497	115090	182000	15407	
2001	3832	392	3428	12		347706	133605	195930	18171	
2002	4007	436	3556	15		372837	150444	200720	21673	
2003	4324	408	3900	16		407362	163987	220000	23375	
2004	4601	386	4193	22		451229	186281	232035	32913	
2005	4920	368	4525	27		472389	186922	246556	38911	
2006	5310	411	4861	38		598831	283518	262333	52980	
2007	5655	393	5218	44		744085	386640	293940	63505	
2008	9447	404	8996	47		826430	332583	424611	69236	
2009	10101	430	9603	68		955376	398742	455610	101024	
2010	10997	474	10439	85		1072054	446155	502093	123806	
2011	11972	520	11308	102	42	1205720	497642	556426	151096	556
2012	12830	544	12100	138	48	1302492	505492	595000	201349	651
2013	4957	592	4140	167	58	1199090	548882	403349	246116	742
2014	5643	615	4769	199	60	1324986	563086	465045	296093	762

16-3 主要年份货运量

Freight Traffic in Main Years

单位：万吨、万吨公里 (10 000 tons,10 000 ton-km)

年份 Year	货运量合计 Total Freight Traffic	铁路 Railways	公路 Highways	民用航空 Civil Aviation	管道输油量 Petroleum and Gas Pipelines	货物周转量合计 Total Freight Ton-Kilometers	铁路 Railways	公路 Highways	民用航空 Civil Aviation	管道输油量 Petroleum and Gas Pipelines
1952	3		3			553		553		
1978	1326	546	780			321164	274437	46727		
1985	2033	334	1699			244198	141109	103089		
1986	1823	337	1486			299403	208001	91400	2	
1987	2234	390	1844			348903	229900	119000	3	
1988	2072	411	1661			400524	259532	140989	3	
1989	2254	427	1837			468089	293183	174904	2	
1990	2434	454	1957		23	498544	298810	187665	3	10066
1991	2998	502	2413	…	83	565197	329657	199435	2	36103
1992	3071	518	2471	…	82	559774	317891	205994	15	35670
1993	3127	550	2533	…	89	578134	327642	211633	35	38824
1994	3328	538	2694	…	96	613271	335860	235274	41	42096
1995	3529	532	2887	…	110	664296	367320	248815	57	48104
1996	3909	535	3247	…	127	702042	357686	289646	86	54624
1997	4180	585	3450	…	145	760636	390821	306500	99	63216
1998	4502	590	3743	…	169	816028	409500	333172	101	73255
1999	4654	607	3865	…	182	883310	459448	344629	93	79140
2000	5076	833	4050	…	193	957168	507030	366000	140	83998
2001	5456	957	4305	…	194	1067872	598885	384419	178	84390
2002	5652	1000	4450	0.10	202	1120184	694370	397538	189	88087
2003	6189	1092	4890	0.15	207	1337595	814313	433000	237	90045
2004	6656	1308	5136	0.23	212	1394733	848590	453129	385	92629
2005	7152	1453	5491	0.33	208	1562445	987866	482660	563	91356
2006	7641	1572	5864	0.50	205	1549176	944456	514149	743	89828
2007	8260	1772	6280	0.50	207	1851758	1207432	552563	811	90952
2008	9318	2310	6805	0.60	202	3433354	1485024	1866003	1016	81311
2009	10057	2702	7173	0.64	182	3722543	1654897	1986737	1090	79819
2010	11426	3286	7962	0.47	178	4275704	1922024	2274730	645	78304
2011	12772	3634	8952	0.35	185	4945713	2283398	2580397	571	81347
2012	13680	3784	9700	0.50	195	5362693	2466199	2810000	792	85702
2013	13576	3783	9588	0.74	204	4594935	2476842	2027634	1122	89337
2014	14846	3608	11030	0.72	207	5162956	2727096	2343632	1206	91022

16–4 2012–2014年民用汽车拥有量

Possession of Civil Vehicles(2011-2014)

单位：辆 (unit)

指 标	Item	2012	新注册 New Registrations	私人 Private	2013	新注册 New Registrations	私人 Private	2014	新注册 New Registrations	私人 Private
民用汽车合计	**Total**	**517269**	**94874**	**383271**	**611681**	**102120**	**469563**	**706699**	**117014**	**558984**
载客汽车	Passenger Vehicles	366536	75024	277773	452810	79310	355694	542585	95087	442589
大型	Large	6514	1002	115	7220	1325	110	7345	600	111
中型	Medium	6213	374	1420	5996	461	1308	5898	535	1233
小型	Small	345850	73091	269962	431028	77097	347508	521897	93642	435478
微型	Minicar	7959	557	6276	8566	427	6768	7445	310	5767
#轿车	Car	222724	45732	181827	277250	46810	231082	337569	57665	287049
载货汽车	Trucks	117733	17766	78170	127864	20702	88603	138219	20587	95858
重型	Heavy	25902	2778	10052	24952	3849	10079	26880	4930	9796
中型	Medium	10917	955	7399	9308	1020	6705	8450	608	6055
轻型	Light	80391	14023	60345	93177	15830	71506	102484	15048	79707
微型	Mini	523	10	374	427	3	313	405	1	300
#普通载货	Ordinary Trucks	82970	13191	60564	91140	14810	69164	97788	13561	75645
其他汽车	Others	33000	2084	27328	31007	2108	25266	25895	1340	20537
摩托车	**Motorcycle**	**94596**	**5504**	**92811**	**71846**	**3122**	**70701**	**60651**	**2714**	**59878**
普通	General	93513	5494	91742	71046	3114	69913	59863	2706	59102
轻便	Light	1083	10	1069	800	8	788	788	8	776
农用运输车	**Farm Vehicles**	**33000**	**2084**	**27328**	**31007**	**2108**	**25266**	**25895**	**1340**	**20537**
三轮	Three Wheels	10055	1082	10009	9699	1047	9655	9603	613	9563
四轮	Four Wheels	15934	213	15470	13564	88	13163	8733	28	8401
拖拉机	**Tractors**	**287300**	**5300**	**287300**	**263664**	**4300**	**263664**	**274740**	**9039**	**274740**
大中型	Large and Medium	10140	1770	10140	10236	1866	10236	15871	1235	15871
小型	Small	15330	200	15330	16130	990	16130	258869	7804	258869
挂车	**Trailers**	**4166**	**497**	**902**	**4878**	**825**	**1141**	**5824**	**1002**	**1348**
其他类型车	**Other Vehicles**	**45**			**45**			**44**		

补充资料：1.2012年机动车驾驶员1001868人，其中汽车驾驶员815164人。
2.2013年机动车驾驶员909583人，其中汽车驾驶员882715人。
3.2014年机动车驾驶员1301410人，其中汽车驾驶员990837人。

a)1 001 868 Motor Vehicle drivers in 2012, of whom 815 164 were Automobile drivers.
b)909 583 Motor Vehicle drivers in 2013, of whom 882 715 were Automobile drivers.
c)1 301 410 Motor Vehicle drivers in 2014, of whom 990 837 were Automobile drivers.

16-5 主要年份铁路、公路、民航里程年末达到数

Total Length of Routes of Railway, Highway, Civil Aviation at Year-end in Main Years

单位：公里、公里/万平方公里 (km,km/10000 sq.km)

年 份 Year	铁路 Railways 营业里程 Length of Railways in Operation	线路密度 Railway Density	公路 Highways 通车里程 Length of Highways	线路密度 Highway Density	有路面里程 Length of Railways with Road Surface	高、次高级 High and Senior Hihgways	等级路合计 Expressway and Class I to IV Highways	高速 Express way	一、二级 First and Second Class	等外路 Highways Below Class IV	民用航空航线里程 Length of Civil Aviation Routes
1965	198	2.75	11981	166.40	6643	182					1949
1970	409	5.68	12584	174.78	7244	367					1949
1975	497	6.90	12979	180.26	9141	1268					4893
1978	503	6.99	13675	189.93	9837	1958					4893
1980	505	7.01	15497	215.24	11624	2105					4251
1985	1095	15.21	15933	221.29	12252	2939					4972
1990	1095	15.21	16732	232.39	14212	3408	11974		1156	4758	4972
1991	1095	15.21	16769	232.90	14249	3435	12026		1156	4743	4748
1992	1100	15.28	16854	234.08	14334	3617	12151		1202	4703	4892
1993	1097	15.24	16963	235.60	14491	3640	12354		1202	4609	5942
1994	1097	15.24	17089	237.35	14646	3911	12509		1202	4552	5942
1995	1100	15.28	17223	239.21	14887	4028	12734		1202	4462	8869
1996	1100	15.28	17383	241.43	15047	4284	13056		1202	7327	11442
1997	1100	15.28	17640	245.00	15451	4494	13485		1236	4155	14700
1998	1100	15.28	17936	249.11	15866	4818	14024		1306	3912	14700
1999	1100	15.28	18268	253.72	16252	5191	14549		1412	3719	14700
2000	1100	15.28	18679	259.43	16713	5313	15178		1837	3501	16490
2001	1100	15.28	23328	315.24	19849	6452	17424	26	2544	5904	27636
2002	1100	15.28	24003	333.38	20868	7910	18484	35	3084	5519	31413
2003	1097	15.24	24377	338.57	21278	8745	21568	118	3449	2809	23423
2004	1097	15.24	28059	389.70	25032	10420	25322	171	3697	2737	20855
2005	1097	15.24	29719	412.76	26692	11787	26811	171	4146	2737	21458
2006	1651	22.92	47726	662.59	13371	13371	24638	171	4180	23088	23996
2007	1651	22.92	52625	730.60	16019	16019	30636	215	5045	21990	33264
2008	1651	22.92	56642	783.88	17331	17331	32649	215	5190	23994	32149
2009	1651	22.92	60136	835.22	18961	18961	39727	217	5410	20409	31562
2010	1651	22.92	62185	862.24	19594	19594	47604	235	5560	14582	32602
2011	1856	25.78	64280	891.30	22497	22497	49972	1133	5601	14309	37612
2012	1856	25.78	65988	915.00	25858	25858	52060	1148	6354	13927	50273
2013	1856	25.78	70117	972.22	29865	29865	57069	1228	6438	13048	62820
2014	2074	28.81	72703	1008.09	33147	28620	60806	1719	6817	11897	92536

注：1.2006年交通部门对公路进行了普查，将乡村公路列入了等外公路。
2.2011年铁路营业里程含哈木铁路194.6公里。
3.2014年12月25日，兰新客运专线开通运营，线路营业里程218公里。

a) Department of Transportation carried out a general survey on the highway in 2006, rural roads were included in below Class Ⅳ.
b)The length of railways in operation of 2011 included 194.6 km of Haergai-Muli railway.
c)Lanzhou passenger dedicated line operated in december 25, 2014, whose operating mileage is 218 km.

16-6　1985-2014年邮电业务情况

年份 Year	邮电业务总量（万元） Business Volume of Postal and Telecommunication Services (10 000 yuan)	邮政业务总量 Business Volume of Postal Services	电信业务总量 Business Volume of Telecommunication Services	函件（万件） Number of Letters (10 000 pcs)	特快专递（万件） Pieces of Express Mail Services (10 000 pcs)	报刊期发数（万份） Issue of Newspapers and Magazines (10 000 copies)	集邮业务（万枚） Stamps for Collection (10 000 pcs)	固定互联网用户（万户） Number of Fixed Internet Users (10 000 subscribers)
1985				2344		154		
1986	1866			2607		151		
1987	2023			2829		150		
1988	2480			3222		147		
1989	3020			3221		81		
1990	3457			2778		70		
1991	6223			2074		69		
1992	7510			2186		74		
1993	9541			2864		79		
1994	11592			3389		114		
1995	15595			3354		262		
1996	23901			3156		80		
1997	32718			2664		75		
1998	47018			2966		74		
1999	67672	5212	32608	2108	12	52	1741	
2000	49181	6206	42974	2762	17	47	2361	0.90
2001	64792	14078	50714	2961	31	45		3.35
2002	199104	14728	184376	3580	40	44		5.25
2003	229811	15343	214468	3800	48	67		6.70
2004	339801	16262	323539	2836	48	75	599	8.34
2005	314330	17710	296620	1886	49	51	490	12.72
2006	396898	20229	376669	981	55	49	591	14.42
2007	537416	20956	516460	627	65	42	592	16.20
2008	699514	22514	677000	566	78	47	720	22.52
2009	916651	26651	890000	440	101	37	740	28.38
2010	1221325	23325	1198000	472	112	47	720	35.31
2011	479943	22943	457000	430	123	48	909	42.10
2012	569083	25083	544000	533	126	48	822	50.50
2013	602757	26057	576700	412	128	44	802	55.50
2014	802792	35355	767437	405	142	48	764	62.20

注：1、电信业务总量1985-1989年按1980年不变价格计算，1990-2000年的业务总量按1990年不变价格计算，2001年后的业务量按2000年不价格计算，2011年以后按2010年不变价格计算。2002-2004年数据中含铁通、网通业务量。

2、2014年邮政数据由省邮政管理局提供；集邮数据由省邮政公司提供。

Basic Conditions of Postal and Telecommunication Services(1985－2014)

移动电话年末用户(万户) Number of Mobile Telephone Subscribers at Year-end (10 000 subscribers)	固定电话年末用户(万户) Number of Subscribers of Fixed Telephone at Year-end (10 000 subscribers)	城市电话用户 Number of Urban Fixed Telephone Subscribers	城市电话 住宅电话 Household Fixed Telephone Subscribers	乡村电话用户 Rural Fixed Telephone Subscribers	乡村电话 住宅电话 Household Fixed Telephone Subscribers	公用电话(万户) Public Telephone (10 000 subscribers)	邮政局所(处) Number of Postal Offices (unit)	信筒信箱(个) Number of Post Boxes (unit)	邮路总长度(公里) Length of Postal Routes (km)	农村投递线路(公里) Rural Delivery Routes (km)
	2.22	1.50		0.72		0.01				
	2.50	1.66		0.84						
	2.83	1.86		0.97						
	3.15	2.04	0.03	1.10		0.02				
	2.43	2.19	0.10	0.24		0.02				
	2.74	2.49	0.12	0.25		0.02				
	2.91	2.73	0.35	0.17		0.03				
	3.45	3.29	0.57	0.16		0.03				
	4.31	4.13	1.38	0.18	0.02	0.04				
0.16	5.38	5.39	2.31	0.22		0.05				
0.26	9.40	9.12	5.61	0.28	0.08	0.15				
0.65	13.84	13.43	9.18	0.41	0.17	0.24	521	717	22431	11601
1.41	17.57	17.10	12.55	0.47	0.25	0.49	217		21994	
3.53	21.56	20.80	16.03	0.77	0.57	0.61	292	705	20683	12619
6.59	27.55	26.14	20.08	1.41	1.03	0.83	208	663	25488	11596
21.07	36.87	34.35	27.68	2.51	2.13	1.09	201	574	26978	11563
42.10	46.81	42.52	34.72	4.29	3.75	1.33	198	576	28090	12081
77.14	57.92	50.21	38.52	7.67	7.12	1.53	220	598	35351	12737
100.36	76.42	64.91	51.87	11.51	10.94	3.23	210	600	24107	12728
117.73	94.35	77.66	56.91	16.69	15.16	5.60	211	601	24101	13138
121.36	113.50	92.90	65.70	20.60	18.50	6.80	219	571	23721	14278
172.20	126.30	99.50	68.40	25.90	23.70	7.60	233	584	20680	14207
222.00	123.00	96.00	65.00	27.00	25.00	7.60	245	593	24587	12526
247.20	119.40	92.50	62.40	27.00	24.50	7.30	288	457	24508	12740
310.70	109.30	84.10	50.10	25.20	22.20	6.75	185	426	33586	11981
397.80	103.20	80.80	48.80	22.40	19.90	6.19	185	360	43484	10451
461.80	104.20	84.60	50.05	19.60	17.20	5.70	180	349	48841	4987
537.20	102.50	85.60	50.60	16.90	14.50	5.60	183	354	88855	5517
542.40	101.80	86.60	46.10	15.20	12.40	4.68	186	325	64969	5291
543.99	100.15	86.48	46.14	13.67	10.73	4.61	427	322	58428	6770

a)Data in 1985-1989 of business volume of Telecommunication Services were calculated at 1980 prices, that in 1990-2000 were calculated at 1990 constant prices, and since 2001 that were calculated at 2000 constant prices, since 2011 that were calculated at 2010 constant prices. Data in 2002-2004 contained business volume of China Tietong and China Netcom.

b)Postal data in 2014 are from Qinghai Provincial Postal Administration. Stamps for collection data are from Qinghai Post.

16-7 主要年份邮电业务通信水平

Communication Level of Postal and Telecommunication Services in Main Years

指　标	Item	2008	2009	2010	2011	2012	2013	2014
邮政通信水平	**Postal Services Available**							
平均每一邮政局所服务面积 (平方公里)	Average Area Served by Every Postal Office (sq.km)	2420	3767	3767	3860	3818	3756	1691
平均每一邮政局所服务人口 (万人)	Average People Served by Every Postal Office (10 000 persons)	2.26	3.06	3.11	3.24	3.33	3.23	1.37
平均每人每年发函件数 (件)	Annual Average Number of Letters Mail per Capita (piece)	1.03	0.78	1.01	0.93	1.00	1.00	1.00
平均每百人每年订报刊数 (份)	Annual Average Number of Newspaper and Magazine Subscribed per 100 Persons (piece)	8.54	6.51	8.72	8.27	8.17	7.23	8.00
设有邮政局、所的乡(镇)比重	Percentage of Townships with Postal Offices (%)	35.90	28.42	28.42	28.42	27.87	27.52	86.00
已通邮的行政村比重	Percentage of Administrative Village with Posts (%)	65.68	73.75	73.76	73.61	73.65	73.56	92.47
电信通信水平	**Telecommunication Services Available**							
电话普及率(包括移动电话) (部/百人)	Popularization Rate of Telephone (Include Mobile Telephone) (sets/100 persons)	66.50	75.80	89.9	100.6	112.6	112.4	111.5
农村固定电话普及率 (部/百人)	Popularization Rate of Telephone in Rural Area (sets/100 persons)	8.24	7.78	3.98	3.50	5.53	4.10	4.6
移动电话普及率 (部/百人)	Popularization Rate of Mobile Telephone (sets/100 persons)	44.90	56.10	70.7	82.1	94.5	94.6	94.2
每千人拥有公用电话数 (部)	Public Telephone owned Per 1 000 Persons (sets)	13.17	12.12	11.00	10.10	9.8	8.17	8.0
已通电话的行政村比重 (%)	Percentage of Administrative Village with Telephone (%)	100.0	100.0	100.0	100.0	100.0	100.0	100.0

注：2014年邮电数据分别由省邮政管理局、省通信管理局提供。

a)Postal data in 2014 are from Qinghai Provincial Postal Administration.

16-8 各地区邮政行业业务总量基本情况(2014年)

Basic Conditions of Postal Services by Region(2014)

地 区	Region	邮政行业业务总量(万元) Business Volume of Postal Services (10 000 yuan)	国内 Domestic	国际 Internatonal
总计	**Total**	**35355.31**	**35187.37**	**167.95**
西宁市	Xining City	22001.43	21842.95	158.48
海东市	Haidong City	3500.05	3500.03	0.02
海北州	Haibei Zang A.P	1028.50	1027.13	1.37
黄南州	Huangnan Zang A.P	614.19	612.21	1.98
海南州	Hainan Zang A.P	1168.86	1167.81	1.05
果洛州	Golog Zang A.P	629.03	629.02	0.01
玉树州	Yushu Zang A.P	1052.66	1050.67	1.99
海西州	Haixi Mongolian & Zang A.P	5360.60	5357.55	3.05

注：2014年邮政数据由省邮政管理局提供。
a)Postal data in 2014 are from Qinghai Provincial Postal Administration.

16-9 全省公路运输能源消费调查基本情况(2014年)

Basic Conditions of Total Provincial Road Transport Energy Consumption Survey(2014)

指标		Item	营运车辆总数(辆) Total Number of Vehicles Operating (unit)	调查车辆数(辆) Total Number of Vehicles Surveyed (unit)	燃油消费总量(万吨(ston)) Fuel Consumption (10 000 tons)
载客汽车 Passenger Car	汽油 Gasoline	7座(seat)<X≤15座(seat)	1515	43	0.68
		X>15座(seat)	164	20	0.12
	柴油 Diesel Fuel	7座(seat)<X≤15座(seat)	87	27	0.06
		15座(seat)<X≤30座(seat)	609	55	0.71
		X>30座(seat)	1311	63	2.63
载货汽车 Truck	汽油 Gasoline	X≤2吨(ston)	22036	86	4.03
		X>2吨(ston)	4063	48	1.37
	柴油 Diesel Fuel	X≤2吨(ston)	25894	83	8.64
		2吨(ston)<X≤4吨(ston)	4761	82	2.94
		4吨(ston)<X≤8吨(ston)	9962	91	8.46
		8吨(ston)<X≤20吨(ston)	11593	101	14.18
		X>20吨(ston)	8296	79	19.60
汽油车		Gasoline Automobile	27778	197	6.20
柴油车		Diesel Vehicle	62513	581	57.21

注："X"代表载客汽车中的座位和载货汽车中的吨位。
a)"X" stands for seats of passenger car and tonnage of truck.

16–10 各地区电话及互联网用户(2014年)
Telephone and Internet Subscribers by Region

地 区 Region	固定电话用户(户) Number of Fixed Telephone Subscribers (subscribers)	固定电话普及率(部/百人) Popularization Rate of Fixed Telephone (sets/100 persons)	移动电话用户(户) Number of Mobile Telephone Subscribers (subscribers)	移动电话普及率(部/百人) Popularization Rate of Mobile Telephone (sets/100 persons)	互联网宽带接入用户(户) Broadband Subscribers of Internet (subscribers)
总计 Total	**1001527**	**17.33**	**5439887**	**94.15**	**618809**
西宁市 Xining City	650944	28.71	2467734	108.83	401732
海东市 Haidong City	119072	8.32	1041563	72.79	57686
海北州 Haibei Zang A.P	30169	10.90	264938	95.71	20590
黄南州 Huangnan Zang A.P	18293	6.94	211647	80.35	12617
海南州 Hainan Zang A.P	40576	8.93	395927	87.15	25484
果洛州 Golog Zang A.P	13399	7.06	162806	85.78	10316
玉树州 Yushu Zang A.P	13274	3.37	281335	71.44	10880
海西州 Haixi Mongolian & Zang A.P	115800	23.10	613937	122.47	79504

16–11 电信服务水平(2014年)
Telecommunication Services Level(2014)

指 标	Item	数量 Amount	占全省比重% Percentage of Provincial Total (%)
已通电话的行政村	(Number of Administrative Villages with Telephone (unit)	4158	100
已通电话的自然村	(Number of Natural Villages with Telephone (unit)	9375	95.3
3G网络覆盖的(县)市	(Number of Citys and Countys Covered by 3G Network (unit)	46	100
3G网络覆盖的乡(镇)	(Number of Townships and Towns Covered by 3G Network (unit)	366	100
互联网宽带接入普及率	(Popularization Rate of Internet by Broadband (%)	11	
其中：城市互联网宽带接入普及率	Popularization Rate of Internet by Broadband of Urban Area	20.4	
农村互联网宽带接入普及率	Popularization Rate of Internet by Broadband of Rural Area	1.5	
家庭互联网宽带接入普及率	(Popularization Rate of Household Internet by Broadband (%)	26.8	
互联网宽带接入通达的乡(镇)	(Number of Townships and Towns with Access to the Internet by Broadband (unit)	366	100
互联网宽带接入通达的行政村	(Number of Administrative Villages with Access to the Internet by Broadband (unit)	3739	90

注：家庭互联网宽带接入普及率采用户籍统计数。

主要统计指标解释

铁路营业里程　又称营业长度(包括正式营业和临时营业里程),指办理客货运输业务的铁路正线总长度。凡是全线或部分建成双线及以上的线路,以第一线的实际长度计算;复线、站线、段管线、岔线和特殊用途线以及不计算运费的联络线都不计算营业里程。该指标可以反映铁路运输业基础设施的发展水平,也是计算客货周转量、运输密度和机车车辆运用效率等指标的基础资料。

铁路电气化里程　指在全部铁路营业里程中已安装了供电线路及设备,可以供电力机车牵引列车运行的区段的总里程。

公路里程　指在一定时期内实际达到《公路工程技术标准 JTJ01－88》规定的等级公路,并经公路主管部门正式验收交付使用的公路里程数。包括大中城市的郊区公路以及通过小城镇街道部分的公路里程和桥梁、渡口的长度,不包括大中城市的街道、厂矿、林区生产用道和农业生产用道的里程。两条或多条公路共同经由同一路段,只计算一次,不得重复计算里程长度。该指标可以反映公路建设的发展规模,也是计算运输网密度等指标的基础资料。

民用航空航线里程　指统计期间内全部民用航空航线的航线总长度。航线长度指民用航空航线的计费距离。计算航线里程可按重复和不重复两种方法,前者是指各航线长度相加的总和;后者则要扣除各航线之间相同航段重复计算的部分。

输油(气)管道长度　也称输油(气)里程,指油品(或天然气)的实际输送距离,一般按输油(气)管道的单线长度计算。若包括复线和备用线长度则称为输油(气)管道延展长度,是指管道铺设的实际长度。我们通常使用的是不包括复线的"输油(气)管道里程",该指标可以反映管道运输的发展规模和水平。

货(客)运量　指在一定时期内,各种运输工具实际运送的货物(旅客)数量。该指标是反映运输业为国民经济和人民生活服务的数量指标,也是制定和检查运输生产计划、研究运输发展规模和速度的重要指标。货运按吨计算,客运按人计算。货物不论运输距离长短、货物类别,均按实际重量统计。旅客不论行程远近或票价多少,均按一人一次客运量统计;半价票、小孩票也按一人统计。

货(客)运密度　指在一定时期内某种运输方式在营运线路的某一区段平均每公里线路通过的货物(旅客)运输周转量。计算公式为:

$$货(客)运密度=\frac{货物(旅客)周转量}{营业线路长度}$$

该指标可以反映交通运输线路上的货物(旅客)运输量运输繁忙程度,是平衡运输线路运输能力和通过能力,规划线路建设及改造、配备技术设备,研究运输网布局的重要依据。

货物(旅客)周转量　指在一定时期内,由各种运输工具运送的货物(旅客)数量与其相应运输距离的乘积之总和。该指标可以反映运输业生产的总成果,也是编制和检查运输生产计划,计算运输效率、劳动生产率以及核算运输单位成本的主要基础资料。计算货物周转量通常按发出站与到达站之间的最短距离,也就是计费距离计算。计算公式为:

货物(旅客)周转量 = Σ(货物(旅客)运输量 × 运输距离)

民用汽车拥有量　指报告期末,在公安交通管理部门按照《机动车注册登记工作规范》,已注册登记领有民用车辆牌照的全部汽车数量。汽车拥有量统计的主要分类:根据汽车结构分为载客汽车、载货汽车及其他汽车;根据汽车所有者不同分为个人(私人)汽车、单位汽车;根据汽车的使用性质分为营运汽车、非营运汽车;根据汽车大小规格不同载客汽车分为大型、中型、小型和微型,载货汽车分为重型、中型、轻型和微型。

邮电业务总量　指以货币形式表示的邮电企业为社会提供各类邮电服务的总数量,是用于观察邮电业务发展变化总趋势的综合性总量指标。分别按邮政业务总量和电信业务总量统计。邮电业务总量是以各类业务的实物量分别乘以相应的不变单价,得出各类业务的货币量再加总求得。

移动电话用户　指在电信运营企业营业网点办理开户登记手续,通过移动电话交换机进入移动电话网,占用移动电话号码的各类电话用户。包括 GSM 数字移动电话用户、CDMA 数字移动电话用户和电信运营企业发行的报告期末已激活充值的能异地漫游的各种智能卡用户。

互联网上网人数　指平均每周使用互联网至少 1 小时的 6 周岁以上中国公民人数。

固定电话用户　指在电信运营企业营业网点办理开户登记手续并已接入固定电话网上的全部电话用户。包括普通电话用户、公用电话用户、窄带综合业务数字网(N－ISDN)用户、智能网专用接入终端用户等。按行政区划分为城市电话用户和农村电话用户。

城市电话用户　指直辖市、省辖市、地级市、县级市的市区、市郊区及县城范围内接入局用交换机的电话用户。包括分布在农村地区县团级以上建制的独立工矿区、林区、驻军等电话用户。

农村电话用户　指县城关区以下的集镇和农村接入局用交换机的电话用户。

住宅电话用户　指安装在居民住宅或农民家里并按照住宅电话用户登记注册和收费的各类电话用户。包括私人付费、单位付费和按规定免费安装的住宅电话用户。

长途电话交换机容量　指用于接入长途电话网的电话交换机的设备额定容量,包括国际电话交换机容量。

局用交换机容量　指安装在电信运营企业内用于接续本地固定电话的电话交换机容量,有倍增设备按倍增后的数量计数。包括现用和备用的人工或自动交换机的全部容量。不包括用户交换机容量。

移动电话交换机容量　指移动电话交换机根据一定话务模型和交换机处理能力计算出来的最大同时服务用户的数量。

Explanatory Notes on Main Statistical Indicators

Length of Railways in Operation refers to the total length of the trunk line for passenger and freight transportation (including both full operation and temporary operation). The calculation is based on the actual length of the first line if this line has a full or partial double (or more). Not included are double tracks, station sidings, tracks under the charge of stations, branch lines, special - purpose lines and non - payable connecting lines. The length of railways in operation is an important indicator to show the development of the infrastructure of railway transport. It is also essential data to calculate volume of passenger freight transport, traffic density and utilization efficiency of locomotives and carriages.

Length of Electrified Railways refers to the length of the section of railways in operation in which the power supply lines and other equipment are installed for the running of electrified locomotives. The proportion of the length of electrified railways to the total length of railways in operation is an important indicator to show the modernization of railways.

Length of Highways refers to the length of highways which are built in conformity with the grades specified by the highway engineering standard [Highways WTBZ - Technical Standard JTJ01 - 88] formulated by the Ministry of Transport, and have been formally checked and accepted by the departments of highways and put into use. The length of highways includes that of the suburb highways at large and medium - sized cities, highways passing through streets at small cities and towns, and also the length of bridges and ferry piers. It does not include the length of streets in big and medium - sized cities and highways built for the production purpose at factories, mines, forest areas and agricultural areas. If two or more highways go the same section of the way, the length of the section is only calculated for once and no duplication is allowed. The length of highways is an indicator to show the development of the scale of highway construction and to provide essential information to calculate the transport network density.

Length of Civil Aviation Routes refers to the length of all routes for civil aviation flights, which is used to account the freight, during the period of statistics.. There are usually two ways to calculate the route length: duplicated calculation and non - duplicated calculation, the former is the sum of length of all civil aviation routes, and the latter should deduct the duplication length of same route among all routes.

Length of Oil (Gas) Pipelines is used as an indicator to show the development, scale and level of the pipeline transportation. It refers to the actual transport distance of oil (or gas) products, and is in general calculated according to the length of single pipeline. If the length of the double pipelines and alternate pipeline are included, it is called the extension length of the oil (gas) pipelines, which indicates the actual length of the pipelines built. The commonly used indicator, the "length of oil (gas)" pipelines, does not include the double pipelines. It can reflect the extent and level of development of pipeline transport.

Freight (Passenger) Traffic refers to the volume of freight (passenger) transported with various means within a specific period of time. This indicator reflects the service of the transport industry towards the national economy and people's living conditions, as well as an important indicator used in formulating and monitoring transport production plans and research into the scale and pace of transport development. Freight transport is calculated in tons and passenger traffic is calculated in terms of number of persons. Freight transport is calculated in terms of the actual weight of the goods and takes no account of the type of freight and distance of travel. Passenger traffic is calculated by the principle that one person can be counted only once in one trip and takes no account of the travelling distance and ticket price. The passengers who travel with a half price ticket or a child's ticket is also calculated as one person.

Freight (Passenger) Traffic Density refers to the freight (passenger) traffic volume carried by a particular means of transportation during a given period through one kilometre of a specific section of transportation route. The formula is as follows:

$$\text{Freight (Passenger) traffic density} = \frac{\text{freight ton - kilometres (passenger - kilometres)}}{\text{length of route in operation}}$$

Freight (passenger) traffic density reflects how busy freight (passenger) traffic is on transportation routes. It provides an important basis for balancing transport capability and throughput capability, planning construction and upgrading of transport routes, installing technical facilities and studying the distribution of transport networks.

Freight Ton - kilometres (Passenger - kilometres) refers to the sum of the product of the volume of transported cargo (passengers) multiplied by the transport distance. It is an important indicator to reflect the achievement of the transportation industry. This is an important indicator to show the total results of the transport industry; to prepare and examine the transport plan; and to serve as the main basic data for calculating the efficiency, labour productivity and unit cost of transport. Normally, the shortest distance between the departure station and the destination station (i. e. , the payable distance) is the basis in calculating the freight ton - kilometres. The formula is as follows:

$$\text{Freight ton - kilometres (passenger - kilometres)} = \sum \text{freight (passenger) traffic} \times \text{distance of transportation}$$

Possession of Civil Motor Vehicles refer to the total numbers of vehicles that are registered and received vehicles license tags according to the Work Standard for Motor Vehicles Registration formulated by the Transport Management Office under the department of public security at the end of the reference period. They are divided into categories. According to the structure of motor vehicles, they are divided into passenger vehicles, trucks and others; according to ownership into private vehicles and vehicles for the unit's use; according to kind of usage into working vehicles and non - working vehicles; and according to size of vehicles into large passenger vehicles, medium - sized passenger vehicles, small passenger vehicles and mini passenger vehicles, heavy trucks, light - heavy trucks, light trucks and mini - trucks.

Business Volume of Post and Telecommunications refers to the total amount of postal and telecommunication services, expressed in value terms, provided by the post and telecommunications departments for society. This indicator reflects the overall results of development of postal and telecommunication services. It can be classificated as postal services and telecommunication services. Business volume of post and telecommunications is the sum of all services in kind multiplying with the unit price (constant price) to get the total business value.

Mobile Telephone Subscribers refer to persons who have gone through registration procedures in the operation points of enterprises engaged in telecommunications and are hence connected with the mobile telephone communication network through the mobile telephone switchboards and occupy mobile phone numbers. Included are GSM digital mobile phone subscribers, CDMA digital mobile phone subscribers and subscribers to intelligent phone cards with roaming facility issued by telecommunications enterprises and which have been subscribed to and activated at the end of the reference period.

Internet Users refer to the number of Chinese citizens aged 6 and over who use the Internet at least for one hour each week.

Local Telephone Subscribers refer to all subscribers who have gone through registration procedures in the operation points of enterprises engaged in telecommunications and are hence connected to the local telecommunications service provider through fixed line network. Included are general subscribers, public telephones subscribers, N - ISDN subscribers and intelligent network terminal subscribers. They are also classified in terms of administrative districts as urban telephone subscribers and rural telephone subscribers according to location.

Urban Telephone Subscribers refer to the number of telephone subscribers, located at the different administrative districts of municipalities directly under the Central Government, cities under the jurisdiction of province, cities at prefecture level, downtown and suburb of city at county level town and county towns, that are connected to the public line telephone network, including rural mineral area, forest area, military area.

Rural Telephone Subscribers refer to telephone subscribers, located at the towns below the level of county town and villages that are connected to the public line telephone network.

Household Telephone Subscribers refer to telephone sets installed in the dwelling units of urban or rural residents, and registered as residence subscribers for payment, including three types of payment for the service: private payment, public payment and free service in accordance with relevant regulations.

Capacity of Long Distance Telephone Exchanges refers to the rated capacity of telephone exchanges to connect long distance telephone network, including capacity of international telephone exchanges.

Capacity of Office Telephone Exchanges refers to the capacity (measured in gate) of telephone exchanges installed in the offices of telecommunication service providers for communication between fixed telephones. It includes the capacity of both manual and automatic exchanges in use and for stand - by purpose. The capacity of subscriber exchanges is not included.

Capacity of Mobile Telephone Exchanges refers to the capacity of the maximum services provided to subscribers at any one time as computed based on a certain model of calls distribution and transacting capacity of the mobile telephone exchanges.

第 17 篇
CHAPTER 17

国内贸易
Domestic Trade

社会消费品零售总额及增速

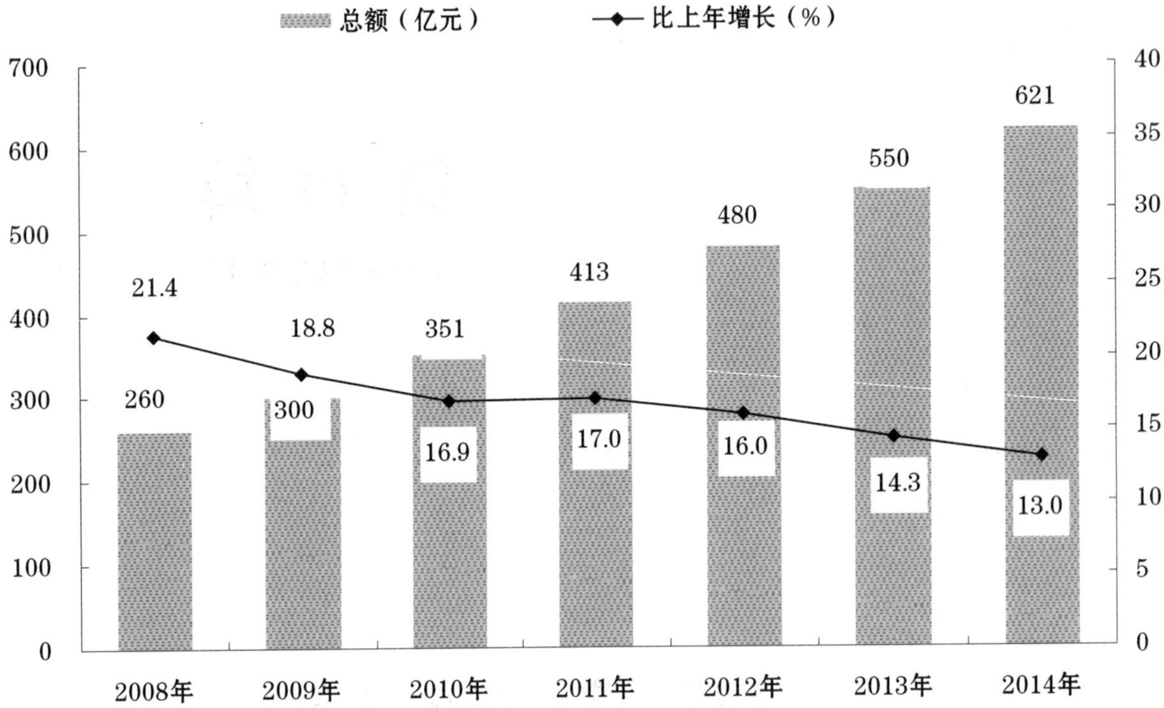

限额以上批发零售、住宿餐饮业基本情况

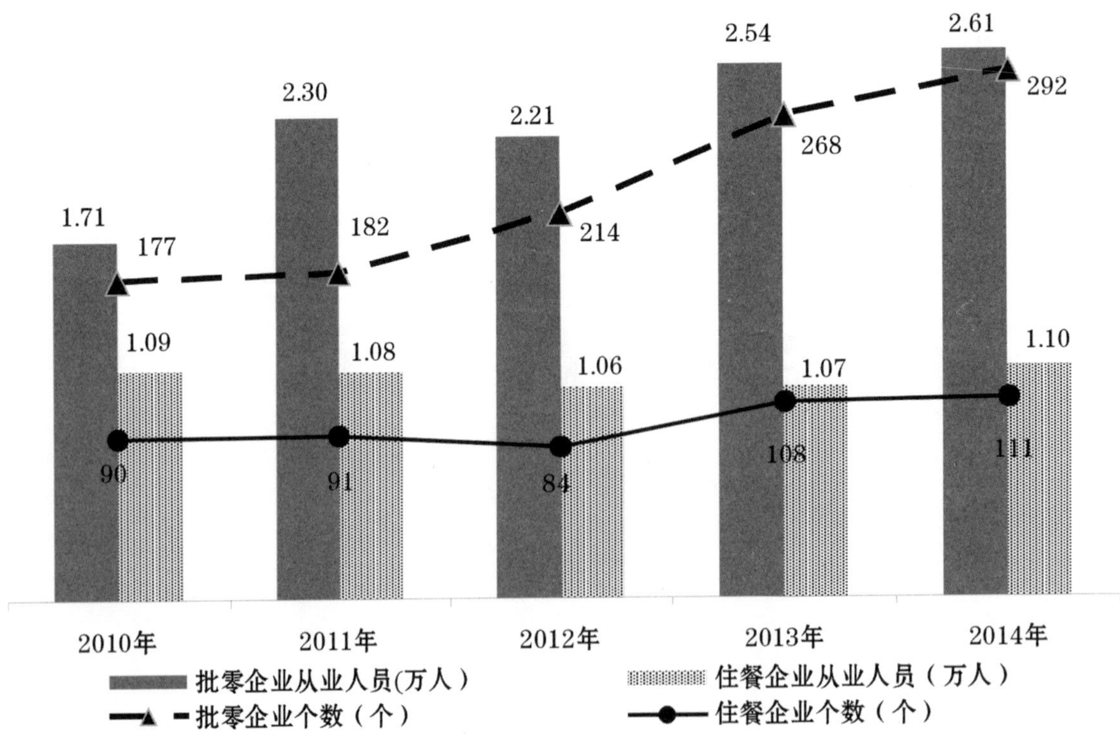

17-1 2009-2014年国内贸易基本情况

Basic Statistics of Domestic Trade(2009-2014)

指 标	Item	2009	2010	2011	2012	2013	2014
法人机构(个)	**Number of Corporation Enterprises (unit)**	**247**	**267**	**273**	**298**	**376**	**403**
批发和零售贸易业	Wholesale and Retail Trades	160	177	182	214	268	292
住宿和餐饮业	Hotels and Catering Services	87	90	91	84	108	111
从业人员 (万人)	**Engaged Persons (10 000 persons)**	**2.82**	**2.80**	**3.38**	**3.27**	**3.61**	**3.72**
批发和零售贸易业	Wholesale and Retail Trades	1.75	1.71	2.30	2.21	2.54	2.61
住宿和餐饮业	Hotels and Catering Services	1.07	1.09	1.08	1.06	1.07	1.10
批发和零售贸易业	**Wholesale and Retail Trades**						
(亿元)	**(100 million yuan)**						
商品购进总额	Total Purchases	191.2	315.1	512.3	963.0	1243.0	1161.1
商品销售总额	Total Sales	244.0	409.9	665.2	1080.8	1329.7	1273.0
商品库存总额	Total Stocks	18.4	40.8	33.6	179.8	205.4	61.2
社会消费品零售总额	**Total Retail Sales of Consumer Goods**						
(亿元)	**(100 million yuan)**	**300.5**	**351.1**	**413.4**	**480.3**	**549.6**	**620.8**
限额以上单位零售额	Retail Sales of Enterprises above Designated Size		131.0	165.3	185.3	225.7	267.4
社会消费品零售总额增速	**Growth of Total Retail Sales of Consumer Goods**	**18.8**	**16.9**	**17.0**	**16.0**	**14.3**	**13.0**

注：1.2010—2012年社会消费品零售总额增加了“其他”零售额，即非批零住餐法人附营的限额以下产业活动单位零售额及非批零住餐法人单位消费品零售额。

2.2010年至2014年社会消费品零售总额数为第三次经济普查修订数

a) The Other Retail Sales have been increased in Total Retail Sales of Consumer Goods in 2010-2012. The Other Retail Sales refer to the retail sales of industrial activity unit below designated size attached to non-wholesale and retail trades, non-hotels and catering services legal person units. It also refer to the retail sales of Consumer Goods of non-wholesale and retail trades, non-hotels and catering services legal person units.

b)Data of Total Retail Sales of Consumer Goods in 2010-2014 have been amended based on the third economic census.

17–2 主要年份社会消费品零售总额

Total Retail Sales of Consumer Goods in Main Years

单位：万元 (10 000 yuan)

年 份 地 区	Year Region	社会消费品零售总额 Total Retail Sales of Consumer Goods	按销售单位所在地分 By Location 城镇 City	 城区 County	 乡村 Under County Level
1986		190154			
1987		213758			
1988		267965			
1989		268978			
1990		287193			
1991		319869			
1992		352897			
1993		490480			
1994		595815			
1995		706331			
1996		763068			
1997		814859			
1998		862361			
1999		917987			
2000		1002576			
2001		1103644			
2002		1233703			
2003		1253967			
2004		1411984			
2005		1615902			
2006		1825969			
2007		2125428			
2008		2597274			
2009		3004652			
2010		3510347			
2011		4133523	3599676	277910	533847
2012		4802502	4201134	330301	601368
2013		5495816	4770290	3522396	725525
2014		6208264	5396764	3877805	811501
西宁市	Xining City	4140886	3804983	3436171	335903
海东市	Haidong City	717966	450286		267680
海北州	Haibei Zang A.P	169539	145714	132716	23825
黄南州	Huangnan Zang A.P	75856	66991		8866
海南州	Hainan Zang A.P	221801	145756	10328	76046
果洛州	Golog Zang A.P	47390	39800		7590
玉树州	Yushu Zang A.P	91215	37465	18472	53750
海西州	Haixi Mongolian &Zang A.P	743611	705769	280118	37842

注：1.2010–2012年社会消费品零售总额增加了“其他”零售额，即非批零住餐法人附营的限额以下产业活动单位零售额及非批零住餐法单位消费品零售额。

2.2010年至2014年社会消费品零售总额数为第三次经济普查修订数。

a) The Other Retail Sales have been increased in Total Retail Sales of Consumer Goods in 2010-2012. The Other Retail Sales refer to the retail sales of industrial activity unit below designated size attached to non-wholesale and retail trades, non-hotels and catering services legal person units. It also refer to the retail sales of Consumer Goods of non-wholesale and retail trades, non-hotels and catering services legal person units.

b)Data of Total Retail Sales of Consumer Goods in 2010-2014 have been amended based on the third economic census.

17-3 限额以上批发零售贸易业基本情况(2014年)

Basic Conditions of Enterprises above Designated Size in Wholesale and Retail Trades(2014)

指标	Item	法人企业数(个) Number of Corporation Enterprises (unit)	从业人员(人) Engaged Persons (person)	销售总额(万元) Total Sales Value (10 000 yuan)	批发 Wholesale Trade	零售 Retail Trade
总计	**Total**	**292**	**26126**	**12730031**	**10175845**	**2554186**
批发业	Wholesale Trade	142	11570	10964073	10001154	962919
按登记注册类型分	**By Status of Registration**					
内资企业	Domestic Funded Enterprises	138	11139	9504993	8635249	869744
国有企业	State-owned Enterprises	14	1733	1280317	1181047	99270
集体企业	Collective-owned Enterprises	1	26	3819	3811	8
股份合作企业	Cooperative Enterprises	1	5	1405	1405	
有限责任公司	Limited Liability Corporations	45	2607	4855194	4651924	203270
国有独资公司	State Sole Funded Corporations	4	330	137864	130485	7379
其他有限责任公司	Other Limited Liability Corporations	41	2277	4717331	4521439	195892
股份有限公司	Share-holding Corporations Ltd.	6	4332	904247	351315	552932
私营企业	Private Enterprises	70	2424	2457651	2443387	14264
私营独资企业	Private-funded Enterprises	1	15	2679	1607	1072
私营有限责任公司	Private Limited Liability Corporations	69	2409	2454972	2441780	13192
其他企业	Other Enterprises	1	12	2360	2360	
港、澳、台商投资企业	Enterprises with Funds from Hong Kong, Macao and Taiwan	3	76	1279590	1279590	
合资经营企业(港或澳、台资)	Joint-venture Enterprises	2	27	1251863	1251863	
港、澳、台商投资股份有限公司	Share-holding Corporations Ltd.	1	49	27727	27727	
外商投资企业	Foreign Funded Enterprises	1	355	179491	86315	93176
外资企业	Enterprises with Sole Fund	1	355	179491	86315	93176
按国民经济行业分组	**Grouped by Sector**					
农、林、牧产品批发	Wholesale of Farming, Forestry, Animal Husbandry and Fishery Product	1	37	2116		2116
食品、饮料及烟草制品批发	Wholesale of Food, Beverages and Tobaccos	20	1873	1235858	1234565	1293
纺织、服装及日用品批发	Wholesale of Textiles, Wearing Apparel and Household Articles	5	167	61059	61059	
文化、体育用品及器材批发	Wholesale of Culture, Sports Appliances and Equipments	1	248	22434	15056	7379
医药及医疗器材批发	Wholesale of Medicines and Medical Appliances	13	837	124739	92670	32069
矿产品、建材及化工产品批发	Wholesale of Mineral Products, Building Materials and Chemical Products	82	7441	8579836	7677917	901920
机械设备、五金交电及电子产品批发	Wholesale of Machinery, Hardware and Electronics	17	863	930995	912851	18143
贸易经纪与代理	Trade Broker and Agency	1	10	1933	1933	
其他批发业	Other Wholesale Trade	2	94	5103	5103	

注：限额以上批发业包括年主营业务收入在2000万元及以上的批发业企业及个体户；限额以上零售业包括年主营业务收入在500万元及以上的零售业企业及个体户。

a) Wholesale trade units above designated size include the wholesale enterprises and self-employed persons which annual revenue from principal business are 20 million yuan and above. Retail trade units above designated size include the retail enterprises and self-employed persons which annual revenue from principal business are 5 million yuan and above.

17−3 续表 Continued

指 标	Item	法人企业数(个) Number of Corporation Enterprises (unit)	从业人员(人) Engaged Persons (person)	销售总额(万元) Total Sales Value (10 000 yuan)	批发 Wholesale Trade	零售 Retail Trade
零售业	**Retail Trade**	**150**	**14556**	**1765957**	**174690**	**1591267**
按登记注册类型分组	**By Status of Registration**					
内资企业	Domestic Funded Enterprises	149	14488	1742707	174690	1568017
国有企业	State-owned Enterprises					
集体企业	Cooperative Enterprises					
股份合作企业	Joint Ownership Enterprises	1	14	608	600	8
有限责任公司	State Joint Ownership Enterprises	62	9795	1180630	112213	1068417
国有独资公司	Limited Liability Corporations	2	309	124346	92159	32187
其他有限责任公司	Other Limited Liability Corporations	60	9486	1056284	20054	1036230
股份有限公司	Share-holding Corporations Ltd.	6	763	116386	12749	103637
私营企业	Private Enterprises	79	3886	444207	49128	395079
私营独资企业	Private-funded Enterprises	1	10	730		730
私营有限责任公司	Private-funded Enterprises	75	3806	438985	47045	391940
私营股份有限公司	Private Partnership Enterprises	3	70	4492	2084	2409
其他企业	Private Limited Liability Corporations	1	30	876		876
港、澳、台商投资企业	Private Share-holding Corporations Ltd.	1	68	23250		23250
港、澳、台商独资经营企业	Other Enterprises	1	68	23250		23250
按国民经济行业分组	**Grouped by Sector**					
综合零售	Integrated Retail	24	5664	477933	7429	470504
食品、饮料及烟草制品专门零	Special Retail of Food, Beverages and Tobaccos	3	194	7533	2999	4534
纺织、服装及日用品专门零售	Special Retail of Textiles, Wearing Apparel and Household Articles	6	926	39993		39993
文化、体育用品及器材专门零售	Special Retail of Culture, Sports Appliances and Equipments	5	315	7201	200	7001
医药及医疗器材专门零售	Special Retail of Medicines and Medical Appliances	13	1354	45943	7193	38750
汽车、摩托车、燃料及零配件专门零售	Special Retail of Motor Vehicles, Motorcycles, Fuel and Parts	80	4989	1045759	142702	903057
五金、家具及室内装修材料专门零售	Special Retail of Hardware, Furniture and Interior Decoration Materials	3	128	10267		10267
货摊、无店铺及其他零售业	Stalls, Non-shop and Other Retails	8	371	41289	13580	27709
家用电器及电子产品专门零售	Special Retail of Household Electric Appliances and Electronic Products	8	615	90040	588	89452

17－4 限额以上批发零售贸易企业商品销售类值(2014年)

Total Sales of Enterprises above Designated Size in Wholesale and Retail Trades by Category of Commodities(2014)

单位：万元 (10 000 yuan)

项 目	Item	批发业 Wholesale		零售业 Retail	
		销售额 Sales Value	零售额 Retail Value	销售额 Sales Value	零售额 Retail Value
合计	**Total**	**10617384**	**989037**	**1653435**	**1494976**
食品、饮料、烟酒类	Food, Beverages, Tobacco and Liquor	830892	2131	187511	181023
服装、鞋帽、针纺织品类	Clothing, Shoes, Hats and Textiles	55020		182197	181609
化妆品类	Cosmetics			29792	29789
金银珠宝类	Gold, Silver and Jewellery			40417	40389
日用品类	Articles for Daily Use	1970	280	56312	55816
五金、电料类	Hardware and Electrical Materials	5921	231	1093	1092
体育、娱乐用品类	Sports and Recreation Articles			2441	2441
书报杂志类	Newspapers and Magazines	21427	5911	1818	1818
电子出版物及音像制品类	E-journals and Video Products	320	91	2972	2972
家用电器和音像器材类	Household Appliances and Video Appliances	26667		107909	107797
中西药品类	Traditional Chinese and Western Medicines	46335	33570	49050	44810
文化办公用品类	Cultural and Offices Appliances			4900	4900
家具类	Furniture			10943	10653
通讯器材类	Communication Appliances	229904		13001	12850
煤炭及制品类	Coal and Related Products	480417	128	16172	16172
木材及制品类	Wood and Wooden Products				
石油及制品类	Petroleum and Related Products	1680601	939021	255660	112313
化工材料及制品类	Chemical Materials and Related Products	155724		61	
金属材料类	Metal Materials	6747799			
建筑及装潢材料类	Building and Decoration Materials	10864			
机电产品及设备类	Mechanical and Electrical Products	272196		334	334
汽车类	Automobiles	15487	1852	666830	665399
种子饲料类	Seeds and Feedstuff	382			
棉麻类	Cotton, Hemp				
其他类	Others	35458	5822	24023	22800

17-5 限额以上批发零售贸易业财务状况(2014年)

单位：万元

指 标	Item	企业个数(个) Number of Enterprises (unit)
总计	**Total**	**292**
批发业	**Wholesale Trade**	**142**
按登记注册类型分组	**By Status of Registration**	
内资企业	Domestic Funded Enterprises	138
国有企业	State-owned Enterprises	14
集体企业	Collective-owned Enterprises	1
股份合作企业	Cooperative Enterprises	1
有限责任公司	Limited Liability Corporations	45
国有独资公司	State Sole Funded Corporations	4
其他有限责任公司	Other Limited Liability Corporations	41
股份有限公司	Share-holding Corporations Ltd.	6
私营企业	Private Enterprises	70
私营独资企业	Private-funded Enterprises	1
私营有限责任公司	Private Limited Liability Corporations	69
其他企业	Other Enterprises	1
港、澳、台商投资企业	Enterprises with Funds from Hong Kong, Macao and Taiwan	3
合资经营企业(港或澳、台资)	Joint-venture Enterprises	2
港、澳、台商投资股份有限公司	Share-holding Corporations Ltd.	1
外商投资企业	Foreign Funded Enterprises	1
外资企业	Enterprises with Sole Fund	1
按国民经济行业分组	**Grouped by Sector**	
农、林、牧产品批发	Wholesale of Farming,Forestry,Animal Husbandry and Fishery Product	1
食品、饮料及烟草制品批发	Wholesale Trade of Food, Beverages and Tobaccos	20
纺织、服装及家庭用品批发	Wholesale Trade of Textiles, Garments and Daily Consumer Articles	5
文化、体育用品及器材批发	Wholesale Trade of Culture, Sports Appliances and Equipments	1
医药及医疗器材批发	Wholesale Trade of Medicines and Medical Appliances	13
矿产品、建材及化工产品批发	Wholesale Trade of Mineral Products, Building Materials and Chemical Products	82
机械设备、五金交电及电子产品批发	Wholesale Trade of Mechanical Equipment, Hardware and Electronic Products	17
贸易经纪与代理	Trade Broker and Agency	1
其他批发业	Other Wholesale Trade	2

Main Financial Indicators of Enterprises above Designated Size in Wholesale and Retail Trades(2014)

(10 000 yuan)

流动资产合计 Working Capitals	固定资产合计 Total Fixed Assets	累计折旧 Accumulated Depreciation	资产总计 Total Assets	负债合计 Total Liabilities	实收资本 Paid-in Capitals	主营业务收入 Revenue from Principal Business
3685532	**581448**	**224911**	**5389739**	**3810847**	**742059**	**13380398**
3055726	**356636**	**154134**	**4435480**	**3096134**	**616336**	**11729615**
2504782	330776	135880	3470383	2342127	368549	10292486
315473	33309	27080	500198	196775	17737	1135871
2531	1294	254	3855	2228	1070	3819
1118	3	4	1322	1109	201	1354
1038725	60868	22086	1302101	878166	206057	4908798
39894	5739	4990	48607	33841	6070	129631
998831	55129	17096	1253494	844325	199988	4779167
259732	203033	76558	515919	316575	4816	1672402
882193	32246	9845	1141955	942189	138357	2568219
305	230		535	230	305	2679
881888	32016	9845	1141420	941959	138052	2565540
5011	24	53	5034	5085	310	2022
490154	396	48	866951	653207	241200	1278529
488951	396	48	865748	652127	241200	1251863
1203			1203	1080		26667
60790	25465	18207	98146	100800	6587	158600
60790	25465	18207	98146	100800	6587	158600
12979	481	23	13615	10413	3500	2116
350781	26995	22379	407565	51872	29818	1249451
25899	885	475	26843	19225	6550	60674
23848	5131	4669	30836	23634	3070	22434
107343	2261	1652	112422	85306	21465	107133
2308002	312165	120151	3576093	2697871	503413	9280055
222296	6070	3960	259111	203403	44760	1000746
644	1	3	646	221	500	1933
3934	2647	823	8350	4190	3260	5074

17-5 续表 1

单位：万元

指　标	Item	主营业务成　本 Cost of Principal Business
总计	**Total**	**12743661**
批发业	Wholesale Trade	11265657
按登记注册类型分组	**By Status of Registration**	
内资企业	Domestic Funded Enterprises	9838845
国有企业	State-owned Enterprises	992610
集体企业	Collective-owned Enterprises	3434
股份合作企业	Cooperative Enterprises	1290
有限责任公司	Limited Liability Corporations	4795559
国有独资公司	State Sole Funded Corporations	120512
其他有限责任公司	Other Limited Liability Corporations	4675047
股份有限公司	Share-holding Corporations Ltd.	1582917
私营企业	Private Enterprises	2461002
私营独资企业	Private-funded Enterprises	2505
私营有限责任公司	Private Limited Liability Corporations	2458497
其他企业	Other Enterprises	2035
港、澳、台商投资企业	Enterprises with Funds from Hong Kong, Macao and Taiwan	1255457
合资经营企业(港或澳、台资)	Joint-venture Enterprises	1230805
港、澳、台商投资股份有限公司	Share-holding Corporations Ltd.	24652
外商投资企业	Foreign Funded Enterprises	171356
外资企业	Enterprises with Sole Fund	171356
按国民经济行业分组	**Grouped by Sector**	
农、林、牧产品批发	Wholesale of Farming,Forestry,Animal Husbandry and Fishery Product	2076
食品、饮料及烟草制品批发	Wholesale Trade of Food, Beverages and Tobaccos	1097441
纺织、服装及家庭用品批发	Wholesale Trade of Textiles, Garments and Daily Consumer Articles	58108
文化、体育用品及器材批发	Wholesale Trade of Culture, Sports Appliances and Equipments	15343
医药及医疗器材批发	Wholesale Trade of Medicines and Medical Appliances	99246
矿产品、建材及化工产品批发	Wholesale Trade of Mineral Products, Building Materials and Chemical Products	9021762
机械设备、五金交电及电子产品批发	Wholesale Trade of Mechanical Equipment, Hardware and Electronic Products	965520
贸易经纪与代理	Trade Broker and Agency	1863
其他批发业	Other Wholesale Trade	4299

continued

(10 000 yuan)

销售费用 Selling Expenses	管理费用 Management Expenses	财务费用 Financial Expenses	营业利润 Business Profit	利润总额 Total Profits	应交所得税 Income Tax Payable
249324	**147603**	**55215**	**218690**	**195646**	**37723**
159623	93316	37691	194077	170925	28823
129374	90628	21372	214457	191282	28823
12547	32857	-9282	87243	84012	18589
200	231	58	-107	27	6
34	4	24	3	3	1
37471	19792	13127	54545	34278	6463
4959	4038	312	502	2105	340
32512	15754	12816	54043	32172	6123
55330	22142	2489	10794	8760	126
23646	15489	14956	62252	64477	3639
	51		115	115	
23646	15438	14956	62137	64362	3639
147	114		-274	-274	
28725	1251	16319	-7703	-7661	
28410	1059	16319	-9153	-9127	
315	192		1449	1466	
1525	1437		-12678	-12697	
1525	1437		-12678	-12697	
108	242	-10		-299	
11302	33365	-9290	94883	93169	19070
626	551	95	1255	1467	6
4462	3539	-95	378	708	97
3924	2892	287	3439	3627	604
132391	46861	40942	75775	53008	8764
5989	5445	5740	18796	19606	283
36	109	0	-73	-43	1
786	313	22	-377	-318	

17-5 续表 2

单位：万元

指 标	Item	企业个数（个）Number of Enterprises (unit)	流动资产合计 Working Capitals
零售业	**Retail Trade**	**150**	**629806**
按登记注册类型分组	**By Status of Registration**		
内资企业	Domestic Funded Enterprises	149	624495
集体企业	State-owned Enterprises		
股份合作企业	Cooperative Enterprises	1	890
有限责任公司	Limited Liability Corporations	62	418030
国有独资公司	State Sole Funded Corporations	2	-13013
其他有限责任公司	Other Limited Liability Corporations	60	431043
股份有限公司	Share-holding Corporations Ltd.	6	17489
私营企业	Private Enterprises	79	187447
私营独资企业	Private-funded Enterprises	1	134
私营有限责任公司	Private-funded Enterprises	75	183742
私营股份有限公司	Private Limited Liability Corporations	3	3571
其他企业	Other Enterprises	1	640
港、澳、台商投资企业	Enterprises with Funds from Hong Kong, Macao and Taiwan	1	5311
港、澳、台商独资经营企业	Enterprises with Sole Fund	1	5311
按国民经济行业分组	**Grouped by Sector**		
综合零售	Integrated Retail	24	116943
食品、饮料及烟草制品专门零售	Special Retail of Food, Beverages and Tobaccos	3	9549
纺织、服装及日用品专门零售	Special Retail of Textiles, Wearing Apparel and Household Articles	6	22549
文化、体育用品及器材专门零售	Special Retail of Culture, Sports Appliances and Equipments	5	7876
医药及医疗器材专门零售	Special Retail of Medicines and Medical Appliances	13	82045
汽车、摩托车、燃料及零配件专门零售	Special Retail of Motor Vehicles, Motorcycles, Fuel and Parts	80	318993
五金、家具及室内装修材料专门零售	Special Retail of Hardware, Furniture and Interior Decoration Materials	3	2489
货摊、无店铺及其他零售业	Stalls, Non-shop and Other Retails	8	42390
家用电器及电子产品专门零售	Special Retail of Household Electric Appliances and Electronic Products	8	26973

Continued

(10 000 yuan)

固定资产合计 Total Fixed Assets	累计折旧 Accumulated Depreciation	资产总计 Total Assets	负债合计 Total Liabilities	实收资本 Paid-in Capitals	主营业务收入 Revenue from Principal Business
224812	**70777**	**954259**	**714712**	**125723**	**1650783**
222312	69818	946032	711065	123623	1627533
4	56	894	806	50	656
175890	52066	659713	496211	65306	1081598
8069	5896	-39	-789	56	114540
167821	46170	659752	497000	65249	967058
19848	6517	44006	38660	7871	112473
26558	11165	240544	175321	50259	431498
89	27	239	129	151	730
26327	11062	235358	170956	48878	426237
141	77	4947	4236	1230	4532
11	15	874	68	137	1309
2500	959	8227	3647	2100	23250
2500	959	8227	3647	2100	23250
133379	27231	282524	216590	27292	376241
3249	1662	14439	6311	900	6925
5078	2684	30798	35266	8356	34513
2576	3860	11315	7497	1856	7648
4425	1689	87772	77969	10852	46198
53655	26997	417115	321576	63190	1039676
2198	1861	7501	5702	1550	3453
17069	3922	71043	32084	5573	50454
3182.7	872.3	31753.9	11717.4	6154	85676.5

17-5 续表 3

单位：万元

指　标	Item	主营业务成　本 Cost of Principal Business	销售费用 Selling Expenses
零售业	**Retail Trade**	**1478004**	**89701**
按登记注册类型分组	**By Status of Registration**		
内资企业	Domestic Funded Enterprises	1458179	88299
集体企业	State-owned Enterprises		
股份合作企业	Cooperative Enterprises	583	
有限责任公司	Limited Liability Corporations	956998	65221
国有独资公司	State Sole Funded Corporations	109383	3341
其他有限责任公司	Other Limited Liability Corporations	847615	61880
股份有限公司	Share-holding Corporations Ltd.	102621	2703
私营企业	Private Enterprises	396920	20244
私营独资企业	Private-funded Enterprises	693	
私营有限责任公司	Private-funded Enterprises	392025	19951
私营股份有限公司	Private Limited Liability Corporations	4202	293
其他企业	Other Enterprises	1058	131
港、澳、台商投资企业	Enterprises with Funds from Hong Kong, Macao and Taiwan	19825	1402
港、澳、台商独资经营企业	Enterprises with Sole Fund	19825	1402
按国民经济行业分组	**Grouped by Sector**		
综合零售	Integrated Retail	317638	38326
食品、饮料及烟草制品专门零售	Special Retail of Food, Beverages and Tobaccos	5908	172
纺织、服装及日用品专门零售	Special Retail of Textiles, Wearing Apparel and Household Articles	29105	4229
文化、体育用品及器材专门零售	Special Retail of Culture, Sports Appliances and Equipments	5958	776
医药及医疗器材专门零售	Special Retail of Medicines and Medical Appliances	38928	3888
汽车、摩托车、燃料及零配件专门零售	Special Retail of Motor Vehicles, Motorcycles, Fuel and Parts	964857	29015
五金、家具及室内装修材料专门零售	Special Retail of Hardware, Furniture and Interior Decoration Materials	1460	3921
货摊、无店铺及其他零售业	Stalls, Non-shop and Other Retails	41077	2516
家用电器及电子产品专门零售	Special Retail of Household Electric Appliances and Electronic Products	73073	6859

continued

(10 000 yuan)

管理费用 Management Expenses	财务费用 Financial Expenses	营业利润 Business Profit	利润总额 Total Profits	应交所得税 Income Tax Payable
54287	**17523**	**24614**	**24721**	**8900**
53806	17444	22970	23130	8495
70		0	0	
37029	12686	18034	19652	7456
761	143	1220	928	14
36268	12543	16814	18724	7442
4587	1035	2231	1734	27
12074	3723	2635	1680	1011
34	0.1	2.7	3	
11837	3696	2828	1867	1011
203	27	-196	-189	
45	0	69	64	1
481	79	1644	1591	405
481	79	1644	1591	405
17730	7376	3698	5800	3557
376	58	365	364	6
3661	841	-3173	-3503	21
916	127	137	-10	17
2705	841	-329	-1505	31
20739	8103	17550	17659	3434
2280	-5	-362	-343	12
2841	-97	4098.6	3557.9	787.3
3039	279.6	2628.7	2700.7	1033.7

17-6 2013-2014年限额以上住宿餐饮业基本情况

Basic Conditions of Hotels and Catering Services Enterprises above Designated Size (2013-2014)

项　目	Item	法人企业数(个) Number of Corporation Enterprises (unit)		营业总收入(万元) Total Business Income (10 000 yuan)	
		2013	2014	2013	2014
总计	**Total**	**108**	**111**	**119347**	**117109**
住宿业	**Hotels**	**71**	**71**	**81864**	**79590**
按登记注册类型分组	**By Status of Registration**				
内资企业	Domestic Funded Enterprises	69	69	76431	74022
国有企业	State-owned Enterprises	13	13	16171	13914
集体企业	Collective-owned Enterprises	4	4	3377	1045
股份合作企业	Cooperative Enterprises	1		10800	
有限责任公司	Limited Liability Corporations	18	18	17468	20694
其他有限责任公司	Other Limited Liability Corporations	18	18	17468	20694
股份有限公司			1		9422
私营企业	Private Enterprises	31	31	27985	28417
私营独资企业	Private-funded Enterprises	5	4	1929	1632
私营有限责任公司	Private Limited Liability Corporations	21	24	24034	25254
私营股份有限公司	Private Share-holding Corporations Ltd.	5	3	2021	1531
其他企业	Other Enterprises	2	2	630	530
外商投资企业	Enterprises With Foreign Investment	2	2	5433	5568
中外合资经营企业	Joint-venture Enterprises	1	1	1088	1571
外资企业	Enterprises with Sole Fund	1	1	4345	3997
按国民经济行业分组	**Grouped by Sector**				
旅游饭店	Tourist Hotel	61	60	76599	74208
一般旅馆	Ordinary Hotel	8	8	4499	4097
其他住宿服务	Other Accommodation Services	2	3	766	1285
餐饮业	**Catering Services**	**37**	**40**	**37482**	**37519**
按登记注册类型分组	**By Status of Registration**				
内资企业	Domestic Funded Enterprises	37	40	37482	37519
有限责任公司	Limited Liability Corporations	5	4	6242	5016
其他有限责任公司	Other Limited Liability Corporations	5	4	6242	5016
股份有限公司	Share-holding Corporations Ltd.	4	5	5280	4715
私营企业	Private Enterprises	28	31	25960	27788
私营独资企业	Private-funded Enterprises	4	4	1988	1491
私营有限责任公司	Private Limited Liability Corporations	22	25	22395	24538
私营股份有限公司	Private Share-holding Corporations Ltd.	2	2	1577	1759
其他企业	Other Enterprises				
港澳台商投资企业	Hong Kong, Macao and Taiwan-invested Enterprises				
与港澳台商合资经营企业	Joint-venture Enterprises				
外商投资企业	Enterprises with Foreign Investment				
外商投资股份有限公司	Share-holding Corporations Ltd.				
按国民经济行业分组	**Grouped by Sector**				
正餐服务	Dinner	37	40	37482	37519
快餐服务	Fast Food				

注：限额以上住宿、餐饮业包括年主营业务收入在200万元及以上的住宿、餐饮业企业及个体户。

a)Hotels and catering services enterprises above designated size include hotels, catering enterprises and self-employed whose main business income is at 2 million yuan and above.business are 20 million yuan and above. Retail trade units above designated size include the retail enterprises and self-employed persons which annual revenue from principal business are 5 million yuan and above.

17-7 城乡个体工商业基本情况(2014年)

Basic Statistics of Individual Industry and Commerce in Urban and Rural Areas(2014)

项 目	Item	户 数(个) Number of Stores (unit)	城镇 Urban	从业人员(人) Engaged Persons (person)	城镇 Urban	资金数额(万元) Amount of Funds (10 000 yuan)	城镇 Urban
合计	**Total**	**192323**	**155554**	**445528**	**401167**	**1115163**	**925287**
农林牧渔业	Agriculture, Forestry, Animal Husbandry and Fishery	3214	939	10260	2680	91737	34593
采矿业	Mining	120	61	648	301	4151	2435
制造业	Manufacturing	10393	7607	23745	18730	63755	46539
电力、燃气及水的生产和供应业	Production and Supply of Electricity, Gas and Water	27	21	58	48	1226	1157
建筑业	Construction	325	297	905	816	3150	2972
交通运输、仓储和邮政业	Transport, Storage and Post	1632	1580	2149	2062	10358	10064
信息传输、计算机服务和软件业	Information Transmission, Computer Services and Software	586	452	1053	908	1988	1647
批发和零售业	Wholesale and Retail Trades	121179	100329	214828	194670	541633	465713
住宿和餐饮业	Hotels and Catering Services	27406	22519	139186	133673	275507	249390
房地产业	Real Estate	33	32	65	64	365	275
租赁和商务服务业	Leasing and Business Services	1121	1008	2213	2097	9396	8759
科学研究、技术服务和地质勘查业	Scientific Research, Technical Service and Geologic Prospecting	280	230	458	452	1013	1004
水利、环境和公共设施管理业	Management of Water Conservancy, Environment and Public Facilities	261	10	269	18	82	37
居民服务和其他服务业	Services to Households and Other Services	20196	16550	39507	36273	80288	72259
教育	Education	23	22	99	91	723	713
卫生、社会保障和社会福利业	Health, Social Security and Social Welfare	850	705	1748	1506	7011	6442
文化、体育和娱乐业	Culture, Sports and Entertainment	1781	1311	3505	3243	16851	16367
其他行业	Others	2896	1881	4832	3535	5927	4921

注：本表数据来源于省工商行政管理局。

a)Data in this table are from Qinghai Province Administration for Industry.

17–8 城乡私营企业基本情况(2014年)

Basic Statistics of Private Enterprises in Urban and Rural Areas(2014)

单位：个、万元 (unit, 10 000 yuan)

项 目	Item	合计 Total		#城镇 Urban		#独资 Sole Funded	
		单位数 Number of Enterprises	注册资金 Registered Capital	单位数 Number of Enterprises	注册资金 Registered Capital	单位数 Number of Enterprises	注册资金 Registered Capital
合计	**Total**	**35088**	**21185275**	**22709**	**13400381**	**3994**	**386042**
农林牧渔业	Agriculture, Forestry, Animal Husbandry and Fishery	3428	1398796	1243	647192	1496	151570
采矿业	Mining	614	801373	322	436231	158	16503
制造业	Manufacturing	3336	3309260	1810	2011696	686	58686
建筑业	Construction	3506	1982556	2702	1137024	43	2176
交通运输、仓储和邮政业	Transport, Storage and Post	768	260744	532	183840	26	627
信息传输、计算机服务和软件业	Information Transmission, Computer Services and Software	1115	197231	733	145174	322	10436
批发和零售业	Wholesale and Retail Trades	11758	5287451	8120	3406119	440	50777
住宿和餐饮业	Hotels and Catering Services	858	263970	560	150966	214	31299
金融业	Financial Intermediation	173	700913	131	546959		
房地产业	Real Estate	1393	1939849	874	895757	5	27
租赁和商务服务业	Leasing and Business Services	3685	2608201	2840	2076455	88	10913
电力、热力、燃气的生产和供应业	Production and Supply of Electriaty, Heat and Gas	406	1058365	188	850375	37	9065
科学研究、技术服务和地质勘查业	Scientific Research, Technical Service and Geologic Prospecting	1145	815127	905	601420.14	9	583
水利环境和公共设施管理业	Management of Water Conservancy, Environment and Public Facilities	311	108056	231	62994		
居民服务和其他服务业	Services to Households and Other Services	1804	228181	1107	128740	251	14344
教育	Education	40	5550	31	3627	23	2645
卫生、社会保障和社会福利业	Health, Social Security and Social Welfare	98	32411	56	19546	44	8848
文化、体育和娱乐业	Culture, Sports and Entertainment	396	121205	273	86300	123	6265
其他行业	Others	254	66037	51	9966	29	11278

注：本表数据来源于省工商行政管理局。
a)Data in this table are from Qinghai Province Administration for Industry.

17-9　零售业连锁经营情况综合表(2014年)

Statistics on Chain Business of Retail Trade(2014)

单位：个、人、万元　　(unit，person，10 000 yuan)

指标	Item	连锁总店数 Number of General Chain Stores	门店数 Number of Branch Stores	年末从业人员数 Engaged Persons	连锁门店商品购进总额 Total Purchases Value of Branch Stores	统一配送商品购进额 Centralized Purchase and Delivery	连锁门店商品销售额 Sales of Commodities of Branch Stores
总计	**Total**	**10**	**141**	**6294**	**202780**	**129065**	**252854**
按登记注册类型分组	**By Status of Registration**						
内资企业	Domestic Funded Enterprises	**10**	**141**	**6294**	**202780**	**129065**	**252854**
有限责任公司	Limited Liability Corporations	9	133	5884	198842	129065	242988
其他有限责任公司	Other Limited Liability Corporations	9	133	5884	198842	129065	242988
私营企业	Private Enterprises	1	8	410	3938		9866
私营有限责任公司	Private Limited Liability Corporations	1	8	410	3938		9866
按行业分	**By Sector**	**10**	**141**	**6294**	**202780**	**129065**	**252854**
批发业	**Wholesale Trade**	**1**	**22**	**526**	**24503**	**7105**	**24327**
食品、饮料及烟草制品批发	Wholesale of Food, Beverages and Tobaccos	1	22	526	24503	7105	24327
零售业	**Retail Trade**	**9**	**119**	**5768**	**178277**	**121960**	**228527**
综合零售	Integrated Retail	4	72	4360	120631	68252	165865
纺织、服装及日用品专门零售	Special Retail of Textiles, Garments and Daily Consumer Articles	2	13	591	34509	30571	
医药及医疗器材	Special Retail of Medicines and	3	34	817	23137	23137	25004
按批发零售连锁业态分组	**By Wholesale and Retail Trade Business Categories**						
超市	Supermarkets	1	61	935	22334		30892
大型超市	Large Supermarkets	2	8	1235	49874	19829	74869
百货商店	Department Stores	1	3	2190	48423	48423	60104
专业店	Specialty Stores	5	47	1408	57646	53707	62662
其他	Others	1	22	526	24503	7106	24327

17–10 商品交易市场情况(2014年)

Statistics on Commodity Exchange Markets(2014)

单位：个、平方米、万元 (unit，sq.m，10 000 yuan)

指标	Item	市场数 Number of Markets	总摊位数 Number of Booths	营业面积 Operating Area	成交额 Turnover
总计	**Total**	**8**	**4731**	**278368**	**273118**
按市场类别分组	**By Markets Category**				
专业市场	Special Markets	8	4731	278368	273118
农产品市场	Farm Produce Markets	2	566	133203	50394
粮油市场	Grain and Oil Markets				
蔬菜市场	Vegetables Markets	1	210	17000	19371
其他农产品市场	Others	1	356	116203	31023
食品、饮料及烟酒市场	Food, Beverages, Tobacco and Liquor Markets				
食品饮料市场	Food and Beverages Markets				
纺织、服装、鞋帽市场	Textiles, Clothing, Shoes and Hats Markets	3	3481	124000	119891
服装市场	Clothing Markets	1	374	19000	12550
其他纺织服装鞋帽市场	Others	2	3107	105000	107341
医药、医疗用品及器材市场	Medicine, Medical Materials and Medical Instruments Markets	1	50	8000	40000
中药材市场	Chinese Medicine Markets	1	50	8000	40000
家具、五金及装饰材料市场	Furniture, Hardware and Decoration Materials Markets	1	612	12165	32562
装饰材料市场	Decoration Materials Markets				
其他装修市场	Others	1	612	12165	32562
生产资料市场	Means of Production Markets	1	22	1000	30271
金属材料生产	Production of Metal Materials	1	22	1000	30271
按营业状态分组	**By Operating Status**				
常年营业	Perennial Operation	8	4731	278368	273118
按经营方式分组	**By Operation Mode**				
以批发为主	Wholesale as the Main Mode	4	3188	234203	160665
以零售为主	Retail as the Main Mode	4	1543	44165	112453
按经营环境分组	**By Business Environment**				
露天式	Open Air	3	752	136203	73844
封闭式	Closed	5	3979	142165	199274
其他	Others				

主要统计指标解释

社会消费品零售总额 指国民经济各行业直接售给城乡居民和社会集团的消费品总额。它是反映各行业通过多种商品流通渠道向居民和社会集团供应的生活消费品总量，是研究国内零售市场变动情况、反映经济景气程度的重要指标。

社会消费品零售总额包括：⑴售给城乡居民作为生活用的商品和修建房屋用的建筑材料；⑵售给社会集团的各种办公用品和公用消费品；⑶售给机关、团体、学校、部队、企业、事业单位的职工食堂和旅店（招待所）附设专门供本店旅客食用，不对外营业的食堂的各种食品、燃料；企业、单位和国营农场直接售给本单位职工和职工食堂的自己生产的产品；⑷售给部队干部、战士生活用的粮食、副食品、衣着品、日用品、燃料；⑸售给来华的外国人、华侨、港澳台同胞的消费品；⑹居民自费购买的中、西药品、中药材及医疗用品；⑺报社、出版社直接售给居民和社会集团的报纸、图书、杂志，集邮公司出售的新、旧纪念邮票、特种邮票、首日封、集邮册、集邮工具等；⑻旧货寄售商店自购、自销部分的商品；⑼煤气公司、液化石油气站售给居民和社会集团的煤气灶具和罐装液化石油气；⑽农民售给非农业居民和社会集团的商品。不包括售给国民经济各部门企业、事业单位（包括国有经济的农场）生产经营用的各种原材料、燃料、设备、工具等和售给批发零售贸易业、餐饮业作为转卖用的商品，旧货寄售商店受托寄售卖出的商品，服务业的营业收入，邮局出售邮票的收入，自来水、电力、煤气生产（供应）单位的产品供应收入，也不包括农民之间的商品销售。

批发零售贸易业商品购、销、存总额 指各种登记注册类型的批发、零售贸易业（不包括个体）企业（单位）以本企业（单位）为总体的商品购进、销售、库存总额。

商品购进总额 指从本企业（单位）以外的单位和个人购进（包括从境外直接进口）作为转卖或加工后转卖的商品总额。它反映批发零售贸易业从国内、国外市场上购进商品的总量。商品购进总额包括：⑴从工农业生产者购进的商品；⑵从出版社、报社的出版发行部门购进的图书、杂志和报纸；⑶从各种登记注册类型的批发零售贸易企业（单位）购进的商品；⑷从其他单位购进的商品，如从机关、团体、企业等单位购进的剩余物资，从餐饮业、服务业购进的商品，从海关、市场管理部门购进的缉私和没收的商品，从居民手中收购的废旧商品等；⑸从国（境）外直接进口的商品。不包括企业（单位）为自身经营用和未通过买卖行为而收入的商品以及销售退回、商品升溢等。

商品销售总额 指对本企业（单位）以外的单位和个人出售（包括对境外直接出口）的商品总额（含增值税）。它反映批发零售贸易业在国内市场上销售商品以及出口商品的总量。商品销售总额包括：⑴售给城乡居民和社会集团消费用的商品；⑵售给工业、农业、建筑业、运输邮电业、批发零售贸易业、餐饮业、服务业等作为生产、经营使用的商品；⑶售给批发零售贸易业作为转卖或加工后转卖的商品；⑷对国（境）外直接出口的商品。不包括出售本企业（单位）自用的废旧包装用品；未通过买卖行为付出的商品；经本单位介绍，由买卖双方直接结算，本单位只收取手续费的业务；购货退出的商品以及商品损耗和损失等。

批发零售贸易业库存 指报告期末各种登记注册类型的批发零售贸易企业（单位）已取得所有权的商品。它反映批发零售贸易企业（单位）的商品库存情况和对市场商品供应的保证程度。期末库存包括：⑴存放在批发零售贸易业经营单位（如门市部、批发站、经营处）仓库、货场、货柜和货架中的商品；⑵挑选、整理、包装中的商品；⑶已记入购进而尚未运到本单位的商品，即发货单或银行承兑凭证已到而货未到的部分；⑷寄放他处的商品，如因购货方拒绝承付而暂时存放在购货方的商品和已办完加工成品收回手续而未提回的商品；⑸委托其他单位代销（未作销售或调出）尚未售出的商品；⑹代其他单位购进尚未交付的商品。不包括所有权不属于本单位的商品、拨付除批发零售贸易业以外的其他行业所属独立核算加工厂等加工生产尚未收回成品的商品、代国家物资储备部门保管的商品等。

住宿和餐饮业营业额 指住宿和餐饮业法人企业（单位）在经营活动中因提供服务或销售商品等取得的收入。包括：客房收入、餐费收入、商品销售额和其他收入。客房收入指住宿和餐饮业法人企业（单位）在经营活动中因提供住宿服务取得的收入。餐费收入指住宿和餐饮业法人企业、（单位）因为顾客提供就餐服务取得的收入，包括经烹饪、调制加工后出售的各种食品，如主食、炒菜、凉拌菜等的收入。商品销售额指住宿和餐饮业法人企业（单位）伴随服务而出售商品所取得的收入（含增值税）。其他收入指营业收入中除客房收入、餐费收入、商品销售额以外的其他收入，包括娱乐、健身和商务服务等。

Explanatory Notes on Main Statistical Indicators

Total Retail Sales of Consumer Goods refer to the sum of retail sales of commodities sold by Various industries of national economy to urban and rural households for household consumption and to social institutions for public consumption. It is a reflection of the industry through a variety of channels for commodity circulation to the residents and social group for the supply of consumer goods total, and it also is an important index for research of domestic retail market changes and reflecting the degree of economic boom.

Total retail sales of consumer goods include:

a) Sales sold to urban and rural residents as a commodity and the construction of housing construction materials.

b) Various office supplies and consumer goods sold to the social group;

c) Food, fuel sold to staff canteens of Organs, organizations, schools, military units, enterprises and institutions and canteen nearby hotels (Hospitality) specifically for the shop passenger edible and non - open to the public; products producing by enterprises, units and state farms sold directly to their employees and staff canteen own.

d) Food, non - staple food, clothing, daily necessities, fuel sold to military personnel, soldiers for living;

e) Consumer goods sold to foreigners, overseas Chinese, Hong Kong, Macao and Taiwan compatriots in China;

f) Chinese and Western medicine, Chinese herbal medicine and medical supplies purchased by residents purchased at their own expense;

g) Newspapers, books, magazines, new and old commemorative stamps sold by philatelic corporation , special stamps, FDC, stamps, stamp collecting tools, etc. sold by newspapers, publishing houses to residents and social groups;

h) Goods Since the purchase of second - hand shops;

i) Gas cooker and bottled liquefied petroleum gas sold by gas and liquefied petroleum gas stations to residents and social groups;

j) Goods sold by farmers to non - agricultural residents and social groups. It does not include all raw materials, fuel, equipment, tools etc. sold to national economic departments, enterprises and institutions (including farm of state - owned economy) for production and management and goods sold to wholesale and retail trade, catering industry as commodities, consignment selling goods commissioned by vintage consignment shop, services revenue of service industry, income of post on sell stamps, income of tap water, electricity, gas production and supply unit on the supply of products. It also does not include sales of commodities among farmers.

Purchase, Sales and Stock of Commodities by Wholesale and Retail Trades refer to the total volume of commodities purchased, total volume of sales and exports, and the stock of commodities by wholesale and retail enterprises (establishments) of different status of registration from domestic and overseas markets.

Total Purchases of Commodities refer to the total value of purchases of commodities by enterprises (establishments) from other establishments or individuals (including direct import from abroad) for the purpose of re - selling, either with or without further processing of the commodities purchased. This indicator is used to show the total value of purchases of commodities by wholesale and retail establishments from domestic and overseas markets. The purchases include: (1) agricultural and industrial products purchased from producers; (2) books, magazines and newspapers purchased from distribution departments of the publishers; (3) commodities purchased from wholesale and retail establishments of different status of registration; (4) commodities purchased from other units, such as surplus materials purchased from government agencies, enterprises or institutions, commodities purchased from hotels and catering services establishments, confiscated goods purchased from customs authorities or market management agencies, second - hand goods and wastes purchased from residents; and (5) commodities directly imported from abroad. Excluded are commodities purchased by enterprises (establishments) for use in their own business operation, commodities obtained without buying or selling procedures, rejected commodities, etc.

Total Sales of Commodities refer to value of commodities sold by the establishments to other establishments and individuals (including direct export to abroad). This indicator is used to show the total value of sales of commodities at domestic markets and export. The sales include: (1) commodities sold to urban and rural residents and social groups for their consumption; (2) commodities sold to establishments in industry, agriculture, construction, transportation, post and telecommunications, wholesale and retail trades, hotels and catering services, and public utility for their production and operation; (3) commodities sold to wholesale and retail establishments for re - selling, with or without further processing; and (4) commodities for direct export to abroad. Excluded are selling of waste packaging materials used by the establishments (units) themselves, commodities transferred without buying or selling procedures, commission income from brokerage in transactions for which settlement is directly handled by buyers and sellers, rejected commodities in the purchase, loss in commodities, etc.

Total Stock of Wholesale and Retail Trade refers to total commodities possessed by wholesale and retail enterprises (units) of various types of registration status at the end of the reference period, reflecting the commodity stock level of various wholesale and retail enterprises and the potential for market supply. It includes: (1) commodities located in storage, garages, counters, and shelves of operating units (such as sale stores, wholesale centres, and operating offices) of wholesale and retail enterprises; (2) commodities in the process of being selected, sorted, and packed; (3) commodities not arrived but recorded as purchase in the account, i. e. commodities not arrived but payment receipts for the commodities from the sellers or the banks arrived; (4) commodities deposited in other places rather than places mentioned above, for instance: commodities in the hold of purchasers temporarily due to the refusal of payment and commodities not taken back after going through the formalities; (5) commodities entrusted to other units to sell but not sold yet; (6) commodities purchased for other units but not delivered yet. Commodities not included as stock are those not owned by the enterprises (units), commodities on commission for processing but not yet delivered, imported commodities of agency of foreign trade enterprise but not yet delivered to ordering units and finally those put in stock on behalf of the state material reserves units.

Business Revenue of Hotels and Catering Services refers to revenue received from providing services or selling commodities by corporate enterprises and establishments engaged in hotels and catering services, including income from hotels, from catering services, from selling of commodities and from other services. Income from hotels refers to income of corporate enterprises and establishments engaged in hotels and catering services by providing lodging services. Income from catering services refers to income of corporate enterprises and establishments engaged in hotels and catering services by providing catering services, including selling of cooked or prepared foods such as staple food, cooked dishes or cold dishes. Income from selling of commodities refers to income of corporate enterprises and establishments engaged in hotels and catering services by selling commodities (including value – added tax) that accompany the services they provide. Income from other activities refers to income received other than income from hotels, catering services or selling of commodities, such as income from providing recreation, fitness or business services.

第 18 篇

CHAPTER 18

旅　　游

Tourism

星级饭店发展情况

（个）

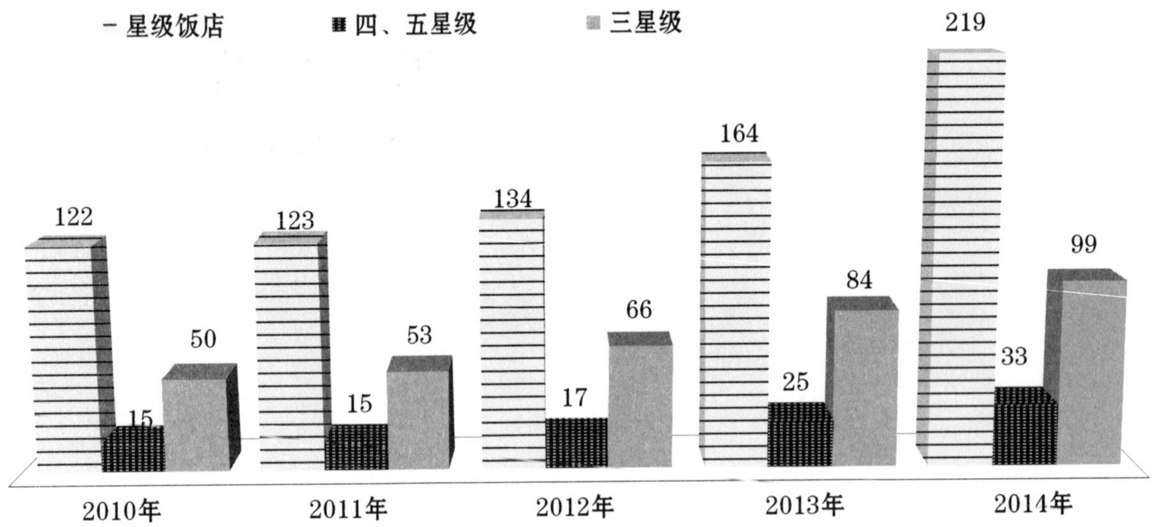

旅游收入

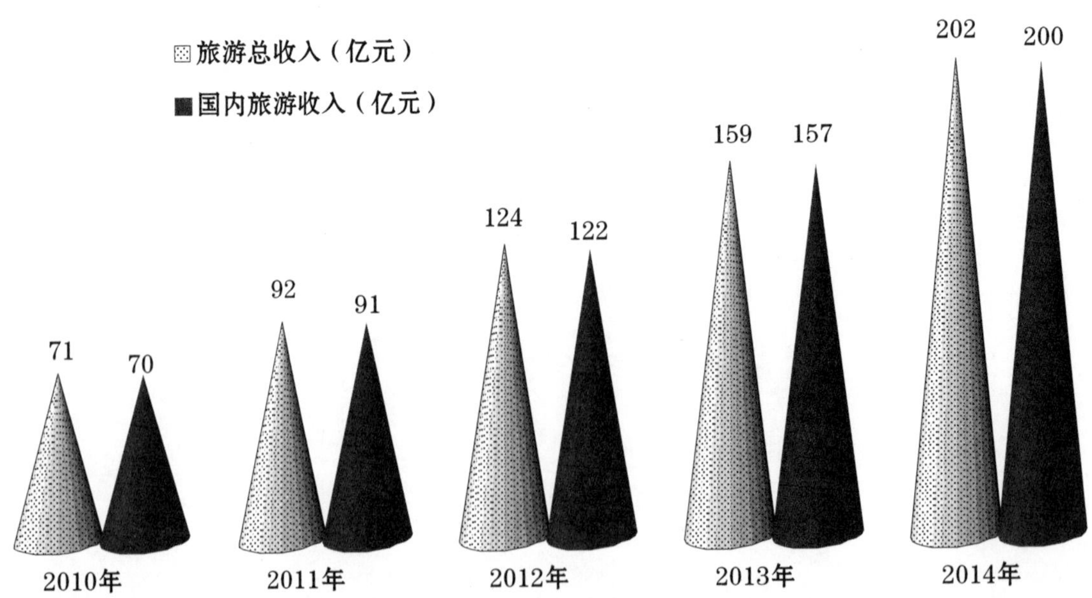

18－1　2010－2014年旅游事业发展情况
Development of Tourism (2010－2014)

指　标	Item	2010	2011	2012	2013	2014
年末旅行社数　（个）	**Number of Travel Agencies (unit)**	**188**	**217**	**229**	**245**	**247**
国际旅行社	International Travel Agencies	7	7	13	14	15
国内旅行社	Domestic Travel Agencies	181	210	216	231	232
年末旅行社从业人员　（人）	**Engaged Persons of Travel Agencies(person)**	**1551**	**2033**	**2391**	**2456**	**2480**
国际旅行社	International Travel Agencies	200	301	546	378	525
国内旅行社	Domestic Travel Agencies	1351	1732	1845	2078	1955
星级饭店总数　（个）	**Number of Star-rated Hotels (unit)**	**122**	**123**	**134**	**164**	**219**
旅游人次合计　（万人次）	**Number of Tourists (10 000 persons-time)**	**1226**	**1412**	**1581.0**	**1780.4**	**2005.6**
国际旅游者	Number of Overseas Visitor Arrivals	5	5	4.7	4.7	5.2
外国人	Foreigners	3	4	3.8	4.1	4.1
港、澳、台湾同胞	Chinese Compatriots From Hong Kong、Macao and Taiwan	2	1	0.9	0.5	1.1
国内旅游者	Number of Domestic Visitors	1221	1407	1576.0	1775.8	2000.4
旅游总收入　（亿元）	**Total Tourism Earnings (100 million yuan)**	**71**	**92**	**124**	**159**	**202**
国内旅游收入　（亿元）	Earnings from Domestic Tourism (100 million yuan)	70	91	122	157	200
国内旅游者人均花费　（元）	Per Capita Expenditure from Domestic Tourism (yuan)	573	644	774.8	886.04	1007
国际旅游外汇收入(万美元)	Foreign Exchange Earnings from International Tourism (10 000 USD)	2045	2659	2432.4	1941.73	2574.35
国际旅游者人均花费　（美元）	Per Capita Expenditure from International Tourism (USD)	409	496	522.4	157.98	159.19

注：2010年旅行社及从业人员数统计口径调整，与往年不可比。

a) The statistical caliber of travel agencies and engaged persons in 2010 were adjusted, so data are not comparable with previous years.

18-2 分地区旅游业发展情况(2011-2014年)
Development of Tourism by Region(2011-2014)

单位：亿元、万人次、元　　(100 million yuan,10 000 person-times,yuan)

地　区	Region	旅游总收入 Total Tourism Earnings				旅游人数 Number of Tourists				人均花费 Per Capita Expenditure			
		2011	2012	2013	2014	2011	2012	2013	2014	2011	2012	2013	2014
西宁市	**Xining City**	56.2	75.2	100.8	126.8	981.3	1127.6	1306.8	1443.2	572.3	666.9	771.0	878.6
海东市	**Haidong City**	8.2	12.7	17.0	22.5	502.2	580.6	678.7	754.8	163.0	218.9	250.9	297.6
海北州	**Haibei Zang A.P**	3.8	5.1	8.4	12.7	282.0	335.1	446.4	563.8	133.7	152.2	189.1	226.0
黄南州	**Huangnan Zang A.P**	3.9	5.8	7.0	8.7	199.9	242.4	273.2	302.0	194.6	238.9	257.0	287.8
海南州	**Hainan Zang A.P**	1.8	5.5	7.0	8.6	147.6	228.7	278.0	322.4	124.7	241.4	252.5	268.0
果洛州	**Golog Zang A.P**	1.5	1.0	1.2	1.7	27.9	18.1	21.4	28.4	533.7	535.0	569.3	596.0
玉树州	**Yushu Zang A.P**	0.8	0.8	1.0	1.6	14.7	15.2	18.3	30.2	525.2	519.7	523.5	558.0
海西州	**Haixi Mongolian &Zang A.P**	8.8	13.9	18.8	25.0	320.4	382.3	466.3	556.3	274.7	363.6	403.8	449.4
青海湖管理局	**Qinghai Lake Administration Bureau**	1.0	1.3	1.7	1.9	86.0	101.2	119.4	132.7	118.6	132.4	140.8	140.2

注：表中旅游人数合计存在重复统计因素(一日游、自驾游等)，旅游收入合计也只含入住、餐饮、景点门票等收入。因此，分地区指标除代表本地旅游发展情况外，只做全省旅游统计指标测算参考依据，各地简单合计不能准确代表全省旅游发展情况。

a) There is repeated statistical factors (day trips, driving, etc.)in Total Tourist Arrivals in the table , and total tourism revenues contains only staying, restaurants, attractions tickets and other revenue. Therefore, indicators by region represent the local tourism development of the region, and become only measuring reference of the province's tourism statistical indicators, simple total of all the regions can not accurately represent the provincial tourism development situation.

18-3 2013-2014年接待外国旅游人数(按国别分)

Number of Oversea Visitor Arrivals by Country(2013-2014)

单位：人次 (person-time)

国家(地区) Country(Region)		2013	2014	国家(地区) Country(Region)		2013	2014
总　计	**Total**	**41315**	**40648**	德　国	Germany	2180	2656
亚洲小计	**Total Asia**	**15827**	**14013**	意大利	Italy	1537	1413
日　本	Japan	3546	3393	瑞　典	Sweden	326	
韩　国	Republic of Korea	4683	2289	瑞　士	Switzerland	620	
蒙　古	Mongolia	249		俄罗斯	Russia	639	
印度尼西亚	Indonesia	252		西班牙	Spain	182	
马来西亚	Malaysia	1797	2266	其　它	Others	1768	6308
菲律宾	Philippines	29		**美洲小计**	**Total America**	**10253**	**9406**
新加坡	Singapore	1085	2274	美　国	United States	6778	6420
泰　国	Thailand	451		加拿大	Canada	2032	2049
印　度	India	563		其　它	Others	1443	937
缅　甸	Myanmar	28		**大洋洲小计**	**Total Oceanic**	**2688**	**2619**
越　南	Viet Nam	444		澳大利亚	Australia	1933	1685
巴基斯坦	Pakistan	274		新西兰	New Zealand	473	
其　他	Others	2426	3791	其　它	Others	282	934
欧洲小计	**Total Europe**	**11940**	**13375**	**非洲小计**	**Total Africa**	**118**	**237**
英　国	United Kingdom	2415	2998	**其　它**	**Others**	**489**	**998**
法　国	France	2273					

18–4 进入青海省自驾车量及排名(2014年)
Volume and Rank of Tourists by Self-driving Cars (2014)

车源地	Car Source	自驾车数量(辆) Volume (unit)	比上年增长(%) Increase Over the Previous Year (%)	排名 Rank
合计	**Total**	**655428**	**18.40**	—
甘肃	Gansu	106798	0.47	1
陕西	Shaanxi	51779	30.30	2
宁夏	Ningxia	50475	18.12	3
四川	Sichuan	38895	38.37	4
重庆	Chongqing	27499	33.46	5
北京	Beijing	26862	17.52	6
内蒙古	Inner Mongolia	26774	30.25	7
河南	Henan	26093	33.60	8
西藏	Tibet	23484	35.35	9
新疆	Xinjiang	19935	19.75	10
山西	Shanxi	19706	23.20	11
其他	Others	237128	16.67	—

18–5 2014年入青游客主要客源地排名
Rank of the Main Source of Tourists into Qinghai(2014)

地区	Region	省外游客(万人次) Foreign Province Tourists (10 000 person-times)	所占比重(%) Percentage (%)	排名 Rank
合计	**Total**	**1060.28**	**100.00**	
甘肃	Gansu	132.11	12.46	1
陕西	Shaanxi	113.45	10.7	2
四川	Sichuan	99.03	9.34	3
河南	Henan	57.89	5.46	4
山东	Shandong	44.53	4.2	5
江苏	Jiangsu	42.62	4.02	6
北京	Beiming	42.31	3.99	7
河北	Hebei	36.9	3.48	8
山西	**Shanxi**	22.05	2.08	9
宁夏	Ningxia	21.63	2.04	10
其他	**Others**	447.76	42.23	-

18−6　星级饭店基本信息(2014年)

Basic Conditions of Star-rated Hotel (2014)

指标	Item	星级饭店 (个) Number of Star-rated Hotel (unit)	客房数 (间) Number of Rooms (unit)	床位数 (张) Number of Beds (unit)	从业人数 (人) Employed Persons (person)
合计	**Total**	**219**	**18146**	**34011**	**13754**
五星级	Five-star Hotel	2	766	1226	906
四星级	Four-star Hotel	31	4621	8131	5410
三星级	Three-star Hotel	99	8206	15851	5318
二星级	Two-star Hotel	85	4353	8393	2041
一星级	One-star Hotel	2	200	410	79

18−7　国内过夜游客在青海人均花费构成(2014年)

Composition of Per Capita Expenditure in Qinghai of Domestic Overnight Visitors (2014)

项　目	Item	全省过夜游客平均花费(元/人) Per Capita Expenditure in Qinghai of Domestic Overnight Visitors (yuan/person)	所占比重(%) Percentage (%)	省外(元/人) Foreign Provincial (yuan/person)	省内(元/人) Provincial
总　计	Total	1965.1	100.0	2340.4	1095.4
交通费	Transportation Costs	397	20.2	543.0	171.2
住　宿	Accommodation	361.6	18.4	423.6	179.7
餐　饮	Catering	245.6	12.5	334.7	226.8
景区游览	Sightseeing	151.3	7.7	175.5	77.1
娱　乐	Entertainment	167	8.5	190.6	97.5
购　物	Shopping	481.3	24.5	526.6	183
市内交通	Local Transportation	39.3	2.0	23.4	45
邮　电	Post and Telecommunications	23.6	1.2	25.7	15.3
其　他	Others	98.4	5.0	97.2	99.8

18-8 青海省A级旅游景区名录

Catalogue of State Class Scenic Spots of Qinghai

景区名称	Scenic Spot Name	地　址
5A级景区	**AAAAA State Class Scenic Spots**	
塔尔寺景区	Ta'er Lamasery	湟中县鲁沙尔镇
青海湖景区	Qinghai Lake	青海湖管理与保护局
4A级景区	**AAAA State Class Scenic Spots**	
青海省博物馆	Qinghai Museum	西宁市西关大街新宁广场
格尔木昆仑文化旅游区	Geermu Kunlun Culture Area	格尔木市八一中路
互助土族故土园旅游区	Huzhu Tu Nationality Customs Theme Park	互助县威远镇北大街
循化撒拉族绿色家园	Xunhua Sala Nationality Gardens	循化县积石镇
马步芳公馆景区	Mabufang Residence	西宁市为民巷
金银滩景区	Jinyintan Pasture	海北州西海镇
青海藏医药文化博物馆	Qinghai Tibetan Medicine and Culture Museum	西宁市生物园区
门源百里油菜花海景区	Menyuan Hundred Miles of Rapeseeds Flower Field	门源县东街
祁连风光旅游景区	Qilian Mountains	祁连县祁连广场
热贡国家级历史文化名城旅游区	Regong State Historical and Cultural City	同仁县热贡宾馆
久治年宝玉则景区	Jiuzhi Nianbaoyuze Mountain	久治县智青松多镇
玉树称多拉布民俗村	Yushu Chengduo Labu Folk Customs Village	玉树州称多县拉布村
大通老爷山风景名胜区	Datong Laoyeshan Mountain	大通县桥头镇
湟源丹噶尔古城	the Ancient city of Dan Gar in Huangyuan County	湟源县
西宁乡趣农耕文化生态园	Xining Rural Farming Culture Ecological Park	西宁市城北区大堡子镇陶北村口
西宁市青藏高原野生动物园	Xining Qinghai-Tibet Plateau Wildlife Park	西宁市城西区行知路9号
贵德高原养生休闲度假区	Guide Highland Health and Leisure Resort	贵德县
西宁市青海藏文化馆	Qinghai Tibetan Cultural Center	西宁市湟中县鲁沙尔镇
玛多黄河源旅游区	Maduo Yellow River Source Area	果洛州玛多县
坎布拉景区	Kanbula Area	黄南州尖扎县西北部
3A级景区	**AAA State Class Scenic Spots**	
西宁市人民公园	Xining People's Park	西宁市胜利路
西宁市东关清真大寺	Xining Dongguan the Great Mosque	西宁市东关大街
西宁市南山旅游风景区	Xining South Hill	西宁市南山公园
北山土楼观旅游景区	Beishan Taoist Temple	西宁市祁连路
西宁市麒麟湾	Xining Kirin Bay	西宁市黄河路29号
浦宁之珠(高原明珠)	Pearl Puning (Plateau Pearl)	西宁市西山一巷
青海赞普林卡旅游景区	Qinghai Zanpulinka Palace	西宁市湟源县县城入口处
青海日月山旅游景区	Qinghai Riyue Mountain	西宁市湟源县
大通国家森林公园察汗河景区	Datong National Forest Park Chahanhe Scenic Area	大通县宝库乡油坊卡村224号
贵德黄河奇石苑	Guide the Yellow River Rare Stones Garden	贵德县河西镇
龙羊峡旅游景区	Longyangxia Reservoir	共和县龙羊峡库区
青海茶卡盐湖旅游景区	Qinghai Chaka Salt Lake	乌兰县茶卡镇
可鲁克湖—托素湖高原生态旅游景区	Keluke Lake-Tuosu Lake Plateau Ecological Area	德令哈市
玉树新寨嘉那嘛呢景区	Yushu Xinzhai Jiana Mani Stones City	玉树州玉树市结古镇
西宁市中国工农红军西路军纪念馆	Xining Chinese Red Army Memorial Museum	西宁市城中区南川东路19号
西宁市红叶谷休闲生态旅游景区	Xining Hongyegu Leisure Ecological Area	西宁市经济技术开发区杨沟湾
平安峡宗寺森林公园	Pingan Xiazong Temple Forest Park	海东市平安区国有林场
西宁市大通国家森林公园鹞子沟景区	Datong National Forest Park's Kite Ditch	大通县东峡镇衙门庄村林荫路
勒巴沟—文成公主庙景区	Lebagou Valley Stone Drawing-the Temple of Princess Wencheng	玉树州玉树市结古镇
玉树当卡寺旅游景区	Yushu Dangka Lamasery	玉树州玉树市结古镇
玉树结古寺旅游景区	Yushu Jiegu Lamasery	玉树州玉树市结古镇
民和桃花园乡村休闲度假区	Minhe Peach Blossom Garden	民和县马场垣高速公路口

18—8 续表

Continued

景区名称	Scenic Spot Name	地　址
民和县七里寺景区	Minhe Seven Mile Temple	民和县古鄯镇七里寺
民和药泉山旅游景区	Minghe Medical Spring	民和县古鄯镇七里寺
民和金三川民俗风情游览区	Minghe Jin Sanchuan Folk Customs Tourist Area	民和县官亭镇
民和本康滩自然风景区	Minghe Benkang Shoal Senic Area	民和县官亭镇
乐都柳湾彩陶旅游景区	Ledu Liuwan Pottery Tourist Attractions	乐都区高庙镇柳湾村
化隆夏琼寺景区	Hualong Xiaqiong Temple	化隆县查普乡
乌兰金子海风景区	Wulan Jinzihai Senic Area	海西州乌兰县
都兰国际狩猎旅游景区	Dulan International Hunting Tourism Area	海西州都兰县
囊谦尕尔寺大峡谷生态旅游景区	Nangqian Gaer Temple Grand Canyon Ecotourism	玉树州囊谦县
囊谦达那河谷生态旅游景区	Nangqian Dana Valley Ecotourism	玉树州囊谦县
称多尕朵觉悟神山旅游景区	Chengduo Gaduojuewu Mountain	玉树州称多县
玉树隆宝滩旅游景区	Yushu Longbao Shoal Senic Area	玉树州玉树市
玛柯河原始森林生态旅游景区	Make River Virgin Forest Ecotourism	果洛州班玛县
治多贡萨寺旅游景区	Yushu Zhiduo Gongsa Lamasery	玉树州治多县
天峻县神湖之源旅游风景区	the Source of God Lake Scenic Area in Tianjun County	海西州天峻县
狮龙宫殿旅游景区	Lion Dragon Palace Scenic Area	果洛州达日县
格萨尔林卡旅游景区	Gesar Linka Scenic Area	果洛州达日县
查郎寺旅游景区	Chalang Temple Scenic Area	果洛州达日县
星星海生态旅游景区	Sea Star Zoology Scenic Area	果洛州玛多县
东格措纳湖生态旅游区	Donggecuona Lake Zoology Scenic Area	果洛州玛多县
白扎寺旅游景区	Baizha Temple Scenic Area	果洛州班玛县
多尕麻格萨尔王莲花圣殿旅游景区	Duogama Lotus Temple of King Gesar Scenic Area	果洛州班玛县
官仓峡旅游景区	Guancang Gorge Scenic Area	果洛州甘德县
龙恩寺德尔文格萨尔文化史诗村旅游区	Long'en Temple De'erwen Gesar Epic Village Scenic Area	果洛州甘德县
阿尼玛卿雪山旅游景区	Animaqing Snow Mountain Scenic Area	果洛州玛沁县
兴海赛宗寺文化旅游区	Xinghai Saizong Lamasery Culture Scenic Area	兴海县南38公里处赛宗寺
拉加寺旅游景区	Lajia Temple Scenic Area	果洛州玛沁县
青海可可西里工业旅游景区	Qinghai Kekexili Industrial Scenic Area	西宁市城中区同安路108号
兴海县图旦达杰民俗文化旅游景区	Xinghai Tudandajie Folk Culture Scenic Area	海南州兴海县城西大街
共和县千补录寺藏传佛教文化与民俗旅游景区	Gonghe Qianbulu Temple Tibetan Buddhist Culture and Folklore Scenic Area	海南州共和县廿地乡曲什纳村
西北骄集团	Xi Bei Jiao	西宁(国家级)经济开发区高新路7号
中华枸杞养生苑	Chinese Wolfberry Health Garden	西宁市经济技术开发区昆仑东路21号
大通娘娘山景区	Datong Niangniang Mountain	西宁市大通县桥头镇
乐都区河湟碑林景区	Ledu District Hehuang Tablet Forest Area	海东市乐都区
久治县德合龙寺景区	Jiuzhi Dehelong Temple Area	果洛州久治县康赛乡
2A级景区	**AA State Class Scenic Spots**	
玉树称多赛巴寺旅游景区	Yushu Chengduo Saiba Lamasery	玉树州称多县拉布村
同德石藏文化旅游区	Tongde Shizang Culture Scenic Area	同德县河北乡
乐都瞿昙寺旅游景区	Ledu Qutan Temple Scenic Area	乐都区瞿昙镇
民和天井峡-松山原始森林风景区	Minghe Tianjingxia- Songshan Virgin Forest	民和县官亭镇
化隆县雄先岗山生态旅游景区	Hualong Xiongxiangang Mountain Zoology Scenic Area	化隆县西部雄先森林公园内
化隆县阿河滩撒拉民俗村	Hualong Ahetan Salar Customs Village	化隆县甘都镇
乐都区农业示范园旅游景区	Ledu Agricultural Demonstration Garden Area	海东市乐都区
乐都区杨宗林场旅游区	Ledu Yangzong Tree Farm Area	海东市乐都区中坝乡杨宗寺
乌兰县哈里哈图国家森林公园	Wulan Halihatu National Forest Park	海西州乌兰县城东北部约25公里处
都兰县海寺花海景区	Dulan Hai Temple Flower Sea Area	都兰县东行15公里左右
甘德县直尕尔风景区	Gande Zhigaer Scenie Area	果洛州甘德县

18–9 青海省对外开放山峰
Main Mountain Peaks Opened to the Outside

山峰名称 Names of Mountain Peak	海拔高程(米) Altitude(m)	所属山系 Mountain Range	地理位置 Geography of Place
阿尼玛卿峰	6282.0	昆仑山脉	果洛州玛沁县
格拉丹东峰	6621.0	唐古拉山脉	格尔木市
雅拉达则峰	5214.8	昆仑山脉	果洛州玛多县
新青峰	6860.0	昆仑山脉	海西州与新疆交界处
年保玉则峰	5369.0	昆仑山脉	果洛州久治县
错日尕则峰	4610.0	昆仑山脉	果洛州玛多县
玉珠峰	6178.6	昆仑山脉	格尔木市
玉虚峰	5933.1	昆仑山脉	格尔木市
马阑山	6056.0	昆仑山脉	玉树州治多县
湖北冰峰	5769.3	昆仑山脉	海西州与玉树州交界处
五雪峰	5805.0	昆仑山脉	玉树州治多县
大雪峰	5863.4	昆仑山脉	玉树州治多县
唐古拉山	6205.0	唐古拉山脉	格尔木市管辖区
龙亚拉峰	6104.0	唐古拉山脉	格尔木市管辖区

18—10 各级政府驻地海拔高程
Altitude of the Government Locations by Region

县(市、行委)名称	Names of Cities and Counties	海拔高程(米) Altitude(m)	驻地名称 Names of Locations	备注 Remarks
西宁市	**Xining City**			
西宁市	Xining City	2250	西宁市	省政府驻地
大通县	Datong Hui&Tu County	2720	桥头镇	
湟中县	Huangzhong County	2645	鲁沙尔	
湟源县	Huangyuan County	2666	城关镇	
海东市	**Haidong City**			
平安区	Pingan County	2114	平安镇	海东行署驻地
民和县	Minhe Hui&Tu County	1800	川口镇	
乐都区	Ledu County	2000	碾伯镇	
互助县	Huzhu Tu County	2520	威远镇	
化隆县	Hualong Hui County	2848	巴燕镇	
循化县	Xunhua Salar County	1860	积石镇	
海北州	**Haibei Zang A.P**			
海晏县	Haiyan County	3000	西海镇	海北州驻地
门源县	Menyuan Hui County	2880	浩门	
祁连县	Qilian County	2810	八宝	
海晏县	Haiyan County	3000	三角城	
刚察县	Gangcha County	3300	沙柳河镇	
黄南州	**Huangnan Zang A.P**			
同仁县	Tongren County	2480	隆务镇	黄南州驻地
尖扎县	Jianzha County	1990	马克唐	
泽库县	Zeku County	3660	乃亥	
河南县	Henan Mengolian A.C.	3510	优干宁	
海南州	**Hainan Zang A.P**			
共和县	Gonghe County	2880	恰卜恰镇	海南州驻地
同德县	Tongde County	2980	尕巴松多	
贵德县	Guide County	2205	河阴镇	
兴海县	Xinghai County	3306	子科滩	
贵南县	Guinan County	3100	茫拉	
果洛州	**Golog Zang A.P**			
玛沁县	Maqin County	3730	大武镇	果洛州驻地
班玛县	Banma County	3560	赛来塘	
甘德县	Gande County	4020	吾勒	
达日县	Dari County	3970	吉迈	
久治县	Jiuzhi County	3628	智青松多	
玛多县	Maduo County	4300	玛查里	
玉树州	**Yushu Zang A.P**			
玉树市	Yushu County	3710	结古	玉树州驻地
杂多县	Zadou County	4080	萨呼腾	
称多县	Chengduo County	3825	周筠	
治多县	Zhiduo County	4193	加吉博洛格	
囊谦县	Nangqian County	3660	香达	
曲麻莱县	Qumalai County	4223	约改滩	
海西州	**Haixi Mongolian & Zang A.P**			
德令哈市	Delingha City	2980	德令哈市	海西州驻地
格尔木市	Geermu City	2850	格尔木市	
乌兰县	Wulan County	2960	西里沟镇	
都兰县	Dulan County	3180	察汗乌苏镇	
天峻县	Tianjun County	3408	新源	
大柴旦行委	Dachaidan	3176	大柴旦	
冷湖行委	Lenghu	2755	冷湖镇	
茫崖行委	Mangya	2940	花土沟镇	

18−11 主要旅游景点海拔高程

Altitude of the Main Senics in the Province

旅游景点名称 Names of Scenic Spots	海拔高程(米) Altitude(m)	地理位置 Geography of Place
东关清真大寺	2230	西宁市
塔尔寺	2680	湟中县
青海湖	3190	共和、刚察县交界处
瞿坛寺	2458	乐都区
坎布拉国家森林公园	2630	尖扎县
十世班禅故居	2530	循化县
孟达天池	2506	循化县
隆宝滩黑颈鹤自然保护区	4352	玉树市
长江源头	6564	格尔木市管辖区
察尔汗盐湖	2670	格尔木市
鸟岛	3228	青海湖
互助北山国家森林公园	2290	互助县
黄河源头	4780	曲麻莱县
阿尼玛卿山	6282	玛沁县
金银滩草原风光	3150	海晏县
布喀达坂峰(昆仑山最高点)	6860	新疆与玉树交界处
昆仑山口	4771	格尔木市与曲麻莱、治多县交界处
北禅寺	2330	西宁市
青海博物馆	2270	西宁市
老爷山	2928	大通县
互助北山国家森林公园	2740(场部2290)	互助县
街子清真大寺	1940	循化县
文都寺	2540	循化县
夏宗寺	2795	平安县
夏琼寺	2900	化隆县
佑宁寺	2640	互助县
日月山	3520	湟源县
倒淌河	3280	青海湖旅游区
龙羊峡	2480	龙羊峡库区
青海湖度假村	3190	青海湖旅游区
玉皇阁	2219	贵德县
茶卡盐湖	3061	乌兰县
原子城	3010	海晏县
李家峡	2060	李家峡库区
南宗寺	2320	尖扎县
隆务寺	2480	尖扎县
麦秀林场	2910	同仁县
土蕃葬墓	3225	都兰县
都兰国际狩猎场	4930	都兰县
可可西里无人区	5863--4750	格尔木市

18-11 续表 Continued

旅游景点名称 Names of Scenic Spots	海拔高程(米) Altitude(m)	地理位置 Geography of Place
万丈盐桥	2670	格尔木市
巴颜喀拉山	5267	玛多、称多县交界处
文城公主庙	4250	玉树市
西王母瑶池	4470	格尔木市
结古寺	3780	玉树市
骆驼泉撒拉族风情	1920	循化县
凤凰山公园	2420	西宁市
金塔寺	2253	西宁市
苏家堡城	2560	大通县
南佛山	3265	湟中县
哈城	3150	湟源县
城隍庙	2666	湟源县
七里寺药水泉	2465	民和县
官亭古文化遗址	2150	民和县
白马寺	2105	互助县
五峰寺	2860	互助县
却藏寺	3023	互助县
西海度假村	2155	平安区
十四世达赖故居	2850	平安区
古雷寺	2630	循化县
二郎剑	3190	青海湖旅游区
三块石	3211	青海湖旅游区
海心山	3266	青海湖旅游区
三角城	3215	青海湖旅游区
沙岛	3252--3195	青海湖旅游区
祁连山原始森林	3020	祁连县
祁连山鹿场	2870	祁连县
仙米寺	2990	门源县
珠固寺	2590	门源县
热贡艺术馆	2520	同仁县
二郎洞	3580	天峻县
石油城	2940	茫崖行委
扎陵湖	4610	玛多县
鄂陵湖	4309	玛多县
囊谦猕猴自然保护区	3974	囊谦县
晒经台	4120	玉树市
敦科尔寺	3170	湟源县
魔鬼城	2980	德令哈市
柳湾墓地	2060	乐都县

主要统计指标解释

旅游人数

(1)入境旅游人数　指报告期内来我国观光、度假、探亲访友、就医疗养、购物、参加会议或从事经济、文化、体育、宗教活动的外国人、港澳台同胞等入境游客。统计时,外国人、港澳台同胞每入境一次统计1人次。

(2)出境人数　指中国(大陆)居民因公或因私出境前往其他国家、中国香港特别行政区、澳门特别行政区和台湾省观光、度假、探亲访友、就医疗养、购物、参加会议或从事经济、文化、体育、宗教活动的人数,即出境游客。统计时,按每出境一次统计1人次。

(3)国内旅游人数　指在报告期内在中国(大陆)观光游览、度假、探亲访友、就医疗养、购物、参加会议或从事经济、文化、体育、宗教活动的中国(大陆)居民人数,其出游的目的不是通过所从事的活动谋取报酬。统计时,国内游客按每出游一次统计1人次。

国际旅游(外汇)收入　指入境游客在中国(大陆)境内旅行、游览过程中用于交通、参观游览、住宿、餐饮、购物、娱乐等全部花费。

国内旅游收入　又称旅游总花费指国内游客在国内旅行、游览过程中用于交通、参观游览、住宿、餐饮、购物、娱乐等全部花费。

国际旅行社　指经营业务范围包括入境旅游业务、出境旅游业务和国内旅游业务的旅行社。

国内旅行社　指经营范围仅限于国内旅游业务的旅行社。

星级饭店　指设备、设施、服务符合《旅游饭店星级的划分与评定》(GB/T14308－2003),通过相关旅游管理部门评定,并取得星级饭店称号的饭店(含预备星级饭店)。

Explanatory Notes on Main Statistical Indicators

Number of Tourists

(1) Visitor arrivals refer to the number of foreigners, Chinese compatriots from Hong Kong, Macao and Taiwan Chinese (mainland) who come to China (mainland) for sight – seeing, vacation, visiting relatives, medical treatment, shopping, attending conference, or to engage in economic, cultural, sports and religious activities. In compiling statistics, each time of entering China is counted as one person – time.

(2) Number of Chinese residents going abroad refer to the number of Chinese (mainland) residents going to other countries, Hong Kong Special Administrative region, Macao Special Administrative region and Taiwan for on official or private purposes, for sight – seeing, vacation, visiting relatives, medical treatment, shopping, attending conference, or to engage in economic, cultural, sports and religious activities. In compiling statistics, each time of leaving is counted as one person – time.

(3) Number of domestic tourists refers to the number of Chinese (mainland) residents who travel within China (mainland) for sight – seeing, vacation, visiting relatives, medical treatment, shopping, attending conference, or to engage in economic, cultural, sports and religious activities. In compiling statistics, each time of travelling is counted as one person – time.

Foreign Exchange Earnings from International Tourism refer to the total expenditure of foreigners, overseas Chinese, Chinese compatriots from Hong Kong, Macao and Taiwan during their stay in the mainland of China on transportation, sighting, accommodation, food, shopping and entertainment.

Income from Domestic Tourism refer to expenditure of domestic tourists on transportation, sighting, accommodation, food, shopping and entertainment while they travel.

International Travel Agencies refer to travel agencies engaged in tourism entering China, Chinese residents going abroad and domestic tourism.

Domestic Travel Agencies refer to travel agencies only engaged in domestic tourism.

Star – rated Hotels refer to hotels rated with stars as assessed by the relevant tourism authorities according to GB/T14308 – 2003 standard with reference to their infrastructure, facilities and service levels.

第 19 篇

CHAPTER 19

金 融 业

Financial Intermediation

金融机构基本情况

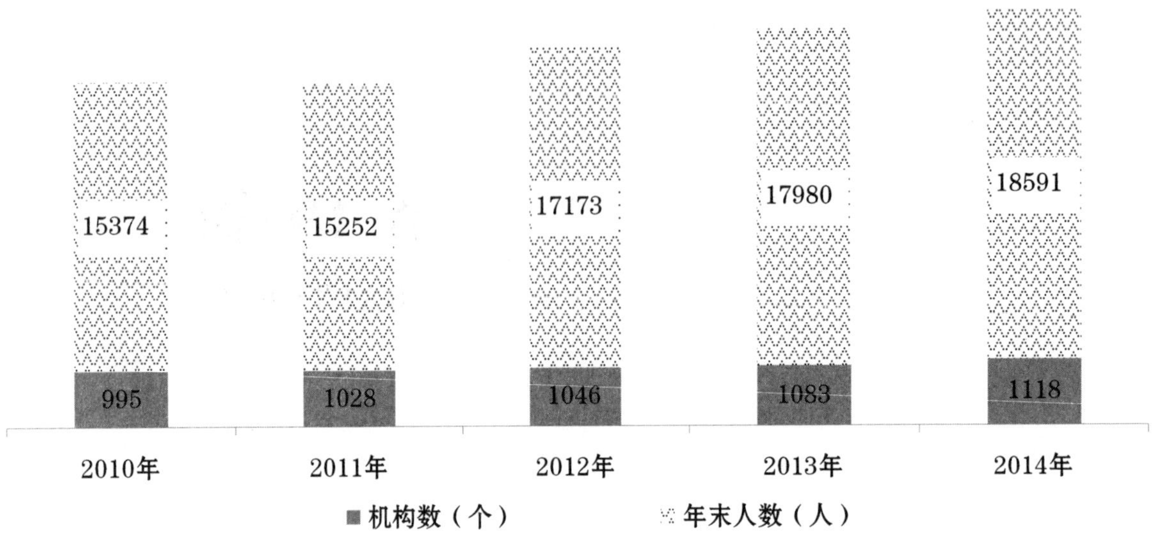

金融机构人民币存款余额（亿元）

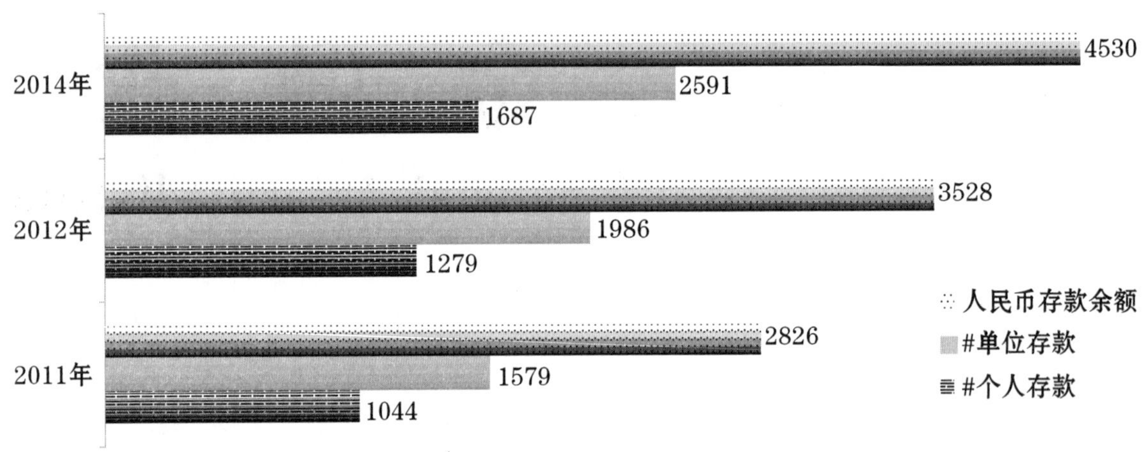

金融机构人民币贷款余额（亿元）

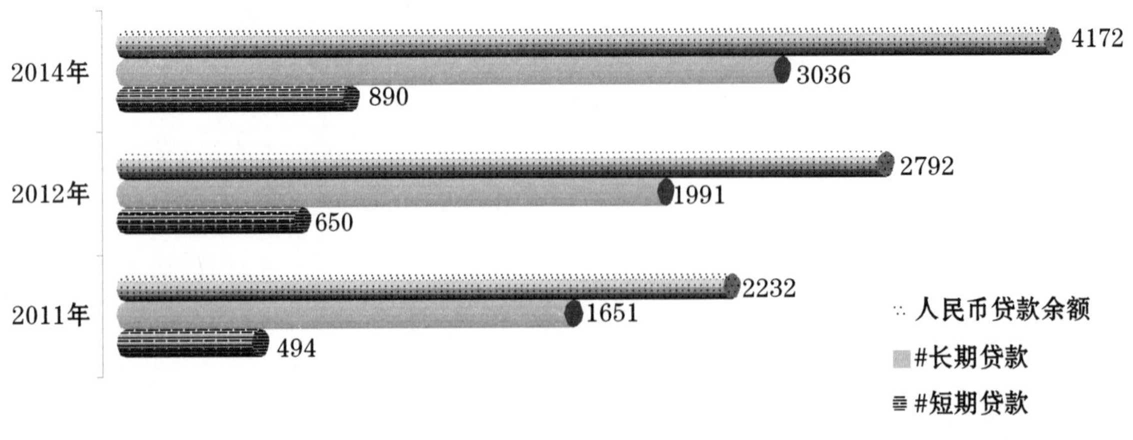

19-1 2010-2014年银行系统机构、人员数

Number of Institutions and Employees in Bank System(2010-2014)

项 目	Item	机构数(个) Number of Institutions(unit)					年末人数(人) Number of Employees at Year-end (person)				
		2010	2011	2012	2013	2014	2010	2011	2012	2013	2014
全省金融机构合计	**Total Financial Institutions throughout the Province**	**995**	**1028**	**1046**	**1083**	**1118**	**15374**	**15252**	**17173**	**17980**	**18591**
中国人民银行	People's Bank of China	18	18	18	18	18	1232	1169	1188	1231	1234
工商银行	Industrial and Commercial Bank of China	84	84	86	90	90	2087	2099	2250	2250	2250
农业银行	Agricultural Bank of China	170	170	170	174	176	2901	2955	3002	3144	3015
中国银行	Bank of China	48	44	45	46	46	1091	1150	1205	1196	1202
建设银行	China Construction Bank	103	106	108	112	114	2819	2892	2957	3091	3059
农业发展银行	Agricultural Development Bank of China	26	26	26	26	26	452	474	488	512	494
国家开发银行	China Development Bank	1	1	1	1	1	122	120	121	136	136
青海银行	Qinghai Bank	51	51	52	56	73	900	918	1101	1152	1530
农村信用社	Rural Credit Cooperatives	338	299	302	298	283	2967	1932	2758	2787	2769
农村商业银行	Rural Commercial Bank		47	50	64	80		403	554	675	905
农村合作银行	Rural Cooperative Banks		11	11	11	11		64	104	96	111
邮储银行	Postal Savings Bank	154	167	170	177	181	709	789	905	921	937
中信银行	China Citic Bank				1	4				90	147
招商银行	China Merchants Bank			1	2	4			66	111	140
浦发银行	Shanghai Pudong Development Bank			1	1	3			69	83	125
交通银行	Bank of Communications	1	1	2	3	4	60	91	127	161	152
村镇银行	Rural Bank	1	1	1	1	2	34	30	42	41	54
财务公司	Finance Companies		1	1	1	1		21	26	27	28
五矿信托	Minmetals Trust		1	1	1	1		145	210	276	303

19-2 年末金融机构人民币信贷收支(2010-2014)

RMB Credit Balance of Financial Institutions at Year-end (2010-2014)

单位：亿元 (100 million yuan)

项 目	Item	2010	2011	2012	2013	2014
各项存款	Total Deposits		2825.83	3528.41	4102.54	4529.87
单位存款	Corporate Deposits		1579.49	1985.81	2336.41	2591.29
活期存款	Demand Deposits		1177.06	1438.97	1605.11	1732.54
定期存款	Fixed Deposits		295.11	353.08	486.76	533.77
通知存款	Call Deposits		16.29	22.68	28.64	31.50
保证金存款	Margin Deposits		23.27	33.83	60.78	89.89
个人存款	Individual Deposits		1043.89	1279.44	1533.13	1687.16
储蓄存款	Savings Deposit		1043.54	1275.27	1504.17	1640.73
保证金存款	Margin Deposits		0.01	0.05	0.03	0.06
结构性存款	Structured Deposits		0.34	4.12	28.92	46.37
财政性存款	Fiscal Deposits		185.24	196.70	217.83	239.98
临时性存款	Temporary Deposits		15.58	15.22	13.03	6.29
委托存款	Trust Deposits		1.23	50.23	0.47	2.11
其他存款	Other Deposits		0.40	1.01	1.68	3.03
各项贷款	Total Loans	1822.65	2231.52	2791.68	3398.17	4171.73
境内贷款	Domestic Loans	1822.65	2231.51	2791.66	3398.17	4171.73
短期贷款	Short-term Loans	3970.64	494.04	649.95	834.73	889.67
个人贷款及透支	Individual Loans and Overdrafts	63.66	58.59	67.29	104.30	141.04
个人消费贷款	Individual Consumer Loans	2.76	5.16	12.38	33.58	43.26
单位贷款及透支	Unit Loans and Overdrafts	318.46	409.70	538.23	657.45	681.43
经营贷款	Business Loans	303.11	400.79	534.85	618.09	667.70
固定资产贷款	Fixed Assets Loans	12.35	8.92	3.38	37.16	7.91
普通并购贷款	General M & A Loans					
银团贷款	Syndicated Loans	0.55	0.70	0.40	1.75	
贸易融资	Trade Finance	14.39	25.05	44.04	71.23	67.20
中长期贷款	Medium & Long-term Loans	1344.38	1651.24	1990.52	2415.29	3035.96
个人贷款	Individual Loans	73.92	97.14	125.59	178.91	239.28
个人消费贷款	Individual Consumer Loans	53.06	68.86	85.19	110.36	149.10
单位普通贷款	Unit General Loan	1194.36	1413.92	1682.23	2008.13	2442.32
经营贷款	Business Loans	315.61	291.99	314.76	351.46	366.08
固定资产贷款	Fixed Assets Loans	878.75	1121.93	1367.47	1656.67	2076.25
普通并购贷款	General M & A Loans	5.00	4.00	2.80	1.37	3.74
银团贷款	Syndicated Loans	71.10	136.18	176.29	222.28	350.12
贸易融资	Trade Finance			3.6	4.6	0.5
其他	Others	81.21	86.23			
境外贷款	Foreign Loans					

注:2010年全面调整"短期贷款"和"中长期贷款"统计指标,同期数不可比。2011年全面调整"各项存款"统计指标,同期数不可比。

a) Short-term Loans, Medium & Long-term Loans of statistical indicators were adjusted fully in 2010, the data can not be compared with the same period. Indicator of Total Deposits was adjusted fully in 2011, the data can not be compared with the same period.

19-3 2011-2014年金融机构人民币存款余额

RMB Deposits Balance of Financial Institutions(2011-2014)

单位：万元 (10 000 yuan)

年 份 Year / 地 区 Region		合 计 Total	单位存款 Units Deposits	活期存款 Demand Deposits	定期存款 Fixed Deposits	个人存款 Individual Deposits	储蓄存款 Savings Deposit	财政性存款 Fiscal Deposits
2011		28258269	15794854	11770585	2951101	10438874	10435363	1852436
2012		35284088	19858076	14389675	3530807	12794394	12752693	1967038
2013		41025422	23364130	16051055	4867582	15331274	15041716	2178269
2014		45298654	25912911	17325448	5337728	16871616	16407301	2399823
西宁市	Xining City	31047613	17952425	10405969	4614848	10930883	10509481	2097660
海东市	Haidong City	4451949	2070519	1882776	136579	2280578	2264827	77682
海北州	Haibei Zang A.P	1109208	692234	597673	76670	403822	403815	4793
黄南州	Huangnan Zang A.P	925923	588270	539708	43311	318455	318454	15706
海南州	Hainan Zang A.P	1523655	794180	660527	102632	602575	602507	121282
果洛州	Golog Zang A.P	804285	532188	516122	16066	227737	227737	41205
玉树州	Yushu Zang A.P	1207585	835119	779909	49931	355992	355990	15694
海西州	Haixi Mongolian & Zang A.P	4228435	2447977	1942763	297690	1751574	1724491	25802

注：1.2011年全面调整“各项存款”统计指标 同期数不可比 。
2.历年存款余额均按当年口径整理。财政性存款中包括机关团体存款，其他存款中包括部队、委托存款等。
3.分地区数据为当年年度数，以下各表同。

a) Indicator of Total Deposits was adjusted fully in 2011, the data can not be compared with the same period.

c) The balance of deposits over the years were arranged by the year caliber. Fiscal deposits include Organization deposits, other deposits include force,trust deposits.

d) Sub-regional data are annual data of years ago. The same applies to the tables following.

19-4 2010-2014年金融机构人民币贷款余额
RMB Loans Balance of Financial Institutions(2010-2014)

单位：万元 (10 000 yuan)

年份 Year / 地区 Region		合计 Total	短期贷款 Short-term Loans	个人贷款及透支 Individual Loans and Overdrafts	单位贷款及透支 Unit Loans and Overdrafts: 经营贷款 Business Loans	单位贷款及透支 Unit Loans and Overdrafts: 固定资产贷款 Fixed Assets Loans	中长期贷款 Medium & Long-term Loans
2010		18226541	3970635	636622	3031126	123480	13443826
2011		22315164	4940355	585854	4007857	89180	16512399
2012		27916754	6499544	672881	5348459	33810	19905195
2013		33981728	8347262	1043023	6180886	371593	24152867
2014		41717297	8896697	1410423	6677030	79059	30359594
西宁市	Xining City	33282190	6913944	872074	5294563	78469	24332248
海东市	Haidong City	2130065	662412	150977	452255		1286607
海北州	Haibei Zang A.P	426987	142076	87631	54446		263656
黄南州	Huangnan Zang A.P	322218	98226	33570	63172	590	206831
海南州	Hainan Zang A.P	621310	290423	172286	118137		320787
果洛州	Golog Zang A.P	63019	20135	12003	8133		36884
玉树州	Yushu Zang A.P	129216	19656	12641	7015		102560
海西州	Haixi Mongolian & Zang A.P	4742291	749823	69240	679309		3810021

注：2010年全面调整"短期贷款"和"中长期贷款"统计指标 同期数不可比 。

a) Short-term Loans, Medium & Long-term Loans of statistical indicators were fully adjusted in 2010, the data can not be compared with the same period.

19-5 2010-2014年末农村信用社人民币存、贷款余额
RMB Deposits and Loans Balance of Rural Credit Cooperatives at Year-end (2010-2014)

单位：万元 (10 000 yuan)

项 目	Item	2010	2011	2012	2013	2014
各项存款	**Total Depsits**	**1864098**	**2287022**	**2911668**	**3243269**	**3551536**
单位存款	Unit Deposits		1193190	1514093	1566971	1660705
活期存款	Demand Deposits		1173987	1446175	1513488	1570453
定期存款	Fixed Deposits	29548	19203	67918	51333	64255
个人存款	Individual Deposits		1075005	1371719	1641780	1842161
储蓄存款	Savings Deposits	1002077	1075005	1371719	1641780	1842161
临时性存款	Temporary Deposits		18827	25856	34518	48670
其他存款	Other Deposits					
各项贷款	**Total Loans**	**1269719**	**1277256**	**1638687**	**1991401**	**2294558**
短期贷款	Short-term Loans	544944	593987	669596	739941	691920
中长期贷款	Medium & Long-term Loans	591191	593909	834373	1163840	1224138

注：本表统计口径同金融机构人民币信贷收支表。

a) Statistical caliber in this table is the same as RMB loans of financial institutions balance sheet.

19－6　2010－2014年保险业务基本情况

Basic Statistics of Insurance Business(2010－2014)

单位：万元　　(10 000 yuan)

项　　目	Item	2010	2011	2012	2013	2014
财产保险公司保费收入	**Premium of Property Insurance Companies**	**109279**	**142800**	**169676**	**214234**	**249273**
企业财产保险	Enterprise Property Insurance	9509	11354	12888	14572	14279
家庭财产保险	Family Property Insurance	153	162	155	299	407
机动车辆保险	Motor Vehicle Insurance	82472	104987	124456	151516	184281
责任保险	Liability Insurance	4700	6628	8202	8946	10682
工程保险	Engineering Insurance	4821	6320	5900	6431	5332
保证保险	Guarantee Insurance	65	98	153	149	253
船舶保险	Ship Insurance	32	49	72	93	108
货运险	Freight Transport Insurance	739	573	747	551	478
特殊风险保险	Special Risks Insurance	25	8	22	25	33
农业保险	Agriculture Insurance	1245	6944	8862	12507	14061
健康险	Health Insurance	1146	1163	2828	12688	12940
意外伤害保险	Accident Injury Insurance	4338	4454	5340	6435	6390
信用保险	Credit Insurance				31	-13
其　他	Other Insurance	35	60	52	-9	41
人寿保险公司保费收入	**Premium of Life Insurance Companies**	**147689**	**136127**	**154331**	**175921**	**211618**
意外险	Personal Accident Insurance	3106	4044	5229	6893	9126
健康险	Health Insurance	10377	13476	17060	30817	36788
寿险	Life Insurance	134209	118607	132042	138211	165703
财产保险公司赔款支出	**Payment of Property Insurance Companies**	**45331**	**56940**	**80978**	**104758**	**120839**
企业财产保险	Enterprise Property Insurance	3495	4283	5390	6068	8538
家庭财产保险	Family Property Insurance	51	64	157	83	176
机动车辆保险	Motor Vehicle Insurance	34009	43516	60393	70294	82053
责任保险	Liability Insurance	2230	3591	4144	3335	4986
工程保险	Engineering Insurance	2793	2153	1261	2417	2341
保证保险	Guarantee Insurance		1	1		15
船舶保险	Ship Insurance	1	9	9	6	31
货运险	Freight Transport Insurance	105	35	66	48	67
特殊风险保险	Special Risks Insurance					6
农业保险	Agriculture Insurance	1235	1503	7205	8256	7066
健康险	Health Insurance	558	476	721	12196	12374
意外伤害保险	Accident Injury Insurance	852	1261	1544	2018	3164
信用保险	Credit Insurance					
其　他	Other Insurance	2	48	87	35	22
人寿保险公司赔款支出与给付	**Payment of Life Insurance Companies**	**21249**	**24667**	**27599**	**48044**	**59939**
意外险	Accident Insurance	857	1342	1477	1914	2851
健康险	Health Insurance	3481	4644	5312	16562	14072
寿险	Life Insurance	16911	18681	20810	29569	43015

注：本表数据来源于青海保监局，由于计算的四舍五入问题，保险数据可能存在细微的误差。

a) Data in this table are from Qinghai Securities Regulatory Bureau. Insurance data may exist subtle error because of the rounding question.

19-7 证券业主要情况
General Statistics on Securities Industry

指　　标		Item		2013	2014
上市公司情况		**Listed Companies**			
上市公司	(户)	Number of Listed Companies	(accounts)	10	10
# A 股	(只)	A Shares	(number)	10	10
上市公司总股本	(亿股)	Total Issued Capital of Listed Companies	(100 million shares)	89.83	75.8
# 流通股本		Negotiable Shares		71.26	69.31
上市公司股票市价总值(亿元)		Total Market Capitalization of Listed Companies(100 million yuan)		747.6	966.67
# 股票流通市值		Negotiable Market Capitalization		491.56	834.94
证券公司及交易情况		**Securities Companies and Trading**			
证券公司	(个)	Number of Securities Companies	(number)	1	1
证券营业部	(个)	Security Exchange	(number)	17	18
(含外地公司在青营业部)		(include Nonlocal Exchange in QingHai)			
证券交易开户数	(万户)	Total Stock Investors	(10 000 accounts)		
其中：在青		In Qinghai		16.74	17.85
辖外		Outside Jurisdiction		9.52	9.93
证券交易额	(亿元)	Trading Volume	(100 million yuan)		
其中：在青		In Qinghai		1024.08	1243.47
辖外		Outside Jurisdiction		1021.91	1401.51
# 股票、基金		Stocks and Funds			
其中：在青		In Qinghai		604.59	848.39
辖外		Outside Jurisdiction		825.33	1121.28
期货交易情况		**Futures Trading**			
期货代理交易额	(亿元)	Agent's Turnover of Futures	(100 million yuan)	2104.38	2983.18

注：本表数据来源于青海证监局，由于计算的四舍五入问题，数据可能存在细微的误差。
a) Data in this table are from Qinghai Securities Regulatory Bureau.The data may exist subtle error because of the rounding question.

19-8 资金流量表(实物交易)(2012年)

单位：亿元

交易项目	Transaction Item	非金融企业部门 Non-financial Enterprises Departments					
		运用小计 Subtotal Use	来源小计 Subtotal Source	工业企业部门 Industrial Enterprise		其他非金融企业部门 Other non-financial Enterprises	
				运用 Use	来源 Source	运用 Use	来源 Source
一、净出口	Net Exports						
二、增加值	Added Value		1281.96		879.75		402.21
三、劳动者报酬	Worker's Reward	198.45		59.12		139.33	
(一)工资及工资性收入	Wage and Salary Income	188.25		56.08		132.17	
(二)单位社会保险付款	Unit Social Security Payment	10.21		3.04		7.17	
四、生产税净额	Net Taxes on Production	135.85		187.13		-51.28	
(一)生产税	Production Tax	135.85		187.13		-51.28	
(二)生产补贴	Production Subsidies						
五、财产收入	Property Income	219.88	148.32	109.12	80.31	110.77	68.01
(一)利息	Interest	215.51	148.32	104.75	80.31	110.77	68.01
(二)红利	Bonus						
(三)土地租金	Land Rent						
(四)其他	Others	4.37		4.37			
六、初次分配总收入	Initial Distribution of Income		876.09		604.69		271.40
七、经常转移	Current Transfers	10.41		9.06		1.36	
(一)收入税	Income Tax	8.53		7.17		1.36	
(二)社会保险缴款	Social Insurance Contributions						
(三)社会保险福利	Social Insurance Benefits						
(四)社会补助	Social Assistance						
(五)其他	Others	1.89		1.89			
八、可支配总收入	Total Disposable Income		865.68		595.64		270.04
九、最终消费	Final Consumption						
(一)居民消费	Household Consumption						
(二)政府消费	Government Consumption						
十、总储蓄	Total Savings		865.68		595.64		270.04
十一、资本转移	Capital Transfers		519.32		272.89		246.43
(一)投资性补助	Investment Grant		519.32		272.89		246.43
(二)其他	Others						
十二、资本形成总额	Gross Capital Formation	1344.80		919.70		425.11	
(一)固定资产形成总额	Gross Fixed Capital Formation	1361.07		903.43		457.65	
(二)存货增加	Increase in Inventories	-16.27		16.27		-32.54	
十三、其他非金融资产获得减处置	Other Non-financial Assets Gets Minus the Disposal						
十四、净金融投资	Net Financial Investment	40.19		-51.17		91.36	
十五、统计误差	Statistical Error						

Flow of Funds Accounts (Barter) 2012

(100 million yuan)

金融企业部门 Financial Enterprise Departments									
运用小计 Subtotal Use	来源小计 Subtotal Source	银行部门 Banks		证券部门 Securities Department		保险部门 Insurance Department		其他非金融企业部门 Other Financial Enterprise Departments	
		运用 Use	来源 Source	运用 Use	来源 Source	运用 Use	来源 Source	运用 Use	来源 Source
	83.73		79.39		1.02		3.25		0.07
18.31		15.53		0.62		2.14		0.02	
17.37		14.73		0.59		2.03		0.02	
0.94		0.80		0.03		0.11		0.00	
11.05		9.86		0.20		0.99			
11.05		9.86		0.20		0.99			
218.60	218.60	158.54	278.66	0.02	0.08		0.01	60.04	-60.15
218.60	218.60	158.54	278.66	0.02	0.08		0.01	60.04	-60.15
	54.37		174.12		0.26		0.13		-120.14
7.54		7.54		0.05		0.00		-0.05	
7.54		7.54		0.05		0.00		-0.05	
	46.83		166.58		0.21		0.13		-120.09
	46.83		166.58		0.21		0.13		-120.09
1.18		1.18							
1.18		1.18							
45.65		165.40		0.21		0.13		-120.09	

19-8 续表

单位：亿元

交易项目	Transaction Item	政府部门 Governments 运用 Use	政府部门 Governments 来源 Source	住户部门 Households 运用小计 Subtotal Use	住户部门 Households 来源小计 Subtotal Source	城镇住户部门 Urban Households 运用 Use	城镇住户部门 Urban Households 来源 Source
一、净出口	Net Exports						
二、增加值	Added Value		202.48		325.37		220.57
三、劳动者报酬	Worker's Reward	359.36		258.32	834.44	164.00	615.28
(一)工资及工资性收入	Wage and Salary Income	349.03		226.68	781.32	132.36	562.16
(二)单位社会保险付款	Unit Social Security Payment	10.33		31.64	53.12	31.64	53.12
四、生产税净额	Net Taxes on Production	60.18	168.16	20.42	59.34	20.42	
(一)生产税	Production Tax	0.84	168.16	20.42		20.42	
(二)生产补贴	Production Subsidies	59.34			59.34		2.48
五、财产收入	Property Income	49.91	53.43	15.10	83.15	9.70	78.16
(一)利息	Interest	49.36	49.06	15.10	82.60	9.70	77.72
(二)红利	Bonus						
(三)土地租金	Land Rent						
(四)其他	Others	0.55	4.37		0.55		0.44
六、初次分配总收入	Initial Distribution of Income		-45.39		1008.47		719.89
七、经常转移	Current Transfers	254.16	98.92	49.00	222.19	45.35	189.69
(一)收入税	Income Tax		19.63	3.56		3.56	
(二)社会保险缴款	Social Insurance Contributions	31.97	74.46	42.49		38.84	
(三)社会保险福利	Social Insurance Benefits	59.11			59.11		42.92
(四)社会补助	Social Assistance	163.08			163.08		146.77
(五)其他	Others		4.83	2.95		2.95	
八、可支配总收入	Total Disposable Income		-200.62		1181.66		864.23
九、最终消费	Final Consumption	410.19		587.17		401.61	
(一)居民消费	Household Consumption			587.17		401.61	
(二)政府消费	Government Consumption	410.19					
十、总储蓄	Total Savings		-610.81		594.49		462.62
十一、资本转移	Capital Transfers	519.32					
(一)投资性补助	Investment Grant	519.32					
(二)其他	Others						
十二、资本形成总额	Gross Capital Formation	227.89		162.93		248.35	
(一)固定资产形成总额	Gross Fixed Capital Formation	227.89		323.11		248.35	
(二)存货增加	Increase in Inventories			-160.18			
十三、其他非金融资产获得减处置	Other Non-financial Assets Gets Minus the Disposal						
十四、净金融投资	Net Financial Investment	-1358.02		431.56		214.27	
十五、统计误差	Statistical Error						

Continued

(100 million yuan)

农村住户部门 Rural Households		省内合计 Total Province		国内省外 Domestic and out of Province		国外部门 Foreign		合计 Total	
运用 Use	来源 Source	运用小计 Subtotal Use	来源小计 Subtotal Source	运用 Use	来源 Source	运用 Use	来源 Source	运用 Use	来源 Source
					-823.07				-823.07
	104.80		1893.54						1893.54
94.32	219.17	834.44	834.44					834.44	834.44
94.32	219.17	781.32	781.32					781.32	781.32
		53.12	53.12					53.12	53.12
	56.86	227.50	227.50					227.50	227.50
		168.16	168.16					168.16	168.16
	56.86	59.34	59.34					59.34	59.34
5.39	4.99	503.49	503.49					503.49	503.49
5.39	4.88	498.57	498.57					498.57	498.57
	0.11	4.92	4.92					4.92	4.92
	286.10		1893.54						1893.54
	32.50	321.11	321.11					321.11	321.11
		19.63	19.63					19.63	19.63
3.65		74.46	74.46					74.46	74.46
	16.19	59.11	59.11					59.11	59.11
	16.31	163.08	163.08					163.08	163.08
		4.83	4.83					4.83	4.83
	318.60		1893.54						1893.54
185.56		997.36						997.36	
185.56		587.17						587.17	
		410.19						410.19	
	133.04		896.18						896.18
		519.32	519.32					519.32	519.32
		519.32	519.32					519.32	519.32
-85.42		1736.80						1736.80	
74.76		1913.25						1913.25	
-160.18		-176.45						-176.45	
218.46		-840.62						-840.62	

主要统计指标解释

信贷资金　指金融机构以信用方式积聚和分配的货币资金。金融机构信贷资金的来源有各项存款、金融债券、对国际金融机构负债、流通中现金、其他项目等;信贷资金的运用有各项贷款、有价证券及投资、金银占款、外汇占款、财政借款及在国际金融机构中的资产等。

存款　指企业、机关、团体或居民根据资金必须收回的原则,把货币资金存入银行或其他信贷机构保管并取得一定利息的一种信用活动形式。根据存款对象或性质的不同可划分为企业存款、财政存款、机关团体存款、城乡储蓄存款、农业存款、信托及委托类存款、其他存款等科目。它是银行信贷资金的主要来源。

贷款　指银行或其他信贷机构根据资金必须归还的原则,按一定利率,为企业、个人等提供资金的一种信用活动形式。我国银行贷款分为短期贷款、委托及信托类贷款、其他类贷款等。

保险公司　在中国境内的、经过保险监督管理部门批准设立,并依法登记注册的各类商业保险公司。

保险金额　指保险人承担赔偿或者给付保险金责任的最高限额。

保费　指投保人为取得保险人在约定范围内所承担赔偿责任而支付给保险人的费用。

赔款　指保险人根据保险合同的规定,向被保险人支付的赔偿保险责任损失的金额。

给付　包括死伤医疗给付和满期给付。死伤医疗给付是指保险人根据人寿保险及长期健康保险合同的规定,因被保险人在保险期内发生保险责任范围内的保险事故支付给被保险人(或受益人)的金额。满期给付是指被保险人生存期满,保险人按人寿保险合同规定支付给被保险人的满期保险金额。

机构单位　指有权拥有资产和承担负债,能够独立地从事经济活动并与其他实体进行交易的经济实体。

机构部门　将相同性质的机构单位归并在一起,就形成机构部门。资金流量核算将常住机构单位划分为以下四个机构部门:非金融企业部门、金融机构部门、政府部门、住户部门。与常住单位发生经济往来关系的非常住单位组成国外部门,在资金流量核算中也视同机构部门。

初次分配总收入　初次分配是生产活动形成的净成果在参与生产活动的生产要素的所有者及政府之间的分配。生产活动的净成果是增加值。生产要素包括劳动力、土地、资本。劳动力所有者因提供劳动而获得劳动报酬;土地所有者因出租土地而获得地租;资本的所有者因资本的形态不同而获得不同形式的收入:借贷资本所有者获得利息收入;股权所有者获得红利或未分配利润;政府因直接或间接介入生产过程而获得生产税或支付补贴。初次分配的结果形成各个机构部门的初次分配总收入。各部门的初次分配总收入之和就等于国民总收入,亦即国民生产总值。

经常转移　转移是一个机构单位向另一个机构单位提供货物、服务或资产,而同时并没有从后一机构单位获得任何货物、服务或资产作为回报的一种交易。经常转移包括扣除资本转移外的所有转移。其形式有收入税、社会保险付款、社会补助和其他经常转移。

可支配总收入　在初次分配总收入的基础上,通过经常转移的形式对初次分配总收入进行再次分配。再分配的结果形成各个机构部门的可支配总收入。各部门的可支配总收入之和称为国民可支配总收入。

总储蓄　指可支配总收入用于最终消费后的余额。各部门的总储蓄之和称为国民总储蓄。

资本转移　指一个部门无偿地向另一个部门支付用于非金融投资的资金,是一种不从对方获取任何对应物作为回报的交易。资本转移具有不同于经常转移的两个特征,一是转移的目的是用于投资,而不是用于消费;二是资本转移其实物形式往往涉及除存货和现金以外资产所有权的转移;其现金形式往往涉及除存货以外的资产的处置。资本转移包括投资性补助和其他资本转移。

Explanatory Notes on Main Statistical Indicators

Credit Funds refer to the monetary funds accumulated and distributed in the means of credit by the financial institutions. The sources of credit funds include various deposits, financial bonds, liabilities to international financial institutions, currency in circulation, other items. The uses of credit funds include loans, securities and investment, position for bullion and silver purchase, position for foreign exchange purchase, advances to treasury, and assets with international financial institutions.

Deposit is a form of credit by which enterprises, institutions, organizations or households can put money into banks and other credit institutions for safekeeping and interest earning under the principle of free withdrawal. According to different depositors, deposits are divided into enterprise deposits, fiscal deposits, deposits of government agencies and organizations, savings deposits of rural and urban households, agricultural savings deposits, entrusted deposits and other deposits. Deposits are major sources of the credit funds of banks.

Loan is a form of credit by which banks and other credit institutions provide funds at certain interest rate to enterprises and individuals in the light of the principle of unconditional repayment. Loans from Chinese banks include short – term loan, medium – term and long – term loans, entrusted loans, and other loans.

Insurance Companies refer to commercial insurance companies of various forms registered by law and established in China with the approval of insurance regulatory agencies.

Amount Insured refers to the maximum that the insurant will get for the claim of the case insured.

Premium is the fee paid by the insurant to the insurer to obtain the obligation of compensation from the insurance within the agreed terms.

Settled Claim is the compensation paid by the insurer to the insurant in accordance with the insurance contract.

Payment includes payment for death, injury or medical treatment and payment at maturity. Payment for death, injury or medical treatment refers to the money paid to the insurant (or the beneficiary) in accordance with the life or health insurance contract when the insurant encounters accidents within the insured period covered in the contract. Payment at maturity refers to the payment to the insurant in accordance with the life insurance contract at the end of the insured period.

Institutions Unit refer to economic entity which have the right to own assets and liabilities, to be able to engage in economic activities independently and to engage in transactions with other entities.

Institutional Departments refer to the consolidated institutional units with the same nature. Capital flow accounting will be permanent institutional units divided into the following four institutional sectors: non – financial corporate sector, financial institutions, government departments, household sector. The foreign departments composed by the non – resident units which occurred economic relations with resident units shall be deemed as departments and agencies in the flow of funds accounts .

Initial Distribution of Income initial distribution refer to the distribution between the owner of production factors the production activities and government in the net result of production activities. Net result of production activities is an added value. Production factors including labor, land, capital. Ownership of labor obtain labor remuneration for labor, while land owners obtain rent because of the leased land, owner of capital obtain different forms of income because of different forms of capital: loan capital owner obtain the interest income, equity holders receive dividends or undistributed profit and government obtained production tax or the payment of subsidies because of directly or indirectly involving in the production process. The initial distribution of the various institutional sectors form their total revenue. The total income of the initial distribution of the various institutional sector is equal to the gross national income, which is the gross national product.

Current Transfers Transfer refers to transaction that an institutional unit supply goods and services or assets to another unit, while does not obtain any goods, services or assets as a returns. Current transfers include all transfers excluding capital transfers. It is formed by income tax, social insurance payments, social assistance and other current transfer.

Total Disposable Income On the basis of initial distribution, the total income is allocated again by the form of the current transfer. The result of the redistribution forms the disposable income of the various institutional sectors. The total income of the various institutional sectors is the national disposable total income.

Total Savings refers to the balance of disposable income after final consumption. The total savings of the various institutional sectors is the national total savings.

Capital Transfers Refers to the funds a department pays gratis to another department for the payment of non – financial investment. The transaction isn't obtain any correspondence as a return . There are two capital characteristics that make the capital transfer different from the current transfer: one is that the transfer shifted to invest, but not for consumption and the other is capital transfer the kind often involve ownership transfer except for stock and cash assets and the form of cash often involves the disposal of assets except for stocks. Capital transfers include investment grants and other capital transfers.

第 20 篇
CHAPTER 20

教育和科技
Education, Science and Technology

每万人口中在校学生数

（人）

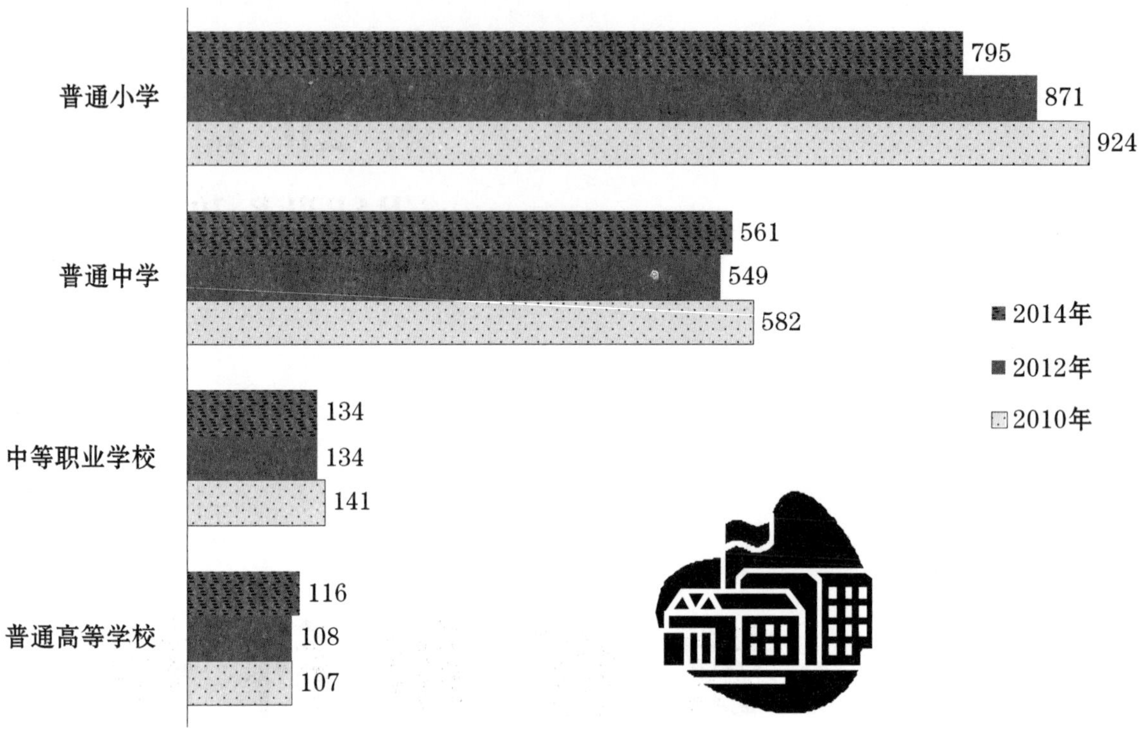

县级以上科学研究与技术开发机构基本情况

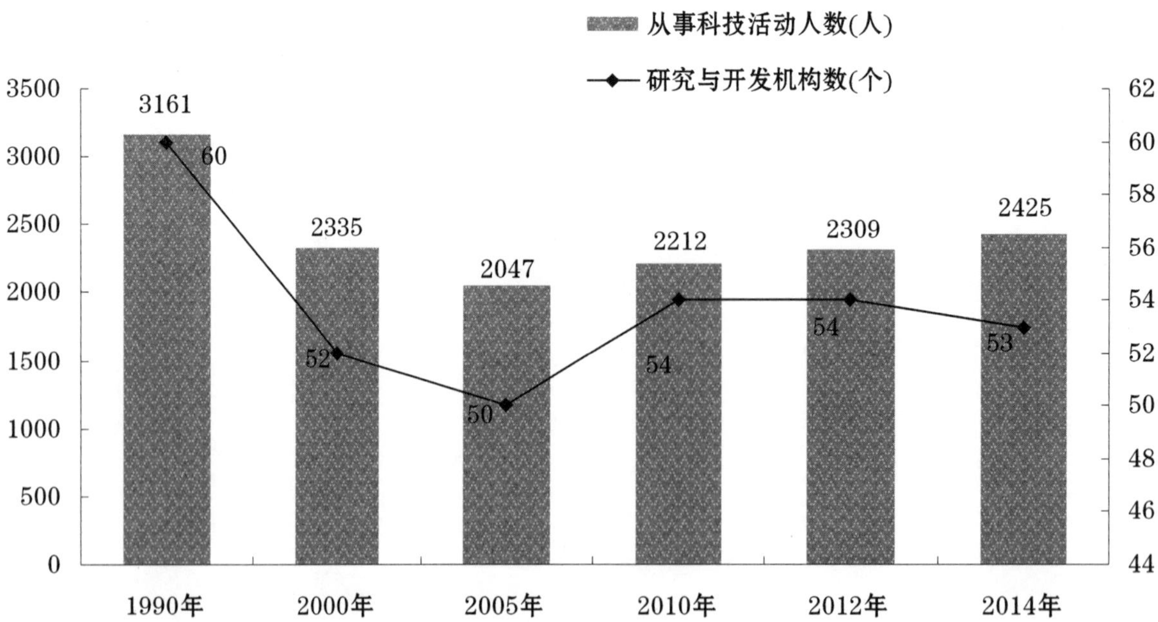

20-1 主要年份各级各类学校数

Number of Schools by Level and Type of School in Main Years

单位：所 (unit)

年 份 Year 地 区 Region		普通高等学校 Regular Institutions of Higher Education	中等职业教育 Secondary Vocational Education	普通中学 Regular Secondary Schools	普通小学 Regular Primary Schools
1952			7	4	1065
1957		1	18	14	1441
1965		1	14	30	5847
1970		3	9	49	3097
1975		4	11	540	6531
1978		6	27	818	6577
1980		6	33	582	5207
1985		7	37	435	4256
1990		7	39	484	3839
1995		7	34	471	3437
1996		7	34	467	3451
1997		6	35	459	3473
1998		6	35	449	3465
1999		6	35	448	3448
2000		8	15	448	3429
2001		6	16	486	3159
2002		8	15	444	3120
2003		9	17	504	2998
2004		9	14	507	2995
2005		8	47	511	2898
2006		8	50	498	2841
2007		8	45	495	2727
2008		8	43	491	2556
2009		9	39	449	2047
2010		9	40	434	1792
2011		9	40	416	1533
2012		9	39	370	1425
2013		9	38	365	1250
2014		12	38	370	1114
西宁市	Xining City	10	19	140	170
海东市	Haidong City	1	6	100	498
海北州	Haibei Zang A.P		2	12	32
黄南州	Huangnan Zang A.P		1	19	144
海南州	Hainan Zang A.P		2	23	53
果洛州	Golog Zang A.P		5	11	55
玉树州	Yushu Zang A.P		1	14	115
海西州	Haixi Mongolian & Zang A.P	1	2	51	47

20–2 主要年份普通高等学校基本情况

Basic Statistics on Regular Institution of Higher Education in Main Years

单位：人 (person)

年份 Year 地区 Region		毕业人数 Graduates	招生人数 New Enrollment	在校学生数 Total Enrollment	教职工人数 Teachers and Staff	专任教师 Full-time Teachers	生师比 Student-Teacher Ratio
1957			102	178	113	55	3.2
1965		297	176	566	634	326	1.7
1970		323	368	616	792	351	1.8
1975		688	861	2709	1350	625	4.3
1978		785	1314	3538	1663	819	4.3
1980		692	1208	4238	1970	999	4.2
1985		1159	2037	6414	2559	1253	5.1
1990		1930	1725	6241	2805	1470	4.2
1995		2133	2339	7332	2965	1410	5.2
1996		2033	2460	7780	2973	1398	5.6
1997		2135	2619	8202	3108	1587	5.2
1998		2241	2787	8691	3399	1678	5.2
1999		2490	3172	7347	3454	1711	5.5
2000		2130	6105	13307	4229	2107	6.3
2001		2561	7032	17918	4669	2094	8.6
2002		2763	7123	22198	5314	2580	8.6
2003		4771	9075	26124	5589	2769	9.9
2004		5802	9452	29483	5820	3079	9.6
2005		8344	12812	34374	5830	3051	11.3
2006		8773	12318	37146	6038	3296	11.3
2007		9842	12493	39066	6127	3156	12.4
2008		13986	20505	55792	6242	3368	16.6
2009		14626	18375	58229	6418	3757	15.5
2010		15000	18676	60384	6682	3731	14.4
2011		20748	19075	58661	6677	3735	13.6
2012		16422	20832	61858	6668	3717	15.4
2013		17327	20797	63918	6851	3785	16.9
2014		17740	22805	67533	6182	3920	15.8
西宁市	Xining City	17740	22529	67257	6125	3881	15.8
海西州	Haixi Mongolian & Zang A.P		276	276	57	39	15.8

注：1.2008年以后普通高校毕业生数、招生数、在校生数含成人本专科生。

2.生师比采用教育统计折算法测算，生师比=折合在校生数/教师总数.

折合在校生数=普通本、专科(高职)生数+硕士生数*1.5+博士生数*2+留学生数*3+预科生数+进修生数+成人脱产班学生数+夜大(业余)学生数*0.3+函授生数*0.1+自学助考生+中职在校生数

教师总数=专任教师数+聘请校外教师数*0.5

a) Graduates, new enrollment and total enrollment of regular institution of higher education after 2008 include adult undergraduates and adult college students.

b) The teacher-student ratio is calculated by education statistical conversion method.

Number of Reduced total enrollment =number of ordinary undergraduate,college(Higher Vocational) students+number of Masters*1.5, number of doctors*2 students*0.3,Student-teacher ratio is number of reduced total enrollment divide by total number of teacthers. students*0.3+number of orrespondence students*0.1+number of self-study students+number of secondary vocational school students.

Total number of teacthers=number of Full-time teachers+ half of outside school teachers hired.

20-3　主要年份中等职业教育基本情况

Basic Statistics on Secondary Vocational Schools in Main Years

单位：人 (person)

年份 Year 地区 Region		毕业人数 Graduates	招生人数 New Enrollment	在校学生数 Total Enrollment	教职工人数 Teachers and Staff	专任教师 Full-time Teachers	生师比 Student-Teacher Ratio
1952		134	499	1602	236	88	18.2
1957		465	1486	5856	862	330	17.8
1965		510	1644	3825	753	313	12.2
1970		970	1677	2210	578	261	8.5
1975		1502	2006	5703	989	436	13.1
1978		1778	3459	7966	1374	657	12.1
1980		2484	2922	9615	1917	955	10.5
1985		2872	4512	12159	2555	1283	9.5
1990		4216	3378	11286	3102	1670	6.8
1995		3280	4217	13643	3048	1691	8.1
1996		4296	4186	13479	3062	1701	7.9
1997		4121	3867	13215	3048	1719	7.7
1998		4215	4019	12925	3079	1758	7.4
1999		4252	4050	12600	3072	1777	7.1
2000		4093	4781	13406	2398	1363	9.8
2001		3477	3006	12296	2252	1307	9.4
2002		3266	2881	11382	1159	713	16.0
2003		4204	1829	8107	773	470	10.2
2004		2401	1466	5028	546	342	14.7
2005		5836	13216	24656	2227	1588	15.5
2006		7939	21173	36886	2408	1723	21.4
2007		9175	30861	54566	2569	1906	28.6
2008		13798	30968	67917	3100	2379	28.5
2009		19356	31892	76375	3140	2480	30.8
2010		19773	30713	79105	3157	2444	32.4
2011		21620	29600	80057	3222	2549	31.4
2012		23660	30143	76842	3188	2454	31.3
2013		22386	29277	77784	3234	2567	30.3
2014		20116	27303	77163	3022	2450	31.5
西宁市	Xining City	11161	13628	41186	1838	1495	27.5
海东市	Haidong City	3861	7035	16473	443	413	39.9
海北州	Haibei Zang A.P	1020	846	2203	161	119	18.5
黄南州	Huangnan Zang A.P	642	789	2332	22	19	122.7
海南州	Hainan Zang A.P	676	1161	4338	78	68	63.8
果洛州	Golog Zang A.P	392	741	1854	121	39	47.5
玉树州	Yushu Zang A.P	689	889	2881	174	150	19.2
海西州	Haixi Mongolian & Zang A.P	1675	2214	5896	185	147	40.1

20-4 主要年份普通中学基本情况

Basic Statistics on Regular Secondary Schools in Main Years

单位：人 (person)

年份 Year / 地区 Region		毕业人数 Graduates	招生人数 New Enrollment	在校学生数 Total Enrollment	教职工人数 Teachers and Staff	专任教师 Full-time Teachers	生师比 Student-Teacher Ratio
1952		193	454	1221	137	60	8.9
1957		1026	4111	9382	539	400	17.4
1965		2182	4403	11978	1122	767	10.7
1970		8096	14374	38913	1700	1375	22.9
1975		26410	53092	120724	7528	5857	16.0
1978		49600	78600	209100	11512	9791	18.2
1980		58600	70597	199200	14058	10779	18.5
1985		58200	76200	230700	16599	12917	17.9
1990		67074	76269	217470	20161	16023	13.6
1995		57835	69755	193862	19190	15691	12.4
1996		55389	67599	192854	19046	15638	12.3
1997		58488	70944	194628	19440	16089	12.1
1998		58703	72987	195037	18884	16009	12.2
1999		56712	78901	207214	19090	16260	12.7
2000		57812	86540	224660	19378	16645	13.5
2001		61357	93034	244629	19835	16857	14.5
2002		56820	85181	220921	16670	14801	14.9
2003		75421	110325	294400	21257	18613	15.8
2004		83727	111830	315284	21853	19402	16.3
2005		93478	116340	327502	22370	20050	16.3
2006		100558	111044	328027	23047	20765	15.8
2007		101883	112097	327039	23357	21038	15.5
2008		106574	106538	315371	23429	21194	14.9
2009		100108	114485	322666	23587	21308	15.1
2010		100291	115028	327178	23923	21875	14.9
2011		99746	111925	330309	24482	22422	14.7
2012		104354	111579	314728	24560	22526	14.0
2013		98110	116321	317121	25438	23598	13.4
2014		94044	112779	325464	24869	23346	13.9
西宁市	Xining City	35030	41854	121862	9314	8915	13.7
海东市	Haidong City	25555	29522	84764	6813	6586	12.9
海北州	Haibei Zang A.P	5639	6341	17810	1365	1205	14.8
黄南州	Huangnan Zang A.P	4954	5527	15927	1029	932	17.1
海南州	Hainan Zang A.P	8343	9678	27363	2079	1947	14.1
果洛州	Golog Zang A.P	2252	3058	9933	749	562	17.7
玉树州	Yushu Zang A.P	4561	7140	19971	1127	1071	18.6
海西州	Haixi Mongolian & Zang A.P	7710	9659	27834	2393	2128	13.1

20−5 主要年份小学基本情况
Basic Statistics on Primary Schools in Main Years

单位：万人、人 (10 000 persons,person)

年份 Year / 地区 Region		毕业人数 Graduates	招生人数 New Enrollment	在校学生数 Total Enrollment	教职工人数 Teachers and Staff	专任教师 Full-time Teachers	生师比 Student-Teacher Ratio
1952		0.6	0.9	8.8	2542	2375	
1957		2.3	4.1	15.4	4661	4401	34.9
1965		1.7	14.8	31.0	11148	10812	28.6
1970		2.3	3.4	23.1	10196	10057	23.0
1975		4.8	18.3	54.1	20512	19485	27.7
1978		6.5	13.4	59.9	24933	23918	25.0
1980		6.3	11.5	57.5	27049	25162	22.8
1985		6.1	9.6	54.2	26818	24649	22.0
1990		6.5	7.7	49.0	28582	26515	18.5
1995		5.9	8.3	44.8	28810	26881	16.7
1996		5.9	8.7	46.0	29298	27350	16.8
1997		6.1	8.9	47.1	29490	27611	17.1
1998		6.3	9.1	48.7	29433	27702	17.6
1999		6.9	9.6	50.1	29130	27452	18.2
2000		7.6	9.4	50.5	29371	27706	18.2
2001		7.9	9.5	50.2	29377	27870	18.0
2002		8.1	10.3	50.7	29546	28215	18.0
2003		8.2	9.5	50.7	29692	28496	17.8
2004		8.1	9.9	51.3	28926	27832	18.4
2005		8.1	8.9	50.7	28551	27478	18.4
2006		7.6	10.2	52.2	29209	28124	18.6
2007		7.1	10.1	53.1	28393	27303	19.4
2008		6.9	9.3	53.8	28115	27318	19.7
2009		7.8	8.7	53.3	27814	26794	19.9
2010		8.2	8.1	51.9	27516	26584	19.5
2011		8.0	8.2	51.2	26542	25897	19.8
2012		8.1	8.3	49.9	27052	26103	19.1
2013		8.3	7.8	47.4	28002	26974	17.5
2014		7.8	7.6	46.1	26187	25224	18.3
西宁市	Xining City	2.7	2.4	15.0	7282	7269	20.6
海东市	Haidong City	1.9	1.9	11.8	6872	6851	17.3
海北州	Haibei Zang A.P	0.4	0.4	2.5	1460	1259	19.5
黄南州	Huangnan Zang A.P	0.4	0.4	2.6	1652	1645	15.7
海南州	Hainan Zang A.P	0.7	0.7	4.2	2647	2559	16.4
果洛州	Golog Zang A.P	0.3	0.3	1.8	1527	1061	17.4
玉树州	Yushu Zang A.P	0.7	0.8	4.4	2353	2292	19.1
海西州	Haixi Mongolian & Zang A.P	0.6	0.7	3.8	2394	2288	16.8

20-6 主要年份幼儿教育事业基本情况

Basic Statistics on Kindergartens in Main Years

单位：人 (person)

年份 地区	Year Region	幼儿园数(所) Kindergartens (unit)	在园幼儿数 Total Enrollment	教职工人数 Teachers and Staff	幼师 Kindergarten Teachers	生师比 Student-Teacher Ratio
1952		3	560	46	25	22.4
1957		4	882	121	40	22.1
1965		13	2007	212	65	30.9
1980		46	15561	1053	408	38.1
1985		219	29140	1417	843	34.6
1990		203	44320	1820	1275	34.8
1995		203	72030	2694	1719	41.9
1996		192	70467	2443	1690	41.7
1997		185	73735	2947	2141	34.4
1998		192	70908	2643	1883	37.7
1999		189	66795	2784	1999	33.4
2000		201	63711	2721	2115	30.1
2001		183	67387	2646	1491	45.2
2002		215	69402	3079	1704	40.7
2003		220	74075	3243	1825	40.6
2004		240	77512	3518	1955	39.6
2005		284	82558	3978	2211	37.3
2006		317	88006	4265	2386	36.9
2007		318	88985	4384	2484	35.8
2008		374	94274	4701	2676	35.2
2009		466	101425	5356	3143	32.3
2010		599	111950	6202	3544	31.6
2011		980	134022	7334	4051	33.1
2012		1143	153340	7243	4361	35.2
2013		1245	166659	8047	4668	35.7
2014		1316	174980	9340	5276	28.4
西宁市	Xining City	364	71330	4960	2756	24.5
海东市	Haidong City	318	44449	1829	1020	31.8
海北州	Haibei Zang A.P	160	9179	167	115	79.2
黄南州	Huangnan Zang A.P	94	8401	156	109	56.2
海南州	Hainan Zang A.P	270	18280	1275	729	23.5
果洛州	Golog Zang A.P	10	3997	71	46	27.4
玉树州	Yushu Zang A.P	42	4886	102	76	64.3
海西州	Haixi Mongolian & Zang A.P	58	14458	780	425	27.2

注：幼儿园生师比采用独立园生师比。

a) The kindergarten teacher-student ratio is calculated by independent kindergartens.

20-7 主要年份基础教育基本情况

Basic Statistics on Basic Education in Main Years

单位：%　　(%)

年份 Year 地区 Region		初中毕业生升学率 Promotion Rate from Junior Secondary Schools to Senior Seconday Schools	小学毕业生升学率 Promotion Rate from Primary Schools to Junior Secondary Schools	小学学龄儿童入学率 Net Enrollment Ratio of Primany Schools
1952		82.1	45.1	
1957		113.0	58.1	
1965		93.7	106.7	73.1
1970		46.8	53.4	51.4
1975		63.0	89.5	89.8
1978		58.8	92.1	85.5
1980		40.2	86.9	82.4
1985		49.9	92.6	79.2
1990		48.4	88.9	81.5
1995		52.5	86.5	87.4
1996		66.5	87.9	89.6
1997		67.9	87.4	90.4
1998		60.1	91.1	92.1
1999		60.5	90.5	92.7
2000		66.4	88.7	94.2
2001		63.1	89.6	95.4
2002		65.5	92.0	95.4
2003		62.5	95.2	96.1
2004		66.5	96.9	96.6
2005		74.6	97.3	97.0
2006		75.1	97.3	97.1
2007		89.3	100.1	98.6
2008		85.0	97.5	99.4
2009		85.9	99.9	99.5
2010		86.5	95.6	99.6
2011		89.5	95.5	99.7
2012		86.1	90.6	99.7
2013		91.7	91.9	99.7
2014		92.4	94.3	99.7
西宁市	Xining City	110.6	99.3	100.0
海东市	Haidong City	94.2	95.4	99.7
海北州	Haibei Zang A.P	74.8	93.2	99.8
黄南州	Huangnan Zang A.P	76.5	85.6	98.6
海南州	Hainan Zang A.P	63.5	88.6	99.7
果洛州	Golog Zang A.P	59.8	81.8	98.8
玉树州	Yushu Zang A.P	61.8	86.2	99.1
海西州	Haixi Mongolian & Zang A.P	92.1	97.2	100.0

20-8 主要年份全省每万人口中在校学生数

Students Enrollment per 10 Thousand People in Main Years

单位：人 (person)

年份 Year	普通高等学校 Regular Institutions of Higher Education	中等职业学校 Secondary Vocational Schools	普通中学 Regular Secondary Schools	普通小学 Primary Schools
1952		10.0	8.0	547.0
1957	0.9	30.0	46.0	749.0
1965	3.0	16.0	52.0	1343.0
1970	2.0	8.0	138.0	818.0
1975	8.0	17.0	358.0	1602.0
1978	10.0	22.0	573.0	1642.0
1980	11.0	25.0	529.0	1525.0
1985	15.9	30.3	556.4	1350.6
1990	14.0	25.4	489.9	1104.6
1995	15.4	28.6	406.0	938.2
1996	15.9	27.6	421.6	941.1
1997	16.5	26.7	392.7	951.2
1998	17.3	25.7	387.9	967.9
1999	18.3	24.7	406.5	982.1
2000	25.7	25.9	433.7	974.5
2001	34.2	23.5	467.6	959.2
2002	42.0	21.5	499.8	958.4
2003	48.9	19.7	551.5	949.6
2004	54.7	34.9	585.4	951.7
2005	63.3	45.4	602.9	933.1
2006	92.7	67.3	598.9	953.1
2007	92.4	98.9	592.9	963.1
2008	100.7	122.5	569.0	970.9
2009	104.5	137.0	578.9	956.9
2010	107.4	140.8	582.2	923.5
2011	103.2	140.9	581.4	900.6
2012	107.9	134.1	549.1	870.6
2013	110.6	134.6	548.9	820.2
2014	116.0	134.1	561.1	794.9

20—9 主要年份县级以上科学研究与技术开发机构情况
Basic Statistics on Scientific and Technological Activities of Scientific Research and Development Institutions at County Level and Above in Main Years

指 标	Item	2010	2012	2013	2014
科学研究与技术开发机构数 (个)	Scientific Research and Development Institutions (unit)	54	54	54	53
从事科技活动人数 (人)	Personnel Engaged in S&T Activities (person)	2212	2309	2445	2425
科技管理人员	Science and Technology Managerial Personnel	375	386	405	443
课题活动人员	Personnel in Research and Experiment	1347	1416	1443	1481
科技服务人员	Personnel in Science and Technology Service	490	507	597	501
科学研究与技术开发经费收入(万元)	Income of Scientific Research and Development (10 000 yuan)	94984	65506	64761	69562
科学研究与技术开发经费支出(万元)	Expenditure on Scientific Research and Development (10 000 yuan)	83323	59189	57922	68099
科学研究与技术开发课题 (项)	Tasks on Scientific Research and Development (item)	520	563	619	668
基础研究	Basic Research	100	157	175	190
应用研究	Applied Research	121	138	159	178
试验发展	Experimental Development	97	95	113	123

20—10 主要年份国有事业、企业单位各类专业技术人员情况
Scientific and Technical Personnel in State-owned Institutions and Enterprises in Main Years

单位：人 (person)

指 标	Item	2005	2010	2012	2013	2014
总计	**Total**	**109589**	**117652**	**134651**	**139471**	**138691**
市(州)	City (Prefecture)	12726	15524	17953	18294	17341
县(市、区)	County (City、District)	50722	47117	52932	54573	53639
乡(镇)	Villages (Towns)	22221	25517	27757	27999	27075
高级职务	Senior technical position	7528	15344	17470	18145	17771
正高级职务	Senior Technical Position	619	19	1462	1507	1607
中级职务	Intermediate Technical Position	39222	48018	47295	47560	45512
初级职务	Elementary Technical Position	56760	53222	57361	61021	62346

注：正高级职务指标2010年统计口径为企业单位，其余年份统计口径均为企业、事业单位。

a) The calibre of senior technical position personnel in 2010 is enterprise units. The libre in other year is enterprise units and state-owned institutions.

20–11 国有企、事业单位分行业专业技术人员情况(2014年)
Professional and Technical Personnel in State-owned Institutions and Enterprises by Sector(2014)

单位：人 (person)

行 业	Sector	合 计 Total	
		事业 Institutions	企业 Enterprises
总计	**Total**	**122241**	**16450**
农、林、牧、渔业	Farming, Forestry, Animal Husbandry and Fishery	9719	384
采矿业	Mining	9	2024
制造业	Manufacturing		8376
电力、燃气及水的生产和供应业	Production and Distribution of Electricity, Gas and Water		1208
建筑业	Construction	488	1359
交通运输仓储邮政业	Transport, Storage and Post	1858	388
信息传输计算机服务和软件业	Information Transmission, Computer Service and Software	75	747
批发和零售业	Wholesale and Retail Trades	1	115
住宿和餐饮业	Hotels and Catering Services	11	26
金融业	Financial Intermediation	77	76
房地产业	Real Estate	213	301
租赁和商务服务业	Leasing and Business Services	22	74
科学研究技术服务地质勘查业	Scientific Research, Technology Service and Geological Prospecting	5462	649
水利环境和公共设施管理业	Water Conservancy, Environment and Public Facility Management	2817	454
居民服务和其他服务业	Services to households and Other Services	511	95
教育	Education	61474	
卫生社会保障和社会福利业	Health, Social Security and Social Welfare	30729	
文化体育和娱乐业	Culture, Sports and Entertainment	5004	154
公共管理和社会组织	Public Management and Social Organizations	3771	20

20-12 县以上研究与开发机构人员按学位、学历及技术职称分类(2014年)
Classification of Personnel in Science Research and Development Institutions at County Level and Above in Accordance with Their Degrees, Educational Background and Academic Titles(2014)

单位：人 (person)

指 标	Item	学历 Educational Background				职称 Professional Title		
		博士 Doctor	硕士 Master	大学 University	大专 College	高级 Senior	中级 Middle	其他 Others
总计	**Total**	**178**	**408**	**1239**	**462**	**861**	**753**	**811**
按机构隶属关系分	**Grouped by Administrative Relationship**							
地方部门属	Local Regions	35	263	1119	424	664	594	689
省级部门属	Provincial Department	34	232	828	285	534	447	442
地市级部门属	Prefectural Department	1	31	291	139	130	147	247
中央部门属	Central	143	145	120	38	197	159	122
中国科学院	Chinese Academy of Sciences	142	134	104	38	185	146	119
按机构所在地域分	**Grouped by Region**							
西宁市	Xining City	178	407	1139	417	822	687	753
海东市	Haidong City			2	2	1	3	
海北州	Haibei Zang A.P		1	42	11	11	26	17
黄南州	Huangnan Zang A.P			18	3	8	6	10
海南州	Hainan Zang A.P			8	3	1	4	15
果洛州	Golog Zang A.P			6	12	7	9	4
玉树州	Yushu Zang A.P							
海西州	Haixi Mongolian & Zang A.P			24	14	11	18	12

20-13 县以上研究与开发机构人员、经费情况(2014年)

指 标	Item	机 构 (个) Number of Institutions (unit)	从业人员 (人) Number of Employed Persons (person)
总计	**Total**	**53**	**4160**
按机构隶属关系分	**Grouped by Administrative Relationship**		
地方部门属	Local Regions	50	3673
省级部门属	Provincial Departments	30	3007
地市级部门属	Prefectural Departments	20	666
中央部门属	Central	3	487
中国科学院	Chinese Academy of Sciences	2	458
按机构所在地域分	**Grouped by Region**		
西宁市	Xining City	44	3978
海东市	Haidong City	1	4
海北州	Haibei Zang A.P	2	61
黄南州	Huangnan Zang A.P	2	29
海南州	Hainan Zang A.P	1	20
果洛州	Golog Zang A.P	1	25
海西州	Haixi Mongolian & Zang A.P	2	43
按机构所属行业分	**Grouped by Sector**		
农、林、牧、渔业	Agriculture, Forestry, Animal Husbandry and Fishery	8	349
农业	Farming	4	281
农、林、牧、渔服务业	Services in Support of Agriculture	4	68
制造业	Manufacturing	1	104
化学原料及化学制品制造业	Manufacture of Chemical Raw Material and	1	104
电力、燃气及水的生产和供应业	Production and Supply of Electricity, Gas and Water	1	285
电力、热力的生产和供应业	Production and Supply of Electric Power and Heat Power	1	285
建筑业	Construction	4	443
房屋和土木工程建筑业	Construction of Buildings and Civil Engineering	3	186
土木工程建筑业	Civil Engineering Construction	1	257
交通运输、仓储和邮政业	Transport, Storage and Post	1	48
道路运输业	Road Transport	1	48
信息传输、计算机服务和软件业	Information Transmission, Computer Services and Software	2	42
软件业	Software	2	42
科学研究、技术服务和地质勘查业	Scientific Research, Technical Service and Geologic Prospecting	24	1530
研究与试验发展	Research and Experimental Development	3	485
专业技术服务业	Professional Technical Services	18	958
科技交流和推广服务业	Services of Science and Technology Exchanges and Promotion	3	87
水利、环境和公共设施管理业	Management of Water Conservancy, Environment and Public Facilities	2	215
水利管理业	Management of Water Conservancy	2	215
居民服务、修理和其他服务业	Services to Households, Maintainance and Other Services	1	29
机动车、电子产品和日用产品修理业	Motor vehicles, Electronics and Household Goods Maintainance	1	29
卫生、社会保障和社会福利业	Health, Social Security and Social Welfare	3	957
卫生	Health	3	957
文化、体育和娱乐业	Culture, Sports and Entertainment	1	13
体育	Sports Activities	1	13
文化艺术业	Culture and Arts		
社会、人文科学领域	Social and the Humanities Sciences	5	145

Basic Statistics on Personnel and Funds of Scientific Research and Development Institutions at County Level (2014)

从事科技活动人员 Personnel Engaged in S&T Activities	大学本科及以上学历 University Degree or Above	R&D人员折合全时当量（人年） Full-time Equivalent of R&D Personnel (man-year)	研究人员 Researchers	经费收入总额（千元） Total Funding (1000 yuan)	政府资金 Government Funds	经费支出总额（千元） Total Expenditures (1000 yuan)	科技经费支出 Expenditures on S&T Activities
2425	**1825**	**887**	**541**	**1634088**	**611061**	**1521418**	**680987**
1947	1417	440	193	1380536	407192	1281638	482035
1423	1094	390	170	1225827	302102	1129787	385743
524	323	50	23	154709	105090	151851	96292
478	408	447	348	253552	203869	239780	198952
450	380	439	345	247291	199634	235745	195529
2262	1724	887	541	1586493	564267	1474337	644691
4	2			258	238	258	238
54	43			14826	14385	14306	11757
24	18			12190	11983	9776	7404
20	8			3891	3758	3891	2565
20	6			5309	5309	4855	3499
41	24			11121	11121	13995	10833
324	257	80	24	125922	117079	115343	90601
266	210	80	24	99500	96274	93407	73793
58	47			26422	20805	21936	16808
48	42			39371	3987	30628	8311
48	42			39371	3987	30628	8311
241	197	91	25	248939		248067	27763
241	197	91	25	248939		248067	27763
114	69	23	6	167068	1387	134469	46174
86	48	6	3	64091	1387	53697	41489
28	21	17	3	102977		80772	4685
43	27	26	14	15186	15186	17899	17899
43	27	26	14	15186	15186	17899	17899
41	18			12862	10880	10777	9055
41	18			12862	10880	10777	9055
1207	909	542	387	559916	381651	511564	365322
475	405	449	349	250500	202843	238547	198331
665	453	92	37	281708	161640	257363	154818
67	51	1	1	27708	17168	15654	12173
90	62	10	7	33866	8461	25249	12994
90	62	10	7	33866	8461	25249	12994
11	9			2292	2292	2292	1298
11	9			2292	2292	2292	1298
177	131	22	7	389558	36824	387176	71701
177	131	22	7	389558	36824	387176	71701
12	12	5	2	1343	1114	1502	1502
12	12	5	2	1343	1114	1502	1502
117	92	88	69	37765	32200	36452	28367

20-14 2013-2014年社会、人文科学研究机构人员情况

Basic Statistics on Personnel in Social and Humanities Science Institutions(2013-2014)

单位：人 (person)

名 称	Appellation	全部从业人数 Number of Engaged Persons		从事科技活动人员 Personnel Engaged in S&T Activities		女性 Female		大学本科及以上学历 Bachelor Degree or Above	
		2013	2014	2013	2014	2013	2014	2013	2014
总计	**Total**	**160**	**152**	**159**	**124**	**66**	**54**	**106**	**98**
青海省文化厅	Qinghai Provincial Department of Culture								
青海省文物考古研究所	Institute of Cultural and Historical Relics and Archaeology, Qinghai Pro.	40	36	40	36	19	15	19	21
青海省艺术研究所	Arts Research Institute, Qinghai Pro.	15	16	14	15	7	8	9	9
青海省委宣传部	Qinghai Provincial Publicity Department								
青海省社会科学院	Qinghai Academy of Social Sciences	85	80	85	53	32	23	61	50
青海省教育厅	Qinghai Education Department								
青海教育科学研究所	Qinghai Education Scientific Research Institute	6	7	6	7	3	3	5	6
青海省文学艺术联合会	Qinghai Federation of Literary and Art Circles								
青海省《格萨尔》史诗研究所	Qinghai Gesar Epic Research Institute	8	7	8	7	3	3	6	6
青海省发展和改革委员会	Qinghai Provincial Development and ReformCommission								
青海经济研究院	Qinghai Economic Institute	6	6	6	6	2	2	6	6

20−15　2013−2014年规模以上工业企业科技活动情况表
Basic Statistics on Scientific and Technological Activities of Industrial Enterprises above Designated Size(2013-2014)

指标		Item		2013	2014
有R&D活动的企业数	(个)	Number of Enterprises with R&D Activities (unit)		40	45
R&D人员	(人)	R&D Personnel	(person)	2940	3336
R&D经费内部支出	(万元)	Intramural R&D Expenditure	(10 000 yuan)	89540.4	92527.6
基础研究	(万元)	Basic Research	(10 000 yuan)	344.3	326.0
应用研究	(万元)	Applied Research	(10 000 yuan)	7588.6	8669.4
试验发展	(万元)	Experimental Development	(10 000 yuan)	81607.5	83532.2
全部R&D项目	(项)	R&D Projects	(unit)	145	156
全部项目经费内部支出	(万元)	Project Internal Expenditures	(10 000 yuan)	73274.9	80251.0
企业办科技机构	(个)	Scientific Institutions Run by Enterprise	(unit)	33	47
科技机构人员	(人)	Technology Agency Personnel	(person)	2204	2502

注：R&D指科学研究与试验发展。
a)R&D refers to Research and Development.

20−16 全省重大科技成果登记基本情况(2014年)
Basic Conditions of Important Achievements in Scientific Research(2014)

单位：项、万元 (item, 10 000 yuan)

指 标	Item	合计 Total	科研机构 Scientific Research Institutes	大专院校 Univer sity and Colleges	企业 Enter-prises	医疗机构 Medical Treatment Institutes	其他 Others
总计	**Total**	**402**	**94**	**50**	**105**	**80**	**73**
按应用技术成果水平分类	**By Application Technology Achievements Level**						
国际领先	International Leading	10	3		6	1	
国际先进	International Advanced	33	7	4	13	5	4
国内领先	Domestic Leading	120	20	11	47	20	22
国内先进	Domestic Advanced	99	15	8	31	34	11
国内一般	Domestic Common	16	2		3	7	4
按应用技术成果行业分类	**By Application Technology Achievements Sector**						
农、林、牧、渔业	Agriculture, Forestry, Animal Husbandry and Fishery	133	56	12	21		44
采矿业	Mining	15	2		7		6
制造业	Manufacturing	37	1	2	33		1
电力燃气及水生产供应业	Production and Supply of Electricity, Gas and Water	24		1	20		3
建筑业	Construction	5	1		3		1
交通运输、仓储和邮政业	Transport, Storage and Communications	14	10		4		
信息传输、软件和信息技术服务业	Information Transmission, Software and Information Technology Services	4		4			
公共管理、社会保障和社会组织	Public Administration, Social Security and Social Organizations	3		1			2
科学研究和技术服务业	Scientific Research and Technical Services	21	7	2	5		7
水利、环境和公共设施管理业	Water Conservancy, Environment and Public Facilities Management	12			10		2
卫生和社会工作	Health, Social Security and Social Work	70	1	2		67	
按应用技术成果应用情况分类	**By Application Condition of Application Technology Achievements**						
产业化应用项目数	Number of Application Projects of Industrialization	112	29	2	45	14	22
小批量或小范围应用项目数	Application Number of Items in Small Quantities or Small-scale	129	31	7	35	35	21
试用项目数	Number of Trial Projects	68	13	9	15	12	19
未应用项目数	Number of Not Applied Projects	29	5	6	8	6	4
资金问题	Capital Reason	10	2	4	3	1	
技术问题	Technique Reason	5		2		2	1
市场问题	Market Reason	7	1		5		1
管理问题	Manage Reason	2				1	1
政策因素	Policy Reason	5	2			2	1
经济效益项目数	**Cost-effective Projects**	**46**	**2**		**44**		
应用后本年度取得的经济效益	**Economic Profits Made after Application This year**						
净利润	Net Profits	320942	112		320830		
实交税金	Actual Tax Payments	237922			237922		
出口创汇	Earning Foreign Exchange Through Exports	19000			19000		
节约资金	Saving Capital	11760			11760		
技术转让与许可收入	Technology Transfer and Licensing Income	260	260				

20-17　2013-2014年高等院校科技活动基本情况
Basic Statistics on Higher Education for Scientific Techological Activities (2013-2014)

指　标		Item		理工农医类 Engineering, Agriculture and Medicine		人文、社科类 Humanities and Social Science	
				2013	2014	2013	2014
从事科技活动人数	**（人）**	**Number of Personnel Engaged in S&T Activities**		**4347**	**4230**	**1723**	**1653**
研究与发展经费支出	**（万元）**	**Expenditure on R&D**	**(10 000 yuan)**	**14097**	**11214**	**902**	**863**
研究与发展人员	**（人）**	**Research and Development Personnel**	**(person)**	**477**	**578**	**605**	**657**
研究与发展机构	**（个）**	**R&D Institutions**	**(unit)**	**14**	**14**	**7**	**14**
研究与发展课题	**（项）**	**Questions for Discussion Research and Development**	**(item)**	**557**	**760**	**433**	**549**
研究与发展成果		**Research and Development Achievements**					
出版科技著作	（种）	Monographs of Science Published	(unit)	48	41	55	33
发表科技论文	（篇）	Scientific Papers Issued	(piece)	1642	1595	656	416

20–18 主要年份科协系统科技活动基本情况
Basic Statistics on Scientific and Technological Activities of Science and Technology Associations in Main Years

指 标	Item	2005	2010	2011	2013	2014
学术活动 （次）	**Academic Activities (time)**	**40**	**33**	**65**	**133**	**13**
国内学术会议	Domestic Academic Conference	38	33	65	126	12
国内举行的国际会议	International Conference Held in China	2			7	1
赴国外参加的国际会议(人次)	International Conference Went Abroad(person-time)			32	175	15
科技培训	**Trainings in Science and Technique**					
办培训班 (次)	Training Courses (time)	119	669	609	2291	731
培训人次 (人次)	Training Person-times rson-time)	11151	79800	85586	234131	62300
科普活动	**Activity to Popularize Scientific Knowledge**					
科普讲座次数 (次)	lectures (time)	540	618	815	340	47
参加人次 (人次)	Person-times Participating in (person-time)	190302	351000	538710	229776	497641
科普展览次数 (次)	Exhibitions (time)	469	627	696	1284	32
参观人次 (万人次)	Person-times Visiting (10 000 person-times)	78.9	83	101	130	79
咨询活动	**Scientific and Technological Consulting Service**					
参加咨询的科技人员数 (人)	Scientists and Engineers Participating in (person)	3100			490	122
出版	**Publishing**					
科技期刊年发行册数 (册)	Number of Books Issued of Scientific and Technical Journals (volume)	73400	32800	98400	301100	43000

20－19 2013－2014年全省科技活动情况

Basic Statistics of Scientific and Technological Activities (2013-2014)

指标		Item		2013	2014
科技活动人员	(人)	Scientific and Technological Activities Personnel	(person)	22810	22968
有R&D活动单位	(个)	Number of Institutions with R&D Activities	(unit)	109	115
R&D人员	(人)	R&D Personnel	(person)	7423	7860
博士毕业		Doctor's Degree		415	457
硕士毕业		Master's Degree		897	1102
R&D人员折合全时当量	(人年)	Full-time Equivalent of R&D Personnel	(man-year)	4833	4731
R&D经费内部支出	(亿元)	Intramural R&D Expenditure	(100 million yuan)	13.77	14.32
基础研究		Basic Research		1.60	1.69
应用研究		Applied Research		2.91	2.79
试验发展		Experimental Development		9.26	9.84
专利申请数	(件)	Patent Applications	(piece)	482	629
项目(课题)数	(项)	Number of Projects	(unit)	1667	2052
项目(课题)经费内部支出	(亿元)	Project Intramural Expenditure	(100 million yuan)	10.37	11.36
机构数	(个)	Number of Institutions	(unit)	110	130

20–20 主要年份技术市场基本情况
Basic Statistics of Technical Market in Main Years

单位：项、万元 (unit,10000yuan)

指　标	Item	2000	2005	2010	2012	2013	2014
合同数	**Number of Contracts**	**552**	**318**	**464**	**645**	**747**	**805**
技术开发合同	Technology Development	39	72	68	147	74	99
技术转让合同	Technology Transfer	6	66	48	88	119	64
技术咨询合同	Technology Consultation	111	18	73	134	86	143
技术服务合同	Technology Service	396	162	275	276	468	499
技术合同成交额	**Transaction Value in Technical Market**	**5096.0**	**11811.6**	**114643.9**	**210576.8**	**268862.6**	**354286.6**
技术开发合同	Technology Development	224.2	6415.2	84930.4	137090.9	17220.3	40663.9
技术转让合同	Technology Transfer	68.5	2593.3	7634.1	24357.3	11262.5	68152.6
技术咨询合同	Technology Consultation	607.9	355.6	1274.4	2930.1	36202.9	14439.3
技术服务合同	Technology Service	4195.4	2447.6	20805.1	46198.4	204177.0	231030.8

20–21 主要年份专利申请受理量及授权量
Number of Patent Applications Accepted and Granted in Main Years

单位：件 (piece)

年　份 Year	申请量 Application Accepted	发　明 Inventions	实用新型 Utility Models	外观设计 Designs	授权量 Application Granted	发　明 Inventions	实用新型 Utility Models	外观设计 Designs
1990	111	26	82	3	59	4	55	
1995	100	24	66	10	65	2	61	2
2000	174	36	90	48	117	16	67	34
2001	162	44	75	43	101	15	58	28
2002	151	40	56	55	85	14	48	23
2003	173	70	60	43	91	17	36	38
2004	124	49	44	31	70	21	30	19
2005	216	103	83	30	79	24	34	21
2006	325	79	98	148	97	30	45	22
2007	387	91	115	181	222	28	84	110
2008	431	148	120	163	228	23	100	105
2009	499	175	147	177	368	35	89	244
2010	602	193	129	280	264	41	134	89
2011	732	204	233	295		70		
2012	844	298	283	263	527	101	218	208
2013	1099	520	364	215	502	91	285	126
2014	1534	660	590	284	619	110	357	152

主要统计指标解释

普通高等学校 指按国家规定的设置标准和审批程序批准举办的，通过全国普通高等学校统一招生考试，招收高中毕业生为主要培养对象，实施高等学历教育的全日制大学、独立设置的学院和高等专科学校、高等职业学校及其他机构（独立学院和分校、大专班）。

大学、独立设置的学院主要实施本科层次以上教育。高等专科学校、高等职业学校实施专科层次教育。其他机构是承担国家普通招生计划任务不计校数的机构，包括独立学院、普通高等学校分校、大专班和批准筹建的普通高等学校等。

成人高等学校 指按照国家规定的设置标准和审批程序批准举办的，通过全国成人高等教育统一招生考试，招收具有高中毕业或同等学历的人员为主要培养对象，利用函授、业余、脱产等多种形式对其实施高等学历教育的学校。包括职工高等学校、农民高等学校、管理干部学院、教育学院、独立函授学院、广播电视大学、其他机构等。其他机构是承担国家成人招生计划任务不计校数的机构。

小学学龄儿童入学率 指调查范围内已入小学学习的学龄儿童占校内外学龄儿童总数（包括弱智儿童，不包括盲聋哑儿童）的比重。计算公式为：

$$小学学龄儿童入学率=\frac{已入学的小学学龄儿童数}{校内外小学学龄儿童总数}\times 100\%$$

生师比采用教育统计折算法测算

1、折合在校生数 = 普通本、专科（高职）生数 + 硕士生数 * 1.5 + 傅士生数 * 2 + 留学生数 * 3 + 进修生数 + 成人脱产班学生数 + 夜大（业余）学生数 * 0.3 + 函授生数 * 0.1 + 自学助考生 + 中职在校生数。

2、教师总数 = 专任教师数 + 聘请校外教师数 * 0.5。

3、生师比 = 折合在校生数/教师总数。

科技活动 是指在自然科学、农业科学、医药科学、工程与技术科学、人文与社会科学领域（简称科学技术领域）中与科技知识的产生、发展、传播和应用密切相关的有组织的活动。为核算科技投入的需要，科技活动可分为科学研究与试验发展（R&D）、科学研究与试验发展成果应用及相关的科技服务三类活动。

R&D（科学研究与试验发展，简称"研发"） 是指在科学技术领域，为增加知识总量、以及运用这些知识去创造新的应用进行系统的创造性的活动，包括基础研究、应用研究、试验发展三类活动。

基础研究 是指为了获得关于现象和可观察事实的基本原理的新知识（揭示客观事物的本质、运动规律，获得新发现、新学说）而进行的实验性或理论性研究，它不以任何专门或特定的应用或使用为目的。其成果以科学论文和科学著作为主要形式。

应用研究 是指为获得新知识而进行的创造性研究，主要针对某一特定的目的或目标。应用研究是为了确定基础研究成果可能的用途，或是为达到预定的目标探索应采取的新方法（原理性）或新途径。其成果形式以科学论文、专著、原理性模型或发明专利为主。

试验发展 是指利用从基础研究、应用研究和实际经验所获得的现有知识，为产生新的产品、材料和装置，建立新的工艺、系统和服务，以及对已产生和建立的上述各项作实质性的改进而进行的系统性工作。其成果形式主要是专利、专有技术、具有新产品基本特征的产品原型或具有新装置基本特征的原始样机等。在社会科学领域，试验发展是指把通过基础研究、应用研究获得的知识转变成可以实施的计划（包括为进行检验和评估实施示范项目）的过程。人文科学领域没有对应的试验发展活动。

R&D 人员 指单位内部从事基础研究、应用研究和试验发展三类活动的人员。包括直接参加上述三类项目活动的人员以及这三类项目的管理人员和直接服务人员。为研发活动提供直接服务的人员包括直接为研发活动提供资料文献、材料供应、设备维护等服务的人员。

R&D 经费内部支出 指调查单位在报告年度用于内部开展 R&D 活动（基础研究、应用研究和试验发展）的实际支出。包括用于 R&D 项目（课题）活动的直接支出，以及间接用于 R&D 活动的管理费、服务费、与 R&D 有关的基本建设支出以及外协加工费等。不包括生产性活动支出、归还贷款支出以及与外单位合作或委托外单位进行 R&D 活动而转拨给对方的经费支出。

专业技术人员 指从事专业技术工作和专业技术管理工作的人员，即企事业单位中已经聘任专业技术职务从事专业技术工作和专业技术管理工作的人员，以及未聘任专业技术职务，现在专业技术岗位上工作的人员。包括工程技术人员、农业技术人员、科学研究人员、卫生技术人员、教学人员、经济人员、会计人员、统计人员、翻译人员、图书资料、档案、文博人员、新闻出版人员、律师、公证人员、广播电视播音人员、工艺美术人员、体育人员、艺术人员及企业政治思想工作人员，共十七个专业技术职务类别。用来反映科技人力资源情况。

专利 是专利权的简称，是对发明人的发明创造经审查合格后，由专利局依据专利法授予发明人和设计人对该项发明创造享有的专有权。包括发明、实用新型和外观设计。反映拥有自主知识产权的科技和设计成果情况。

发明（专利） 指对产品、方法或者其改进所提出的新的技术方案。是国际通行的反映拥有自主知识产权技术的核心指标。

实用新型（专利） 指对产品的形状、构造或者其结合所提出的适于实用的新的技术方案。反映具有一定技术含量的技术成果情况。

外观设计（专利） 指对产品的形状、图案、色彩或者其结合所作出的富有美感并适于工业上应用的新设计。反映拥有自主知识产权的外观设计成果情况。

Explanatory Notes on Main Statistical Indicators

Regular Institutions of Higher Education refer to educational establishments set up according to the government evaluation and approval procedures, recruiting graduates from senior secondary schools as the main target by National Matriculation TEST. They include full - time universities, colleges, institutions of higher professional education, institutions of higher vocational education, institutions of higher vocational education and others (non - university tertiary, branch schools and undergraduate classes).

Universities and colleges primarily provide undergraduate courses; institutions of higher professional education and institutions of higher vocational education primarily provide professional trainings; and others refer to educational establishments, which are responsible for enrolling higher education students under the State Plan but not enumerated in the total number of schools, including: branch schools of universities and colleges, and universities and colleges that have been approved and under plan for construction. Non - university tertiary refers to the regular undergraduate branch college which is running in new mechanism and mode, excluding the branch schools and other similar branches of educational institutions.

Institutions of Higher Education for Adults refer to educational establishments, set up in line with relevant rules approved by the government, enrolling staff and workers with senior secondary school or equivalent education, and providing higher education courses in many forms of correspondence, spare time, or full time for adults. Professionals thus trained receive a qualification equivalent to graduates studying regular courses at regular universities, colleges and professional colleges. Institutions of higher learning for adults include schools of higher education for staff and workers, schools of higher education for peasants, colleges for management cadres, pedagogical colleges, independent correspondence colleges, Radio and TV universities and other educational establishments. Other educational establishments have undertakings to enrol adult students but not enumerated in the schools under the State Plan.

Net Enrolment Ratio of Primary Schools refers to the proportion of school age children enrolled at schools to the total number of school age children both in and outside schools (including retarded children, but excluding blind, deaf and mute children). The formula is:

$$\text{Net Enrolment Ratio of Primary Schools} = \frac{\text{Total Primary School - age Children at Schools}}{\text{Total Primary School - age Children Whether or Not Attending School}} \times 100\%$$

The teacher - student ratio is calculated by education statistical conversion method.

Number of Reduced total enrollment = number of ordinary undergraduate, college (Higher Vocational) students + number of Masters * 1.5, number of doctors * 2 + number of foreign students * 3 + number of preppies + number of advanced students + number of adult students + number of evening university and mater students * 0.3 + number of correspondence students * 0.1 + number of self - study students + number of secondary vocational school students.

Total number of teachers = number of Full - time teachers + half of outside school teachers hired.

Student - teacher ratio is number of reduced total enrollment divide by total number of teachers.

Scientific and Technological Activities (S&T Activities) refer to organized activities which are closely related with the creation, development, dissemination and application of the scientific and technical knowledge in the fields of natural sciences, agricultural science, medical science, engineering and technological science, humanities and social sciences (referred to as scientific and technological fields). S&T activities can be classified into 3 categories: research and development (R&D) activities, application of R&D results, and related S&T services. This statistical definition is made by UNICHIEF for scientific and technological activities to meet the need of carrying out statistical work in this field for its member countries particularly the developing countries.

Research and Development (R&D) refers to systematic and creative activities in the field of science and technology aiming at increasing the knowledge and using the knowledge for new application. R&D includes 3 categories of activities: basic research, applied research and experimentation for development. The scale and intensity of R&D are widely used internationally to reflect the strength of S&T and the core competitiveness of a country in the world.

Basic Research refers to empirical or theoretical research aiming at obtaining new knowledge on the fundamental principles regarding phenomena or observable facts to reveal the intrinsic nature and underlying laws and to acquire new discoveries or new theories. Basic research takes no specific or designated application as the aim of the research. Results of basic research are mainly released or disseminated in the form of scientific papers or monographs. This indicator reflects the innovation capacity for original knowledge.

Applied Research refers to creative research aiming at obtaining new knowledge on a specific objective or target. Purpose of the applied research is to identify the possible uses of results from basic research, or to explore new (fundamental) methods or new approaches. Results of applied research are expressed in the form of scientific papers, monographs, fundamental models or invention patents. This indicator reflects the exploration of ways to apply the results of basic research.

Experiments and Development refer to systematic activities aiming at using the knowledge from basic and applied researches or from practical experience to develop new products, materials and equipment, to establish new production process, systems and services, or to make substantial improvement on the existing products, process or services. Results of experiment and development activities are embodied in patents, exclusive technology, and monotype of new products or equipment. In social sciences, experiment and development activities refer to the process of converting the knowledge from basic or applied researches into feasible programs (including conduct of demonstration projects for assessment and evaluation). There are no experiment and development activities in the science of humanities. This indicator reflects the capability of transferring the results of S&T into technique and products, and measures the realization of S&T in spearheading the economic and social development.

R&D Personnel refer to persons engaged in research, management and supporting activities of R & D, including persons in the project teams, persons engaged in the management of S&T activities of enterprises and supporting staff providing direct service to the research projects. This indicator reflects the size of personnel engaged in R&D activities with independent intellectual property.

Funding for S&T Activities refers to funds obtained from various sources for S&T activities, including government funds, self - raised funds by enterprises, self - raised funds by institutions, loans from financial institutions, foreign funds and other funds. This indicator reflects the efforts made by various social economic entities in promoting the development of S&T.

Professional and Technical Personnel refer to persons engaged in professional and technical work or in the management of professional and technical activities, i. e. , people with professional or technical positions who are engaged in professional and technical work or in the management of professional and technical activities, and people without professional or technical positions but are working on professional or technical posts. They include professionals and technicians working in 17 categories of technical occupations including engineering, agriculture, scientific researches, medical service, teaching, economic research and application, accounting, statistics, translation, libraries, archives, cultural and museum service, journalism and publication, lawyers, notarization service, radio and television broadcasting, handicraft and fine arts, sports, performing art, and political workers in enterprises. This indicator reflects the condition of human resources in S&T.

Patent is an abbreviation for the patent right and refers to the exclusive right of ownership by the inventors or designers for the creation or inventions, given from the patent offices after due process of assessment and approval in accordance with the Patent Law. Patents are granted for inventions, utility models and designs. This indicator reflects the achievements of S&T and design with independent intellectual property.

Patented Inventions refer to new technical proposals to the products or methods or their modifications. This is universal core indicator reflecting the technologies with independent intellectual property.

Patented Utility Models refer to the practical and new technical proposals on the shape and structure of the product or the combination of both. This indicator reflects the condition of technological results with certain technical content.

Designs refer to the aesthetics and industrially applicable new designs for the shape, pattern and colour of the product, or their combinations. This indicator reflects the appearance design achievements with independent intellectual property.

第 21 篇

CHAPTER 21

卫生和社会服务

Public Health and Social Services

卫生机构情况

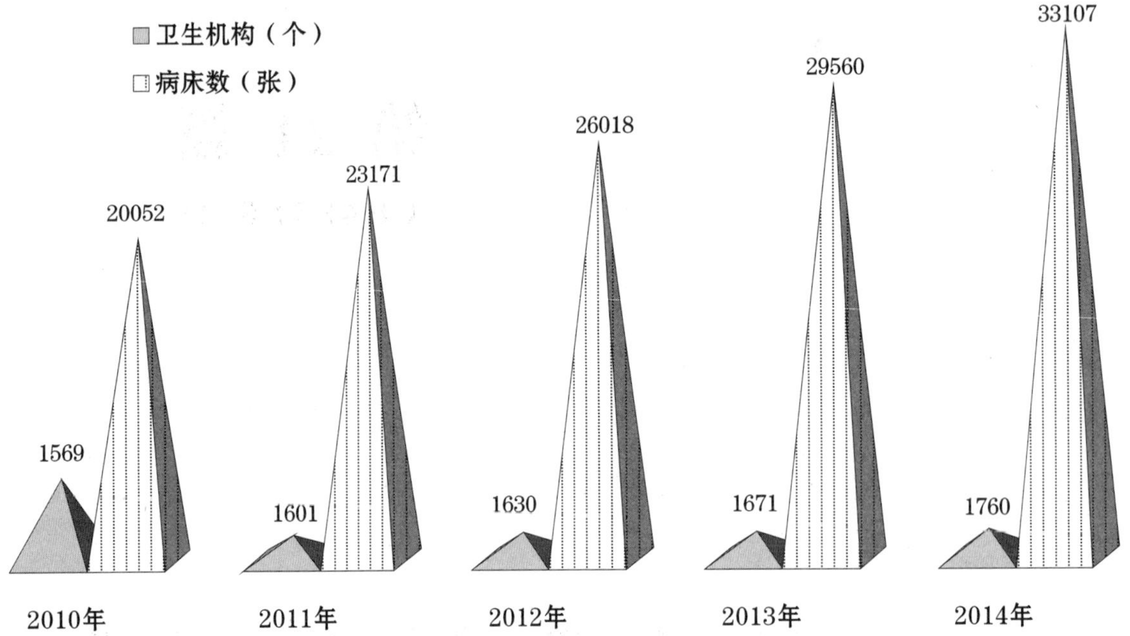

卫生技术人员情况

（人）

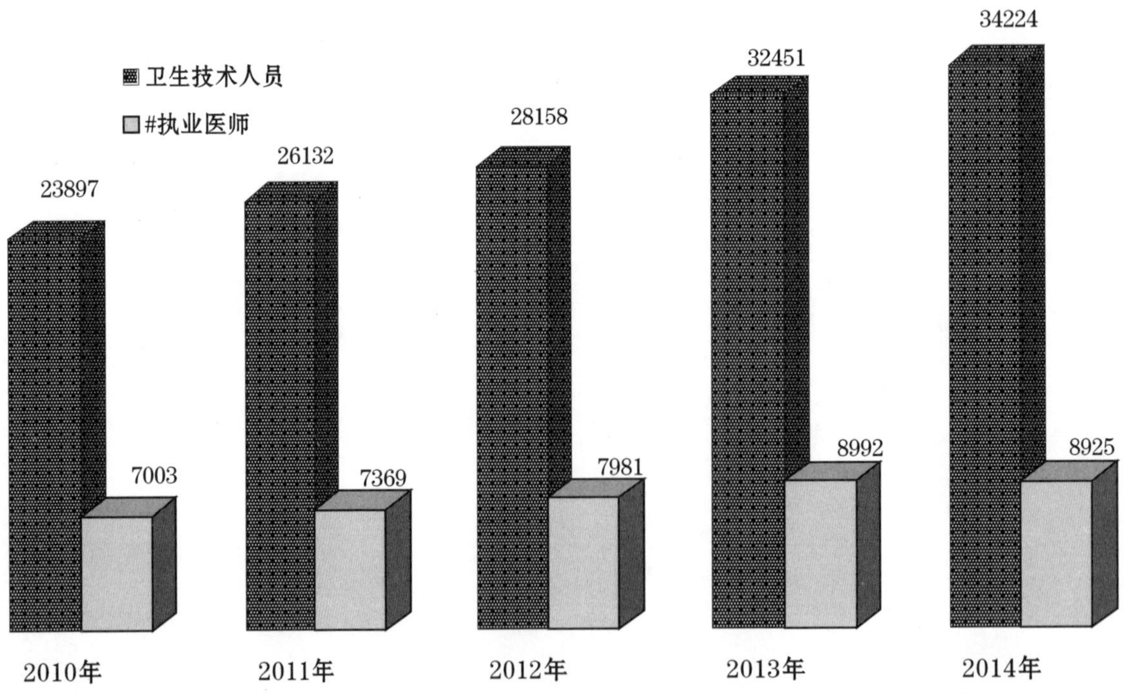

21-1 主要年份卫生事业机构、床位、人员数

Number of Health Care Institutions, Beds and Medical Technical Personnel in Main Years

年 份 Year	卫生机构数(个) Health Care Institutions (unit)	医疗机构 Medical Institutions	病床数(张) Beds (unit)	卫生技术人员(人) Medical Technical Personnel (person)
1952	67	28	529	513
1957	215	45	2115	2605
1965	822	63	6634	6114
1970	818	80	8212	8217
1975	920	499	10222	11390
1978	1032	507	10951	13090
1980	1047	511	11941	15115
1985	1253	518	13743	18031
1986	1282	454	14417	18906
1987	1302	433	15119	19759
1988	1276	445	15093	19780
1989	1226	436	15511	20103
1990	1218	446	15698	19893
1992	1187	510	16828	20239
1993	1172	494	16684	19891
1994	1177	592	16896	20116
1995	1176	592	17165	20233
1996	1201	590	17461	20216
1997	1201	592	17176	21418
1998	1263	591	17096	21159
1999	1259	586	16862	21825
2000	1847	577	16521	21502
2001	1437	564	16464	20119
2002	1411	549	16127	19294
2003	1408	536	16652	23036
2004	1434	535	16461	20002
2005	1478	562	16035	20771
2006	1613	687	16273	20119
2007	1640	688	16383	20347
2008	1643	713	17861	21973
2009	1598	734	19119	23440
2010	1569	734	20052	23897
2011	1601	748	23171	26132
2012	1630	764	26018	28158
2013	1671	771	29560	32451
2014	1760	836	33107	34224

注：2000年及以后卫生机构数据由省卫生部门按统一口径进行了调整。

a)The Health Care Institutions data were adjusted according to the unified caliber by Provincial Health Department since 2000 .

21–2　医疗机构、床位及人员数(2014年)

Number of Medical Institutions, Beds and Medical Technical Personnel(2014)

医疗机构	Medical Institutions	机构数(个) Number of Institutions (unit)	床位数(张) Beds (unit)	卫生技术人员(人) Medical Technical Personnel (person)							
				小计 Subtotal	执业医师 Licensed Doctors	助理医师 Assistant Doctors	注册护士 Registered Nurses	药剂人员 Phar-macist	技师(士) Techni-cian	检验人员 Laboratory Technician	其他 Others
总　计	**Total**	**836**	**33107**	**29990**	**8925**	**1638**	**12393**	**1641**	**1875**	**1113**	**3518**
医　院	**Hospitals**	185	27036	22938	6886	936	10416	1201	1542	886	1957
综合医院	General Hospitals	114	19060	17274	5098	740	8099	760	1154	647	1423
中医医院	Hospitals Specialized in Traditional Chinese Medicine	13	2302	1814	586	48	710	191	130	82	149
中西医结合医院	Hospitals Combining Chinese and Western Medicine	1	30	30	9	4	9	4	2	1	2
蒙藏民族医院	Mongolian and Tibetan Nationalities Hospitals	36	2767	1424	469	119	388	148	75	47	225
专科医院	Specialized Hospitals	21	2877	2396	724	25	1210	98	181	109	158
社区卫生服务中心(站)	Community Health Service Centers(Stations)	205	1454	1878	582	115	700	187	68	38	226
社区卫生服务中心	Community Health Service Centers	23	481	852	236	66	277	89	57	31	127
社区卫生服务站	Community Health Service Stations	182	973	1026	346	49	423	98	11	7	99
卫生院	Health Care Centers	405	4240	4275	1134	536	991	212	164	108	1238
中心卫生院	Central Health Centers	91	1657	1409	340	144	333	81	69	42	442
专科疾病防治院(所、站)	Specialized Disease Prevention & Treatment Institutions	1	35	27	10		11	3	3	3	
采供血机构	Blood Collection and Supply Institutions	9		128	9	3	37		38	38	41
门诊部	Clinics	7	36	85	41	7	19	6	8	5	4
妇幼保健院(所、站)	Women and Children Care Agencies (Stations)	24	306	659	263	41	219	32	52	35	52

注：医疗机构不包括诊所、卫生所、医务室和村卫生室。

a) Medical Institutions don't include dispensary, health-center, infirmary and village health clinic.

21－3 分地区村卫生室机构数(2014年)

Number of Health Institutions at Village Level by Region(2014)

单位：个 (unit)

地 区 Region	总 计 Total	按设置／主办单位分 By Setting / Host Unit					按行医方式分 By Way to Practice Medicine		
		村 办 Village Run	乡卫生院设点 Under the Township Hospital	联合办 Jointly Run	私人办 Privately Run	其 他 Others	西医为主 Western Medicine-oriented	中医为主 Traditional Chinese Medicine-oriented	中西医 Traditional Chinese and Western Medicine
机构数 Number of Institutions	**4481**	**1820**	**595**	**571**	**1060**	**435**	**182**	**1902**	**2397**
西宁市 Xining City	1150	395	152	12	521	70	22	390	738
海东市 Haidong City	1590	870	27	150	405	138	42	787	761
海北州 Haibei Zang A.P	260	77	41	5	115	22	13	113	134
黄南州 Huangnan Zang A.P	286	53	105	110	1	17	11	116	159
海南州 Hainan Zang A.P	420	182	22	133	15	68	16	219	185
果洛州 Golog Zang A.P	188	49		62		77		38	150
玉树州 Yushu Zang A.P	259	184	75				62	106	91
海西州 Haixi Mongolian & Zang A.P	328	10	173	99	3	43	16	133	179

21-4 2014年残疾人事业基本情况
Basic Statistics of Disabled Persons(2014)

指 标		Item		2013	2014
康复		**Rehabilitation**			
视力残疾康复		Rehabilitation of Persons with Sight Disability			
白内障复明手术	(例)	Sight-restoring Cataract Surgeries	(Cases)	3613	3735
贫困白内障患者免费手术	(例)	Free Surgeries for Poor Cataract Patients	(Cases)	3505	3723
低视力者配用助视器	(人)	Vision-aids Provided for Individuals with Low-vision	(person)	1927	2438
培训儿童家长	(人)	Parents Trained	(person)	87	191
盲人定向行走训练数	(人)	Blindman Trained with Direction Walking	(person)	1157	1137
聋儿康复		Rehabilitation of Children with Hearing Disability			
年收训聋儿	(人)	Hearing and Speech Training	(person)	132	69
培训家长	(人)	Parents Trained	(person)	196	217
机构数	(个)	Number of Institutions	(person)	6	6
在岗专业人员教师		Employed Special Personnel Teachers	(person)	20	20
资助贫困聋儿		Children with Hearing Disability Remained in Poverty Supported	(person)		
精神病防治康复		Prevention and Treatment of Mental Diseases			
开展精神病防治康复工作市县数	(个)	Counties Carried on the Works of Prevention and Treatment of Mental Diseases	(unit)	34	34
综合防治康复精神病人数	(人)	Prevention and Treatment Provided for Patients with Severe Mental Diseases	(person)	3655	3893
孤独症儿童训练数	(人)	Number of Autism Children Trained	(person)	161	161
肢体残疾康复	(人)	Rehabilitation of Persons with Physical Disability	(person)		
肢体残疾人社区康复训练数		Persons Rehabilitated at Community		1261	1400
肢体残疾儿童机构康复训练数		Children Rehabilitated at Institutions		159	173
智力残疾康复	(人)	Rehabilitation of Persons with Intellectual Disability	(person)		
智残儿童康复培训数		Children with Intellectual Disability Receiving Rehabilitated Training		471	471
智残儿童家长培训数		Parents Trained			
用品用具供应服务		Supply Services of Supplies Equipment			
发放辅助用具	(件)	Assistant Devices Provided	(piece)	20909	23504
普及型小腿假肢装配总例数	(例)	Assemblage Universal-type Leg Prosthetics	(case)	349	190
普及型大腿假肢装配总例数	(例)	Assemblage Universal-type Thigh Prosthetics	(case)	189	76

21-4 续 Continued

指 标		Item		2013	2014
教育		**Education**			
未入学适龄残疾儿童少年	(人)	School-age Disabled Children Unable to Enter School	(person)	928	754
就业		**Employment**			
城镇残疾人就业状况	(人)	Employment of Urban Handicapped Persons	(person)		
当年安排就业		Persons Employed in the Year		1198	1236
按比例就业		Proportional Employment		157	159
集中就业		Concentrated Employment		602	546
个体就业		Self-employed		439	531
未安排就业		Unemployed		3001	
农村残疾人就业状况	(人)	Employment of Rural Handicapped Persons	(person)		
就 业		Employed		46931	51852
未就业		Unemployed		3972	
盲人医疗按摩员培训	(人)	Blind Medical Massage Personnel Training	(person)	68	83
扶贫		**Poverty Alleviation**			
农村实际脱贫人数	(人)	Actual Number of Persons out of Poverty in Rural Areas	(person)	6990	8126
农村贫困残疾人	(人)	Rural Poor Handicapped Persons	(person)	52361	51654
农村贫困残疾人危房改造	(户)	Dangerous House Transformation of Rural Poor Handicapped Persons	(household)	2554	2031
当地低收入残疾人	(人)	Handicapped Persons at the Local Low-income Level	(person)	25993	18376
残疾人工作者数	(人)	Workers for Handicapped	(person)		

主要统计指标解释

卫生机构 指从卫生行政部门取得《医疗机构执业许可证》,或从民政、工商行政、机构编制管理部门取得法人单位登记证书,为社会提供医疗保健、疾病控制、卫生监督服务或从事医学科研和教育等的单位。卫生机构包括医院、疗养院、社区卫生服务中心(站)、卫生院、门诊部、诊所(卫生所、医务室)、急救中心(站)、采供血机构、妇幼保健院(所、站)、专科疾病防治院(所、站)、疾病预防控制中心(防疫站)、卫生监督所、卫生监督检验(监测、检测)机构、医学科研机构、医学在职培训机构、健康教育所(站)等其他卫生机构。

医疗机构 指从卫生行政部门取得《医疗机构执业许可证》的机构,包括医院、疗养院、社区卫生服务中心(站)、卫生院、门诊部、诊所(卫生所、医务室)、妇幼保健院(所、站)、专科疾病防治院(所、站)、急救中心(站)和临床检验中心。

社区卫生服务中心(站) 指为本社区居民提供预防、医疗、保健、康复、健康教育、计划生育技术服务等的基层卫生机构。包括社区卫生服务中心和社区卫生服务站。

卫生技术人员 指卫生事业机构支付工资的全部固定职工和合同制职工中现任职务为卫生枝术工作的人员。包括中医师、西医师、中西医结合高级医师、护师、中药师、西药师、检验师、其他技师等。

执业医师 指具有《医师执业证》及其“级别”为“执业医师”且实际从事医疗、预防保健工作的人员,不包括实际从事管理工作的执业医师。执业医师类别分为临床、中医、口腔和公共卫生。

Explanatory Notes on Main Statistical Indicators

Health Care Institutions refer to the units which have been qualified the Certification of Health Care Institution by the administration of public health, or qualified the Certification of Corporate Unit by the civil affairs, administration for industry and commerce, commission office for public sector reform, and engaging in medical care, disease prevention and control, health supervision and inspection, medicine research and health education, etc. , including: hospitals, sanatoriums, community health service centers (stations) , health centers, clinics (health stations and infirmaries) , first – aid centers (stations) , blood gathering and supplying institutions, women and children care agencies (centers and stations) , special disease prevention and curing agencies (centers and stations) , disease prevention and control centers (epidemic prevention stations) , health supervision and inspection agencies, sanitary inspection institutions, medicinal scientific research and on – job training institutions, health education centers and so on.

Medical Organizations refer to the institutions which have been qualified the Certification of Health Care Institution by the administration of public health, including: hospitals, sanatoriums, community health service centers (stations) , health centers, clinics (health stations and infirmaries) , women and children care agencies (centers and stations) , special disease prevention and curing agencies (centers and stations) , first – aid centers (stations) and clinic inspection centers.

Community Health Service Centers (stations) refer to the primary units that provide the health care for community residents, such as disease prevention and control, medical treatment, health care, rehabilitation, health education, family planning technical services, including community health service centers and community health service stations.

Health Care Employee refer to all employee engaged in the health care institutions, such as medical organizations, disease prevention and control centers, health care agencies, medicinal scientific research and on – job training institutions, including medical technical personnel, other technical personnel, manager and labor.

Licensed Doctors refer to the medical workers who have obtained the licenses of qualified doctors and are employed in medical treatment, disease prevention or healthcare institutions, excluding the licensed doctors engaged in management job. The classification of licensed doctors is clinician, Chinese medicine, dentist and public health.

第 22 篇

CHAPTER 22

文化和体育

Culture and Sports

广播、电视事业发展情况

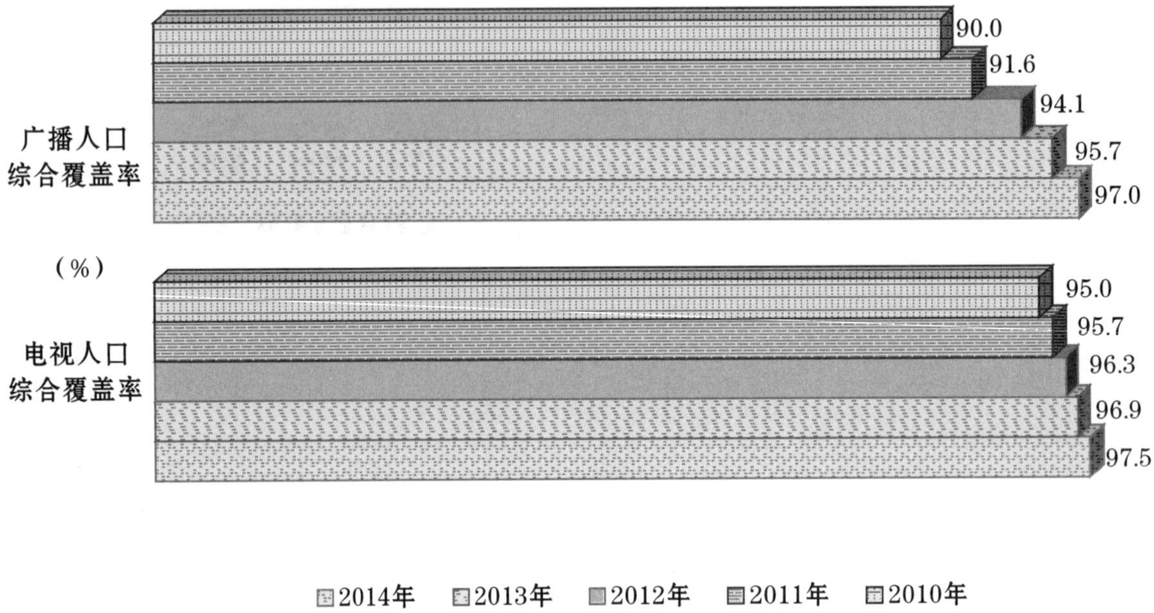

青少年业余体校在师生情况（人）

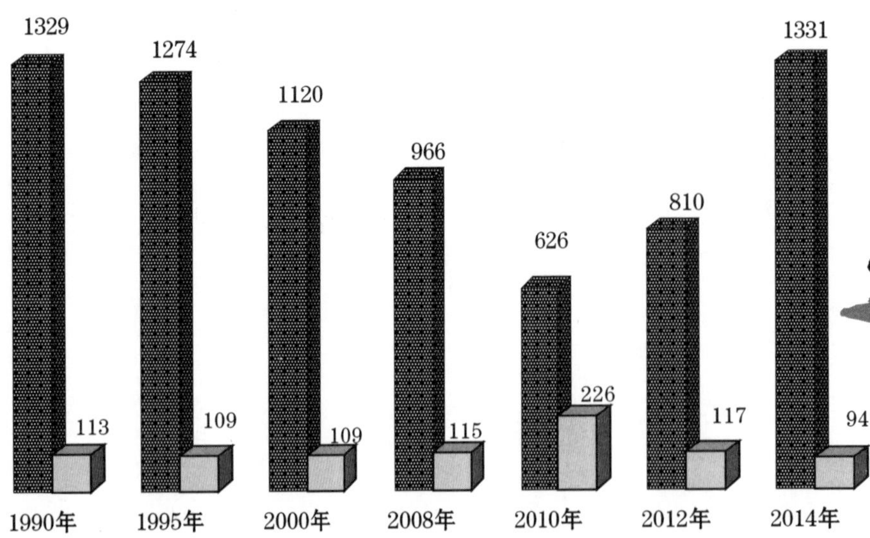

22-1 2013-2014年文化事业机构、人员情况

Basic Statistics on Cultural Institutions and Personnel(2013-2014)

类别	Category	机构数(个) Number of Institutions (unit)		从业人员(人) Number of Employed Persons (person)	
		2013	2014	2013	2014
总计	**Total**	**555**	**554**	**2624**	**2748**
艺术事业	**Arts**	**29**	**27**	**575**	**576**
艺术表演团体	Arts Performance Troupes	13	11	528	501
歌舞团、轻音乐团	Song and Dance Troupe, Light Music Troupe	12	11	528	501
文工团、文宣队、乌兰牧骑	Literature and Art Propaganda Team,A Nei Monggol Revolutionary Cultural and Performance Troupes, Cultural Troupe Mounted on Houseback	1			
艺术表演场所	Arts Performance Places	16	16	47	75
图书馆事业	**Public Libraries**	**49**	**49**	**393**	**370**
文物事业	**Cultural Relics**	**54**	**54**	**369**	**322**
文物机构	Historical Relics Agencies	30	30	125	48
文物保护机构	Agencies of Historical Relics Preservation	29	29	54	40
博物馆	Museums	22	22	196	228
文物商店	Cultural Relics Shops	1	1	8	8
其他文物	Others	1	1	40	38
群众文化事业	**Mass Culture**	**413**	**413**	**919**	**1062**
群众艺术馆	Mass Art Centers	9	9	171	161
文化馆	Cultural Centers	46	46	315	422
文化站	Cultural Stations	358	358	433	479
艺术教育事业	**Art Education**	**1**	**1**	**96**	**89**
中等专业学校	Specialized Secondary Schools	1	1	96	89
其他文化事业	**Other Cultural Units**	**9**	**10**	**272**	**329**
艺术科研机构	Art Research Institutions	1	1	15	16
其他	Others	8	9	257	313

22-2 主要年份报刊、杂志、图书出版情况
Basic Statistics on Newspapers, Magazines, Books Published in Main Years

年 份 Year	报 纸 Newspapers Published		杂 志 Magazines Published		图 书 Books Published	
	种 数 (种) Number of Publication (item)	总印数 (万份) Total Printed Copies (10 000 Copies)	种 数 (种) Number of Publication (item)	总印数 (万册) Total Printed Copies (10 000 Copies)	种 数 (种) Number of Publication (item)	总印数 (万册) Total Printed Copies (10 000 Copies)
2000	21	4800.2	50	91.2	195	586.2
2001	19	4235.8	31	280.8	148	507.0
2002	20	4494.2	43	59.2	142	397.5
2003	20	4752.0	41	73.8	156	827.7
2004	21	4384.0	49	220.0	377	504.0
2005	19	4486.0	40	204.0	390	840.4
2006	27	4400.0	52	108.0	392	1077.0
2007	25	9757.0	52	196.0	576	1143.0
2008	26	8859.0	52	281.0	656	987.0
2009	26	9172.0	53	353.0	680	843.0
2010	27	9769.7	53	322.5	652	1002.9
2011	27	10825.0	53	460.0	781	1015.0
2012	28	11085.0	53	421.0	788	1115.0
2013	28	12426.4	53	379.5	1051	1331.3
2014	27	13737.5	53	378.1	1091	1213.0

22-3 主要年份广播、电视事业发展和普及情况
Basic Statistics on Development and Popularization of Radio and Television in Main Years

年 份 Year	广播电台数 (座) Number of Broadcasting Stations (set)	中播发射台和转播台 (座) Broadcast Transmission Stations and Relaying Stations (set)	广播节目套数 (套) Number of Radio Programs (set)	广播人口覆盖率 (%) Radio Coverage Rate of the Population (%)	电视台数 (座) Number of Television Stations (set)	电视转播发射台 (座) Television Transmission Stations and Relaying Stations (set)	电视节目套数 (套) Number of Television Programs (set)	电视人口覆盖率 (%) TV Coverage Rate of the Population (%)
2000	4	7	8	63.0	5	1274	6	86.0
2001	4	8	8	80.5	6	1206	11	87.8
2002	4	8	8	84.4	8	1208	12	88.9
2003	4	8	8	84.5	9	1415	13	90.4
2004	4	8	8	86.4	9	1393	13	92.0
2005	4	8	8	86.5	8	1495	13	92.5
2006	4	8	8	87.5	8	1480	13	93.0
2007	4	8	8	88.0	8	1440	13	93.5
2008	4	8	9	88.5	8	1584	13	94.0
2009	4	8	9	88.9	8	1449	13	94.3
2010	4	9	9	90.0	8	1194	13	95.0
2011	3	12	9	91.6	7	1187	13	95.7
2012	3	21	10	94.1	8	1162	15	96.3
2013	3	21	12	95.7	8	1134	16	96.9
2014	3	21	12	97.03	8	1011	16	97.51

22-4 分项目在队优秀运动员达到等级运动员人数(2014年)

Number of Certified Athletes in theTeam by Sports Item(2014)

单位：人 (person)

项目	Item	合计 Total	女 Female	国际级健将 International Master	女 Female	国家级运动健将 National Master	女 Female	一级 First Grade	女 Female	二级 Second Grade	女 Female
总计	**Total**	**155**	**56**	**1**	**1**	**10**	**5**	**65**	**25**	**79**	**25**
田径	Track and Field Events	17	8			4	2	8	3	5	3
中国式摔跤	Chinese Wrestling	29	18			5	3	14	9	10	6
跆拳道	Taekwondo	17	7	1	1	1		14	6	1	
足球	Football	7								7	
拳击	Boxing	1								1	
自行车	Cycling	2						2			
射击	Shooting	4	2					4	2		
柔道	Judo	43	18					5	2	38	16
篮球	Basketball	14						4		10	
乒乓球	Table Tennis	6						6			
羽毛球	Badminton	1								1	
网球	Tennis	6	1					3	1	3	
武术	Wushu	8	2					5	2	3	

22-5 主要年份青少年业余体校

Juvenile Amateur Sports Schools in Main Years

年份 Year	学校数(所) Number of Schools (unit)	在校学生(人) Enrollment (person)	教练员(人) Full-time Coaches (person)	重点业余学校 Key Amateur Sports Schools: 学校数(所) Number of Schools (unit)	重点业余学校 Key Amateur Sports Schools: 在校学生(人) Enrollment (person)
1990	18	1329	113	3	352
1992	20	1409	124	1	90
1993	20	1352	114	1	156
1994	20	1374	110	3	664
1995	20	1274	109	3	670
1996	21	1351	105	1	70
1997	21	1248	114	1	95
1998	21	1157	125	1	117
1999	21	1211	201	1	39
2000	20	1120	109	1	49
2001	20	1783	112	1	98
2002	23	4059	138	15	2099
2003	22	2175	133	15	
2004	20	2647	128	20	2647
2005	19	2452	125	19	2452
2006	20	1874	133	20	1874
2007	17	1808	123	17	1808
2008	15	966	115	15	966
2009	18	721	99	18	721
2010	16	626	226	16	626
2011	16	769	102	16	769
2012	16	810	117	16	810
2013	15	1034	127	15	1034
2014	17	1331	94	17	1331

主要统计指标解释

艺术表演团体　由文化部门主办或实行行业管理(经文化市场行政部门审批或已申报登记并领取相关许可证),专门从事表演艺术等活动的各类专业艺术表演团体,含民间职业剧团。如话剧团、方言话剧团、滑稽剧团、儿童剧团、歌剧团、木偶团、皮影团等以及由若干剧种组成的综合性专业艺术表演团体。不包括半工半艺、半农半艺的剧团。

艺术表演场所　指由文化部门主办或实行行业管理(经文化市场行政部门审批或已申报登记并领取相关许可证),有观众席、舞台、灯光设备,公开售票、专供文艺团体演出的文化活动场所。包括剧院(场)、音乐厅、歌剧院(场)、舞剧院(场)、话剧院(场)、戏院、马戏场、影剧院等进行文艺表演的场所。不包括电影院、礼堂、体育场馆、美术馆及绘画、雕塑等艺术馆。

广播人口覆盖率　指根据国家广电总局制定的《广播电视人口覆盖率统计技术标准和方法》进行统计调查的,在对象区内采用无线、有线、卫星等技术手段能够收听到包括中央、省、地市、县广播节目其中任意一套的人口数占全省总人口数的百分比。

电视人口覆盖率　指根据国家广电总局制定的《广播电视人口覆盖率统计技术标准和方法》进行统计调查的,在对象区内采用无线、有线、卫星等技术手段能够收看到包括中央、省、地市、县级电视节目中任意一套的人口数占全省总人口数的百分比。

Explanatory Notes on Main Statistical Indicators

Arts Performance Troupes refer to the various professional performing arts groups, which sponsored by the cultural sectors or guided by the cultural society (approved by the cultural market administration, or registered and permitted with the relative certificate), including non – governmental troupes, such as drama troupes, dialect troupes, comedy troupes, children troupes, Opera troupes, puppetry troupes, Shadowgraph troupes, etc., comprehensive professional arts performance troupes. The semi – working and semi – farming arts troupes are not included.

Arts Performance Places refer to the various sites for cultural activities, which sponsored by the cultural sectors or guided by the cultural society (approved by the cultural market administration, or registered and permitted with the relative certificate), with the facility of auditorium, stage, and lighting, and selling tickets in public, specially performed by arts troupes, including theatre, concert halls, opera halls, dance halls, drama halls, cinemas, circus fields, and other showplaces for the performing arts. The cinemas, auditoriums, stadiums, and arts museums, such as art galleries, painting houses, sculpture houses, are not included.

Radio Coverage of Population refers to the percentage of population, which can listen to one of central, provincial, city, prefecture, and county radio programs by wireless, cable, satellite and other technical means, in the surveying area, to national total population, according to Statistical Standard and Method on Television and Radio Coverage of Population established by the State Administration of Broadcasting, Film and Television.

Television Coverage of Population refers to the percentage of population, which can watch one of central, provincial, city, prefecture, and county television programs by wireless, cable, satellite and other technical means, in the surveying area, to national total population, according to Statistical Standard and Method on Television and Radio Coverage of Population established by the State Administration of Broadcasting, Film and Television.

第 23 篇

CHAPTER 23

公共管理、社会保障和其他

Public Management, Social Security and Others

中国共产党与共青团员人数

（万人）

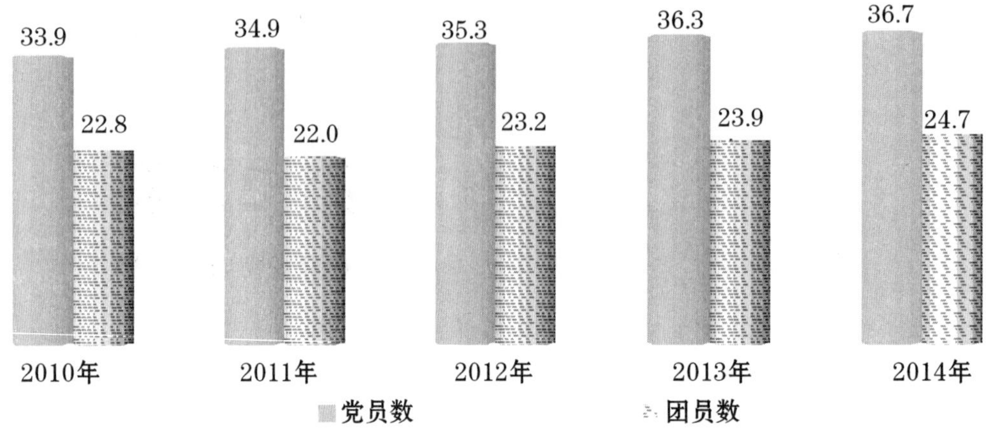

律师工作者与公证人员

（人）

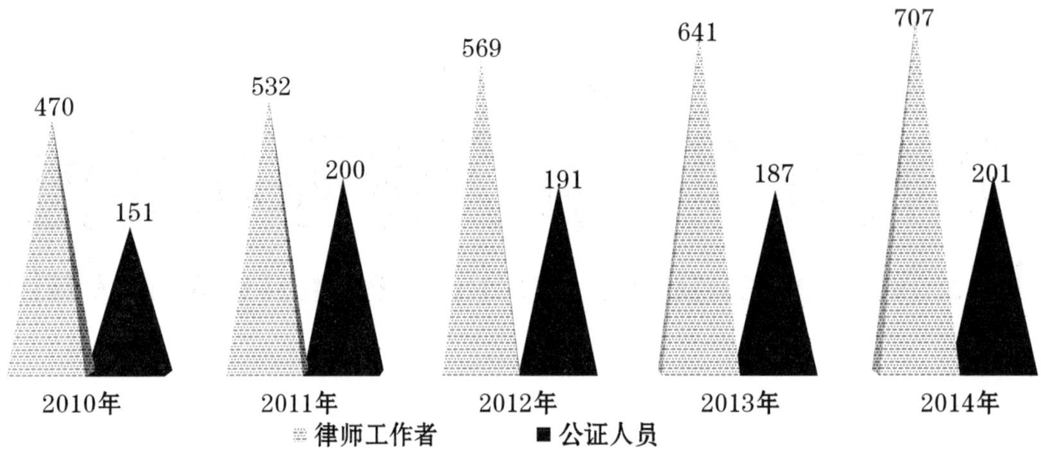

各类保险参保情况

（万人）

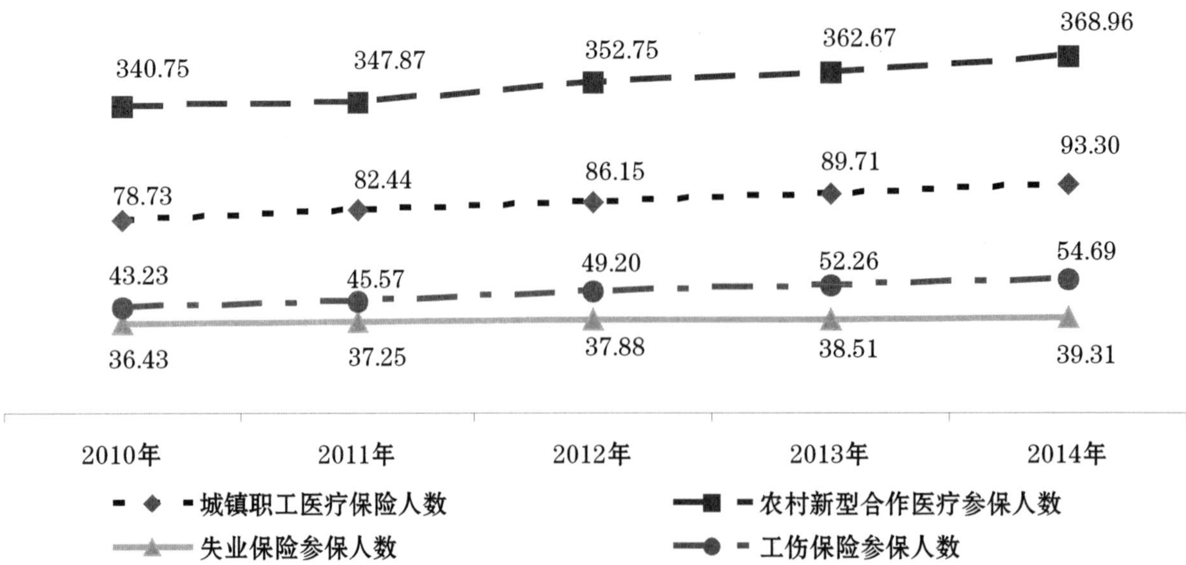

23-1 主要年份各党派党员(成员)数

Number of Members of Parties in Main Years

单位：人 (person)

名 称	Name	2010	2011	2012	2013	2014
中国共产党 (万人)	Communist Party of China (10 000 persons)	33.9	34.9	35.3	36.3	36.7
中国国民党革命委员会	Revolutionary Committee of Chinese Kuomintang	420	434	458	511	539
中国民主同盟	China Democratic League	1419	1502	1587	1677	1750
中国民主建国会	China Democratic National Construction Association	689	775	841	893	957
中国农工民主党	Peasants and Workers Democratic Party	898	1013	1091	1180	1230
九三学社	Jiu San Society	1190	1236	1302	1386	1457

23-2 历届青海省人民代表大会的代表人数

Number of Deputies to All the Previous People's Congresses of Qinghai Province

单位：人、% (person,%)

届 别	Congress	年份 Year	代表总数 Total Number of Deputies	女代表 Female Deputies	少数民族代表 Ethnic Minority Deputies	占代表总数的比重 As Percentage to Total Deputies: 女代表 Female Deputies	少数民族代表 Ethnic Minority Deputies
一届	First Congress	1954	300	21	152	7.0	50.7
二届	Second Congress	1958	303				
三届	Third Congress	1963	355	48	127	13.5	35.8
五届	Fifth Congress	1977	715	157	277	22.0	38.7
六届	Sixth Congress	1983	450	97	182	21.6	40.4
七届	Seventh Congress	1988	381	71	148	18.6	38.8
八届	Eighth Congress	1993	376	71	169	18.9	44.9
九届	Ninth Congress	1998	392	77	174	19.6	44.4
十届	Tenth Congress	2003	391	75	157	19.2	40.2
十一届	Eleventh Congress	2008	394	77	167	19.5	42.4
十二届	Twelfth Congress	2013	398	79	162	19.8	40.7

23-3 历届青海省政治协商会议的委员人数
Number of Deputies to All the Previous People's Political Consultative Conferences of Qinghai Province

单位：人、% (person，%)

届别 Congress		年份 Year	委员总数 Total Number of Deputies	女委员 Female Deputies	少数民族委员 Ethnic Minority Deputies	占委员总数的比重 As Percentage to Total Deputies 女委员 Female Deputies	少数民族委员 Ethnic Minority Deputies
一届	First Congress	1949	77		30		39.0
二届	Second Congress	1954	64		32		50.0
三届	Third Congress	1959	139		70		50.4
四届	Fourth Congress	1979	177				
五届	Fifth Congress	1983	275		134		48.7
六届	Sixth Congress	1988	275	30	138	10.9	50.2
七届	Seventh Congress	1993	289	30	136	10.4	47.1
八届	Eighth Congress	1998	289	39	116	13.5	40.1
九届	Ninth Congress	2003	344	57	139	16.6	40.4
十届	Tenth Congress	2008	390	82	158	21.0	40.5
十一届	Eleventh Congress	2013	399	95	166	23.8	41.6

23-4 2011-2014年妇联干部情况

Basic Statistics on Cadres of the Women's Federation(2011-2014)

单位：人 (person)

项 目	Item	2011	2012	2013	2014
干部总数	**Total Number of Cadres**	**701**	**693**	**700**	**721**
其中:少数民族干部	Number of Ethnic Minority Cadres	338	397	398	279
按行政级别分	By Administration Level				
司局级	Department/Bureau Level	5	6	6	5
县处级	County Level	42	38	38	43
科以下	Section Level and Below	551	649	656	673
按干部年龄分	By Age Group				
35岁以下	35 and Below	302	262	222	249
36－45岁	36-45	289	272	272	329
46－55岁	46-55	103	137	169	118
56岁以上	56 and Over	7	22	37	25
按干部政治面貌分	By Political Status				
共产党员	Chinese Communist Party	523	467	525	532
共青团员	Communist Youth League	39	41	13	44
民主党派	Democratic Parties		2		7
群众	Mass	139	183	162	138
按干部文化程度分	By Education Attainments				
博士生	Doctor Degree				
研究生	Master Degree	23	26	30	20
大学本科	University	389	371	350	396
大专或同等学历	College or Equal	234	207	246	219
高中、中专及以下	Senior Middle School and Below	55	89	74	86
按行政编制分	By Organization Types				
行政编制	Administration	518	422	505	457
事业编制	Institution	88	103	76	132
招聘干部	Recruitment	95	168	119	132
干部参加学历教育情况	**Cadres Attending the Formal Education**				
博士生	Doctor Degree				
研究生	Master Degree	9	5	15	15
大学本科	University	54	15		51
大专及同等学历	College or Equal	18	9	39	21
干部流动	**Movement of Cadres**				
调入	In	76	64	9	34
调出	Out	60	57	2	28

23-5 主要年份各级在职女领导干部情况

Basic Statistics on Women Leaders at All Levels in Main Years

单位：人 、% (person, %)

年 份 Year	总 数 Total	省 级 Provincial Level		厅局级 Department/Bureau Level		县(处)级 County Level		科 级 Section Level	
		女干部数 Female Cadres	占同级数的比重 As Percentage to the Same Level Total	女干部数 Female Cadres	占同级数的比重 As Percentage to the Same Level Total	女干部数 Female Cadres	占同级数的比重 As Percentage to the Same Level Total	女干部数 Female Cadres	占同级数的比重 As Percentage to the Same Level Total
1998	4537	3	5.8	48	7.9	540	11.9	3946	21.3
1999	4909	3	7.5	46	9.3	595	16.6	4265	42.8
2000	4927	3	7.1	50	10.0	554	12.5	4320	21.8
2001	5293	3	7.1	63	10.5	611	13.2	4616	22.4
2002	5260	2	5.4	63	9.9	632	13.9	4563	23.6
2003	5415	3	7.3	69	10.4	673	14.1	4670	23.9
2004	5971	4	9.1	67	9.8	730	14.4	5170	24.9
2005	6446	3	6.5	68	9.7	786	14.8	5589	25.5
2006	6908	3	6.5	82	10.7	832	14.9	5991	25.9
2007	7236	3	6.9	78	10.8	898	15.8	6257	26.2
2008	8524	4	8.6	76	10.7	1038	16.4	7406	28.5
2009	9272	3	7.5	75	10.4	1130	17.1	8064	28.0
2010	9254	3	7.5	75	10.4	1112	16.9	8064	28.0
2011	9770	3	8.3	90	11.2	1295	18.4	8382	29.5
2012	10282	3	8.0	95	11.4	1369	18.5	8815	30.0
2013	10539	4	10.8	99	11.7	1413	19.0	9023	30.7
2014	17913	4	9.8	103	12.2	1413	19.1	9290	31.1

23−6 主要年份共青团组织情况

Basic Statistics on the Communist Youth League in Main Years

年 份 Year	共青团基层组织个数(个) Number of Grassroot Organizations (unit)	青年人数(万人) Number of Youth (10 000 person)	团员人数(万人) Number of Communist Youth League (10 000 person)	女团员 Female	专职团干部(人) Full-time Cadres of Communist Youth League (person)
1991	1004	109.2	26.9	10.3	1266
1992	1020	107.6	27.2	10.2	1323
1993	1013	103.8	25.1	9.7	1197
1994	1038	108.5	26.0	9.8	1109
1995	1118	103.0	26.4	9.3	1098
1996	1059	107.4	27.2	10.1	1181
1997	1134	107.3	28.3	10.0	1231
1998	1016	111.0	28.9	10.4	1231
1999	816	100.6	25.3	10.2	596
2000	1010	134.8	26.2	9.9	540
2001	875	135.9	27.0	10.7	480
2002	1882	146.2	36.7	17.4	667
2003	1894	146.1	37.1	17.3	566
2004	1994	206.3	37.6	17.3	700
2005	8824	210.3	38.2	17.6	700
2006	8824	212.4	42.8	18.1	930
2007	8824	163.1	40.9	17.7	904
2008	8816	200.9	37.1	16.9	770
2009	9272	116.5	19.0	8.1	432
2010	9291	90.4	22.8		432
2011	9416	63.5	22.0	10.3	388
2012	10411	60.8	23.2	10.2	392
2013	18331	65.6	23.9	10.4	417
2014	21373	65.6	24.7	10.5	503

注：2009年及以后数据按新口径统计。

a) Data since 2009 have been on new calibers.

23-7 2013-2014年律师、公证工作基本情况
Basic Statistics on Lawyers and Notarization (2013-2014)

项 目		Item		2013	2014
律师工作		**Lawyers**			
律师事务所	(个)	Number of Law Offices	(unit)	75	83
律师工作者	(人)	Lawyers	(person)	641	707
专职律师		Full-time Lawyers		516	578
兼职律师		Part-time Lawyers		93	92
公职律师		Public Lawyers		8	7
法律援助律师		Legal Aid Lawyers		24	30
聘请担任常年法律顾问的单位	(处)	Number of Units With Permanent Legal Advisors	(unit)	829	860
刑事诉讼辩护及代理	(件)	Agent and Defender of Criminal Cases	(case)	1697	2332
民事案件诉讼代理	(件)	Agent of Civil Cases	(case)	4705	4923
经济案件诉讼代理	(件)	Agent of Economic Cases	(case)		
行政案件诉讼代理	(件)	Agent of Administrative Cases	(case)	304	18
非诉讼法律事务	(件)	Agent of Non-Litigious Legal Affairs	(case)	432	84
代写法律事务文书	(件)	Agent of Legal Documents Written on Behalf of Clients	(case)	19203	5253
解答法律咨询	(人次)	Agent of Legal Advisory Services	(person-time)		
公证工作		**Notarization**			
公证处	(个)	Number of Notary Offices	(unit)	30	30
办理涉外的公证处	(个)	Number of Foreign-related Notary Offices	(unit)	2	
公证人员	(人)	Notarial Personnel	(person)	187	201
公证员	(人)	Notaries	(person)	113	113
办理国内公证	(件)	Domestic Notarization	(case)	34031	31698
办理涉外公证	(件)	Foreign-related Notarization	(case)	2520	2971
办理涉港、澳、台公证	(件)	Hong Kong, Macao, Taiwan-related Notarization	(case)	38	142
接待来访	(人次)	Receipted Visits	(person-time)	46540	39838
处理来信	(件)	Handled Letters	(case)	83	137
外地公证处委托	(件)	Notarization Entrusted Outside	(case)	217	105
公证费收入	(万元)	Notary Fees	(10 000 yuan)	827	1318
国内公证收费		Domestic Notarization		800	1150
涉外公证收费		Foreign-related Notarization		27	168

23-8 收养、低保、服务、老龄基本情况
Basic Statistics on Adoption, Subsistence Allowances, Service and Aging

项　目	Item	2013	2014
城市居民最低生活保障(人)	Number of Persons Receiving Minimum Living Allowance in Urban Areas (person)	225153	203014
城市居民最低生活保障家庭数(户)	Number of Households Receiving Minimum Living Allowance in Urban Areas (household)	104838	96891
农村居民最低生活保障(人)	Number of Persons Receiving Minimum Living Allowance in Rural Areas (person)	402865	372005
农村居民最低生活保障家庭数(户)	Number of Households Receiving Minimum Living Allowance in Rural Areas (household)	137781	147386
农村集中五保供养户数(户)	Number of Households Centralized Support of Livelihood Guaranteed in Five Aspects in Rural Areas (household)	4377	4743
收养孤儿数(人)	Numbers of Adopted Orphans (person)	16351	15991
农村五保、医疗救助情况人数(人)	Number of Persons Receiving the Five Guarantees and Medical Aid in Rural Areas (person)	18544	18676
抚恤、补助优抚对象总人数(人)	Total Number of Entitled Groups Receiving Pension and Subsidy (person)	14489	14705
老年人与残疾人服务机构数(个)	Number of Service Institutions for Aged and Disabled Person (unit)	190	141
养老服务机构数(个)	Number of Pension Service Institutions (unit)	174	122
提供住宿的社会服务机构数(个)	Number of Social Welfare Institutions with Accommodations (unit)	219	187
60岁以上老年人口数(人)	Population Aged 60 and Over (person)	635310	653908

23-9 各级各类档案馆(2014年)
Different Kinds and Levels of Archives(2014)

项目	Item	数量(个) Institutions (unit)	人员(人) Personnels (person)	馆藏档案(卷) Number of Collection Archives (volume)	案卷排架长度(米) Length of Shelfs Placed Files (meter)	馆藏资料(册) Information Stored in Room (volume)
省级国家综合档案馆	National Comprehensive Archives of Provincial Level	1	21	234445	4688	41888
地级国家综合档案馆	National Comprehensive Archives of Prefectural Level	8	32	567827	228980	61640
县级国家综合档案馆	National Comprehensive Archives of County level	46	137	1512821	23380	219100

23-10 2013－2014年各类事故
Classification of Accidents(2013－2014)

类别	Type	2013				2014			
		事故起数(起) Number of Accidents (case)	死亡人数(人) Number of Deaths (person)	受伤人数(人) Number of Injuries (person)	直接经济损失(万元) Direct Economic Losses (10 000 yuan)	事故起数(起) Number of Accidents (case)	死亡人数(人) Number of Deaths (person)	受伤人数(人) Number of Injuries (person)	直接经济损失(万元) Direct Economic Losses (10 000 yuan)
工矿商贸事业工伤事故	Work Accidents of Industry, Mining and Business	60	59	10	4091.0	57	71	3	5462.0
农机肇事	Farm Machinery Accidents	26	21	7	38.4	5	2		33.0
铁路路外事故	Rail-road Outside Accidents	11	4	3	33.5	8	5	2	31.0
火灾事故	Fire Accidents	1511	10	6	2385.4	1581	1	5	1472.7
交通事故	Traffic Accidents	1065	531	362	645.2	1029	532	1209	884.8

注:1.工矿商贸事业工伤事故包括县以下集体企业和私营企业伤亡情况。
2.交通、火灾事故按全口径统计。
a) Work Accidents of Industry, Mining and Business include casualties of collective-owned enterprises and private enterprises below county.
b) Traffic and Fire Accidents statistics by the full caliber.

23-11 2010-2014年基本养老保险情况
Statistics on Basic Pension Insurance(2010-2014)

单位 ：人、万元

指 标	Item	2010	2011	2012	2013	2014
参保职工期末人数	**Basic Pension Insurance Participants of Employees at Year-end**	**544406**	**563638**	**598516**	**627526**	**657392**
实际缴费人员期末人数	**Participants of Actual Payment at Year-end**	**464632**	**488523**	**512768**	**542220**	**544593**
离休、退休、退职人员期末人数	**Retirees at Year-end**	**199886**	**251512**	**261621**	**275527**	**288263**
离 休	Retired	2146	1955	1785	1587	1403
退 休	Retirement	197740	249557	259836	273940	286860
应发养老金金额	**Pension Amount Should Be Sent**	**429648**	**529646**	**640429**	**759911**	**893759**
实发养老金金额	**Actual Amount of Pension**	**429648**	**529646**	**640429**	**759911**	**893759**

23-12 2010-2014年失业保险基本情况
Statistics of Unemployment Insurance(2010-2014)

项 目	Item	2010	2011	2012	2013	2014
参保人数(万人)	**Contributors (10 000 persons)**	**36.43**	**37.25**	**37.88**	**38.51**	**39.31**
企业	Enterprises	23.98	24.69	25.28	25.73	27.68
事业	Institutions	11.33	11.62	11.65	11.56	10.5
其他	Others	1.12	0.94	0.95	1.22	1.13
在参保人数中：	In Contributors:					
农民合同制工人	Farmers Contract Workers	0.25	0.34	0.33	0.41	0.37

23−13　2010−2014年参加生育保险人员情况

Number of Contributors of Maternity Insurance (2010-2014)

单位：人、人次

指　标	Item	2010	2011	2012	2013	2014
参保人员	**Contributors**	**63840**	**66759**	**337637**	**428220**	**458160**
女性	Female	26114	30691	141757	179181	182509
本期享受生育保险待遇人次	**Beneficiaries of Maternity Insurance**	**1381**	**1541**	**3293**	**17001**	**34422**
按待遇类别分	By Treatment Category					
本期生育人数	Number of Births at Year-end	718	872	2583	10541	6879
计划生育手术人次	Number of Family Planning Operations	663	669	637	938	1301

23−14　2010−2014年参加工伤保险人员

Number of Contributors of Work Injury Insurance(2010-2014)

单位：户、人

指　标	Item	2010	2011	2012	2013	2014
参保单位户数	**Contributors of Units**	**7093**	**7483**	**8534**	**9288**	**9949**
参保人员	**Contributors of Personnels**	**432255**	**455741**	**492007**	**522630**	**546917**
#农民工人数	Farmer Workers	46948	49004	55418	59507	61323
享受工伤保险待遇人数	**Beneficiaries of Injured Insurance**	**4885**	**4629**	**5648**	**5654**	**5993**
#享受伤残待遇人数	Beneficiaries of Disability Treatment	2870	2443	3218	3186	3457
因公死亡人数	Deaths for Official Reason	159	187	218	145	151
供养亲属人数	Number of Dependent Relatives	1856	1999	2212	2323	2385

23−15 2010−2014年城镇职工参加基本医疗保险人员及特殊人员情况
Statistics on Urban Staff and Workers Contributors and Specials of Basic Medical Care Insurance (2010-2014)

单位：人 (person)

项 目	Item	2010	2011	2012	2013	2014
城镇职工参加医疗保险人数	**Number of Contributors of Urban Staff and Workers**	**787277**	**824391**	**861462**	**897072**	**933030**
实施统帐结合	**Implementation of a Combination of Social Pooling and Individual Accounts**	**722041**	**767420**	**807452**	**845137**	**882012**
期末职工人数	Number of Staff and Workers Contributors at Year-end	472288	510518	541989	570959	593198
年平均职工人数	Annual Average Number of Staff and Workers	381302	502119	537823	433604	590973
期末退休人员	Number of Retirees at Year-end	249753	256902	265463	274178	288814
年平均退休人员	Annual Average Number of Retirees	216665	254371	264180	211230	285855
单建统筹基金	**Single-built Pool Fund**	**65236**	**56971**	**54010**	**51935**	**51018**
期末职工人数	Number of Staff and Workers Contributors at Year-end	62778	55187	52118	49719	48714
年平均职工人数	Annual Average Number of Staff and Workers	57136	54947	52762	16320	48367
期末退休人员	Number of Retirees at Year-end	2458	1784	1892	2216	2304
年平均退休人员	Annual Average Number of Retirees	2439	1744	1811	2066	2296
特殊人员人数	**Number of Specials**	**6256**	**5800**	**5377**	**4926**	**4454**
医疗照顾人员	Personnel Enjoying Special Medical Care			53	43	37
离休及老红军	Retirees and Red Army Soldier	6008	5540	5061	4628	4154
1−6级革命伤残军人	1-6 Level Revolution Disabled Soldiers	248	260	263	255	263

23−16 2010−2014年城市居民最低生活保障情况
Minimum Living Allowance in Urban Areas(2010-2014)

项 目	Item	2010	2011	2012	2013	2014
保障对象户数(户)	**Number of Households of Security Object(household)**	**101778**	**106374**	**106222**	**105059**	**96780**
年末保障对象人数(人)	**Number of Security Object at Year-end (person)**	**224470**	**235048**	**230399**	**225153**	**203014**
在职职工	Staff and Workers	5590	5843	5548	4308	3316
学生	Students	51439	52109	49661	45612	39977
三无对象	Object of Three Non-target	3568	3517	4053	3159	2980
其他人员	Others	163873	173579	171137	172074	156741
全年资金支出(万元)	**Capital Expenditures throughout the Year(10 000yuan)**	**52638**	**63486**	**63485**	**67350**	**67781**
月人均补助水平(元)	**Amount of Subsidy Every Month One Person (yuan)**	**197**	**227**	**231**	**247**	**263**
低保标准(元)	**Minimum Living Allowance Standards (yuan)**	**210**	**235**	**310**	**330**	**350**

主要统计指标解释

律　　师　指受聘参加法律顾问处工作，担任法律顾问、刑(民)事代理人、刑事辩护人，办理非诉讼事件、解答法律询问，代写法律事务文书等主要从事律师业务的专职法律工作者和兼职律师。

公证人员　指在公证处工作的人员总称，包括公证处主任、副主任、公证员、公证员助理(助理公证员)和其他从事辅助性工作的人员。

城市居民最低生活保障人数　指在报告期末家庭平均收入在当地规定的最低生活保障线以下的城镇居民数。包括“三无”对象，失业人员和在职、下岗、退休人员等。

农村居民最低生活保障人数　指报告期末在建立农村最低生活保障制度的地区，得到当地政府或集体给予最低生活保障的农业人口家庭人数。

农村集中五保供养户数(户)　指无法定抚养义务人，或者虽有法定抚养义务人，但是抚养人无抚养能力的；无劳动能力的；无生活来源的老年人、残疾人和未成年人。

Explanatory Notes on Main Statistical Indicators

Lawyers refers to full – time legal workers and part – time lawyers mainly engaged in lawyer business, who are employed in the legal advisory office, served as legal adviser, punishment (people) agent, defenders in criminal cases, for non – lawsuit cases, answers to legal questions and write legal affairs documents.

Notary Personnel refers to people working for notary offices including: directors, deputy directors, notaries, .assistant notaries and other people providing assistance.

Number of Urban Residents Entitled to Minimum Living Allowances refers to the number of those whose average family income is below a minimum local standard by the end of the reporting period, including both the employed and unemployed, laid off and retired, and those jobless people without stable residence or valid IDs.

Number of Rural Residents Entitled to Minimum Living Allowances refers to the number of those receiving the minimum living allowances from the local government or community in the rural areas where this allowances system is in place as of the end of the reporting period.

Households Enjoying Five Guarantees refers to those senior citizens, handicapped or under – aged who, without labour ability, can not make a living by themselves and whose statutory providers are unable to support them or who have no statutory providers at all.

第 24 篇

CHAPTER 24

区域发展

Regional Development

24-1 民族自治地区主要经济指标(2014年)
Main Economic Indicators in Autonomous Regions (2014)

指 标	Item	全省总计 Total Province	自治州县合计 Total Autonomous Prefectures and Counties	自治州合计 Total Autonomous Prefectures
人口(户籍)(万人)	**Population(Household Registration)(10 000 persons)**			
年末人口	Population at Year-end	580.16	381.82	205.16
#少数民族人口	Ethnic Minorities Population	294.59	253.34	152.47
#藏族人口	Tibetan Population	146.27	135.57	120.30
农业人口	Agricultural Population	301.96	246.83	130.63
非农业人口	Non-Agricultural Population	278.20	134.99	74.53
生产总值（亿元）	**Gross Regional Product(100 million yuan)**			
生产总值(当年价格)	Gross Regional Product(Current Prices)	2303.32	1227.23	889.33
第一产业	Primary Industry	215.93	175.78	124.96
第二产业	Secondary Industry	1234.31	738.36	542.76
#工业	Industry	953.88	572.97	417.14
第三产业	Tertiary Industry	853.08	313.09	221.61
生产总值增长速度(%)	Growth of Gross Regional Product(%)	9.2	5.8	3.2
第一产业	Primary Industry	5.2	7.0	7.8
第二产业	Secondary Industry	10.0	4.7	1.1
第三产业	Tertiary Industry	8.8	8.2	7.3
人均生产总值(元)	Per Capita GDP(yuan)	39671	33672	42149
人均生产总值增长速度(%)	Growth of Per Capita GDP(%)	8.2	5.4	1.7
农村、农业	**Rural and Agriculture**			
乡镇数(个)	Number of Township and Town Governments (unit)	365	308	221
村委会数(个)	Number of Villagers' Committees(unit)	4167	3062	1649
乡村人口（万人）	Number of Rural Population(10 000 persons)	393.66	290.66	149.94
乡村从业人员（万人）	Number of Rural Employed Persons (10 000 persons)	206.78	147.31	72.43
按行业分	By National Economic Sectors			
农林牧渔业	Agriculture, Forestry, Animal Husbandry and Fishery	115.70	91.84	56.40
工业	Industry	14.48	8.65	2.09
建筑业	Construction	28.16	17.07	4.60
交通仓储邮电通讯业	Transport, Storage and Post	9.54	5.83	1.90
信息传输、计算机服务和软件业	Information transmission, Computer Services and Software	0.77	0.48	0.18
批发与零售业	Wholesale and Retail Trades	10.43	6.35	2.12
住宿与餐饮业	Hotels and Catering Services	11.38	7.81	1.80
其他行业	Others	16.32	9.28	3.34
通公路行政村数量(个)	Number of Accessible Village by Highway (unit)	4042	2936	1533
通公路行政村比重(%)	Proportion of Accessible Village by Highway (%)	97.0	95.9	93.0
通宽带行政村数量(个)	Number of Accessible Village by Broadband (unit)	1537	1103	387
通宽带行政村比重(%)	Proportion of Accessible Village by Broadband (%)	36.9	36.0	23.5
农用机械总动力合计(万千瓦)	Total Agricultural Machinery Power(10 000 kw)	448.37	333.14	163.58
化肥施用量(实物量)(吨)	Consumption of Chemical Fertilizers(ton)	254482	177554	83182
农村用电量(万千瓦时)	Electricity Consumed in Rural Areas (10 000 kwh)	49557	34130	15100

24-1 续表 1 Continued

指 标	Item	全省总计 Total Province	自治州县合计 Total Autonomous Prefectures and Counties	自治州合计 Total Autonomous Prefectures
农作物播种面积(千公顷)	Total Sown Area(1000 hectare)	553.7	434.2	230
粮食作物	Grain Crops	280.1	217.8	103.9
油料作物	Oil-bearing Crops	150.9	125.3	60.5
当年出栏肉用牲畜头数(万头只)	Slaughtered Fattened Animals(10 000 heads)			
大牲畜	Large Animals	114.90	152.2	132.5
羊	Sheep and Goats	635.33	705.6	638.9
猪	Hogs	140.46	84.5	18.7
年末牲畜存栏头数	Amount of Livestock at Year-end			
大牲畜	Large Animals	484.74	480.27	438.46
羊	Sheep and Goats	1457.07	1338.51	1200.12
猪	Hogs	120.56	67.2	11.93
主要产品产量(吨)	Output of Main Farm Products(ton)			
粮 食	Grain	1048100	831730	320710
油 料	Oil-bearing Crops	315093	245255	93852
水 果	Fruits	13249	10563	3953
水产品	Aquatic Products	9037	8823	7635
猪 肉	Pork	105300	62742	13350
牛 肉	Beef	106100	133592	113387
羊 肉	Mutton	109200	128132	115540
禽 肉	Poultry	7400	3923	797
奶 类	Milk	312584	328223	250647
山羊毛	Goat Wool	1328	1283	1092
#山羊绒	Goat Cashmere	397	392	362
绵羊毛	Sheep Wool	17110	15919	13718
禽 蛋	Poultry Eggs	21800	11050	2527
农林牧渔业总产值(万元)	Gross Output Value of Agriculture(10 000 yuan)	3274916	2591690	1707484
工业、能源消耗	**Industry and Energy Consumption**			
规模以上工业企业	Number of Industrial Enterprises above			
单位数总计(个)	Designated Size(unit)	568	290	219
按经济类型分类	By Status of Registration			
国有经济及国有控股企业	State-owned Enterprises	126	88	72
中央企业	Central	1		
地方企业	Local	12	7	6
集体经济	Collective-owned Enterprises	2	1	

注：本表中农作物播种面积、牲畜存栏出栏头数和部分主要产品产量指标全省总计为抽样调查数，自治州县及藏区使用全面统计数。

a) In this table, indicators such as sown area, slaughtered fattened animals, amount of livestock, output of farm and livestock products, data of total province come from sampling survey, and data of total tibetan-inhabited areas come from complete statistic.

24-1 续表2 Continued

指 标	Item	全省总计 Total Province	自治州县合计 Total Autonomous Prefectures and Counties	自治州合计 Total Autonomous Prefectures
按轻重工业分	Grouped by Light & Heavy Industries			
轻工业	Light Industry	155	32	23
重工业	Heavy Industry	413	258	196
按规模分	Grouped by Size of Enterprises			
大型企业	Large Enterprises	25	12	7
中型企业	Medium-sized Enterprises	102	46	29
小型企业	Small Enterprises	441	232	183
#微型企业	Micro Enterprises	59	47	42
规模以上工业总产值(万元)	Gross Industrial Output Value(10 000 yuan)	26558558	11398829	8431791
按经济类型分类	By Status of Registration			
国有经济及国有控股企业	State-owned Enterprises	12792554	6909594	5184875
中央企业	Central	2608314		
地方企业	Local	133352	88011	85485
集体经济	Collective-owned Enterprises	4881	2101	
按轻重工业分	Grouped by Light & Heavy Industries			
轻工业	Light Industry	3645205	477324	329942
重工业	Heavy Industry	22913353	10921505	8101849
按规模分	Grouped by Size of Enterprises			
大型企业	Large Enterprises	11977478	5700443	4511358
中型企业	Medium-sized Enterprises	6218933	2465165	1542230
小型企业	Small Enterprises	8362147	3233221	2378202
#微型企业	Micro Enterprises	510473	396148	370170
规上工业企业主要经济指标	Main Economic Indicators of Industrial Enterprises above Designated Size			
企业单位数(个)	Number of Enterprises (unit)	568	290	219
亏损企业	Loss-making Enterprises	191	109	73
工业总产值(当年价)(万元)	Gross Industrial Output Value (Current Prices)(10 000 yuan)	26558558	11398829	8431791
工业销售产值(当年价)(万元)	Output Value of Industrial Sales (Current Prices)(10 000 yuan)	24754478	10414165	7677656
年平均从业人数(人)	Average Annual Number of Employed Persons (person)	209988	112121	82108
资产总计(万元)	Total Assets(10 000 yuan)	54140852	30578175	25506989
流动资产合计(万元)	Annual Average Value of Working Capitals(10 000 yuan)	14885732	8955178	7088820
负债合计	Total Liabilities	36908521	20676200	17297733
固定资产合计(万元)	Total Fixed Assets (10 000 yuan)	28231712	14015817	11709171
主营业务收入(万元)	Revenue from Principal Business(10 000 yuan)	22466163	9163769	6468262
营业利润(万元)	Operating Profits(10 000 yuan)	815033	834220	952315
利润总额(万元)	Total Profits(10 000 yuan)	1061911	974743	1063205
亏损企业亏损额(万元)	Total Loss of Loss-making Enterprises(10 000 yuan)	698970	393971	281473
应交增值税(万元)	Value Added Taxes Payable(10 000 yuan)	819664	494134	442723

注：工业增加值为年报数。
a) Value Added of Industry comes from annual report.

24-1 续表3 Continued

指 标	Item	全省总计 Total Province	自治州县合计 Total Autonomous Prefectures and Counties	自治州合计 Total Autonomous Prefectures
主要工业产品产量	Output of Major Industrial Products			
原煤(万吨)	Coal(10 000 tons)	1800	--	--
原油(万吨)	Crude Oil(10 000 tons)	220.00	--	--
天然气(亿立方米)	Natural Gas(10 000 cu. m)	69	--	--
原盐(万吨)	Salt(10 000 tons)	221.9	221.9	221.9
水泥(万吨)	Cement(10 000 tons)	1843.7	820.6	314.0
钢(万吨)	Steel(10 000 tons)	131.4		
发电量(万千瓦小时)	Electricity(10 000 kwh)	551	--	--
钾肥(实物量)(万吨)	Potash Fertilizer (10 000 tons)	832	832	832
规模以上工业综合能源消费量(万吨标准煤)	Comprehensive Energy Consumption of Industrial Enterprises above Designated Size(10 000 ton standard coal)	2065.77	--	649.89
规模以上工业综合能源消费量比上年增长(%)	Growth Rate of Comprehensive Energy Consumption of Industrial Enterprises above Designated Size(%)	1.26	--	-3.33
规模以上工业单位增加值能耗(吨标准煤/万元)	Energy Consumption per 10 000 yuan Value Added of Industry (ton standard coal/10 000 yuan)	2.2682	--	1.4117
规模以上工业单位增加值能耗比上年增长(%)	Growth Rate of Energy Consumption per 10 000 yuan Value Added Enterprises above Designated Size(%)	-7.19	--	-2.65
固定资产投资	**Investment in Fixed Assets**			
全社会固定资产投资完成额(万元)	Total Investment in Fixed Assets in the Whole Country(10 000 yuan)	29087140	13668950	9901751
按资金来源分	Grouped by Sources of Funds			
#国家预算内资金	State Budget	5599442	3074728	2121016
国内贷款	Domestic Loans	5962198	1941962	1578004
债券	Bond	164628	4328	4328
利用外资	Foreign Investment	42174	22963	3624
自筹资金	Self-raising Funds	13635070	6348213	4403818
其他资金来源	Others	2853214	1044733	500066
按区域划分的投资完成情况	Grouped by Area			
城镇固定资产投资	Urban Investment in Fixed Assets	24889266	10127282	7798155
房地产开发投资	Investment in Real Estate Development	3082702	517474	149453
#住宅	Residential Buildings	856532	321596	94594
农村固定资产投资	Rural Investment in Fixed Assets	4197874	3541668	2103596
城镇新增固定资产	Urban New Increased Investment in Fixed Assets	9652511	5239222	4155120
贸易、旅游	**Trade and Tourism**			
社会消费品零售总额(万元)	Total Retail Sales of Consumer Goods (10 000 yuan)	6208264	1980685	1349412
城镇	City	5396764	1520255	1141495
乡村	Under County Level	811501	460430	207917

24-1 续表4 Continued

指 标	Item	全省总计 Total Province	自治州县合计 Total Autonomous Prefectures and Counties	自治州合计 Total Autonomous Prefectures
旅游人数(万人次)	Number of Tourists(10 000 person-times)	2005.6	2611.9	1803.0
旅游总收入(亿元)	Total Tourism Earnings(100 million yuan)	201.9	83.1	58.4
星级饭店个数(个)	Number of Star-rated Hotel(unit)	219	140	115
星级饭店客房总数(间)	Number of Rooms of Star-rated Hotels(unit)	18146	9704	8392
名胜风景区和文物保护区个数(个)	Number of Scenic Spots and Heritage Preservation District(unit)	90	62	47
劳动就业	**Employment**			
城镇非私营单位就业人员年末人数合计(万人)	Number of Employed Persons in Urban Units except Private Enterprises at Year-end (10 000 persons)	63.19	30.02	21.02
国有经济单位	State-owned Units	34.45	17.79	12.55
城镇集体经济单位	Urban Collective-owned Units	1.20	0.51	0.29
其他各种经济类型单位	Others	27.54	11.72	8.18
城镇非私营单位就业人员年平均人数合计(万人)	Annual Average Number of Empolyed Persons in Urban Units except Private Enterprises (10 000 persons)	62.76	29.59	21.04
国有经济单位	State-owned Units	33.76	17.21	12.50
城镇集体经济单位	Urban Collective-owned Units	1.22	0.55	0.30
其他各种经济类型单位	Others	27.78	11.83	8.24
城镇非私营单位就业人员工资总额合计(万元)	Total Wages of Employed Persons in Urban Units except Private Enterprises (10 000 yuan)	3583078.0	1771498.2	1339082.8
国有经济单位	State-owned Units	2053363.8	1002184.5	743388.8
城镇集体经济单位	Urban Collective-owned Units	49906.4	25368.1	15814.5
其他各种经济类型单位	Others	1479807.8	743945.6	579879.5
农村居民最低生活保障人数(人)	Nmuber of Security Object to Minimum Living Allowance in Rural Areas(person)	372032	283687	161034
城镇居民最低生活保障人数(人)	Nmuber of Security Object to Minimum Living Allowance in Urban Areas(person)	203014	146352	106751
城镇职工医疗保险参保人数(人)	Number of Urban Staff and Workers Contributors on Basic Medical Care Insurance (person)	933030		240775
农村新型合作医疗参合人数(人)	Number of New Type of Rural Cooperative Medical Care(person)	3689619		1344432
财政、金融(万元)	**Government Finance and Financial Intermediation(10 000 yuan)**			
财政总收入	Government Revenue	15294734	6090478	4743463
其中：转移性收入	Transfer Income	4761066	2327529	1754125
地方公共财政预算收入	Public Budget Revenue of Local Government	2516759	848034	705739
财政总支出	Government Expenditure	14752426	6023315	4688950
公共财政预算支出	Public Financial Budget Expenditure	13474303	5985481	4660401
#农业支出	Expenditure for Agriculture	1900408	1245245	944893
教育支出	Expenditure for Education	1563054	976659	706058
金融机构人民币各项存款	Total RMB Deposits of Financial Institutions	45298654	13192474	9799091
#城乡储蓄存款年末余额	Balance of Urban and Rural Household Savings Deposits at Year-end	16407301	5491138	3632994
金融机构人民币各项贷款	Total RMB Loans of Financial Institutions	41717297	7949665	6305041

注：旅游人数自治州相加大于全省数是由于地区人数有重复计数因素。
a)Total number of tourists of autonomous prefectures and counties are more than that of total province, because of repeated calculation factor.

24-1 续表 5 Continued

指 标	Item	全省总计 Total Province	自治州县合计 Total Autonomous Prefectures and Counties	自治州合计 Total Autonomous Prefectures
城乡居民收入(元)	**Income of Urban and Rural Household(yuan)**			
城镇居民人均可支配收入	Annual Per Capita Disposable Income of Urban Households	21370	—	—
城镇居民人均消费性支出	Annual Per Capita Consumption Expenditure of Urban Households	14596	—	—
农牧民人均纯收入	Annual Per Capita Disposable Income of Rural Households	6983	7442.64	7071.23
农牧民人均消费性支出	Annual Per Capita Consumption Expenditure of Rural Households	6648	5999.63	6167.26
教育、文化、卫生	**Education, Culture and Public Health**			
普通中学数(个)	Number of Regular Secondary Schools(unit)	370		130
小学数(个)	Number of Primary Schools(unit)	1114		446
普通中学专任教师数(人)	Full-time Teachers of Regular Secondary Schools(person)	23346		7845
小学专任教师数(人)	Full-time Teachers of Primary Schools(person)	25224		11104
普通中学在校学生数(人)	Total Enrollment of Regular Secondary Schools(person)	325464		118838
小学在校学生数(人)	Total Enrollment of Primary Schools(person)	461061		192802
学龄儿童入学率(%)	Net Enrollment Ratio of Primary Schools(%)	99.67		99.40
初中毕业生升学率(%)	Promotion Rate from Junior Secondary Schools to Senior Seconday Schools(%)	92.44		73.06
双语教育在校生数(人)	Total Enrollment of Bilingual Education(person)	228550		215799
体育场馆数(个)	Number of Stadium and Gymnasium(unit)	19		9
剧场、影剧院数(个)	Number of Theater(unit)	22		9
公共图书馆图书总藏书量(万册)	Collect Books of Public Libraries(10 000 volume)	328		110
电视节目人口综合覆盖率(%)	TV Coverage of Population(%)	98		95.26
广播节目人口综合覆盖率(%)	Radio Coverage of Population(%)	97		95.25
医疗、卫生机构数(个)	Number of Hospital and Health Center(unit)	1760		730
医疗、卫生机构床位数(张)	Number of Beds of Hospital and Health Center(unit)	33107		10803
医疗、卫生机构卫生技术人员数(人)	Number of Medical Technical Personnels of Hospital and Health Center(person)	33138		8930
#医生	Doctor	11960		3386
5岁以下儿童死亡率(‰)	Mortality Rate of Children under Five Years(‰)	14.42		
婴儿死亡率(‰)	Infant Mortality Rate(‰)	11.5		

注：卫生机构卫生技术人员数不包含村卫生室技术人员。
a)Medical technical personnel at health care institutions don't include technical personnel at village health clinic.

24-2 县(市)基本情况(2014年)
Basic Conditions of Counties(Cities)(2014)

地区	Region	行政区域土地面积(万平方公里) Administrative Areas (10 000sq.km)	乡个数(个) Number of Townships(unit)	镇个数(个) Number of Town Governments(unit)	街道办事处个数(个) Number of Street Communities (unit)
城东区	Chengdong District			2	12
城中区	Chengzhong District			1	7
城西区	Chengxi District			1	5
城北区	Chengbei District			2	3
大通县	Datong County	0.32	11	9	
湟中县	Huangzhong County	0.26	5	10	
湟源县	Huangyuan County	0.15	7	2	8
乐都区	Ledu District	0.25	12	7	
平安区	Ping'an District	0.07	5	3	
民和县	Minhe County	0.19	14	8	
互助县	Huzhu County	0.34	11	8	
化隆县	Hualong County	0.27	11	6	
循化县	Xunhua County	0.18	6	3	
门源县	Menyuan County	0.64	8	4	7
祁连县	Qilian County	1.40	4	3	
海晏县	Haiyan County	0.45	4	2	
刚察县	Gangcha County	0.96	3	2	2
同仁县	Tongren County	0.32	8	3	
尖扎县	Jianzha County	0.16	6	3	
泽库县	Zeku County	0.67	4	3	
河南县	Henan County	0.67	3	2	
共和县	Gonghe County	1.66	7	4	14
同德县	Tongde County	0.46	3	2	10
贵德县	Guide County	0.36	3	4	
兴海县	Xinghai County	1.22	4	3	
贵南县	Guinan County	0.65	3	3	
玛沁县	Maqin County	1.34	6	2	
班玛县	Banma County	0.64	8	1	
甘德县	Gande County	0.71	6	1	
达日县	Dari County	1.45	9	1	
久治县	Jiuzhi County	0.83	5	1	
玛多县	Maduo County	2.45	2	2	
玉树市	Yushu City	1.54	6	2	4
杂多县	Zaduo County	3.55	7	1	
称多县	Chengduo County	1.46	2	5	
治多县	Zhiduo County	8.07	5	1	
囊谦县	Nangqian County	1.21	9	1	
曲麻莱县	Qumalai County	4.66	5	1	
格尔木市	Geermu City	11.92	2	2	5
德令哈市	Delingha City	2.78	1	3	3
乌兰县	Wulan County	1.23		4	
都兰县	Dulan County	4.52	4	4	
天峻县	Tianjun County	2.55	7	3	
大柴旦	Dachaidan Executive Council	2.09		1	
冷　湖	Lenghu Executive Council	1.75		2	
茫　崖	Mang'ai Executive Council	3.23		2	

24-3 县(市)主要经济社会指标(2014年)

指 标	Item	城东区 Chengdong District	城中区 Chengzhong District
人口与就业	**Population and Employment**		
常住户数(户)	Total Population at Year-end(household)	82535	82214
户籍人口(万人)	Household Register Population(10 000 persons)	25.36	24.33
#农业户籍人口	Agricultural Household Register Population(10 000 persons)	0.63	0.17
第一产业从业人员(人)	Number of Employed Persons of the Primary Industry(person)	200	7952
第二产业从业人员(人)	Number of Employed Persons of the Secondary Industry(person)	32824	13217
第三产业从业人员(人)	Number of Employed Persons of the Tertiary Industry(person)	56110	30083
综合经济	**Comprehensive Economic**		
地区生产总值(万元)	**Gross Domestic Product(10 000 yuan)**	**1898708**	**1808053**
第一产业增加值	Value-added of the Primary Industry	1106	10453
农业	Agriculture	225	3238
牧业	Animal Husbandry	857	6722
第二产业增加值	Value-added of the Secondary Industry	1084902	571617
工业	Industry	919000	444242
第三产业增加值	Value-added of the Tertiary Industry	812700	1225983
财政、金融	**Government Finance and Financial Intermediation**		
公共财政收入(万元)	Public Financial Revenues(10 000 yuan)	66308	57795
各项税收	Taxes	60946	51331
公共财政支出(万元)	Public Financial Expenditures(10 000 yuan)	150316	113351
农林水事务支出	Expenditures for Agriculture,Forestry and Water Conservancy	3108	9911
科学技术支出	Expenditures for Science and Technology	1589	1263
医疗卫生支出	Expenditures for Medical and Health Care	8090	8610
教育支出	Expenditures for Education	26940	16258
财政供养人员(人)	Financial Dependents(person)	5213	3570
财政供养人员全年工资总额(万元)	Total Wages of Financial Dependents(10 000 yuan)	21634	16620
年末金融机构各项存款余额(万元)	Deposits of Financial Institutions at Year-end(10 000 yuan)		
居民储蓄存款余额	Urban and Rural Household Savings Deposits		
年末金融机构各项贷款余额(万元)	Loans of Financial Institutions at Year-end(10 000 yuan)		

Main Economic Indicators of Counties(Cities)(2014)

城西区 Chengxi District	城北区 Chengbei District	大通县 Datong County	湟中县 Huangzhong County	湟源县 Huangyuan County	乐都区 Ledu District	平安区 Ping'an District	民和县 Minhe County	互助县 Huzhu County	化隆县 Hualong County
73013	73920	124527	138212	42300	94164	43815	93189	114771	50386
22.25	22.11	46.46	48.66	13.47	29.38	12.88	44.07	40.00	28.79
0.23	0.52	25.09	22.92	6.53	23.82	7.82	29.35	26.90	23.93
299	20820	83650	107124	46446	54341	17295	86254	99967	70520
30430	26390	36740	15707	1254	44997	18531	44184	53885	13177
60868	17700	43018	10409	5199	29857	28861	57920	109960	28237
2104175	**1939911**	**1059825**	**1608850**	**238288**	**733862**	**605709**	**657637**	**966198**	**481186**
830	14497	136426	163361	47046	111836	40357	95847	175114	58242
15	10175	54738	92503	20152	73006	28276	62424	111745	31476
708	3747	80862	69658	26544	36862	10752	31400	61892	24329
218759	1307557	736840	1273664	113502	347643	333727	353923	471101	319121
14844	1181914	637955	1100171	92673	242172	237974	252123	364569	272601
1884586	617857	186559	171825	77740	274383	231625	207867	319983	103823
119264	57032	57743	19471	12128	23448	25965	31773	33847	10275
115796	53728	52689	17623	9385	18008	24051	23869	29158	8935
160205	128310	340607	322987	167773	277696	173453	303876	321724	204404
8823	11659	93315	83537	43482	62610	37185	66004	66360	38963
1840	1203	1435	563	532	1934	478	420	682	433
10439	8871	38940	39582	14322	26841	10330	35305	35000	21049
24999	15419	63095	74717	18475	40679	21875	61789	75734	43521
3687	3750	12175	11432	6833	11071	6147	11735	13553	8695
16160	20338	69948	71435	44960	91212	31872	51923	68953	73216
		1138246	748056	404678	935343	1038701	687805	830544	367855
		646753	491176	232962	541105	449856	388081	446017	176932
		879398	446951	197671	472797	715225	225904	280127	156499

24-3 续表 1

指 标	Item	城东区 Chengdong District	城中区 Chengzhong District
农业	**Agriculture**		
生产条件	Condition for Agricultural Production		
耕地面积(公顷)	Cultivated Land(hectare)	322.3	59.8
设施农业占地面积(公顷)	Facility Agriculture Area(hectare)	14.7	114.5
农业机械总动力(万千瓦特)	Total Power of Agriculture Machinery(10000 KW)	0.5	2.4
化肥使用量(折纯量)(吨)	Consumption of Chemical Fertilizers(ton)	27.9	292.3
农药使用量(吨)	Consumption of Agricultural Chemical(ton)	0.4	5.4
地膜使用量(吨)	Consumption of Plastic Film(ton)	0.2	7.6
有效灌溉面积(公顷)	Effective Irrigated Area(hectare)	233.6	50.5
机电井数(眼)	Number of Electromechanical Wells(unit)		
机收面积(公顷)	Mechanical Harvesting Area(hectare)	134.2	908.0
农作物播种面积(公顷)	Sown Area(hectare)	143.9	1968.4
粮食作物播种面积(公顷)	Grain Crops Sown Area(hectare)	68.2	593.1
良种播种面积	Picked Seeds Sown Area		
小麦	Wheat	68.2	411.4
玉米	Corn		
大豆	Soybean		
油料播种面积	Oil-bearing Crops	62.2	357.7
蔬菜播种面积	Vegetables	13.5	575.3
农产品产量	Output of Farm Products		
粮食总产量(吨)	Grain(ton)	264	2086
小麦	Wheat	264	1543
玉米	Corn		
大豆	Soybean		
油料产量(吨)	Oil-bearing Crops	187	1066
园林水果产量(吨)	Fruits		
肉类总产量(吨)	Output of Meat	368	1557
#猪肉产量	Pork	149	1040
年末生猪存栏(头)	Hogs Herds at Year-end(head)	1300	10300
年末牛存栏(头)	Cattle Herds at Year-end(head)	200	5800
年末羊存栏(只)	Sheep and Goats Herds at Year-end(head)	2900	5100
禽蛋产量(吨)	Output of Poultry Eggs	12	532
奶类产量(吨)	Output of Milk	490	5800
蔬菜产量(吨)	Output of Vegetables	515	20675
水产品产量(吨)	Output of Aquatic Products		

Continued

城西区 Chengxi District	城北区 Chengbei District	大通县 Datong County	湟中县 Huangzhong County	湟源县 Huangyuan County	乐都区 Ledu District	平安区 Ping'an District	民和县 Minhe County	互助县 Huzhu County	化隆县 Hualong County
144.9	2778.8	54717.8	68129.0	20853.5	24218.4	20552.3	42192.0	59504.0	48208.5
7.9	466.5	2495.3	832.0	149.3	475.2	204.6	280.9	553.2	131.5
1.0	4.1	44.6	61.1	15.2	23.3	7.5	46.8	47.4	20.8
15.1	413.2	9861.0	12919.0	2815.7	5363.0	2687.0	9058.0	9397.4	3728.0
	5.6	282.9	345.7	44.1	46.9	49.8	182.1	329.9	53.9
	1.6	323.6	312.4	33.1	1073.5	390.0	2632.1	79.0	395.6
64.9	2549.5	11352.7	13859.0	6734.3	6676.5	4276.0	11668.0	11443.0	6162.5
		7.0	18.0	15.0					
	620.0	14039.9	23187.0	3278.0	1834.7	993.3	6200.0	10000.0	2675.0
39.2	1443.0	47124.1	55860.0	15593.3	26910.4	20299.3	45873.0	59845.6	36633.2
	155.4	20117.8	29203.0	6266.7	16666.5	10220.0	37149.3	30878.4	18331.3
				6266.7	15728.0			30249.3	
	147.0	12139.7	12874.0	1400.0	1600.0	4115.3	3684.5	9040.3	6093.3
					788.0		26766.7		333.3
	8.0					851.3			
	306.0	15781.3	14000.0	2266.7	3339.5	5266.6	4044.0	23809.5	16612.2
	585.0	8421.9	9113.0	3246.7	6667.5	1333.3	3606.7	5157.7	1276.9
	597	85998	122520	21835	62492	40052	226751	115319.8	64133
	571	46179	50348	5250	5108	12667	21797	32002	24147
					4893		179635	852	2631
	26					1486			
	808	42404	41360	5445	8038	12934	9659	69643	21425
		660	388	8	837	96	4164		920
407	3900	30880	29487	11155	23725	5903	14425	30007	7798
290	927	14798	14287	3900	20022	3530	8311	22610	3003
12800	3921	125500	171800	49800	188600	49900	80497	320000	23900
400	1600	149100	124600	53100	34900	14800	42025	63100	56100
3600	7000	219000	377600	267200	175500	73400	350037	299400	309500
286	1930	2863	3113	1835	5060	1002	2042	2940	302
61	1225	48081	76893	16632	4820	5654	12053	8150	3582
69	18805	310507	322664	109756	260316	35552	117354	140340	45220
		21			103	35	80	82	504

24-3 续表 2

指 标	Item	城东区 Cheng dong District	城中区 Cheng zhong District
工业及建筑业	**Industry and Construction**		
规模以上工业企业个数(个)	Number of Industrial Enterprises above Designated Size(unit)	58	30
规模以上工业总产值(万元)	Gross Industrial Output Valueof Industrial Enterprises above Designated Size(10 000 yuan)	2609404	1257721
规模以上工业企业从业人员年平均数(人)	Average Number of Employed Personsof Industrial Enterprises above Designated Size(person)	12143	13463
规模以上工业企业主营业务收入(万元)	Revenue from Principal Business of Industrial Enterprises above Designated Size(10 000 yuan)	2592843	1255137
建筑业企业个数(个)	Number of Construction Enterprises(unit)	47	60
交通、通讯与能源	**Transport，Postal，telecommunication and Energy**		
公路里程(公里)	Length of Highways(km)	140.8	134.0
民用汽车拥有量(辆)	Possession of Civil Vehicles(unit)	62921	44910
年末公交车路数(路)	Number of Bus Routes at Year-end(unit)	30	15
年末实有公共汽(电)车营运车辆数(辆)	Number of Actual Buses or Trolleybuses Operating Vehicles at Year-end(unit)	906	411
年末实有出租汽车数(辆)	Number of Actual Taxies at Year-end(unit)	2653	1590
固定电话用户(户)	Number of Subscribers of Fixed Telephone at Year-end(subscriber)	118581	127176
移动电话用户(户)	Number of Mobile Telephone Subscribers(subscriber)	430900	474091
互联网宽带接入用户(户)	Number of Internet Users(subscriber)	63892	84388
全社会用电量(万千瓦时)	Electricity Consumption(10 thousand kwh)		
居民生活用电量	Residential Electricity Consumption		
贸易、外经、旅游	**Domestic Trade,Foreign Trade and Tourism**		
社会消费品零售总额(万元)	Total Retail Sales of Consumer Goods (10 000 yuan)	779821	1167922
出口总额(万美元)	Total Exports(USD 10 000)		
当年实际使用外资金额(万美元)	Amount of Foreign Capital Actually Utilized in the Year(USD 10 000)		
星级饭店客房总数(间)	Numbers of Rooms of Star Grade Hotel(unit)	2414	1536
固定资产投资	**Investment in Fixed Assets**		
固定资产投资(万元)	Total Investment in Fixed Assets(10 000 yuan)	2742297	1388403
新增固定资产投资(万元)	Newly Increased Investment in Fixed Assets(10 000 yuan)	1399532	812686
房地产开发投资(万元)	Investment Completed of Enterprises for Real Estate Development(10 000 yuan)	631895	545862
#住宅	Residential Buildings	462465	381997
住宅竣工面积(万平方米)	Floor Space of Residential Buildings Completed(10 000 sq.m)	51.3	108.2

Continued

城西区 Chengxi District	城北区 Chengbei District	大通县 Datong County	湟中县 Huangzhong County	湟源县 Huangyuan County	乐都区 Ledu District	平安区 Ping'an District	民和县 Minhe County	互助县 Huzhu County	化隆县 Hualong County
3	63	33	47	12	25	14	20	20	14
1791289	2020779	1946109	3785798	246371	789521	731854	636088	784338	547651
6004	23514	23392	18101	3842	4937	1601	5391	5507	2648
1552860	1247134	2025266	3287905	228688	460984	642235	767075	491744	532256
143	53	9	6	4	15	13	8	6	3
76.0	155.0	1319.4	2056.6	573.3	1330.6	378.3	1889.0	1922.9	1471.0
50929	48842	35208	44133	11326	27404	24818	25230	25954	20420
8	21	76	32	28	11	6	5	11	
119	479	273	392	165	162	53	74	80	
1423		228	57	251	337	338	210	264	140
170734	135822	52613	34158	21500	30868	23753	22700	19407	9995
606840	506223	376123	156234	112242	261692	177524	300858	260850	156800
108286	89405	26921	19257	12889	15917	18436	8834	11211	4351
		1698882.9	2232320.5	259933.1	333917.0	77620.0	694322.0	170826.0	76716.0
		13022.0	11164.5	4200.4	6601.0	5247.0	8132.0	8290.0	4051.0
1126068	702677	179901	124499	59998	143845	121407	186666	129645	66388
									236
2239	1062	273	400						42
1851458	1982580	756788	2644751	399830	1091700	1014286	1064656	1072190	462503
979297	903449	584324	1056903	240041	435820	587248	162189	784467	158248
1052239	187507	50896	250		96180	51295	86971	167976	61678
500505	153292	18485	220		59027	36727	57304	102258	38355
177.5	46.8	9.4	4.7		8.8	19.6	20.8	66.0	9.1

24-3 续表 3

指 标	Item	城东区 Chengdong District	城中区 Chengzhong District
教育、科技、文化、卫生	**Education, Science and Technology, Cultureand Public Health**		
普通中学(所)	Number of Regular Secondary Schools(unit)	13	13
中等职业教育学校(所)	Number of Secondary Vocational Education Schools(unit)	2	3
小学数(所)	Number of Primary Schools(unit)	19	27
普通中学专任教师数(人)	Number of Full-time Teachers in Regular Secondary Schools(person)	1019	1069
小学专任教师数(人)	Number of Full-time Teachers in Primary Schools(person)	987	904
普通中学在校学生数(人)	Number of Students Enrollment in Regular Secondary Schools(person)	15304	16119
小学在校学生数(人)	Number of Students Enrollment in Primary Schools(person)	23188	19284
专业技术人员(人)	Number of Scientific and Technical Personnel(person)	1327	
#农业技术人员	Number of Agriculture Scientific and Technical Personnel(person)	10	
全年专利授权数(件)	Number of Patent Granted(unit)	113	122
公共图书馆图书总藏量(千册)	Total Collections of Public Libraries(1000 volumes)	15	166.8
剧场、影剧院个数(个)	Number of Theaters and Cinemas(unit)		6
体育场馆数(个)	Number of Stadiums and Gymnasiums(unit)	2	3
医疗卫生机构床位数(床)	Number of Beds in Hospitals and Health Centers(unit)	4290	4180
医疗卫生机构技术人员(人)	Number of Technical Personnel in Hospitals and Health Centers(person)	4577	4806
#执业(助理)医师	Number of Certified (Assistant) Doctors	1570	1745
人民生活	**People's Living Conditions(yuan)**		
居民人均可支配收入(元)	Per Capita Disposable Income(yuan)		
居民人均消费支出(元)	Per Capita Consumption Expenditure(yuan)		
城镇居民人均可支配收入(元)	Per Capita Disposable Income of Urban Households(yuan)		
农村居民人均纯收入(元)	Per Capita Net Income of Rural Households(yuan)	15423	9806
社会保障	**Social Security**		
各种社会福利收养性单位数(个)	Number of Social Welfare and Salvation Institutions(unit)		2
各种社会福利收养性单位床位数(张)	Number of Beds of Social Welfare and Salvation Institutions(unit)		300
城镇基本养老保险参保人数	Number of Persons Participated in Basic Pension Insurance	30865	31044
城镇基本医疗保险参保人数	Number of Persons Participated in Basic Medical Care Insurance		
失业保险参保人数	Number of Persons Participated in Unemployment Insurance	22223	19563
新型农村合作医疗参保人数	New Rural Cooperative Medical Service Contributors	34577	39470
新型农村社会养老保险参保人数	New Rural Basic Social Pension Insurance Contributors	19775	4679
城镇居民最低生活保障人数	Number of Persons Receiving Minimum Living Allowance in Urban Areas	10891	11308
农村居民最低生活保障人数	Number of Persons Receiving Minimum Living Allowance in Rural Areas		
资源与环境	**Resources and Environment**		
森林面积(公顷)	Area of Forest(hectare)	1772.7	1954.2
自然保护区面积(公顷)	Area of Afforestation(hectare)		
工业二氧化硫排放量(吨)	Volume of Industrial Sulfur Dioxide Emissions(ton)	89.8	46.8
氮氧化物排放量(吨)	Volume of Nitrogen Oxides Emission(ton)	227.4	21.6
烟(粉尘)排放量(吨)	Volume of Soot Emission(ton)	202.8	83.2
污水处理厂数(座)	Number of Sewage Treatment Works (unit)	2	
污水处理厂集中处理率(%)	Centralized Treatment Rate of Sewage Treatment Works(%)	99.04	
垃圾处理站数(个)	Number of Waste Disposal Station (unit)	10	

Continued

城西区 Chengxi District	城北区 Chengbei District	大通县 Datong County	湟中县 Huangzhong County	湟源县 Huangyuan County	乐都区 Ledu District	平安区 Ping'an District	民和县 Minhe County	互助县 Huzhu County	化隆县 Hualong County
10	14	34	42	14	13	7	33	24	8
3	4	2	4	1	1	1	1	1	1
14	15	24	56	24	38	42	119	213	107
1196	920	2139	1929	643	1305	688	2025	1719	619
825	636	1784	1581	552	1360	688	1681	1698	942
17916	12298	26845	25514	7866	16783	7836	24247	22592	7628
17955	14199	34217	33090	8018	17784	8734	30662	24039	22480
4110		6001	9690	3797	4443	2389	5494	6213	2766
214		238	563	236	220	370	448	638	263
132	84	19	24	1	4				
1326		166.3	94.9	35	105	40	69	82	97
4	1	1	1	1		1	2		
2	1	1	2	1	1	1	1	1	
3038	1407	1818	1010	510	474	654	1258	918	562
3186	1327	1333	972	541	770	456	784	874	466
1087	359	472	282	191	444	275	322	568	147
15915	15403	10570	9096	7414	7399	7379	6593	7547	6600
	1	2	1	5	5	2	4	4	3
	120	112	452	411	264	182	250	440	250
30982	24098	24241	9635	6052	12493	16047	12771	14587	6496
61992		20486	16186	6358	38488	25616	32605	30734	22049
58985	36613	12519	9930	355	10808	6161	8437	11079	4858
18171	62591	358134	418787	98839	217523	85156	341029	348567	210774
10565	29084	239836	260357	64149	139716	58579	187681	225090	130606
4511	9610	10714	6659	7104	8305	2281	10328	4207	8560
564	24773	17304	31511	10780	24282	5370	37100	35440	25200
		141556.1	113311.0	108225.8	91071.0	21895.0	70659.8	119957.3	32904.7
		107870.0							
2.4	11184.0	29242.6	25950.9	255.3	2738.9	1756.7	6269.7	3308.8	2198.0
12.3	2162.3	39802.1	4894.2	165.8	5395.1	394.7	2131.8	3037.8	315.7
2.0	6812.1	40348.1	454.7	6027.2	19391.1	6196.4	22538.2	17804.2	4124.9
1		1	1	1	1	1	1	1	
		92.14	71.26	86.75	71.39		90	86	
		1	1	1	1	1	1	1	1

24-3 续表 4

指　标	Item	循化县 Xunhua County	门源县 Menyuan County
人口与就业	**Population and Employment**		
常住户数(户)	Total Population at Year-end(household)	43126	49070
户籍人口(万人)	Household Register Population(10 000 persons)	15.75	16.22
#农业户籍人口	Agricultural Household Register Population(10 000 persons)	12.84	13.12
第一产业从业人员(人)	Number of Employed Persons of the Primary Industry(person)	20576	30579
第二产业从业人员(人)	Number of Employed Persons of the Secondary Industry(person)	12470	21325
第三产业从业人员(人)	Number of Employed Persons of the Tertiary Industry(person)	11970	12792
综合经济	**Comprehensive Economic**		
地区生产总值(万元)	**Gross Domestic Product(10 000 yuan)**	**243212**	**337817**
第一产业增加值	Value-added of the Primary Industry	42105	70419
农业	Agriculture	22937	30028
牧业	Animal Husbandry	17441	39695
第二产业增加值	Value-added of the Secondary Industry	104116	149073
工业	Industry	60256	97497
第三产业增加值	Value-added of the Tertiary Industry	96991	118325
财政、金融	**Government Finance and Financial Intermediation**		
公共财政收入(万元)	Public Financial Revenues(10 000 yuan)	8657	15891
各项税收	Taxes	7097	10372
公共财政支出(万元)	Public Financial Expenditures(10 000 yuan)	154469	184486
#农林水事务支出	Expenditures for Agriculture,Forestry and Water Conservancy	35710	35145
科学技术支出	Expenditures for Science and Technology	146	2220
医疗卫生支出	Expenditures for Medical and Health Care	12468	17446
教育支出	Expenditures for Education	26462	29757
财政供养人员(人)	Financial Dependents(person)	6335	4811
财政供养人员全年工资总额(万元)	Total Wages of Financial Dependents(10 000 yuan)	40481	29300
年末金融机构各项存款余额(万元)	Deposits of Financial Institutions at Year-end(10 000 yuan)	413350	357222
居民储蓄存款余额	Urban and Rural Household Savings Deposits	239308	152866
年末金融机构各项贷款余额(万元)	Loans of Financial Institutions at Year-end(10 000 yuan)	106715	130009

Continued

祁连县 Qilian County	海晏县 Haiyan County	刚察县 Gangcha County	同仁县 Tongren County	尖扎县 Jianzha County	泽库县 Zeku County	河南县 Henan County	共和县 Gonghe County	同德县 Tongde County	贵德县 Guide County
17342	12845	16482	32097	22881	23205	12056	45572	11512	37166
5.2	3.64	4.59	9.77	6.11	7.51	3.95	13.59	6.13	11.07
3.75	1.98	3.07	6.46	4.46	6.47	3.3	9.18	4.92	8.63
174	69	1370	26361	16705	27965	15061	35305	24919	18294
314	2811	297	1363	2634		67	2388	2117	12346
3559	7129	3217	7863	3526	2324	2585	9771	2920	12183
206795	**240151**	**135912**	**220311**	**186625**	**128998**	**124310**	**485275**	**122814**	**287694**
44648	16810	39999	41005	19838	70707	64193	73891	65087	27975
2575	1748	4698	19426	5900	5494	1718	7660	11624	14653
40971	15015	34631	21421	12304	64934	62475	52671	52473	12278
108396	136629	44090	34586	126792	27659	31017	241815	33706	191194
69554	102874	14697	4244	99864	9620	11658	168817	2674	148079
53751	86712	51823	144720	39995	30632	29100	169569	24021	68525
10096	25365	111445	12371	8587	2103	2270	17817	4222	18619
7906	13721	10214	9303	6494	1586	1836	14984	3510	14633
131314	697936	111397	223876	136148	111587	100679	175324	120258	179613
34968	147828	35689	32732	34181	21852	26684	52782	35721	39647
1651	8754	1613	2383	1501	1157	1247	446	655	661
9802	59425	8333	20435	8388	8315	6688	9075	8436	16143
12625	93238	12911	50875	29608	30843	14573	28560	20204	24177
3539	6711	2790	7065	3813	2820	2605	5157	2948	4955
19351.3	49845	19872	46695	20896	26452	14880	32881	20889	28000
178558	401480	171948	439842	233621	116275	126705	684038	164700	309639
84688	117765	48503	153575	90346	30825	43709	239134	54400	172927
77133	154770	65075	114686	106585	49891	51056	325411	77400	95981

24-3 续表 5

指 标	Item	循化县 Xunhua County	门源县 Menyuan County
农业	**Agriculture**		
生产条件	Condition for Agricultural Production		
耕地面积(公顷)	Cultivated Land(hectare)	11364.3	39900.0
设施农业占地面积(公顷)	Facility Agriculture Area(hectare)	280.7	385.3
农业机械总动力(万千瓦特)	Total Power of Agriculture Machinery(10000 KW)	10.0	33.7
化肥使用量(折纯量)(吨)	Consumption of Chemical Fertilizers(ton)	3821.0	7721.0
农药使用量(吨)	Consumption of Agricultural Chemical(ton)	92.7	138.9
地膜使用量(吨)	Consumption of Plastic Film(ton)	293.8	5.4
有效灌溉面积(公顷)	Effective Irrigated Area(hectare)	5934.5	3937.0
机电井数(眼)	Number of Electromechanical Wells(unit)		
机收面积(公顷)	Mechanical Harvesting Area(hectare)	4440.0	31245.0
农作物播种面积(公顷)	Sown Area(hectare)	15213.1	40325.0
粮食作物播种面积(公顷)	Grain Crops Sown Area(hectare)	8006.9	12591.0
良种播种面积	Picked Seeds Sown Area		
小麦	Wheat	4134.2	728.7
玉米	Corn	333.3	
大豆	Soybean		
油料播种面积	Oil-bearing Crops	4535.2	19534.8
蔬菜播种面积	Vegetables	2604.3	400.7
农产品产量	Output of Farm Products		
粮食总产量(吨)	Grain(ton)	36251	45718
小麦	Wheat	17791	3755
玉米	Corn	2300	
大豆	Soybean		
油料产量(吨)	Oil-bearing Crops	8272	34289
园林水果产量(吨)	Fruits	866	
肉类总产量(吨)	Output of Meat	5554	15584
#猪肉产量	Pork	670	3888
年末生猪存栏(头)	Hogs Herds at Year-end(head)	2800	21500
年末牛存栏(头)	Cattle Herds at Year-end(head)	74200	115100
年末羊存栏(只)	Sheep and Goats Herds at Year-end(head)	214800	461300
禽蛋产量(吨)	Output of Poultry Eggs	376	360
奶类产量(吨)	Output of Milk	5710	11734
蔬菜产量(吨)	Output of Vegetables	95490	11820
水产品产量(吨)	Output of Aquatic Products	494	

Continued

祁连县 Qilian County	海晏县 Haiyan County	刚察县 Gangcha County	同仁县 Tongren County	尖扎县 Jianzha County	泽库县 Zeku County	河南县 Henan County	共和县 Gonghe County	同德县 Tongde County	贵德县 Guide County
2538.6	2648.1	7206.3	9395.3	6586.0	3961.6		31306.0	11602.8	12728.1
	7.0			20.0	1.7		68.7	30.7	45.7
5.2	4.5	19.1	5.5	9.0	2.0		17.2	4.6	10.6
344.0	193.0	762.0	668.4	481.0	128.0		3151.4	1748.0	1866.0
8.0	0.3	0.9	8.4	3.6			59.0	14.0	26.6
3.0	0.3			4.3			3.5	0.2	15.3
1234.0	1532.5	7206.3	3139.3	3394.0			17041.0	2182.3	10965.3
							279.0		8.0
1333.0	1667.0	9094.6	838.7	1067.0	1702.5		18063.9	12991.0	3351.6
2064.0	2648.5	8695.2	7225.4	4141.7	6258.0		29721.5	16811.0	14626.4
867.2	1700.9	669.0	4338.2	3559.5			16966.4	6612.7	6505.0
188.5	66.0		2345.8	2324.4			2669.7	856.9	4215.0
			44.5	196.3			55.0		596.0
	22.0								
627.2	628.0	6536.7	1507.0	399.9	2576.7		9129.5	2084.6	3128.4
10.7	15.0		154.2	180.8	1.7		116.3	40.7	2506.5
3830	5139	1893	15400	14000			39496	15983	41351
703	994		8375	9936			8101	4241	20523
			367	972			389		4217
19	73						2471		
798	848	9835	3464	836	1933		12027	2062	7593
			344	1013			162	28	2939
15345	7602	12669	7532	2881	16528	18615	17658.2	9095	6202
41	304	17	208	442			1405.47	73	1155
144	3884	500	1700	4100			13976	1600	20494
165200	42101	184400	46400	31400	150100	289500	114211	156800	32448
1001600	467032	876000	339200	165200	541900	398100	1418716	713700	326596
30	97			120			442.3	2.38	1369
12360	4517	15141	6254	2430	14405	19609.8	12549	14380	2851
300	498		6365	4809	8		3025	604	50189
				398			6440		160

24-3 续表 6

指 标	Item	循化县 Xunhua County	门源县 Menyuan County
工业及建筑业	**Industry and Construction**		
规模以上工业企业个数(个)	Number of Industrial Enterprises above Designated Size(unit)	12	15
规模以上工业总产值(万元)	Gross Industrial Output Valueof Industrial Enterprises above Designated Size(10 000 yuan)	78107	169107
规模以上工业企业从业人员年平均数(人)	Average Number of Employed Personsof Industrial Enterprises above Designated Size(person)	1824	806
规模以上工业企业主营业务收入(万元)	Revenue from Principal Business of Industrial Enterprises above Designated Size(10 000 yuan)	56501	195149
建筑业企业个数(个)	Number of Construction Enterprises(unit)	6	4
交通、通讯与能源	**Transport，Postal，telecommunication and Energy**		
公路里程(公里)	Length of Highways(km)	951.0	1512.9
民用汽车拥有量(辆)	Possession of Civil Vehicles(unit)	16590	7872
年末公交车路数(路)	Number of Bus Routes at Year-end(unit)		17
年末实有公共汽(电)车营运车辆数(辆)	Number of Actual Buses or Trolleybuses Operating Vehicles at Year-end(unit)		188
年末实有出租汽车数(辆)	Number of Actual Taxies at Year-end(unit)	766	
固定电话用户(户)	Number of Subscribers of Fixed Telephone at Year-end(subscriber)	12000	9858
移动电话用户(户)	Number of Mobile Telephone Subscribers(subscriber)	91000	82500
互联网宽带接入用户(户)	Number of Internet Users(subscriber)	4550	9386
全社会用电量(万千瓦时)	Electricity Consumption(10 thousand kwh)	9304.0	16871.3
居民生活用电量	Residential Electricity Consumption	3136.0	3490.5
贸易、外经、旅游	**Domestic Trade,Foreign Trade and Tourism**		
社会消费品零售总额(万元)	Total Retail Sales of Consumer Goods (10 000 yuan)	66474	74342
出口总额(万美元)	Total Exports(USD 10 000)	1620	
当年实际使用外资金额(万美元)	Amount of Foreign Capital Actually Utilized in the Year(USD 10 000)		
星级饭店客房总数(间)	Numbers of Rooms of Star Grade Hotel(unit)	447	97
固定资产投资	**Investment in Fixed Assets**		
固定资产投资(万元)	Total Investment in Fixed Assets(10 000 yuan)	375600	356339
新增固定资产投资(万元)	Newly Increased Investment in Fixed Assets(10 000 yuan)	65678	208642
房地产开发投资(万元)	Investment Completed of Enterprises for Real Estate Development(10 000 yuan)	500	5800
#住宅	Residential Buildings	500	5100
住宅竣工面积(万平方米)	Floor Space of Residential Buildings Completed(10 000 sq.m)		3.02

Continued

祁连县 Qilian County	海晏县 Haiyan County	刚察县 Gangcha County	同仁县 Tongren County	尖扎县 Jianzha County	泽库县 Zeku County	河南县 Henan County	共和县 Gonghe County	同德县 Tongde County	贵德县 Guide County
10	15	7		5		4	22	1	4
128182.6	365319	217267.8		273586		11933	382043	4522	238124
959	3163	403		1291		199	1452	11	177
121113	313878	215610.2		263071		12958	209290.9	4522	21611.8
2	5	1	7	3		1	18	2	2
1883.3	1075.4	1986.7	1001.6	673.9	1500.7	1403.9	3256.0	1294.2	1527.6
3479	4505	572	6535	2312	3829	2564	10795	90	3040
3	3	8	3	4			13		9
6	4	11	50	20			35		48
112	150	126	238	69	50	165	172	62	331
22000	12638	3551	10054	5302	620	1984	14440	2400	8219
51000	67443	49753	134082	59740	24800	35273	215587	53357	125431
7698	3458	3910	9672	3774	651	2229	22534	2732	4513
6446.4	60874.2	12362.2	9437.7	72280.7	1068.0	2708.5	56945.0	3194.8	9867.0
1688.5	1795.5	1186.8	3014.7	1465.3	312.0	669.4	4161.0	1773.6	3451.0
7495	7625	29622	27694	13295	13520	10333	113139	13991	44630
1025	54						290		
282101	251007	213227	205010	193227	124262	124692	588118	139870	319907
218280	127765	248375	129524	150405		141172	173851	110082	120566
6338.4			15150				13985		
3825.7			4000				1496		
2.2				7.78					

24-3 续表 7

指 标	Item	循化县 Xunhua County	门源县 Menyuan County
教育、科技、文化、卫生	**Education，Science and Technology，Cultureand Public Health**		
普通中学(所)	Number of Regular Secondary Schools(unit)	9	5
中等职业教育学校(所)	Number of Secondary Vocational Education Schools(unit)	1	1
小学数(所)	Number of Primary Schools(unit)	62	13
普通中学专任教师数(人)	Number of Full-time Teachers in Regular Secondary Schools(person)	397	671
小学专任教师数(人)	Number of Full-time Teachers in Primary Schools(person)	660	602
普通中学在校学生数(人)	Number of Students Enrollment in Regular Secondary Schools(person)	5678	10712
小学在校学生数(人)	Number of Students Enrollment in Primary Schools(person)	14609	13350
专业技术人员(人)	Number of Scientific and Technical Personnel(person)	3013	2044
#农业技术人员	Number of Agriculture Scientific and Technical Personnel(person)	148	57
全年专利授权数(件)	Number of Patent Granted(unit)		
公共图书馆图书总藏量(千册)	Total Collections of Public Libraries(1000 volumes)	54	43
剧场、影剧院个数(个)	Number of Theaters and Cinemas(unit)		
体育场馆数(个)	Number of Stadiums and Gymnasiums(unit)	1	2
医疗卫生机构床位数(床)	Number of Beds in Hospitals and Health Centers(unit)	477	455
医疗卫生机构技术人员(人)	Number of Technical Personnel in Hospitals and Health Centers(person)	516	463
#执业(助理)医师	Number of Certified (Assistant) Doctors	135	34
人民生活	**People's Living Conditions(yuan)**		
居民人均可支配收入(元)	Per Capita Disposable Income(yuan)		
居民人均消费支出(元)	Per Capita Consumption Expenditure(yuan)		
城镇居民人均可支配收入(元)	Per Capita Disposable Income of Urban Households(yuan)		
农村居民人均纯收入(元)	Per Capita Net Income of Rural Households(yuan)	6094	8754
社会保障	**Social Security**		
各种社会福利收养性单位数(个)	Number of Social Welfare and Salvation Institutions(unit)	4	2
各种社会福利收养性单位床位数(张)	Number of Beds of Social Welfare and Salvation Institutions(unit)	122	90
城镇基本养老保险参保人数	Number of Persons Participated in Basic Pension Insurance	4551	4468
城镇基本医疗保险参保人数	Number of Persons Participated in Basic Medical Care Insurance	12417	17161
失业保险参保人数	Number of Persons Participated in Unemployment Insurance	3387	3680
新型农村合作医疗参保人数	New Rural Cooperative Medical Service Contributors	116010	124085
新型农村社会养老保险参保人数	New Rural Basic Social Pension Insurance Contributors	80498	82134
城镇居民最低生活保障人数	Number of Persons Receiving Minimum Living Allowance in Urban Areas	5822	7459
农村居民最低生活保障人数	Number of Persons Receiving Minimum Living Allowance in Rural Areas	8519	2825
资源与环境	**Resources and Environment**		
森林面积(公顷)	Area of Forest(hectare)	115796.0	273438.6
自然保护区面积(公顷)	Area of Afforestation(hectare)	17290.0	148025.0
工业二氧化硫排放量(吨)	Volume of Industrial Sulfur Dioxide Emissions(ton)	924.9	2131.0
氮氧化物排放量(吨)	Volume of Nitrogen Oxides Emission(ton)	198.7	879.0
烟(粉尘)排放量(吨)	Volume of Soot Emission(ton)	2196.4	5544.5
污水处理厂数(座)	Number of Sewage Treatment Works (unit)	1	1
污水处理厂集中处理率(%)	Centralized Treatment Rate of Sewage Treatment Works(%)		98
垃圾处理站数(个)	Number of Waste Disposal Station (unit)	1	1

Continued

祁连县 Qilian County	海晏县 Haiyan County	刚察县 Gangcha County	同仁县 Tongren County	尖扎县 Jianzha County	泽库县 Zeku County	河南县 Henan County	共和县 Gonghe County	同德县 Tongde County	贵德县 Guide County
2	3	2	10	5	2	2	4	5	6
	1		1				1		1
10	3	6	58	70	25	10	19	13	8
213	264	92	670	242	235	140	689	216	566
252	220	219	497	459	483	272	707	405	551
2911	2903	1284	7251	2526	3680	1775	9948	3297	7999
4135	3064	4006	9229	6046	8190	3663	11488	6343	8564
811	1932	856	1308	25	1194	93	1705	947	1598
84	90	130	55	10	121	52	39	14	149
20	38	21	8.3	2.3	3.8	1	22	26	86
	1		1					1	
1	1	1	1	1		1	2		
168	810	217	600	261	149	233	1017	241	700
238	358	193	487	277	183	293	736	188	178
14	59	19	221	216	119	103	264	116	83
11225	10091	11798	5938	5184	4742	7636	8705	7362	7523
4	3	2	1	4	2	2	4	6	7
123	121	104	100	2585	139	100	240	10	202
18535	14972	3213	33902	2085	1557	1439	4288	2065	2810
7887	26082	6351	10025	9024	6520	3010	47978	3863	5699
2146	4765	1768	4685	2299	1440	1181	6998	2156	2908
37112	21287	29715	63038	41636	60109	31304	82068	45344	87096
18535	12848	18443	33902	30302	33125	19871	47978	26670	49136
1749	3324	3384	6461	1410	2129	1247	10102	3969	5074
4111	2085	2670	8270	6600	8100	3860	7900	8100	8294
198007.5	44781.0	36809.3	76933.0	61961.0	75830.3	112735.4	59617.1	103618.2	42501.2
834700.0		16180.0							
696.6	6655.0	1359.0	410.0	419.0			789.0	368.1	474.0
273.4	12594.0	857.3	108.3	83.0				232.2	125.0
263.3	8620.0		195.2	45.0				618.7	145.0
	1		1	1			1	1	1
	65	1		50			78.63		79.41
1	2	2	1	2	1	1	5	1	1

24-3 续表 8

指 标	Item	兴海县 Xinghai County	贵南县 Guinan County
人口与就业	**Population and Employment**		
常住户数(户)	Total Population at Year-end(household)	23391	24400
户籍人口(万人)	Household Register Population(10 000 persons)	8.18	8.08
#农业户籍人口	Agricultural Household Register Population(10 000 persons)	7.00	6.08
第一产业从业人员(人)	Number of Employed Persons of the Primary Industry(person)	27451	26830
第二产业从业人员(人)	Number of Employed Persons of the Secondary Industry(person)	1035	781
第三产业从业人员(人)	Number of Employed Persons of the Tertiary Industry(person)	3334	7525
综合经济	**Comprehensive Economic**		
地区生产总值(万元)	**Gross Domestic Product(10 000 yuan)**	**227193**	**140252**
第一产业增加值	Value-added of the Primary Industry	67221	72521
农业	Agriculture	16171	22377
牧业	Animal Husbandry	49982	49421
第二产业增加值	Value-added of the Secondary Industry	109740	31375
工业	Industry	53162	4538
第三产业增加值	Value-added of the Tertiary Industry	50232	36356
财政、金融	**Government Finance and Financial Intermediation**		
公共财政收入(万元)	Public Financial Revenues(10 000 yuan)	10160	5019
各项税收	Taxes	8389	8916
公共财政支出(万元)	Public Financial Expenditures(10 000 yuan)	131689	121016
农林水事务支出	Expenditures for Agriculture,Forestry and Water Conservancy	36461	35767
科学技术支出	Expenditures for Science and Technology	549	435
医疗卫生支出	Expenditures for Medical and Health Care	7549	6483
教育支出	Expenditures for Education	20262	24091
财政供养人员(人)	Financial Dependents(person)	2820	2752
财政供养人员全年工资总额(万元)	Total Wages of Financial Dependents(10 000 yuan)	19419	15922
年末金融机构各项存款余额(万元)	Deposits of Financial Institutions at Year-end(10 000 yuan)	157185	157963
居民储蓄存款余额	Urban and Rural Household Savings Deposits	74093	45529
年末金融机构各项贷款余额(万元)	Loans of Financial Institutions at Year-end(10 000 yuan)	80097	68273

Continued

玛沁县 Maqin County	班玛县 Banma County	甘德县 Gande County	达日县 Dari County	久治县 Jiuzhi County	玛多县 Maduo County	玉树市 Yushu City	杂多县 Zaduo County	称多县 Chengduo County
16841	7770	11162	9412	7236	5725	31792	13794	18671
4.98	2.83	3.65	3.33	2.68	1.49	11.09	6.05	6.25
3.18	2.32	3.24	2.64	2.41	1.17	8.72	5.42	5.06
16396	10155	15504	11821	10414	6468	38822	35319	26203
1325	76	18		164	60	279	122	1568
5435	1522	2563	2449	1359	1219	4144	1782	2362
174701	**30348**	**26961**	**27685**	**29867**	**21300**	**73471**	**90967**	**85558**
19352	9047	8338	7802	10089	5214	47721	41046	39222
3470	2167	1038	1988	2120		4096	25038	2487
15530	6840	7300	5814	7968	5214	42073	15680	36217
98875	8715	7818	9662	7518	5831	11057	26694	23955
69555	440	838	972	1206	568			100
56474	12586	10805	10221	12260	10255	14693	23227	22381
6215	1292	1480	1709	1538	2471	12353	2352	82608
4368	911	1029	1276	938	2251	10877	1507	1746
104507	76691	68105	85710	76608	69755	122787	74880	81780
24104	15499	14283	18172	13909	16959	34901	21223	22134
625	801	725	841	825	715	152		56
4146	3858	7143	4011	3835	2443	5157	3380	3506
20443	15335	13684	17636	19578	9928	19243	12925	14117
2019	1405	1251	1322	1594	1469	3231	2189	2558
11381	13800	8188	13000	11825	8842	25264	10999	15695
319223	82505	67494	117273	83467	61970	285381	98848	37771
97792	12245	7429	18900	17958	14541	214540	38776	11836
23655	901	3112	10660	303	1307	133641	732	3720

24-3 续表 9

指　标	Item	兴海县 Xinghai County	贵南县 Guinan County
农业	**Agriculture**		
生产条件	Condition for Agricultural Production		
耕地面积(公顷)	Cultivated Land(hectare)	9428.0	29349.8
设施农业占地面积(公顷)	Facility Agriculture Area(hectare)	6.5	2616.0
农业机械总动力(万千瓦特)	Total Power of Agriculture Machinery(10000 KW)	3.3	10.5
化肥使用量(折纯量)(吨)	Consumption of Chemical Fertilizers(ton)	1061.5	3774.0
农药使用量(吨)	Consumption of Agricultural Chemical(ton)	21.2	15.9
地膜使用量(吨)	Consumption of Plastic Film(ton)	1.9	45.0
有效灌溉面积(公顷)	Effective Irrigated Area(hectare)	1678.4	3251.0
机电井数(眼)	Number of Electromechanical Wells(unit)		
机收面积(公顷)	Mechanical Harvesting Area(hectare)	1650.6	29000.0
农作物播种面积(公顷)	Sown Area(hectare)	8981.2	29000.0
粮食作物播种面积(公顷)	Grain Crops Sown Area(hectare)	4510.0	19767.0
良种播种面积	Picked Seeds Sown Area	4135.0	15814.0
小麦	Wheat	1131.0	1016.7
玉米	Corn		6.7
大豆	Soybean	126.8	
油料播种面积	Oil-bearing Crops	3375.9	6357.1
蔬菜播种面积	Vegetables	6.5	128.3
农产品产量	Output of Farm Products		
粮食总产量(吨)	Grain(ton)	19298	54126
小麦	Wheat	5162	5013
玉米	Corn		6.67
大豆	Soybean	624	
油料产量(吨)	Oil-bearing Crops	4009	6638
园林水果产量(吨)	Fruits	235	38
肉类总产量(吨)	Output of Meat	14232	11261
#猪肉产量	Pork	850	396
年末生猪存栏(头)	Hogs Herds at Year-end(head)	5100	4898
年末牛存栏(头)	Cattle Herds at Year-end(head)	224400	107635
年末羊存栏(只)	Sheep and Goats Herds at Year-end(head)	845400	757042
禽蛋产量(吨)	Output of Poultry Eggs	10	11
奶类产量(吨)	Output of Milk	10713	7506
蔬菜产量(吨)	Output of Vegetables	175	2000
水产品产量(吨)	Output of Aquatic Products		50

Continued

玛沁县 Maqin County	班玛县 Banma County	甘德县 Gande County	达日县 Dari County	久治县 Jiuzhi County	玛多县 Maduo County	玉树市 Yushu City	杂多县 Zaduo County	称多县 Chengduo County
23.3	597.0					3053.5		2494.7
						12.6		20.9
0.5	1.7	0.4	0.3		0.8	4.1	0.9	2.5
2.0						46.5		18.0
0.0						1.1		
						35.1		5.9
						186.0		1800.0
23.3	499.3					2770.7		3087.3
15.7	454.7					1493.9		1652.0
								201.9
	50.0							66.7
	44.7					27.9		66.7
7.7						57.5		95.3
45	1324					2714		2240
	139							140
	66					12		202
5133	3399	1848	4362.93	4874	1602	8197	5670	3882
142948	187320	115719	110761	209571	58800	465387	228243	193000
246383	14980	82178	82434	31324	71600	51108	183611	88100
7889	5893	3660	4121.1	6381	3347	10743.26	23528	7568
201						272		451

24-3 续表 10

指 标	Item	兴海县 Xinghai County	贵南县 Guinan County
工业及建筑业	**Industry and Construction**		
规模以上工业企业个数(个)	Number of Industrial Enterprises above Designated Size(unit)	5	
规模以上工业总产值(万元)	Gross Industrial Output Valueof Industrial Enterprises above Designated Size(10 000 yuan)	74385.4	
规模以上工业企业从业人员年平均数(人)	Average Number of Employed Personsof Industrial Enterprises above Designated Size(person)	987	
规模以上工业企业主营业务收入(万元)	Revenue from Principal Business of Industrial Enterprises above Designated Size(10 000 yuan)	74745.8	
建筑业企业个数(个)	Number of Construction Enterprises(unit)	1	
交通、通讯与能源	**Transport，Postal，telecommunication and Energy**		
公路里程(公里)	Length of Highways(km)	4144.93	1782
民用汽车拥有量(辆)	Possession of Civil Vehicles(unit)	5201	3315
年末公交车路数(路)	Number of Bus Routes at Year-end(unit)	2	4
年末实有公共汽(电)车营运车辆数(辆)	Number of Actual Buses or Trolleybuses Operating Vehicles at Year-end(unit)	47	12
年末实有出租汽车数(辆)	Number of Actual Taxies at Year-end(unit)	35	97
固定电话用户(户)	Number of Subscribers of Fixed Telephone at Year-end(subscriber)	4298	2758
移动电话用户(户)	Number of Mobile Telephone Subscribers(subscriber)	87724	63438
互联网宽带接入用户(户)	Number of Internet Users(subscriber)	3325	7798
全社会用电量(万千瓦时)	Electricity Consumption(10 thousand kwh)	7143.4	3182.0
居民生活用电量	Residential Electricity Consumption	1462.2	1579.0
贸易、外经、旅游	**Domestic Trade,Foreign Trade and Tourism**		
社会消费品零售总额(万元)	Total Retail Sales of Consumer Goods (10 000 yuan)	16494.2	33046.9
出口总额(万美元)	Total Exports(USD 10 000)		
当年实际使用外资金额(万美元)	Amount of Foreign Capital Actually Utilized in the Year(USD 10 000)		
星级饭店客房总数(间)	Numbers of Rooms of Star Grade Hotel(unit)		
固定资产投资	**Investment in Fixed Assets**		
固定资产投资(万元)	Total Investment in Fixed Assets(10 000 yuan)	175410	135847
新增固定资产投资(万元)	Newly Increased Investment in Fixed Assets(10 000 yuan)	171942	120134
房地产开发投资(万元)	Investment Completed of Enterprises for Real Estate Development(10 000 yuan)	29921	
#住宅	Residential Buildings	520	
住宅竣工面积(万平方米)	Floor Space of Residential Buildings Completed(10 000 sq.m)	0.29	

Continued

玛沁县 Maqin County	班玛县 Banma County	甘德县 Gande County	达日县 Dari County	久治县 Jiuzhi County	玛多县 Maduo County	玉树市 Yushu City	杂多县 Zaduo County	称多县 Chengduo County
1								
102734.16								
708								
101450.4								
4	1							
1869	1330	1888	1685	1364.8	1537	252.58	416	415
6540	852	2159	2060	602	900	18717	387	1381
						4		
				1		34		
415	40	100	120	28	14	200		
3405	1000	861	1000	1000	900	12157	1604	1631
32350	9500	12888	12000	12066	8245	93000	19985	29990
2610	1100	624	1219	825	870	10746	1590	1720
22440.0	676.0	639.5	179.1	1033	459			
1460.0	636.0	488.6	80.9	888	400			
7516	4012	4438	4441	6303	4497	26201	8994	9683
245540	65842	75006	64381	62299	69519	46169	55177	43250
85088	104056	75006	38282	62299	33226	42023	40936	48629
20.07								

24-3 续表 11

指 标	Item	兴海县 Xinghai County	贵南县 Guinan County
教育、科技、文化、卫生	**Education，Science and Technology，Cultureand Public Health**		
普通中学(所)	Number of Regular Secondary Schools(unit)	3	3
中等职业教育学校(所)	Number of Secondary Vocational Education Schools(unit)		
小学数(所)	Number of Primary Schools(unit)	9	7
普通中学专任教师数(人)	Number of Full-time Teachers in Regular Secondary Schools(person)	285	203
小学专任教师数(人)	Number of Full-time Teachers in Primary Schools(person)	315	452
普通中学在校学生数(人)	Number of Students Enrollment in Regular Secondary Schools(person)	2182	3381
小学在校学生数(人)	Number of Students Enrollment in Primary Schools(person)	8190	7291
专业技术人员(人)	Number of Scientific and Technical Personnel(person)	975	1136
#农业技术人员	Number of Agriculture Scientific and Technical Personnel(person)	92	96
全年专利授权数(件)	Number of Patent Granted(unit)		
公共图书馆图书总藏量(千册)	Total Collections of Public Libraries(1000 volumes)	8.5	18
剧场、影剧院个数(个)	Number of Theaters and Cinemas(unit)		
体育场馆数(个)	Number of Stadiums and Gymnasiums(unit)	1	1
医疗卫生机构床位数(床)	Number of Beds in Hospitals and Health Centers(unit)	258	367
医疗卫生机构技术人员(人)	Number of Technical Personnel in Hospitals and Health Centers(person)	219	216
#执业(助理)医师	Number of Certified (Assistant) Doctors	88	126
人民生活	**People's Living Conditions(yuan)**		
居民人均可支配收入(元)	Per Capita Disposable Income(yuan)		
居民人均消费支出(元)	Per Capita Consumption Expenditure(yuan)		
城镇居民人均可支配收入(元)	Per Capita Disposable Income of Urban Households(yuan)		
农村居民人均纯收入(元)	Per Capita Net Income of Rural Households(yuan)	8778	7711
社会保障	**Social Security**		
各种社会福利收养性单位数(个)	Number of Social Welfare and Salvation Institutions(unit)	2	2
各种社会福利收养性单位床位数(张)	Number of Beds of Social Welfare and Salvation Institutions(unit)	222	120
城镇基本养老保险参保人数	Number of Persons Participated in Basic Pension Insurance	2989	1498
城镇基本医疗保险参保人数	Number of Persons Participated in Basic Medical Care Insurance	9566	13547
失业保险参保人数	Number of Persons Participated in Unemployment Insurance	2159	2312
新型农村合作医疗参保人数	New Rural Cooperative Medical Service Contributors	56561	56457
新型农村社会养老保险参保人数	New Rural Basic Social Pension Insurance Contributors	30576	30491
城镇居民最低生活保障人数	Number of Persons Receiving Minimum Living Allowance in Urban Areas	2828	7852
农村居民最低生活保障人数	Number of Persons Receiving Minimum Living Allowance in Rural Areas	5868	4410
资源与环境	**Resources and Environment**		
森林面积(公顷)	Area of Forest(hectare)	294780.2	205821.0
自然保护区面积(公顷)	Area of Afforestation(hectare)		
工业二氧化硫排放量(吨)	Volume of Industrial Sulfur Dioxide Emissions(ton)	418.0	68.4
氮氧化物排放量(吨)	Volume of Nitrogen Oxides Emission(ton)	26.2	24.2
烟(粉尘)排放量(吨)	Volume of Soot Emission(ton)	186.4	112.7
污水处理厂数(座)	Number of Sewage Treatment Works (unit)		
污水处理厂集中处理率(%)	Centralized Treatment Rate of Sewage Treatment Works(%)		
垃圾处理站数(个)	Number of Waste Disposal Station (unit)		2

Continued

玛沁县 Maqin County	班玛县 Banma County	甘德县 Gande County	达日县 Dari County	久治县 Jiuzhi County	玛多县 Maduo County	玉树市 Yushu City	杂多县 Zaduo County	称多县 Chengduo County
4	1	1	1	1	1	6	2	1
1		1		1				
12	13	7	11	8	4	29	16	22
98	67	63	92	88	20	346	135	96
268	192	182	207	149	96	838	344	524
2300	1317	1052	1425	1499	481	5804	2547	1650
5803	2790	3143	4166	2514	960	14141	7760	8416
563		516	424	419	300	294	360	190
		52	25	41	20	8	179	172
2.6	35	27	18	12	10			32
				1	1		1	1
	1	1	1				1	1
94	80	96	124	77	78	280	271	184
116	108	90	100	85	53	121	131	256
46	30	43	50	41	30	24	52	113
7835	4360	3758	3448	3803	4607	5252	4888	4487
6	9	7	10	4	3	20	11	14
312	140	160	232	210	170	846	345	791
4884	1026	786	641	674	854	1768	646	1130
14722	3806	1870	2737	1075	3053	13438	4721	3152
616	1009	219	721	816	466	2099	839	1142
32275	22818	28990	25424	23656	11014	81353	50427	49778
18340	14702	18019	17561	13352	6126	39835	34169	30746
5155	1233	3414	1029	630	1332	5605	1915	2073
3510	2920	3414	3410	3020	2320	19860	7128	10301
319088.0	131935.1	110515.0	128908.0	174913.3	16883.0	231800.0	46859.0	71966.3
	2469.7			80000.0				
							17.0	5.0
1	1	1	1	1	1	1	1	1

24-3 续表 12

指 标	Item	治多县 Zhiduo County	囊谦县 Nangqian County
人口与就业	**Population and Employment**		
常住户数(户)	Total Population at Year-end(household)	11953	26100
户籍人口(万人)	Household Register Population(10 000 persons)	4.05	11.18
#农业户籍人口	Agricultural Household Register Population(10 000 persons)	3.02	10.13
第一产业从业人员(人)	Number of Employed Persons of the Primary Industry(person)	20758	38268
第二产业从业人员(人)	Number of Employed Persons of the Secondary Industry(person)	130	
第三产业从业人员(人)	Number of Employed Persons of the Tertiary Industry(person)	2011	2537
综合经济	**Comprehensive Economic**		
地区生产总值(万元)	**Gross Domestic Product(10 000 yuan)**	**58737**	**70377**
第一产业增加值	Value-added of the Primary Industry	40452	35695
农业	Agriculture	3701	5709
牧业	Animal Husbandry	36730	29707
第二产业增加值	Value-added of the Secondary Industry	10814	18051
工业	Industry	1062	1246
第三产业增加值	Value-added of the Tertiary Industry	7471	16631
财政、金融	**Government Finance and Financial Intermediation**		
公共财政收入(万元)	Public Financial Revenues(10 000 yuan)	74755	2132
各项税收	Taxes	1579	1933
公共财政支出(万元)	Public Financial Expenditures(10 000 yuan)	73751	111840
#农林水事务支出	Expenditures for Agriculture,Forestry and Water Conservancy	20508	32239
科学技术支出	Expenditures for Science and Technology	50	30
医疗卫生支出	Expenditures for Medical and Health Care	3198	4737
教育支出	Expenditures for Education	10267	21582
财政供养人员(人)	Financial Dependents(person)	2252	2692
财政供养人员全年工资总额(万元)	Total Wages of Financial Dependents(10 000 yuan)	12167	12993
年末金融机构各项存款余额(万元)	Deposits of Financial Institutions at Year-end(10 000 yuan)	73906	122776
居民储蓄存款余额	Urban and Rural Household Savings Deposits	18134	37018
年末金融机构各项贷款余额(万元)	Loans of Financial Institutions at Year-end(10 000 yuan)	292	2042

Continued

曲麻莱县 Qumalai County	格尔木市 Geermu City	德令哈市 Delingha City	乌兰县 Wulan County	都兰县 Dulan County	天峻县 Tianjun County	大柴旦 Dachaidan Executive Council	冷湖 Lenghu Executive Council	茫崖 Mang'ai Executive Council
13940	50773	27944	13582	24779	7817	4386	10442	14093
3.23	13.59	7.66	3.70	7.39	2.26	0.98	2.26	3.41
2.68	0.17	1.76	0.02		1.30	0.11		
9911	12960	16046	10306	24554	7794	591		200
1528	23245	5261	1631	973	1687	4841	956	3561
2488	11783	9603	2139	2603	2459	838	414	1077
57100	**2921071**	**445842**	**203627**	**290392**	**222322**	**353180**	**128319**	**612145**
32124	40955	47845	29071	106072	28683	2609		1151
4283	29368	28568	8453	76350	535	137		
25002	9909	13123	18008	26048	28148	2456		1151
13135	2150931	183475	146967	125610	156544	310584	122260	584086
899	1873823	87911	137463	105708	140036	281967	113247	567865
11841	729185	214522	27589	58710	37095	39987	6059	26908
1725	922915	55721	27093	28452	69590	88481	13382	84648
1385	180511	25830	7790	15846	47160	58773	10708	57297
78841	346951	150683	98443	131917	97045	48758	18306	46306
19982	45100	40500	28946	46027	26469	8196	427	1956
92	1286	1250	255	470	825	353	165	370
2592	17261	3775	6480	5108	5140	1763	467	2852
12814	49060	24641	17297	15425	11074	2869	654	4427
1842	7470	3122	2426	2967	2373	913	544	1021
14433	53736	21847	13662	21205	18422	4272	2425	7142
73648.49	2095419	1239409	183505	241497	180447	79072	107699	101388
21798	1014292	331019	75115	128956	55906	37375	8274	73553
3701	3294459	1184172	75734	60156	68788	57300	50	1633.16

24-3 续表 13

指 标	Item	治多县 Zhiduo County	囊谦县 Nangqian County
农业	**Agriculture**		
生产条件	Condition for Agricultural Production		
耕地面积(公顷)	Cultivated Land(hectare)		7880.00
设施农业占地面积(公顷)	Facility Agriculture Area(hectare)		23.00
农业机械总动力(万千瓦特)	Total Power of Agriculture Machinery(10000 KW)		3.74
化肥使用量(折纯量)(吨)	Consumption of Chemical Fertilizers(ton)		110.0
农药使用量(吨)	Consumption of Agricultural Chemical(ton)		3.0
地膜使用量(吨)	Consumption of Plastic Film(ton)		
有效灌溉面积(公顷)	Effective Irrigated Area(hectare)		1194.7
机电井数(眼)	Number of Electromechanical Wells(unit)		
机收面积(公顷)	Mechanical Harvesting Area(hectare)		3800.0
农作物播种面积(公顷)	Sown Area(hectare)		6467.0
粮食作物播种面积(公顷)	Grain Crops Sown Area(hectare)		5233.3
良种播种面积	Picked Seeds Sown Area		
小麦	Wheat		
玉米	Corn		
大豆	Soybean		
油料播种面积	Oil-bearing Crops		243.3
蔬菜播种面积	Vegetables		166.7
农产品产量	Output of Farm Products		
粮食总产量(吨)	Grain(ton)		10450.79
小麦	Wheat		
玉米	Corn		
大豆	Soybean		
油料产量(吨)	Oil-bearing Crops		333.93
园林水果产量(吨)	Fruits		
肉类总产量(吨)	Output of Meat	5927	7345
#猪肉产量	Pork		14
年末生猪存栏(头)	Hogs Herds at Year-end(head)		275
年末牛存栏(头)	Cattle Herds at Year-end(head)	184600	323505
年末羊存栏(只)	Sheep and Goats Herds at Year-end(head)	171900	48889
禽蛋产量(吨)	Output of Poultry Eggs		
奶类产量(吨)	Output of Milk	16500	7202
蔬菜产量(吨)	Output of Vegetables		1984.65
水产品产量(吨)	Output of Aquatic Products		

Continued

曲麻莱县 Qumalai County	格尔木市 Geermu City	德令哈市 Delingha City	乌兰县 Wulan County	都兰县 Dulan County	天峻县 Tianjun County	大柴旦 Dachaidan Executive Council	冷湖 Lenghu Executive Council	茫崖 Mang'ai Executive Council
	6029.68	11309.04	4801.00	20893.12		295.09		
	147.20	117.67	99.07	88.33				
	10.94	8.26	4.74	13.65		0.12		0.08
	5094.0	3135.1	930.6	5471.0		15.0		
	25.0	38.0	33.9	49.0				
	4.8	2.1	6.7	5.2				
	6029.7	11309.0	4801.3	20893.1		295.1		
	110.0	122.0	142.0	138.0	8.0	60.0	5.0	22.0
	1682.0	4357.1	2333.3	15533.0				
	5403.9	12751.9	4938.5	23342.5		320.0		
	1555.5	4691.3	2236.2	8615.5				
	508.5	3472.3	1445.9	2913.1				
	66.0	656.1	353.3	3218.7				
	709.1	462.5	140.5	372.3				
	8292	21852	9822	40387				
	2502	17800	7343	15949				
	211	1083	745	6980				
	425	81	45					
4212	4606	4472	4657	8016	6712	603		591
	1288	2147	492	630				
	10200	24100	3900	3000				
152900	22800	9300	9100	43200	60600	300		200
298200	213400	249100	508800	624300	618500	65100		39500
		20	58	8				
6418	1830	2419	2616	3154	4200	5		54
	29015	18385	4900	12567				
	18	464						

24-3 续表 14

指 标	Item	治多县 Zhiduo County	囊谦县 Nangqian County
工业及建筑业	**Industry and Construction**		
规模以上工业企业个数(个)	Number of Industrial Enterprises above Designated Size(unit)		
规模以上工业总产值(万元)	Gross Industrial Output Valueof Industrial Enterprises above Designated Size(10 000 yuan)		
规模以上工业企业从业人员年平均数(人)	Average Number of Employed Personsof Industrial Enterprises above Designated Size(person)		
规模以上工业企业主营业务收入(万元)	Revenue from Principal Business of Industrial Enterprises above Designated Size(10 000 yuan)		
建筑业企业个数(个)	Number of Construction Enterprises(unit)		
交通、通讯与能源	**Transport，Postal，telecommunication and Energy**		
公路里程(公里)	Length of Highways(km)	588.0	420.0
民用汽车拥有量(辆)	Possession of Civil Vehicles(unit)	4234	1277
年末公交车路数(路)	Number of Bus Routes at Year-end(unit)		
年末实有公共汽(电)车营运车辆数(辆)	Number of Actual Buses or Trolleybuses Operating Vehicles at Year-end(unit)		
年末实有出租汽车数(辆)	Number of Actual Taxies at Year-end(unit)		
固定电话用户(户)	Number of Subscribers of Fixed Telephone at Year-end(subscriber)	1800	4900
移动电话用户(户)	Number of Mobile Telephone Subscribers(subscriber)	2833	8196
互联网宽带接入用户(户)	Number of Internet Users(subscriber)	600	1040
全社会用电量(万千瓦时)	Electricity Consumption(10 thousand kwh)		
居民生活用电量	Residential Electricity Consumption		
贸易、外经、旅游	**Domestic Trade,Foreign Trade and Tourism**		
社会消费品零售总额(万元)	Total Retail Sales of Consumer Goods (10 000 yuan)	9500.0	9299.0
出口总额(万美元)	Total Exports(USD 10 000)		
当年实际使用外资金额(万美元)	Amount of Foreign Capital Actually Utilized in the Year(USD 10 000)		
星级饭店客房总数(间)	Numbers of Rooms of Star Grade Hotel(unit)		
固定资产投资	**Investment in Fixed Assets**		
固定资产投资(万元)	Total Investment in Fixed Assets(10 000 yuan)	49000	71992
新增固定资产投资(万元)	Newly Increased Investment in Fixed Assets(10 000 yuan)	49000	61521
房地产开发投资(万元)	Investment Completed of Enterprises for Real Estate Development(10 000 yuan)		
#住宅	Residential Buildings		
住宅竣工面积(万平方米)	Floor Space of Residential Buildings Completed(10 000 sq.m)		

Continued

曲麻莱县 Qumalai County	格尔木市 Geermu City	德令哈市 Delingha City	乌兰县 Wulan County	都兰县 Dulan County	天峻县 Tianjun County	大柴旦 Dachaidan Executive Council	冷　湖 Lenghu Executive Council	茫　崖 Mang'ai Executive Council
	70	20	8	12	11	14	4	7
	4118733	409040	433354	248481	355291	432882	286678	957534
	45798	4319	3066	1556	1991	5232	1406	10119
	3249226	398946	171523	135047	169667	349650	120328	698941
	16	6	2	1		1		
3200.0	2832.1	2003.6	1405.7	3840.5	3397.6	374.5	921.1	525.3
2313	44411	10296	2981	5082	3288	1046	6540	5525
	12	11		31				
	105	93		73				
15	1189	414	205	198	300	58	14	220
940	60367	22433	7310	6212	3152	2316	260	6000
23413	269239	115231	42806	56823	38824	25305	1800	32000
878	43071	16913	5597	4238	2269	2784	260	6200
280	408791.74	63196.70	18580.14	19036.89	6300.73	50306.04	33059.00	275.87
195	8346.67	3842.94	1196.99	2162.34	607.60	422.86	359.00	58.39
9029.0	498687.2	84592.3	22401.2	44856.5	50183.5	12701.4	4773.9	25415.1
	1043	715						149
60046	2922300	584610	273457	260089	239503	380148	133514	120740
65089	842560	524493	180284	121882	139935	223221	26371	58318
	98434	13237						
	53579	6997						
0.41	3.54	7.11						

24-3 续表 15

指 标	Item	治多县 Zhiduo County	囊谦县 Nangqian County
教育、科技、文化、卫生	**Education，Science and Technology，Cultureand Public Health**		
普通中学(所)	Number of Regular Secondary Schools(unit)	1	2
中等职业教育学校(所)	Number of Secondary Vocational Education Schools(unit)		
小学数(所)	Number of Primary Schools(unit)	8	30
普通中学专任教师数(人)	Number of Full-time Teachers in Regular Secondary Schools(person)	104	167
小学专任教师数(人)	Number of Full-time Teachers in Primary Schools(person)	191	475
普通中学在校学生数(人)	Number of Students Enrollment in Regular Secondary Schools(person)	2175	3241
小学在校学生数(人)	Number of Students Enrollment in Primary Schools(person)	3866	9743
专业技术人员(人)	Number of Scientific and Technical Personnel(person)	160	993
#农业技术人员	Number of Agriculture Scientific and Technical Personnel(person)	155	326
全年专利授权数(件)	Number of Patent Granted(unit)		
公共图书馆图书总藏量(千册)	Total Collections of Public Libraries(1000 volumes)	1	
剧场、影剧院个数(个)	Number of Theaters and Cinemas(unit)	2	
体育场馆数(个)	Number of Stadiums and Gymnasiums(unit)	1	1
医疗卫生机构床位数(床)	Number of Beds in Hospitals and Health Centers(unit)	103	334
医疗卫生机构技术人员(人)	Number of Technical Personnel in Hospitals and Health Centers(person)	14	168
#执业(助理)医师	Number of Certified (Assistant) Doctors	13	70
人民生活	**People's Living Conditions(yuan)**		
居民人均可支配收入(元)	Per Capita Disposable Income(yuan)		
居民人均消费支出(元)	Per Capita Consumption Expenditure(yuan)		
城镇居民人均可支配收入(元)	Per Capita Disposable Income of Urban Households(yuan)		
农村居民人均纯收入(元)	Per Capita Net Income of Rural Households(yuan)	5248	3709
社会保障	**Social Security**		
各种社会福利收养性单位数(个)	Number of Social Welfare and Salvation Institutions(unit)	8	8
各种社会福利收养性单位床位数(张)	Number of Beds of Social Welfare and Salvation Institutions(unit)	552	102
城镇基本养老保险参保人数	Number of Persons Participated in Basic Pension Insurance	925	1197
城镇基本医疗保险参保人数	Number of Persons Participated in Basic Medical Care Insurance	2835	2314
失业保险参保人数	Number of Persons Participated in Unemployment Insurance	566	890
新型农村合作医疗参保人数	New Rural Cooperative Medical Service Contributors	21043	83516
新型农村社会养老保险参保人数	New Rural Basic Social Pension Insurance Contributors	24940	47343
城镇居民最低生活保障人数	Number of Persons Receiving Minimum Living Allowance in Urban Areas	4085	2801
农村居民最低生活保障人数	Number of Persons Receiving Minimum Living Allowance in Rural Areas	9451	13193
资源与环境	**Resources and Environment**		
森林面积(公顷)	Area of Forest(hectare)	26948.5	200340.4
自然保护区面积(公顷)	Area of Afforestation(hectare)		
工业二氧化硫排放量(吨)	Volume of Industrial Sulfur Dioxide Emissions(ton)		
氮氧化物排放量(吨)	Volume of Nitrogen Oxides Emission(ton)	2	7
烟(粉尘)排放量(吨)	Volume of Soot Emission(ton)		
污水处理厂数(座)	Number of Sewage Treatment Works (unit)		
污水处理厂集中处理率(%)	Centralized Treatment Rate of Sewage Treatment Works(%)		
垃圾处理站数(个)	Number of Waste Disposal Station (unit)	1	1

Continued

曲麻莱县 Qumalai County	格尔木市 Geermu City	德令哈市 Delingha City	乌兰县 Wulan County	都兰县 Dulan County	天峻县 Tianjun County	大柴旦 Dachaidan Executive Council	冷湖 Lenghu Executive Council	茫崖 Mang'ai Executive Council
1	20	7	6	6	3	1		
	1							
12	11	8	9	7	6	3	1	2
85	805	344	212	303	92	42		57
198	916	354	209	363	157	33	8	54
1114	11919	4972	2064	3979	1291	273		
3390	17985	6132	2215	6101	2094	503	30	846
391	3064	1129	841	1107	1	59	9	195
299	163	79	155	35				5
	39							
	506	10.75	30	9	19	4.46		
1	5	1	1		1	1		
2	1	1			1	2	1	1
133	1431	304	180	270	137	204	12	205
170	1304	541	168	191	133	85	9	67
43	487	199	71	73	100	38		47
5246	12833	10340	9143	9357	11787			
6	2	2	1	2	3			
212	21	100	34	100	115			
1445	56863	4913	18073		2030	9789	1711	4820
1916	99583	23281	10085	11777	4181	2984	1207	2617
654	16227	6413	4184	2750	1444	2337	617	2253
24659	32038	30886	18700	55065	15471	738		244
13735		16632	11790		10112	799		113
1445	6140	7772	4551	2779	1425	272	25	118
4870	901	2849	2032	3690	1598	58		
58465.9	279663.3	150122.4	185513.0	171137.8	45619.3	37559.5	5496.1	7359.5
149	20553	6164	2767	1871	1952	4571	1816	241
163								
	1	1						
	40.7	31.97						
1	1			1	1	1		

第 25 篇

CHAPTER 25

全国各地区主要经济指标

Main Economy Indices and Order of the Different Parts of the Country

25-1 全国各地区生产总值和增长率及排序(2014年)

Growth Rate of Gross Domestic Product and Its Order by Region of the Whole Country(2014)

单位：亿元、%　　(100 million yuan,%)

地区	Region	国内(地区)生产总值 Region Gross Domestic Product				第一产业增加值 Value Added of the Primary Industry	
		数量 Amount	位次 Rank	增长率 Growth Rate	位次 Rank	数量 Amount	位次 Rank
全国	**National Total**	**636462.7**		**7.4**		**58331.6**	
北京	Beijing	21330.8	13	7.3	25	159.0	29
天津	Tianjin	15722.5	17	10.0	4	199.8	28
河北	Hebei	29421.2	6	6.5	27	3447.5	5
山西	Shanxi	12759.4	24	4.9	31	788.1	25
内蒙古	Inner Mongolia	17769.5	15	7.8	22	1627.2	17
辽宁	Liaoning	28626.6	7	5.8	29	2285.8	12
吉林	Jilin	13803.8	22	6.5	27	1524.6	20
黑龙江	Heilongjiang	15039.4	20	5.6	30	2611.5	9
上海	Shanghai	23560.9	12	7.0	26	124.3	30
江苏	Jiangsu	65088.3	2	8.7	15	3634.3	3
浙江	Zhejiang	40153.5	4	7.6	24	1779.3	15
安徽	Anhui	20848.8	14	9.2	11	2392.4	11
福建	Fujian	24055.8	11	9.9	6	2014.9	13
江西	Jiangxi	15708.6	18	9.7	7	1683.7	16
山东	Shandong	59426.6	3	8.7	15	4798.4	1
河南	Henan	34939.4	5	8.9	13	4160.8	2
湖北	Hubei	27367.0	9	9.7	7	3176.9	6
湖南	Hunan	27048.5	10	9.5	10	3148.8	8
广东	Guangdong	67792.2	1	7.8	22	3166.7	7
广西	Guangxi	15673.0	19	8.5	17	2412.2	10
海南	Hainan	3500.7	28	8.5	17	809.6	24
重庆	Chongqing	14265.4	21	10.9	1	1061.0	22
四川	Sichuan	28536.7	8	8.5	17	3531.1	4
贵州	Guizhou	9251.0	26	10.8	2	1275.5	21
云南	Yunnan	12814.6	23	8.1	20	1991.2	14
西藏	Tibet	920.8	31	10.8	2	91.6	31
陕西	Shaanxi	17689.9	16	9.7	7	1564.9	18
甘肃	Gansu	6835.3	27	8.9	13	900.8	23
青海	**Qinghai**	**2303.3**	**30**	**9.2**	**11**	215.9	27
宁夏	Ningxia	2752.1	29	8.0	21	216.8	26
新疆	Xinjiang	9264.1	25	10.0	4	1538.6	19

注：1.地区生产总值、三次产业增加值及人均生产总值绝对数按当年价格计算，增长速度按不变价计算。
2.各地区三次产业增加值增速为2014年快报数。
3.国家统计局自2014年起不再公布各地区三次产业增加值增长率。

a) The amount of Region Gross Domestic Product, three industrial added value and Per Capita GDP are calculated at current prices. The growth rate are calculated at constant prices.

b) The growth rate of regional three industrial added value of 2014 are from express report forms.

c) The NBS no longer published the growth rate of three industrial added value of the region since 2014.

25-2 全国各地区第二、三产业增加值及排序(2014年)

Value-added of Secondary and Tertiary Industry and Their Orders by Region of the Whole Country (2014)

单位：亿元 (100 million yuan)

地 区	Region	第二产业增加值 Value Added of the Secondary Industry		第三产业增加值 Value Added of the Tertiary Industry	
		数 量 Amount	位 次 Rank	数 量 Amount	位 次 Rank
全 国	**National Total**	**271392.4**		**306738.7**	
北 京	Beijing	4545.5	24	16626.3	5
天 津	Tianjin	7731.4	17	7791.3	14
河 北	Hebei	15020.2	6	10953.5	11
山 西	Shanxi	6343.3	21	5628.0	22
内蒙古	Inner Mongolia	9119.8	14	7022.6	16
辽 宁	Liaoning	14384.6	8	11956.2	8
吉 林	Jilin	7287.3	19	4992.0	24
黑龙江	Heilongjiang	5504.0	22	6923.9	17
上 海	Shanghai	8164.8	16	15271.9	6
江 苏	Jiangsu	31057.5	2	30396.5	2
浙 江	Zhejiang	19152.7	4	19221.5	4
安 徽	Anhui	11204.0	12	7252.3	15
福 建	Fujian	12515.4	10	9525.5	13
江 西	Jiangxi	8388.3	15	5636.6	21
山 东	Shandong	28788.1	3	25840.1	3
河 南	Henan	17902.7	5	12875.9	7
湖 北	Hubei	12840.2	9	11349.9	10
湖 南	Hunan	12481.9	11	11417.8	9
广 东	Guangdong	31345.8	1	33279.8	1
广 西	Guangxi	7335.6	18	5925.2	20
海 南	Hainan	874.4	30	1816.7	28
重 庆	Chongqing	6531.9	20	6672.5	18
四 川	Sichuan	14519.4	7	10486.2	12
贵 州	Guizhou	3847.1	26	4128.5	25
云 南	Yunnan	5281.8	23	5541.6	23
西 藏	Tibet	336.8	31	492.4	31
陕 西	Shaanxi	9689.8	13	6435.2	19
甘 肃	Gansu	2924.9	27	3009.6	27
青 海	**Qinghai**	**1234.3**	**29**	**853.1**	**30**
宁 夏	Ningxia	1343.1	28	1192.1	29
新 疆	Xinjiang	3927.8	25	3797.7	26

25-3 全国各地区人均GDP和增长率及排序(2013-2014年)
Per Capita GDP and Their Orders by Region of the Whole Country (2013-2014)

单位：元、% (yuan, %)

地区	Region	人均生产总值 Per Capita GDP							
		2013				2014			
		数量 Amount	位次 Rank	增长率 Growth Rate	位次 Rank	数量 Amount	位次 Rank	增长率 Growth Rate	位次 Rank
全国	**National Average**	**43320**		**7.2**		**46652**		**6.8**	
北京	Beijing	94648	2	5.2	31	99995	2	5.2	30
天津	Tianjin	100105	1	8.0	25	105202	1	6.2	25
河北	Hebei	38909	16	7.5	29	39984	18	5.8	27
山西	Shanxi	34984	22	8.4	23	35064	24	4.4	31
内蒙古	Inner Mongolia	67836	6	8.7	20	71044	6	7.5	19
辽宁	Liaoning	61996	7	8.6	21	65201	7	5.7	28
吉林	Jilin	47428	11	8.3	24	50162	11	6.5	24
黑龙江	Heilongjiang	37697	17	7.9	26	39226	20	5.6	29
上海	Shanghai	90993	3	6.2	30	97343	3	6.0	26
江苏	Jiangsu	75354	4	9.3	16	81874	4	8.4	11
浙江	Zhejiang	68805	5	7.9	27	72967	5	7.3	21
安徽	Anhui	32001	25	9.9	9	34427	26	8.4	13
福建	Fujian	58145	9	10.2	7	63472	8	9.1	6
江西	Jiangxi	31930	26	9.6	11	34661	25	9.2	5
山东	Shandong	56885	10	9.0	17	60879	10	8.1	15
河南	Henan	34211	23	8.9	18	37073	22	8.7	8
湖北	Hubei	42826	14	9.7	10	47124	13	9.3	4
湖南	Hunan	36943	19	9.3	15	40287	17	8.7	9
广东	Guangdong	58833	8	7.8	28	63452	9	7.1	22
广西	Guangxi	30741	27	9.4	14	33090	27	7.7	17
海南	Hainan	35663	21	8.7	19	38924	21	7.5	18
重庆	Chongqing	43223	12	11.3	3	47859	12	10.0	2
四川	Sichuan	32617	24	9.6	11	35128	23	8.1	16
贵州	Guizhou	23151	31	11.9	1	26393	31	10.4	1
云南	Yunnan	25322	29	11.5	2	27264	29	7.5	20
西藏	Tibet	26326	28	10.5	5	29252	28	9.1	7
陕西	Shaanxi	43117	13	10.7	4	46929	14	9.4	3
甘肃	Gansu	24539	30	10.4	6	26427	30	8.6	10
青海	**Qinghai**	**36875**	20	**9.9**	8	**39671**	**19**	**8.2**	**14**
宁夏	Ningxia	39613	15	8.6	22	41834	15	6.8	23
新疆	Xinjiang	37553	18	9.6	11	40607	16	8.4	12

25-4 全国各地区常住人口规模(2008-2014年)
Population by Region of the Whole Country (2008-2014)

单位：万人 (10 000 Persons)

地 区	Region	年末常住人口 Population at Year-end						
		2008	2009	2010	2011	2012	2013	2014
全 国	**National Total**	**132802**	**133450**	**134091**	**134735**	**135404**	**136072**	**136782**
北 京	Beijing	1771	1860	1962	2019	2069	2115	2152
天 津	Tianjin	1176	1228	1299	1355	1413	1472	1517
河 北	Hebei	6989	7034	7194	7241	7288	7333	7384
山 西	Shanxi	3411	3427	3574	3593	3611	3630	3648
内蒙古	Inner Mongolia	2444	2458	2472	2482	2490	2498	2505
辽 宁	Liaoning	4315	4341	4375	4383	4389	4390	4391
吉 林	Jilin	2734	2740	2747	2749	2750	2751	2752
黑龙江	Heilongjiang	3825	3826	3833	3834	3834	3835	3833
上 海	Shanghai	2141	2210	2303	2347	2380	2415	2426
江 苏	Jiangsu	7762	7810	7869	7899	7920	7939	7960
浙 江	Zhejiang	5212	5276	5447	5463	5477	5498	5508
安 徽	Anhui	6135	6131	5957	5968	5988	6030	6083
福 建	Fujian	3639	3666	3693	3720	3748	3774	3806
江 西	Jiangxi	4400	4432	4462	4488	4504	4522	4542
山 东	Shandong	9417	9470	9588	9637	9685	9733	9789
河 南	Henan	9429	9487	9405	9388	9406	9413	9436
湖 北	Hubei	5711	5720	5728	5758	5779	5799	5816
湖 南	Hunan	6380	6406	6570	6596	6639	6691	6737
广 东	Guangdong	9893	10130	10441	10505	10594	10644	10724
广 西	Guangxi	4816	4856	4610	4645	4682	4719	4754
海 南	Hainan	854	864	869	877	887	895	903
重 庆	Chongqing	2839	2859	2885	2919	2945	2970	2991
四 川	Sichuan	8138	8185	8045	8050	8076	8107	8140
贵 州	Guizhou	3596	3537	3479	3469	3484	3502	3508
云 南	Yunnan	4543	4571	4602	4631	4659	4687	4714
西 藏	Tibet	292	296	300	303	308	312	318
陕 西	Shaanxi	3718	3727	3735	3743	3753	3764	3775
甘 肃	Gansu	2551	2555	2560	2564	2578	2582	2591
青 海	**Qinghai**	**554**	**557**	**563**	**568**	**573**	**578**	**583**
宁 夏	Ningxia	618	625	633	639	647	654	662
新 疆	Xinjiang	2131	2159	2185	2209	2233	2264	2298

注：1.全国数据包括中国人民解放军现役军人数，但不包括香港、澳门特别行政区和台湾地区数据；分省数据中未包括中国人民解放军现役军人数。
2.2010年数据为当年人口普查数据推算数；其余年份数据根据年度人口抽样调查推算。
a) National data includes the number of military personnel, but excluding Hong Kong and Macao Special Administrative Regions and Taiwan data.Provincial data does not include the number of military personnel.
b) Data in 2010 estimated on the basis of census data for the year; remaining year data based on annual sample survey of population projections.

25-5 全国各地区农业总产值和增长率及排序(2014年)

Gross Agricultural Value and Its Growth Rate and Order by Region of the Whole Country (2014)

单位：亿元、% (100 million yuan，%)

地 区	Region	农林牧渔业总产值 Gross Output Value of Farming,Forestry, Animal Husbandry and Fishery				农业产值 Output Value of Farming		牧业产值 Output Value of Animal Husbandry	
		数 量 Amount	位 次 Rank	增长率 Growth Rate	位 次 Rank	数 量 Amount	位 次 Rank	数 量 Growth Rate	位 次 Rank
全 国	**National Total**	**102226.1**		**4.2**		**54771.5**		**28956.3**	
北 京	Beijing	420.1	28	0.0	31	155.1	29	152.7	27
天 津	Tianjin	441.7	27	3.0	27	230.7	27	117.6	29
河 北	Hebei	5994.8	4	4.0	21	3453.4	3	1952.0	4
山 西	Shanxi	1530.5	24	4.0	20	984.0	23	354.6	23
内蒙古	Inner Mongolia	2779.8	16	3.1	24	1408.4	17	1205.7	9
辽 宁	Liaoning	4498.4	10	2.4	28	1734.1	15	1717.5	5
吉 林	Jilin	2763.0	17	4.1	18	1342.5	19	1195.0	10
黑龙江	Heilongjiang	4894.8	9	5.5	6	3015.6	6	1486.1	7
上 海	Shanghai	322.2	30	1.0	30	169.5	28	69.9	30
江 苏	Jiangsu	6443.4	3	3.1	25	3362.8	4	1182.7	11
浙 江	Zhejiang	2844.6	15	1.0	29	1386.0	18	472.2	22
安 徽	Anhui	4223.7	11	4.6	13	2119.2	10	1182.1	12
福 建	Fujian	3522.3	13	4.5	14	1529.6	16	522.9	20
江 西	Jiangxi	2726.5	20	4.8	11	1144.1	22	814.9	16
山 东	Shandong	9198.3	1	4.0	22	4765.8	1	2418.3	2
河 南	Henan	7549.1	2	4.2	16	4492.0	2	2505.2	1
湖 北	Hubei	5452.8	6	5.6	5	2761.7	8	1427.7	8
湖 南	Hunan	5304.8	7	4.7	12	2884.7	7	1503.2	6
广 东	Guangdong	5234.2	8	3.0	26	2613.2	9	1077.4	14
广 西	Guangxi	3947.7	12	3.7	23	1994.0	11	1087.2	13
海 南	Hainan	1252.2	25	4.9	10	568.2	25	228.0	25
重 庆	Chongqing	1595.0	23	4.3	15	967.9	24	486.4	21
四 川	Sichuan	5888.1	5	4.0	19	3078.6	5	2318.8	3
贵 州	Guizhou	2118.5	21	6.6	2	1321.9	20	569.3	19
云 南	Yunnan	3263.3	14	6.2	3	1806.3	14	975.8	15
西 藏	Tibet	138.7	31	4.2	17	63.3	31	69.3	31
陕 西	Shaanxi	2741.8	19	5.1	9	1870.8	13	648.3	18
甘 肃	Gansu	1618.8	22	5.4	8	1174.9	21	268.4	24
青 海	**Qinghai**	**327.5**	**29**	**5.4**	**7**	**144.2**	**30**	**169.1**	**26**
宁 夏	Ningxia	445.5	26	6.1	4	274.0	26	126.8	28
新 疆	Xinjiang	2744.0	18	6.8	1	1955.1	12	651.2	17

注：本表绝对数按当年价格计算，增长速度按可比价格计算。

a) Level data in this table are calculated at current prices, while growth rate data are calculated at constant prices.

25-6 全国各地区主要农产品产量、人均产量及排序(2014年)
Output, Per Capita Output of Main Agricultural Products and Its Order by Region of the Whole Country (2014)

单位：万吨、千克 (10 000 tons、kg)

地区	Region	粮食 Grain			油料 Oil-bearing Crops		
		总产量 Amount	人均产量 Per Capita Output	位次 Rank	总产量 Amount	人均产量 Per Capita Output	位次 Rank
全 国	**National Total**	**60702.6**	**445**		**3507.4**	**25.7**	
北 京	Beijing	63.9	30	31	0.7	0.3	30
天 津	Tianjin	176.0	118	29	0.5	0.3	30
河 北	Hebei	3360.2	457	10	150.2	20.4	15
山 西	Shanxi	1330.8	366	19	17.3	4.8	27
内蒙古	Inner Mongolia	2753.0	1101	3	170.3	68.1	1
辽 宁	Liaoning	1753.9	399	16	63.7	14.5	20
吉 林	Jilin	3532.8	1284	2	85.7	31.1	9
黑龙江	Heilongjiang	6242.2	1628	1	17.1	4.5	28
上 海	Shanghai	112.5	46	30	1.3	0.5	29
江 苏	Jiangsu	3490.6	439	14	146.6	18.4	18
浙 江	Zhejiang	757.4	138	27	30.7	5.6	26
安 徽	Anhui	3415.8	564	7	228.8	37.8	5
福 建	Fujian	667.0	176	26	29.8	7.9	25
江 西	Jiangxi	2143.5	473	8	121.7	26.9	12
山 东	Shandong	4596.6	471	9	335.9	34.4	8
河 南	Henan	5772.3	612	5	584.3	62.0	2
湖 北	Hubei	2584.2	445	13	341.7	58.8	3
湖 南	Hunan	3001.3	447	12	233.8	34.8	7
广 东	Guangdong	1357.3	127	28	105.5	9.9	24
广 西	Guangxi	1534.4	324	21	61.3	12.9	22
海 南	Hainan	186.6	207	24	11.6	12.9	22
重 庆	Chongqing	1144.5	384	18	56.9	19.1	17
四 川	Sichuan	3374.9	415	15	300.8	37.0	6
贵 州	Guizhou	1138.5	325	20	98.0	28.0	10
云 南	Yunnan	1860.7	396	17	64.7	13.8	21
西 藏	Tibet	98.0	311	23	6.4	20.3	16
陕 西	Shaanxi	1197.8	318	22	62.3	16.5	19
甘 肃	Gansu	1158.7	448	11	72.4	28.0	10
青 海	**Qinghai**	**104.8**	**180**	**25**	**31.5**	**56.0**	**4**
宁 夏	Ningxia	377.9	574	6	16.5	25.1	14
新 疆	Xinjiang	1414.5	620	4	59.3	26.0	13

注：人均产量均按年平均人口计算。
a) The Per Capita Output are calculated according annual average population.

25-7 全国各地区主要牧业产品产量、人均产量及排序(2014年)
Output, Per Capita Output of Main Livestock Products and Its Order by Region of the Whole Country (2014)

单位：万吨、千克 (10 000 tons、kg)

地区	Region	肉类 Meat 总产量 Amount	人均产量 Per Capita Output	位次 Rank	奶类 Milk 总产量 Amount	人均产量 Per Capita Output	位次 Rank
全国	**National Total**	**8706.7**	**64**		**3841.2**	**28**	
北京	Beijing	39.3	18	30	59.5	28	13
天津	Tianjin	46.4	31	26	68.9	46	9
河北	Hebei	468.1	64	17	496.1	67	6
山西	Shanxi	87.5	24	29	97.2	27	14
内蒙古	Inner Mongolia	252.3	101	1	797.1	319	1
辽宁	Liaoning	429.2	98	2	134.5	31	11
吉林	Jilin	262.0	95	3	49.8	18	15
黑龙江	Heilongjiang	230.2	60	18	560.1	146	3
上海	Shanghai	23.4	10	31	27.1	11	18
江苏	Jiangsu	379.5	48	22	60.7	7.6	20
浙江	Zhejiang	157.1	29	28	15.9	2.9	23
安徽	Anhui	414.0	68	15	27.9	4.6	21
福建	Fujian	213.7	56	21	15.4	4.1	22
江西	Jiangxi	339.8	75	13	12.9	2.8	24
山东	Shandong	770.2	79	10	289.6	30	12
河南	Henan	719.0	76	11	342.4	36	10
湖北	Hubei	440.4	76	12	16.4	2.8	25
湖南	Hunan	546.5	81	8	9.3	1.4	29
广东	Guangdong	429.4	40	24	13.8	1.3	30
广西	Guangxi	420.0	89	4	9.7	2.0	26
海南	Hainan	79.5	88	5	0.2	0.3	31
重庆	Chongqing	214.2	72	14	5.7	1.9	27
四川	Sichuan	714.7	88	6	71.3	8.8	19
贵州	Guizhou	201.8	58	19	5.7	1.6	28
云南	Yunnan	378.5	81	9	64.6	14	17
西藏	Tibet	26.4	84	7	34.3	109	4
陕西	Shaanxi	116.7	31	27	192.3	51	8
甘肃	Gansu	95.5	37	25	40.3	16	16
青海	**Qinghai**	**33.4**	**58**	**20**	**31.3**	**54**	**7**
宁夏	Ningxia	28.5	43	23	135.7	206	2
新疆	Xinjiang	149.3	65	16	155.6	68	5

25-8 全国各地区工业企业主要产品产量、人均产量及排序(2014年)
Output, Per Capita Output of Major Industrial Products and Its Order by Region of the Whole Country (2014)

地 区	Region	农用化肥(万吨) Chemical Fertilizers (10 000 tons)			发电量(亿千瓦小时) Electricity (100 million km·h)		
		总产量 Amount	人均产量 Per Capita Output 千克 Kg	位次 Rank	总产量 Amount	人均产量 Per Capita Output 千瓦时 KWh	位次 Rank
全 国	**National Total**	**6887.2**	**50**		**56495.8**	**4141**	
北 京	Beijing			30	364.0	1706	30
天 津	Tianjin	16.0	11	25	625.5	4185	13
河 北	Hebei	203.1	28	18	2499.9	3397	19
山 西	Shanxi	424.4	117	5	2647.0	7274	5
内蒙古	Inner Mongolia	126.1	50	13	3857.8	15424	2
辽 宁	Liaoning	71.9	16	22	1647.8	3753	17
吉 林	Jilin	17.9	7	26	771.7	2804	23
黑龙江	Heilongjiang	48.4	13	24	881.3	2299	26
上 海	Shanghai	1.5	1	29	792.3	3273	21
江 苏	Jiangsu	234.8	30	17	4347.6	5469	6
浙 江	Zhejiang	35.7	6	27	2885.3	5243	8
安 徽	Anhui	299.7	49	14	2033.9	3358	20
福 建	Fujian	48.9	13	23	1873.4	4943	10
江 西	Jiangxi	135.8	30	16	873.3	1927	29
山 东	Shandong	555.0	57	10	3691.1	3781	16
河 南	Henan	491.7	52	12	2729.9	2897	22
湖 北	Hubei	1206.0	208	2	2382.3	4102	14
湖 南	Hunan	113.6	17	21	1313.7	1957	28
广 东	Guangdong	58.4	5	28	3948.4	3696	18
广 西	Guangxi	111.5	24	19	1310.0	2766	24
海 南	Hainan	66.3	74	6	244.6	2719	25
重 庆	Chongqing	215.2	72	7	675.8	2267	27
四 川	Sichuan	453.6	56	11	3079.4	3791	15
贵 州	Guizhou	529.2	151	3	1747.7	4986	9
云 南	Yunnan	318.4	68	9	2550.0	5425	7
西 藏	Tibet			30	32.3	1024	31
陕 西	Shaanxi	179.2	48	15	1620.8	4300	12
甘 肃	Gansu	50.2	19	20	1241.1	4799	11
青 海	**Qinghai**	**502.9**	**866**	**1**	**551.3**	**9496**	**3**
宁 夏	Ningxia	46.5	71	8	1156.6	17581	1
新 疆	Xinjiang	323.6	142	4	2090.9	9165	4

25-8 续表 contined

地区	Region	钢材(万吨) Rolled Steel (10 000 tons) 总产量 Amount	人均产量 Per Capita Output 千克 Kg	位次 Rank	水泥(万吨) Cement (10 000 tons) 总产量 Amount	人均产量 Per Capita Output 千克 Kg	位次 Rank
全国	**National Total**	**112557.2**	**825**		**247613.5**	**1815**	
北京	Beijing	195.0	91	29	703.6	330	30
天津	Tianjin	7303.9	4887	1	957.9	641	29
河北	Hebei	23995.2	3261	2	10677.4	1451	22
山西	Shanxi	4701.0	1292	5	4700.0	1292	26
内蒙古	Inner Mongolia	1763.2	705	10	6294.0	2516	4
辽宁	Liaoning	6946.0	1582	4	5807.6	1323	25
吉林	Jilin	1412.2	513	16	3702.7	1346	24
黑龙江	Heilongjiang	483.5	126	28	3702.6	966	28
上海	Shanghai	2309.1	954	6	686.0	283	31
江苏	Jiangsu	13255.2	1667	3	19395.8	2440	5
浙江	Zhejiang	4171.0	758	9	12390.0	2251	9
安徽	Anhui	3265.7	539	15	12921.0	2133	13
福建	Fujian	3019.6	797	8	7760.9	2048	14
江西	Jiangxi	2611.1	576	14	9831.2	2169	12
山东	Shandong	8939.4	916	7	16496.3	1690	21
河南	Henan	4704.1	499	17	17080.7	1812	18
湖北	Hubei	3429.0	590	13	11418.1	1966	16
湖南	Hunan	1989.3	296	24	12060.1	1796	20
广东	Guangdong	3447.1	323	23	14783.4	1384	23
广西	Guangxi	3262.6	689	11	10706.5	2260	8
海南	Hainan	29.7	33	30	2151.6	2392	7
重庆	Chongqing	1322.0	444	19	6688.8	2244	10
四川	Sichuan	2935.2	361	22	14612.7	1799	19
贵州	Guizhou	552.4	158	27	9456.4	2698	3
云南	Yunnan	1935.1	412	21	9596.9	2042	15
西藏	Tibet	1.1	3	31	342.2	1087	27
陕西	Shaanxi	1683.9	447	18	9129.7	2422	6
甘肃	Gansu	1108.1	428	20	4931.5	1907	17
青海	**Qinghai**	**131.4**	**226**	**26**	**1843.7**	**3175**	**1**
宁夏	Ningxia	165.6	252	25	1793.9	2727	2
新疆	Xinjiang	1489.5	653	12	4974.6	2181	11

25−9 全国各地区规模以上工业企业主要效益指标及排序(2014年)

Main Indicators on Economic Benefit of Industrial Enterprises above Designated Size by Region of the Whole Country (2014)

单位：%，亿元 (%，100 million yuan)

地 区	Region	工业增加值 Value-added of Industry		利润总额 Total Profits		总资产贡献率 Ratio of Total Assets to Industrial Output Value	
		增长率 Growth Rate	位 次 Rank	数 量 Amount	位 次 Rank	(%)	位 次 Rank
全 国	**National Total**	**8.3**		**64715.3**		**14.34**	
北 京	Beijing	6.2	25	1493.2	17	8.16	27
天 津	Tianjin	10.1	11	2042.8	12	15.27	11
河 北	Hebei	5.1	27	2421.7	7	12.09	21
山 西	Shanxi	3.0	30	210.6	27	5.39	30
内蒙古	Inner Mongolia	10.0	12	1294.4	19	10.91	24
辽 宁	Liaoning	4.8	28	2011.7	13	12.51	20
吉 林	Jilin	6.6	24	1397.7	18	17.78	4
黑龙江	Heilongjiang	2.9	31	985.0	21	16.37	8
上 海	Shanghai	4.5	29	2646.5	6	14.09	14
江 苏	Jiangsu	9.9	14	8839.7	1	16.69	7
浙 江	Zhejiang	6.9	23	3543.7	5	11.62	22
安 徽	Anhui	11.2	7	1775.2	14	13.41	16
福 建	Fujian	11.9	3	2081.7	9	15.11	12
江 西	Jiangxi	11.8	4	2043.9	11	24.95	1
山 东	Shandong	9.6	15	8763.4	2	18.52	3
河 南	Henan	11.2	7	4771.4	4	17.22	5
湖 北	Hubei	10.8	9	2174.6	8	14.73	13
湖 南	Hunan	9.6	15	1523.2	16	19.94	2
广 东	Guangdong	8.4	19	6611.9	3	13.87	15
广 西	Guangxi	10.7	10	963.8	22	15.76	10
海 南	Hainan	12.0	2	88.5	30	10.72	25
重 庆	Chongqing	12.6	1	1160.5	20	17.10	6
四 川	Sichuan	9.6	15	2046.3	10	13.16	18
贵 州	Guizhou	11.3	5	530.5	24	13.41	16
云 南	Yunnan	7.3	22	478.9	25	13.07	19
西 藏	Tibet	6.0	26	12.4	31	4.38	31
陕 西	Shaanxi	11.3	5	1706.5	15	16.15	9
甘 肃	Gansu	8.4	19	233.2	26	9.42	26
青 海	**Qinghai**	**9.1**	**18**	**106.2**	**28**	**6.48**	**28**
宁 夏	Ningxia	8.3	21	102.5	29	6.01	29
新 疆	Xinjiang	10.0	12	661.2	23	11.55	23

注：1.规模以上工业统计口径为年主营业务收入2000万元及以上工业企业。
2.本表为2014年快报数据(下表同)。
a) The statistical caliber of industry is industrial enterprises with the annual sales income from main business of 20 million yuan and above.
b)Data in this table in 2014 are from express report forms. The same applies to the tables following.

25-9 续表 contined

地 区	Region	资产负债率 Assets-Liability Ratio		流动资产周转次数 Number of Annual of Turnover Working Capitals		产品销售率 Proportion of Products Sold	
		(%)	位 次 Rank	(次) (times)	位 次 Rank	(%)	位 次 Rank
全 国	**National Average**	**56.84**		**2.64**		**97.77**	
北 京	Beijing	50.69	28	1.47	30	98.87	3
天 津	Tianjin	61.99	10	2.35	16	97.75	13
河 北	Hebei	57.90	15	3.02	9	97.77	12
山 西	Shanxi	72.61	1	1.49	28	94.88	28
内蒙古	Inner Mongolia	61.51	11	2.20	20	96.94	20
辽 宁	Liaoning	56.98	17	3.15	6	97.60	15
吉 林	Jilin	53.95	24	3.37	4	98.03	9
黑龙江	Heilongjiang	56.62	18	2.26	19	98.33	7
上 海	Shanghai	49.35	29	1.77	25	99.52	1
江 苏	Jiangsu	54.91	20	2.76	13	98.41	5
浙 江	Zhejiang	58.84	13	1.82	24	96.83	22
安 徽	Anhui	58.66	14	3.07	7	97.62	14
福 建	Fujian	54.51	21	2.79	12	97.23	16
江 西	Jiangxi	51.76	27	4.78	1	98.86	4
山 东	Shandong	54.35	22	3.61	3	99.08	2
河 南	Henan	46.81	30	3.36	5	98.30	8
湖 北	Hubei	54.33	23	3.03	8	97.11	19
湖 南	Hunan	53.01	25	3.92	2	98.36	6
广 东	Guangdong	57.79	16	2.39	15	97.13	18
广 西	Guangxi	62.50	7	2.97	10	95.33	26
海 南	Hainan	51.91	26	1.83	23	97.21	17
重 庆	Chongqing	62.03	9	2.90	11	97.97	10
四 川	Sichuan	60.26	12	2.64	14	97.81	11
贵 州	Guizhou	63.52	5	1.98	21	95.24	27
云 南	Yunnan	64.46	4	1.71	26	95.53	24
西 藏	Tibet	39.34	31	0.73	31	94.41	29
陕 西	Shaanxi	55.80	19	2.27	18	95.37	25
甘 肃	Gansu	62.99	6	2.29	17	94.28	30
青 海	**Qinghai**	**68.17**	**2**	**1.57**	**27**	**93.21**	**31**
宁 夏	Ningxia	66.38	3	1.48	29	95.54	23
新 疆	Xinjiang	62.45	8	1.95	22	96.89	21

25−10 全国各地区固定资产投资和增长率及排序(2014年)
Investment in Fixed Assets and Its Growth Rate and Order by Region of the Whole Country (2014)

单位：亿元、%、万平米 (100 million yuan，%，10 000 sq.m)

地 区	Region	固定资产投资(不含农户) Investment in Fixed Assets (Excluding Rural Households)				房地产开发投资额 Investment of Real Estate Development		商品房销售面积 Floor Space of Commercial Buildings Sold	
		数量 Amount	位次 Rank	增长率 Growth Rate	位次 Rank	数量 Amount	位次 Rank	数量 Amount	位次 Rank
全 国	**National Total**	**502004.9**		**15.7**		**95035.6**		**120648.5**	
北 京	Beijing	6873.4	26	1.1	30	3715.3	12	1454.2	26
天 津	Tianjin	10490.4	21	15.2	23	1699.6	20	1613.0	23
河 北	Hebei	26147.2	4	15.5	20	4059.7	10	5706.2	8
山 西	Shanxi	11977.0	18	11.5	27	1403.6	22	1576.3	25
内蒙古	Inner Mongolia	17431.0	13	15.7	19	1370.9	23	2457.2	20
辽 宁	Liaoning	24426.8	6	-1.5	31	5301.3	5	5754.8	7
吉 林	Jilin	11254.8	19	15.4	22	1030.1	26	1581.7	24
黑龙江	Heilongjiang	9587.1	22	1.5	29	1324.1	24	2475.7	19
上 海	Shanghai	6013.0	27	6.5	28	3206.5	14	2084.7	21
江 苏	Jiangsu	41552.8	2	15.5	21	8240.2	1	9846.8	1
浙 江	Zhejiang	23554.8	7	16.6	14	7262.4	3	4676.8	12
安 徽	Anhui	21069.2	10	16.5	15	4339.0	9	6202.2	6
福 建	Fujian	17911.7	12	19.0	10	4567.4	6	4119.5	13
江 西	Jiangxi	14677.0	15	18.0	11	1322.5	25	3067.2	18
山 东	Shandong	41599.1	1	15.8	18	5818.0	4	9180.1	3
河 南	Henan	30012.3	3	19.2	9	4375.7	8	7879.7	4
湖 北	Hubei	22491.7	9	19.3	8	3983.8	11	5602.0	9
湖 南	Hunan	20575.3	11	19.4	7	2883.6	15	5439.5	10
广 东	Guangdong	25843.1	5	15.9	16	7638.5	2	9315.8	2
广 西	Guangxi	13287.6	16	16.7	13	1838.5	19	3156.5	16
海 南	Hainan	3039.5	29	13.2	26	1431.7	21	1004.0	29
重 庆	Chongqing	12136.5	17	17.9	12	3630.2	13	5100.4	11
四 川	Sichuan	22662.3	8	14.7	25	4380.1	7	7142.4	5
贵 州	Guizhou	8778.4	24	23.6	1	2187.7	18	3178.1	15
云 南	Yunnan	11073.9	20	15.1	24	2846.7	16	3194.2	14
西 藏	Tibet	1069.2	31	22.1	3	52.9	31	59.3	31
陕 西	Shaanxi	16840.4	14	15.9	17	2426.5	17	3093.6	17
甘 肃	Gansu	7759.6	25	21.1	5	721.5	28	1325.5	27
青 海	**Qinghai**	**2788.9**	**30**	**22.0**	**4**	**308.3**	**30**	**415.8**	**30**
宁 夏	Ningxia	3093.9	28	19.8	6	654.8	29	1129.5	28
新 疆	Xinjiang	9058.3	23	22.9	2	1014.8	27	1815.9	22

注：1.固定资产投资(不含农户)统计口径指500万元及以上城镇固定资产投资、农村企事业组织项目投资和房地产开发投资。
2.本表增速按当年价计算。
a) The Statistical caliber of Investment in Fixed Assets (Excluding Rural Households) is Investment in Fixed Assets in Urban Area, Investment of Rural Enterprises and Institutions, Investment in Real Estate Development above 5 million yuan.
b) The growth rate in this table are calculated at current prices.

25－11　全国各地区建筑业总产值和施工、竣工面积及排序(2014年)

Output Value, Area of Construction and Completion and Their Orders by Region of the Whole Country (2014)

单位：亿元、万平方米　　　　(100 million yuan，10 000 sq.m)

地　区	Region	建筑业总产值 Gross Output Value		施工面积 Floor Space of Buildings Under Construction		竣工面积 Floor Space of Buildings Completed	
		数　量 Amount	位　次 Rank	数　量 Amount	位　次 Rank	数　量 Amount	位　次 Rank
全　国	**National Total**	**176713.4**		**1250248.5**		**423122.7**	
北　京	Beijing	8209.8	6	56477.1	6	9275.0	15
天　津	Tianjin	4123.5	17	14158.8	21	3232.0	26
河　北	Hebei	5625.8	12	37112.7	13	12582.7	14
山　西	Shanxi	3103.5	19	13928.5	23	3940.0	23
内蒙古	Inner Mongolia	1402.9	27	8053.4	26	3648.9	25
辽　宁	Liaoning	7851.1	9	48283.2	10	16273.0	8
吉　林	Jilin	2521.0	22	13990.3	22	7372.3	17
黑龙江	Heilongjiang	2150.8	24	7034.6	27	3884.6	24
上　海	Shanghai	5499.9	14	34994.7	14	7580.8	16
江　苏	Jiangsu	24592.9	1	213038.8	1	76795.0	1
浙　江	Zhejiang	22668.2	2	201851.3	2	66483.1	2
安　徽	Anhui	5482.9	15	39488.4	12	15307.9	10
福　建	Fujian	6689.2	10	57385.7	5	15392.7	9
江　西	Jiangxi	4122.6	18	27732.0	16	12725.7	13
山　东	Shandong	9313.5	4	71083.3	3	24220.8	4
河　南	Henan	7911.9	8	48825.4	9	19818.3	5
湖　北	Hubei	10059.6	3	62227.9	4	24867.3	3
湖　南	Hunan	6021.0	11	47433.2	11	16583.0	7
广　东	Guangdong	8356.5	5	53443.2	7	13885.5	11
广　西	Guangxi	2608.9	21	21168.1	18	6733.0	20
海　南	Hainan	276.3	30	2016.0	29	778.8	29
重　庆	Chongqing	5552.2	13	32889.5	15	12815.6	12
四　川	Sichuan	8066.7	7	53362.6	8	19544.3	6
贵　州	Guizhou	1640.2	26	13889.7	24	2800.8	27
云　南	Yunnan	3054.7	20	15824.4	19	7246.6	18
西　藏	Tibet	71.3	31	225.2	31	157.5	31
陕　西	Shaanxi	4557.7	16	23031.3	17	6917.8	19
甘　肃	Gansu	1814.5	25	11531.1	25	4172.0	22
青　海	**Qinghai**	**432.9**	**29**	**1072.8**	**30**	**479.4**	**30**
宁　夏	Ningxia	625.2	28	4355.2	28	1493.2	28
新　疆	Xinjiang	2306.3	23	14340.2	20	6115.4	21

25–12 全国各地区消费品零售额和进出口总额及排序(2014年)

Retail Sales of Consumer Goods, Total Value of Imports and Exports and Their Orders by Region of the Whole Country (2014)

单位：亿元、亿美元、% (100 million yuan，USD 100 million，%)

地区	Region	社会消费品零售总额 Total Retail Sales of Consumer Goods				海关进出口贸易总额 Total Imports and Exports			
		数量 Amount	位次 Rank	增长率 Growth Rate	位次 Rank	数量 Amount	位次 Rank	增长率 Growth Rate	位次 Rank
全国	**National Total**	**271896.1**		**12.0**		**43030.4**		**3.5**	
北京	Beijing	9638.0	11	8.6	30	4156.5	4	-3.1	29
天津	Tianjin	4738.7	23	6.0	31	1339.1	8	4.2	20
河北	Hebei	11820.5	9	12.4	17	598.8	13	9.1	12
山西	Shanxi	5717.9	19	11.3	26	162.5	24	2.9	22
内蒙古	Inner Mongolia	5657.6	21	10.6	27	145.5	26	21.3	8
辽宁	Liaoning	11857.0	8	12.1	22	1139.6	9	-0.5	27
吉林	Jilin	6080.9	16	12.1	21	263.8	23	2.1	24
黑龙江	Heilongjiang	7015.3	15	12.2	20	389.0	18	0.1	26
上海	Shanghai	9303.5	13	8.7	29	4664.1	3	5.7	18
江苏	Jiangsu	23458.1	3	12.4	18	5637.6	2	2.4	23
浙江	Zhejiang	17835.3	4	11.7	25	3551.5	5	5.8	17
安徽	Anhui	7957.0	14	13.0	4	492.7	14	8.2	15
福建	Fujian	9346.7	12	12.9	5	1775.0	7	4.8	19
江西	Jiangxi	5292.6	22	12.7	10	427.8	16	16.4	11
山东	Shandong	25111.5	2	12.6	15	2771.2	6	4.0	21
河南	Henan	14005.0	5	12.7	11	650.3	12	8.5	14
湖北	Hubei	12449.3	6	12.8	8	430.6	15	18.4	9
湖南	Hunan	10723.5	10	12.8	9	310.3	19	23.2	6
广东	Guangdong	28471.1	1	11.9	23	10767.3	1	-1.4	28
广西	Guangxi	5772.8	18	12.5	16	405.5	17	23.5	5
海南	Hainan	1224.5	28	12.2	19	158.7	25	5.9	16
重庆	Chongqing	5710.7	20	13.0	3	954.5	10	39.0	2
四川	Sichuan	12393.0	7	12.7	12	702.5	11	8.8	13
贵州	Guizhou	2936.9	25	12.9	6	108.1	27	30.4	4
云南	Yunnan	4632.9	24	12.7	13	296.2	20	17.1	10
西藏	Tibet	364.5	31	13.1	1	22.5	30	-32.1	31
陕西	Shaanxi	5918.7	17	12.8	7	274.1	22	36.2	3
甘肃	Gansu	2668.3	26	12.6	14	86.5	28	-15.5	30
青海	**Qinghai**	**620.8**	**30**	**13.0**	**2**	**17.2**	**31**	**22.5**	**7**
宁夏	Ningxia	737.2	29	10.3	28	54.4	29	68.9	1
新疆	Xinjiang	2436.5	27	11.8	24	276.7	21	0.4	25

25-13 全国各地区全社会客货运量和周转量及排序(2014年)
Freight and Passenger Traffic and Their Turnovers and Orders by Region of the Whole Country (2014)

地 区	Region	货运量(万吨) Total Freight Traffic (10 000 tons)		货物周转量(亿吨公里) Total Freight Ton-kilometers (100 million ton-km)		客运量(万人) Total Passenger Traffic (10 000 persons)		旅客周转量(亿人公里) Total Passenger-Kilometers (10 million passenger-km)	
		数量 Amount	位次 Rank	数量 Amount	位次 Rank	数量 Amount	位次 Rank	数量 Amount	位次 Rank
全 国	**National Total**	**4381089**		**185398**		**2209361**		**30096**	
北 京	Beijing	26551	28	1037	28	65063	15	274	25
天 津	Tianjin	49753	25	3602	17	18300	25	247	26
河 北	Hebei	209946	5	12684	4	60726	16	1277	6
山 西	Shanxi	164919	11	3711	16	34168	24	385	23
内蒙古	Inner Mongolia	191869	10	4471	12	18283	26	363	24
辽 宁	Liaoning	222138	4	12236	5	94172	9	991	10
吉 林	Jilin	48311	26	1704	24	35004	23	424	22
黑龙江	Heilongjiang	60212	23	1811	23	46841	20	493	20
上 海	Shanghai	89980	20	18633	1	13317	28	210	27
江 苏	Jiangsu	196153	8	10418	6	155207	3	1455	4
浙 江	Zhejiang	194250	9	9540	7	130144	7	1077	9
安 徽	Anhui	434298	1	13501	3	139553	5	1417	5
福 建	Fujian	111757	17	4780	11	58719	17	623	16
江 西	Jiangxi	151878	15	3828	15	67795	14	971	11
山 东	Shandong	264458	3	8253	8	74378	11	1144	8
河 南	Henan	200801	7	7401	9	140180	4	1746	2
湖 北	Hubei	150762	16	5504	10	100730	8	1209	7
湖 南	Hunan	203053	6	4138	13	161838	2	1661	3
广 东	Guangdong	343491	2	14801	2	180789	1	2315	1
广 西	Guangxi	163023	12	4090	14	51905	18	653	14
海 南	Hainan	23632	29	1488	25	14209	27	120	29
重 庆	Chongqing	97377	19	2595	19	68399	13	507	18
四 川	Sichuan	159034	13	2465	21	138274	6	955	12
贵 州	Guizhou	85672	21	1442	27	86571	10	635	15
云 南	Yunnan	108544	18	1446	26	49080	19	437	21
西 藏	Tibet	1914	31	110	31	1571	31	45	31
陕 西	Shaanxi	157012	14	3521	18	74188	12	804	13
甘 肃	Gansu	57239	24	2515	20	38985	21	607	17
青 海	**Qinghai**	**14846**	**30**	**516**	**30**	**5643**	**30**	**133**	**28**
宁 夏	Ningxia	41308	27	837	29	9187	29	114	30
新 疆	Xinjiang	72168	22	1881	22	37176	22	500	19
不分地区	Not Classified by Region	84946		20447		39166		6333	

注：1.货运不分地区合计中包括铁路行包运输、管道运输企业、民航运输企业、中远集团海外公司及中海集团香港有限公司完成数。
2.客运不分地区数据为民航完成数。
a)The freight traffic not classified by region refers to railway baggage freight, civil aviation, pipelines and that completed by companies abroad under the China Ocean Shipping (Group) Company and China Shipping (Group) Hong Kong Co Ltd.
b)The total passenger traffic not classified by region refers to that completed by civil aviation.

25-14 全国各地区各类价格指数(2014年)

Consumer Price Indices and Its order by Region of the Whole Country (2014)

(上年=100) (preceding year=100)

地 区	Resion	居民消费价格指数 Consumer Price Indices	食品 Food	商品零售价格指数 Retail Price Indices	农业生产资料价格指数 Price Index for Means of Agricultural Production	固定资产投资价格指数 Price Index for Investment in Fixed Assets
全 国	**National Average**	**102.0**	**103.1**	**101.0**	**99.1**	**100.5**
北 京	Beijing	101.6	103.2	99.1		100.0
天 津	Tianjin	101.9	103.0	100.9		100.5
河 北	Hebei	101.7	102.3	101.0	99.1	100.2
山 西	Shanxi	101.7	102.8	100.6	99.2	99.6
内蒙古	Inner Mongolia	101.6	102.9	100.7	99.9	99.8
辽 宁	Liaoning	101.7	102.7	101.0	98.9	99.7
吉 林	Jilin	102.0	103.0	101.2	95.1	100.2
黑龙江	Heilongjiang	101.5	102.0	100.8	100.3	100.0
上 海	Shanghai	102.7	103.2	100.9		100.5
江 苏	Jiangsu	102.2	102.6	101.6	100.2	101.1
浙 江	Zhejiang	102.1	103.1	100.9	99.8	100.6
安 徽	Anhui	101.6	102.5	100.4	99.6	100.3
福 建	Fujian	102.0	103.3	101.1	99.5	100.4
江 西	Jiangxi	102.3	103.7	101.2	99.6	100.1
山 东	Shandong	101.9	102.6	101.0	99.5	100.3
河 南	Henan	101.9	102.6	101.0	97.9	100.0
湖 北	Hubei	102.0	102.3	100.9	97.9	101.0
湖 南	Hunan	101.9	102.6	101.2	100.2	101.5
广 东	Guangdong	102.3	104.4	101.4	99.9	101.5
广 西	Guangxi	102.1	104.3	101.4	98.9	101.6
海 南	Hainan	102.4	103.7	101.2	105.3	100.6
重 庆	Chongqing	101.8	103.3	100.9		100.3
四 川	Sichuan	101.6	102.1	100.6	98.8	100.5
贵 州	Guizhou	102.4	104.2	101.2	99.0	101.1
云 南	Yunnan	102.4	104.3	101.6	98.4	101.0
西 藏	Tibet	102.9	105.3	102.2	100.9	
陕 西	Shaanxi	101.6	102.8	100.7	100.9	101.1
甘 肃	Gansu	102.1	103.6	101.7	99.0	100.1
青 海	**Qinghai**	**102.8**	**104.0**	**101.5**	**99.8**	**100.9**
宁 夏	Ningxia	101.9	102.7	100.9	96.9	100.8
新 疆	Xinjiang	102.1	103.6	101.7	97.7	100.3

25-15 各地区城镇居民人均收支及排序(2014年)

Per Capita Annual Income and Expenditure of Urban Households and Their Orders by Region of the Whole Country (2014)

单位：元、% (yuan, %)

地区	Region	人均可支配收入 Per Capita Annual Disposable Income				人均消费性支出 Per Capita Annual Consumption Expenditure			
		数量 Amount	位次 Rank	增长率 Growth Rate	位次 Rank	数量 Amount	位次 Rank	增长率 Growth Rate	位次 Rank
全国	**National Average**	**28843.9**		**9.0**		**19968.1**		**8.0**	
北京	Beijing	48531.8	2	8.9	17	33717.5	2	6.6	24
天津	Tianjin	31506.0	6	8.7	24	24289.6	4	8.9	12
河北	Hebei	24141.3	21	8.6	26	16203.8	23	8.2	17
山西	Shanxi	24069.4	22	8.1	30	14636.9	31	6.4	25
内蒙古	Inner Mongolia	28349.6	10	9.0	13	20885.2	8	8.5	15
辽宁	Liaoning	29081.7	9	8.9	16	20519.6	9	6.2	26
吉林	Jilin	23217.8	25	8.8	19	17156.1	19	7.6	21
黑龙江	Heilongjiang	22609.0	27	8.4	27	16466.6	21	4.9	30
上海	Shanghai	48841.4	1	8.8	21	35182.4	1	8.4	16
江苏	Jiangsu	34346.3	4	8.7	22	23476.3	6	5.5	28
浙江	Zhejiang	40392.7	3	8.9	15	27241.7	3	7.9	19
安徽	Anhui	24838.5	14	9.0	14	16107.1	25	10.4	5
福建	Fujian	30722.4	7	9.0	10	22204.1	7	8.0	18
江西	Jiangxi	24309.2	18	9.9	2	15141.8	29	9.4	9
山东	Shandong	29221.9	8	8.7	25	18322.6	11	10.1	7
河南	Henan	23672.1	23	8.9	18	16184.5	24	6.1	27
湖北	Hubei	24852.3	13	9.6	5	16681.4	20	8.8	13
湖南	Hunan	26570.2	11	9.1	8	18334.7	10	8.7	14
广东	Guangdong	32148.1	5	8.8	20	23611.7	5	9.2	10
广西	Guangxi	24669.0	15	8.7	23	15045.4	30	4.0	31
海南	Hainan	24486.5	16	9.3	7	17513.8	16	10.6	4
重庆	Chongqing	25147.2	12	9.1	9	18279.5	12	6.7	23
四川	Sichuan	24234.4	20	9.0	12	17759.9	13	10.3	6
贵州	Guizhou	22548.2	28	9.6	4	15254.6	28	10.8	2
云南	Yunnan	24299.0	19	8.2	29	16268.3	22	9.5	8
西藏	Tibet	22015.8	30	7.9	31	15669.4	27	14.6	1
陕西	Shaanxi	24365.8	17	9.0	11	17546.0	15	7.0	22
甘肃	Gansu	21803.9	31	9.7	3	15942.3	26	10.6	3
青海	**Qinghai**	**22306.6**	**29**	**9.6**	**6**	**17492.9**	**17**	**7.8**	**20**
宁夏	Ningxia	23284.6	24	8.4	28	17216.2	18	8.9	11
新疆	Xinjiang	23214.0	26	10.1	1	17684.5	14	4.9	29

注：1、本表增速为名义增速。
2、从2013年起，国家统计局开展了城乡一体化住户收支与生活状况调查，本表数据来源于此调查，与2013年前的分城镇和农村住户调查的调查范围、调查方法、指标口径有所不同(下表同)。

a) The growth rate in this table are nominal growth.

b) The NBS have started an integrated household living condition, income and expenditure survey since 2013,including both urban and rural househol The data in this table are compiled on the basis of the survey. The coverage, methodology and indicator caliber used in the survey are different from those used for separate urban and rural household surveys prior to 2013.The same applies to the tables following.

25−16 全国各地区农村居民人均收支及排序(2014年)

Per Capita Annual Income and Expenditure of Rural Households and Their Orders by Region of the Whole Country(2014)

单位：元、% (yuan，%)

地区	Region	人均可支配收入 Per Capita Annual Disposable Income				人均消费性支出 Per Capita Annual Consumption Expenditure			
		数量 Amount	位次 Rank	增长率 Growth Rate	位次 Rank	数量 Amount	位次 Rank	增长率 Growth Rate	位次 Rank
全国	**National Average**	**10489**		**11.2**		**8383**		**12.0**	
北京	Beijing	18867	3	10.3	28	14535	2	7.2	30
天津	Tianjin	17014	4	10.8	22	13739	4	10.0	22
河北	Hebei	10186	13	10.9	21	8248	12	11.8	13
山西	Shanxi	8809	22	10.8	23	6992	26	8.3	28
内蒙古	Inner Mongolia	9976	16	11.0	18	9972	8	9.8	24
辽宁	Liaoning	11191	9	10.1	31	7801	19	10.9	15
吉林	Jilin	10780	11	10.2	30	8140	14	8.2	29
黑龙江	Heilongjiang	10453	12	11.6	10	7830	18	8.9	26
上海	Shanghai	21192	1	10.3	29	14820	1	13.9	8
江苏	Jiangsu	14958	5	10.6	27	11820	5	9.9	23
浙江	Zhejiang	19373	2	10.7	24	14498	3	13.2	9
安徽	Anhui	9916	18	12.0	6	7981	16	10.8	17
福建	Fujian	12650	6	10.9	19	11056	6	10.7	18
江西	Jiangxi	10117	14	11.3	14	7548	21	10.9	16
山东	Shandong	11882	8	11.2	15	7962	17	15.8	2
河南	Henan	9966	17	11.1	17	7277	23	14.4	6
湖北	Hubei	10849	10	11.9	7	8681	10	10.6	20
湖南	Hunan	10060	15	11.4	12	9025	9	15.2	3
广东	Guangdong	12246	7	10.6	26	10043	7	12.4	12
广西	Guangxi	8683	24	11.4	13	6675	27	10.6	19
海南	Hainan	9913	19	12.6	3	7029	25	10.2	21
重庆	Chongqing	9490	20	11.7	9	7983	15	14.5	5
四川	Sichuan	9348	21	11.5	11	8301	11	12.7	11
贵州	Guizhou	6671	30	13.1	1	5970	30	12.8	10
云南	Yunnan	7456	27	10.9	20	6030	29	14.9	4
西藏	Tibet	7359	28	12.3	5	4822	31	17.6	1
陕西	Shaanxi	7932	26	11.8	8	7252	24	11.8	14
甘肃	Gansu	6277	31	12.3	4	6148	28	8.7	27
青海	**Qinghai**	**7283**	**29**	**12.7**	**2**	**8235**	**13**	**9.7**	**25**
宁夏	Ningxia	8410	25	10.7	25	7676	20	13.9	7
新疆	Xinjiang	8724	23	11.2	16	7365	22	3.7	31

注：本表增速为名义增速。

a) The growth rate in this table are nominal growth.

第 26 篇

CHAPTER 26

月度资料

Monthly Data

26-1 各月主要经济统计指标(2014年)
Monthly Main Economic Indicators (2014)

指 标	Item	2月 February	3月 March
生产总值(累计数)(亿元)	**Gross Domestic Product(accumulative total) (100 million yuan)**		**388.94**
第一产业	Primary Industry		16.18
第二产业	Secondary Industry		202.21
第三产业	Tertiary Industry		170.55
生产总值增长速度(%)	**Growth Rate of Gross Domestic Product(%)**		**10.1**
第一产业	Primary Industry		4.3
第二产业	Secondary Industry		11.7
第三产业	Tertiary Industry		8.5
工业(规模以上)	**Industry**		
工业增加值增长速度(%)	Growth Rate of Value-added of Indusrry(%)	19.7	12.0
#轻工业	Light Industry	23.7	15.3
重工业	Heavy Industry	19.2	11.7
#国有企业	State -owned Enterprises	-2.7	13.0
集体企业	Collective-owned Enterprises	87.2	7.2
股份制企业	Joint-stock Enterprises	24.3	11.0
外商及港澳台投资	Enterprises with Funds from Hong kong, Macao,Taiwan and Foreign	18.5	25.8
#国有控股企业	State-holding Enterprises	10.9	9.5
#私营企业	Private Enterprises	52.4	15.5
#非公有工业	Non-public-owned Industries	31.0	15.5
工业经济效益(累计数)	Industrial Efficiency(accumulative total)		
企业单位数(户)	Number of Enterprises(household)	521	522
#亏损企业户数(户)	Number of Loss-making Enterprises(household)	242	265
亏损面(%)	Loss-Making Enterprises Proportion(%)	46.45	50.77
主营业务收入(亿元)	Revenue from Principal Business(100 million yuan)	280.18	451.77
利润总额(亿元)	Total Profits(100 million yuan)	11.55	17.37
亏损企业亏损额(亿元)	Losses of Loss-making Enterprises(100 million yuan)	15.17	24.00
产成品库存(亿元)	Finished Goods Inventory(100 million yuan)	121.10	125.08
全部从业人员平均人数(万人)	Average Number of All Employees (10 000 persons)	19.69	20.41
工业产销率(累计数)(%)	Rate of Industrial Production and Sales(accumulative total) (%)	100.40	97.49
#轻工业	Light Industry	96.99	96.10
重工业	Heavy Industry	100.93	97.70
#国有企业	State -owned Enterprises	93.69	95.60
集体企业	Collective-owned Enterprises	107.77	105.12
股份制企业	Joint-stock Enterprises	103.63	99.16
外商及港澳台投资	Enterprises with Funds from Hong kong, Macao,Taiwan and Foreign	84.30	87.37
#国有控股企业	State-holding Enterprises	100.57	98.03
#私营企业	Private Enterprises	107.44	96.99
#非公有工业	Non-public-owned Industries	100.17	96.74

注：本部分中农牧民人均纯收入数据季度为现金收入，全年数据为纯收入。
a)In this table, per capita income of rural households is cash income for the quarter,and net income for the year.

26-1 续表 1 continued

指 标	Item	2月 February	3月 March
主要产品产量	**Main Output of Products**		
原煤(万吨)	Coal(10 000 tons)	111.3	210.9
天然原油(万吨)	Crude Petroleum Oil(10 000 tons)	16.77	18.80
天然气(亿立方米)	Natural Gas(100 million cu.m)	5.86	6.04
原盐(万吨)	Salt(10 000 tons)	4.13	9.47
乳制品(万吨)	Dairy(10 000 tons)	1.45	1.42
饮料酒(千升)	Alcohol Beverage (kiloliter)	9919	9952
原油加工量(万吨)	Volume of Crude Oil Processed(10 000 tons)	11.87	13.73
焦炭(万吨)	Coke(10 000 tons)	15.59	20.53
纯碱(万吨)	Soda Ash(10 000 tons)	25.67	23.87
中成药(吨)	Traditional Chinese Medicines(ton)	131	152
水泥(万吨)	Cement(10 000 tons)	10.03	130.30
生铁(万吨)	Pig Iron(10 000 tons)	8.48	9.26
粗钢(万吨)	Crude Steel(10 000 tons)	10.96	12.36
钢材(万吨)	Rolled Steel(10 000 tons)	9.06	9.82
原铝(电解铝)(万吨)	Electrolyzed Aluminum(10 000 tons)	20.70	19.03
黄金(千克)	Gold (kg)	422	528
单晶硅(吨)	Monocrystalline Silicon(ton)	225.50	211.35
多晶硅(吨)	Polysilicon(ton)	532.03	497.19
金属切削机床(台)	Metal-cutting Machine Tools(unit)	22	44
手工地毯挂毯(万平方米)	Handmade Carpets and Tapestries(10 000 sq.m)	2	2
机制地毯挂毯(万平方米)	Mechanisms Carpets and Tapestries(10 000 sq.m)	110	118
发电量(亿千瓦小时)	Electricity(100 million kmh)	35.88	42.19
#水电	Hydropower	20.17	25.71
钾肥(实物量)(万吨)	Potassium Fertilizer (physical volume)(10 000 tons)	17.53	58.25
固定资产投资	**Investment in Fixed Assets**		
(累计数)(亿元)	**(accumulative total)(100 million yuan)**		
全社会固定资产投资	Total Investment in Fixed Assets in the Whole Sciety	43.41	175.40
按登记注册类型分	By Status of Registration		
国有投资	State-owned Investment	32.58	67.54
私营个体投资	Private and Self-employed Individual Investment	1.02	34.94
集体投资	Collective-owned Investment		1.88
有限责任公司投资	Limited Liability Corporations Investment	8.12	59.26
股份经济投资	Share-holding Investment		6.84
港澳台投资	Funds from Hong Kong, Macao and Taiwan	1.50	2.40
外商投资	Foreign Funded		0.66
其他投资	Others	0.20	1.69
按投资类型分	By Type of Investment		
国有及国有控股投资	State-owned and State-controlled Investment	37.59	92.79
民间投资	Private Investment	4.32	79.82
港澳台及外商投资	Funds from Hong Kong, Macao,Taiwan and Foreign	1.50	2.80
按产业分	By Industry		
第一产业	Primary Industry		5.81
第二产业	Secondary Industry	14.27	101.08
工业	Industry	14.22	96.62
第三产业	Tertiary Industry	29.15	68.52
国内贸易(累计数)(亿元)	**Demstic Trade (accumulative total)(100 million yuan)**		
社会消费品零售额	Retail Sales of Social Consumer Goods		131.76
#城镇零售额	Urban Retail Sales		116.06
乡村零售额	Rural Retail Sales		15.70

26-1 续表 2 continued

指 标	Item	2月 February	3月 March
进出口(万美元)	**Import and Export(USD 10 000)**		
海关进出口总额	Customs Import and Export Volume	4357	11854
出口总额	Total Imports	1577	3080
进口总额	Total Export	2780	8774
财政(亿元)	**Financial(100 million yuan)**		
财政收入	Financial Income		
公共财政预算收入	Public Budgetary Revenue	22.87	28.53
#地方公共财政预算收入	Local Public Budgetary Revenue	13.70	20.49
#增值税	Valued Added Tax	1.60	1.60
营业税	Business Tax	4.27	6.54
企业所得税	Corporate Income Tax	0.38	1.30
个人所得税	Individual IncomeTax	0.80	0.54
资源税	Resource Tax	1.87	1.79
中央公共财政预算收入	Central Public Budgetary Revenue	9.17	8.04
财政支出	Financial Expenditure		
公共财政预算支出	Public Budgetary Expenditure	63.98	105.38
#一般公共服务	Expenditure for General Public Services	2.07	6.91
公共安全	Expenditure for Public Security	0.83	3.54
教育	Expenditure for Education	2.96	12.19
科学技术	Expenditure for Science and Technology	0.03	0.16
文化体育与传媒	Expenditure for Culture,Sport and Media	0.28	1.13
社会保障与就业	Expenditure for Social Safety Net and Employment Effort	19.95	10.01
医疗卫生	Expenditure for Medical and Health Care	4.01	11.42
环境保护	Expenditure for Environment Protection	0.77	0.51
城乡社区事务	Expenditure for Urban and Rural Community Affairs	3.05	3.99
农林水事务	Expenditure for Agriculture,Forestry and Water Conservancy	4.26	10.78
交通运输	Expenditure for Transportation	20.06	34.88
金融(亿元)	**Financial(100 million yuan)**		
各项存款余额	Total Deposits Balance	4041.76	4138.23
单位存款	Corporate Deposits	2199.17	2294.45
个人存款	Individual Deposits	1547.06	1560.43
储蓄存款	Savings Deposits	1517.64	1529.92
各项贷款余额	Total Loans Balance	3493.06	3569.46
短期贷款	Short-term Loans	862.91	874.55
中长期贷款	Medium & Long-term Loans	2520.88	2581.04
交通运输(累计数)	**Transport,(accumulative total)**		
货物运输量(万吨)	Freight Traffic(10 000 tons)	2416.60	3646.75
铁路	Railways	703.14	1015.23
公路	Highways	1713.34	2631.36
民航	Civil Aviation	0.12	0.16
货物周转量(亿吨公里)	Total Freight Ton-kilometers(100 milliom ton-km)	97.79	146.54
铁路	Railways	49.13	71.85
公路	Highways	48.65	74.67
民航	Civil Aviation	0.02	0.03

26-1 续表 3 continued

指　标	Item	2月 February	3月 March
客运量(万人)	Passenger Traffic(10 000 persons)	2361.11	3490.85
铁路	Railways	89.11	127.53
公路	Highways	2249.40	3329.63
民航	Civil Aviation	22.60	33.69
客运周转量(亿人公里)	Passenger-kilometers(100 million passenger-km)	22.05	32.64
铁路	Railways	7.73	11.44
公路	Highways	10.85	16.04
民航	Civil Aviation	3.47	5.16
邮电(累计数)	**Postal and Telecommunication(accumulative total)**		
邮政业务量(亿元)	Business Volume of Postal Services(10 0000 yuan)	0.54	0.83
电信业务量(亿元)	Business Volume of Telecommunication(100 million yuan)	10.76	16.79
移动电话用户(万户)	Number of Mobile Telephone Subscribers(10 000 subscribers)	532.50	538.10
固定电话用户(万户)	Number of Fixed Telephone Subscribers(10 000 subscribers)	101.50	101.50
建筑业(累计数)	**Construction(accumulative total)**		
建筑业总产值(亿元)	Gross Output Value of Construction(100 million yuan)		52.98
竣工产值(亿元)	Output Value of Completion (100 million yuan)		13.66
房屋建筑施工面积(万平米)	Floor Space of Buildings under Construction(10 000 sq.m)		527.98
房屋建筑竣工面积(万平米)	Floor Space of Buildings Completed(10 000 sq.m)		37.72
人民生活(元)	**People's Living Conditions (yuan)**		
城镇常住居民人均可支配收入	Per Capita Annual Disposable Income of Urban Households		5682.90
城镇常住居民人均消费性支出	Per Capita Annual Comsumption Expenditure of Urban Households		4476.36
农村常住居民人均可支配收入	Per Capita Annual Cash Income of Rural Households		1908.29
农村常住居民人均生活消费支出	Per Capita Annual Living Comsumption Expenditure of Rural Households		2209.16
物价指数(上年=100)(%)	**Price Indices(preceding year=100)(%)**		
居民消费价格指数	Consumer Price Index	102.4	102.3
#城市	City	102.4	102.2
农村	Rural	102.2	102.5
#食品	Food	103.3	104.4
烟酒	Alcohol and Tobacco	98.5	98.2
衣着	Clothing	103.5	100.8
家庭设备用品及维修服务	Household Facilities,Articles and Services	99.2	98.8
医疗保健和个人用品	Health Care and Personal Articles	101.3	101.2
交通和通讯	Transport and Communications	100.3	99.7
娱乐教育文化用品及服务	Recreation, Education and Culture Articles	100.5	100.9
居住	Residence	104.5	103.6
农业生产资料价格指数	Price Index For Agricultural Means of Production	101.3	99.7
商品零售价格指数	Retail Price Index	101.0	100.8
工业生产者出厂价格指数	Producer Price Index for Industrial Products	95.2	93.7
工业生产者购进价格指数	Purchasing Price Index for Industrial Producers	97.8	96.2

26-1 续表 4 continued

指 标	Item	4月 April	5月 May	6月 June
生产总值(累计数)(亿元)	**Gross Domestic Product(accumulative total) (100 million yuan)**			**966.47**
第一产业	Primary Industry			33.80
第二产业	Secondary Industry			589.13
第三产业	Tertiary Industry			343.54
生产总值增长速度(%)	**Growth Rate of Gross Domestic Product(%)**			**10.2**
第一产业	Primary Industry			4.5
第二产业	Secondary Industry			11.2
第三产业	Tertiary Industry			8.9
工业(规模以上)	**Industry**			
工业增加值增长速度(%)	Growth Rate of Value-added of Indusrry(%)	7.0	10.5	11.6
#轻工业	Light Industry	29.3	26.4	32.8
重工业	Heavy Industry	5.8	9.8	9.4
#国有企业	State -owned Enterprises	-7.0	22.3	10.5
集体企业	Collective-owned Enterprises	-0.8	-16.7	-16.8
股份制企业	Joint-stock Enterprises	3.1	9.7	10.2
外商及港澳台投资	Enterprises with Funds from Hong kong, Macao,Taiwan and Foreign	30.6	2.4	24.8
#国有控股企业	State-holding Enterprises	-1.9	11.3	6.2
#私营企业	Private Enterprises	7.6	10.0	18.9
#非公有工业	Non-public-owned Industries	4.1	10.5	16.6
工业经济效益(累计数)	Industrial Efficiency(accumulative total)			
企业单位数(户)	Number of Enterprises(household)	500	501	505
#亏损企业户数(户)	Number of Loss-making Enterprises(household)	248	233	225
亏损面(%)	Loss-Making Enterprises Proportion(%)	49.60	46.51	44.60
主营业务收入(亿元)	Revenue from Principal Business(100 million yuan)	637.94	817.54	1019.02
利润总额(亿元)	Total Profits(100 million yuan)	25.06	33.85	47.19
亏损企业亏损额(亿元)	Losses of Loss-making Enterprises(100 million yuan)	31.14	35.24	40.63
产成品库存(亿元)	Finished Goods Inventory(100 million yuan)	123.10	125.99	120.54
全部从业人员平均人数(万人)	Average Number of All Employees (10 000 persons)	20.28	20.29	20.36
工业产销率(累计数)(%)	Rate of Industrial Production and Sales(accumulative total) (%)	96.65	94.03	93.80
#轻工业	Light Industry	96.63	96.37	96.28
重工业	Heavy Industry	96.65	93.72	93.45
#国有企业	State -owned Enterprises	96.81	95.73	96.10
集体企业	Collective-owned Enterprises	90.99	91.24	96.02
股份制企业	Joint-stock Enterprises	98.52	95.75	95.13
外商及港澳台投资	Enterprises with Funds from Hong kong, Macao,Taiwan and Foreign	90.92	94.11	96.61
#国有控股企业	State-holding Enterprises	98.50	95.02	93.77
#私营企业	Private Enterprises	92.86	90.48	91.71
#非公有工业	Non-public-owned Industries	94.53	92.78	93.56

26－1 续表 5 continued

指 标	Item	4月 April	5月 May	6月 June
主要产品产量	**Main Output of Products**			
原煤(万吨)	Coal(10 000 tons)	321.2	309.9	245.8
天然原油(万吨)	Crude Petroleum Oil(10 000 tons)	18.41	19.28	18.74
天然气(亿立方米)	Natural Gas(100 million cu.m)	5.80	5.59	5.37
原盐(万吨)	Salt(10 000 tons)	30.08	28.18	26.87
乳制品(万吨)	Dairy(10 000 tons)	1.50	1.78	1.92
饮料酒(千升)	Alcohol Beverage (kiloliter)	12001	11734	12237
原油加工量(万吨)	Volume of Crude Oil Processed(10 000 tons)	12.62	14.30	14.10
焦炭(万吨)	Coke(10 000 tons)	17.63	18.37	7.62
纯碱(万吨)	Soda Ash(10 000 tons)	26.27	25.45	28.94
中成药(吨)	Traditional Chinese Medicines(ton)	166	168	178
水泥(万吨)	Cement(10 000 tons)	168.02	205.83	221.00
生铁(万吨)	Pig Iron(10 000 tons)	10.35	10.89	12.54
粗钢(万吨)	Crude Steel(10 000 tons)	10.04	10.59	14.05
钢材(万吨)	Rolled Steel(10 000 tons)	9.47	9.12	12.49
原铝(电解铝)(万吨)	Electrolyzed Aluminum(10 000 tons)	19.77	18.94	19.02
黄金(千克)	Gold (kg)	490	1087	479
单晶硅(吨)	Monocrystalline Silicon(ton)	105.40	130.00	400.87
多晶硅(吨)	Polysilicon(ton)	985.21	950.00	1190.00
金属切削机床(台)	Metal-cutting Machine Tools(unit)	31	30	37
手工地毯挂毯(万平方米)	Handmade Carpets and Tapestries(10 000 sq.m)	3	3	3
机制地毯挂毯(万平方米)	Mechanisms Carpets and Tapestries(10 000 sq.m)	119	130	135
发电量(亿千瓦小时)	Electricity(100 million kmh)	39.09	46.12	45.00
#水电	Hydropower	22.54	31.72	34.50
钾肥(实物量)(万吨)	Potassium Fertilizer (physical volume)(10 000 tons)	75.07	80.45	91.12
固定资产投资	**Investment in Fixed Assets**			
(累计数)(亿元)	**(accumulative total)(100 million yuan)**			
全社会固定资产投资	Total Investment in Fixed Assets in the Whole Sciety	438.53	782.75	1203.86
按登记注册类型分	By Status of Registration			
国有投资	State-owned Investment	217.59	340.09	545.36
私营个体投资	Private and Self-employed Individual Investment	86.54	164.29	258.21
集体投资	Collective-owned Investment	3.35	6.82	9.13
有限责任公司投资	Limited Liability Corporations Investment	108.06	200.30	266.16
股份经济投资	Share-holding Investment	13.97	43.92	82.06
港澳台投资	Funds from Hong Kong, Macao and Taiwan	3.10	6.92	9.54
外商投资	Foreign Funded	1.93	9.13	14.16
其他投资	Others	3.68	10.71	18.42
按投资类型分	By Type of Investment			
国有及国有控股投资	State-owned and State-controlled Investment	258.49	422.14	655.97
民间投资	Private Investment	175.54	348.53	531.55
港澳台及外商投资	Funds from Hong Kong, Macao,Taiwan and Foreign	4.49	12.07	16.35
按产业分	By Industry			
第一产业	Primary Industry	15.27	34.96	57.77
第二产业	Secondary Industry	218.00	436.48	622.16
工业	Industry	206.07	425.37	597.90
第三产业	Tertiary Industry	205.25	311.31	523.94
国内贸易(累计数)(亿元)	**Demstic Trade (accumulative total)(100 million yuan)**			
社会消费品零售额	Retail Sales of Social Consumer Goods	174.10	224.87	272.72
#城镇零售额	Urban Retail Sales			239.49
乡村零售额	Rural Retail Sales			33.23

26-1 续表 6 continued

指 标	Item	4月 April	5月 May	6月 June
进出口(万美元)	**Import and Export(USD 10 000)**			
海关进出口总额	Customs Import and Export Volume	12000	9452	9594
出口总额	Total Imports	4990	5522	5514
进口总额	Total Export	7010	3930	4080
财政(亿元)	**Financial(100 million yuan)**			
财政收入	Financial Income			
公共财政预算收入	Public Budgetary Revenue	30.74	31.58	42.07
#地方公共财政预算收入	Local Public Budgetary Revenue	20.44	21.38	27.41
#增值税	Valued Added Tax	2.06	2.32	4.53
营业税	Business Tax	6.67	6.49	7.85
企业所得税	Corporate Income Tax	1.90	1.95	3.24
个人所得税	Individual IncomeTax	0.36	0.35	0.47
资源税	Resource Tax	1.37	1.87	1.99
中央公共财政预算收入	Central Public Budgetary Revenue	10.30	10.20	14.66
财政支出	Financial Expenditure			
公共财政预算支出	Public Budgetary Expenditure	106.63	99.17	134.13
#一般公共服务	Expenditure for General Public Services	6.31	7.62	8.50
公共安全	Expenditure for Public Security	3.97	3.39	3.46
教育	Expenditure for Education	6.54	9.67	9.74
科学技术	Expenditure for Science and Technology	0.94	0.51	0.45
文化体育与传媒	Expenditure for Culture,Sport and Media	1.03	1.21	1.44
社会保障与就业	Expenditure for Social Safety Net and Employment Effort	7.64	7.67	8.69
医疗卫生	Expenditure for Medical and Health Care	6.52	6.42	6.17
环境保护	Expenditure for Environment Protection	1.79	2.14	4.69
城乡社区事务	Expenditure for Urban and Rural Community Affairs	6.06	1.63	7.74
农林水事务	Expenditure for Agriculture,Forestry and Water Conservancy	16.87	20.25	24.81
交通运输	Expenditure for Transportation	16.21	23.74	15.82
金融(亿元)	**Financial(100 million yuan)**			
各项存款余额	Total Deposits Balance	4201.03	4271.30	4449.16
单位存款	Corporate Deposits	2360.72	2441.95	2535.93
个人存款	Individual Deposits	1530.63	1540.35	1589.35
储蓄存款	Savings Deposits	1497.76	1504.62	1540.38
各项贷款余额	Total Loans Balance	3651.09	3758.95	3859.85
短期贷款	Short-term Loans	877.36	855.21	861.92
中长期贷款	Medium & Long-term Loans	2650.73	2751.46	2824.33
交通运输(累计数)	**Transport,(accumulative total)**			
货物运输量(万吨)	Freight Traffic(10 000 tons)	3869.07	5218.54	6571.83
铁路	Railways	1293.16	1596.61	1893.65
公路	Highways	2575.70	3621.67	4677.87
民航	Civil Aviation	0.21	0.26	0.31
货物周转量(亿吨公里)	Total Freight Ton-kilometers(100 milliom ton-km)	151.73	196.55	239.94
铁路	Railways	92.98	116.41	137.83
公路	Highways	58.72	80.10	102.07
民航	Civil Aviation	0.03	0.04	0.04

26-1 续表 7 continued

指 标	Item	4月 April	5月 May	6月 June
客运量(万人)	Passenger Traffic(10 000 persons)	1587.08	2017.36	2478.35
铁路	Railways	170.74	216.22	267.17
公路	Highways	1366.72	1733.83	2123.00
民航	Civil Aviation	47.91	63.04	78.90
客运周转量(亿人公里)	Passenger-kilometers(100 million passenger-km)	32.67	42.49	54.56
铁路	Railways	15.31	19.84	25.64
公路	Highways	10.12	13.50	17.84
民航	Civil Aviation	7.24	9.15	11.07
邮电(累计数)	**Postal and Telecommunication(accumulative total)**			
邮政业务量(亿元)	Business Volume of Postal Services(10 0000 yuan)	1.11	1.41	1.72
电信业务量(亿元)	Business Volume of Telecommunication(100 million yuan)	22.85	29.22	35.57
移动电话用户(万户)	Number of Mobile Telephone Subscribers(10 000 subscribers)	534.92	534.39	537.60
固定电话用户(万户)	Number of Fixed Telephone Subscribers(10 000 subscribers)	101.49	101.46	101.54
建筑业(累计数)	**Construction(accumulative total)**			
建筑业总产值(亿元)	Gross Output Value of Construction(100 million yuan)			146.61
竣工产值(亿元)	Output Value of Completion (100 million yuan)			222.93
房屋建筑施工面积(万平米)	Floor Space of Buildings under Construction(10 000 sq.m)			683.63
房屋建筑竣工面积(万平米)	Floor Space of Buildings Completed(10 000 sq.m)			134.05
人民生活(元)	**People's Living Conditions (yuan)**			
城镇常住居民人均可支配收入	Per Capita Annual Disposable Income of Urban Households			10479
城镇常住居民人均消费性支出	Per Capita Annual Comsumption Expenditure of Urban Households			8498
农村常住居民人均可支配收入	Per Capita Annual Cash Income of Rural Households			2999
农村常住居民人均消费性支出	Per Capita Annual Living Comsumption Expenditure of Rural Households			3737
物价指数(上年=100)(%)	**Price Indices(preceding year=100)(%)**			
居民消费价格指数	Consumer Price Index	101.6	102.3	102.0
#城市	City	101.8	102.3	101.9
农村	Rural	101.3	102.3	102.2
#食品	Food	102.1	103.6	102.7
烟酒	Alcohol and Tobacco	98.2	98.4	98.4
衣着	Clothing	103.2	102.9	104.9
家庭设备用品及维修服务	Household Facilities,Articles and Services	98.3	99.1	99.3
医疗保健和个人用品	Health Care and Personal Articles	100.8	101.1	100.8
交通和通讯	Transport and Communications	100.5	100.8	100.0
娱乐教育文化用品及服务	Recreation, Education and Culture Articles	101.0	101.4	101.5
居住	Residence	103.0	103.2	102.8
农业生产资料价格指数	Price Index For Agricultural Means of Production	99.4	99.8	100.1
商品零售价格指数	Retail Price Index	100.5	101.2	101.2
工业生产者出厂价格指数	Producer Price Index for Industrial Products	93.9	95.8	95.6
工业生产者购进价格指数	Purchasing Price Index for Industrial Producers	96.7	96.6	96.9

26-1 续表8 continued

指 标	Item	7月 July	8月 August	9月 September
生产总值(累计数)(亿元)	**Gross Domestic Product(accumulative total) (100 million yuan)**			**1541.28**
第一产业	Primary Industry			117.93
第二产业	Secondary Industry			909.64
第三产业	Tertiary Industry			513.71
生产总值增长速度(%)	**Growth Rate of Gross Domestic Product(%)**			**9.5**
第一产业	Primary Industry			5.2
第二产业	Secondary Industry			10.4
第三产业	Tertiary Industry			8.7
工业(规模以上)	**Industry**			
工业增加值增长速度(%)	Growth Rate of Value-added of Indusrry(%)	9.1	1.8	3.9
#轻工业	Light Industry	21.7	28.2	37.9
重工业	Heavy Industry	7.7	-2.8	-3.5
#国有企业	State -owned Enterprises	-5.7	-18.5	-26.9
集体企业	Collective-owned Enterprises	-93.0	-31.5	-12.5
股份制企业	Joint-stock Enterprises	10.8	1.7	1.6
外商及港澳台投资	Enterprises with Funds from Hong kong, Macao,Taiwan and Foreign	5.9	19.1	23.6
#国有控股企业	State-holding Enterprises	5.4	-1.1	-1.9
#私营企业	Private Enterprises	22.4	6.9	3.0
#非公有工业	Non-public-owned Industries	9.1	0.2	1.0
工业经济效益(累计数)	Industrial Efficiency(accumulative total)			
企业单位数(户)	Number of Enterprises(household)	510	512	516
#亏损企业户数(户)	Number of Loss-making Enterprises(household)	216	207	212
亏损面(%)	Loss-Making Enterprises Proportion(%)	42.4	40.4	41.1
主营业务收入(亿元)	Revenue from Principal Business(100 million yuan)	1200.92	1396.46	1583.57
利润总额(亿元)	Total Profits(100 million yuan)	58.09	71.16	71.33
亏损企业亏损额(亿元)	Losses of Loss-making Enterprises(100 million yuan)	45.59	50.03	54.16
产成品库存(亿元)	Finished Goods Inventory(100 million yuan)	123.60	124.71	130.56
全部从业人员平均人数(万人)	Average Number of All Employees (10 000 persons)	20.37	20.51	20.79
工业产销率(累计数)(%)	Rate of Industrial Production and Sales(accumulative total) (%)	93.47	93.79	93.57
#轻工业	Light Industry	95.84	95.41	93.75
重工业	Heavy Industry	93.13	93.55	93.54
#国有企业	State -owned Enterprises	96.43	95.79	96.33
集体企业	Collective-owned Enterprises	98.09	98.37	101.00
股份制企业	Joint-stock Enterprises	92.77	93.23	92.94
外商及港澳台投资	Enterprises with Funds from Hong kong, Macao,Taiwan and Foreign	98.10	98.25	97.71
#国有控股企业	State-holding Enterprises	93.65	93.77	93.71
#私营企业	Private Enterprises	90.12	90.93	90.63
#非公有工业	Non-public-owned Industries	93.14	93.68	93.31

26-1 续表 9 continued

指 标	Item	7月 July	8月 August	9月 September
主要产品产量	**Main Output of Products**			
原煤(万吨)	Coal(10 000 tons)	135.4	86.9	88.0
天然原油(万吨)	Crude Petroleum Oil(10 000 tons)	18.94	19.40	18.93
天然气(亿立方米)	Natural Gas(100 million cu.m)	5.52	5.84	4.95
原盐(万吨)	Salt(10 000 tons)	31.15	30.79	30.39
乳制品(万吨)	Dairy(10 000 tons)	1.42	1.70	1.79
饮料酒(千升)	Alcohol Beverage (kiloliter)	11515	11698	12084
原油加工量(万吨)	Volume of Crude Oil Processed(10 000 tons)	13.44	1.07	6.04
焦炭(万吨)	Coke(10 000 tons)	9.37	6.13	7.09
纯碱(万吨)	Soda Ash(10 000 tons)	27.45	29.76	29.07
中成药(吨)	Traditional Chinese Medicines(ton)	178	177	174
水泥(万吨)	Cement(10 000 tons)	217.90	191.21	219.44
生铁(万吨)	Pig Iron(10 000 tons)	12.01	9.55	8.88
粗钢(万吨)	Crude Steel(10 000 tons)	13.44	13.12	11.76
钢材(万吨)	Rolled Steel(10 000 tons)	12.05	11.42	11.03
原铝(电解铝)(万吨)	Electrolyzed Aluminum(10 000 tons)	19.27	19.55	19.27
黄金(千克)	Gold (kg)	564	670	923
单晶硅(吨)	Monocrystalline Silicon(ton)	252.31	287.31	266.77
多晶硅(吨)	Polysilicon(ton)	540.00	483.45	565.04
金属切削机床(台)	Metal-cutting Machine Tools(unit)	30	41	25
手工地毯挂毯(万平方米)	Handmade Carpets and Tapestries(10 000 sq.m)	3	3	2
机制地毯挂毯(万平方米)	Mechanisms Carpets and Tapestries(10 000 sq.m)	169	210	214
发电量(亿千瓦小时)	Electricity(100 million kmh)	51.83	52.68	51.77
#水电	Hydropower	39.60	41.44	39.85
钾肥(实物量)(万吨)	Potassium Fertilizer (physical volume)(10 000 tons)	81.00	77.15	87.27
固定资产投资	**Investment in Fixed Assets**			
(累计数)(亿元)	**(accumulative total)(100 million yuan)**			
全社会固定资产投资	Total Investment in Fixed Assets in the Whole Sciety	1602.94	1954.79	2396.47
按登记注册类型分	By Status of Registration			
国有投资	State-owned Investment	752.46	928.02	1187.58
私营个体投资	Private and Self-employed Individual Investment	321.20	370.83	436.98
集体投资	Collective-owned Investment	11.24	14.74	16.90
有限责任公司投资	Limited Liability Corporations Investment	353.31	425.92	500.66
股份经济投资	Share-holding Investment	111.34	144.92	168.70
港澳台投资	Funds from Hong Kong, Macao and Taiwan	10.35	17.07	20.49
外商投资	Foreign Funded	18.91	22.82	27.03
其他投资	Others	23.10	29.16	36.73
按投资类型分	By Type of Investment			
国有及国有控股投资	State-owned and State-controlled Investment	905.28	1104.72	1393.23
民间投资	Private Investment	679.31	828.66	978.36
港澳台及外商投资	Funds from Hong Kong, Macao,Taiwan and Foreign	18.34	21.42	24.88
按产业分	By Industry			
第一产业	Primary Industry	76.58	90.29	109.15
第二产业	Secondary Industry	775.41	917.42	1059.50
工业	Industry	741.77	879.87	1007.39
第三产业	Tertiary Industry	750.94	947.09	1227.82
国内贸易(累计数)(亿元)	**Demstic Trade (accumulative total)(100 million yuan)**			
社会消费品零售额	Retail Sales of Social Consumer Goods	320.31	370.55	434.60
#城镇零售额	Urban Retail Sales			377.64
乡村零售额	Rural Retail Sales			56.96

26-1 续表 10 continued

指　标	Item	7月 July	8月 August	9月 September
进出口(万美元)	**Import and Export(USD 10 000)**			
海关进出口总额	Customs Import and Export Volume	10691	6388	26515
出口总额	Total Imports	6453	4436	21547
进口总额	Total Export	4238	1952	4968
财政(亿元)	**Financial(100 million yuan)**			
财政收入	Financial Income			
公共财政预算收入	Public Budgetary Revenue	24.22	24.32	34.23
#地方公共财政预算收入	Local Public Budgetary Revenue	17.21	17.42	23.14
#增值税	Valued Added Tax	0.27	2.56	2.53
营业税	Business Tax	6.93	4.83	5.85
企业所得税	Corporate Income Tax	1.52	0.97	1.05
个人所得税	Individual IncomeTax	0.32	0.30	1.16
资源税	Resource Tax	1.82	1.83	2.48
中央公共财政预算收入	Central Public Budgetary Revenue	7.02	6.90	11.09
财政支出	Financial Expenditure			
公共财政预算支出	Public Budgetary Expenditure	85.25	149.85	148.11
#一般公共服务	Expenditure for General Public Services	4.23	7.54	14.72
公共安全	Expenditure for Public Security	4.21	4.90	3.03
教育	Expenditure for Education	7.69	11.61	22.19
科学技术	Expenditure for Science and Technology	0.74	0.51	0.87
文化体育与传媒	Expenditure for Culture,Sport and Media	1.85	4.56	3.21
社会保障与就业	Expenditure for Social Safety Net and Employment Effort	8.22	10.42	17.51
医疗卫生	Expenditure for Medical and Health Care	4.20	5.85	4.83
环境保护	Expenditure for Environment Protection	3.47	6.04	6.67
城乡社区事务	Expenditure for Urban and Rural Community Affairs	10.63	18.93	11.04
农林水事务	Expenditure for Agriculture,Forestry and Water Conservancy	15.01	17.24	13.45
交通运输	Expenditure for Transportation	6.05	12.44	30.15
金融(亿元)	**Financial(100 million yuan)**			
各项存款余额	Total Deposits Balance	4502.33	4574.72	4545.45
单位存款	Corporate Deposits	2508.34	2513.24	2440.71
个人存款	Individual Deposits	1582.69	1584.99	1625.55
储蓄存款	Savings Deposits	1541.65	1545.58	1586.08
各项贷款余额	Total Loans Balance	3894.42	3946.30	3991.18
短期贷款	Short-term Loans	825.86	831.15	831.97
中长期贷款	Medium & Long-term Loans	2858.69	2889.40	2911.57
交通运输(累计数)	**Transport,(accumulative total)**			
货物运输量(万吨)	Freight Traffic(10 000 tons)	8084.95	9651.52	11156.67
铁路	Railways	2196.56	2492.82	2777.53
公路	Highways	5888.02	7158.24	8378.62
民航	Civil Aviation	0.37	0.46	0.52
货物周转量(亿吨公里)	Total Freight Ton-kilometers(100 milliom ton-km)	285.20	332.91	381.34
铁路	Railways	160.89	184.88	209.64
公路	Highways	124.25	147.95	171.61
民航	Civil Aviation	0.06	0.08	0.09

26-1 续表 11 continued

指　标	Item	7月 July	8月 August	9月 September
客运量(万人)	Passenger Traffic(10 000 persons)	3080.14	3755.16	4332.03
铁路	Railways	342.27	422.07	476.41
公路	Highways	2613.10	3148.36	3638.48
民航	Civil Aviation	104.11	138.77	163.90
客运周转量(亿人公里)	Passenger-kilometers(100 million passenger-km)	73.49	92.33	104.09
铁路	Railways	33.06	39.54	44.49
公路	Highways	24.83	32.58	37.19
民航	Civil Aviation	15.57	20.15	22.35
邮电(累计数)	**Postal and Telecommunication(accumulative total)**			
邮政业务量(亿元)	Business Volume of Postal Services(10 0000 yuan)	2.00	2.31	2.62
电信业务量(亿元)	Business Volume of Telecommunication(100 million yuan)	42.38	49.27	56.09
移动电话用户(万户)	Number of Mobile Telephone Subscribers(10 000 subscribers)	544.28	544.72	551.49
固定电话用户(万户)	Number of Fixed Telephone Subscribers(10 000 subscribers)	101.88	99.41	100.00
建筑业(累计数)	**Construction(accumulative total)**			
建筑业总产值(亿元)	Gross Output Value of Construction(100 million yuan)			278.79
竣工产值(亿元)	Output Value of Completion (100 million yuan)			125.48
房屋建筑施工面积(万平米)	Floor Space of Buildings under Construction(10 000 sq.m)			835.91
房屋建筑竣工面积(万平米)	Floor Space of Buildings Completed(10 000 sq.m)			271.42
人民生活(元)	**People's Living Conditions (yuan)**			
城镇常住居民人均可支配收入	Per Capita Annual Disposable Income of Urban Households			16463
城镇常住居民人均生活消费支出	Per Capita Annual Comsumption Expenditure of Urban Households			12727
农村常住居民人均可支配收入	Per Capita Annual Cash Income of Rural Households			4955
农村常住居民人均生活消费支出	Per Capita Annual Living Comsumption Expenditure of Rural Households			5427
物价指数(上年=100)(%)	**Price Indices(preceding year=100)(%)**			
居民消费价格指数	Consumer Price Index	102.2	103.1	103.6
#城市	City	102.2	103.3	103.8
农村	Rural	102.4	102.8	103.2
#食品	Food	103.0	104.0	105.3
烟酒	Alcohol and Tobacco	98.5	98.5	98.6
衣着	Clothing	104.9	109.0	106.3
家庭设备用品及维修服务	Household Facilities,Articles and Services	99.4	100.0	100.6
医疗保健和个人用品	Health Care and Personal Articles	101.4	101.5	101.6
交通和通讯	Transport and Communications	100.3	100.7	100.1
娱乐教育文化用品及服务	Recreation, Education and Culture Articles	102.3	102.9	105.2
居住	Residence	102.4	102.5	102.4
农业生产资料价格指数	Price Index For Agricultural Means of Production	100.1	99.8	99.6
商品零售价格指数	Retail Price Index	101.4	102.0	102.0
工业生产者出厂价格指数	Producer Price Index for Industrial Products	96.9	97.5	98.2
工业生产者购进价格指数	Purchasing Price Index for Industrial Producers	97.9	97.6	98.3

26−1 续表 12 continued

指 标	Item	10月 October	11月 November	12月 December
生产总值(累计数)(亿元)	**Gross Domestic Product(accumulative total) (100 million yuan)**			**2301.12**
第一产业	Primary Industry			215.93
第二产业	Secondary Industry			1232.11
第三产业	Tertiary Industry			853.08
生产总值增长速度(%)	**Growth Rate of Gross Domestic Product(%)**			**9.2**
第一产业	Primary Industry			5.2
第二产业	Secondary Industry			10.0
第三产业	Tertiary Industry			8.8
工业(规模以上)	**Industry**			
工业增加值增长速度(%)	Growth Rate of Value-added of Indusrry(%)	4.8	4.0	7.0
#轻工业	Light Industry	22.6	11.3	10.7
重工业	Heavy Industry	-0.4	1.2	6.4
#国有企业	State -owned Enterprises	-18.3	-27.9	-32.3
集体企业	Collective-owned Enterprises	-76.3	-49.8	45.7
股份制企业	Joint-stock Enterprises	2.9	3.8	7.6
外商及港澳台投资	Enterprises with Funds from Hong kong, Macao,Taiwan and Foreign	19.0	35.5	22.3
#国有控股企业	State-holding Enterprises	-2.1	-4.5	0.1
#私营企业	Private Enterprises	5.0	-0.4	3.3
#非公有工业	Non-public-owned Industries	7.7	4.3	12.4
工业经济效益(累计数)	Industrial Efficiency(accumulative total)			
企业单位数(户)	Number of Enterprises(household)	531	531	531
#亏损企业户数(户)	Number of Loss-making Enterprises(household)	214	207	184
亏损面(%)	Loss-Making Enterprises Proportion(%)	40.30	39.00	34.70
主营业务收入(亿元)	Revenue from Principal Business(100 million yuan)	1765.50	1975.82	2249.83
利润总额(亿元)	Total Profits(100 million yuan)	77.47	85.11	98.91
亏损企业亏损额(亿元)	Losses of Loss-making Enterprises(100 million yuan)	58.63	64.20	68.69
产成品库存(亿元)	Finished Goods Inventory(100 million yuan)	129.91	124.25	117.45
全部从业人员平均人数(万人)	Average Number of All Employees (10 000 persons)	20.79	20.51	20.73
工业产销率(累计数)(%)	Rate of Industrial Production and Sales(accumulative total) (%)	93.40	93.51	94.87
#轻工业	Light Industry	92.57	91.41	91.69
重工业	Heavy Industry	93.53	93.84	95.39
#国有企业	State -owned Enterprises	96.30	96.29	98.24
集体企业	Collective-owned Enterprises	101.46	108.43	100.59
股份制企业	Joint-stock Enterprises	92.80	92.90	94.22
外商及港澳台投资	Enterprises with Funds from Hong kong, Macao,Taiwan and Foreign	96.92	97.53	98.72
#国有控股企业	State-holding Enterprises	93.79	94.24	96.81
#私营企业	Private Enterprises	90.16	90.00	90.18
#非公有工业	Non-public-owned Industries	92.91	92.72	93.05

26-1 续表 13 continued

指 标	Item	10月 October	11月 November	12月 December
主要产品产量	**Main Output of Products**			
原煤(万吨)	Coal(10 000 tons)	63.6	67.1	51.6
天然原油(万吨)	Crude Petroleum Oil(10 000 tons)	18.69	17.01	16.38
天然气(亿立方米)	Natural Gas(100 million cu.m)	5.00	5.98	6.56
原盐(万吨)	Salt(10 000 tons)	22.88	5.20	1.72
乳制品(万吨)	Dairy(10 000 tons)	1.72	1.56	1.79
饮料酒(千升)	Alcohol Beverage (kiloliter)	12419	12835	13805
原油加工量(万吨)	Volume of Crude Oil Processed(10 000 tons)	14.20	13.83	13.15
焦炭(万吨)	Coke(10 000 tons)	10.87	10.79	10.09
纯碱(万吨)	Soda Ash(10 000 tons)	29.34	30.27	29.32
中成药(吨)	Traditional Chinese Medicines(ton)	183	185	184
水泥(万吨)	Cement(10 000 tons)	215.36	157.02	90.20
生铁(万吨)	Pig Iron(10 000 tons)	10.14	12.12	12.43
粗钢(万吨)	Crude Steel(10 000 tons)	12.71	12.74	10.70
钢材(万吨)	Rolled Steel(10 000 tons)	12.49	11.66	13.05
原铝(电解铝)(万吨)	Electrolyzed Aluminum(10 000 tons)	19.09	19.94	19.16
黄金(千克)	Gold (kg)	676	700	416
单晶硅(吨)	Monocrystalline Silicon(ton)	259.72	202.70	382.11
多晶硅(吨)	Polysilicon(ton)	604.97	584.03	245.24
金属切削机床(台)	Metal-cutting Machine Tools(unit)	25	32	36
手工地毯挂毯(万平方米)	Handmade Carpets and Tapestries(10 000 sq.m)	1	1	1
机制地毯挂毯(万平方米)	Mechanisms Carpets and Tapestries(10 000 sq.m)	173	181	215
发电量(亿千瓦小时)	Electricity(100 million kmh)	47.16	48.22	43.20
#水电	Hydropower	32.55	31.48	26.27
钾肥(实物量)(万吨)	Potassium Fertilizer (physical volume)(10 000 tons)	84.98	64.93	70.97
固定资产投资	**Investment in Fixed Assets**			
(累计数)(亿元)	**(accumulative total)(100 million yuan)**			
全社会固定资产投资	Total Investment in Fixed Assets in the Whole Sciety	2672.75	2809.81	2908.71
按登记注册类型分	By Status of Registration			
国有投资	State-owned Investment	1315.37	1350.41	1391.44
私营个体投资	Private and Self-employed Individual Investment	485.94	521.37	564.85
集体投资	Collective-owned Investment	19.36	20.33	20.48
有限责任公司投资	Limited Liability Corporations Investment	571.63	616.46	623.98
股份经济投资	Share-holding Investment	185.29	202.39	207.70
港澳台投资	Funds from Hong Kong, Macao and Taiwan	22.56	23.57	24.64
外商投资	Foreign Funded	29.89	30.56	30.67
其他投资	Others	41.22	43.24	43.35
按投资类型分	By Type of Investment			
国有及国有控股投资	State-owned and State-controlled Investment	1544.48	1595.39	1639.93
民间投资	Private Investment	1101.67	1186.82	1240.12
港澳台及外商投资	Funds from Hong Kong, Macao,Taiwan and Foreign	26.59	27.60	28.67
按产业分	By Industry			
第一产业	Primary Industry	126.03	137.08	139.46
第二产业	Secondary Industry	1177.83	1254.65	1283.56
工业	Industry	1110.90	1177.87	1205.30
第三产业	Tertiary Industry	1368.88	1418.08	1485.69
国内贸易(累计数)(亿元)	**Demstic Trade (accumulative total)(100 million yuan)**			
社会消费品零售额	Retail Sales of Social Consumer Goods	490.25	540.90	614.61
#城镇零售额	Urban Retail Sales			
乡村零售额	Rural Retail Sales			

26-1 续表 14 continued

指 标	Item	10月 October	11月 November	12月 December
进出口(万美元)	**Import and Export(USD 10 000)**			
海关进出口总额	Customs Import and Export Volume	34376	12508	21015
出口总额	Total Imports	28805	8765	18146
进口总额	Total Export	5571	3743	2869
财政(亿元)	**Financial(100 million yuan)**			
财政收入	Financial Income			
公共财政预算收入	Public Budgetary Revenue	35.83	29.62	45.78
#地方公共财政预算收入	Local Public Budgetary Revenue	23.17	21.01	25.63
#增值税	Valued Added Tax	2.91	2.44	6.28
营业税	Business Tax	7.39	5.60	7.70
企业所得税	Corporate Income Tax	2.63	0.66	1.33
个人所得税	Individual IncomeTax	0.63	0.31	0.35
资源税	Resource Tax	2.55	2.71	0.96
中央公共财政预算收入	Central Public Budgetary Revenue	12.65	8.61	20.16
财政支出	Financial Expenditure			
公共财政预算支出	Public Budgetary Expenditure	134.82	130.55	176.24
#一般公共服务	Expenditure for General Public Services	4.72	11.68	20.43
公共安全	Expenditure for Public Security	3.18	5.64	16.96
教育	Expenditure for Education	17.54	19.06	29.06
科学技术	Expenditure for Science and Technology	1.49	1.18	3.32
文化体育与传媒	Expenditure for Culture,Sport and Media	3.23	3.64	11.60
社会保障与就业	Expenditure for Social Safety Net and Employment Effort	10.15	18.31	14.31
医疗卫生	Expenditure for Medical and Health Care	5.84	6.27	15.89
环境保护	Expenditure for Environment Protection	5.02	13.13	12.07
城乡社区事务	Expenditure for Urban and Rural Community Affairs	8.06	5.55	17.07
农林水事务	Expenditure for Agriculture,Forestry and Water Conservancy	19.83	17.98	27.59
交通运输	Expenditure for Transportation	15.76	8.48	4.87
金融(亿元)	**Financial(100 million yuan)**			
各项存款余额	Total Deposits Balance	4583.58	4593.63	4529.87
单位存款	Corporate Deposits	2492.49	2499.36	2591.29
个人存款	Individual Deposits	1608.49	1629.60	1687.16
储蓄存款	Savings Deposits	1576.34	1594.20	1640.73
各项贷款余额	Total Loans Balance	4049.82	4082.61	4171.73
短期贷款	Short-term Loans	853.17	859.25	889.67
中长期贷款	Medium & Long-term Loans	2958.89	2984.75	3035.96
交通运输(累计数)	**Transport,(accumulative total)**			
货物运输量(万吨)	Freight Traffic(10 000 tons)	12488.67	13685.23	14638.64
铁路	Railways	3079.20	3354.89	3608.14
公路	Highways	9408.89	10329.64	11029.78
民航	Civil Aviation	0.58	0.70	0.72
货物周转量(亿吨公里)	Total Freight Ton-kilometers(100 milliom ton-km)	426.55	459.05	507.19
铁路	Railways	232.46	249.77	272.71
公路	Highways	193.98	209.18	234.36
民航	Civil Aviation	0.10	0.11	0.12

26-1 续表 15 continued

指标	Item	10月 October	11月 November	12月 December
客运量(万人)	Passenger Traffic(10 000 persons)	4856.25	5248.34	5642.92
铁路	Railways	519.18	561.73	615.23
公路	Highways	4098.60	4439.05	4769.33
民航	Civil Aviation	178.56	187.65	198.45
客运周转量(亿人公里)	Passenger-kilometers(100 million passenger-km)	114.54	122.80	132.50
铁路	Railways	48.03	51.28	56.31
公路	Highways	40.71	43.83	46.50
民航	Civil Aviation	25.73	27.62	29.61
邮电(累计数)	**Postal and Telecommunication(accumulative total)**			
邮政业务量(亿元)	Business Volume of Postal Services(10 0000 yuan)	2.92	3.25	3.54
电信业务量(亿元)	Business Volume of Telecommunication(100 million yuan)	63.24	70.21	77.26
移动电话用户(万户)	Number of Mobile Telephone Subscribers(10 000 subscribers)	550.06	546.95	543.99
固定电话用户(万户)	Number of Fixed Telephone Subscribers(10 000 subscribers)	99.50	99.75	100.15
建筑业(累计数)	**Construction(accumulative total)**			
建筑业总产值(亿元)	Gross Output Value of Construction(100 million yuan)			432.91
竣工产值(亿元)	Output Value of Completion (100 million yuan)			192.45
房屋建筑施工面积(万平米)	Floor Space of Buildings under Construction(10 000 sq.m)			1072.82
房屋建筑竣工面积(万平米)	Floor Space of Buildings Completed(10 000 sq.m)			479.39
人民生活(元)	**People's Living Conditions (yuan)**			
城镇常住居民人均可支配收入	Per Capita Annual Disposable Income of Urban Households			22307
城镇常住居民人均生活消费支出	Per Capita Annual Comsumption Expenditure of Urban Households			17493
农村常住居民人均可支配收入	Per Capita Annual Net Income of Rural Households			7283
农村常住居民人均生活消费支出	Per Capita Annual Living Comsumption Expenditure of Rural Households			8235
物价指数(上年=100)(%)	**Price Indices(preceding year=100)(%)**			
居民消费价格指数	Consumer Price Index	103.6	103.6	103.5
#城市	City	103.8	103.8	
农村	Rural	103.2	103.2	
#食品	Food	105.3	105.3	104.5
烟酒	Alcohol and Tobacco	98.6	98.6	99.5
衣着	Clothing	106.3	106.3	106.7
家庭设备用品及维修服务	Household Facilities,Articles and Services	100.6	100.6	100.9
医疗保健和个人用品	Health Care and Personal Articles	101.6	101.6	101.9
交通和通讯	Transport and Communications	100.1	100.1	100.2
娱乐教育文化用品及服务	Recreation, Education and Culture Articles	105.2	105.2	105.1
居住	Residence	102.4	102.4	103.0
农业生产资料价格指数	Price Index For Agricultural Means of Production	99.6	99.6	98.3
商品零售价格指数	Retail Price Index	102.0	102.0	101.7
工业生产者出厂价格指数	Producer Price Index for Industrial Products	98.2	98.2	96.4
工业生产者购进价格指数	Purchasing Price Index for Industrial Producers	98.3	98.3	98.3

附 录

Appendix

青海省第三次全国经济普查主要数据

Main Data of the Third National Economic Census in Qinghai Province

附录1-1 按地区分组的法人单位数、产业活动单位数及从业人员数

Number of Juridical Entity, Industrial Activity Units and Engaged Persons by Region

指标	Item	总计 Total	西宁市 Xining City	海东市 Haidong City	海北州 Haibei Zang A.P	黄南州 Huangnan Zang A.P	海南州 Hainan Zang A.P	果洛州 Golog Zang A.P	玉树州 Yushu Zang A.P	海西州 Haixi Mongolian & Zang A.P
法人单位	**Juridical Entity**									
单位数(个)	Number of Units (unit)	34451	14288	6941	2017	1684	2476	1187	1551	4307
单产业法人	Single Industrial Corporation	31239	13355	6317	1820	1491	1807	1012	1430	4007
多产业法人	Multiple Industrial Corporation	3212	933	624	197	193	669	175	121	300
从业人员数(人)	Number of Engaged Persons (person)	1146406	594975	154482	51283	37813	56850	30161	51660	169182
女性	Female	384684	211499	49149	17795	10949	18899	6392	16552	53449
产业活动单位	**Industrial Activity Units**									
单位数(个)	Number of Units (unit)	47322	18727	9609	2886	2360	3999	1843	2006	5870
多产业法人所属的产业活动单位	Multiple Industrial Corporation Owned	16083	5372	3292	1066	869	2192	831	576	1863
从业人员数(人)	Number of Engaged Persons (person)	1208816	619822	159161	50378	41368	58292	33426	54869	189338
单产业法人所属的从业人员	Single Industrial Corporation Owned	790684	392212	121806	38993	29731	37183	23123	46708	100928
多产业法人所属的从业人员	Multiple Industrial Corporation Owned	418132	227610	37355	11385	11637	21109	10303	8161	88410

附录1-2 2013年按行业分组的法人单位数、产业活动单位数及从业人员数

行业门类	Total	法人单位 Juridical Entity 单位数（个）Number of Units (unit)	单产业法人 Single Industrial Juridical Entity	多产业法人 Multiple Industrial Juridical Entity
总计	Total	34451	31239	3212
按国民经济行业分类分组	By Sector			
农、林、牧、渔业	Agriculture, Forestry, Animal Husbandry and Fishery	465	437	28
采矿业	Mining	715	686	29
制造业	Manufacturing	2998	2902	96
电力、热力、燃气及水生产和供应业	Production and Supply of Electricity,Heat,Gas and Water	443	419	24
建筑业	Construction	1207	1112	95
批发和零售业	Wholesale and Retail Trades	5312	5015	297
交通运输、仓储和邮政业	Transport, Storage and Post	718	635	83
住宿和餐饮业	Hotels and Catering Services	734	698	36
信息传输、软件和信息技术服务业	Information Transmission, Software and Information Technology	373	336	37
金融业	Financial Intermediation	168	68	100
房地产业	Real Estate	1139	1064	75
租赁和商务服务业	Leasing and Business Services	2094	2010	84
科学研究和技术服务业	Scientific Research, Technical Services	1266	1194	72
水利、环境和公共设施管理业	Management of Water Conservancy, Envionment and Public Facilities	445	429	16
居民服务、修理和其他服务业	Services to Households, Repair and Other Services	477	467	10
教育	Education	1677	1500	177
卫生和社会工作	Health and Social Service	1050	941	109
文化、体育和娱乐业	Culture, Sports and Entertainment	889	865	24
公共管理、社会保障和社会组织	Public Management, Social Security and Social Organizations	12281	10461	1820

Number of Corporate Units, Industrial Activity Units and Engaged Persons by Sector(2013)

		产业活动单位 Industrial Activity Units				
从业人员数 (人) Number of Engaged Persons (person)	女性 Female	单位数 (个) Number of Units (unit)	#多产业法人所属的产业活动单位数 Multiple Industrial Juridical Entity Owned	从业人员数 (人) Number of Engaged Persons (person)	单产业法人所属的从业人员数 Single Industrial Juridical Entity Owned	多产业法人所属的从业人员数 Multiple Industrial Juridical Entity Owned
1146406	384684	47322	16083	1208816	790684	418132
17578	6079	502	65	11012	10308	704
61365	15034	791	105	48110	24645	23465
221019	68941	3166	264	216696	172756	43940
26663	7347	647	228	23841	10253	13588
126598	17314	1866	754	137011	75555	61456
78365	35356	7662	2647	90354	57310	33044
55967	18036	1178	543	85533	17685	67848
23799	14397	886	188	28149	21283	6866
14864	6511	798	462	21809	8964	12845
24313	3052	1339	1271	25128	826	24302
32815	12648	1327	263	35311	28753	6558
35822	12025	2465	455	39817	31910	7907
31797	10109	1853	659	38499	27149	11350
10979	4302	634	205	12607	10000	2607
7295	3026	560	93	8756	7027	1729
78694	43827	3014	1514	85346	60334	25012
42040	27537	3005	2064	47564	33990	13574
15899	7097	996	131	16161	13360	2801
240534	72046	14633	4172	237112	178576	58536

附录1-3　2013年按行业分组的企业法人基本信息

行业门类	Industry Categories	企业法人单位 单位数（个） Number of Units (unit)	单产业法人 Single Industrial Juridical Entity	多产业法人 Multiple Industrial Juridical Entity
总计	Total	17384	16393	991
按国民经济行业分类分组	By Sector			
农、林、牧、渔业	Agriculture, Forestry, Animal Husbandry and Fishery	178	159	19
采矿业	Mining	715	686	29
制造业	Manufacturing	2998	2902	96
电力、热力、燃气及水生产和供应业	Production and Supply of Electricity,Heat,Gas and Water	433	410	23
建筑业	Construction	1207	1112	95
批发和零售业	Wholesale and Retail Trades	5142	4846	296
交通运输、仓储和邮政业	Transport, Storage and Post	591	526	65
住宿和餐饮业	Hotels and Catering Services	713	677	36
信息传输、软件和信息技术服务业	Information Transmission, Software and Information Technology	335	299	36
金融业	Financial Intermediation	151	55	96
房地产业	Real Estate	1115	1041	74
租赁和商务服务业	Leasing and Business Services	1810	1735	75
科学研究和技术服务业	Scientific Research, Technical Services	706	684	22
水利、环境和公共设施管理业	Management of Water Conservancy, Envionment and Public Facilities	140	138	2
居民服务、修理和其他服务业	Services to Households, Repair and Other Services	431	422	9
教育	Education	87	83	4
卫生和社会工作	Health, Social Service	89	85	4
文化、体育和娱乐业	Culture, Sports and Entertainment	541	531	10
公共管理、社会保障和社会组织	Public Management, Social Security and Social Organizations	2	2	

Basic Information of Juridical Enterprises by Sector(2013)

Juridical Enterprises			企业产业活动单位 Industrial Activity Enterprises				
从业人员数（人）Number of Engaged Persons (person)	#女性 Female	资产总计（亿元）Total Assets (100 million yuan)	单位数（个）Number of Units (unit)	#多产业法人所属的产业活动单位数 Multiple Industrial Juridical Entity Owned	从业人员数（人）Number of Engaged Persons (person)	单产业法人所属的从业人员 Single Industrial Juridical Entity Owned	多产业法人所属的从业人员 Multiple Industrial Juridical Entity Owned
733247	223607	13595.97	23549	7156	780020	475821	304199
12047	4671	22.23	172	13	6445	6316	129
61365	15034	1173.79	791	105	48110	24645	23465
221019	68941	3274.15	3166	264	216696	172756	43940
26567	7309	1667.68	628	218	23634	10180	13454
126598	17314	527.61	1866	754	137011	75555	61456
74690	34751	1702.51	7492	2646	86703	53660	33043
48707	15361	224.23	944	418	74764	13294	61470
23384	14170	77.59	846	169	27228	20868	6360
14242	6241	141.06	732	433	20939	8378	12561
24197	3002	13.19	1271	1216	24197	710	23487
32454	12484	1550.95	1297	256	34829	28412	6417
31451	10270	2885.81	2021	286	34368	27876	6492
16389	5057	182.35	883	199	21996	14819	7177
2622	1007	104.17	170	32	3066	2479	587
6785	2761	18.86	485	63	8096	6525	1571
1392	468	2.13	106	23	1906	1302	604
3254	2183	4.28	109	24	4146	2999	1147
6077	2576	23.35	568	37	5879	5040	839
7	7		2		7	7	

附录1-4 2013年按行业、单位规模分组的企业法人基本信息

行业门类	Item	企业法人单位数(个) Number of Juridical Enterprises (unit)	大型 Large	中型 Medium	小型 Small	微型 Micro
总计	Total	17384	52	581	3772	12582
按国民经济行业分类分组	By Sector					
农、林、牧、渔业	Agriculture, Forestry, Animal Husbandry and Fishery	178		15	26	137
采矿业	Mining	715	3	12	116	584
制造业	Manufacturing	2998	20	98	791	2088
电力、热力、燃气及水生产和供应业	Production and Supply of Electricity, Heat,Gas and Water	433	2	3	109	319
建筑业	Construction	1207	5	77	330	795
批发和零售业	Wholesale and Retail Trades	5142	15	179	728	4220
交通运输、仓储和邮政业	Transport,Storage and Post	591		10	103	472
住宿和餐饮业	Hotels and Catering Services	713	1	17	237	458
信息传输、软件和信息技术服务业	Information Transmission, Computer Services and Software Industry	335	3	4	56	272
金融业	Financial Intermediation	151				
房地产业	Real Estate	1115		115	150	787
租赁和商务服务业	Leasing and Business Services	1810		7	406	1397
科学研究和技术服务业	Scientific Research, Technical Services	706	2	25	356	323
水利、环境和公共设施管理业	Management of Water Conservancy, Envionment and Public Facilities	140		6	52	82
居民服务、修理和其他服务业	Services to Households, Repair and Other Services	431		8	200	223
教育	Education	87				
卫生和社会工作	Health, Social Service	89				2
文化、体育和娱乐业	Culture, Sports and Entertainment	541	1	5	112	423
公共管理、社会保障和社会组织	Public Management, Social Security and Social Organizations	2				

Basic Information of Juridical Enterprises by Sector and Scale(2013)

从业人员数 Number of Engaged Persons (person)	大型 Large	中型 Medium	小型 Small	微型 Micro	其中：女性 Female	大型 Large	中型 Medium	小型 Small	微型 Micro	资产总计（亿元） Total Assets (100 million yuan)	大型 Large	中型 Medium	小型 Small	微型 Micro
714978	152253	170254	208307	149847	223607	42169	54298	61088	53341	13595.97	2931.74	3426.32	4877.11	2150.45
12047		5326	1825	4896	4671		2006	776	1889	22.23		14.24	5.10	2.90
61365	30869	10055	9258	11183	15034	8771	2313	1380	2570	1173.79	399.17	238.00	216.89	319.73
221019	69475	52957	62432	35456	68941	17200	19039	20291	12131	3274.15	1384.83	1003.87	623.02	260.22
26567	11860	1447	6570	6690	7309	3380	489	1898	1542	1667.68	802.58	56.79	523.68	284.63
126598	20773	46335	47037	12453	17314	2962	5264	6405	2683	527.61	168.73	171.88	111.10	75.90
74690	10120	18459	15397	30714	34751	5935	9321	6828	12667	1702.51	85.25	1023.40	371.22	222.64
48707		12368	8084	6160	15361		5272	1929	1786	224.23		66.63	107.32	47.22
23384	432	5189	11831	5932	14170	302	3030	7212	3626	77.59	1.78	23.09	32.28	20.45
14242	7225	2668	1591	2758	6241	2994	1410	504	1333	141.06	80.83	37.06	4.88	18.29
5928					3002					13.19				
32454		6951	6526	18028	12484		2678	1950	7456	1550.95		576.48	202.57	586.35
31451		1681	18911	10859	10270		840	5448	3982	2885.81		129.83	2493.15	262.83
16389	687	3994	10198	1510	5057	223	1184	3099	551	182.35	2.57	33.76	122.56	23.46
2622		1026	1213	383	1007		528	374	105	104.17		43.57	42.43	18.17
6785		1153	4576	1056	2761		691	1727	343	18.86		0.50	14.35	4.02
1392					468					2.13				
3254				7	2183				3	4.28				0.07
6077	812	645	2858	1762	2576	402	233	1267	674	23.35	6.00	7.22	6.56	3.56
7					7									

附录1-5　2013年按行业分组的个体经营户数和人数

行业门类	Industry Categories	有证照户数(户) Households Holding License (unit)	#有营业执照 Having Business License
总计	Total	169982	169422
采矿业	Mining	69	69
制造业	Manufacturing	6400	6344
电力、热力、燃气及水生产和供应业	Production and Supply of Electricity, Heat,Gas and Water	1	1
建筑业	Construction	222	219
批发和零售业	Wholesale and Retail Trades	76157	75845
交通运输、仓储和邮政业	Transport, Storage and Post	57539	57539
住宿和餐饮业	Hotels and Catering Services	16026	15917
信息传输、软件和信息技术服务业	Information Transmission, Software and Information Technology	279	279
金融业	Financial Intermediation		
房地产业	Real Estate	82	82
租赁和商务服务业	Leasing and Business Services	1127	1120
科学研究和技术服务业	Scientific Research, Technical Services	359	357
水利、环境和公共设施管理业	Management of Water Conservancy, Envionment and Public Facilities	1	1
居民服务、修理和其他服务业	Services to Households, Repair and Other Services	9965	9908
教育	Education	42	42
卫生和社会工作	Health, Social Service	825	820
文化、体育和娱乐业	Culture, Sports and Entertainment	888	879

Number of Self-employed Households and Persons by Sector (Medium)(2013)

#已办理 税务登记 Having Tax Registration	有证照 人数(人) Persons Holding License (person)	#有营业执照 Having Business License	#已办理 税务登记 Having Tax Registration	无证照 户数(户) Unlicensed Households (unit)	无证照 人数(人) Unlicensed Persons (person)
74774	334441	333009	177372	56613	108975
45	603	603	397	82	527
3693	16376	16274	9864	7048	13115
1	2	2	2		
128	465	458	279	1483	11452
51191	132207	131664	92822	31372	47154
156	86952	86952	437	230	497
10691	65569	65087	50042	7952	21691
159	486	486	299	72	124
53	147	147	100	40	132
909	2500	2481	2084	528	955
243	832	826	627	91	164
1	6	6	6	14	87
6447	23215	22991	16907	5987	10041
23	454	454	243	94	333
475	2037	2022	1320	234	391
559	2590	2556	1943	1386	2312

附录1-6 按地区分组的个体经营户数和人数

Number of Self-employed Households and Persons by Region

指标	Item	总计 Total	西宁市 Xining City	海东市 Haidong City	海北州 Haibei Zang A.P	黄南州 Huangnan Zang A.P	海南州 Hainan Zang A.P	果洛州 Golog Zang A.P	玉树州 Yushu Zang A.P	海西州 Haixi Mongolian & Zang A.P
有证照户数(户)	Households Holding License (unit)	169982	78184	36775	10224	5815	12356	3906	4286	18436
#有营业执照	Having Business License	169422	77966	36670	10197	5780	12307	3896	4246	18360
#已办理税务登记	Having Tax Registration	74774	37532	9440	4726	3226	8262	1605	1490	8493
有证照人数(人)	Persons Holding License (person)	334441	160522	69235	17174	9854	24019	7690	8635	37312
#有营业执照	Having Business License	333009	159791	68999	17128	9784	23941	7672	8533	37161
#已办理税务登记	Having Tax Registration	177372	98352	21796	8271	6144	16481	3534	3484	19310
无证照户数(户)	Unlicensed Households (unit)	56613	28030	10384	1683	2331	3200	1851	3367	5767
无证照人数(人)	Unlicensed Persons (person)	108975	49694	25477	3433	4196	6482	3446	6676	9571